"실무사례 중심의"
무역 회계와 세무

세무사 이강오 · 이은자 공저

FOREIGN ACCOUNTING & TAXATION BUSINESS

수출입 업종별 특성과 회계처리 및 세무처리에 대한

과세관청의 해석사례 및 심판례를 바탕으로 한 실무사례 중심의 실무지침서

여는 글

오늘날의 국가경제는 자국산업에 의존하기 보다는 국제화·세계화·정보화 시대의 조류 속에 글로벌화로 급격히 개편되고 있다. 특히 우리경제는 무역의존도가 심하여 국제경제의 영향을 직접적으로 받고 있다. 이에 발맞춰 기업회계와 세무회계도 국제기준에 적합하도록 지속적으로 개편하고 있다. 기업회계도 국제회계기준이 도입되었고 세무분야에도 파트너쉽 과세제도·연결납세 제도 등 국제화, 세계화에 부응하고 있다. 또한, 최근 기업회계의 대폭적인 개정과 더불어 세제의 개편 등 세무환경의 변화에 따라 실무자들의 어려움은 한층 증폭되고 있다. 실무자로서 피부로 느끼는 세법의 난해함은 세법학 자체가 주변학문의 종합응용과학으로 서로 연계되어 변화 발전하기 때문이다. 또한, 세법을 제대로 이해하고 실무에 적용하기 위해서는 주변학문의 이해 뿐 아니라 수많은 실무경험이 선행되어야 한다.

저자는 세무대학에 입학하여 현재까지 30여년간 세법에 대한 연구와 세무실무에 종사해 오고 있다. 그러나 아직까지도 세무에 관한 지식이 미약하다는 것을 실무를 하면서 더욱 절실하게 느끼게 된다. 다만, 저자가 본서를 집필하게 된 동기는 국세청에서의 실무경험과 세법강의 및 세무사사무소를 운영하면서 경험한 사례 등을 통하여 미약하나마 회계 및 세무실무자들에게 도움이 될 수 있다는 판단 하에 본서를 집필하게 되었다.

본서는 다음과 같은 사항에 대하여 중점을 두고 서술하고 있다.

제1장과 제2장에서는 수출 및 수입업에 대한 기본적인 흐름의 이해 및 수출입업종별 특성, 회계처리 및 세무처리에 대하여 서술하고 있다.

제3장에서는 국제물류주선업의 회계와 세무실무를 다루고 있다.

제4장에서는 무역관련 계정과목 회계와 세무실무에 대하여 서술하고 있다.

제5장에서는 무역업에 대한 세무조사 사례와 대책을 다루고 있다.

제6장에서는 수출입회계 세무실무 체크리스트를 실어 업무에 활용하도록 하였다.

제7장에서는 해외진출기업의 세무실무를 다루고 있다.

제8장에서는 수출입회계와 세무실무 연습문제를 다뤄 복습할 수 있도록 하였다.

이 책은 주로 실무사례 위주로 서술하고 있다. 따라서 과세관청의 해석사례, 심판례 등을 많이 참고 하였다. 또한 이론적인 측면보다는 실무와 관련된 내용을 주로 다루다 보니 다소 저자의 주관적인 견해가 들어간 부분이 있다고 본다. 따라서 실무상 적용시에는 반드시 과세관청의 해석과 세무사의 조언을 받기를 권고한다.

저자는 독자들의 냉철한 비판에 두려움이 앞선다. 그러나 독자 여러분의 지속적인 지도편달과 격려, 본인의 계속적인 연구와 보완을 통하여 앞으로 더욱 좋은 책으로 출간될 수 있다는 확신을 가지고 있다.

끝으로 이 책이 나올 수 있도록 도움을 주신 CFO아카데미 전병문 사장님과 조성희씨에게 감사의 인사를 드린다. 더불어 현재 이 자리에 있기까지 뒷바라지를 해준 아내와 딸 이민지 세무사에게 본서의 출간에 대한 기쁨을 나누고자 한다.

2025년 4월
저 자

CONTENTS

PART 01   수출업의 회계와 세무실무

제1절 수출업의 회계와 세무 일반 ········· 2
1. 수출과 영세율 ········· 2
2. 수출의 정의 ········· 6
3. 수출절차 ········· 13
4. 수출신고필증 검토방법 ········· 16
5. 수출관련 주요 용어정리 ········· 52
6. 무역관련 서류 ········· 67
7. 수출매출액의 귀속의 확정 ········· 80
8. 수출매출채권의 대손처리 ········· 87
9. 무역클레임의 회계와 세무실무 ········· 90
10. 수출물품과 관세환급 ········· 96

제2절 직수출 ········· 107
1. 의 의 ········· 107
2. 공급시기 ········· 110
3. 과세표준 ········· 112
4. 세금계산서 발급 및 대금결제 방법 ········· 115
5. 영세율 첨부서류 ········· 115
6. 영세율 적용대상 사업장 ········· 117
7. 직수출의 회계처리 ········· 118
8. 직수출 사례 ········· 127

제3절 대행수출 ········· 129
1. 의의 ········· 129
2. 영세율 적용 범위 ········· 129
3. 공급시기 ········· 130
4. 과세표준 ········· 130
5. 세금계산서 발급의무 ········· 131
6. 영세율 첨부서류 ········· 131
7. 수출대행의 경우 수입금액 계산 ········· 131
8. 대행수출의 범위 ········· 133
9. 회계처리 사례 ········· 134
10. 수출대행계약서(완전대행) ········· 135

제 4 절 내국신용장(구매확인서)의한 공급 · 139
  1. 의의 · 139
  2. 영세율 적용요건 · 145
  3. 공급시기 · 146
  4. 과세표준 · 148
  5. 세금계산서 발급 · 148
  6. 내국신용장 사후개설과 수정세금계산서 발급 · 149
  7. 영세율첨부서류 · 156
  8. 관련 사례 · 160

제 5 절 위탁판매수출 · 164
  1. 의 의 · 164
  2. 공급시기 · 164
  3. 과세표준 · 165
  4. 세금계산서 발급 · 165
  5. 영세율 첨부서류 · 165
  6. 위탁판매수수료의 처리 · 165
  7. 위탁물품 중 미판매분의 재반입 · 165
  8. 위탁판매계약서 · 167

제 6 절 위탁가공무역방식의 수출 · 172
  1. 의의 · 172
  2. 공급시기 · 173
  3. 과세대상 여부 · 174
  4. 과세표준 · 175
  5. 세금계산서 발급 · 176
  6. 영세율 첨부서류 · 176
  7. 재반입조건부 위탁가공무역 · 177
  8. 위탁가공무역이 제조업에 해당되는지 여부 · 183
  9. 위탁가공무역 관련 사례 · 185
  10. 위탁가공계약서 · 187

제 7 절 수탁가공무역 · 189
  1. 의 의 · 189
  2. 위탁자가 지정하는 국내의 다른 사업자에게 인도하는 경우 · 189
  3. 외국의 위탁자에게 반출하는 경우 · 190
  4. 수탁가공무역 관련사례 · 191
  5. 수탁가공계약서 · 194

CONTENTS

제8절 중계무역방식의 수출 · 196
1. 의의 · 196
2. 중계무역의 거래형태 · 196
3. 공급시기 및 과세표준 · 198
4. 세금계산서 발급 · 198
5. 영세율 첨부서류 · 198
6. 중계무역의 업종구분 · 199
7. 중계무역과 반송신고필증 · 200

제9절 외국인도 수출 · 207
1. 의의 · 207
2. 과세대상 여부 · 208
3. 공급시기 · 209
4. 세금계산서 발급 · 209
5. 영세율 첨부서류 · 209

제10절 국외 수탁가공사업자에 원료의 반출 · 211
1. 의의 · 211
2. 공급시기 · 211
3. 세금계산서 발급의무 · 211
4. 영세율이 적용되는 원료의 범위 · 212
5. 원자재를 무상반출하여 가공한 재화를 국외에서 국내사업자에게 인도 · 213

제11절 국내외 다자간 거래 · 215
1. 국내외 다자간 거래유형(Ⅰ) · 215
2. 국내외 다자간 거래유형(Ⅱ) · 219
3. 국내외 다자간 거래유형(Ⅲ) · 220
4. 국내외 다자간 거래유형(Ⅳ) · 221

제12절 수출신용장 양도와 영세율 · 223
1. 양도가능신용장의 개념 · 223
2. 신용장 국외양도 방식(중계무역) · 223
3. 신용장 국내양도 방식 · 225

제13절 무역대리업(오퍼상) · 227
1. 의의 · 227
2. 과세대상 여부 · 227
3. 공급시기 및 귀속시기 · 228

CONTENTS

    4. 영세율 첨부서류 ······ 228
    5. 오퍼상의 업종분류 ······ 229
    6. 오퍼상의 중소기업 범위 ······ 230

제14절 수출재화 임가공용역 ······ 232
    1. 의의 ······ 232
    2. 과세대상 여부 ······ 232
    3. 대가의 수수방법 ······ 235
    4. 과세표준 ······ 235
    5. 세금계산서의 발급 ······ 235
    6. 영세율 첨부서류 ······ 235
    7. 임가공용역의 공급시기 ······ 236

제15절 국외제공용역 ······ 240
    1. 적용요건 ······ 240
    2. 공급시기 ······ 240
    3. 과세표준의 계산 ······ 241
    4. 세금계산서 발급 ······ 241
    5. 영세율첨부서류 ······ 241
    6. 구매대행용역과 연세율 ······ 242
    7. 관련 사례 ······ 246

제16절 플랜트수출 ······ 250
    1. 의의 ······ 250
    2. 공급시기 ······ 252
    3. 손익의 귀속시기 ······ 252

제17절 임대방식의 수출 ······ 254
    1. 의의 ······ 254
    2. 부가가치세법의 적용 ······ 255

제18절 선박 또는 항공기의 외국항행용역 ······ 256
    1. 외국항행용역의 범위 ······ 256
    2. 영세율 적용범위 ······ 257
    3. 공급시기 ······ 259
    4. 대가의 영수방법 ······ 259
    5. 세금계산서 발급 ······ 259
    6. 영세율첨부서류 ······ 260

제19절 자유무역지역 안의 반입 재화·북한반출 재화 및 용역 ··············· 263
1. 개요 ··············· 263
2. 영세율 적용범위 ··············· 263

제20절 여행알선용역 ··············· 269
1. 영세율 적용요건 ··············· 269
2. 과세대상 및 과세표준의 계산 ··············· 271
3. 세금계산서 또는 현금영수증의 발급 ··············· 271
4. 공급시기 ··············· 272
5. 매입세액공제 ··············· 272
6. 손익의 귀속시기 ··············· 272
7. 익금 또는 총수입금액의 계산 ··············· 273
8. 중소기업 해당 여부 ··············· 273
9. 적격증명 수취대상 여부 ··············· 273

제21절 비거주자·외국법인에게 공급하는 재화·용역 ··············· 274
1. 적용범위 ··············· 274
2. 영세율 적용대상 재화 및 용역 ··············· 274
3. 「외국환은행에서 원화로 받는 경우」의 의미 ··············· 277
4. 상호주의 적용 ··············· 281
5. 영세율 적용사례 ··············· 283

제22절 용역의 수입과 대리납부 ··············· 286
1. 개념 ··············· 286
2. 요건 ··············· 286
3. 대리납부세액 ··············· 287
4. 대리납부세액의 안분계산 ··············· 288
5. 대리납부방법 및 시기 ··············· 289
6. 대리납부지연가산세 ··············· 289

제23절 영세율 적용대상 사업자의 면세포기 ··············· 290
1. 내국신용장에 의하여 재화를 공급하는 경우 ··············· 290
2. 인삼제품 등의 영세율 적용여부 ··············· 290
3. 면세포기한 자가 입어권을 양도하는 경우 과세여부 ··············· 291
4. 면세포기 재화를 국내에 공급하는 경우 ··············· 291
5. 면세포기관련 선박의 판매 ··············· 291
6. 한국국제협력단의 면세포기 ··············· 291

CONTENTS

제24절 수출업의 영세율 조기 환급신고 ··················· 292
1. 수출업의 부가가치세 신고 ························· 292
2. 영세율 첨부서류 ································· 295
3. 영세율 과소신고가산세 ··························· 310

PART 02   수입업의 회계와 세무실무

제1절 수입업의 회계와 세무실무일반 ··················· 318
1. 수입의 정의 ···································· 318
2. 수입절차 ······································· 320
3. 수입신고필증 검토방법 ··························· 321

제2절 수입원가의 산정과 회계처리 ····················· 342
1. 취득원가 산정의 기본원칙 ······················· 342
2. 수입물품의 취득원가의 산정 ····················· 342
3. 거래형태별 회계처리 ···························· 349

제3절 수입업의 부가가치세실무 ························ 353
1. 수입재화에 대한 부가가치세 과세 여부 ············ 353
2. 수입재화의 부가가치세 과세표준 ················· 361
3. 수입세금계산서 또는 수입계산서의 발급 ·········· 362
4. 보세구역에 대한 부가가치세법의 적용 ············ 380
5. 수입물품에 대한 선하증권 양도 ·················· 383
6. 수입 부가가치세 납부유예 ······················· 387

제4절 해외구매대행의 세무실무 ························ 390
1. 해외구매대행의 정의 ···························· 390
2. 구매대행업의 업종구분 ·························· 393
3. 수입금액의 인식기준 ···························· 394
4. 해석 사례 ······································ 397
5. 국세청 소명자료에 대한 대응방안 ················ 399

제5절 외화자산·부채의 평가 ··························· 403
1. 외화자산·부채의 상환손익 ······················· 403
2. 외화자산·부채의 평가손익 ······················· 407

CONTENTS

PART 03 국제물류주선업의 회계와 세무실무

제1절 개 요 ··· **416**
    1. 국제물류주선업의 정의 ··· 416
    2. 국제물류주선업의 영업형태 ··· 417
    3. 국제물류주선업의 등록(물류정책기본법 제43조) ··· 420
    4. 운송관련 용어 정리 ··· 421

제2절 국제물류주선업의 부가가치세실무 ··· **423**
    1. 국제복합운송용역의 영세율 적용 ··· 423
    2. 공급시기 ··· 426
    3. 과세표준 ··· 426
    4. 세금계산서의 발급 ··· 429
    5. 영세율 첨부서류 ··· 430

제3절 국제물류주선업의 법인세 실무 ·· **433**
    1. 수입금액의 인식방법 ··· 433
    2. 중소기업의 범위 ··· 433
    3. 국제물류주선업에 대한 중소기업특별세액감면 ··· 434
    4. 대손금의 손금산입 ··· 434
    5. 지출증명수취특례 ··· 434

PART 04 수출입업의 계정과목 회계와 세무실무

제1절 자산회계와 세무실무 ··· **436**
    1. 유동자산 ··· 436
    2. 비유동자산 ··· 470
    3. 무형자산 ··· 478

제2절 부채회계와 세무실무 ··· **482**
    1. 유동부채 ··· 482
    2. 비유동 부채 ··· 487

제 3 절 자본회계와 세무실무 · 494
1. 자본금 · 494
2. 자본잉여금 · 494
3. 자본조정 · 495
4. 기타포괄손익누계액 · 497
5. 이익잉여금 · 497
6. 배당금에 관한 처리 · 498

제 4 절 수익회계와 세무실무 · 502
1. 수익의 인식기준 · 502
2. 매출의 차감항목 · 511

제 5 절 비용회계와 세무실무 · 517
1. 인건비 · 517
2. 기업업무추진비 · 526
3. 감가상각비 · 531
4. 대손금 · 534
5. 법인세비용 · 539
6. 이연법인세 회계 · 540

제 6 절 수출·수입의 특수 계정과목의 처리 · 543
1. 공과금 · 543
2. 수출알선수수료 · 543
3. 수출통관제비용 · 547
4. 수출대행수수료 · 550
5. 사용료(로얄티) · 551
6. 환가료 · 563
7. 벌금·과료 · 563
8. 해상운임(Freight) · 563
9. 수출포장비 · 564
10. 신용장 제수수료 · 564
11. 견본비 · 566
12. 해외기업업무추진비 · 566
13. 해외여비 · 566
14. 해외여행경비 · 567

제 7 절 지출증명 수취·보관의무 · 568
1. 지출증명 수취·보관의무 · 568

CONTENTS

    2. 국외거래관련 지출증명수취의무 ·· 571

제 8 절 업무용승용자동차 손금산입특례 ·· **574**
    1. 의의 및 도입취지 ·· 574
    2. 업무용승용차의 범위 ·· 574
    3. 업무용 승용자동차 관련비용의 범위 ··· 575
    4. 업무용 승용자동차 관련비용 세무조정 ··· 576

제 9 절 세금계산서 작성·발급·전송 관련 가산세 ·· **585**
    1. 세금계산서 발급의무자 ·· 585
    2. 영수증 발급대상자 ·· 585
    3. 세금계산서 작성·발급·전송의 의미 ·· 585
    4. 세금계산서 관련 가산세 ·· 586
    5. 세금계산서 관련 가산세 요약 ··· 591
    6. 계산서 관련 가산세 요약 ·· 591

PART 05   수출입업의 세무조사와 대책

제 1 절 세무조사 일반 ·· **594**
    1. 세무조사의 의의 ·· 594
    2. 세무조사의 종류 ·· 595
    3. 세무조사권 남용금지 ·· 597
    4. 세무조사대상자 선정방법 ·· 598
    5. 세무조사 기간 ·· 599
    6. 조세범칙 조사 ·· 601
    7. 기타 세무조사 관련 주요내용 ··· 603

제 2 절 수출입업의 재무제표 분석과 계정항목별 조사 ···································· **605**
    1. 재무상태표 ·· 605
    2. 손익계산서 ·· 611

제 3 절 수출입업의 세무조사 사례연구 ·· **617**
    1. 수출업의 세무조사시 검토사항 ··· 617
    2. 수출입업의 세무조사 사례 검토 ··· 618

CONTENTS

PART 06 수출입회계와 세무실무 체크리스트

제1절 수출업의 기본사항 검토 ·· 636
1. 영세율 적용대상 수출의 정의 ·· 636
2. 수출의 절차 ·· 637
3. 수출신고필증의 검토방법 ·· 637
4. 수출매출의 귀속시기 ··· 640
5. 관세환급금의 세무처리 ··· 642

제2절 수출업의 업종별 체크리스트 ··· 643
1. 직수출 ·· 643
2. 대행수출 ·· 644
3. 내국신용장·구매확인서에 의한 공급 ······································ 644
4. 위탁가공무역 ··· 646
5. 수탁가공무역 ··· 647
6. 중계무역·외국인도수출 ·· 648
7. 무역대리업(오퍼상) ··· 649
8. 수출재화임가공용역 ··· 649
9. 국외제공용역 ··· 650
10. 자유무역지역 안의 반입 재화·북한반출 재화 및 용역 ········· 651

제3절 영세율 첨부서류 ·· 652
1. 영세율신고불성실가산세 ··· 652
2. 영세율 첨부서류 ··· 652

제4절 수출입 기타사항 검토 ·· 654
1. 소득구분계산서의 작성 ··· 654
2. 미착상품에 대한 취득원가의 계상시기 ·································· 654
3. 수입세금계산서·계산서 검토 ·· 654
4. 보세구역내의 거래 ·· 655
5. 외화환산 ·· 655
6. 선하증권의 양도 ··· 656

CONTENTS

PART 07 해외진출기업의 세무실무

제1절 해외투자의 절차 ··· 658
1. 해외직접투자와 해외간접투자 ··· 658
2. 해외현지기업의 고유번호 부여 및 관리 ··· 659

제2절 해외현지기업의 자료 제출의무 ··· 662
1. 개 요 ··· 662
2. 자료의 종류 ··· 662
3. 해외현지법인에 대한 자료제출 의무 불이행에 대한 제재 ····················· 663
4. 해외현지법인명세서등의 작성 ··· 667

제3절 해외현지기업의 세무실무 ··· 675
1. 해외주재원의 세무처리 ··· 675
2. 해외현지법인에 현물출자 하는 경우 세무처리 ······································· 676
3. 해외현지법인에 매출채권을 지연회수한 경우 ··· 677
4. 해외현지법인의 자금대여와 미회수채권의 대손처리 ····························· 678
5. 해외현지법인을 청산하는 경우 ··· 678

제4절 해외금융계좌의 신고의무 ··· 679
1. 개 요 ··· 679
2. 해외금융계좌 신고제도의 주요내용 ··· 679
3. 신고내용과 방법 ·· 681
4. 미(과소)신고자에 대한 제재 ·· 681

PART 08 수출입회계와 세무실무 연습문제

제1절 수출업의 회계와 세무실무 연습문제 ··· 686

제2절 수입업의 회계와 세무실무 연습문제 ··· 695

찾아보기 ··· 699
참고문헌 ··· 705

PART 01

수출업의 회계와 세무실무

수출업의 회계와 세무 일반_ 제 1 절	수출신용장 양도와 영세율_ 제 12 절
직수출_ 제 2 절	무역대리업(오퍼상)_ 제 13 절
대행수출_ 제 3 절	수출재화 임가공용역_ 제 14 절
내국신용장(구매확인서)의한 공급_ 제 4 절	국외제공용역_ 제 15 절
위탁판매수출_ 제 5 절	선박 또는 항공기의 외국항행용역_ 제 16 절
위탁가공무역방식의 수출_ 제 6 절	자유무역지역 안의 반입 재화·북한반출 재화 및 용역_ 제 17 절
수탁가공무역_ 제 7 절	여행알선용역_ 제 18 절
중계무역방식의 수출_ 제 8 절	비거주자·외국법인에게 공급하는 재화·용역_ 제 19 절
외국인도 수출_ 제 9 절	용역의 수입과 대리납부_ 제 20 절
국외 수탁가공사업자에 원료의 반출_ 제 10 절	영세율 적용대상 사업자의 면세포기_ 제 21 절
국내외 다자간 거래_ 제 11 절	수출업의 영세율 조기 환급신고_ 제 22 절

PART 01 수출업의 회계와 세무실무

제1절 수출업의 회계와 세무 일반

1. 수출과 영세율

(1) 부가가치세의 계산구조

부가가치세(Value Added Tax)란 재화 또는 용역이 생산되거나 유통되는 모든 거래단계에서 기업이 새로이 창출한 가치의 증가분인 부가가치(Value Added)에 대하여 과세하는 조세를 말한다.

즉, 기업이 자기가 생산하거나 제공한 재화 또는 용역의 산출가치(Out-put Value)에서 기업이 전단계의 기업으로부터 구입하여 사용되었거나 사용될 재화 또는 용역의 투입가치(In-put Value)를 차감한 잔액이 자기가 새로이 창출한 부가가치인 것이며, 이는 생산요소인 지대·임금·이자 및 이윤을 합계한 것과 동일한 것인 바, 부가가치세란 이러한 부가가치를 과세대상으로 하는 조세인 것이다. 다만, 현행 부가가치세법에서는 재화의 공급과 용역의 공급을 부가가치세 과세대상으로 규정하고 있다(부법 4). 부가가치세 거래흐름을 보면 다음과 같다.

[그림 1-1] 부가가치세의 거래흐름

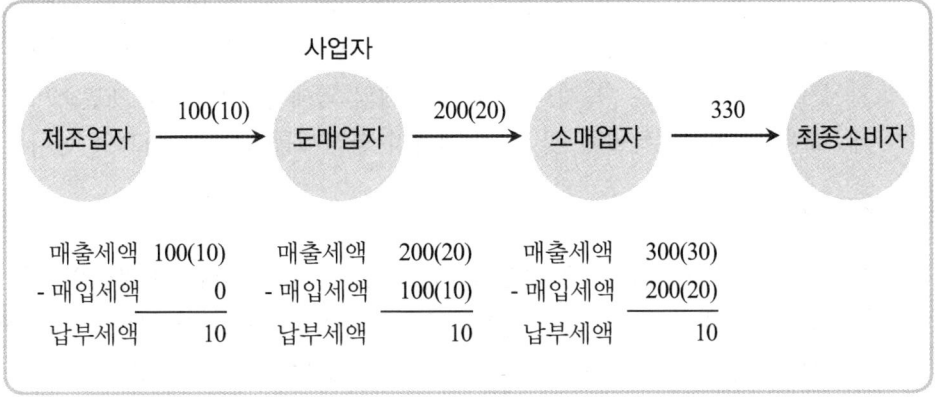

(2) 용어의 정의(부법 제2조)

① 재화란 재산 가치가 있는 물건 및 권리를 말한다. 재화의 예로는 (i) 상품, 제품, 원료, 기계, 건물 등 모든 유체물(有體物), (ii) 전기, 가스, 열 등 관리할 수 있는 자연력, (iii) 광업권, 특허권, 저작권 등 물건 외에 재산적 가치가 있는 모든 것을 말한다. 자기가 주요자재의 전부 또는 일부를 부담하고 상대방으로부터 인도받은 재화를 가공하여 새로운 재화를 만드는 가공계약에 따라 재화를 인도하는 것은 재화의 공급으로 한다(부령 18②).

② 용역이란 재화 외에 재산 가치가 있는 모든 역무(役務)와 그 밖의 행위를 말한다. 자기가 주요자재를 전혀 부담하지 아니하고 상대방으로부터 인도받은 재화를 단순히 가공만 해 주는 것은 용역의 공급으로 한다(부령 25. 1호).

③ 사업자란 사업 목적이 영리이든 비영리이든 관계없이 사업상 독립적으로 재화 또는 용역을 공급하는 자를 말한다. 부가가치세법상 사업자는 영리목적의 유무와는 무관하다. 이는 부가가치세가 간접세로서 재화 또는 용역을 공급하는 사업자가 아닌 재화 또는 용역을 최종소비하는 자가 실질적인 조세부담을 하기 때문에 사업자의 영리성 여부와는 무관한 것이다.

④ 과세사업이란 부가가치세가 과세되는 재화 또는 용역을 공급하는 사업을 말하며, 면세사업이란 부가가치세가 면제되는 재화 또는 용역을 공급하는 사업을 말한다.

⑤ 부가가치세의 과세표준은 공급가액으로 한다(부법 29). 공급가액은 대금, 요금, 수수료, 그 밖에 어떤 명목이든 상관없이 재화 또는 용역을 공급받는 자로부터

받는 금전적 가치 있는 모든 것을 포함하되, 부가가치세는 포함하지 아니한다. 재화 또는 용역의 공급에 대한 부가가치세의 과세표준은 해당 과세기간에 공급한 재화 또는 용역의 공급가액을 합한 금액으로 한다. 재화의 수입에 대한 부가가치세의 과세표준은 그 재화에 대한 관세의 과세가격과 관세, 개별소비세, 주세, 교육세, 농어촌특별세 및 교통·에너지·환경세를 합한 금액으로 한다.

(3) 영세율의 의의

현행 부가가치세의 과세방법은 전단계세액공제법을 취하고 있다. 이 방식은 공급받는 거래상대방으로부터 거래징수 한 매출세액에서 거래징수 당한 매입세액을 공제한 차액을 납부세액으로 하는 방식이다. 영세율이란 매출세액은 영(0)이 되고 자기 사업을 위하여 부담한 매입세액은 전액 공제되어 환급세액이 발생하는 것을 말한다.

이와 같이 영세율을 적용하는 경우에는 자기사업을 위하여 부담한 매입세액까지도 환급받게 됨으로써 부가가치세 부담이 전액 제거되므로 이를 완전면세제도라고 한다. 여기에서 자기사업이란 자기책임과 계산 하에 부가가치세가 과세되는 사업을 영위하는 것을 말한다.

[표 1-1] 영세율과 면세의 비교

구 분	영세율사업자	면세사업자
납세의무	부가가치세법상 납세의무	소득세법·법인세법상 납세의무
매입세액	공 제	불공제(원가)
환 급	가 능	불가능
회계처리	(차) 상품 100 (대) 현금 110 　　　부가세대급금 10	(차) 상품 110 (대) 현금 110

(4) 영세율 제도의 취지

① 소비지국 과세원칙

재화의 수출입에 관한 소비세 과세방식은 관세 및 무역에 관한 일반협정(GATT)상의 일반원칙인 소비지국 과세원칙에 따라 재화를 수출하는 경우에 수출국(생산지국)과 수입국(소비지국)에서 부가가치세를 각각 과세하게 되면 동일 재화·용역에 대하여 이중과세가 발생한다. 이를 해결하기 위하여 당해 재화를 수출(생산)하는 국가에서는 소비세를 과세하지 아니하고 수입국(소비지국)에서 과세하도록 함으로써 국제적 이중과세 방지에 기여하고 있다.

② 수출지원

영의 세율이 적용되는 재화 등에는 부가가치세 부담이 완전히 제거 되므로 수출하는 재화 등의 가격경쟁력이 생겨 국제경쟁력이 강화된다. 또한 영세율이 적용되는 재화 등에 대해서는 부가가치세 신고기한[1] 경과 후 15일 이내에 조기환급이 되어 수출자의 자금부담을 완화해 줌으로써 수출을 간접적으로 지원해주는 효과가 있다. 또한 수출의 전 단계인 내국신용장 등에 의하여 수출자에게 재화 등을 공급하는 경우 영세율을 적용하여 부가가치세의 부담을 제거해 줌으로써 수출을 지원해주고 있다. 한편 조세특례제한법은 수출이나 외화획득 지원 등과는 상관없이 정책적 목적을 달성하기 위하여 특정재화나 용역에 대하여 영세율을 적용하고 있다.

따라서 부가가치세의 영세율 적용은 이중과세를 방지하기 위하여 수출의 경우에만 원칙적으로 인정되고, 국내의 공급소비에 대하여는 수출에 준하는 경우로서 외국환의 관리 및 부가가치세의 거래징수를 해하지 않는 범위 내에서 외화획득의 장려라는 국가정책상의 목적에 부합되는 경우에만 예외적, 제한적으로 인정되는 것이다(대법원 1983.12.27. 선고 83누409 판결).

(5) 상호주의

영세율은 부가가치세 과세사업자인 비거주자 또는 외국법인이면 그 해당 국가에서 대한민국의 거주자 또는 내국법인에 대하여 동일하게 면세하는 경우에만 영세율을 적용한다. 사업자가 외교공관 등의 소속 직원으로서 해당 국가로부터 공무원 신분을 부여받은 자 또는 외교부장관으로부터 이에 준하는 신분임을 확인받은 자 중 내국인이 아닌 자에게 해당 외국에서 대한민국의 외교공관 및 영사기관 등의 직원에게 공급하는 재화 또는 용역에 대하여 동일하게 면세하는 경우에만 영세율을 적용한다.
여기서 "동일하게 면세하는 경우"는 해당 외국의 조세로서 우리나라의 부가가치세 또는 이와 유사한 성질의 조세를 면세하는 경우와 그 외국에 우리나라의 부가가치세 또는 이와 유사한 성질의 조세가 없는 경우로 한다(부법25③).

---

1) 영세율 등 조기환급 과세기간은 예정신고기간 또는 과세기간 최종3월 중 매월, 매2월에 영세율 등 조기환급기간 종료일부터 25일 내에 영세율 등 조기환급기간에 대한 과세표준과 환급세액을 신고할 수 있다.

• 관련법조문 •

■ **부가가치세법 시행령 제33조【그 밖의 외화 획득 재화 또는 용역 등의 범위】**
② 법 제24조 제1항 제3호에서 "대통령령으로 정하는 경우"란 다음 각 호의 어느 하나에 해당하는 것을 공급하는 경우를 말한다.
1. 국내에서 국내사업장이 없는 비거주자 또는 외국법인에 공급되는 다음 각 목의 어느 하나에 해당하는 재화 또는 사업에 해당하는 용역으로서 그 대금을 외국환은행에서 원화로 받거나 기획재정부령으로 정하는 방법으로 받는 것. 다만, <u>나목 중 전문서비스업과 아목 및 자목에 에 해당하는 용역의 경우에는 해당 국가에서 우리나라의 거주자 또는 내국법인에 대하여 동일하게 면세하는 경우(우리나라의 부가가치세 또는 이와 유사한 성질의 조세가 없거나 면세하는 경우를 말한다. 이하 이 항에서 같다)에 한정한다.</u>
  나. 전문, 과학 및 기술 서비스업[수의업(獸醫業), 제조업 회사본부 및 기타 산업 회사 본부는 제외한다]
  아. 사업시설관리 및 사업지원 서비스업(조경 관리 및 유지 서비스업, 여행사 및 기타 여행보조 서비스업은 제외한다)
  자. 「자본시장과 금융투자업에 관한 법률」 제6조 제1항 제4호에 따른 투자자문업

[그림 1-2] 수출·수입의 부가가치세 과세흐름

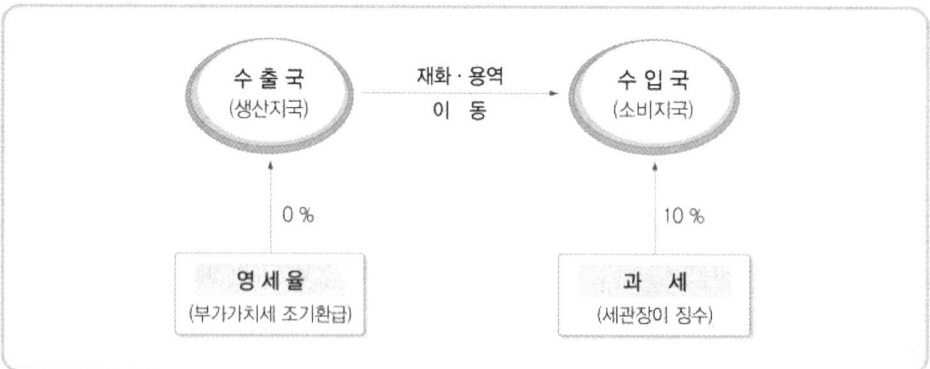

2. 수출의 정의

(1) 대외무역법상의 정의

수출에 대한 정의를 대외무역법에서 규정하고 있는데 이는 부가가치세법에서 정의한 내용과 다소 차이가 있다.

「대외무역법 시행령」 제2조에서는 수출을 다음과 같이 정의하고 있다.
① 매매, 교환, 임대차, 사용대차, 증여 등을 원인으로 국내에서 외국으로 물품이 이동하는 것[우리나라의 선박으로 외국에서 채취한 광물 또는 포획한 수산물을 외국에 매도하는 것을 포함한다]
　→ 내국물품의 국외반출(부법 21②) : 영세율 대상
② 「관세법」 제196조에 따른 보세판매장에서 외국인에게 국내에서 생산(제조·가공·조립·수리·재생 또는 개조)된 물품을 매도하는 것
③ 유상으로 외국에서 외국으로 물품을 인도하는 것으로서 산업통상자원부장관이 정하여 고시하는 기준에 해당하는 것
　→ 대외무역법상 중계무역방식 등 5가지 수출(부령 31①) : 영세율 대상
④ 「외국환거래법」 제3조 제1항 제14호에 따른 거주자가 같은 법 제3조 제1항 제15호에 따른 비거주자에게 산업통상자원부장관이 정하여 고시하는 방법으로 제3조에 따른 용역을 제공하는 것
　㉠ 다음의 어느 하나에 해당하는 업종의 사업을 영위하는 자가 제공하는 용역
　　ⓐ 경영 상담업
　　ⓑ 법무 관련 서비스업
　　ⓒ 회계 및 세무 관련 서비스업
　　ⓓ 엔지니어링 서비스업
　　ⓔ 디자인
　　ⓕ 컴퓨터시스템 설계 및 자문업
　　ⓗ 「문화산업진흥 기본법」 제2조 제1호에 따른 문화산업에 해당하는 업종
　　ⓘ 운수업
　　ⓙ 「관광진흥법」 제3조 제1항에 따른 관광사업에 해당하는 업종
　　ⓚ 그 밖에 지식기반용역 등 수출유망산업으로서 산업통상자원부장관이 정하여 고시하는 업종
　㉡ 지식기반용역 등 수출유망산업으로서 산업통상자원부장관이 정하여 고시하는 다음에 해당하는 업종의 사업을 영위하는 자가 제공하는 용역(대외무역관리규정 제3조 제3항)
　　ⓐ 전기통신업
　　ⓑ 금융 및 보험업

ⓒ 임대업

ⓓ 광고업

ⓔ 사업시설 유지관리 서비스업

ⓕ 교육 서비스업

ⓖ 보건업

ⓗ 연구개발업

ⓘ 번역 및 통역 서비스업

ⓒ 국내의 법령 또는 대한민국이 당사자인 조약에 따라 보호되는 특허권·실용신안권·디자인권·상표권·저작권·저작인접권·프로그램저작권·반도체집적회로의 배치설계권의 양도, 전용실시권의 설정 또는 통상실시권의 허락

→ 특허권 등 권리의 국외양도(서삼46015-526, 2005.04.22) : 영세율 대상

⑤ 거주자가 비거주자에게 정보통신망을 통한 전송과 그 밖에 산업통상자원부장관이 정하여 고시하는 방법으로 제4조에 따른 전자적 형태의 무체물을 인도하는 것

㉠ 전자적 형태의 무체물(대외무역법 시행령 제4조)

ⓐ 「소프트웨어산업 진흥법」 제2조 제1호에 따른 소프트웨어

ⓑ 부호·문자·음성·음향·이미지·영상 등을 디지털 방식으로 제작하거나 처리한 자료 또는 정보 등으로서 산업통상자원부장관이 정하여 고시하는 것

ⓒ 제1호와 제2호의 집합체와 그 밖에 이와 유사한 전자적 형태의 무체물로서 산업통상자원부장관이 정하여 고시하는 것

㉡ 전자적 형태의 무체물(대외무역관리규정 제4조)

ⓐ 영상물(영화, 게임, 애니메이션, 만화, 캐릭터를 포함한다)

ⓑ 음향·음성물

ⓒ 전자서적

ⓓ 데이터베이스

→ 소프트웨어를 전자통신망을 통한 전송방법으로 국외의 비거주자에 공급(부가46015-752, 2002.10.16) : 영세율 대상(수출계약서, 외화입금증명서 제출)

외국법인(국내사업장이 없는)에게 영업권을 양도하는 경우 영세율 적용 여부

Q. 내국법인이 영업권을 외국법인(국내사업장이 없는 외국법인)에게 양도하는 경우 부가가치세법상 수출의 범위에 해당하는지?

A. 사업자가 외국법인에게 고객관계(고객과의 계약관계를 포함한 고객과 관련된 모든 권한·권리와 이익, 고객명세, 가격명세 및 계약관련정보 등)를 양도하고 대가를 받는 경우, 사업자가 외국법인에게 양도하는 고객관계를 영업권으로 보는 경우에는 재화의 공급에 해당되며 수출하는 재화에 해당되므로 영세율을 적용하는 것입니다.

(근거 : 부가-1006, 2011.08.30.)

(2) 관세법상의 정의

관세법상 수출의 정의를 보면 내국물품의 외국반출에 대하여 범위를 한정하고 있고 외국에서 외국으로 이동하는 것은 수출의 범위에 포함시키지 않고 있다.

① "수입"이란 외국물품을 우리나라에 반입(보세구역을 경유하는 것은 보세구역으로부터 반입하는 것을 말한다)하거나 우리나라에서 소비 또는 사용하는 것(우리나라의 운송수단 안에서의 소비 또는 사용을 포함하며, 제239조 각 호의 어느 하나에 해당하는 소비 또는 사용은 제외한다)을 말한다(관세법 제2조 제1호).

② "수출"이란 내국물품을 외국으로 반출하는 것을 말한다(관세법 제2조 제2호).

③ "반송"이란 국내에 도착한 외국물품이 수입통관절차를 거치지 아니하고 다시 외국으로 반출되는 것을 말한다(관세법 제2조 제3호).

(3) 부가가치세법상의 정의

「부가가치세법」 21조 및 「같은 법 시행령」 제31조에서는 영세율[2]이 적용되는 수출을 다음과 같이 정의하고 있다.

1) 재화의 국외반출

① 내국물품(대한민국 선박에 의하여 채집되거나 잡힌 수산물을 포함한다)을 외국으로 반출[3]하는 것

---

2) 부가가치세법은 소비지국과세원칙을 구현하기 위하여 수출하는 재화 등에 영세율을 적용하고 있다. 여기서 영세율 적용이 되기 위한 수출요건은 **재화의 이동장소(거래장소)가** 국내에서 이루어져야 하며 상대방이 내국인이 아닌 **외국법인이나 비거주자** 이어야 한다. 다만, 중계무역 등 대외무역법에서 정한 수출은 재화의 이동이 외국에서 이루어지더라도 수출의 범위에 포함시켜 매입세액공제를 허용해 주고 있다.

3) 반출이란 재화나 용역의 이동이 이루어지는 것으로 유상반출이든, 무환반출이든 모두 영세율 적용대상이다. 다만, 대가를 받지 아니하는 광고선전 목적의 견본품(92) 또는 위탁가공을 위한 원자재반출(29) 등은 부가가치세 과세대상이 아니다.

여기서 내국물품이란 우리나라에서 생산된 물품 뿐 아니라 입항 전 수입신고가 수리된 물품, 반출승인을 얻어 반품된 물품 등을 말한다(관세법 제2조 4호).

② 국내의 사업장에서 계약과 대가수령 등 거래가 이루어지는 것으로서 다음에 해당되는 것
　㉠ 중계무역 방식의 수출(수출할 것을 목적으로 물품 등을 수입하여 「관세법」 제154조에 따른 보세구역 및 같은 법 제156조에 따라 보세구역 외 장치의 허가를 받은 장소 또는 「자유무역지역의 지정 및 운영에 관한 법률」 제4조에 따른 자유무역지역 외의 국내에 반입하지 아니하는 방식의 수출을 말한다)
　㉡ 위탁판매수출(물품 등을 무환으로 수출하여 해당 물품이 판매된 범위에서 대금을 결제하는 계약에 의한 수출을 말한다)
　㉢ 외국인도수출(수출대금은 국내에서 영수하지만 국내에서 통관되지 아니한 수출물품 등을 외국으로 인도하거나 제공하는 수출을 말한다)
　㉣ 위탁가공무역 방식의 수출[가공임을 지급하는 조건으로 외국에서 가공(제조, 조립, 재성, 개조를 포함한다)할 원료의 전부 또는 일부를 거래 상대방에게 수출하거나 외국에서 조달하여 이를 가공한 후 가공물품 등을 외국으로 인도하는 방식의 수출을 말한다)
　㉤ 국외의 수탁가공 사업자에게 원료를 대가 없이 반출하여 가공한 재화를 양도하는 경우에 그 원재료의 반출
　㉥ 「관세법」에 따른 수입신고 수리 전의 물품으로서 보세구역에 보관하는 물품의 외국으로의 반출
　즉, 외국에서 외국으로 이동하는 경우 영세율이 적용되는 수출에 해당하기 위해서는 첫째, 국내사업장에서 계약을 체결하고 둘째, 대가를 수령하는 유상거래이며, 셋째, 대외무역법에서 정하는 중계무역, 위탁판매, 외국인도, 위탁가공무역방식의 수출과 국외의 수탁가공사업자에게 원료를 대가없이 반출하여 가공한 재화를 양도하는 경우에 한하여 수출하는 재화의 범위에 포함되어 영세율이 적용되는 것이다.

2) 국내에서 공급하는 재화
　① 사업자가 내국신용장 또는 구매확인서에 의하여 공급하는 재화. 다만, 내국신용장·구매확인서에 의하여 공급하는 금지금을 제외한다.
　② 사업자가 「한국국제협력단법」에 의한 한국국제협력단에 공급하는 재화(한국국제협력단이 같은 법 제7조의 규정에 의한 사업을 위하여 당해 재화를 외국에 무상으

로 반출하는 경우에 한정한다)
③ 사업자가 「한국국제보건의료재단법」에 따른 한국국제보건의료재단에 공급하는 재화(한국국제보건의료재단이 같은 법 제7조에 따른 사업을 위하여 해당 재화를 외국에 무상으로 반출하는 경우만을 말한다)
④ 사업자가 「대한적십자사 조직법」에 따른 대한적십자사에 공급하는 재화(대한적십자사가 같은 법 제7조에 따른 사업을 위하여 외국에 무상으로 반출하는 재화로 한정한다)
⑤ 사업자가 다음의 요건에 따라 공급하는 재화
  ㉠ 국외의 비거주자 또는 외국법인(이하 "비거주자 등")과 직접 계약에 따라 공급할 것
  ㉡ 대금을 외국환은행에서 원화로 받을 것
  ㉢ 비거주자 등이 지정하는 국내의 다른 사업자에게 인도할 것
  ㉣ 국내의 다른 사업자가 비거주자 등과 계약에 따라 인도받은 재화를 그대로 반출하거나 제조·가공 후 반출할 것

위에서 살펴본 바와 같이 부가가치세법에서 영세율이 적용되는 수출의 범위는 대외무역법에서 차용하여 사용하고 있으나 대외무역법에서 수출로 보는 것 중 일부를 수출에서 제외하고 있다. 즉, 대외무역법에서는 국내에서 외국으로 물품이 이동하는 것은 유상이든 무상이든 불문하고 수출로 보고 있으나 부가가치세법에서는 내국물품의 외국반출 중 무상으로 반출되는 일부에 대하여 영세율이 적용되는 수출의 범위에서 제외하고 있다.

[그림 1-3] 수출의 형태와 영세율 적용범위

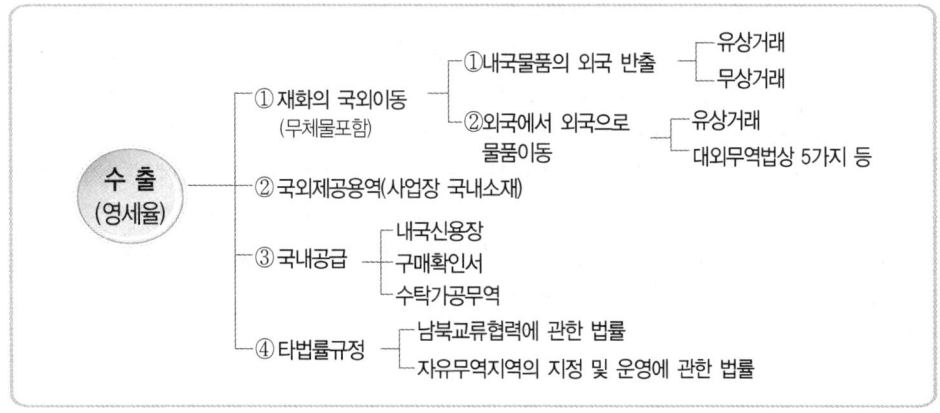

• 관련법조문 •

■ 집행기준 3-0-4 국외거래에 대한 납세의무
① 부가가치세의 납세의무는 우리나라의 주권이 미치는 범위 내에서 적용되므로 사업자가 우리나라의 주권이 미치지 아니하는 국외에서 재화를 공급하는 경우에는 납세의무가 없다. 다만, 「대외무역법」상 중계무역방식의 수출, 위탁판매수출, 외국인도수출, 위탁가공무역방식의 수출로 재화를 공급하거나 원료를 대가없이 국외의 수탁가공 사업자에게 반출하여 가공한 재화를 양도하는 경우에 그 원료를 반출하는 경우에는 그러하지 아니한다.
② 다음의 용역에 대하여는 해당 부동산 또는 광고매체의 사용 장소가 국외이므로 부가가치세 납세의무가 없다.
1. 국외에 소재하는 부동산의 임대용역
2. 국내사업자가 외국의 광고매체에 광고를 게재하게 하고 의뢰인으로부터 지급 받는 광고료
③ 우리나라 국적의 항공기 또는 선박에서 이루어지는 거래는 국외거래로 보지 아니하므로 부가가치세 납세의무가 있다.
④ 비거주자가 국내의 오픈마켓(사이버몰)에 판매자로 등록한 후 그 오픈마켓을 통해 국내소비자로부터 주문을 받아 국외에서 국내소비자에게 직배송하는 방법으로 상품을 판매하는 경우 해당 오픈마켓은 그 비거주자의 「부가가치세법」상 사업장에 해당하지 아니하며, 그 오픈마켓을 통한 상품판매에 대하여 해당 비거주자는 같은 법에 따른 납세의무를 부담하지 아니한다.

■ 집행기준 20-0-2 공급장소를 국외로 보는 경우
① 북한지역에서 근무하는 국내 건설업체 직원에게 제공하는 음식용역
② 사업자 "갑"이 국외에서 재화를 사업자 "을"에게 양도하고 사업자 "을"이 자기명의로 재화를 수입하면서 세관장으로부터 수입세금계산서를 발급받은 경우 사업자 "갑"이 국외에서 사업자 "을"에게 인도하는 재화
③ 제조업체 "갑"이 중국임가공업체 "A"에게 원재료를 인도할 목적으로 국내사업자 "을"과의 계약에 의하여 물품을 공급받기로 하고 국내사업자 "을"은 해당 물품을 중국의 사업자 "B"로부터 구입하여 국내에 반입하지 아니하고 제조업체 "갑"이 지정하는 중국임가공업체 "A"에게 인도하는 경우 국내사업자 "을"의 거래는 수출에 해당하지 아니하고 재화의 이동이 국외에서 이루어진 것이므로 부가가치세 과세대상에 해당하지 아니한다.
④ 국내사업자가 국내에서 수출업체인 내국법인과 임가공용역을 제공하여 주기로 하는 계약을 체결하고 국내사업장이 없는 국외에서 외국법인으로 하여금 임가공하게 한 후 내국법인으로부터 임가공용역의 대가를 받는 경우 국내사업자가 내국법인에게 제공한 임가공용역은 부가가치세가 과세되지 아니한다.

3. 수출절차

(1) 수출절차 개요

[그림 1-4] 수출절차

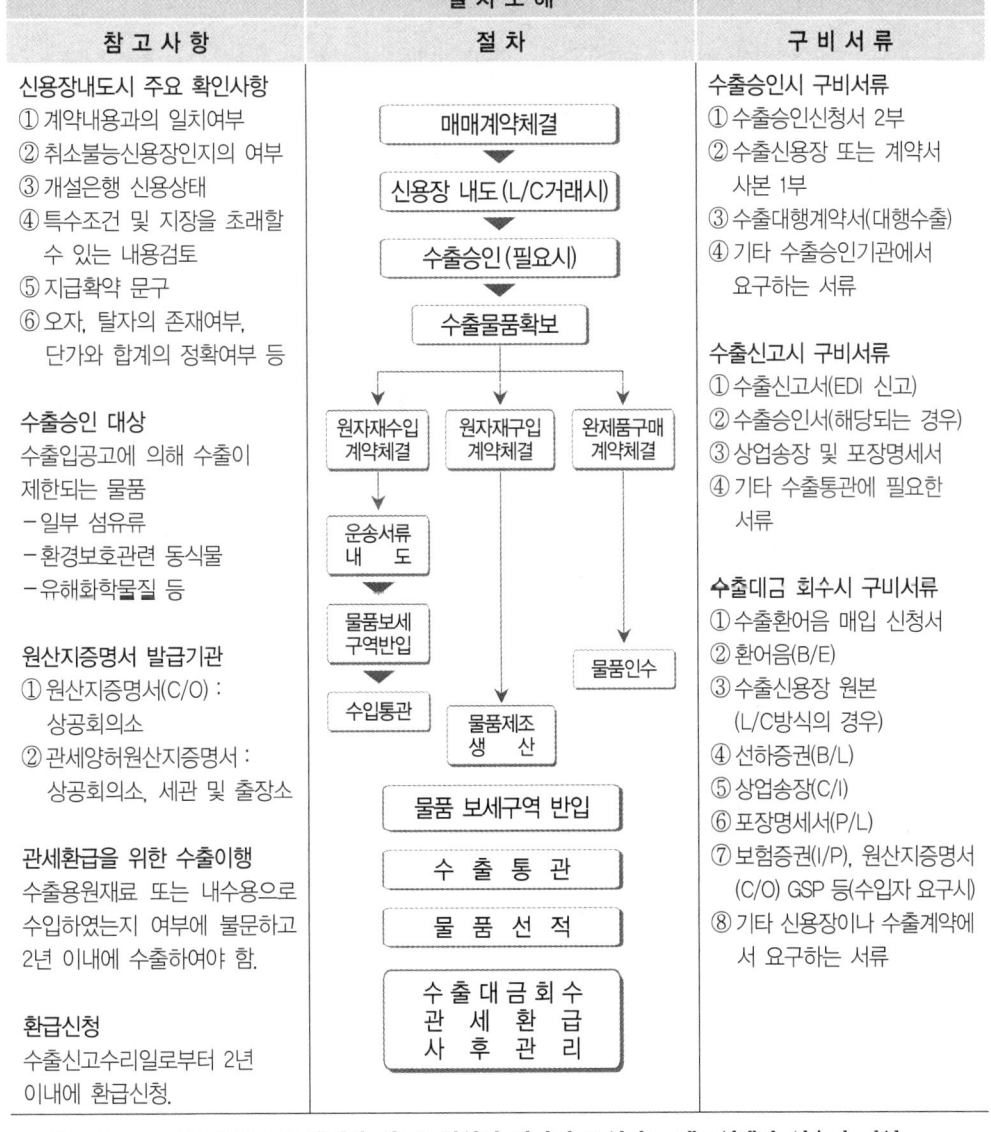

참 고 사 항	절 차	구 비 서 류
신용장내도시 주요 확인사항 ① 계약내용과의 일치여부 ② 취소불능신용장인지의 여부 ③ 개설은행 신용상태 ④ 특수조건 및 지장을 초래할 수 있는 내용검토 ⑤ 지급확약 문구 ⑥ 오자, 탈자의 존재여부, 단가와 합계의 정확여부 등 **수출승인 대상** 수출입공고에 의해 수출이 제한되는 물품 - 일부 섬유류 - 환경보호관련 동식물 - 유해화학물질 등 **원산지증명서 발급기관** ① 원산지증명서(C/O) : 상공회의소 ② 관세양허원산지증명서 : 상공회의소, 세관 및 출장소 **관세환급을 위한 수출이행** 수출용원재료 또는 내수용으로 수입하였는지 여부에 불문하고 2년 이내에 수출하여야 함. **환급신청** 수출신고수리일로부터 2년 이내에 환급신청.	매매계약체결 → 신용장 내도(L/C거래시) → 수출승인(필요시) → 수출물품확보 → 원자재수입계약체결 / 원자재구입계약체결 / 완제품구매계약체결 → 운송서류 내도 → 물품보세구역반입 → 수입통관 → 물품제조 생산 → 물품인수 → 물품 보세구역 반입 → 수 출 통 관 → 물 품 선 적 → 수출대금회수 관세환급 사후관리	**수출승인시 구비서류** ① 수출승인신청서 2부 ② 수출신용장 또는 계약서 사본 1부 ③ 수출대행계약서(대행수출) ④ 기타 수출승인기관에서 요구하는 서류 **수출신고시 구비서류** ① 수출신고서(EDI 신고) ② 수출승인서(해당되는 경우) ③ 상업송장 및 포장명세서 ④ 기타 수출통관에 필요한 서류 **수출대금 회수시 구비서류** ① 수출환어음 매입 신청서 ② 환어음(B/E) ③ 수출신용장 원본(L/C방식의 경우) ④ 선하증권(B/L) ⑤ 상업송장(C/I) ⑥ 포장명세서(P/L) ⑦ 보험증권(I/P), 원산지증명서(C/O) GSP 등(수입자 요구시) ⑧ 기타 신용장이나 수출계약에서 요구하는 서류

※ 이상 자료는 2002/2003 개정판 한국무역협회 발간의 무역실무 매뉴얼에서 인용된 것임.

(2) 신용장방식에 의한 수출절차[4]

[그림 1-5] 신용장거래의 흐름

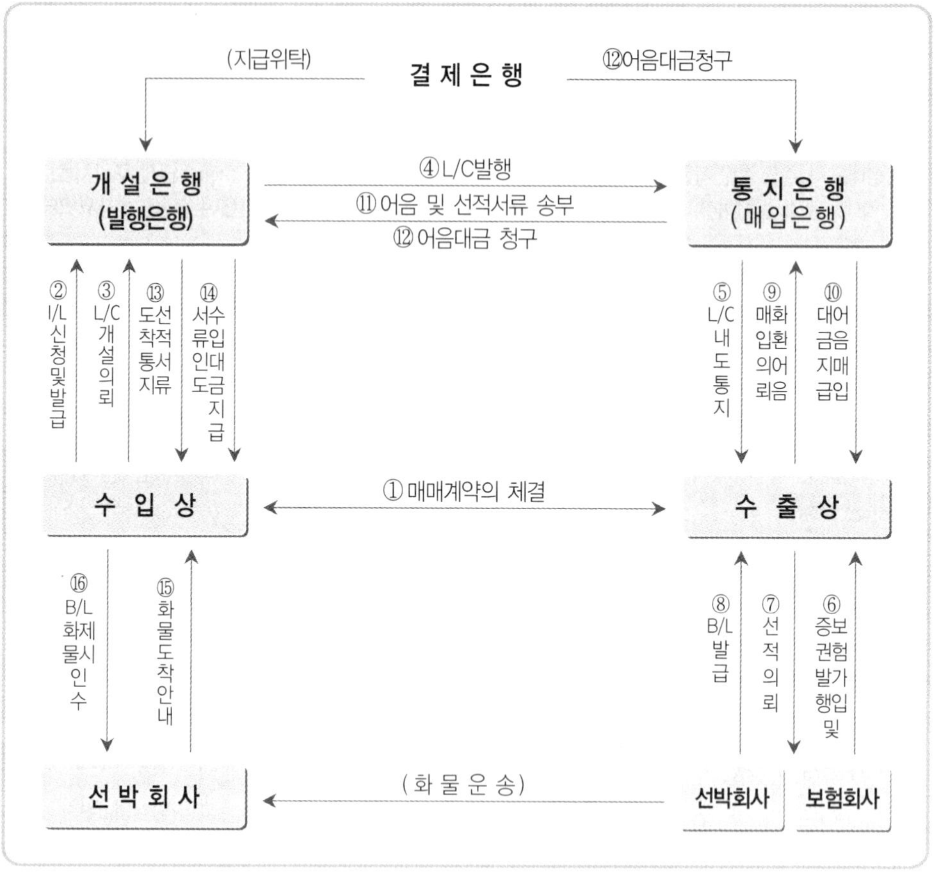

```
                    (지급위탁)      결 제 은 행      ⑫어음대금청구
                    ↓                                    ↓
        ┌─────────────┐    ④ L/C발행     ┌─────────────┐
        │   개 설 은 행  │ ──────────────→ │   통 지 은 행  │
        │  (발행은행)   │ ←────────────── │  (매입은행)   │
        └─────────────┘  ⑪ 어음 및 선적서류 송부  └─────────────┘
                         ⑫ 어음대금 청구
        ② ③ ⑬ ⑭                          ⑤ ⑨ ⑩
        I/L L/C 도선 서수                   L/C 매화 대어
        신 개 착적 류입                      내 입환 금음
        청 설 통서 인대                      도 의어 지매
        및 의 지류 도금                      통 뢰음 급입
        발 뢰       지                      지
        급
        ↓                                    ↑
        ┌─────────────┐  ① 매매계약의 체결  ┌─────────────┐
        │   수 입 상   │ ←──────────────→ │   수 출 상   │
        └─────────────┘                    └─────────────┘
           ↑  ↓                              ↑ ↑ ↑
           ⑯  ⑮                              ⑧ ⑦ ⑥
           B/L 화물                           B/L 선 증보
           화제 도착                          발  적 권험
           물시 안내                          급  의 발가
           인                                    뢰 행입
           수                                       및
           ↓                                    ↑  ↑
        ┌─────────────┐  (화 물 운 송)    ┌──────┬──────┐
        │   선 박 회 사 │ ←─────────────── │선박회사│보험회사│
        └─────────────┘                    └──────┴──────┘
```

위의 수출절차 흐름도는 취소불능 화환신용장[5]에 의한 일반적인 수출절차 과정으로 이를 구체적으로 살펴보면 다음과 같다.

---

4) 한장석·김용관, 부가가치세 2006. 광교이택스, 2006, p. 327 인용
5) 화환신용장(Documentary Credit)은 수익자가 발행한 환어음(Draft)에 신용장에서 요구하는 운송서류(B/L, I/P, C/I)를 그 담보로서 반드시 첨부되어 있는 신용장이다.

① 수출입 계약체결 : 수출상과 수입상이 수출입계약을 체결한다.
② 신용장발행의뢰 : 수입상이 자기나라의 거래은행(개설은행)에 수입신용장 발행을 신청한다.
③ 신용장의 발행 및 송부 : 수입상의 신청에 의하여 발행은행은 신용장을 개설하여 수출상의 거래은행(통지은행 또는 매입은행)을 통하여 송부한다.
④ 신용장의 내도통지 및 수령 : 수입상의 거래은행으로부터 신용장을 수령한 수출상의 거래은행은 수출상에게 신용장의 내도를 통지하면 수출상은 통지은행에서 신용장을 수령한다.
⑤ 수출승인 : 수출상은 수령한 신용장을 근거로 수출승인 은행에서 수출승인을 한다.
⑥ 선적 : 수출상은 물품을 제조하여 수출통관의 절차를 거쳐 선적한다.
⑦ 매입의뢰 : 수출상은 수출선적 후 환어음을 발행하여 선하증권(B/L) 등의 운송서류를 첨부하여 통지은행에 환어음의 매입을 의뢰한다.
⑧ 매입 : 수출상의 거래은행인 통지은행은 신용장조건과 일치하게 운송서류를 갖추고 신용장의 유효기간 내에 제시되었으면 환어음을 매입한다.
⑨ 환어음 및 운송서류의 송부 : 수출자의 환어음 매입은행은 매입대금을 회수하기 위하여 환어음과 운송서류를 신용장 발행은행에 송부하여 수출대금을 추심한다.
⑩ 환어음 결제 : 신용장 발행은행은 수입대금이 추심되어 오면 수입상에게 연락하고 수입상은 일람급신용장의 경우이면 당일에 수입대금을 결제하고, 기한부신용장의 경우이면 당일에 환어음만 인수하고 운송서류를 수령한 후에 소정기한이 되는 날에 수입대금을 결제한다.
⑪ 운송서류 인도 : 신용장 발행은행은 일람출급의 경우 수출대금결제와 상환으로 인도하고, 기한부신용장의 경우 수입상의 어음에 대한 인수에 의거 운송서류를 수입상에게 인도한다.
⑫ 매입은행계정 입금 : 수입상이 수입대금을 결제하면 수입대금을 자기은행의 매입은행계정에 입금시켜 주거나 매입은행에 송부하여 준다.

4. 수출신고필증 검토방법

(1) 수출신고필증의 개념

수출신고필증은 수출자가 수출신고[6]수리를 요청하는 통관의 의사표시를 한 서류를 세관에 제출하는 행위로 세관장은 적법하게 신고된 경우에는 수출신고필증을 교부하게 된다. 종이서류로 신고한 수출신고서에 대하여는 세관장이 발급하고, 전자문서로 신고한 수출신고는 세관장으로부터 신고수리된 사실을 전산으로 통보받아 관세사가 수출신고필증을 화주에게 교부한다. 우리나라는 수출통관시 원칙적으로 EDI(Electronic Data Interchange) 방식에 의하여 서류 없는(P/L : Paperless) 통관절차를 채택하고 있다. 회계담당자는 부가가치세 영세율신고 및 회계처리시에 수출신고필증을 검토하게 되는 데 이에 대한 이해가 필요하다.

수출신고필증은 수출의 형태, 수출승인일자, 수출품목, 수출금액 등이 나타나므로 이를 바탕으로 영세율신고를 하면 된다. 다만, 수출신고필증에는 선적일의 표시가 없으므로 반드시 선하증권 상의 선적일을 확인하여야 한다.

---

[6] 수출신고의 효력발생시점은 통관시스템에서 신고번호가 부여된 때이다. 전자문서로 신고하는 수출신고서에 첨부하는 서류는 3년간 수출신고인이 보관하여야 한다. 즉, 수출신고필증, 수출물품 가격결정에 관한 자료, 수출거래계약서 등의 보관기간은 3년이다.

 **실무적용 Tip**

◎ **통관의 구분**

- 수출통관 → 수출신고필증
- 수입통관 → 수입신고필증
- 반송통관 → 반송신고필증

◎ **통관서류 보관기간**

보관서류	보관기간
• 수입신고필증 • 수입거래관련 계약서 또는 이에 갈음하는 서류 • 지식재산권 거래관련 계약서 또는 이에 갈음하는 서류 • 수입물품 가격결정에 관한 자료	신고수리일로부터 5년
• 수출신고필증 • 반송신고필증 • 수출물품·반송물품 가격결정에 관한 자료 • 수출거래·반송거래 관련 계약서 또는 이에 갈음하는 서류	신고수리일로부터 3년
• 보세화물반출입에 관한 자료 • 적하목록에 관한 자료 • 보세운송에 관한 자료	신고수리일로부터 2년

(2) 수출신고필증양식

①신고자 다솔관세사	⑤신고번호 030-15-11-03105745	⑥세관.과	⑦신고일자 20×2-10-21	⑧신고구분	⑨C/S구분
②수출대행자 태안무역 (통관고유부호) 수출자구분 A 수출화주 태안무역 (통관고유부호) (주소) (대표자) (소재지) (사업자등록번호)	⑩거래구분 11		⑪종류 A		⑫결제방법 TT
	⑬목적국		⑭적재항		⑮선박회사 (항공사)
	⑯선박명(항공편명)		⑰출항예정일자		⑱적재예정보세구역
	⑲운송형태			⑳검사희망일	
	㉑물품소재지				
③제 조 자 태안무역 (통관고유부호) 제조장소 산업단지부호	㉒L/C번호			㉓물품상태	
	㉔사전임시개청통보여부			㉕반송 사유	
④구 매 자 (구매자부호)	㉖환급신청인 (1:수출대행자/수출화주, 2:제조자) 자동간이정액환급				

품명 · 규격 (란번호/총란수: 999/999)

㉗품 명 ㉘거래품명		㉙상표명		
㉚모델 · 규격	㉛성분	㉜수량	㉝단가(XXX)	㉞금액(XXX)

㉟세번부호	㊱순중량	㊲수량	㊳신고가격(FOB)	$19,930 ₩21,163,440
㊴송품장번호	㊵수입신고번호	㊶원산지	㊷포장갯수(종류)	
㊸수출요건확인 (발급서류명)				

㊹총중량	㊺총포장갯수	㊻총신고가격 (FOB)		$19,930 ₩21,163,440
㊼운임(₩)	㊽보험료(₩)	㊾결제금액		CFR-USD-19,930
㊿수입화물관리번호		51컨테이너번호		
※신고인기재란		52세관기재란		
53운송(신고)인 54기간	55적재의무기한	56담당자	57신고수리일자	20×2-10-21

발 행 번 호 :
(1) 수출신고수리일로부터 30일내에 적재하지 아니한 때에는 수출신고수리가 취소됨과 아울러 과태료가 부과될 수 있으므로 적재사실을 확인하시기 바랍니다.(관세법 제251조, 제277조) 또한 휴대탁송 반출시에는 반드시 출국심사(부두,초소,공항) 세관공무원에게 제시하여 확인을 받으시기 바랍니다.
(2) 수출신고필증의 진위여부는 관세청 인터넷통관포탈에 조회하여 확인하시기 바랍니다.(http://unipass.customs.go.kr)

(3) 수출실적명세서 작성

1) 작성예시

■ 부가가치세법 시행규칙 [별지 제40호서식(1)]   홈텍스(www.hometax.go.kr)에서도 신청할 수 있습니다.

수출실적명세서(갑)

※ 직수출·대행수출, 수탁가공무역의 위탁자 반출의 영세율 첨부서류

년 제 기 (월 일 ~ 월 일)

※ 아래의 작성방법을 읽고 작성하시기 바랍니다.

제출자 인적사항	① 사업자등록번호	② 상호(법인명)
	③ 성명(대표자)	④ 사업장 소재지
	⑤ 업태	⑥ 종목

⑦ 거래기간 년 월 일 ~ 월 일	⑧ 작성일자

구분	건수	외화금액	원화금액	비고
⑨ 합계	16	446,598.14	455,017,295	
⑩ 수출재화(=⑫합계)	4	290,524.47	295,060,494	
⑪ 기타 영세율적용	12	156,073.67	159,956,801	영세율 첨부서류 신고기한 내 제출

⑫ 일련번호	⑬ 수출신고번호	⑭ 선(기)적일자	⑮ 통화코드	⑯ 환율	금액	
					⑰ 외화	⑱ 원화
합계					290,524.47	295,060,494
	030-15-11-03105745	20×2.10.24	USD	1,026.7000	19,930	20,462,131

작 성 방 법

이 명세서는 외국으로 재화를 직접 반출(수출)하여 영세율을 적용받는 사업자가 작성하며 아래의 작성요령에 따라 한글, 아라비아숫자, 영문자로 정확하고 선명하게 적어야 합니다.

①~⑥: 제출자(수출자)의 사업자등록증에 적힌 사업자등록번호·상호(법인명)·성명(대표자)·사업장 소재지·업태·종목을 적습니다.
⑦: 신고대상기간을 적습니다(예시 : 2022년 1월 1일~3월 31일).
⑧: 수출실적명세서 작성일자를 적습니다.
⑨: 부가가치세 영세율이 적용되는 재화 또는 용역의 공급으로 세금계산서 발급대상이 아닌 영세율 적용분에 대한 총건수, 외화금액 합계, 원화금액 합계[부가가치세 신고서 2쪽 영세율 기타분(④항) 과세표준]를 적습니다.
⑩: 관세청에 수출신고 후 외국으로 직접 반출(수출)하는 재화의 총건수, 외화금액 합계, 원화금액 합계를 적으며, ⑫란의 1번부터 마지막 번호까지를 모두 합계한 건수, 외화금액, 원화금액과 일치하여야 합니다.
⑪: 관세청에 수출신고 후 외국으로 직접 반출(수출)하는 재화 이외의 영세율적용분(국외제공용역 등)으로 세금계산서를 발급하지 아니하는 분의 총건수, 외화금액 합계, 원화금액 합계를 적습니다(※ 영세율 첨부서류는 별도제출).
⑫: 수출 건별로 1번부터 부여하여 마지막 번호까지 순서대로 적습니다.
⑬: 수출신고서의 (7)번 신고번호를 적습니다.
⑭: 수출재화(물품)을 실질적으로 선(기)적한 일자를 적습니다.
⑮: 수출대금을 결제받기로 한 외국통화의 코드를 영문자 3자로 적습니다(수출신고서 (34)번 항목의 중간에 표시되며, 미국달러로 결제받는 경우 USD라 적습니다).
⑯: 수출재화의 선(기)적 일자에 해당하는 외국환거래법에 의한 기준환율 또는 재정환율을 적습니다.
⑰: 수출물품의 인도조건에 따라 지급받기로 한 전체 수출금액으로 수출신고서의 (33)번 항목의 금액이며 소수점 미만 2자리까지 적습니다.
⑱: ⑰란의 금액을 ⑯란의 환율로 곱한 환산금액 또는 선(기)적일 전에 수출대금(수출선수금, 사전송금방식수출 등)을 원화로 환가한 경우에는 그 금액을 원단위 미만은 절사하고 적습니다.

※『수출실적명세서(갑)』서식을 초과하는 수출실적분에 대해서는『수출실적명세서(을)』[별지 제40호서식(2)]에 작성합니다.

210㎜×297㎜[백상지 80g/㎡(재활용품)]

2) 작성요령

⑨ 부가가치세 영세율이 적용되는 재화 또는 용역의 공급으로 세금계산서 발급대상이 아닌 영세율 적용분에 대한 총건수, 외화금액 합계, 원화금액 합계[부가가치세 신고서 2쪽 영세율 기타분(④항) 과세표준]를 기재합니다.

⑩ 관세청에 수출신고 후 외국으로 직접 반출(수출)하는 재화의 총건수, 외화금액 합계, 원화금액 합계를 기재하며, ⑫항 란의 1번부터 마지막 번호까지를 모두 합계한 건수, 외화금액, 원화금액과 일치하여야 합니다.

⑪ 관세청에 수출신고 후 외국으로 직접 반출(수출)하는 재화 이외의 영세율 적용분(국외제공용역, 중계무역, 위탁가공무역 등)으로 세금계산서를 발급하지 아니하는 분의 총건수, 외화금액 합계, 원화금액 합계를 기재합니다(※ 첨부서류는 별도 제출).

⑫ 수출 건별로 1번부터 부여하여 마지막 번호까지 순서대로 기재합니다.

⑬ 수출신고서의(⑤)번 신고번호를 기재합니다.

⑭ 수출재화(물품)를 실질적으로 선(기)적한 일자를 기재합니다. 선적일은 선하증권 상의 선적일자를 기재합니다.

⑮ 수출대금을 결제 받기로 한 외국통화의 코드를 영문자 3자로 기재합니다(수출신고서 (49)번 항목의 중간에 표시되며, 미국달러로 결제 받는 경우 USD라 기재합니다).

⑯ 수출재화의 선(기)적일자에 해당하는 외국환거래법에 의한 기준환율 또는 재정환율을 기재합니다. 서울외국환중개(주)가 매일 최초고시하는 매매기준율을 기재합니다. 또한 공휴일이나 토요일인 경우 직전일 환율을 기재합니다.

⑰ 수출물품의 인도조건에 따라 지급 받기로 한 전체 수출금액으로 수출신고서의 (49)번 항목의 금액이며 소수점 미만 2자리까지 기재합니다.

실무적용 Tip

◎ 결제금액과 영세율 과세표준

결제금액은 부가가치세의 과세표준과 소득세, 법인세 수입금액의 기준이 되는 금액이다. 따라서 결제금액에 선적일의 기준환율이나 재정환율을 적용하면 영세율과세표준이 된다. 다만, 법인세법이나 소득세법상 수입금액은 계약조건에 따라 해당일의 기준환율 또는 재정환율로 환산하여 수출매출액을 계상하여야 한다. 즉, 결제금액은 수출승인서, 상품장의 내용에 근거하여 인도조건, 통화코드, 금액 순으로 기재한다. 통화는 자국통화, 상대국통화, 제3국 통화 중 어느 통화로 결정할 것인가를 당사자 간에 정한 것으로 한다. 결제금액은 당해사업자가 수출로 인하여 가득한 실제수입금액으로 영세율 부가가치세신고나 법인세신고시에 이 금액에 공급시기 또는 귀속시기의 기준환율이나 재정환율을 적용하면 된다.

⑱ ⑰항 란의 금액을 ⑯항 란의 환율로 곱한 환산금액 또는 선(기)적일 전에 수출대금(수출선수금, 사전송금방식수출 등)을 원화로 환가한 경우에는 그 금액을 원단위 미만은 절사하고 기재합니다.

> **실무적용 Tip**
>
> ◉ **수출신고번호와 수출실적명세서의 작성**
>
> 수출신고번호는 통관지 세관, 연도, 일련번호 및 체크디지트 등이 기재되며 이는 영세율 첨부서류인 수출실적명세서에 기재되어 관세청통관자료와 확인대사가 이루어진다. 그리고 수출신고번호를 관세청홈페이지에 입력하면 출항일자를 알 수 있다. 출항일자는 선적 후 통상 1~2일 후에 이루어진다.

(4) 부가가치세 신고서의 작성

		구 분		금 액	세율	세 액
과세표준및매출세액	과세	세금계산서발급분	①		$\frac{10}{100}$	
		매입자발행세금계산서	②		$\frac{10}{100}$	
		신용카드·현금영수증발행분	③		$\frac{10}{100}$	
		기타(정규영수증외매출분)	④			
	영세율	세금계산서발급분	⑤		$\frac{0}{100}$	
		기 타	⑥	455,017,295	$\frac{0}{100}$	0
	예 정 신 고 누 락 분		⑦			
	대 손 세 액 가 감		⑧			
	합 계		⑨	455,017,295	㉮	0

※ 영세율 중 세금계산서 발급분은 국내거래에 해당되는 내국신용장이나 구매확인서로 공급하는 경우, 해외건설용역을 원도급자로부터 하도급 받은 경우에 발생한다. 직수출이나 대행수출의 경우 등은 세금계산서 발급의무가 없으므로 영세율 기타분으로 기재한다.

(5) 수출신고필증 작성요령 및 검토[7]

회계실무자가 수출거래를 이해하고 올바른 회계처리와 세무신고를 위하여 꼭 알아야 할 내용에 대하여 설명하고자 한다.

1) 일반사항

가. 보세공장 또는 자유무역지역으로부터 외국으로 반출(반송·수출)신고시는 수출신고서를 사용한다.(「남북교역물품 통관관리에 관한 고시」 및 「반송절차에 관한 고시」에 따라 반출(반송)하는 물품의 신고시에도 동일하다)

나. 수출신고서는 상업송품장(Commercial Invoice) 또는 포장명세서(packing list) 등을 근거로 작성하되 신고시점에 제시된 현품과 동일해야 한다.

다. 품목번호 또는 품목별로 별도의 『란』으로 구분하여 기재하고, 동일 『란』안에는 모델·규격별로 "모델·규격, 성분, 상표명, 수량, 단가, 금액"을 최대 50행까지 상세히 기재하여야 한다. 모델·규격이 최대 50행을 초과하는 경우에는 수출신고서의 '송품장번호'란에 반드시 해당 송품장번호를 기재 하여야 한다.

라. 다수의 품목으로 신고서 1매를 초과할 경우에는 "을지"를 사용할 수 있으며 이때 신고서의 우측 상단에 "을지"라 표시한다.

마. 자동차, 전자제품, 기계류, 섬유류 등 주요품목에 부수하여 수출되는 품목으로서 금액이 적고 종류가 다양하며 관세환급 또는 무역통계 작성에 지장이 없는 것으로서 품목별로 각각 별도의 『란』을 구분하여 기재하는 것이 비능률적이라고 판단되는 경우에는 여러 가지 부수되는 품목 중에서 무역통계상 별 의미가 없는 품목은 일괄하여 한 『란』에 기재할 수 있다. 이 경우에는 수출신고서의 '송품장번호'란에 반드시 해당 송품장번호를 기재하여야 한다.

바. 원·부자재와 자동차·전자제품 등의 주요 부품(A/S 목적 등) 및 해외 현지조립 방식(Knock Down방식) 수출 물품으로 종류가 다양하며 관세환급 또는 무역통계 작성에 지장이 없는 경우 일괄하여 한 『란』에 기재할 수 있다. 이 경우에는 수출신고서의 '송품장번호'란에 반드시 해당 송품장번호를 기재하여야 한다.

사. 비환급대상 물품의 경우에는 품목별로 『란』을 구분하여 기재하되 모델·규격 구분없이 일괄하여 기재할 수 있다. 이 경우에는 수출신고서의 '송품장번호'란에 반드시 해당 송품장번호를 기재하여야 한다.

---

[7] 수출신고서 및 수입신고서 검토요령은 관세청 홈페이지(www.customs.go.kr)의 작성요령을 인용하였음

아. 이사물품의 경우 그 종류와 금액이 다양하여 품목별로 각각 별도의 란을 구분하여 기재하는 것이 비능률적일 때에는 제1란 품명 및 거래품명에 대표적으로 이사물품임을 「Household goods」으로 영문표기하고 그에 대한 세번은 2424.00-0000으로 기재하며, 품목별 수량, 중량, 포장갯수, 금액 등은 일괄하여 해당란에 기재하고, 품목별 세부내용은 신고서에 첨부된 포장명세서 기타 물품목록 등에 기재된 내용으로 갈음할 수 있다.

다만, 이사물품 중 재수출조건 이행 또는 재수입면세와 관련된 물품이 포함된 경우에는 이를 분리하여 제2란부터 당해물품의 HS세번별로 각각의 품명·규격란을 설정하여 일반 수출물품의 경우와 같이 품명, 거래품명, 모델·규격, 성분, 상표명, 원산지, 세번, 수량, 중량, 포장갯수, 금액 등을 각 해당란에 기재하거나 별도의 신고서에 의거 수출신고를 하여야 한다.

자. 결제금액에 운임·보험료 등이 포함된 경우에는 그 운임·보험료 등을 수출자(제조자)가 구분하여야 하며 관세사 등 신고인은 그 적정성을 심사하여 신고하여야 한다.

차. 수출신고서 용도별 구분
- 수출신고서(보관용) : 세관/신고인 보관용 수출신고서
- 수출신고필증 : 신고필증 발급용

카. 수출신고서의 형식
- 전산기에 의하여 출력되는 데이터의 길이에 따라 신고항목의 상하 출력위치가 가변적인 FREE FORM 형태의 서식을 사용
- 수출신고서의 좌우 출력위치는 고정적임

타. 수출신고서 출력시 출력내용이 첫 페이지를 초과할 경우 다음 페이지에 이어서 계속하여 출력하되, 신고서의 제출번호, ①과 ⑤~⑧ 항목은 매 페이지별로 동일한 위치에 반복하여 출력한다.

파. 통계부호의 추가, 삭제, 변경사항이 시달되었을 때에는 이를 전직원 및 관세사에게 숙지시키고 관계자료를 보완하여 활용함으로써 오류가 발생하지 않도록 유의한다.

하. 제35조의2(전자상거래 물품 등의 간이수출신고)에 따라 수출하려는 물품은 수출신고서 기재항목 중 다음 항목을 기재를 생략할 수 있다. 〈개정〉
- 「③제조자」 기재항목 중 「산업단지부호」 항목
- 「④구매자」 기재항목 중 「구매자부호」 항목

- 「⑨C/S구분」 기재항목
- 「⑪종류」 기재항목
- 「⑭적재항」 기재항목
- 「⑮선박회사(또는 항공사)」 기재항목
- 「⑯선박명(또는 항공편명)」 기재항목
- 「⑰출항예정일자」 기재항목
- 「⑱적재예정보세구역」 기재항목
- 「⑲운송형태」 기재항목
- 「⑳검사희망일」 기재항목
- 「㉑물품소재지」 기재항목 중 「장치장부호」, 「반입번호」 항목
- 「㉒L/C번호」 기재항목
- 「㉓물품상태」 기재항목
- 「㉔사전임시개청통보여부」 기재항목
- 「㉕반송 사유」 기재항목
- 「㉗품명」 기재항목
- 「㉙상표명」 기재항목
- 「㉛성분」 기재항목
- 「㊴송품장번호」 기재항목
- 「㊵수입신고번호」 기재항목
- 「㊶원산지」 기재항목 중 「결정기준」, 「표시여부」 항목
- 「㊷포장개수」 기재항목
- 「㊸수출요건확인(발급서류명)」 기재항목
- 「㊼운임」 기재항목
- 「㊽보험료」 기재항목
- 「㊿수입화물관리번호」 기재항목
- 「(51)컨테이너번호」 기재항목
- 「(53)운송(신고)인」 기재항목
- 「(54)기간」 기재항목
- 비환급대상건의 경우 「③제조자」 기재항목 중 제조자 통관고유부호, 제조자 일련번호 항목, 「㉛성분」 기재항목

갸. 제33조의2에 따라 수출하려는 물품은 수출신고서 기재항목 중 다음 항목을 기재를 생략할 수 있다.

- 「③제조자」 기재항목 중 「산업단지부호」 항목
- 「⑨C/S구분」 기재항목
- 「⑫결제방법」 기재항목
- 「⑭적재항」 기재항목
- 「⑮선박회사(또는 항공사)」 기재항목
- 「⑯선박명(또는 항공편명)」 기재항목
- 「⑲운송형태」 기재항목
- 「㉑물품소재지」 기재항목 중 「장치장부호」, 「반입번호」 항목
- 「㉒L/C번호」 기재항목
- 「㉓물품상태」 기재항목
- 「㉔사전임시개청통보여부」 기재항목
- 「㉕반송 사유」 기재항목
- 「㉖환급신청인」 기재항목
- 「㉛성분」 기재항목
- 「㊱순중량」 기재항목
- 「㊴송품장번호」 기재항목
- 「㊵수입신고번호」 기재항목
- 「㊷포장개수」 기재항목
- 「㊸수출요건확인(발급서류명)」 기재항목
- 「㊹총중량」 기재항목
- 「㊺총포장개수」 기재항목
- 「㊻총 신고가격」 기재항목
- 「㊼운임」 기재항목
- 「㊽보험료」 기재항목
- 「㊾결제금액」 기재항목
- 「㊿수입화물관리번호」 기재항목
- 「(51)컨테이너번호」 기재항목
- 「(52)세관기재란」 기재항목

- 「㊳운송(신고)인」 기재항목
- 「㊴기간」 기재항목
- 「㊵적재의무기한」 기재항목
- 「㊶담당자」 기재항목
- 「㊷신고수리일자」 기재항목

냐. 제35조의5(전자상거래 물품의 국외반출신고에 관한 특례)에 따라 국외반출하려는 물품은 국외반출신고서 기재항목 중 다음 항목의 기재를 생략할 수 있다.
〈신설〉
- 「②대행자」 기재항목
- 「③제조자」 기재항목 중 「산업단지부호」 항목
- 「⑨C/S구분」 기재항목
- 「⑫결제방법」 기재항목
- 「⑭적재항」 기재항목
- 「⑮선박회사(또는 항공사)」 기재항목
- 「⑯선박명(또는 항공편명)」 기재항목
- 「⑰출항예정일자」 기재항목
- 「⑱적재예정보세구역」 기재항목
- 「⑳검사희망일」 기재항목
- 「㉒L/C번호」 기재항목
- 「㉓물품상태」 기재항목
- 「㉔사전임시개청통보여부」 기재항목
- 「㉕반송 사유」 기재항목
- 「㉖환급신청인」 기재항목
- 「㉗품명」 기재항목
- 「㉙상표명」 기재항목
- 「㉛성분」 기재항목
- 「㊴송품장번호」 기재항목
- 「㊵수입신고번호」 기재항목
- 「㊷포장개수」 기재항목
- 「㊸수출요건확인(발급서류명)」 기재항목

- 「㊼운임」 기재항목
- 「㊽보험료」 기재항목
- 「㊿수입화물관리번호」 기재항목
- 「51컨테이너번호」 기재항목

2) 품명·규격 기재에 관한 사항

가. 용어의 정의

○ "품명·규격"이라 함은 품명, 거래품명, 상표명, 모델·규격, 성분 등 수출신고서상의 5개 항목을 총칭하여 말한다.

○ "품명"이라 함은 당해 물품을 나타내는 관세율표상의 품명을 말한다. 다만 관세율표상에 당해 물품을 나타내는 품명이 없는 경우에는 이를 나타낼 수 있는 일반적인 상품명을 말한다.

○ "거래품명"이라 함은 실제 상거래시 송품장 등 무역서류에 기재되는 품명을 말한다.

○ "상표명"이라 함은 상품을 생산, 가공 또는 판매하는 것을 업으로 영위하는 자가 자기의 업무에 관련된 상품을 타인의 상품과 식별되도록 하기 위하여 사용하는 기호·문자·도형 또는 이들을 결합한 것과 기호·문자·도형에 색채를 결합한 것을 지칭하는 이름을 말한다.

○ "모델"이라 함은 생산방식·방법·타입 등으로서 관세법 별표 관세율표 (이하 "관세율표"라 한다)상의 품목분류·관세법 제226조의 규정에 의한 세관장 확인물품 등의 심사에 영향을 미치는 사항을 말한다.

○ "규격"이라 함은 재질·가공상태·용도·조립여부·사이즈·정격전압·처리능력·생산년도 등으로서 관세율표상의 품목분류·관세법 제226조의 규정에 의한 세관장 확인물품·환급 등의 심사에 영향을 미치는 사항을 말한다.

○ "성분"이라 함은 당해 물품 구성성분의 종류 및 그 함량을 나타내는 것으로 관세율표상의 품목분류·관세법 제226조의 규정에 의한 세관장확인물품·환급 등의 심사에 영향을 미치는 사항을 말한다.

나. 품명·규격의 표기 원칙

○ 품명·규격의 표기는 선량한 신고인의 의무로서 다음사항을 구체적으로 성실하게 기재하여야 한다

- 품목분류(HS10단위)에 필요한 사항
- 관세법 제226조의 규정에 의한 세관장확인에 필요한 사항

- 환급심사에 필요한 사항
- 수출하고자 하는 물품을 정확히 나타내기 위하여 필요한 사항

○ 품명·규격은 영어와 아라비아 숫자로 표기하여야 하며, 영어가 아닌 경우에는 영어로 번역하여 기재하여야 한다.
○ 품명·규격의 표기는 수출신고서상의 양식순서에 따라 표기한다.
○ 다수의 품목을 신고하는 경우로서 품목번호, 품명 또는 상표명이 다르면 각각 란을 달리하여 기재하여야 한다. 다만, 동일한 품목번호로 분류되는 부분품, 부속품 등은 대표되는 품명을 기재하고 그 외 물품의 품명·규격은 모델·규격 및 성분 항목에 차례대로 기재한다.
○ 품명·규격을 기재함에 있어 원·부자재의 단위실량(Raw Material) 등 환급심사에 필요한 사항을 기재하고자 하는 경우에는 "규격" 항목에 이를 기재하되, 그 앞에 〈RM〉이라고 표기한 후 기재한다.
○ 관세청장이 정하는 품명·용도 표준화 코드에 따라 기재하여야 한다.

다. 신고인의 권한과 책임
○ 신고인은 송품장 등에 기재한 품명·규격이 이 요령에서 정하는 표기원칙과 다르게 작성된 때에는 이 요령에서 정하는 바에 따라 수정하여 수출신고서에 표기하여야 한다.
○ 관세사 등은 통관을 의뢰하는 수출업자에게 수출요건 확인서류, 송품장 등을 작성하는 때에는 이 요령에 정하는 바에 따라 품명·규격을 작성하도록 전문지식을 제공하여야 한다.

3) 제7조의3에서 정한 보세구역 등 반입 후 수출신고에 관한 사항
가. 일반사항
○ 수출신고 항목「⑧신고구분」을 기재함에 있어 신고인은 반입대상물품이 적재 전 최종 출항 보세구역에 장치되었는지 여부를 확인한 후 부호 'B'로 기재한다.
○「⑧신고구분」을 'B'로 기재 후「⑱적재(예정)보세구역」의 보세구역코드를 입력한다.
○「㉑물품소재지」는,
- (우편번호) 수출물품이 장치되어 있는 소재지의 우편번호 5자리를 기재
- (장치장소) 주소(구, 군단위까지) 및 보세구역명 반드시 기재(통계부호표 참조)
- (장치장부호) 해당 보세구역부호 반드시 기재(통계부호표 참조)

- (반입번호) 해당 보세구역에 반입시 형성된 반입번호(반입계 정보) 반드시 기재
ㅇ 본 항목에서 특별히 규정하지 않은 사항에 관하여는 수출신고서 작성요령 (1)일반사항에 따른다.

나. 품목별 세부사항

연번	종류	대상	기재사항
1	중고자동차	컨테이너에 적입하여 수출하는 중고자동차	- 「⑲운송형태」는 운송수단 코드(10), 운송용기 코드(FC 또는 LC)로 기재한다. - 「㊿컨테이너번호」는 적입여부를 'Y'로 기재하고, 컨테이너 번호를 기재한다. 이때, 신속한 통관 및 검사의 용이성을 위하여 적재한 차량의 차대번호와 컨테이너 적입 전 및 적입 작업 후 대조 가능토록 동일 방향의 적재사진을 전자방법으로 첨부하여 제출한다.
2	플라스틱 폐기물 및 생활폐기물 등	컨테이너에 적입하여 수출하는 플라스틱 스크랩 및 생활폐기물 등	- 「⑲운송형태」는 운송수단 코드(10), 운송용기 코드(FC 또는 LC)로 기재한다. - 「㊿컨테이너번호」는 적입여부를 'Y'로 기재하고, 컨테이너 번호를 기재한다. 이때, 신속한 통관 및 검사의 용이성을 위하여 적재한 폐기물의 컨테이너 적입 중, 적입 완료 후 및 컨테이너번호 확인이 가능토록 적재사진을 전자방법으로 첨부하여 제출한다.

다. 권한과 책임
ㅇ 신고인은 반입계 등에 기재한 반입정보가 이 요령에서 정하는 표기원칙과 다르거나 누락하여 작성된 때에는 이 요령에서 정하는 바에 따라 수정하여 수출신고서에 표기하여야 한다.
ㅇ 보세구역 운영인 등은 통관과 관련된 이해관계자(수출업자, 관세사, 포워딩업체)에게 신속하고 원활한 통관을 위하여 보세구역 반입정보를 제공하여야 한다.

4) 수출신고서 세부작성 요령

항 목	작 성 요 령
① 신고자	○ 신고자 상호와 대표자 성명을 기재 – 관세사의 경우 : 신고자상호, 관세사성명 기재 – 자가통관업체의 경우 : 신고자상호, 대표자성명 기재 – 기타 개인의 경우 : 성명 기재 ※ 다만, 화주(당해 수출물품의 소유자) 또는 완제품 공급자 직접신고로서 관세사 명의로 수출신고하는 경우에는 ○○회사(주) 관세사○○○으로 기재
② 수출대행자	○ 수출대행자의 상호 또는 성명을 기재. ※ 수출대행자가 다수인 경우 ○○○외 ○명으로 신고할 수 없으므로 수출대행자별로 분리하여 신고
–(통관고유부호)	○ 수출대행자의 통관고유부호를 기재 – 관세청장(세관장)이 지정한 통관고유부호를 기재
–(일련번호)	○ 사업자단위 과세 적용사업자의 경우 국세청에서 부여하는 해당사업장 일련번호
–수출자 구분	○ 아래 해당코드를 기재 – 수출대행자가 제조자와 동일한 경우 : A – 수출대행자가 수출대행만을 한 경우 : B – 수출대행자가 완제품공급(원상태 공급을 포함한다)을 받아 수출한 경우 : C – 수출화주와 제조자가 본·지사 관계인 경우 : D
–수출화주	○ 수출화주의 상호를 기재
–(주소)	○ 수출화주의 주소를 기재
–(대표자)	○ 수출화주의 대표자 성명을 기재
–(통관고유부호)	○ 수출화주의 통관고유부호를 기재 ※ 수출대행자 또는 수출화주의 사업자등록번호가 부여되어 있는 경우 통관고유부호를 반드시 기재하여야 하며, 사업자등록번호가 없는 개인·외국인은 기재 생략
–(일련번호)	○ 사업자단위 과세 적용사업자의 경우 국세청에서 부여하는 해당사업장 일련번호
–(사업자등록번호)	○ 수출화주의 사업자등록번호를 기재 – 국세청장이 지정한 사업자등록번호 기재 ※ 사업자등록번호가 없는 개인의 경우는 개인통관고유부호 또는 주민등록번호를 기재하며, 외국인인 경우는 개인통관고유부호 또는 외국인등록번호(외국인등록번호가 없을 경우 여권번호) 기재 * 외국인의 여권번호 기재시 앞자리에 "F"를 기재한 후, ISO국가코드 2자리와 여권번호를 이어서 기재(13자 이내)
–(소재지)	○ 수출화주 소재지의 우편번호 앞 3자리 번호를 기재.

항 목	작 성 요 령
③ 제조자	○ 수출물품을 제조 가공한 자의 상호를 기재
– (통관고유부호)	○ 관세청장(세관장)이 지정한 통관고유부호를 기재 – 국내제조자가 없는 수입물품, 반송물품, 제조자를 알 수 없는 시중구매물품, 제조자 다수 등으로 제조자 기재가 불가능한 경우에는 제조자 상호를 "미상"으로 하고 통관고유부호는 "제조미상9999000"으로 기재
– (일련번호)	○ 사업자단위 과세 적용사업자의 경우 국세청에서 부여하는 해당사업장 일련번호
제조장소 산업단지부호	○ 수출물품 제조장소(공장)의 우편번호 앞 3자리 번호를 기재. 다만, 제조자가 미상인 경우에는 수출화주 소재지 우편번호 5자리 기재 ○ 수출물품 제조장소의 산업단지부호 기재 (통계부호표 참조) – 산업단지부호가 아닌 경우 '999' 기재
④ 구매자	○ 상업송품장(Invoice)상에 명시된 외국의 구매회사 이름을 영문으로 기재
– (구매자부호)	○ 관세청에서 부여하는 해외거래처 부호를 기재 – 등록된 해외거래처 부호가 없는 경우에는 관세청(세관장)에서 부여받아 기재
⑤ 신고번호 – 신고인부호 – 연도 – 일련번호	○ 신고자 부호, 년도 및 신고서 작성 일련번호를 기재 – 수출신고인 부호 기재(통계부호표 참조) – 신고년도 기재 – 신고인이 관리하는 연도별 일련번호로서 중복될 수 없음(일련번호(6) + 'X')
⑥ 세관. 과 – 신고세관 – 신고과	○ 통관지 세관부호 및 과부호를 기재 – 신고세관을 기재(통계부호표 참조) – 신고과를 기재(통계부호표 참조)
⑦ 신고일자	○ 신고자가 신고서를 접수하고자 하는 날짜를 YYYYMMDD(연월일)로 기재
⑧ 신고구분	○ P/L, 서류제출, 반송 등 해당코드를 기재(통계부호표 참조) – 보세구역 반입 후 수출신고 대상
⑨ C/S구분	○ 세관기재(검사생략 등)란으로 기재 생략
⑩ 거래구분	○ 일반형태수출 등 해당코드를 기재(통계부호표 참조)
⑪ 종류	○ 일반·보세공장수출 등 해당코드를 기재(통계부호표 참조)
⑫ 결제방법	○ L/C, 단순송금 등 해당코드를 기재(통계부호표 참조)
⑬ 목적국 – 코드	○ 수출물품의 최종 도착국가에 대한 약어를 기재 ○ 해당 ISO 국가코드를 기재(통계부호표 참조)
⑭ 적재항 – 코드	○ 수출물품이 적재되는 항구·공항명을 기재 (통계부호표 참조)

항 목	작 성 요 령

⑮ 선박회사
  (또는 항공사)
  – 코드
	○ 당해 항차의 선박운항을 책임지는 선박회사의 상호 또는 당해 항행의 항공기 운항을 책임지는 항공사 상호
	○ 관세청에 등록된 선박회사 또는 항공사의 코드 기재

⑯ 선박명 (또는 항공편명)	○ 선박의 고유명칭(선박명을 23자리 이내의 영문으로 기재) ○ 국외로 출항하는 항공기의 운항 항공편명
⑰ 출항예정일자	○ 당해 선박 또는 항공기의 출항예정일을 기재
⑱ 적재(예정) 보세구역	○ 적재를 위한 장치장소의 보세구역 코드를 기재 * 보세구역이 아닌 장소에 장치하거나 미정인 경우 "세관부호+99999"를 기재 – 보세구역 반입 후 수출신고대상은 적재보세구역 코드 필수 기재

⑲ 운송형태
  – 운송수단
  – 운송용기
	○ 운송수단 코드를 기재(통계부호표 참조)
	○ 운송용기 코드를 기재(통계부호표 참조)
	– 보세구역 반입 후 수출신고대상 중 중고자동차는 운송수단 코드(10), 운송용기 코드(FC,LC)로 기재

⑳ 검사희망일	○ 세관검사 희망일을 YYYYMMDD로 기재 ※ 수출신고시점에는 수출물품이 신고한 장소에 장치되어 있어야 함

㉑ 물품소재지
 	
  – 장치장소
 	
  – 장치장부호
 	
  – 반입번호
	○ 수출물품이 장치되어 있는 소재지의 우편번호 5자리를 기재
	○ 수출물품이 장치되어 있는 소재지 명칭(업체 상호)을 먼저 기재하고 그 다음에 도로명주소를 기재하되, '시,군,구' 용어는 생략하고 기재
	– 물품소재지가 보세구역일 경우 주소(구, 군단위 까지) 및 보세구역명 기재(통계부호표 참조)
	– 보세구역이 아닐 경우 회사명과 주소 순으로 기재
	※ 동일세관, 출장소 관할지 내 물품이 2곳 이상 있을 경우 1건으로 신고 가능(대표소재지 기재)
	○ 보세구역 반입후 수출신고, 계약상이수출, 반송 등 수출물품이 보세구역에 있을 때에는 해당 보세구역부호를 반드시 기재
	○ 적재지 보세구역에 장치한 후 수출신고하는 수출물품의 경우에는 반드시 보세구역 반입번호를 기재
	– 보세구역 반입 후 수출신고 대상은 해당 보세구역 '반입계'의 반입번호 기재

㉒ L/C번호	○ 신용장거래방식에 의한 수출인 경우에는 L/C번호를 기재하고, 그 외의 경우에는 은행참조번호 또는 계약서 번호를 기재
㉓ 물품상태	○ 수출물품이 신품인지 중고품인지 기재 – 신품인 경우 : N, 중고품인 경우 : O, 신품과 중고품 혼재인 경우 : M
㉔ 사전임시개청 통보여부	○ 야간 또는 공휴일에 신고서를 전송하는 경우 사전에 임시개청을 통보한 신고서 인지 아닌지 여부를 기재 – 임시개청 미통보(임시개청대상 아님) : A – 임시개청 기통보(임시개청대상임) : B

항 목	작 성 요 령
㉕ 반송사유	○ 「반송절차에 관한 고시」의 규정에 의한 반송물품의 경우에는 반송사유 부호를 기재(통계부호표 참조)

㉖ 환급신청인
 	
자동간이정액환급
	○ 수출물품이 환급대상인 경우, 환급신청인을 해당하는 번호로 기재
	  - 수출대행자/수출화주 : 1, 제조자 : 2
	○ 수출신고에 의한 자동 간이정액환급 신청 여부를 기재
	  - 자동 간이정액환급신청 : AD
	  - 미신청 : NO
	※ 자동 간이정액환급을 신청하고자 하는 경우는 다음의 3가지 요건을 충족하여야 함
	  ① 환급신청인이 수출물품의 제조자 이어야 하며
	  ② 거래구분은 일반형태 수출인 "11"이어야 하고
	  ③ 수출물품의 제조자 통관고유부호는 관세환급시스템에 등록된 자동환급대상 업체의 통관고유부호와 일치

◎ 서류첨부여부	○ 각 란 마다 모든 신고내역을 모델·규격별로 기재하지 않아 서류첨부가 필요한 건인지 여부를 기재

㉗ 품명	○ 당해 물품을 나타내는 관세율표상의 품명을 영문으로 기재
	  - 관세율표상 품목번호 10단위에 당해 품명이 특게되어 있는 경우 이를 기재
	  - 10단위에 특게되어 있는 품명이 없는 경우에는 9단위부터 4단위까지 순차적으로 특게된 품명을 찾아 기재
	○ 품목번호 중 최종 4단위에도 관세율표상에 품명이 특게되지 않은 경우 일반적인 품명을 기재
	○ 관세율표상에 특게된 품명이 당해물품의 성질을 정확하게 표현하지 못하는 경우 일반적인 품명 기재
	○ 품명 또는 용도 표준화 코드에 따라 기재
	○ 부분품 및 부속품의 경우에는 「~PART」 또는 「PART FOR ~」로 일괄 기재하고 구체적인 품명은 모델·규격란에 기재
	○ 해외현지조립방식(Knock Down) 물품의 경우 "CKD" 또는 "SKD"라는 단어를 기재한 후 품명을 기재
	※ 중고물품인 경우 품명 맨 앞에 "USED" 표기
	※ 반복수출입포장용기의 경우 품명 맨 앞에 "Returnable" 표기

㉘ 거래품명	○ 실제 상거래시 상업송장 등 무역서류에 기재하는 품명을 기재 ○ 영어 이외의 외국어는 단순히 발음을 영자로 표기 ○ 학명은 CITES 해당 여부 등을 위해 확인이 필요한 경우 기재
㉙ 상표명	○ 상표가 있는 경우 실제 사용하는 하나의 상표명을 기재 - 상표에 포함되어 있는 공백을 제거하고 연결하여 기재 ※ 상표가 다른 경우 란을 달리하여 신고 ※ 'BRAND'라는 단어는 기재하지 않음 ○ 상표가 없는 경우 'NO'를 기재

항 목	작성요령
㉚ 모델·규격 – 규격번호 – 모델·규격	○ 해당 품목의 세부 모델 및 규격을 기재 – 모델·규격별 일련번호를 기재 – 세관 심사에 필요한 모델 및 규격을 상세히 기재 ※ 하나의 모델에 규격이 여러개인 경우 각 규격별로 규격 앞에 모델명을 기재 ○ 모델명 기재방법 – 생산방식, 생산방법, 타입 등을 나타내는 부호임 – 모델이 있는 경우에는 규격 앞에 "MODEL :"라는 단어를 기재한 후 영어 대문자로 모델명 기재 ○ 규격 기재방법 – 재질, 가공상태, 용도, 조립여부, 사이즈, 정격전압, 처리능력, 생산년도, 두께 등을 나타냄 – 여러 규격을 기재하는 경우 ';'로 구분하여 기재 ○ 원·부자재의 단위실량(Raw Material) 등 환급심사에 필요한 사항을 기재하고자 하는 경우 그 앞에 "〈RM〉"라고 기재한 후 영어 대문자로 내역을 기재 ○ 품명 또는 용도 표준화 코드에 따라 기재
㉛ 성분	○ 품목분류, 법제226조의 규정에 의한 세관장확인대상물품, 관세환급 심사에 영향을 미치는 성분 및 함량을 기재 – 농산물 혼합물 및 실·직물의 경우는 성분 및 함량을 모두 기재
㉜ 수량 – 단위	○ 당해 품목의 모델·규격별 수량을 기재 – 소수점 이하 다섯째 자리에서 반올림하여 기재 – 실제 수량단위를 기재
㉝ 단가	○ 당해 품목의 모델·규격별 단가를 기재 – 소수점 이하 일곱째 자리에서 반올림하여 기재
㉞ 금액	○ 당해 품목의 모델·규격별 금액을 기재 – 소수점 이하 다섯째 자리에서 반올림하여 기재 ※ 결제금액란의 통화종류 부호를 단가 및 금액항목 우측 ( )안에 출력
㉟ 세번부호	○ 관세율표에 기재된 세번을 10단위까지 기재 – 제35조의2에 따라 수출하는 건 중 비환급대상이나 관세법 제226조의 규정에 의한 세관장확인대상물품에 해당하지 않는 경우 6단위 기재 가능
㊱ 순중량 – 단위	○ 물품의 포장용기를 제외한 순중량을 기재 – 소수점 이하 둘째자리에서 반올림하여 기재 ○ 단위는 'KG'으로 기재
㊲ 수량 – 단위	○ HS별 표준수량·중량단위표에 게기된 단위로 환산하여 기재 – HS별 표준수량·중량단위표에 중량단위만 있고 수량단위 부호가 특게 되어 있지 않은 것은 기재하지 않음(중량만 기재) – 소수점 이하는 반올림하여 기재

항 목	작 성 요 령
㊳ 신고가격	○ FOB 기준의 원화 가격을 원단위까지 기재 - 송품장상 결제조건이 FOB가 아닌 경우 FOB가격으로 산정하여 기재(결제조건이 CIF인 경우 운임, 보험료를 공제한 금액) - 외국에서 수리·개조하기 위하여 반입된 선박·항공기를 수리 후 수출하는 경우에는 수리·개조로 인한 가득액을 기재 - 우리나라 선박·항공기를 외국에서 수리후 반입하기 위하여 수출하는 경우에는 "0"을 기재 - 선박·항공기가 아닌 기타의 경우 "물품가격+가득액"을 기재
◎차대번호 - 차대관리번호 (일련번호)	○ 중고차량(임시운행차량 포함)을 수출하는 경우 해당 차대번호를 기재 - 차대번호의 일련번호를 기재
㊴ 송품장 부호	○ 상업송품장 부호를 기재 - 수출물품에 원상태수출물품이 일부 포함되어 수출되는 경우 맨 앞에 "72-"를 기재한 후 송품장 부호를 기재
㊵ 수입신고번호	○ 수출신고 거래구분 '72', '84', '86', '89', '93' 등 재수출의 경우 수입신고번호를 반드시 기재(다만, 수출입안전관리 우수업체(화주)의 원상태 수출신고건(72)은 수입신고번호(분증번호 포함) 기재 생략 가능)
- 란번호	- 해당 수입신고건의 란번호 기재
㊶ 원산지 - 국가부호	○ 수출물품의 원산지를 기재
- 결정기준	○ 원산지 결정방법 코드를 기재 - A : 완전생산기준 - B : 부가가치기준(직접생산비기준) - C : 부가가치기준(타국원재료비공제기준) - D : 가공공정기준 - E : 조합기준 - 2 : 세번변경기준(HS 2단위) - 4 : 세번변경기준(HS 4단위) - 6 : 세번변경기준(HS 6단위) - 8 : 세번변경기준(HS 6단위에서 세분)
- 표시여부	○ 원산지 표시여부를 기재 - N : 원산지 미표시 - Y : 현품 및 포장에 원산지 표시 - B : 포장에만 원산지 표시 - G : 현품에만 원산지 표시
- FTA 원산지증명서 발급여부	○ FTA 원산지증명서 발급 여부 표시 - Y : 원산지증명서 발급

항 목	작 성 요 령
	– N : 원산지증명서 미발급 – B : 상대국 보세구역 반입으로 불필요 ※ 수출 이후 원산지증명서 발급 예정인 경우에도 기재
㊷ 포장개수	○ 해당 물품의 외포장 개수를 기재
– 종류	○ 수출물품의 해당 포장종류 코드를 기재(통계부호표 참조)
㊸ 수출요건확인	
– 일련번호	○ 수출요건확인 일련번호를 기재
– 구분	○ 수출요건별 구분코드를 기재 – A : 수출승인서 – B : 수출추천서 – C : 검사증 – D : 검역증 – E : 전략물자수출허가서 또는 상황허가서
– 요건승인번호	○ 타 법령에 의한 수출요건확인서의 허가 및 승인 번호 ○ 수출승인서 기재 가. 수출에 제한이 있는 경우에는 반드시 기재 – 수출입구분 1자리 – 기관고유코드 3자리 – 산하기관코드 2자리 – 연도 2자리 – 일련번호 7자리 – 체크디지트 1자리 나. 대외무역법령상 수출승인면제물품인 경우에는 대외무역관리규정의 해당 사유항목을 기재 ○ 전략물자수출허가서 기재 (상황허가서 포함) 가. 허가구분자리(1자리) – A : 개별수출허가 – B : 개별수출허가 면제 – C : 사용자포괄수출허가 – D : 품목포괄수출허가 – E : 전략물자비해당판정 나. 허가번호 및 판정번호(6자리)
– 발급서류명	○ 수출요건확인서류명 ※ 신고서 출력시 20자리까지 ( )로 표시
– 발급일자	○ 수출요건확인서류 발급일자
– 법령부호	○ 수출요건확인관련 법령부호(통계부호표 참조) ※ 최대 8개까지 기재 가능하며, 수출신고서에는 최초 입력한 4개만 출력

항 목	작 성 요 령
㊹ 총중량	○ 수출신고 물품의 총중량(용기 포함)을 기재 - 소수점 이하 둘째자리에서 반올림하여 기재
- 단위	○ 단위는 'KG'으로 기재
㊺ 총포장개수	○ 포장명세서상의 총 외포장 개수를 기재 ※ 운송용기(예 Pallet) 수량으로 기재하지 않음 ※ 수출신고서상 총포장개수의 단위는 1란의 포장종류 부호가 기재됨
㊻ 총신고가격	○ 원화 : 수출신고가격의 합계를 원단위까지 기재 　　　　　(원단위 이하는 절사) ○ 미화 : 총신고가격을 미화($)로 환산하여 기재 　　　　　($ 이하는 반올림) ※ 환산율은 관세청 고시 수출환율을 적용
㊼ 운임	○ 결제금액에 운임이 포함된 경우 운임을 원화로 기재
㊽ 보험료	○ 결제금액에 보험료가 포함된 경우 보험료를 원화로 기재
㊾ 결제금액	○ 송품장의 내용을 근거로 하여 인도조건, 통화종류, 금액(실제 결제금액) 순으로 기재(통계부호표 참조) - 인도조건은 INCOTERMS 2020코드를 기재[8]
- 인도조건	(INCOTERMS 2020 코드 이외에는 환산하여 기재) EXW, FAS, FCA, FOB, CFR, CIF, CPT, CIP, DPU, DAP, DDP(11개임)
- 통화종류	- 통화종류는 통계부호표상의 통화종류를 기재(다만, 관세청 고시환율에 해당 통화종류가 없는 경우에는 "USD"로 기재)
- 결제금액	- 금액은 통화종류에 따른 금액 실제 결제금액을 기재(관세청 고시환율에 해당 통화코드가 없는 경우 수입물품과세가격결정에관한고시 제1-4조 제2항을 준용하여 환산 기재) ※ 결제금액에 운임, 보험료가 포함된 경우 그 금액을 각각 구분하여 원화로 기재
◎ 환율	○ 해당일자에 해당하는 관세청 고시환율을 기재
㊿ 수입화물관리번호	○ 반송절차에 관한 고시의 규정에 의한 반송물품의 경우에 당해 수입화물관리번호를 기재 - 무적화물은 "NO"를 기재 - 화물관리번호는 1개만 기재
- 구분	○ 전량, 분할, 여러건 반송 등의 구분 기재 - A : 화물 전량을 반송 - B : 화물을 분할하여 반송 - C : 여러건의 화물을 동시에 반송

항 목	작 성 요 령
(51) 컨테이너번호	
– 적입여부	○ 컨테이너 적입 및 컨테이너번호 확인 여부 – 'Y' 또는 'N'으로 기재
– 컨테이너번호	○ 수출신고시점에서 컨테이너에 적입되어 있고 컨테이너번호가 확인된 경우 해당 컨테이너 번호를 기재 – 최대 10개까지 기재 가능하며, 수출신고서에는 최초 입력한 번호만 출력 ※ 해상으로 수출 예정인 컨테이너화물에 한함
◎ 신고인기재란	○ 관세사 등 신고인이 수출신고시 세관에 제공하는 정보 기재 – 보세구역 반입 후 수출신고건은 보세구역 운영인, 컨테이너 작업업체 연락처 등 기재
(52) 세관기재란	○ 세관에서 사용하는 특기사항(예 선적확인사항 등) 기재란으로 신고시 기재할 필요 없음
(53) 운송(신고)인	○ 보세운송대상물품(보세공장물품, 자유무역지역 등)인 경우 해당 보세운송신고인의 상호와 성명을 한글로 기재 ○ 일반 수출물품인 경우 복합운송주선업자 등 당해 수출물품의 운송인의 상호와 성명을 한글로 기재 ※ 기재방법 – 운송(신고)인이 신고자인 경우 : "신고자와 동일" – 운송(신고)인이 수출자인 경우 : "수출자와 동일" – 운송(신고)인이 제조자인 경우 : "제조자와 동일" – 운송(신고)인이 일반업체인 경우 : 상호와 성명을 기재
(54) 기간	○ 보세운송대상물품인 경우 보세운송 신고수리일자 및 종료일자를 YYYY/MM/DD로 기재 ○ 일반 수출물품인 경우 운송 예정기간을 기재
(55) 적재의무기간	○ 신고수리일로부터 기산된 최초 적재의무기한이 시스템에서 자동으로 기재되므로 신고인이 기재할 필요 없음
(56) 담당자	○ 세관의 접수 담당자
(57) 신고수리일자	○ 세관에서 신고수리한 일자가 기재되므로 신고시 기재할 필요 없음

8) 인코텀즈가 2010에서 2020으로 개정되었으며 그 사유는 다음과 같다.
첫째, 기존 인코텀즈 조건으로는 급변하는 국제무역 환경에 대응이 어렵기 때문에 인코텀즈를 보다 명확하게 매칭하기 위하여 개정을 한다.
둘째, 운송 수단의 발전과 물류 시스템의 변화에 따라 인코텀즈도 그에 맞게 변화하여 해당 발전과 변화를 수용할 수 있어야 한다.
셋째, 인코텀즈의 이전 버전을 실무에서 사용하였을 때 발생하였던 무역 분쟁에 대해서 해결하기 위하여 기업, 무역 및 물류 전문가 뿐만 아니라 법률 전문가와 연구진들이 모여 개정을 진행하게 된다.
인코텀즈 2020에서는 다음과 같이 개정되었다. FCA 조건은 모든 운송방식에 사용되는 조건으로서 물품의 인도는 본선 적재 전에 완료가 된다.. 이에 따라 수취식 선하증권이 발행되는데 수취식의 경우 신용장 거래에서는 은행의

(가) 수출자 부호와 형태

실무담당자는 영문자 부호에 따라 수출형태를 알 수 있으며 영세율첨부서류를 무엇으로 제출해야 할 것인가를 파악할 수 있게 된다.

예를 들면, 수출신고필증상에 수출자상호와 제조자상호가 일치하게 되면 직수출에 해당되어 "A"로 표시되고 이 때의 영세율첨부서류는 수출실적명세서가 된다. 또한 "B"로 표시되는 경우 대행수출로 수출대행수수료에 대하여 세금계산서를 발급했는지 또는 단순 명의대행인지 여부를 확인한다. 그리고 "C"로 표시되는 경우 제조자가 내국신용장 또는 구매확인서에 의하여 공급되어 영세율이 적용되는지를 확인한다.

(나) 수출신고일자와 선적일의 관계

신고일자는 신고서가 접수된 날짜로 대부분 이날 수출신고 수리가 되며 보통 2, 3일 이후에 선적이 이루어진다. 따라서 이날을 선적일로 보아 부가가치세 신고를 하면 영세율과소신고가산세 및 귀속시기에 따른 수입금액의 차이로 과소신고가산세 등 불이익을 받을 수 있으니 주의를 요한다.

> 세법상 가산세는 과세권의 행사 및 조세채권의 실현을 용이하게 하기 위하여 납세자가 정당한 이유 없이 법에 규정된 신고, 납세 등 각종 의무를 위반한 경우에 개별세법이 정하는 바에 따라 부과되는 행정상의 제재로서 납세자의 고의, 과실은 고려되지 않고, 법령의 부지 또는 오인은 의무해태를 탓할 수 없는 정당한 사유에 해당한다고 볼 수 없는 것임(대법원 2004.09.24. 선고 2003두10350 판결).
> • 환율 차이
> • 귀속시기 차이

(다) 수출거래구분과 영세율 적용방법

수출의 구체적인 형태가 나타나며 이에 따른 영세율첨부서류와 회계처리방식이 달라지므로 주의 깊게 검토하여야 한다. 다만, 세법은 명의나 형식에 불구하고 실질에 따라 과세하는 실질과세원칙이 적용되므로 형식상의 수출부호와 실질의 수출형태가 다를 경우에는 실질에 따라 적용하여야 한다.

수리거절 사유가 될 수 있다. 이에 따라 인코텀즈 2020에서는 수취식선하증권 발행 후 적재가 되면 선적선하증권을 발행하여 제공하는 의무를 반영하게 되었다. 인코텀즈 2020에서는 기존에 인코텀즈 2010에서 사용하던 DAT(Delivered At Terminal)는 삭제되고, 지정 목적지에서 물품을 양하하여 인도하는 조건(규칙)인 DPU(Delivered at Place Unloaded)가 신설되었다.

㉠ 수탁가공무역(22)

보세공장의 설영특허를 받아 무환수탁가공무역을 하는 사업자가 수탁보세가공한 물품을 국외로 반출하는 경우에는 수출하는 재화로서 영의 세율을 적용한다(부기통 21-31-6).

㉡ 위탁가공을 위한 원자재수출(29)

위탁가공무역(29)은 원자재가 무환(무상)으로 반출되어 수출신고필증이 교부되어도 이는 부가가치세법상 과세대상인 수출이 아니므로 영세율신고를 하지 말아야 한다. 즉, 외국에서 가공되어 완제품이 제3국으로 인도될 때 영세율신고를 하는 것이다.

㉢ 위탁판매수출(31)

사업자가 무상 투자한 외국의 현지인과 합작으로 외국에 재화의 보관·관리시설만을 갖춘 보관창고를 설치하고 자기가 생산하거나 취득한 재화를 국내항구에서 선적하여 당해 외국의 보관창고로 반출한 후 당해 국가의 수입상에게 판매하는 경우에는 그 대금을 판매되는 시점에 수입상으로부터 받는 경우에도 당해 수출재화(BWT 방식)에 대하여는 선적일을 공급시기로 하는 것이나, 국내사업장에서 계약과 대가수령 등 거래가 이루어지는 것으로서 당해 수출방식이 대외무역법에 의한 위탁판매수출에 해당하는 경우에는 수출재화의 공급가액이 확정되는 때(수탁자의 판매일)를 공급시기로 하는 것이다(서면3팀-2167, 2004.10.25).

㉣ 연계무역(32)

연계무역은 수출과 수입이 연계된 무역으로 대응무역(Counter Trade) 또는 조건부무역, 물물교환(Barter trade), 구상무역(Compensation)[9] 및 산업협력(Industrial cooperation)의 형태에 의하여 이루어지는 수출입을 말한다.

구상무역방법에 의하여 수출한 물품의 판매금액의 계산은 다음에 의한다(법칙 40).

ⓐ 선수출 후수입의 경우에는 그 수출과 연계하여 수입할 물품의 외화표시가액을 수출한 물품의 선박 또는 비행기에의 적재를 완료한 날 현재의 당해 거래와 관련된 거래은행의 대고객외국환매입률에 의하여 계산한 금액

---

[9] 구상무역에서 사용되는 신용장으로는 동시개설신용장(Back-to-Back L/C), 기탁신용장(Escrow L/C), 토마스신용장(Tomas L/C)이 있다.

ⓑ 선수입 후수출의 경우에는 수입한 물품의 외화표시가액을 통관절차가 완료된 날 현재의 당해 거래와 관련된 거래은행의 대고객외국환매입률에 의하여 계산한 금액

이 경우 수입한 물품의 취득가액은 수출하였거나 수출할 물품의 판매금액과 당해 수입물품의 수입에 소요된 부대비용의 합계액에 상당하는 금액으로 한다.

또한, 수출 또는 수입한 물품과 연계하여 수입 또는 수출하는 물품의 일부가 사업연도를 달리하여 이행되는 경우에 각 사업연도에서 이행된 분에 대한 수입물품의 취득가액 또는 수출물품의 판매가액은 제1항 및 제2항의 규정에 의하여 그 이행된 분의 비율에 따라 각각 이를 안분계산 한다.

ⓜ 임대방식에 의한 수출(33, 39)

사업자가 건설장비 등을 임대(국외제공용역)목적으로「대외무역법」에 규정하는 임대수출방식으로 국외로 반출하는 경우 소유권의 이전 없이 반출하는 당해 건설장비 등은「부가가치세법」제6조에 규정하는 재화의 공급에 해당 하지 아니하는 것이다. 즉, 부가가치세 영세율 신고대상이 아니다.

다만, 임대계약기간 만료 전 또는 만료 후 당해 건설장비 등의 소유권이 외국에서 이전되는 경우(외국인도수출)에는 당해 재화가 인도되는 때를 공급시기로 하여 같은 법 제11조 제1항 제1호의 규정을 적용하며, 이 경우 부가가치세의 과세표준은 같은 법 제13조 제1항의 규정에 의하는 것이다(서면3팀-1883, 2007.07.03.).

구 분	재화의 국외반출시	임대료 수입시
소유권이전 조건	수출(영세율)	국외제공용역(영세율)
소유권 불이전 조건	수출 아님(과세 안됨)	국외제공용역(영세율)

※ 임대용역에 대한 영세율 첨부서류는 임대차계약서 또는 외화입금증명서이며, 만료 후 임대자산 처분시 외국인도수출에 해당되며 영세율 첨부서류는 수출계약서나 외화입금증명서이다.

ⓗ 대외원조수출(41, 49)

사업자가 한국국제협력단법에 의한 한국국제협력단에 공급하는 재화로서 한국국제협력단이「한국국제협력단법」제7조의 규정에 의한 사업을 위하여 당해 재화를 외국에 무상으로 반출하는 경우에는「부가가치세법시행령」제24조 제2항 제2호 규정에 의하여 영세율 적용거래에 해당하는 것이나, 동 사업자가 계

약에 의하여 대한상공회의소에 책상 등의 기자재를 공급하는 경우에는 영세율 적용거래에 해당하지 아니하는 것이다(서면3팀-2443, 2004.12.03).

ⓢ 해외투자수출(61)

사업자가 부가가치세 과세사업과 관련하여 생산하거나 취득한 재화를 국외로 현물출자 하는 경우에 그 재화의 반출에 대하여는 부가가치세를 과세하고 영의 세율을 적용하는 것이다. 이 때 공급시기는 선적일이다(대법원 2006.06.15 선고 2006두3001 판결). 그리고 재화의 반출과 관련하여 교부받은 세금계산서의 매입세액이 부가가치세법 제17조 제2항 각호의 1에 해당하지 아니하는 때에는 당해 사업자의 매출세액에서 공제할 수 있는 것이다(서면3팀-2263, 2004.11.05). 또한, 법인이 해외에 기계장치 등을 현물 출자하는 것은 자산의 양도에 해당하는 것이므로 해당자산의 양도에 대한 손익의 귀속시기는 선적일이 속하는 사업 연도로 하여야 하는 것이며 양도가액은 현물출자로 인하여 취득하는 자산가액으로 하는 것이다. 이 경우 기계장치의 현물출자와 관련하여 추가로 발생하는 설치비·시운전비 및 거래처 교육비 등을 출자자가 부담하기로 한 경우의 해당 비용은 출자법인의 손금에 해당하는 것이다(서면2팀-1956, 2004.09.21).

ⓞ 외국으로부터 보세구역에 반입된 물품으로 다시 반송되는 물품(78)

외국의 수출업자가 보세창고 반입물품을 수입통관 전에 외국으로 반송하는 경우에는 부가가치세가 과세되지 아니 한다(부가46015-2317, 1999.08.05).

ⓩ 외국에서 수리, 검사 목적으로 반출하는 물품(83)

외국회사(을)의 관계회사인 외국인투자법인이 그 외국회사(을)가 국내의 고객회사에게 판매한 반도체생산 장비를 고객회사에 설치하고 불량부품 교체 등의 A/S용역을 제공함에 있어, A/S용역 제공시 수거한 불량부품을 수리를 위하여 소유권 이전 없이 외국회사(을)에게 무환 반출하는 경우 당해 불량부품의 반출은 「부가가치세법」 제6조에서 규정하는 재화의 공급에 해당하지 아니하는 것이다(부가-4146, 2008.11.12).

ⓒ 전시회목적으로 무환수입 후 반출(86)

사업자가 국내에서 신제품 전시목적으로 외국사업자 소유의 전시품을 무환수입하여 전시를 하고 전시가 끝난 후 당해 외국사업자에게 반환하기 위하여 외국으로 반출하는 경우에는 재화의 공급에 해당하지 아니하는 것이다(서면3팀-3425, 2007.12.27).

㉠ 수리, 검사, 기타사유로 반입되어 작업 후 다시 반출되는 물품(89)

사업자가 재화를 수출한 후 하자로 인하여 당해 수출한 재화를 반입하면서 세관장으로부터 수입세금계산서를 교부받고 반입된 재화를 수리하여 재수출하거나 동일제품으로 교환하여 재수출하는 경우 당해 재화의 반입일이 속하는 예정신고기간 또는 확정신고기간에 대한 예정 또는 확정신고시 부가가치세 과세표준에서 반입재화의 공급가액을 차감하지 아니하고 반입시 교부받은 수입세금계산서의 매입세액은 매출세액에서 공제하며, 당해 수리된 재화 등의 재수출시에는 부가가치세가 과세되지 아니한다(부가46015-2284, 1999.08.03).

㉡ 무상반출 견품(92)

대가를 받지 아니하고 무상으로 반출하는 견품 및 광고용품은 재화의 공급으로 보지 않으므로 영세율 신고대상이 아니다. 다만, 견본품에 대하여 외국으로부터 대가를 받는 경우에는 과세대상에 해당되며 수익으로 계상하여야 한다. 이 경우 공급시기는 대가를 받기로 확정되는 때이다(부가46015-1072, 1997.05.13). 무상으로 반출하는 경우 회계처리는 다음과 같다.

| (차) 견본비 또는 광고선전비 | ××× | (대) 상품 또는 제품 | ××× |

㉢ 수입된 물품이 계약내용과 상이하여 반출하는 물품(93)

사업자가 국외로부터 수입한 재화가 하자가 발생하여 반송하는 경우 동 재화가 「관세법」 제106조에 규정하는 위약물품에 해당하는 경우에는 관할세관장은 부가가치세를 지체 없이 환급하여야 하는 것이므로 수출하는 재화에 해당하지 아니하는 것이며, 반송하는 수입재화가 관세법에 규정하는 위약물품에 해당되지 아니하는 경우에는 수출하는 재화에 해당하는 것이다(제도46015-12407, 2001.07.26). 또한, 사업자가 수입한 재화가 「관세법」 제106조에 규정하는 위약물품에 해당되어 세관장으로부터 수정 수입세금계산서를 교부받고 당해 재화의의 반출에 따른 수출신고를 필한 후 외국의 수출자에게 반출하는 경우에는 부가가치세가 과세되지 아니하는 것이다(서삼46015-10282, 2001.09.21). 실무상으로 수정(-)수입세금계산서는 당해 작성일자가 속하는 과세기간에 대한 부가가치세 신고시 부가세대급금(-)로 처리하면 된다.

> • 관련법조문 •

■ **관세법 제106조(계약내용과 상이한 물품 등에 대한 관세환급)**
① 수입신고가 수리된 물품이 계약 내용과 다르고 수입신고 당시의 성질이나 형태가 변경되지 아니한 경우로서 다음 각 호의 어느 하나에 해당하는 경우에는 그 관세를 환급한다. [개정 2022.12.31] [시행일 2023.1.1]
1. 외국으로부터 수입된 물품: 보세구역(제156조 제1항에 따라 세관장의 허가를 받았을 때에는 그 허가받은 장소를 포함한다. 이하 이 조에서 같다) 또는 「자유무역지역의 지정 및 운영에 관한 법률」에 따른 자유무역지역 중 관세청장이 수출물품을 일정기간 보관하기 위하여 필요하다고 인정하여 고시하는 장소에 해당 물품을 반입(수입신고 수리일부터 1년 이내에 반입한 경우로 한정한다)하였다가 다시 수출한 경우
2. 보세공장에서 생산된 물품: 수입신고 수리일부터 1년 이내에 보세공장에 해당 물품을 다시 반입한 경우

② 제1항에 따른 수입물품으로서 세관장이 환급세액을 산출하는 데에 지장이 없다고 인정하여 승인한 경우에는 그 수입물품의 일부를 수출하였을 때에도 제1항에 따라 그 관세를 환급할 수 있다.
③ 제1항과 제2항에 따른 수입물품의 수출을 갈음하여 이를 폐기하는 것이 부득이하다고 인정하여 그 물품을 수입신고 수리일부터 1년 내에 보세구역에 반입하여 미리 세관장의 승인을 받아 폐기하였을 때에는 그 관세를 환급한다.
④ 수입신고가 수리된 물품이 수입신고 수리 후에도 지정보세구역에 계속 장치되어 있는 중에 재해로 멸실되거나 변질 또는 손상되어 그 가치가 떨어졌을 때에는 대통령령으로 정하는 바에 따라 그 관세의 전부 또는 일부를 환급할 수 있다.
⑤ 제1항부터 제4항까지의 규정을 적용할 때 해당 수입물품에 대한 관세의 납부기한이 종료되기 전이거나 징수유예 중 또는 분할납부기간이 끝나지 아니하여 해당 물품에 대한 관세가 징수되지 아니한 경우에는 세관장은 해당 관세의 부과를 취소할 수 있다.
⑥ 제1항부터 제4항까지에서 규정한 관세의 환급에 관하여는 제46조와 제47조를 준용한다.

ⓗ 수리목적으로 외국에 무환반출(96)

기계장치를 수입하여 판매하는 사업자가 수입·판매된 기계장치를 보증수리기간 내에 하자가 발생하여 수리목적으로 외국으로 반출하는 경우와 수입된 기계장치의 하자로 반품처리(환불)하기 위하여 외국으로 반출하는 경우에는 「부가가치세법」 제6조에 규정한 재화의 공급에 해당하지 아니하며, 사업자가 국내에서 신제품 전시목적으로 외국사업자 소유의 전시품을 무환 수입하여 전시를 하고 전시가 끝난 후 당해 외국사업자에게 반환하기 위하여 외국으로 반출하는

경우에는 「부가가치세법」 제6조에 규정한 재화의 공급에 해당하지 아니 한다 (서면3팀-3425, 2007.12.27.).

(라) 무역결제시기에 따른 구분

① 사전지급방법(Advance Payment)

수입업자에게 물품이 인도되기 전에 수입대금을 미리 지급하는 형태로 수출업자 입장에서는 수출선수금에 해당된다. 이 경우 부가가치세법에서는 공급시기 이전에 수출대금을 회수하여 환가한 경우 환가한 금액을 과세표준으로 하도록 하고 있다.

㉠ CWO방식(Cash With Order)

물품구매와 함께 현금결제가 되는 주문시 현금지급방식을 말한다.

㉡ T/T방식(Telegraphic Transfer)

주문과 함께 전신환으로 송금하는 방식으로 대금결제 방식중 많이 활용된다.

㉢ 전대신용장방식(Red Clause L/C)

수출상이 신용장의 수취와 동시에 대금을 결제 받는 방식으로 신용장상의 일정금액까지 자금을 물품선적 전에 융자받을 수 있는 것으로 수익자는 개설은행에 약정이자를 부담하여야 한다.

② 동시지급방법(Concurrent Payment)

수출업자가 물품을 인도하고 동시에 수입업자는 대금을 결제하는 방식이다.

㉠ COD방식(Cash On Delivery)

수입국에 수출업자의 해외지사나 대리인에 물품을 송부하고 수입자가 물품을 검사한 후 대금을 지급하는 방식이다. 이 방식은 관세지급인도(DDP)조건에서 주로 이용된다.

㉡ CAD방식(Cash Against Documents)

수출업자가 물품을 선적하고 받은 운송서류를 수출국에 소재하는 수입업자의 해외지사나 대리인에게 전달하고 대금을 결제하는 방식을 말한다. 이 방식은 공장인도조건(EXW)에서 주로 이용된다.

㉢ 일람출급신용장 방식(At Sight L/C)

수입상이 선적서류와 환어음을 인수받고 대금을 결제하는 현금상환방식을 말한다.

㉣ D/P(Document Against Payment)

추심방식으로 수입업자가 선적서류 및 일람출급환어음을 인수하고 대금을 결제하는 방식을 말한다.

③ 사후지급방식(Deferred Payment)

수입업자가 선적서류와 환어음을 인수하여 물품을 인도받고 일정기간 경과 후에 대금을 결제하는 외상거래방식을 말한다.

㉠ 기한부 신용장방식(Usance L/C)

선적서류와 환어음을 인수하여 물품을 인도 받고 어음만기일에 대금을 결제하는 외상거래방식을 말한다.

㉡ D/A(Document Against Acceptance)

추심방식으로 수입업자가 선적서류와 환어음을 인수하고 물품을 인도 받은 후 어음만기일에 대금을 결제하는 방식을 말한다.

㉢ O/A방식(Open Account)

매 건별로 물품을 선적하고 통지할 경우 선적일을 기준으로 일정기한 후에 수출자가 지정한 계좌로 송금하는 방식을 말한다.

(마) 운송형태의 분류

구 분	부 호
선박에 의한 운송	10
철도에 의한 운송	20
차량에 의한 운송	30
항공기에 의한 운송	40
우편물 운송	50
복합운송	60
고정운송설비에 의한 운송	70
내륙수로에 의한 운송	80
기타	90

실무적용 Tip

◎ 운송형태에 따른 선적일의 표시방법

운송형태	표시방법	비 고
선 박	Ship On Board	On Board Notation (본선적재부기일)
항공기	the date of issuance	On Board Notation (본선적재부기일)
철도, 차량	received for shipment, dispatch or carriage	발행일
복합운송	the date of dispatch, taking in charge or shipped on board	인수일
우편물, 특송	date of pick up or of receipt	수령일

(바) 운송용기 구분

구 분	부 호
FCL Container (컨테이너)	FC
LCL Container (컨테이너)	LC
Pallet (깔판)	PA
Rope (줄)	RO
Movable panel (이동식 판)	MPA
ULD (Unit Load Device)	UL
Bulk (벌크)	BU
Etc	ETC

(사) 반송사유 분류

코드	반 송 사 유
11	주문이 취소되었거나 잘못 반입된 물품
12	수입신고전에 계약상이가 확인된 물품
13	수입신고전 수입요건 미구비가 확인된 물품
14	선사/항공사가 외국으로 반출하는 선/기용품 또는 선/기내판매용품
15	기타 사유로 반송하는 물품
20	통관보류물품의 반송
30	위탁가공하여 보세구역에 반입된 물품의 반송
40	중계무역물품의 반송
50	보세창고반입물품의 반송
60	장기비축원재료 및 수출물품 사후보수용품 반송
70	보세전시장물품 반송
80	보세판매장물품 반송
90	수출조건부 미군불하물품 반송

실무적용 Tip

○ 반송사유와 회계처리

반송사유에 따라 회계처리 및 세무처리가 달라진다. 예를 들어 코드가 40으로 표시되면 중계무역으로 영세율 과세표준을 신고하여야 하며 매출과 매입에 대한 회계처리를 하여야 한다. 한편, 11번으로 표시되면 단순반품으로 이에 따른 회계처리를 하여야 한다.

(아) 수출실적 인정금액 및 인정시기·발급기관

※ 근거 (대외무역관리규정 24 ~ 27조)

구 분	인정금액	인정시점	증명발급기관
일반수출입 (L/C, D/A, D/P, T/T, 위(수)탁가공방식, 임대차, 연불 등)	수출 : 수출통관액(FOB) 수입 : 수입통관액(CIF)	수출신고 수리일 수입신고 수리일	한국무역협회장 또는 산업통상자원부 장관이 인정하는 기관의 장
중계무역	가득액[수출금액 (FOB)-수입금액(CIF)]	입금일	외국환은행
외국인도수출	외국환은행 입금액	입금일	외국환은행

구 분	인정금액	인정시점	증명발급기관
위탁가공무역	판매액에서 원자재 수출금액 및 가공임을 공제한 가득액	입금일	외국환은행
외국인수수입	외국환은행의 지급액	지급일	외국환은행
전자적 형태의 무체물 수출	한국무역협회장 또는 한국소프트산업협회장이 발급한 수출입확인서에 의해 외국환은행이 입금 확인한 금액	입금일	외국환은행
내국신용장에 의한 공급	외국환은행의 결제액 또는 확인액	외국환은행 결제 또는 당사자간 결제일	외국환은행
구매확인서에 의한 공급	외국환은행의 결제액 또는 확인액	외국환은행 결제 또는 당사자간 결제일	대금을 결제한 외국환은행, 당사자간 대금 결제 시 구매확인서 개설 외국환은행
자유무역지역 반입	수출 : 수출통관액(FOB) 수입 : 수입통관액(CIF)	수출신고 수리일 수입신고 수리일	외국환은행
해외투자수출 등	수출 : 수출통관액(FOB)	수출신고 수리일	외국환은행

(자) 정형거래조건

① 인코텀즈의 의의와 적용범위

국제간의 무역거래시 각종 법규 및 관습 등의 차이로 인하여 무역분쟁이 자주 발생하게 되는데 이를 해결하기 위하여 국제상업회의소(ICC)가 11가지 정형화된 거래조건을 정하여 이용하도록 하고 있다.

㉠ 위험과 비용부담의 분기점을 구분해준다. 즉, 운송계약 및 보험계약의 체결 주체, 운임과 보험료 부담자, 수출입 통관의무자를 구분해준다.

㉡ 약정된 장소에서 수출업자가 물품을 인도하는 것을 정하고 있으므로 무형재를 인터넷으로 전송하는 거래에는 적용되지 않는다.

㉢ 소유권이전, 계약위반에 따른 권리구제, 의무면제 등의 사유는 다루지 않는다.

㉣ 민간기구인 국제상업회의소에서 만든 임의규정으로 당사자 간의 합의한 경우에 적용된다.

② 주요 거래조건

㉠ FOB(Free On Board, 본선인도조건)

본선인도조건은 계약물품이 지정된 운송선박의 본선에 적재될 때 까지의 모든 비용과 책임을 매도인(수출자)이 부담하는 조건이다. 즉, 수출자가 본선에 선적될 때까지의 비용을 부담하게 되어 통관은 수출자가 하게 되고 이에 대한 비용을 부담하게 된다.

ⓒ CFR(Cost and Freight, 운임포함 인도조건)

이 조건은 매도인(수출자)의 책임은 선적항의 본선에서 끝나지만, 매도인이 목적지까지 운송계약을 체결하고 운임을 지불해야 하는 조건이다. 따라서 선적 후 손실, 위험, 또는 비용부담은 선적과 동시에 매수인(수입자)에게 전환된다.

ⓒ CIF(Cost, Insurance and Freight, 운임·보험료포함 인도조건)

이 조건은 CFR조건에다 매도인의 부보의무가 추가된 조건이다. 따라서 매도인이 목적지까지의 해상보험계약을 체결하고 보험료를 부담하여야 한다.

ⓔ EXW(EX WORKS, 공장인도조건)

수출자의 공장 등에서 수입자에게 인도하는 조건으로 수입자가 운임, 보험료 등 목적지까지의 모든 위험과 손해를 부담하는 조건으로 수출자의 입장에서 최소의 의무를 부담한다.

ⓜ DDP(Delivered Duty Paid, 매도인 관세지급 인도조건)

수출자가 수입자의 지정장소에서 인도하는 조건으로 관세, 통관료, 운임, 보험료 등의 비용을 부담하는 조건으로 수입자가 최소의 부담을 지는 조건이다.

> ※ DDP 조건과 매입세액공제
> 매도인 관세지급 인도조건의 경우 수출자가 관세 등을 대납하는 경우로서 수입주체가 외국수출업체인 경우 수입자의 상품원가에서 제외하여야 하며(또는 원가처리하고 대납액을 수익으로 계상가능), 수입세금계산서를 발급받아도 매입세액공제를 받을 수 없음에 주의하여야 한다.
> 즉, 수입업자가 세관장으로부터 수입세금계산서를 발급받은 경우에 재화의 수입이 실질적으로 수입자의 책임과 계산 하의 수입이라면 당해 세금계산서의 매입세액은 수입업자의 매출세액에서 공제받을 수 있는 것이나, 수입에 관련된 관세 및 부가가치세를 외국 수출업체가 대납한 경우(DDP조건)로서 당해 재화의 수입주체가 실질적으로 외국 수출업체인 경우에는 수입업자가 수취한 수입세금계산서의 매입세액은 공제할 수 없는 것이다(서면3팀-417, 2005.03.25). 다만, 국내사업자가 당해 재화를 자기의 과세사업을 위하여 사용할 경우 실질적인 수입의 주체로서 수입과 관련한 관세 및 부가가치세를 납부하는 경우에는 세관장으로부터 수취한 수입세금계산서의 매입세액은 매출세액에서 공제받을 수 있는 것이다(서면3팀-2234, 2005.12.08, 부가-1543, 2010.11.22).

③ INCOTERMS 2020의 주요내용 요약
　㉠ 거래조건 요약

Groups	거래조건	위험 이전	비용 이전
Groups E (현장인도조건)	EXW	매도인이 작업장구내에서 매수인에게 인도	매수인에게 인도시점까지 매도인이 비용부담
Groups F (주운임 미지급조건)	FCA	매수인이 지정한 운송인에게 수출통관한 물품을 인도되었을 때	매수인에게 인도시점까지 매도인이 비용부담
	FAS	물품이 지정선적항의 선측에 인도되었을 때	매수인에게 인도시점까지 매도인이 비용부담
	FOB	물품이 지정선적항에 적재될 때	매수인에게 인도시점까지 매도인이 비용부담
Groups C (주운임 지급조건)	CFR	물품이 지정선적항에 적재될 때	매도인이 적재, 목적항까지의 해상운임, 양하비 부담
	CIF	물품이 지정선적항에 적재할 때	매도인이 적재, 목적항 까지의 해상운임, 보험료, 양하비 부담
	CPT	물품이 최초의 운송인에게 인도되었을 때	매도인은 FCA 조건 + 지정된 목적지까지의 운임부담
	CIP	물품이 최초의 운송인에게 인도되었을 때	매도인은 CPT 조건 + 지정된 목적지까지의 적하보험료 부담
Groups D (도착지 인도조건)	DAP	물품이 양하 하지 아니한 상태에서 인도되는 때	매도인은 터미널에서 양하한 후 인도시까지의 운송비 등을 포함한 비용 + 수출에 필요한 통관비용 + 인도에 앞선 제3국 통과비용(관세, 조세, 부과금) 포함하여 부담
	DPU	매수인의 목적지까지 매도인의 부담	매수인의 목적지까지 매도인이 관세, 부가세, 제세 등을 제외한 제비용 부담
	DDP	물품이 수입통관 된 상태에서 지정목적지에서 양하 되지 않은 상태에서 인도되었을 때	매도인은 물품이 인도될 때까지의 모든 비용과 수입통관비, 수입관세 등 부담

　㉡ 정형거래조건과 매도인·매수인의 비용부담 내용

정형거래조건	포장비검사비	수출국내륙운송비	수출항적재비	수출통관비	해상운송비	적하보험료	수입항양하비	수입통관비	수입국내륙운송비
EXW	O	*	*	*	*	*	*	*	*
FCA	O	O	O	O	*	*	*	*	*
FAS	O	O	*	O	*	*	*	*	*
FOB	O	O	O	O	*	*	*	*	*
CFR	O	O	O	O	O	*	*	*	*
CIF	O	O	O	O	O	O	*	*	*
CPT	O	O	O	O	O	*	*	*	*
CIP	O	O	O	O	O	O	*	*	*
DDP	O	O	O	O	O	O	O	O	O

※ 매도인 부담(O), 매수인 부담(*)

ⓒ FOB·CFR·CIF조건의 비교

구 분	FOB	CFR	CIF
책임의 부담	선적항의 본선	선적항의 본선	선적항의 본선
수출자의 비용부담	선적항의 본선까지의 비용부담	목적지까지의 운임비용 부담	목적지까지의 운임 및 보험료 부담
수출자의 주요의무	수출통관·선적완료	수출통관·선적완료 해상운송 계약체결	수출통관·선적완료 해상운송·보험계약체결

5. 수출관련 주요 용어정리

(1) 신용장

1) 신용장의 관련당사자

신용장(L/C)이란 수출자의 수출대금의 지급을 개설의뢰인(수입업자) 의뢰와 지시에 따라 거래은행(개설은행)이 신용장조건과 일치하는 서류와 상환으로 수익자가 발행한 환어음을 지급(Payment), 인수(Acceptance), 매입(Negotiation) 하겠다는 조건부지급확약서를 말한다. 수입업자는 거래 은행에 의뢰하여 자신의 신용을 보증하는 증서를 작성하게 하고, 이를 상대국 수출업자에게 보내어 그것에 의거 어음을 발행하게 하면 신용장 발행은행이 그 수입업자의 신용을 보증하고 있으므로 수출자의 은행은 안심하고 어음을 매입할 수 있다. 수출업자는 수입업자의 신용상태를 직접 조사·확인 하지 않더라도 확실하게 대금을 받을 수 있게 된다. 신용장과 관련된 당사자는 다음과 같다.

① 개설의뢰인(Applicant)
개설의뢰인은 원칙적으로 매수인(수입상)에 해당하는 것이지만, 때로는 매수인의 거래처인 제3자가 되는 경우도 있다.

② 개설은행(Issuing bank, Opening bank)
개설의뢰인(수입상)의 요청에 따라 수익자(수출자) 앞으로 신용장을 발행하는 은행으로서 Grantor라고도 하며 수입상의 주거래은행을 말한다.

③ 수익자(Beneficiary)
신용장의 수취인을 수익자 또는 수혜자라고도 하며 수출자가 신용장거래시에 수

익자에 해당된다.

④ 통지은행(Advising bank, Notifying bank)

개설은행의 요청을 받아 신용장을 통지해 주는 은행을 신용장 통지은행이라 하며, 통지은행은 거래에 대하여 어떠한 책임을 지지 않는다.

⑤ 확인은행(Confirming bank)

개설은행의 요청에 따라 신용장에 2차 지급확약을 하는 은행으로서 외환사정이 좋지 않은 국가나 은행의 신용도가 낮은 후진국과 거래할 경우에는 확인은행의 지정이 필요하다.

⑥ 매입은행(Negotiating bank)

신용장조건에 따라 수익자가 선적서류를 제시할 경우 이를 매입하고 수출대금을 지급하는 은행을 말한다. 즉, 수출자의 거래은행을 말한다.

⑦ 지급은행(Paying bank)

지급은행이 지정된 신용장을 지급신용장(Straight credit)이라고 하는데, 지급신용장에 의거하여 지급을 위탁 받은 은행을 말한다.

⑧ 인수은행(Accepting bank)

기한부신용장(Usance credit)에 의거하여 발행된 기한부 어음을 인수하는 은행을 인수은행이라고 하며, 인수은행은 어음의 만기일에 비로소 지급은행이 된다.

⑨ 결제은행(Settling bank)

신용장의 결제통화가 수입국이나 수출국의 통화가 아닌 제3국의 통화일 경우는 제3국에 있는 개설은행의 예치환거래은행이 결제은행이 되며, 어음을 매입한 은행에 대금을 상환해 주는 은행이라고 해서 상환은행(Reimbursing bank)이라고도 한다.

[표 1-2] 무역흐름에 따른 당사자 명칭

구 분	수출상(Exporter)	수입상(Importer)
매 매 계 약 관 계	매도인(Seller)	매수인(Buyer)
신 용 장 관 계	수익자(Beneficiary)	개설의뢰인(Applicant)
환 어 음 관 계	발행인(Drawer)	지급인(Drawee)
계 정 관 계	대금수령인(Accounter)	대금결제인(Accountee)
운 송 관 계	선적인(Shipper)	수하인(Consignee)
화 물 관 계	송하인(Consigner)	수하인(Consignee)

2) 신용장의 종류

① 화환신용장(Documentary L/C)

신용장에 운송서류가 첨부된 신용장으로 UCP600(신용장 통일규칙)에서는 화환신용장을 요구하고 있다.

② 확인신용장(Confirmed L/C)

개설은행 이외의 제3은행이 신용장에 대하여 추가적으로 지급·인수·매입을 확약하고 있는 신용장을 말한다.

③ 취소불능신용장(Irrevocable L/C)

신용장거래의 기본당사자(개설은행, 확인은행, 수익자) 전원의 동의 없이는 조건변경이나 취소할 수 없는 신용장을 말한다.

④ 양도가능신용장(Transferable L/C)

신용장금액의 전부 또는 일부를 제3자에게 양도할 수 있도록 허용한 신용장으로 신용장상에 'Transferable'이란 문구가 명시적으로 들어가 있어야 양도가 가능하다.

⑤ 일람출급신용장(At sight L/C)

환어음과 운송서류가 지급인에게 제시되는 즉시 대금을 결제 받을 수 있는 신용장을 말한다.

⑥ 기한부신용장(Usance L/C)

수입상이 운송서류와 환어음을 인수하고 일정기한 이후에 대금을 결제 받을 수 있는 외상방식의 신용장을 말한다.

⑦ 원신용장(Master L/C)

신용장의 수익자인 수출업자가 외국을 수입업자로부터 개설 받은 본래의 신용장을 말한다.

⑧ 내국신용장(Local L/C)

원신용장을 담보로 수출상에게 원료나 물품을 공급해주는 국내공급자를 수익자로 하여 국내에서 개설된 신용장을 말한다.

(2) 선적일

부가가치세법상 수출재화의 공급시기는 선적일이다. 여기서 선적일(On Board Date)[10]은 무슨 의미이며 어디서 확인을 할 수 있는가를 알아야 한다. 만일 선적일을 잘못기재하면 영세율과세표준이 과소신고되어 가산세 등의 불이익을 받게 된다. 선적일이란 수출화물이 선박의 갑판에 적재되는 날을 의미한다. 즉, 선적일은 내항선 선적일이 아닌 외항선박에 수출재화를 적재한 날이다(부가 1265-2217, 1983.10.18). 따라서 선적일을 확인하기 위해서는 선하증권(Bill of Lading)을 보면 확인이 된다. 주로 회계담당자들은 선적일을 수출신고필증상의 수출신고수리일자로 기재하는 경우가 있는데 이는 잘못된 것이다. 왜냐하면 수출신고수리일로부터 30일내에 선적되도록 되어 있고 그 때까지 선적되지 않으면 신고수리가 취소되거나 벌금을 부과 받게 된다. 따라서 통상적으로 수출신고수리일로부터 2~3일 후에 선적된다고 보면 된다. 실무자들이 선하증권(B/L)상의 선적일을 확인하기가 번거로운 경우에 관세청 홈페이지(www.customs.go.kr)의 수출이행내역조회에서 수출신고번호를 입력하면 출항일자가 나오는데 이를 선적일로 보는 경우가 있다. 그러나 출항은 선적이후 1~2일 이후에 이루어지므로 선적일과는 차이가 날 수 있다. 특히, 과세기간 말에는 선적일을 언제로 볼 것인가에 따라 당기신고 또는 차기신고하게 되는 데 이 경우 영세율 과소신고가산세(0.5%)와 귀속시기 차이로 인한 과소신고 가산세가 부과될 수 있으니 **선하증권** 상의 선적일을 확인하여야 한다.

---

10) 운송수단별로 선적관련 용어는 다음과 같다.
 - 해상운송(loading on board), 항공운송(dispatch), 철도운송(accepted for carriage), 우편발송(date of post receipt), 복합운송(taking in charge)

• 관련법조문 •

■ **부가가치세법시행령 제28조 【구체적인 거래 형태에 따른 재화의 공급시기】**
③ 다음 각 호의 어느 하나에 해당하는 경우에는 대가의 각 부분을 받기로 한 때를 재화의 공급시기로 본다. 다만, 제2호와 제3호의 경우 재화가 인도되거나 이용가능하게 되는 날 이후에 받기로 한 대가의 부분에 대해서는 재화가 인도되거나 이용가능하게 되는 날을 그 재화의 공급시기로 본다.
1. 기획재정부령으로 정하는 장기할부판매의 경우
2. 완성도기준지급조건부로 재화를 공급하는 경우
3. 기획재정부령으로 정하는 중간지급조건부로 재화를 공급하는 경우
⑥ 수출재화의 경우 다음 표의 구분에 따른 때를 재화의 공급시기로 본다.

구 분	공급시기
1. 법 제21조 제2항 제1호 또는 이 영 제31조 제1항 제1호·제6호에 해당하는 경우	수출재화의 선(기)적일
2. 원양어업 또는 제31조 제1항 제2호에 해당하는 경우	수출재화의 공급가액이 확정되는 때
3. 제31조 제1항 제3호부터 제5호까지의 규정 중 어느 하나에 해당하는 경우	외국에서 해당 재화가 인도되는 때

⑦ 사업자가 보세구역 안에서 보세구역 밖의 국내에 재화를 공급하는 경우가 재화의 수입에 해당할 때에는 수입신고 수리일을 재화의 공급시기로 본다.

1) 수출품의 적재신고

수출물품(반송물품 포함)을 선박이나 항공기에 적재하고자 하는 자(선사, 항공사)는 수출물품이 선적지 공항만 내에 장치된 후 적재하기 전에 물품목록을 출항지 세관장에서 전자문서로 제출하여 적재신고를 하여야 한다.

2) 수출품의 적재확인
① 선박 또는 항공기에 탁송하는 경우
선사 또는 항공사에 선(기)적을 의뢰하면 적하목록을 작성하고 선하증권(B/L) 또는 항공화물운송장(AWB)을 발급하며, 선적하면 선사 또는 항공사에서 이를 통관시스템에 입력한다.
→ 선하증권(B/L)으로 선적일(공급시기)을 확인한다.

② 여행자 휴대품으로 반출하는 경우
여행자가 탑승수속시 세관공무원에게 수출신고필증 사본 2부를 제출하여 그 중 1

부에 선(기)적 확인을 받아야 하며, 나머지 1부는 세관공무원이 통관시스템에 입력하는 데 사용한다.
→ 간이신고필증이 영세율첨부서류이다.

③ 우편물로 반출하는 경우
수출통관한 물품을 우편으로 발송하는 경우에는 통관우체국 또는 관세청장이 지정한 수출우편물 발송확인 취급 우체국장에게 현품과 수출신고필증을 제출하여 발송확인을 받아야 한다.
→ 우체국장이 발행한 소포수령증이 영세율 첨부서류이다.

④ 국제특송업체(UPS, Fedex, EMS, Courier, TNT)로 수출하는 경우
국제특송업체는 소량의 물품을 DOOR TO DOOR형태로 제공하는 택배회사를 말한다.
→ 특사수령증 등 외화획득을 증명하는 서류를 첨부하여 외화획득명세서가 영세율 첨부서류이다.

> **실무적용 Tip**
>
> ◎ **해상화물의 선적과정**
> ① 선적의뢰서(Shipping Request, S/R) → ② 선복예약(Booking Note, B/N) 통지 → ③ 선적지시서(Shipping Order, S/R) → ④ 부두수취증(Dock Receipt, M/R) → ⑤ Check B/L → B/L
> • Closing Time : 항구나 컨테이너에 화물을 반입할 수 있는 기한
> • 적하목록 : 수출화물의 조목별 탑재목록을 관세청에 제출하여야 함.

3) 선적일 확인방법

① 해상운송의 경우
해상운송의 경우 선적일은 선하증권(B/L)에서 확인할 수 있다. 선적선하증권(Shiped B/L)은 발행일을 선적일로 본다. 한편 수취선하증권(Received B/L)은 발행일이 선적일이 아니며 본선적재부기일(On Board Notation)이 선적일이다. 비유통성 해상화물운송장의 경우 발행일을 선적일로 본다. 다만, 비유통성해상화물운송장이 선적일을 표시하고 있는 본선적재표기를 포함하고 있는 경우에는 본선

적재표기상에 명기된 일자를 선적일로 본다.

- 신용장통일규칙(UCP600) 20조 b항

    An on board notation indicating the date on which the goods have been **shipped on board**. The date of issuance of the bill of lading will be deemed to be the date of shipment unless the bill of lading contains an on board notation indicating the date of shipment, in which case the date stated in the on board notation will be deemed to be the date of shipment.

② 항공운송의 경우

항공운송의 경우 선적일은 항공화물운송장(AWB)에서 확인할 수 있다. 항공화물운송의 선적일은 운송서류의 발행일을 선적일로 본다. 다만, 항공운송장의 상품명세란에 발행일과 다른 비행일자부기(a separate notation of the flight date)를 표시하고 있다면 그 일자가 선적일로 간주된다. 즉, 발행일과 다른 비행일(flight date)이 표시되었다면 비행일을 선적일로 본다.

- 신용장통일규칙(UCP600) 23조 c항

    Indicate the date of issuance. This date will be deemed to be the date of shipment unless the air transport document contains a specific notation of the actual date of shipment, in which case the date stated in the notation will be deemed to be the date of shipment.

[항공화물운송장의 일부 : Air Waybill]

Shipper's Name and Address	Shipper's Account Number	Not negotiable Air Waybill *issued by*	KOREAN AIR
		Copies 1, 2 and 3 of this Air Waybill are originals and have the same validity.	
Consignee's Name and Address Telephone :	Consignee's Account Number	It is agreed that the goods described herein are accepted in apparent good order and condition (except as noted) for carriage SUBJECT TO THE CONDITIONS OF CONTRACT ON THE REVERSE HEREOF. THE SHIPPER'S ATTENTION IS DRAWN TO THE NOTICE CONCERNING CARRIER'S LIMITATION OF LIABILITY. Shipper may increase such limitation of liability by declaring a higher value for carriage and paying a supplemental charge if required.	
Issuing Carrier's Agent Name and City		Accounting Information	
Agent's IATA Code	Account No.		
Airport of Departure(Addr. of First Carrier) and Requested Routing			

TO	By First Carrier	Routing and Destination	to	by	to	by	Currency	CHGS Code	WT/VAL PPD COLL	Other PPD COLL	Declared Value for Carriage	Declared Value for Customs

Airport of Destination	Flight/Date	For Carrier Use Only	Flight/Date	Amount of Insurance	INSURANCE-If Carrier offers Insurance, and such insurance is requested in accordance with conditions on reverse hereof, indicate amount to be insured in figures in box marked 'amount of Insurance'.

Handling Information	Flight Date : 10 Sept 2025

※ 신용장 통일규칙에 따르면 (For Carrier Use Only)란에 내부정보용 비행번호와 비행일자는 선적일자의 결정에 고려되지 않고(Handling Information)에 별도로 "Flight Date : 10 Sept 2025"라고 별도의 비행일자 부기(a separate notation of the flight date)가 기재될 경우에는 이날을 선적일로 본다.

③ 도로, 철도 또는 내륙수로 운송서류

도로 등의 운송의 경우 선적일은 물품 등이 신용장에 명기된 장소에서 선적, 발송 또는 운송을 위하여 수령된 일자를 선적일로 본다. 다만, 수령일의 표시가 없는 경우에는 발행일을 선적일로 본다.

- 신용장통일규칙(UCP600) 24조 b항

  Indicate the date of shipment or the date the goods have been received for shipment, dispatch or carriage at the place stated in the credit. Unless the transport document contains <u>a dated reception stamp, an indication of the date of receipt or a date of shipment</u>, the date of issuance of the transport document will be deemed to be the date of shipment.

④ 특송화물수령증, 우편수령증 또는 우송증명서

특송화물수령증(courier receipt) 등은 접수일 또는 수령일을 선적일로 본다.

- 신용장통일규칙(UCP600) 25조 b항

    Indicate <u>a date of pick up or of receipt or wording to this effect</u>. This date will be deemed to be the date of shipment.

⑤ 복합운송서류

복합운송(multimodal or combined transport)의 선적일은 물품이 신용장상에 명기된 장소에서 발송, 수탁 또는 본선적재일을 표시하고 있는 경우에는 이러한 일자를 선적일로 본다.

- 신용장통일규칙(UCP600) 19조 b항

    Pre printed wording, or a stamp or notation indicating the date on which <u>the goods have been dispatched, take in charge or shipped on board</u>. The date of issuance of the transport document will be deemed to be the date of dispatch, taking in charge or shipped on board, and the date of shipment. However, if the transport document indicated by stamp or notation, a date of dispatch, taking in charge or shipped on board, This date will be deemed to be the date of shipment.

3) 관세청 통관자료의 국세청 통보

직수출, 대행수출, 수탁가공무역 중 외국반출의 경우 영세율첨부서류는 수출실적명세서이다. 국세청은 관세청으로부터 통보받은 통관자료와 납세자가 부가가치세 신고시 제출한 수출실적명세서상의 선적일자, 수출금액 등을 확인·대사하여 영세율 조기환급액을 결정하여 환급해 준다. 관세청 통보자료에는 수출신고번호, 선적일자, 신고일자, 가격인도조건, 통화코드, 결제금액(외화, 환율, 원화), 신고가격(외화, 원화), 총중량, 총수량, 거래구분, 결제방법, 수출국, 구매자 등이 나타난다. 국가관세종합정보망 서비스 (customs.go.kr)에서 다음과 같이 수출이행내역조회를 통하여 선적일을 확인할 수 있다.

*조회조건	● 수출신고번호	11863-23-040674X	○ B/L번호	

수출화주/대행자	(주)에이치디아이	제조자	(주)에이치디아이
적재의무기한	2023-05-22	수리일자	2023-04-20
통관포장개수	18 CT	통관중량(KG)	229
선기적완료여부	Y	선박/편명	KMTC SURABAYA
선기적포장개수	18 CT	선기적중량(KG)	229
적재지검사대상여부	N		

B/L 번호	선적일자	선기적포장개수	선기적중량(KG)
CPIHM9160	2023-04-29	18CT	229

4) 선적일 사례

① 수출업자가 국외에서 원발주자의 시운전 조건부로 국내에서 기계장치를 매입하여 수출한 경우 수출의 공급시기는 선적일이고, 매입의 공급시기는 국외에서 시운전이 완료된 때이다(심사부가2006-0007, 2006.03.17).

② 수출하는 재화의 공급시기는 국내거래와 구분하여 「부가가치세법 시행령」 제21조 제1항 제10호에서 **별도로** 규정하였고, 「**관세법**」에서도 '**수출**' 및 '**외국물품**'과 '**내국물품**'에 관한 정의를 명확히 규정하였으므로, 수출재화의 공급시기를 외항선 선적일이 아닌 다른 시기로 인정할 수 없고, 물품의 내항선 선적과 함께 물품에 관한 실질적 지배권을 넘겼다고 하더라도 수출재화의 공급시기를 달리 적용할 수 없는 것으로 판단된다(조심2008 전3739, 2009.06.24.).

• 관련법조문 •

■ 관세법 제2조(용어의 정의)
6. "국제무역선"이란 무역을 위하여 우리나라와 외국 간을 운항하는 선박을 말한다.
7. "국제무역기"란 무역을 위하여 우리나라와 외국 간을 운항하는 항공기를 말한다.
8. "<u>국내운항선</u>"이란 국내에서만 운항하는 선박을 말한다.
9. "국내운항기"란 국내에서만 운항하는 항공기를 말한다.

③ 오퍼 서비스업(물품매도확약서 발행업)을 영위하면서 외국의 수출회사들을 위하여 물품매도확약서의 발행용역을 제공하고 그 회사들로부터 그에 대한 수수료를 수령하여 온 경우, 물품매도확약서 발행에 따른 신용장 개설일로부터 선적일까지는 통상 2~3개월 가량, 수수료의 실제 수령일까지는 통상 9개월 이상의 기간이 각 소요되는 사정과 물품매도확약서 발행 용역의 일반적 성격 등을 고려하면, 물품매도확약서 발행용역 제공에 따른 수수료채권은 물품의 선적일에 확정된다(대법원97누19144, 1998.06.09).

④ 사업자가 해외의 법인에 현물출자하기 위하여 재화를 해외로 반출하는 경우 그 재화의 공급시기는 그 재화의 선적일이 되는 것이다(부가-647, 2009.05.07).

⑤ 내국물품을 외국으로 반출하고 그 대가를 분할하여 지급받는 경우(중간지급조건부), 수출재화의 공급시기는 당해 수출재화의 선적일로 하는 것이다(부가-434, 2009.03.30).

⑥ 국외사업자와 임가공계약에 의하여 인도받은 원재료에 주요자재를 전혀 부담하지 아니하고 단순 가공하여 국외로 반출하고 임가공비만을 받는 경우 과세표준은 임가공비로 하는 것이며, 공급시기는 국외로 반출하는 재화(무환 수탁가공무역)의 선적일로 하는 것이다(부가-2679, 2008.08.22).

⑦ 사업자가 테스트용 장비를 국외로 무환 반출하고 테스트가 끝난 후 국내 반입하지 아니하고 국외에서 국외 사업자에게 매출하는 경우 외국에서 당해 재화가 인도되는 때를 공급시기로 하여 영의 세율이 적용되는 것이다(서면3팀-2098, 2005.11.23).

⑧ 선하증권(B/L)상의 선적일과 실제 선적일이 다른 경우 실제 선적일을 기준으로 한다(서면2팀-2797, 2004.12.30).

⑨ 외국법인과 직접 계약에 따라 공급하는 재화를 공장인도조건(ex-works)으로 외국법인에게 인도하고 그 외국법인은 해당재화에 추가 가공없이 보세구역내 다른 사업자에게 인도하며 보세구역내 해당 사업자가 외국법인과의 계약에 따라 해당 재화를 그대로 반출하거나 제조·가공한 후 반출하는 것으로서 대금을 외국환은행에서 원화로 받는 경우「부가가치세법」제21조 및 같은 법 시행령 제31조에 따라 영세율이 적용되는 수출에 해당하며, 외국법인에게 가공된 재화를 인도하는 때가 공급시기이다(부가-418, 2014.05.12).

⑩ 대외무역법에 의하여 외국인도수출한 쟁점재화의 공급시기는 계약상 별단의 명시가 없는 한 선적을 완료한 날로 보는 것이나, 쟁점재화의 경우는 청구법인이 검수

조건부로 쟁점재화를 공급하기로 하였고 실제 검수를 이행한 사실이 나타나는바, 검수가 완료된 날을 쟁점재화의 공급시기로 봄이 타당하다(조심2011서3753, 2012. 02.22).

부가가치세법상 공급시기인 선적일

(1) 사례 1
(주) T&C상사는 캐나다에 스포츠 의류를 다음과 같이 $ 500,000을 수출을 한 경우 부가가치세법상 공급시기는?
- 수출신고수리일 : 20×1.08.20.
- 보세구역반입일 : 20×1.08.22.
- 선적일 : 20×1.08.23.
- 출항일 : 20×1.08.24.
  > 부가세법상 공급시기는 선적일인 20×1.08.23.이다.

(2) 사례 2
(주) MH중공업은 남아공에 선박을 수출하면서 대가($50,000,000)를 중간지급조건부로 다음과 같이 받았을 때 부가가치세법상 공급시기는?
- 계약금 : 20×1.06.20.
- 1차중도금 : 20×1.12.20.
- 2차중도금 : 20×2.08.20.
- 잔금 : 20×2.12.20.
- 인도일(서명일) : 20×2.09.13.
  > 부가세법상 공급시기는 선적일(인도일)인 20×2.09.13.이다.

(3) 환율

① 환율의 개념

환율이란 자국통화와 외국통화의 교환비율을 말한다. 환율이 인상되면 외국통화를 사는 데 더 많은 자국통화를 지불하게 되므로 외화채권을 소유하고 있는 경우(수출자)는 유리하나 외화채무를 부담하는 수입자는 불리하게 된다.

② 환율의 종류

㉠ 매도율과 매입율

매도율은 은행이 고객에게 외화를 팔 때 적용하는 환율이며, 매입율은 은행이 고객으로부터 외화를 살 때 적용하는 환율로 통상 매도율이 매입율보다 높다.

㉡ 기준환율과 재정환율

기준환율은 미화의 매매기준율로 전거래일의 외국환매매 중개기관을 통하여 외국환은행간의 거래가 이루어진 매매율을 거래량으로 가중평균하여 산출된 율로, 외국환매매중개기관은 기준환율을 매일 영업개시 30분전까지 기획재정부, 한국은행, 각 외국환은행장에게 통보한다. 이에 비해 재정환율은 미화 이외의 모든 통화에 적용되는 환율로 미화와 미화 이외의 통화와의 매매중간율을 기준환율로 재정한 율을 말한다.

㉢ 환율의 구분 예시[11]

[표 1-3] 환율의 구분

환율의 구분	환율의 구조(예시)	KRW/US$	적용
현찰매도율	매매기준율+2.0%	1,020	해외여행시 환전하는 경우
여행자매도율	매매기준율+1.5%	1,015	여행자수표 환전시
전신환매도율	매매기준율+1.0%	1,010	수입대금 결제시
대고객매매율	0	1,000	전일시장 평균환율
전신환매입율	매매기준율-1.0%	990	L/C 네고환율
현찰매입율	매매기준율-2.0%	980	

---

11) 한장석·김용관, 부가가치세 2006. 광교이택스. 2006. p. 327 인용

[표 1-4] 주요통화별 환율[12]

통화(Currency)			고시환율		비고
			2022.12.31.현재	2023.12.31.현재	
미 국	달러	USD	1,267.30	1,289.40	
일 본	엔	JPY	953.18	912.66	100엔당
유 로	유로	EUR	1,351.20	1426.59	
(독 일)	마르크	DEM	EUR통화	EUR통화	
(프랑스)	프랑	FRF	〃	〃	
(이태리)	리라	ITL	〃	〃	
(벨기에)	프랑	BEF	〃	〃	
(오스트리아)	실링	ATS	〃	〃	
영 국	파운드	GBP	1,527.67	1,641.79	
캐 나 다	달러	CAD	935.38	974.64	
스 위 스	프랑	CHF	1,372.87	1,526.82	
홍 콩	달러	HKD	162.55	165.06	
스 웨 덴	크로네	SEK	121.17	129.00	
호 주	달러	AUD	858.41	880.08	
덴 마 크	크로네	DKK	181.70	191.38	
싱 가 포 르	달러	SGD	943.11	976.86	
중 국	위안	CNH	181.44	180.84	
인도네시아	루피아	IDR	8.09	8.36	100루피아당
태 국	바트	THB	36.66	37.62	
쿠 웨 이 트	디나르	KWD	4,139.20	4,195.22	
말레이시아	링깃	MYR	286.49	279.85	
노 르 웨 이	크로네	NOK	128.12	126.41	
뉴 질 랜 드	달러	NZD	804.23	816.45	
사우디아라비아	리알	SAR	337.07	343.85	
아랍에미리트연합국	디르함	AED	345.06	351.07	
바 레 인	디나르	BHD	3,361.27	3420.25	

※ 외화자산·부채평가 시 사업연도 종료일 현재의 기준환율 또는 재정환율은 사업연도 종료일 전일의 거래실적에 의하여 사업연도 종료일에 외국환중개회사가 고시한 환율을 말합니다.

☞ 사업연도 종료일이 공휴일 등으로 고시한 환율이 없는 경우에는 사업연도 종료일 전일에 고시한 기준환율 또는 재정환율을 적용합니다(법인46012-462, 2000.2.17.).
  → 서울외국환중개주식회사(www.smbs.biz/"환율조회")에서 조회 가능(단, CNY는 2016년 1월 1일부터 고시하지 않습니다.

---

[12] 법인세 신고안내, 국세청, 2024, p. 338.

통화(Currency)			고시환율		비고
			2020.12.31.현재	2021.12.31.현재	
미 국	달러	USD	1,088.00	1,185.50	
일 본	엔	JPY	1,054.26	1,030.24	100엔당
유 로	유로	EUR	1,338.24	1,342.34	
(독 일)	마르크	DEM	EUR통화	EUR통화	
(프랑스)	프랑	FRF	〃	〃	
(이태리)	리라	ITL	〃	〃	
(벨기에)	프랑	BEF	〃	〃	
(오스트리아)	실링	ATS	〃	〃	
영 국	파운드	GBP	1,482.40	1,600.25	
캐 나 다	달러	CAD	853.30	930.61	
스 위 스	프랑	CHF	1,234.33	1,297.47	
홍 콩	달러	HKD	140.35	152.03	
스 웨 덴	크로네	SEK	132.77	131.04	
호 주	달러	AUD	836.56	858.89	
덴 마 크	크로네	DKK	179.85	180.48	
싱 가 폴	달러	SGD	822.22	877.14	
중 국	위안	CNH	166.96	186.26	
인도네시아	루피아	IDR	7.74	8.31	100루피아당
태 국	바트	THB	36.34	35.57	
쿠 웨 이 트	디나르	KWD	3,577.18	3,918.75	
말레이시아	링기트	MYR	269.51	283.85	
노 르 웨 이	크로네	NOK	127.48	134.29	
뉴 질 랜 드	달러	NZD	784.48	809.64	
사우디아라비아	리알	SAR	290.00	315.76	
아랍에미리트연합국	디르함	AED	296.20	322.75	
바 레 인	디나르	BHD	2,885.71	3,144.23	

※ 외화자산·부채평가 시 사업연도 종료일 현재의 기준환율 또는 재정환율은 사업연도 종료일 전일의 거래실적에 의하여 사업연도 종료일에 외국환중개회사가 고시한 환율을 말합니다.

☞ 사업연도 종료일이 공휴일 등으로 고시한 환율이 없는 경우에는 사업연도 종료일 전일에 고시한 기준환율 또는 재정환율을 적용합니다(법인46012-462, 2000.2.17.).

→ 서울외국환중개주식회사(www.smbs.biz/'환율조회')에서 조회 가능(단, CNY는 2016년 1월 1일부터 고시하지 않습니다)

③ 기준환율·재정환율의 확인요령

서울외국환중개주식회사(http://www.smbs.biz)에서 조회하여 기간별 매매기준율을 확인하여 적용하면 된다.

㉠ 통화선택 : 미국 달러화(USD)
㉡ 날짜선택 : 2025.03.14. ~ 03.19.

○ 일별 매매기준율

날짜	통화명	환율	전일대비	시가	고가	저가	15:30 종가	02:00 종가	당사 거래량(Mio)
2025.03.14	미국 달러 (USD)	1,451.90	0.10 ▼	1,454.00	1,456.90	1,452.50	1,453.80	1,453.00	8,015.00
2025.03.17	미국 달러 (USD)	1,454.80	2.90 ▲	1,452.00	1,452.00	1,444.50	1,447.90	1,445.10	12,789.00
2025.03.18	미국 달러 (USD)	1,448.00	6.80 ▼	1,443.20	1,455.40	1,438.00	1,452.90	1,451.10	10,736.00
2025.03.19	미국 달러 (USD)	1,447.10	0.90 ▼	1,450.40	1,463.00	1,449.50	1,453.40	1,463.00	10,616.00

6. 무역관련 서류

(1) 선하증권(B/L : Bill of Lading)

선하증권이란 화주와 선박회사 간의 해상운송 계약에 의하여 선박회사가 발행하는 유가증권이다. 다시 말하면 선주가 자기 선박에 화주로부터 의뢰받은 운송화물을 적재 또는 적재를 위해 그 화물을 영수하였음을 증명한다. 그리고 동 화물을 도착항에서 일정한 조건하에 수하인 또는 그 지시인에게 인도할 것을 약정한 유가증권이다. 송하인이 화물을 본선에 선적하여 선장으로부터 본선수취증(M/R)을 발급받아 운임과 함께 선하증권을 제출하면 선박회사는 선하증권을 발급하게 된다.

B/L은 B/L상에 기재된 화물의 권리를 구체화하는 것으로서 B/L의 양도는 바로 화물에 대한 권리의 이전을 의미한다. 화물을 처분하고자 할 때에는 반드시 관련 B/L을 가지고 있어야만 한다. 오늘날 국제무역에 있어서 대차결제 수단의 국제적 관례는 통상 화물환어음(Documentary Bill)이며 B/L은 동 환어음을 취결하는데 상업송장 및 해상보험증권과 함께 그 기본이 되는 서류이다. 선하증권은 운송인(House B/L), 그 대리인 또는 중개인에 의하여 발행된다. 선하증권은 상품에 대한 청구권을 화체하고 있는 증권으로 양도가 가능하며 따라서 재고자산으로 분류한다. 선하증권의 양도도 과세대상물건인 경우에는 부가가치세 과세대상에 해당된다.

1) 선하증권의 종류
   ① 선적선하증권(Shipped B/L)
   화물이 선박에 선적완료 되었음이 기재된 선하증권을 말한다. 선적선하증권은 발행일이 선적일이 된다. 다만, 본선적재부기(on board notation)가 표시되어 있는 경우에는 이날이 선적일이다.

   ② House B/L(Forwarder's B/L)
   화물운송주선업자가 화주에게 직접 발행한 선하증권 또는 항공화물운송장을 말한다.

   ③ Master B/L(Groupage B/L)
   선박회사가 발행한 선하증권 또는 항공사가 발행한 항공화물운송장을 말한다.
   ※ 선박을 보유하고 있는 선사(현대·머스크)가 발행하는 B/L을 Master B/L, 대리점 형태로 모든 선사를 대상으로 해운업을 대신하는 포워딩 업체(복합운송주선업자)가 선사를 대신하여 수출자에게 발행해주는 B/L을 House B/L이라고 하며 수출물품의 규모가 컨테이너보다 적은 LCL(less than container load cargo)화물을 선적할 때 발행되는 선하증권이 House B/L, 선사가 각각의 소량화물을 1개의 컨테이너에 합쳐서 선적하면서 발행되는 선하증권을 Master B/L이라고 함.

   ④ 수취선하증권 (Received B/L)
   선적전이라도 화물이 선사의 창고에 반입되면 화주의 요청에 따라 선사가 선하증권을 발행하게 되는 데 이때 운송인이 화물을 선적하기 위하여 수취하였다는 뜻을 기재하고 있는 선하증권을 말한다. 수취선하증권의 선적일은 발행일이 선적일이 아니며 본선적재부기일이 선적일이다.

2) 상법상 규정
   화물상환증에 의하여 운송물을 받을 수 있는 자에게 화물상환증을 교부한 때에는 운송물위에 행사하는 권리의 취득에 관하여 운송물을 인도한 것과 동일한 효력이 있다(제133조, 화물상환증교부의 물권적 효력).

[양식]

선하증권(Bill of Lading)

①Shipper/Exporter ABC TRADING CO. LTD. 1. PIL-DONG, JUNG-KU, SEOUL, KOREA		⑪B/L No. ; But 1004		
②Consignee TO ORDER OF XYZ BANK				
③Notify Party ABC IMPORT CORP. P.O.BOX 1, BOSTON, USA				
Pre-Carrage by	⑥Place of Receipt BUSAN, KOREA			
④Ocean Vessel WONIS JIN	⑦Voyage No. 1234E	⑫Flag		
⑤Port of Loading ⑧ Port of Discharge ⑨ Place of Delivery ⑩ Final Destination(For the Merchant Ref.) BUSAN, KOREA BOSTON, USA BOSTON, USA BOSTON, USA				
⑬Container No. ⑭Seal No. Marks & No ISCU1104 Total No. of Containers or Packages(in words)	⑮No. & Kinds of Containers or Packages 1 CNTR	⑯Description of Goods LIGHT BULBS (64,000 PCS)	⑰Gross Weight 4,631 KGS	Measurement 58,000 CBM
⑱Freight and Charges	⑲Revenue tons	⑳Rate	㉑Per	㉒Prepaid ㉓Collect
㉓Freight prepaid at Total prepaid in	㉔Freight payable at ㉕No. of original B/L	㉖Place and Date of Issue May 21, 20×4, Seoul Signature		
㉗ Laden on board vessel Date Signature May 21, 20×4		㉘ABC Shipping Co. Ltd. as agent for a carrier, zzz Liner Ltd.		

[양식] 수취선하증권(Received B/L)

Shipper	B/L No.
MIHEEN 606 BYUCKSAN DIGITAL, VALLEY 2-CHA, 480-10, GASAN-DONG GEUMCHEON-GU, SEOUL, KOREA	OSLBSLOSA11090307

Consignee
FEW E LIFE CO. LTD 1-20-7, HIGASHIOBASE, HIGASHINARI-KU, OSAKA CITY, JAPAN TEL: FAX:

ORIENT STAR LOGIX
BILL OF LADING

Received by the Carrier from the Shipper in apparent good order and condition unless otherwise indicated herein, the goods, or the container(s) or package(s) said to contain the cargo herein mentioned, to be carried subject to all the terms and conditions provided for on the face and back of this Bill of Lading by the vessel named herein or any substitute at the Carrier's option and/or other means of transport, from the place of receipt or the port of loading to the port of discharge or the place of delivery shown herein and there to be Delivered unto order or assigns.
If required by the Carrier, this Bill of Lading duly endorsed must be surrendered in exchange for the goods or delivery order.
In accepting this Bill of Lading the Merchant agrees to be bound by all the stipulations exceptions, terms and conditions on the face and back hereof, whether written, typed, stamped or printed, as fully as if signed by the Merchant any local custom or privilege to the contrary notwithstanding, and agrees that all agreements or freight engagements for and in connection with the carriage of the goods are superseded by the Bill of Lading.

SURRENDERED

Notify Party
SAME AS ABOVE

Pre-carriage by	Place of receipt BUSAN, KOREA
Vessel/Voyage No SUNNY LINDEN 136E	Port of loading BUSAN, KOREA
Port of Discharge OSAKA, JAPAN	Place of Delivery OSAKA, JAPAN

Final destination(For the Merchant Ref.)

Contaniner NO. Seal No.:Marks & Nos.	No. of Containers of p'kgs	Kind of Packages: Description Goods	Gross Weight	Measurement
ITEM:KIMCHI Q'TY:12 C/T NO: MADE IN KOREA CKLU9020051/CKL173889	4 PLTS 20'RE×1	SAID TO CONTAIN: 4 PALLETS OF BAECHOO KIMCHI (400G) CHONGGAK KIMCHI (400G) "FREIGHT COLLECT"	2,203.600KGS	9.4300CBM **COPY** **NON-NEGOTIABLE**
CFS/CY		SAY: FOUR(4) PALLETS ONLY.		

Total number of containers
or packages (in words)   According to the declaration of the merchant

Freight and charges	Prepaid	Collect	freight payable at: DESTINATION	No. of original B(s)/L ZERO(0)
FREIGHT COLLECT AS ARRANGED			Shipped on board date: SEP. 10. 20×4	by
			issurred on SEP. 10, 20×4 at SEOUL, KOREA	
Total			In witness where of the number of original Bills of Lading stated below have been signed, all of this tenor and date, one of which beling accomplished, the others to stand void. ACTING AS A CARRIER	
For delivery of goods please apply to: YUSEN LOGISTICES CO,. LTD. WEST JAPAN OCEAN OPERATION CENTER KORAIBASHI WEST BLDG. CF 4-5-2, KORAIBASHI, CHUO-KU OSAKA 541-0043 JAPAN TEL: FAX: ATTN: Ms. Yasuko Okada/Ms.yoko			by **ORIENT STAR LOGIX CO., LTD.**	

■ 선하증권 양식 작성요령
  ㉠ Shipper/Exporter : 송하인(수출자)의 성명, 상호, 주소
  ㉡ Consignee : 수입자가 지정한자(은행명), T/T, D/P, D/A 방식에서는 수입상의 상호 및 주소
  ㉢ Notify Party : 신용장 개설의뢰인(수입업자 또는 수입업자가 지정하는 대리인)
  ㉣ Ocean Vessel : 화물운송 선박명
  ㉤ Port of Loading : 선적항
  ㉥ Place of Receipt : 송하인으로부터 운송인이 화물을 수취하는 장소
  ㉦ Port of Discharge : 화물의 양륙항
  ㉧ Place of Delivery : 수하인에게 인도하여 주는 장소

> **실무적용 Tip**
>
> ◎ 선적일의 확인방법
>
> ㉗ On Board Date and Issue
> B/L의 On Board Date(27란)가 기재되며 선적일과 발행일자는 보통 일치된다. Date of Issue가 On Board Date 보다 늦을 수는 있으나 빠른 경우는 B/L의 선발행이 되므로 은행에서 매입을 거절당할 수 있다. On Board의 하단에는 B/L 발행자의 Signature가 표시된다.

(2) 해상화물운송장(SWB : Sea WayBill)

해상운송인이 화물의 수량을 증명하고 운송계약조건을 달성하기 위한 목적으로 송하인에게 발행하는 서류를 말한다. 해상화물수취증이라고도 하며 **선하증권** 처럼 운송계약의 증거가 되나 물품인도청구권을 상징하는 권리증권이 아니기 때문에 유가증권이 아닌 비유통증권이다. 수하인이 물품을 수령할 때 운송인에게 제출할 필요가 없으므로 화물의 인도를 신속히 할 수 있어 **보관료**와 이자 등의 비용을 줄일 수 있다. 유가증권이 아니므로 분실위험을 회피할 수 있고, 물품을 신속하게 통관시킬 수 있다는 장점이 있다. 또한 서식을 통일시켜 사무처리의 합리화로 인하여 EDI 도입을 촉진시킨다.

(3) 항공화물운송장(AWB : Air WayBill)

송하인과 운송인 사이에 항공화물운송계약이 체결되었다는 것을 나타내는 증거서류로 권리증권도 아니고 유통성이 있는 유가증권이 아니다.

항공화물운송에 있어서 화물의 유통을 보장하는 기본적인 운송서류인 항공화물운송장은 항공사의 청구에 따라 송하인이 작성, 제출하는 것이 원칙이지만 항공사나 항공사의 권한을 위임받은 대리점(또는 항공운송주선업자)에 의하여 발행된다.

① 운송계약서

항공화물운송장은 송하인과 항공운송인간의 항공운송계약의 성립을 입증하는 운송계약서이다. 그러나 운송장은 12통(원본 3통과 부본 9통)으로 구성되어 있어 그 전통(Full set)이 모두 운송계약서는 아니며 송하인용 원본이 이에 해당된다.

② 화물운송의 지시서

항공화물운송장에 송하인이 화물의 운송, 취급, 인도에 관한 지시를 기재할 수 있다.

③ 요금계산서

화물과 함께 목적지에 보내어져 수하인이 운임 및 요금을 계산하는 근거자료로 청구서의 역할을 한다.

④ 세관신고서

수출입신고서 및 통관자료로서 활용된다.

⑤ 보험계약증서

송하인이 항공화물운송장에 보험금액 및 보험가액을 기재한 화주보험을 부보한 보험계약의 서류이다.

⑥ 화물수취증

항공화물운송장은 항공운송인이 송하인으로부터 화물을 수취한 것을 증명하는 화물 수령증이다.

[표 1-5] 선하증권·해상화물운송장·항공화물운송장의 비교

구 분	선하증권(B/L)	해상화물운송장(SWB)	항공화물운송장(AWB)
유가증권 유무	유가증권	화물수취증	화물운송장
양도성	양도가능	양도불능	양도불능
당사자	선박회사 → 화주	해상운송인 → 송하인	송하인 → 운송인

Shipper's Name and Address	Shipper's Account Number	Not negotiable **Air Waybill** *issued by*	**KOREAN AIR**
		Copies 1, 2 and 3 of this Air Waybill are originals and have the same validity.	
Consignee's Name and Address	Consignee's Account Number	It is agreed that the goods described herein are accepted in apparent good order and condition (except as noted) for carriage SUBJECT TO THE CONDITIONS OF CONTRACT ON THE REVERSE HEREOF. THE SHIPPER'S ATTENTION IS DRAWN TO THE NOTICE CONCERNING CARRIER'S LIMITATION OF LIABILITY. Shipper may increase such limitation of liability by declaring a higher value for carriage and paying a supplemental charge if required.	
Telephone :			
Issuing Carrier's Agent Name and City		Accounting Information	
Agent's IATA Code	Account No.		

Airport of Departure(Addr. of First Carrier) and Requested Routing

TO	By First Carrier	Routing and Destination	to	by	to	by	Currency	CHGS Code	WT/VAL PPD COLL	Other PPD COLL	Declared Value for Carriage	Declared Value for Customs

Airport of Destination	Flight/Date	For Carrier Use Only	Flight/Date	Amount of Insurance	INSURANCE-If Carrier offers Insurance, and such insurance is requested in accordance with conditions on reverse hereof, indicate amount to be insured in figures in box marked 'amount of Insurance'.

Handling Information

No. of Pieces RCP	Gross Weight	kg lb	Rate Class Commodity item No.	Chargeable Weight	Rate	Charge	Total	Nature and Quantity of Goods (incl. Dimensions or Volume)

Prepaid	Weight Charge	Collect	Other Charges
	Valuation Charge		
	Tax		
	Total Other Charges Due Agent		Shipper certifies that the particulars on the face hereof are correct and that insofar as any part of the consignment contains dangerous goods, such part is properly described by name and is in proper condition for carriage by air according to the applicable Dangerous Goods Regulations.
	Total Other Charges Due Carrier		
			———————————————— Signature of Shipper or his Agent
Total Prepaid		Total Collect	
Currency Conversion Rates		CC Charges In Dest. Currency	
			———————————————— Executed on(date) at(place)Signature of Issuing Carrier or its Agent
For Carrier's Use Only at Destination	Charges at Destination	Total Collect Charges	

ORIGINAL 3(FOR SHIPPER)

(4) 상업송장(C/I : Commercial Invoice)

수출업자가 수입업자에게 계약과 일치하는 물품을 공급하였다는 증거서류로 수출업자에게는 대금청구서의 기능을, 수입업자에게는 수입구매서의 역할을 한다.

송장은 이 기능 때문에 그 거래계약의 존재 및 계약이행의 사실을 입증하는 유력한 자료가 되며, 어떤 경우에는 수입품의 정확성 및 진실성을 입증하기 위한 세관신고의 증명자료의 역할을 한다.

송장은 그 용도에 따라 상거래용으로 작성되는 상업송장과 세관이나 주재국 영사관에서 발행하는 공용송장(영사송장, 세관송장)으로 구분한다.

상업송장은 수익자에 의하여 발행되고 개설의뢰인 앞으로 발행되어야 하며, 신용장과 동일한 통화로 작성되어야 하고 서명될 필요는 없다.

- 신용장통일규칙(UCP 600) 제18조 제1항

    A commercial invoice must appear to have been issued by the beneficiary, must be made out in the name of the applicant, must be made out in the same currency as the credit, and need not be signed.

① Seller

매수인에게 상품을 판매하는 개인 또는 법인의 이름 및 주소, 일반적으로 수출업자를 기재한다.

② Consignee

수출상품을 인도받은 자로 수화인을 기재한다.

③ Departure Date

화물을 적재한 선박이나 비행기가 출발하는 연, 월, 일을 기재하며 일반적으로 선하증권 상의 선적일자와 일치하나, 송장 작성시점에서는 선적일자를 정확히 알 수 없으므로 예상되는 선적일자의 5일 전후로 기재한다.

④ Vessel(Flight)

운송에 이용되는 선박 및 비행기 명칭을 기재한다.

COMMERCIAL INVOICE

KRGILTRA159SEO ①Shipper/Seller GILDING TRADING CO., LTD. 159, SAMSUNG-DONG, KANGNAM-KU, SEOUL, KOREA	⑦Invoice No. and date 8905 BK 1007 MAY. 20. 20×4
	⑧L/C No. and date 55352 APR. 25. 20×4
②Consignee MONARCH PRODUCTS CO., LTD. 5200 ANTHONY WAVUE DR. DETROIT, MICHIGAN 48203 U. S. A	⑨Buyer(if other than consignee) MONARCH PRODUCTS CO., LTD. 5200 ANTHONY WAVUE DR. DETROIT, MICHIGAN 48203 U. S. A
	⑩Other references COUNTRY OF ORIGIN : REPUBLIC OF KOREA
③Departure date MAY. 20, 2020	
④Vessel/flight ⑤From PHEONIC BUSAN, KOREA	⑪Terms of delivery and payment F.O.B BUSAN L/C AT SIGHT
⑥To DETROIT, U.S.A	

⑫Shipping Marks	⑬No.&kind of packages	⑭Goods description	⑮Quantity	⑯Unit price	⑰Amount
		NYLON OXFORD	60,000M	US$1.00/M	US$60,000
MON/T	420	DP X 420D			
DETROIT LOT NO C/NO.1-53 MADE IN KOREA	1208.06KGS. MATERIAL. AS PER MONARCH PRODUCTS INDENT NO. T. 858				

Signed by
⑱

(5) 포장명세서(P/L : Packing List)

수출업자가 수입업자 앞으로 작성하는 거래계약 관련서류로 선적화물의 포장 및 포장단위별 명세와 단위별 순중량, 총중량, 화인 및 포장의 일련번호 등을 기재함으로써 포장과 운송, 통관상의 편의를 위하여 작성되는 서류이다.

PACKING LIST

①Shipper/Seller Hansol Automobile Tire Inc. C.P.O. Box No.7917 Seoul, Korea		⑧No. & date of invoice HS-070613 June 13, 20×4		
		⑨No. & date of L/C IMP20748 March 15, 20×4		
②For account & risk of Messers. Wilson & Company, Limited 50 Liberty Street New York, N. Y. 10001		⑩Consignee CHASE LINCOLN FIRST BANK N.A.		
		⑪Remarks : Details are as per P/O No. DIC-19-03-10 Dated March 10, 2020 to be issued by Wilson & Company, Limited. Origin : Republic of Korea		
③Notify party Same as above				
④Port of loading Busan, Korea	⑤Final destination New York, U.S.A.	⑫Payment Terms Letter of Credit, At sight		
⑥Carrier m.s. Brown 709E	⑦Sailing on or about June 15, 20×4	⑬Price Term : CIF Busan, Korea		
⑭Marks & numbers of Pkg	⑮Description of Goods	⑯Quantity/Net wt	⑰Gross wt	⑱Measure
"WS" IN TRIANGLE C/NO : 1-2500 ITEM : AUTO TUBE SIZE : Q'TY :	AUTOMOBILE TUBE SIZE VALVE 500R13 TR13	50,000PCS 148CBM	12,810KGS	15,370KGS

P.O.Box :
E-mail :
Telefax No. :
Telephone No. :　　　　　　　　　　　　　　⑲ Signed by ＿＿＿＿＿＿＿
　　　　　　　　　　　　　　　　　　　　　　　　　　　Manager

(6) 원산지증명서(C/O : Certificate of Origin)

화환어음의 부대서류로서 수출물품의 원산지를 증명하는 국적증서의 성격을 가진 문서로 우리나라에서는 상공회의소, 세관 등 정부 지정기관에서 발급한다.

APPLICATION FOR CERTIFICATE OF ORIGIN
Form B

The undersigned, being the exporter of the goods described overleaf, DECLARES that these goods were produced in <u>REPUBLIC OF KOREA</u>(country) SPECIFIES as follows the grounds on which the goods are claimed to comply with GSP origin requirements 1/
....
....
FOB : US $
....

SUBMITS the follwoing supporting documents 2/
....
....
....

UNDERTKES to submit, at the request of the appropriate authorities of the exporting country, any additional, supporting evidence which these authorities may require for the purpose of issuing a certificate of origin, and undertakes, if required, to agree to any inspection of his accounts and any check on the processes of manufacture of the above goods, carried out by the said authorities.
REQUESTS the issue of a certificate of origin for these goods.
　　　　　　　　　　　　　　　　　Place and date ....
　　　　　　　　　　　　　　　　　　　　..........................(signature of authorized signatory)

1/ To be completed if materials or components originating in another country have been used in the mannfacture of the goods in question. Indicate the materials or components used, appropriate, the manufacturing processes qualifying the goods as originating in the country of manufacture(application of the list of working or processing operations), the goods produced and their CCC Nomenclature(Harmonized System) heading.
　Where the origin criteria involve a percentage value, give information enabling this percentage to be verified-for example the value of imported materials and components and those of undetermined origin and the ex-factory price of the exported goods, where applicable.

2/ For example, import documents, invoices, etc. realating to the materials or components used.

(7) 환어음

1) 환어음

환어음은 채무자가 채권자 앞으로 발행하는 약속어음과는 달리 채권자가 채무자 앞으로 발행하여 채무자가 이를 인수하여 수입대금을 결제하는 것이다. 특히 무역거래에서 사용되는 환어음은 발행지와 지급지가 서로 다른 국가간에 취결되는 외국환어음이다. 환어음은 대금결제 기간에 따라서 수입자가 거래은행으로 부터 선적서류를 인수함과 동시에 대금지급을 하는 일람출급 어음(At Sight Bill)과 발행 후 일정기간이 경과한 후 지급되는 기한부 어음(Usance Bill)로 구분할 수 있다.

환어음은 은행에 제출할 때 통상 2통이 작성된다. 이때에 어음은 First Bill of Exchange와 Second Bill of Exchange가 Set로 제시되어야 하며 환어음의 주요 당사자는 다음과 같다.

① 발행인(drawer)

어음을 발행하고 서명하는 자, 즉 수출업자인 채권자를 말한다.

② 지급인(drawee)

환어음의 지급을 위탁받은 신용장개설은행, 매입은행, 통지은행, 인수은행 또는 수입상을 말한다.

③ 수취인(payee)

환어음의 지급을 받을 자로서 발행인이 될 수도 있고 발행인이 지정하는 제3자도 될 수 있다. 통상 신용장에 근거를 두고 발행하며 외국환은행에 매입을 의뢰하는 경우에는 수취인은 동 서류를 매입한 외국환은행이 된다.

④ 배서인(endorser)과 피배서인(endorsee)

수취인이 배서에 의하여 환어음의 채권을 양도하는 경우 양도인이 배서인이고 양수인이 피배서인이다.

```
                            BILL OF EXCHANGE



NO. _____      BILL           OF            EXCHANGE,


FOR

AT _____ SIGHT OF THIS FIRST BILL OF EXCHANGE(SECOND OF THE
SAME TENOR AND DATE BEING UNPAID) PAY TO _____
OR ORDER THE SUM OF


VALUE RECEIVED AND CHARGE THE SAME TO ACCOUNT OF _____
_____




DRAWN UNDER
L/C NO. _____
TO
```

2) 환어음 매입신청서

신용장 상의 수익자인 수출업자가 신용장에 의해 요구되는 계약 상품의 선적을 완료하고 신용장의 제조건에 일치하는 환어음 및 선적서류를 작성하여 외국환은행에 제시(네고)하게 된다. 외국환은행은 이를 심사한 후 매입하는데 이때 환어음 및 선적서류를 외국환은행과의 기 약정한 바에 의해 매입해 줄 것을 수익자 즉, 수출업체가 외국환은행에 의뢰하는 신청서이다. 수출환어음 매입신청서의 제출은 반드시 외국환은행과의 수출화환어음 약정이 선행되어야 하며 이 약정에 의하여 외국환은행은 동 신청서를 접수하고 선적서류를 매입한다. 수출환어음 매입신청서를 외국환은행에 제출할 때는 신용장 원본과 신용장이 요구하는 제반 선적서류를 함께 첨부해야 한다.

7. 수출매출액의 귀속의 확정

수익의 인식기준은 기업회계기준에 의거 수익의 가득과정이 완료되고 수입금액을 신뢰성 있게 측정할 수 있으며 경제적 효익의 유입가능성이 매우 높은 때에 인식한다. 즉, 수익이 실현되었을 때 장부에 계상하게 된다. 그러나 법인세법과 소득세법에서는 법률적 관점에서 권리와 의무가 확정되었을 때 익금과 손금을 계상하게 된다.

(1) 손익의 귀속사업연도의 중요성

손익의 귀속사업연도는 사업연도별로 손익을 각각 구분하여 계산하여야 하며 귀속을 달리하여 각 사업연도의 소득금액을 계산할 수 없다는 것이다. 귀속사업연도는 법에서 정하는 경우를 제외하고는 일반적으로 공정·타당하다고 인정되는 기업회계의 기준 또는 관행에 따라 계산한다(법기통14-0…2). 법인이 손익 귀속사업연도의 적용착오로 법인세 과세표준 및 세액을 앞당겨 신고·납부함에 따라 그 다음 사업연도의 과세표준과 세액이 과소하게 신고·납부된 경우에 과소하게 신고·납부한 사업연도에 대한 법인세 경정시 「국세기본법」 제47조의3 및 제47조의5 규정의 과소신고가산세 및 납부불성실가산세를 적용한다(국기, 징세과-4088, 2008.09.05). 다만, 2012년 1월 1일 이후 분부터 국세(소득세, 법인세 및 부가가치세만 해당한다)를 과세기간을 잘못 적용하여 신고·납부한 경우에는 납부불성실가산세를 적용할 때 실제 신고납부한 날에 실제 신고·납부한 금액의 범위에서 당초 신고·납부하였어야 할 과세기간에 대한 국세를 자진납부한 것으로 본다. 다만, 해당 국세의 신고가 부당무신고, 부당과소신고에 해당하는 경우에는 그러하지 아니하다(국기법47의 4).

과 목	구 분	10 기	11 기
수출매출	세법상 귀속	20억	10억
	사례 Ⅰ	30억	-
	사례 Ⅱ	-	30억

위 표에서 사례 Ⅰ의 경우 당초 과세기간보다 먼저 납부한 경우 10기분 과세표준과 세액에 대하여 과다납부로 인한 환급 및 환급가산금을 적용하지 않고 11기분에 대하여 납부불성실가산세를 적용하지 않는다. 사례 Ⅱ의 경우 당초 과세기간 보다 늦게

납부한 경우 10기 과소신고한 20억에 대하여 과소신고가산세와 납부불성실가산세는 실제납부일까지 부과하고 11기에 과다신고한 20억에 대하여는 환급 및 환급가산금은 적용하지 않는다. 다만 부당무신고·과소신고에 해당하는 경우는 그러하지 아니한다.

(2) 수출매출의 귀속사업연도

수출재화는 「법인세법시행령」 제68조 제1항 제1호의 규정에 의한 상품 등을 인도한 날에 수입금액을 계상한다. 여기에서 인도일의 판정을 함에 있어서 다음에 규정된 날로 한다.

① 납품계약 또는 수탁가공계약에 의하여 물품을 납품하거나 가공하는 경우에는 당해물품을 계약상 인도하여야 할 장소에 보관한 날. 다만, 계약에 따라 검사를 거쳐 인수 및 인도가 확정되는 물품의 경우에는 당해검사가 완료된 날로 한다.

② 물품을 수출하는 경우에는 수출물품을 계약상 인도하여야 할 장소에 보관한 날(법칙33 2호).

"수출물품을 계약상 인도하여야 할 장소에 보관한 날"이라 함은 계약상 별단의 명시가 없는 한 선적을 완료한 날을 말한다. 다만, 선적완료일이 분명하지 아니한 경우로서 수출할 물품을 「관세법」 제155조 제1항 단서에 따라 보세구역이 아닌 다른 장소에 장치하고 통관절차를 완료하여 수출면장을 발급받은 경우에는 규칙 제33조 제2호에 해당하는 것으로 한다(법기통40-68-2).

따라서 법인세법상의 수출재화의 익금의 귀속사업연도는 국제상업회의소가 정한 거래조건 11가지에 따라 결정된다. 다만, 일반적인 수출의 경우 거래조건이 FOB, CIF, CFR 조건이 대부분으로 이 경우 선적일이 귀속시기에 해당되어 부가가치세법상 공급시기와 일치하게 된다.

㉠ 법인이 수출재화를 도착지 물류창고에서 출고한 후에 소유권이 이전되는 경우에는 수출물품을 계약상 인도하여야 할 장소에 보관한 날에 손익을 인식하는 것으로, 이에 해당하는지 여부는 수출계약과 물품보관 및 소유권 이전약정 등의 사실관계에 따라 판단하는 것이다(서면2팀-925, 2007.05.15).

㉡ 국제상공회의소(ICC) 무역조건의 해석에 관한 「INCOTERMS 2000」에 의한 DDP El Paso기준으로 거래하면서 청구법인이 미국에서의 통관 시 관세 등을 부담하고 청구법인 명의로 수입통관절차를 이행하였고, 그 후의 운송비 및 창고관리비 등을 부담한 점과 수출물품이 운송회사의 물류창고에 보관되었다가 쟁점거래처의 공장 등에 인도되었음을 볼 때, 그 거래 조건은 계약상 인도하여

야 할 장소인 운송회사의 미국 엘파소 소재 물류창고라고 봄이 타당하다(적부 2005-246, 2006.05.01.).

ⓒ 내국법인이 미국 소재 법인으로부터 석유시추선에 장착하는 장비(이하 "해당물품")를 공장인도조건(EXW)으로 수주받아 제작완료 후 구매자의 검수를 거쳐 이를 인도하고 물품인수증을 수령한 경우, 해당물품의 판매로 인한 익금과 손금의 귀속사업연도는 「법인세법 시행령」 제68조 제1항 제1호와 같은 법 시행규칙 제33조 제2호의 규정에 따라 해당물품을 계약상 인도하여야 할 장소에 보관한 날이 속하는 사업연도로 하는 것이다(법규법인2012-1, 2012.01.11.).

위의 해석에 의하면 수출재화의 매출 귀속시기는 계약조건에 따라 법률적 소유권이 이전되는 시점으로 보고 있다.

판례

조건부 판매 형태의 수출의 공급시기(조심2018중3591, 2018.12.14)

외국인도수출에 있어 상품 등의 판매로 인한 손익의 귀속시기는 「법인세법 시행령」 제68조 제1항 제1호 및 같은 법 시행규칙 제33조 제2호에서 "수출물품을 계약상 인도하여야 할 장소에 보관한 날"로 규정하고 있고, 법인세법 집행기준 40-68-1에서 상품 등을 인도한 날은 "수출물품을 계약상 인도하여야 할 장소에 보관한 날. 다만, 계약상 별단의 명시가 없는 한 선적을 완료한 날"로 정하고 있는바, 쟁점거래의 경우 청구법인이 이 건 수입업자와 체결한 쟁점계약에서 인도조건을 EXW(공장인도)로 하고 있으나, 대금의 지급시기를 선적한 날부터 360일 이내로 정하고 있는 점, MOA(합의각서)상의 새로운 법인이 설립되지 않았더라도 다른 합의도 효력이 없다고 보기 어려운 점, 동 MOA에서 청구법인의 업무범위에 공급한 수목의 안정적 보관관리(동해, 멸실방지) 및 기술지원을 포함하고 있고, 대금을 선적일부터 360일에 D/A(환어음 결제)방식으로 지급받도록 되어 있으며, 동사 또는 멸실된 수목에 대해서는 수입업자에게 청구해야 할 물품대금에서 공제하도록 약정하고 있는 점, 실제 청구법인은 수출한 수목이 360일 내에 대부분 고사 등 멸실됨에 따라 수입업자와 매출대금을 받지 못하였고 결국 계약을 해제하는 합의를 한 것으로 나타나는 점 등에 비추어 쟁점거래는 <u>계약상 별단의 생존조건부 거래에 해당하고, 생존조건이 성취된 날(선적일부터 360일)</u>을 손익의 귀속시기로 봄이 타당하므로 처분청이 수목의 선적일을 손익의 귀속시기로 보아 쟁점매출액을 익금산입하는 등을 하여 이 건 법인세를 과세한 처분은 잘못이 있는 것으로 판단된다.

사례 **부가가치세법상 공급시기와 법인세법상 귀속사업연도**

1) 관련자료
   ① 20×1.12.20. 수출상의 공장에서 수출물품을 콘테이너에 실었다.
   ② 20×2.01.05. 수출물품을 선박에 적재하였다.
   ③ 20×2.01.20. 수입국의 목적항에 도착하였다.
   ④ 20×2.02.01. 수입상의 창고에 도착하여 물품을 하차하였다.
   다만, 계약조건상 인도할 장소에 보관한 날이라 함은 정형거래조건에 따른 위험과 비용의 분기점으로 한다.

2) 부가가치세법상 공급시기 및 법인세법상 귀속사업연도
   ① 공장인도조건(EXW) : 공급시기(20×2.1.5), 귀속연도(20×1.12.20)
   ② FOB, CIF, CFR : 공급시기(20×2.1.5), 귀속연도(20×2.1.5)
   ③ 목적지인도조건(DDP) : 공급시기(20×2.1.5), 귀속연도(20×2.2.1)
   → 부가가치세법상 공급시기와 법인세법상 수입금액 귀속시기의 차이조정
   수출매출에 대한 공급시기(선적일)와 법인세법상 수입금액의 귀속시기(소유권이전일)의 차이가 발생하는 경우 법인세법시행규칙 별지 제17호 서식인 조정후 수입금액명세서에서 그 차이원인을 표시하게 된다.

[조정후 수입금액 명세서]

2. 부가가치세 과세표준과 수입금액 차액 검토

(1) 부가가치세 과세표준과 수입금액 차액

⑧과세(일반)	⑨과세(영세율)	⑩면세수입금액	⑪합계(⑧+⑨+⑩)	⑫수입금액	⑬차액(⑪-⑫)
1,500,000,000	600,000,000		2,100,000,000	2,000,000,00	100,000,000

(2) 수입금액과의 차액내역

⑭구 분	⑮코드	⑯금 액	비고	⑭구 분	⑮코드	⑯금 액	비고
자 가 공 급	21			거래시기차이감액	30	100,000,000	
사 업 상 증 여	22			주세·개별소비세	31		
개 인 적 공 급	23			매 출 누 락	32		
간 주 임 대 료	24				33		
자산매각 고정자산매각액	25				34		
자산매각 그 밖의자산매각액	26				35		
잔 존 재 고 재 화	27				36		
작 업 진 행 률 차 이	28				37		
거 래 시 기 차 이 가 산	29			⑰ 차 액 계	50	100,000,000	

※ 수출재화의 부가가치세법상 영세율 과세표준은 6억원인데 비하여 법인세법상 수출 수입금액은 5억원으로 그 차이원인은 부가가치세법상 공급시기는 선적일이며 법인세법상 손익귀속사업연도는 계약조건에 따른 재화의 인도일(소유권이전일)이므로 이로 인하여 발생한 차이이다.

(2) 수출형태별 매출의 귀속사업연도

① 직수출·대행수출

물품을 수출하는 경우에는 수출물품을 계약상 인도하여야 할 장소에 보관한 날로 계약상 별단의 명시가 없는 한 선적을 완료한 날이 속하는 사업연도이다.

내국법인이 일본 업체로부터 육상플랜트 건설공사에 소요되는 부품(Girth Gear, Pinion & Shaft)을 수주 받아 그 부품을 직접 설계·제조하지 아니하고 국내업체에게 발주하여 이를 납품받아 당해 법인의 계산과 책임 하에 그 일본 업체에 수출하는 계약으로서 그 계약기간이 1년 이상인 경우 그 부품의 판매로 인한 익금과 손금의 귀속사업연도는「법인세법시행령」제68조 제1항 제1호 및 같은 법 시행규칙 제33조 제2호의 규정에 따라 그 부품을 계약상 인도하여야 할 장소에 보관한 날이 속하는 사업연도로 하는 것이다(법규법인 2009-13, 2009.2.17). 물품수출에 의한 판매손익은 수출물품을 계약상 인도해야 할 장소에 보관한 날의 사업연도에 귀속되며, 그날 이후 그 대금을 정산하는 경우 정산차액은 그 확정된 날의 사업연도의 손익에 산입한다(법인 46012-3833, 1998.12.09).

② 중계무역·외국인도수출·위탁가공무역

물품을 수출하는 경우에는 수출물품을 계약상 인도하여야 할 장소에 보관한 날로 계약상 별단의 명시가 없는 한 선적을 완료한 날이 속하는 사업연도이다.

내국법인이 원재료를 무환반출하는 위탁가공무역수출의 경우에 원재료비 및 가공비 지급액의 손금귀속사업연도는 법인세법 제43조 및 같은 법 제49조의 규정에 의하여 일반적으로 공정·타당하다고 인정되는 기업회계의 기준에 따라 그 손금이 확정된 날이 속하는 사업연도로 하는 것이다(서면2팀-348, 2006.2.15).

③ 보세창고인도조건(BWT) 수출

수출업자가 자기책임 하에 수입국의 보세창고까지 수출상품을 반출하고 현지에서 수입자를 물색하여 계약이 성립되면 상품을 인도하는 방식의 수출을 하는 경우에는 당해 수출물품을 수입업자에게 인도한 날이 속하는 사업연도에 손익을 계상하는 것이다(법인 46012-2085, 1998.7.25).

④ 위탁판매수출

해외에서 수탁사업자가 재화를 판매한 날이 속하는 사업연도이다.

⑤ 오퍼상

물품매도확약서 발행업에 있어서 수입금액의 귀속연도는 당해 물품을 선적한 날이 속하는 과세기간으로 한다. 따라서 착선인도조건(Exship)이라 하더라도 물품을 선적한 날이 속하는 과세기간으로 한다(법인22601-167, 1987.6.25). 그러나 장부와 증빙서류를 비치하지 않아 선적한 날이 확인되지 않는 경우에는 신용장개설일이 속하는 과세기간으로 한다(소기통 39-2). 즉, 물품매도확약서 발행업에 있어 용역대가 지급일이 약정되어 있지 않은 경우 그 선적일 또는 신용장개설일이 수입금액 귀속시기인 용역제공완료일이 되는 것이다(국심96서 3080, 1997.03.18). 한편, 수익이 실현된 그 다음 사업연도에 그 선적한 물품의 하자로 당해 물품이 반환된 경우에는 그 반환된 날이 속하는 사업연도의 손금에 산입한다(법인46012-3824, 1995.10.12).

⑥ 해외건설공사

해외건설공사는 진행기준에 따라 손익을 인식한다. 다만, 중소기업의 경우 1년 미만 단기건설공사의 경우 인도기준을 선택할 수 있다.

⑦ 관세환급금

관세환급금의 손익 귀속시기는 다음의 날이 속하는 사업연도로 한다(법기통40-71-6).

㉠ 수출과 동시에 환급받을 관세 등이 확정되는 경우(수출용 원재료에 대한 「관세 등 환급에 관한 특례법」 제13조의 규정에 의한 정액환급률표에 의한 환급액을 포함한다)에는 당해 수출을 완료한 날 : 간이정액환급

㉡ 수출과 동시에 환급받을 관세 등이 확정되지 아니하는 경우에는 환급금의 결정통지일 또는 환급일 중 빠른 날 : 개별환급

한편, 「수출용원재료에 대한 관세 등 환급에 관한 특례법」의 규정에 의하여 환급받을 관세 등으로서 수출과 동시에 환급받을 세액이 확정되지 아니하는 관세환급금의 귀속사업연도는 당해 환급금의 결정통지일 또는 환급일 중 빠른 날이 속하는 사업연도로 하는 것이나, 일반적으로 공정·타당하다고 인정되는 기업회계기준을 적용하거나 관행을 계속적으로 적용하여 온 경우에는 당해 기업회계기준 또는 관행에 의하는 것이다(법인46012-2567, 1998.09.11). 즉, 합리적으로 예측한 관세환급 예상액을 계속적으로 결산에 반영하여 온 경우에는 관세환급금 미수금을 계상할 수 있다.

ⓒ 추징당한 관세환급금
법인이 관세율 적용착오 등으로 추징당한 관세를 환급받는 경우 손익의 귀속시기는 당해 관세환급금의 결정통지일 또는 환급일 중 빠른 날이 속하는 사업연도로 하는 것이다(법인-1013, 2009.9.16).

ⓔ 추가납부 관세
관세법의 규정에 의하여 관세를 신고납부한 후 세율적용 착오 등의 사유로 추가 고지되는 관세는 세관장이 경정·결정하는 날이 속하는 사업연도의 손금 또는 수입물품의 취득원가에 가산하는 것이다(서이-2428, 2004.11.24).

⑧ 해외투자수출
해외에 기계장치 등을 현물출자하는 것은 자산의 양도에 해당하는 것이므로 해당 자산의 양도에 대한 손익의 귀속시기는 선적일이 속하는 사업연도로 하여야 하는 것이다(서면2팀-1956, 2004.9.21).

⑨ 차액결제선물환 거래
㉠ 차액결제선물환(만기일 2 영업일 전에 결정된 결제환율과 약정환율 간의 차이를 기준으로 손익을 확정하고 이를 지정통화로 만기일에 거래상대방과 확정된 손익인 차액만을 결제하는 통화선도) 거래를 하는 경우 그 손익의 귀속사업연도는 만기일 2 영업일 전에 해당 하는 날이 속하는 사업연도이다(기획재정부 법인-686, 2009.8.3).
㉡ 차액결제선물환 거래의 손익 귀속시기는 만기일이 아닌 거래손익 확정일이 속하는 사업연도이다(법규법인 2009-62, 2009.8.18).

⑩ 중도 상환하는 외화부채 및 통화스왑에 대한 외환차손익·평가손익
외화채무의 일부를 중도상환하면서 발생된 외환차손익은 중도 상환일에 실현되는 것이므로 외화채무의 환위험을 회피하기 위한 계약의 존재여부와 상관없이 중도 상환일이 속하는 과세기간에 환차손익을 손금 또는 익금에 산입하는 것이다(법규법인 2009-81, 2009.03.30).

⑪ 내국신용장·구매확인서에 의한 공급
수출업자에게 상품 등을 납품하는 날이 속하는 사업연도이다.

8. 수출매출채권의 대손처리

물품의 수출 또는 외국에서의 용역제공으로 발생한 채권으로서 기획재정부령으로 정하는 사유에 해당하여 무역에 관한 법령에 따라「무역보험법」제37조에 따른 한국무역보험공사로부터 회수불능으로 확인된 채권은 대손금으로 결산조정에 따라 손금산입할 수 있다(법인세법 시행령 제19조의2 ① 7). 수출매출채권에 대한 소멸시효 완성채권, 파산, 부도발생 등의 사유로 인하여 회수가 불가능한 경우에는 국내채권과 동일하게 대손금을 손금산입할 수 있다. 해외매출채권을 보유하고 있는 내국법인이 해당 해외매출채권에 대하여 대손금으로 회계처리하였으나 법인세법상 대손요건을 충족하지 못하여 손금불산입으로 세무조정한 경우로서 그 후 사업연도에 외국환거래법 관련 규정이 삭제되어 한국은행총재 또는 외국환은행의 장으로부터 채권회수의무를 면제받은 서류를 제출할 수 없는 경우, 해당 해외매출채권에 대한 대손금은「법인세법 시행령」제19조의2 제1항 제1호에 따른 상법상 소멸시효가 완성된 날이 속하는 사업연도에 손금산입하는 것이며, 상법상 소멸시효가 완성되기 전에도「법인세법 시행령」제19조의2 제1항 제8호부터 제13호까지의 사유로 회수할 수 없음이 객관적으로 입증된 경우에는 해당 사유가 발생한 사업연도 이후에「법인세법」제60조에 따른 확정신고시에 세무조정계산서에 반영하여 손금으로 인정받을 수 있는 것이다(사전2017법령해석법인-0853, 2018.06.29.).

· 관련법조문 ·

■ **법인세법 시행규칙 제10조의4(회수불능 사유 및 회수불능 확정채권의 범위)**
① 영 제19조의2 제1항 제7호에서 "기획재정부령으로 정하는 사유"란 다음 각 호의 어느 하나에 해당하는 경우를 말한다. 〈신설 2021.3.16.〉
1. 채무자의 파산·행방불명 또는 이에 준하는 불가항력으로 채권회수가 불가능함을 현지의 거래은행·상공회의소·공공기관 또는 해외채권추심기관(「무역보험법」 제37조에 따른 한국무역보험공사와 같은 법 제53조 제3항에 따른 대외채권 추심 업무 수행에 관한 협약을 체결한 외국의 기관을 말한다. 이하 이 항에서 같다)이 확인하는 경우
2. 거래당사자 간에 분쟁이 발생하여 중재기관·법원 또는 보험기관 등이 채권금액을 감면하기로 결정하거나 채권금액을 그 소요경비로 하기로 확정한 경우(채권금액의 일부를 감액하거나 일부를 소요경비로 하는 경우에는 그 감액되거나 소요경비로 하는 부분으로 한정한다)
3. 채무자의 인수거절·지급거절에 따라 채권금액의 회수가 불가능하거나 불가피하게 거래당사자 간의 합의에 따라 채권금액을 감면하기로 한 경우로서 이를 현지의 거래은행·검사기관·공증기관·공공기관 또는 해외채권 추심기관이 확인하는 경우(채권금액의 일부를 감액한 경우에는 그 감액된 부분으로 한정한다)

(1) 수출매출채권의 회수불가능 입증방법

법인이 건당 미화 5만불 이하인 수출대금의 일부를 거래상대방의 행방불명 등으로 회수하지 못하는 경우로서 현지의 거래은행, 공증기관 또는 공공기관의 확인에 의하여 동 수출대금을 회수할 수 없음이 객관적으로 인정되는 경우에는 그 회수할 수 없음이 확정된 날이 속하는 사업연도에 손비로 처리할 수 있는 것이다(법인 46012-1252, 1999.4.3).

(2) 회수불능 해외채권의 대손요건

부도발생일부터 6월 이상 경과한 수표상의 채권 등은 채무자의 재산에 대하여 저당권을 설정하고 있는 경우를 제외하고는 당해 채무자의 부도발생 후 회사정리법에 의한 법원의 재산보전처분명령과는 관계없이 법인이 기업회계기준에 의하여 회수할 수 없다고 판단하여 대손금으로 계상한 사업연도에 손금에 산입하는 것이고(법인 집행기준 19의2-19의2-6), 법인세법상 수표에 해외 발행수표가 제외되는 것으로 규정한 바가 없으므로 처분청이 부도발생일로부터 6월이 경과한 이 건 해외수표상의 채권에

대한 대손금을 손금불산입한 처분은 잘못된 것으로 판단된다.

반면, 부도수표상의 채권, 외상매출금의 소멸시효가 경과된 채권 또는 은행장 등으로부터 채권회수의무를 면제받은 채권에 해당하지 아니하며, 청구법인 역시 동 거래상 대방인 해외 채무자의 파산, 사업폐지, 강제집행, 행방불명 등에 대한 객관적인 입증자료를 제시하지 못하고 있을 뿐만 아니라 채권회수를 위한 법적조치 등을 한 사실이 없는 것으로 인정되는 점 등에 비추어 볼 때 청구인이 제출한 단기수출보험 면책통보서, 은행의 외환거래계산서, 편지 및 채무사실 확인서, 직원의 출장보고서 등만으로는 법인세법상 대손요건을 각각 충족한 것으로 인정하기가 어렵다 하겠다(국심 2004 서1754. 2007.07.18).

(3) 해외매출채권 대손사례

① 섬유원단 등을 수출하고 수출품에 대한 클레임이 발생된 시기, 수량 등을 알 수 있는 구체적인 증빙자료를 제출하지 않아 클레임으로 수출대금을 회수하지 못하였다는 주장을 그대로 인정하기 어려우며, 수출채권을 대손금으로 볼 수 없다(심사법인2001-0128, 2002.02.22).

② 수출매출채권을 임의 포기한 채권은 사인간의 합의에 의한 D/C금액으로 봄이 타당하다고 할 것이며, 정당한 사유 없이 채권의 전부 또는 일부를 포기한 것이므로 인의포기금액을 접대비로 보아 한도초과액을 손금불산입한 당조 처분은 정당하다(심사법인2001-0127, 2002.02.22).

③ 내국법인이 보유하고 있는 채권 중 해외 매출채권의 경우에도 국내매출채권과 같이 채무자의 파산 등「법인세법 시행령」제19조의2 제1항 각호의 사유로 회수할 수 없는 채권의 금액은 같은 법 같은 조 제3항 각호의 어느 하나의 날이 속하는 사업연도의 손금에 산입하는 것이다(법인-698, 2009.06.11).

④ 폐업한 이후에도 채권회수 노력을 계속하였고, 무재산으로 확인된 사업연도에 결산조정에 의하여 대손처리한 것은 정당하다(심사법인2010-0031, 2010.08.16.).

⑤ 내국법인이 100% 출자하고 있는 해외현지법인이 파산함으로써 투자금을 회수할 수 없게 된 경우에는 파산선고일이 속하는 사업연도의 손금에 산입할 수 있는 것이며, 이 경우 외국현지법인의 파산여부는 객관적인 자료에 의하여 당해 법인이 이를 입증하여야 하는 것이다(법인46012-462, 1996.02.09.).

⑥ 내국법인이 보유하고 있는 해외매출채권도 국내매출채권과 같이 채무자의 파산 등「법인세법 시행령」제62조 제1항 각호에서 정하는 사유로 회수할 수 없는 채권

의 금액은 당해 사업연도의 소득금액계산에 있어서 이를 손금에 산입하는 것으로 당초 결산상 대손금으로 비용 처리한 후 세무조정 시 손금불산입한 금액은 같은 법 시행령 제62조 제1항 각호에 정하는 사유가 발생한 날이 속하는 사업연도에 손금 추인하는 것이다(서면상담2팀 -2150, 2005.12.22.).

9. 무역클레임의 회계와 세무실무

(1) 무역클레임의 개요

무역거래에서 수출자가 판매한 수출물품의 하자 또는 계약위반 등의 원인에 의하여 구매자(Buyer)가 수출자에게 손해배상 등을 청구하는 경우에 가격인하, 수리 후 재수출, 반품, 대체품 수출의 방법으로 이를 해결하게 된다. 다만, 당사자 간의 해결이 불가능한 경우에 제3자가 개입하게 되는 데 이 경우 알선, 조정, 중재, 소송을 통하여 해결하게 된다. 그 원인에 따른 회계처리와 세무처리는 다음과 같다.

① 가격인하

수출품을 회수하지 않고 그대로 사용하게 하고 가격만 깎아주는 경우이다. 이 경우 가격이 하락하여도 관세환급금은 추징하지 않는다.

② 수출 후 재수입하는 재화(부법 제27조 12호, 부령 54조)

사업자가 재화를 사용하거나 소비할 권한을 이전하지 않고 외국으로 반출하였다가 다시 수입하는 재화로서 「관세법」 제99조에 따라 관세가 면제(같은 법 제101조에 따라 경감되는 재화 포함)되는 재화의 수입은 부가가치세를 면세한다.

③ 다시 수출할 것을 조건으로 일시 수입하는 재화(부법 제27조 13호, 부령 제55조)

다시 수출할 것을 조건으로 일시 수입하는 재화는 「관세법」 제97조에 따라 관세가 면제되는 경우에 부가가치세를 면세한다.

④ 대체품 수출

클레임 물품을 재수입하고 다른 물품을 대체하여 수출하는 경우이다. 대체품수출은 무상수출이나 관세환급을 받을 수 있다. 이 경우 대체수출신고필증에 다음과 같이 기재하여야 한다.

이 수출은 환급특례법 시행규칙 제2조 제1항 제3호의 규정에 의한 수출로서 신고번호○○○-○○-○○○○○(2008.09.10 신고수리)호의 대체품 수출임

⑤ 수출물품의 환입

수출물품의 하자로 인하여 반품 받고 현금으로 변상해 주는 경우 반품이 확정된 사업연도에서 매출액에서 차감하고 반입일이 속하는 과세기간의 공급가액에서 차감한다.

(2) 무역클레임의 회계 및 세무처리

① 납품기일 지연과 추가비용 발생에 따른 손해배상금의 원천징수

국내사업장이 없는 독일법인이 무역거래에서 발생한 클레임에 대한 배상으로서 본래의 계약내용이 되는 지급자체에 대한 손해를 넘어 배상받는 금전 또는 기타 물품의 가액은 「법인세법」 제93조 제11호 나목 및 같은 법 시행령 제132조 제10항에 의하여 우리나라에서 과세되지 아니하는 것으로 원천징수대상에도 해당하지 아니하는 것이다(서면2팀-736, 2007.04.25).

② 수출품 하자로 인한 클레임의 회계처리

제조업을 영위하는 법인이 특수관계 없는 해외거래처에 수출한 제품에 불량이 발생하여 클레임이 제기되고 클레임에 대한 귀책사유가 제조과정상의 문제점으로 확인되어 계약서 및 합의서 내용에 따라 제조사에서 부담하기로 한 경우, 클레임된 제품을 현지에서 할인판매하고 매출채권에서 차감하는 금액은 제조사 법인의 각 사업연도 소득금액 계산시 손금에 산입하는 것이다(서면2팀-2698, 2006.12.28). 즉, 수출한 제품이 클레임으로 반품되는 경우 매출을 취소하고 매출채권을 감액하는 회계처리를 하는 것으로 법인이 대손충당금과 매출채권을 차감하는 회계처리를 하는 것이며, 판매상품 등의 흠으로 회수한 상품 등은 법인세법 기본통칙 42-78…2에 의하여 당해 재고자산을 사업연도종료일 현재 처분 가능한 시가로 평가할 수 있는 것으로, 반품 시점부터 반품되는 자산이 불용품으로 자산가치가 없어 재고자산으로 계상하지 아니한 것이 재고자산폐기손실에 대한 회계처리를 한 것으로 볼 수 있는지 여부는 반품된 재고자산의 상품가치, 시장교환성 유무 및 폐기처분 사실을 객관적인 증빙을 갖추어 처리하였는지 여부 등에 따라 사실 판단할 사항이다(서면2팀-885, 2006.05.18.).

㉠ 해외 현지 거래처에서 클레임 제기하였고 당초 매출채권을 탕감하기로 하는 경우

| (차) 매출(손금) | ××× | (대) 매출채권 | ××× |

ⓒ 당사는 국내 로컬업체에서 구상권 행사(당초 매입금액을 회수함)하는 경우

| (차) 현금(보상금 : 익금) | ××× | (대) 매입(매출원가) | ××× |

③ 클레임의 손금산입

판매업을 영위하는 법인이 매출처인 특수관계 없는 거래처에는 클레임비용으로 제조회사 등과 공동부담 하기로 한 경우로써, 당해 법인에게 귀책사유가 있어 지출한 비용은 법인의 각 사업연도 소득금액 계산시 손금에 산입할 수 있는 것이다 (서면2팀-1237, 2005.07.28).

④ 클레임의 증빙서류

법인이 클레임과 관련하여 보상명목으로 재화를 무상공급시 동 클레임과 관련된 계약서, 송장 등 그 지급사실을 확인할 수 있는 객관적인 자료에 의하여 이에 상당하는 금액을 각사업연도의 소득금액 계산시 손금에 산입할 수 있으며 지출증빙서류의 수취 및 보관 규정을 적용하지 아니한다(법인 46012-2175, 2000.10.26).

⑤ 클레임의 귀속시기

수출제품의 클레임으로 지출한 보상비는 실제로 클레임이 발생하여 보상금 지급이 확정된 날이 속하는 사업연도의 소득금액 계산상 산입할 수 있는 것이며, 무환통관물품의 익금산입시기는 통관일이 속하는 사업연도로 하는 것이다(법인 22601-281, 1990.01.25.). 자동차를 수출하는 내국법인이 해외수입자의 클레임 제기로 지급한 클레임비용은 지출이 확정된 날이 속하는 사업연도의 소득금액 계산 시 손금으로 산입하는 것이며, 부품제조업체로부터 클레임비용 중 일부를 보전받기로 한 경우에는 보전금을 지급받을 권리가 확정되는 날이 속하는 사업연도의 소득금액 계산 시 익금으로 산입하는 것이다(법인세과-740, 2018.03.29.).

⑥ 클레임 변상금의 부가가치세 과세여부

사업자가 부가가치세가 과세되는 재화를 수출하고 일부 수출한 재화의 하자로 인하여 물품은 반품되지 아니하고 하자에 대하여 현금으로 변상한 경우 당해 변상금은 부가가치세 과세표준에서 공제하지 않는 것이다(부가 46015-2537, 1996.11.28).

⑦ 수출재화의 환입

수출재화가 당초 계약내용과 상이하여 재수입되는 경우 반입일이 속하는 예정 또는 확정신고시 부가가치세 과세표준에서 반입재화의 공급가액을 차감하여 계산하

는 것이고 당해 수입세금계산서는 반입일이 속하는 과세기간에 매출세액에서 공제되는 것이다(서삼46015-11963, 2003.12.16.).

⑧ 수출재화의 반입 후 수리하여 재수출

사업자가 재화를 수출한 후 하자로 인하여 당해 수출한 재화를 반입하면서 세관장으로부터 수입세금계산서를 교부받고 반입된 재화를 수리하여 재수출하거나 동일 제품으로 교환하여 재수출하는 경우 당해 재화의 반입일이 속하는 예정신고기간 또는 확정신고기간에 대한 예정 또는 확정신고시 부가가치세 과세표준에서 반입재화의 공급가액을 차감하지 아니하고 반입시 교부받은 수입세금계산서의 매입세액은 매출세액에서 공제하며, 당해 수리된 재화 등의 재수출시에는 부가가치세가 과세되지 아니하는 것이다(부가 46015-2284, 1999.08.03.).

⑨ 수출재화의 반품 없이 재공급

사업자가 부가가치세가 과세되는 재화를 공급한 후 당해 재화의 하자로 인하여 당초 공급한 재화의 반품 없이 동일한 재화를 다시 공급하는 경우에는 부가가치세가 과세되는 것이다(부가46015-2210, 1999.08.02).

⑩ 반품 후 이종재화 재수출

수출한 소프트웨어를 반품 받고 최신 버전으로 교환하여 주는 경우 반품제품에 대하여는 반품되는 시점에 영세율 과세표준을 차감하는 것이며, 교환하여 주는 제품에 대하여는 영세율 과세대상이다(서면3팀-1686, 2005.10.5).

■ 환입된 재화를 국내 반입하지 않고 국내사업자에게 공급하는 경우 과세표준 및 세금계산서 발급 여부

Q. 수출한 제품의 사양 등의 이유로 일부 환입된 재화를 국내에 반입하지 않고 국외에서 국내사업자에게 공급하는 경우 부가가치세의 과세표준과 세금계산서를 발급하여야 하는지요?

당사는 국외사업자에게 재화를 수출하였으나 수입업체에서 제품사양 등의 이유로 매입을 일부 취소하였고, 반품재화는 현지에 보관되어 있던 국내사업자의 구매요청에 따라 국내로 반입하지 않고 국내사업자는 제3국사업자에게 직접 인도함. 당사는 관세청에 수출신고필증 정정 신청을 하였으나, 국내에서 수출된 것이 아니기 때문에 수출일자와 금액은 변경되지 않고 수출자만 당사에서 국내사업자로 변경됨.

수 출 면 장	
변경 전	변경 후
• 수 출 일 자 : 20×2년 1월 • 수출대행사 : (주)다솔무역 • 수 출 화 주 : (주)다솔무역 • 제 조 사 : (주)다솔무역	• 수출자 변경신고일자 : 20×2년 6월 • **수출대행사 : (주)동작상사** • **수출화주 : (주)동작상사** • 제 조 사 : (주)다솔무역

A. 수출한 재화의 품질·기타 계약조건위반 등으로 일부 환입되는 경우 부가가치세법 제13조 제2항 제2호에 따라 부가가치세의 과세표준에 포함하지 아니하는 것이며, 환입된 재화를 국내에 반입하지 아니하고 국내사업자와의 계약에 따라 국외에서 재화를 공급하는 경우에는 부가가치세 과세대상에 해당되지 않는 것이나, 소득세법 제163조 제1항에 따른 계산서를 발급하여야 하는 것입니다.

(근거 : 법규부가 2011-0283, 2011.08.23.)

[표 1-6] 수출·수입 클레임과 부가가치세 과세여부

보상 형태	과세 여부	근 거
수리하여 재수출	×	부가 46015-2284, 1999.08.03
동일제품으로 교환 재수출	×	부가 46015-2284, 1999.08.03
반품 없이 현금변상	×	부가 46015-2537, 1996.11.28
반품 후 이종재화 재수출	○	서면3팀-1686, 2005.10.05
반품 없이 동종(이종)재화 공급	○	서면3팀-2303, 2004.11.11
수입재화의 반품	○	서면3팀-526, 2005.04.22
수입재화의 반품(위약물품)	×	서면3팀-526, 2005.04.22
보세공장 반입 위약물품 반송 및 수입신고 취하	×	서삼46015-12063, 2002.12.02

실무적용 Tip

◎ **반품에 대한 회계 및 세무실무**

(1) 국내거래의 경우

1) 하자로 인하여 반품을 받은 경우

 ① 동일제품으로 교환한 경우(부가46015-4797, 2000.12.20)
  ㉠ 과세거래가 아니며 수정세금계산서 발급대상 아님
  ㉡ 회계처리

   (차) 매출원가   ×××   (대) 제 품   ×××

 ② 동종·유사제품으로 교환하여 준 경우(서면3팀-1303, 2007.05.01)
  ㉠ 반품일에 수정세금계산서 발급하고, 교환시 재화의 공급으로 세금계산서 발급
  ㉡ 회계처리
  • 반품시 :

   (차) 매 출   ×××   (대) 매출채권   ×××
      부가세예수금   ×××

  • 교환시 :

   (차) 매출채권   ×××   (대) 매 출   ×××
                              부가세예수금   ×××

2) 반품 없이 동일재화를 재공급하는 경우
 별도 재화의 공급에 해당되나 간주공급(사업상증여)으로 세금계산서 발급면제

3) 반품 후 현금으로 환불하는 경우
 (-)수정세금계산서 발급

(2) 국외거래(무역클레임)의 경우

 ① 반품 후 재수출하지 않는 경우
  ㉠ 반품일이 속하는 과세기간의 과세표준에서 차감
  ㉡ 과세기간 중에 수출한 재화가 있는 경우에는 수출실적명세서상의 기타 영세율 적용분에서 차감
  ㉢ 수입세금계산서의 매입세액 공제

 ② 반품 후 수리하여 재수출하거나 동일제품으로 교환하여 재수출하는 경우
  ㉠ 재수출은 재화의 공급으로 보지 아니하고 반품역시 과세표준에서 차감하지 아니함
  ㉡ 반품에 대한 수입세금계산서는 매입세액공제

 ③ 반품 없이 동종 또는 이종의 재화를 재수출하는 경우
  수출재화에 해당되어 영세율 과세표준 신고

 ④ 수입한 재화를 반품하는 경우
  관세법상 위약물품이 아닌 한 수출재화에 해당됨(서면3팀-526, 2005.04.22).

10. 수출물품과 관세환급

(1) 관세환급의 개념

관세환급은 자국상품의 국제경쟁력의 강화와 국산원재료의 사용촉진을 유도하기 위하여 재화를 수입할 때 부담하는 관세 등(관세, 개별소비세, 주세, 교통·에너지·환경세, 교육세, 농어촌특별세)에 대하여 수입한 원자재 등을 투입하여 제조가공한 재화를 수출하면, 수입할 때 부담한 관세를 환급해주는 것을 말한다. 관세환급은 관세법상 과오납 환급과 계약내용과 상이한 물품 등에 대한 관세환급도 있으나, 일반적인 관세환급은 「수출용원재료에 대한 관세 등 환급에 관한 특례법」에 의한 관세환급을 말한다.

```
관세환급 ┬─ 관세법 : 과오납·위약물품
         └─ 관세환급특례법 : 수출용원재료
```

• 관련법조문 •

■ **관세환급특례법 제10조(환급금의 산출 등)**
① 환급신청자는 대통령령으로 정하는 바에 따라 수출물품에 대한 원재료의 소요량을 계산한 서류(이하 "소요량계산서"라 한다)를 작성하고 그 소요량계산서에 따라 환급금을 산출(算出)한다.
② 관세청장은 제1항에도 불구하고 소요량 계산업무의 간소화 등을 위하여 필요하다고 인정하는 경우에는 수출물품별 평균 소요량 등을 기준으로 한 표준 소요량을 정하여 고시하고, 환급신청자로 하여금 이를 선택적으로 적용하게 할 수 있다.

■ **관세환급특례법시행령 제16조(간이정액환급)**
① 관세청장은 법 제13조 제1항의 규정에 의하여 중소기업의 수출물품에 적용하는 정액환급률표(이하 "간이정액환급률표"라 한다)를 정할 때에는 최근 6월 이상 기간동안의 수출물품의 품목번호별 평균환급액 또는 평균납부세액등을 기초로 하여 적정한 환급액을 정하여야 한다. 다만, 최근 6월 이상의 기간동안 수출물품의 품목번호별 환급실적(간이정액환급실적을 제외한다)이 없거나 미미하여 당해 물품의 품목번호별 평균환급액 또는 평균납부세액 등을 기초로 간이정액환급률표의 환급액을 정하는 것이 불합리한 것으로 판단되는 경우에는 직전의 간이정액환급률표의 환급액을 기초로 하여 적정한 환급액을 정할 수 있다.

(2) 관세환급의 신청과 환급대상

1) 관세환급의 신청

관세환급을 신청하기 전에 환급기관에 전용계좌번호를 등록하여야 한다. 관세환급신청은 물품을 수출하였거나 국내에서 외화를 획득하는 용도에 공한 자이다. 즉, 수출자, 수출대행위탁자, 완제품내국신용장에 의하여 완제품을 수출업자에게 공급하는 자도 수출업자로부터 관세 등에 대한 환급권을 양도받아 환급신청할 수 있다. 또한 간이수출통관[13])의 경우에는 관세환급이 배제된다. 환급신청기관은 제조장 또는 본사(등록된 사무소)를 관할하는 세관장이다.

- 환급청구권자 : 수출자, 수출 위탁자, 환급청구권 양도받은 자(Local L/C)

2) 환급신청기간

수출용원재료를 수입한 때에는 납부한 관세 등을 2년 내에 수출 등에 제공하여야 하고, 수출에 제공된 날로부터 5년 이내에 환급을 신청하여야 한다(관세환급특례법 제14조 제1항). 즉, 관세환급금의 소멸시효는 수출 등에 제공한 날부터 5년간이다. 세관장은 물품이 수출 등에 제공된 때에는 수출이행기준일[14])로부터 소급하여 2년 이내에 수입된 당해 물품의 수출용원재료에 대한 관세 등을 환급한다(관세환급특례법 제9조 제1항).

3) 환급신청서류

관세환급 신청서류는 환급방법에 따라 다음과 같다.

환급방법	제출서류
간이정액환급	환급신청서, 수출증명서류(선적이 확인된 수출신고필증)
개별환급	환급신청서, 수출신고필증, 수입신고필증, 기납증, 소요량계산서

---

13) "간이통관절차"라 함은 개인용품, 무역통계에 계상되지 아니하는 물품 또는 관세환급대상이 아닌 물품으로서 정식통관절차를 필요로 하지 않는 물품의 수출통관에 적용하는 간이한 절차를 말한다. 간이수출통관은 관세환급 대상이 아닌 물품가격이 FOB기준 200만원 이하의 물품이다.
14) 법 제9조 제1항에서 "대통령령이 정하는 날(수출이행기준일)"이라 함은 다음 각호의 1에 해당하는 날이 속하는 달의 말일을 말한다.
  1. 법 제4조 제1호에 따른 수출의 경우에는 수출신고를 수리한 날
  2. 법 제4조 제2호부터 제4호의 규정에 따른 수출의 경우에는 수출·판매·공사 또는 공급을 완료한 날

■ 수출용원재료에 대한 관세 등 환급사무처리에 관한 고시 [별지 제3호서식]

환급신청서 (공통사항, 갑)

처리기간 : 3일

제출번호 :
접수번호 :

1. 신청내역

① 접수번호 (접수일)		신청 관세사	③ 상 호 :		⑤ 환급구분	
② 당초 접수번호 (추가환급 시)			④ 관세사 부호:		⑥ 소요량구분	

2. 환급신청인

① 상호		③ 사업자번호		⑤ 통관고유부호	갑을병정-X-XX-X-XX-X
② 성명		④ 주소		⑥ 연락처	

4. 제조자

① 상호		③ 사업자번호		⑤ 통관고유부호	갑을병정-X-XX-X-XX-X
② 성명		④ 주소			

5. 수출물품(개요)

① 대표 품명규격		② 환급 수출형태	XX	③ 품목번호	XXXX.XX-XXXX
		④ 총 수출 물량(단위)			
		⑤ 총 수출 금액(FOB)		⑥목적국	XX

7. 신청처리내역(세관 기재사항)

결정일자	2022-03-22	세관		담당자	

4) 환급방법

① 개별환급

수출물품에 제공된 수입원재료를 계산하여 소요량증명서를 발급받아 환급액을 신청하는 제도이다. 즉, 수출품 제조에 소요된 각종 원재료의 종류와 수량을 소요량증명서에 의하여 확인하고 동 원재료의 수입시 납부한 세액을 수입신고필증에 의하여 세액을 산출하는 방법이다.

② 간이정액환급

간이정액환급은 간편한 절차(간이정액환급율표)에 의하여 수출 즉시 신속히 환급을 받을 수 있는 방법으로 중소기업기본법 제2조의 규정에 의한 중소기업자로서 환급신청일이 속하는 연도의 직전 2년간 매년도 환급실적(기초원재료납세증명서 발급실적을 포함한다)이 6억원 이하인 자가 제조가공한 물품에 대한 관세 등의 환급과 내국신용장 등에 의하여 공급된 수출용원재료에 대한 기초원재료 납입증명서 발급시에 적용한다. 이 제도는 개별환급과 선택이 가능하며, 포기시에는 2년간은 개별환급을 적용하여야 한다. 간이정액환급을 받기 위해서는 (ⅰ) 중소기업청에서 발급하고 중소기업확인서로 중소기업임을 입증하여야 하고 (ⅱ) 공장등록증 등으로 입증된 수출품 제조자 이어야 하며, (ⅲ) 수출신고시 제조자로 신고되어야 한다.

$$환급액 = \frac{수출신고필증상의 \ FOB물품금액(원화금액) \times 정액환급율표상의 \ 금액}{10,000}$$

③ 관세환급방법

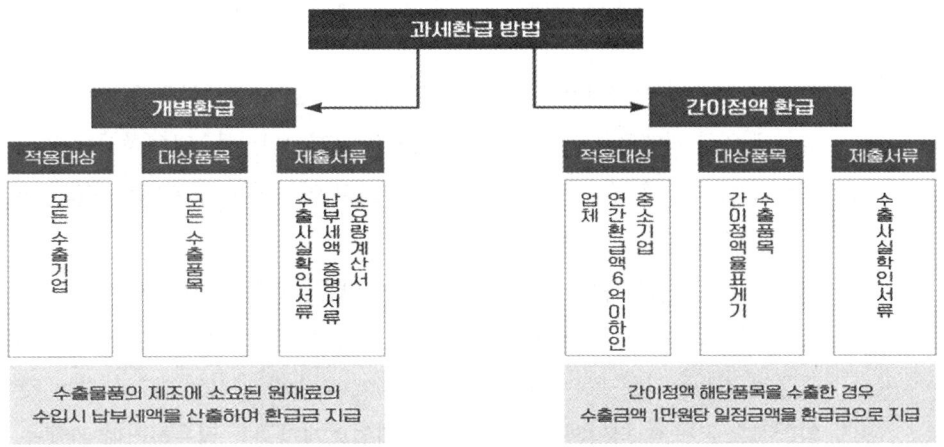

> **관련법고시** → 관세청 고시 제2024-76호

「수출용 원재료에 대한 관세 등 환급에 관한 특례법」 제13조 제1항 및 같은 법 시행령 제14조와 제16조의 규정에 따라 간이정액환급률표(관세청고시 제2023-67호, 2023.12.29.)를 다음과 같이 개정한다.

2024년 12월 26일
관   세   청   장

간이정액환급률표 개정고시

연번	세번	품명	수출금액(FOB) 1만원당 환급액
1	0202.20-1000	갈비	10
2	0202.30-0000	뼈 없는 것	120
3	0303.23-0000	틸라피아[오레오크로미스(Oreochromis)속]	10
4	0303.24-0000	메기[판가시우스(Pangasius)속・실루러스(Silurus)속・클라리아스(Clarias)속・익타루러스(Ictalurus)속]	10
5	0303.25-0000	잉어[사이프리너스(Cyprinus)속・카라시우스(Carassius)속・크테노파린고돈 이델루스(Ctenopharyngodon idellus)・하이포프탈미크티스(Hypophthalmichthys)속・시리누스(Cirrhinus)속・마일로파린고돈 피세우스(Mylopharyngodon piceus)・카틀라 카틀라(Catla catla)・라베오(Labeo)속・오스테오킬루스 하셀티(Osteochilus hasselti)・렙토바르부스 호에베니(Leptobarbus hoeveni)・메갈로브라마(Megalobrama)속]	10
6	0303.29-0000	기타	10
7	0303.42-0000	황다랑어[터너스 알바카레스(Thunnus albacares)]	10

5) 관세환급금의 세무처리

① 관세환급금의 귀속시기

관세환급금의 손익 귀속시기는 다음의 날이 속하는 사업연도로 한다(법기통40-71-6).

㉠ 수출과 동시에 환급받을 관세 등이 확정되는 경우(「관세환급특례법」 제13조의 규정에 의한 정액환급률표에 의한 환급액을 포함한다)에는 당해 수출을 완료한 날

㉡ 수출과 동시에 환급받을 관세 등이 확정되지 아니하는 경우에는 **환급금의 결정통지일 또는 환급일 중 빠른 날**

한편, 「관세환급특례법」의 규정에 의하여 환급받을 관세 등으로서 수출과 동시에 환급받을 세액이 확정되지 아니하는 관세환급금의 귀속사업연도는 당해 환급금의 결정통지일 또는 환급일 중 빠른 날이 속하는 사업연도로 하는 것이나, 일반적으로 공정・타당하다고 인정되는 기업회계기준을 적용하거나 관행을 계속

적으로 적용하여 온 경우에는 당해 기업회계기준 또는 관행에 의하는 것이다(법인46012-2567, 1998.09.11). 즉, 합리적으로 예측한 관세환급 예상액을 계속적으로 결산에 반영하여 온 경우에는 관세환급금 미수금을 계상할 수 있다.

> **사례** **관세환급금의 귀속과 세무조정**
>
> (주) 태안무역은 20×0년 12월 수출을 완료하였으나 관세환급금을 지급받지 않았다. 12월 말 현재 지급받을 관세환급금 예상액은 10,000,000원이다.
>
> 1) 20×0년 12월 31일 관세환급금 예상액에 대한 회계처리
>   (차) 미수관세환급금   10,000,000   (대) 매출원가   10,000,000
>   * 기업회계를 수용하므로 세무조정은 없다. 대손충당금 설정대상채권이다.
>
> 2) 20×1년 2월 20일 관세환급금을 수령한 경우
>   ① 관세환급금 9,000,000원을 수령한 경우
>   (차) 현금 및 현금성자산   9,000,000   (대) 미수관세환급금   10,000,000
>   매출원가   1,000,000
>   * 기업회계를 수용하므로 세무조정은 없다.
>   ② 관세환급금 11,000,000원을 수령한 경우
>   (차) 현금 및 현금성자산   11,000,000   (대) 미수관세환급금   10,000,000
>   매출원가   1,000,000
>   * 기업회계를 수용하므로 세무조정은 없다.

② 관세환급금과 영세율
   ㉠ 세관장으로부터 받는 관세환급금
   수출업자 또는 내국신용장에 의하여 완제품을 수출업자에게 공급한 자가 세관장으로부터 직접 받는 관세환급금과 수출품생산업자가 수출대행업자로부터 받는 관세환급금은 과세하지 아니한다(부기통21-31…9). 이는 수입시 부담한 관세를 환급받는 것으로 대가관계가 없기 때문에 부가가치세 과세대상이 아니다. 따라서 영세율 적용대상이 아니다.
   ㉡ 수출업자로부터 받는 관세환급금
   내국신용장에 의하여 재화를 수출업자 또는 수출품생산업자에게 공급하고 자기가 부담한 수입관세를 당해 수출업자 또는 수출품생산업자로부터 그 대가의 일부로 받는 관세환급금은 영의 세율을 적용한다(부기통21-31…9). 이는 대가관계가 있는 것으로 부가가치세 과세대상이다.

영세율적용사업자가 제출할 영세율적용첨부서류 지정 고시(별지 제1호 서식)

관세환급금 등 명세서

(　　년 제 기)

1. 인적사항

(1) 성　　　명		(2) 사업자등록번호	
(3) 상　　　호		(4) 사업장소재지	
(5) 거 래 기 간	년 월 일~ 월 일	(6) 작　성　일	

2. 환급금 내용

(7) 공급일자	(8) 금 액	공급받는자		(11) 내국신용장번호	비 고
		(9) 상 호	(10) 사업자등록번호		

「영세율적용사업자가 제출할 영세율적용첨부서류 지정 고시」에 따라 관세환급금 등 명세서를 제출합니다.

년　　월　　일

제출인　　　　　　　　　　　　　　(서명 또는 인)

세 무 서 장　　귀하

작 성 방 법

(1)~(4): 제출자(공급자)의 사업자등록증에 기재된 내용을 적습니다.
(5), (6): 제출대상기간과 이 명세서의 작성일을 적습니다.
(7)~(11): 내국신용장에 포함되지 않은 관세환급금 등에 대해 적습니다.

③ 관세환급금에 대한 세금계산서 발급
　㉠ 사업자가 수입원재료를 사용하여 제조 또는 가공한 재화를 내국신용장에 의하여 수출업자에게 공급하고 수출업자로부터 당해 수입원재료에 대한 관세환급금을 받는 경우에 당해 관세환급금은 대가의 일부로서 영세율 과세표준에 산입되므로 세금계산서를 발급하여야 한다.
　㉡ 내국신용장에 의한 재화의 공급 시 공급대가에 포함된 관세환급금 상당액이 추후 수출업자가 세관장으로부터 환급받은 관세환급금과 서로 달라 그 차액을 정산하는 경우에는 당해 금액이 확정되는 때에 영 제70조에 따라 제59조의 규정에 의하여 수정세금계산서를 발급한다(부기통32-67…5).
　㉢ 관세환급금을 수출업자가 환급받아 내국신용장에 의하여 납품한 자에게 지급하는 경우의 세금계산서 교부시기는 원칙적으로 재화의 공급시기에 교부하여야 하는 것이나, 그 금액 중 일부가 확정되지 아니한 경우에는 세관으로부터 관세환급금이 통지되었을 때 교부할 수 있는 것이다(서면3팀-3401, 2007.12.24).
　㉣ 내국신용장에 의하여 재화를 공급하고 그 대가의 일부로서 받는 관세환급금에 대한 세금계산서는 원칙적으로 재화의 공급시기에 교부하여야 하는 것이나, 당해 재화의 공급시기에 관세환급금이 확정되지 아니한 경우에는 당해 관세환급금이 추후 확정되는 때에 수정세금계산서를 교부하여야 하는 것이며, 다만 당해 거래처에 대하여 부가가치세법 시행령 제54조의 규정에 의한 월합계세금계산서를 교부하는 경우에는 당해 관세환급금도 동 관세환급금이 추후 확정되는 날이 속하는 달의 월합계세금계산서의 공급가액에 포함하여 월합계로 교부하여야 하는 것이다(부가 22601-2259, 1987.10.30).

④ 관세환급금의 공급시기
　관세환급금을 수출업자가 환급받아 내국신용장에 의하여 납품업자에게 지급하는 경우의 세금계산서 교부시기는 원칙적으로 재화의 공급시기에 교부하여야 하는 것이나, 그 금액 중 일부가 확정되지 아니한 경우에는 세관으로부터 국세환급금이 통지되었을 때 교부할 수 있는 것이다(부가22601-2264, 1986.11.13).

⑤ 영세율 첨부서류 및 영세율 신고불성실가산세
　내국신용장 또는 구매확인서, 내국신용장에 포함되지 아니한 관세환급금은 관세환급금명세서가 영세율 첨부서류이다. 내국신용장에 의하여 수출업자 또는 수출품생산업자에게 수출재화 염색임가공 용역을 제공하고 당해 수출업자 또는 수출

품생산업자로부터 그 대가의 일부로 받는 관세환급금은 영세율을 적용하며, 영세율이 적용되는 과세표준을 부가가치세법 제18조 제1항 또는 제19조 제1항의 규정에 의하여 신고를 하지 아니하거나 신고한 과세표준이 신고하여야 할 과세표준에 미달하는 때에는 동법 제22조 제6항의 규정에 의거 그 신고하지 아니한 과세표준(미달하게 신고한 경우에는 그 미달한 과세표준)의 100분의 1에 상당하는 금액을 납부세액에 가산하거나 환급세액에서 공제하는 것이다(부가22601-1827, 1989.12.20).

⑥ 과오납 관세환급금 반환금의 손금 해당 여부

해외로부터 부품을 수입하는 법인이 관세 과세대상으로 알고 관세를 신고·납부하였으나 추후 관세청의 유권해석에 의하여 관세 비과세 품목으로 확정되어 기납부한 관세를 환급받는 경우로서, 당초 관세를 실질적으로 부담한 수입물품 공급업체에게 반환하는 금액은 법인세법상 손금에 해당하는 것이나, 당초 수입물품 공급업체가 관세를 실질적으로 부담하였는지 여부는 실제거래와 관련된 계약서·거래명세서, 단가표, 대금지급내역 등 구체적인 증빙을 종합하여 사실판단 할 사항이다(법인-218, 2014.05.07).

6) 수입관세의 회계처리

수출용원재료에 대한 수입 시 납부한 관세 등에 대한 회계처리는 다음과 같다.

① (주) 서울상사는 20×1.10.05. 수출용원재료를 수입통관하면서 관세 등 1,000,000원을 납부하였다.

(차) 원재료	1,000,000	(대) 현금 및 현금성자산	1,000,000

② 20×1.12.20. 수출이 완료되어 관세환급금을 지급받았다.

(차) 현금 및 현금성자산	1,000,000	(대) 관세환급금(매출원가)	1,000,000

※ 기업회계기준 제39조 제5항에서는 관세환급금에 대하여 다음과 같이 규정하고 있다.
상품 또는 제품에 대하여 판매·생산 또는 매입 이외의 사유로 증감액이 있는 경우와 관세환급금 등 기타 매출원가항목으로 차감 또는 부가하여야 할 것이 있는 경우에는 이를 구분하여 기재한다.

> ● 참고
> **손익계산서의 표시방법**
>
> | | | |
> |---|---|---:|
> | Ⅰ. | 매출액 | 100,000,000 |
> | Ⅱ. | 매출원가 | 55,000,000 |
> | | 1. 기초제품재고액 | 10,000,000 |
> | | 2. 당기제품제조원가 | 70,000,000 |
> | | 　　합　계 | 80,000,000 |
> | | 3. 기말제품재고 | 20,000,000 |
> | | 4. 관세환급금 | (5,000,000) |
> | Ⅲ. | 매출총이익 | 45,000,000 |

7) 추가 고지 된 관세 등의 세무처리

법인이 세관장으로부터 수입물품의 거래가격이 동종·동질물품 또는 유사물품의 거래가격과 현저한 차이가 있는 등의 사유로 관세법의 규정에 의하여 관세가 추가로 고지되는 관세(가산세 제외)는 세관장으로부터 고지된 날이 속하는 사업연도의 손금에 산입하는 것이며 관세 추징으로 추가 부담하는 부가가치세에 상당하는 공급가액을 수입물품의 수입자가 실제 지출하지 않은 경우에는 동 법인의 매입원가 등에 산입하지 아니하는 것이다(서면2팀-1379, 2007.07.26).

한편, 외국으로부터 재화를 수입하는 수입업자가 재화를 수입하고 부가가치세법 제16조 제3항의 규정에 의하여 세관장으로부터 수입세금계산서를 교부받은 후 당초 수입한 재화에 대하여 관할세관장이 경정하여 추가로 관세 및 부가가치세를 부담하고 추가 수입세금계산서를 교부받은 경우 당해 수입세금계산서의 매입세액은 같은 법 제17조 제1항에 의하여 그 수입세금계산서를 교부받은 날이 속하는 과세기간에 자기의 매출세액에서 공제하거나 환급할 세액에 가산하여 환급받을 수 있는 것이다(서면3팀-1969, 2007.07.13.). 내국법인이 추징당한 관세를 대법원 판결로 환급받는 경우 해당 관세환급금의 손익귀속시기는 대법원 판결일이 속하는 사업연도로 하는 것이다(법령해석법인-22637, 2015.04.21.).

8) 환급에 갈음하는 관세 등 세율인하 제도

수출 등에 제공되는 물품의 생산에 주로 사용하기 위하여 수입되는 물품에 대하여는 그 수출 등에 제공되는 비율을 참작하여 관세 등의 세율을 인하할 수 있다. 관세 등의 세율이 인하된 물품에 대하여는 이 법에 의한 관세 등의 일괄납부 및 환급을 하지 아니한다(관세환급특례법 제19조). 이 제도는 주로 수출용으로 사용되는 물품으로 관세를 인하하여 징수하고 수출시에도 환급을 해주지 않는 제도이다.

> **실무적용 Tip**
>
> ◎ 관세법상 형벌규정(납세도움제도 가이드북, 2021. 관세청)
>
> | 주요 관세범죄 | 위반내용 | 처벌 |
> |---|---|---|
> | 금지품 수출입 | 수출입금지품(음란물 등 공공질서 침해 물품, 정부 기밀 주설물품, 위조 화폐·채권 등)을 수출입 | - 7년 이하 징역 또는 7천만원 이하 벌금
- 밀수출입물품 몰수(몰수 불가시 시가* 추징) |
> | 밀수입 | 수입신고를 하지 않거나, 신고한 물품과 다른 물품을 수입 | - 5년 이하 징역 또는 관세액 10배와 물품원가 중 높은 금액 이하의 벌금
- 밀수품 몰수(몰수 불가시 시가 추징) |
> | 밀수출 | 수출(반송)신고를 하지 않거나, 신고한 물품과 다른 물품을 수출 | - 3년 이하 징역 또는 물품원가 이하 벌금
- 밀수품 몰수(몰수 불가시 시가 추징) |
> | 관세포탈 | 과세가격 또는 관세율을 허위로 신고하거나 신고하지 않고 수입 | 3년 이하 징역 도는 포탈한 관세 5배와 물품원가 중 높은 금액 이하의 벌금 |
> | 수입제한회피 분할수입 | 수입제한 사항을 회피할 목적으로 미완성품·불완전품으로 수입하거나 분할하며 수입 | 3년 이하 징역 또는 물품원가 이하의 벌금 |
> | 부정수입 | 수입 요건을 미구비 또는 부정하게 갖추어 수입 | 3년 이하 징역 또는 3천만원이하 벌금 |
> | 부정수출 | 수출 요건을 미구비 또는 부정하게 갖추어 수출 | 1년 이하 징역 또는 2천만원이하 벌금 |
> | 부정감면 | 부정하게 관세를 감면받거나, 관세감면 물품의 관세 징수를 면탈 | 3년 이하 징역 또는 감면받은(면탈한) 관세액의 5배 이하 벌금 |
> | 부정환급 | 부정한 방법으로 관세를 환급 | 3년 이하 징역 또는 환급받은 세액의 5배 이하 벌금 |
> | 가격조작죄 | 부당하게 재산상 이득을 취할 목적으로 물품의 가격을 조작하며 수출입신고, 수정·보정신고 | 2년 이하 징역 또는 물품원가와 5천만원 이하 중 높은 금액 이하 벌금 |
> | 밀수품취득 등 | 밀수품(혹은 부정수출입 물품)을 취득·양여·운반·보관·알선·감정 | - 3년 이하 징역 또는 물품원가 이하 벌금
- 밀수품 몰수(몰수 불가시 시가 추징) |
>
> * 시가는 범칙행위 당시 국내 도매가격을 의미

제2절 직수출

1. 의의

사업자가 자신이 생산·취득한 내국물품을 자기명의·책임 하에 외국으로 물품을 반출하는 것을 말한다. 이 경우 수출대가가 유상이든 무상이든 모두 영세율이 적용된다. 다만, 자기의 사업을 위하여 대가를 받지 아니하고 외국의 사업자에게 견본품을 반출하는 경우에는 재화의 공급으로 보지 아니한다(부기통21-31-4). 또한, 사업자가 자기의 사업과 관련하여 생산하거나 취득한 재화를 외국의 거래처나 친지에게 무상으로 증여하는 경우에도 당해 재화의 시가를 영세율과세표준으로 하여 신고하여야 한다. 사업자가 수입한 재화를 반품하는 경우 수출하는 재화에 해당되어 영의 세율을 적용하는 것이며, 부가가치세 과세표준 신고시 이를 누락한 경우에는 가산세가 부과된다. 또한, 사업자가 외국의 바이어 요청으로 과세재화를 간이수출신고 없이 직접 휴대반출(HAND CARRY)하여 외국현지에서 당해 바이어에게 납품하고(보따리무역) 외국환 및 신분증, 사업자등록증, 인수증을 수령한 후 귀국하여 은행에 외국환을 매각했을 경우 그 국외반출 하여 공급한 사실이 객관적인 증빙에 의해 확인되는 경우에는 영세율 적용대상 수출재화에 해당하는 것이다(재부가-177, 2007.03.20). 보따리무역이나 소포우편수출의 경우 등 간이통관수출(FOB 2백만원 이하)은 통관절차가 간단하지만 관세환급이 배제된다. 사업자가 「관세법」에 의한 수출신고 없이 내국물품을 외국으로 반출하는 경우 당해 사실이 객관적인 증빙자료에 의하여 확인되는 경우에는 영세율이 적용되는 것이며, 또한 영세율 적용대상 과세표준을 예정신고 또는 확정신고시에 신고를 하지 아니한 경우, 신고한 과세표준이 신고하여야 할 과세표준에 미달한 경우 또는 영세율 첨부서류를 제출하지 아니한 경우(제출하여야 할 2가지 서류 중 1가지 서류를 제출하지 아니한 경우를 포함한다)에도 해당 과세표준이 영세율 적용대상임이 확인되는 때에는 영의 세율을 적용하는 것이며, 이 경우 「국세기본법」 제47조2 제1항에 따른 영세율과세표준신고불성실가산세는 적용하는 것이다(부가-44, 2014.01.21).

(1) 보세창고 인도조건(BWT) 수출

1) 의 의

보세창고거래(BWT-Bonded Warehouse Transaction)방식의 수출이란 수출업자가 자기의 책임 하에 수입지의 보세창고에 물품을 반입시켜 보관해 둔 상태에서 수입업자의 요청시 물품을 판매하는 거래형태를 말한다. 위탁판매수출의 변형인 보세창고 인도조건에 의한 수출로서 우리나라의 수출업자가 해당지역에 자기의 지점 또는 출장소, 대리점을 설치하고 거래상대국의 정부로부터 허가받은 보세창고에 상품을 무상으로 반출하여 현지에서 판매하는 거래방식이다.

이러한 보세창고 인도조건 수출의 특징은 거래상대자, 즉 수입업자와의 사전계약이 체결되지 않고 수출업자의 책임 하에 현지에서 상품의 매매계약이 성립하기까지에는 수입업자가 미확정상태에서 국외 보세구역으로 무환반출 되는 것을 말한다.

2) 공급시기

보세창고거래 방식 수출재화의 공급시기는 선(기)적일이다. 즉, 위탁판매방식에 의한 수출과 유사하지만 대외무역법상 위탁판매수출에 해당하지 아니하는 보세창고 수출은 직수출에 포함하여 수출재화의 선적일을 공급시기로 한다.

3) 과세표준

사업자가 자기가 생산하거나 취득한 재화를 외국의 보세창고에 반출하여 보관하다가 수입자에게 판매하는 경우 부가가치세 과세표준은 무환반출(선적)시의 시가상당액을 과세표준으로 하여 신고하고 추후 수입자에게 판매하는 때 과세표준이 확정되므로 그 확정되는 때 당초 신고금액과 증감되는 금액에 대하여 예정신고 또는 확정신고시 가감하여 신고하여야 한다(부가-4952, 2008.12.23).

4) 수입금액

수출업자가 자기책임 하에 수입국의 보세창고까지 수출상품을 반출하고 현지에서 수입자를 물색하여 계약이 성립되면 상품을 인도하는 방식의 수출을 하는 경우에는 당해 수출물품을 수입업자에게 인도한 날이 속하는 사업연도에 손익을 계상하는 것이다(법인 46012-2085, 1998.7.25).

따라서 부가가치세 공급시기와 법인세법상 수입금액의 귀속시기의 차이가 발생하여 과세표준과 수입금액이 다르게 되어 조정후수입금액명세서에서 그 원인을 기재하면 된다.

5) 미판매분의 재수입

당초신고수리일로부터 2년내 재수입된 물품은 관세법 제99조(재수입면세)에 따라 관세가 면제된다. 또한, 부가가치세법 제27조(재화의 수입에 대한 면세)에 따라 부가가치세도 면세된다.

(2) 국제특송업체(UPS, DHL 등)를 통한 수출

사업자가 소포우편 또는 국제특송업체를 이용하여 재화를 수출하는 경우에는 영세율이 적용되며, 이 경우 그 영세율 첨부서류는 소포에 의한 경우 당해 우체국장이 발행하는 소포수령증을 제출하고, 국제특송업체를 이용한 경우에는 외화획득명세서에 외화획득내역을 입증할 수 있는 증빙서류를 첨부하여 제출하여야 한다.

◆ 인터넷쇼핑몰에서 소포우편(EMS 등) 등에 의하여 수출하는 경우 영세율첨부서류

Q. 오픈마켓에서 쇼핑몰을 운영하고 있으며 해외에서 주문하는 경우가 있어 EMS를 통해 배송을 하고 있음. 배송은 오픈마켓에서 일괄 배송되기에 당사는 EMS서류가 없고 수출신고필증, 외화입금증 등 증빙서류도 없으며 해외로 수출한 내역을 증명해주는 해외배송내역서를 오픈마켓에서 받고 있음. 이 경우 배송내역서를 영세율첨부서류로 제출할 수 있는지?

A. 인터넷쇼핑몰을 통하여 부가가치세 과세재화를 판매하는 사업자가 비거주자로부터 주문받아 소포우편(EMS 등) 등에 의하여 수출하는 경우에는 「부가가치세법」 제21조 제2항 제1호에 따라 영의 세율을 적용하는 것입니다. 이 경우 영세율 첨부서류는 같은 법 시행령 제101조에 따르는 것이나, 부득이한 사유로 인하여 해당 규정에 따른 서류를 첨부할 수 없는 때에는 국세청장이 정하는 서류로써 갈음할 수 있는 것이며 법령 또는 훈령에 정한 서류를 제출할 수 없는 경우에는 영세율 규정에 의한 외화획득명세서에 해당 외화획득내역을 입증할 수 있는 증빙서류를 첨부하여 제출하는 것입니다.

(근거 : 부가가치세과-0571, 2016.03.20)

(3) 해외 역직구 방식 판매에 대한 영세율 적용

「전자상거래 등에서의 소비자보호에 관한법률」에 따라 통신판매업자로 등록한 인터넷 쇼핑몰 운영사업자가 인터넷 쇼핑몰을 통하여 해외 고객으로부터 주문받은 상품을 위탁판매계약 및 상품거래표준계약(판매분 매입)을 체결한 거래처로부터 상품거래표준계약에 따라 구입하여 수출가격의 결정권과 반품재화에 대한 위험을 부담하는 당사의 계산과 책임으로 수출(해외 배송)하는 경우 해당 재화의 국외 반출에 대하여는 「부가가치세법」제21조 제2항 제1호에 따라 영의 세율이 적용되는 것이다. 이때 당사가 거래처로부터 공급받는 수출용 재화의 공급시기는 같은 법 제15조 제1항 제1호에 따라 거래처가 해당 재화를 당사의 물류창고에 인도하는 때가 되는 것이다(법령해석 부가-0284, 2015.8.30).

<거래형태>
○ 당사는 전자상거래 등에서의 「소비자보호에 관한 법률」에 따라 통신판매업자로 등록한 인터넷 쇼핑몰 운영사업자로서 그 운영형태가 다음 두 가지로 나뉨
  - 상품거래표준계약서상 상품을 매입하여 공급하는 상품판매 거래형태
  - 상품거래표준계약서상 수탁자로 위탁자를 대신하여 상품 등을 판매하고 위탁자로부터 수수료를 받는 위수탁거래 형태
○ 당사는 해외 고객을 대상으로 하는 해외 역직구 비즈니스 형태의 새로운 사업을 진행하고자 함.
  - 동일 거래처로부터 동일 상품을 국내 판매 시는 '위탁판매계약'을 체결하여 위수탁거래 형태로 운영하되 해외 고객에게 판매하는 경우는 '상품판매분 매입계약'을 체결하여 상품을 매입하여 수출하는 상품판매거래 형태로 운영하고자 함.
○ 수출하는 상품판매거래(해외 역직구 비즈니스거래)의 주요내용은
  - 해외 고객이 당사의 쇼핑몰을 통하여 상품 주문 시 당사는 해당 수출상품을 국내 매입처에 발주하여 당사가 운영하는 물류창고에서 인도받은 후 당사의 책임과 계산 하에 수출신고 후 선적하여 해외로 반출·배송함.
  - 해외 고객에 대한 수출상품 판매가격 결정 권한은 당사가 가지며, 해외고객에게 수출하는 상품에 대한 책임도 당사가 짐.
  - 해외 고객이 반품하는 상품은 당사가 반품 검수 후 반품 완료 처리하고, 반품된 상품은 당사의 책임 하에 불량품은 폐기처분 하거나 재판매를 하게 됨.

2. 공급시기

수출재화의 공급시기는 선(기)적기일이다. 다만, 원양어업의 경우에는 수출재화의 공급가액이 확정되는 때이다. 또한 소포수출의 경우에는 우체국장의 소포수령증 발급일이다(부가46015-471, 2000.03.14). 따라서 중간지급조건부로 재화를 수출하거나 국내에서 재화가 인도되고 매수인이 통관절차를 이행하는 공장인도조건(EXW) 등 계약조건과 관계없이 항상 공급시기는 선적일이다. 선적일은 선하증권(B/L)에서 확인하여야

하며 선하증권상의 선적일과 실제선적일이 다른 경우 실질과세원칙에 따라 실제선적일을 기준으로 공급시기를 판정한다.

① 선박을 수출하는 사업자가 실제로 선박을 인도하기 전에 소유권이전등기를 완료한 경우 그 선박의 공급시기는 ㉠ 계약서상 서명일(2008.12.09) ㉡ 국적변경일(수출신고일 : 2008.12.22) ㉢ 실제 선박인도가 이루어지지 않았으므로 실제 선박이 인도되는 때 중 세관장으로부터 수출신고필증을 교부받은 후 선주와 함께 선박을 인도하는 서류에 서명한 날인 2008.12.9.이 공급시기가 되는 것이다(부가-529, 2009.4.14).

② 국내사업자 "을"이 재화를 국외의 보세창고에 무환 반출하여 보관하다가 국내사업자 "갑"의 요청에 따라 "갑"의 해외현지임가공업체에 인도하고 그 대가를 국내에서 "갑"으로부터 받는 경우 "을"이 무환 반출한 당해 재화는 「부가가치세법시행령」 제24조 제1항 제1호에 따라 영의 세율을 적용하는 것이며, 그 공급시기는 같은 법 시행령 제21조 제1항 제10호 가목에 따라 선(기)적일이 되는 것이다(부가-1247, 2009.9.3). 즉 무환반출 시점(국외 허브창고로 반출)에서 직수출로 보아 영세율이 적용된다.

③ 사업자가 생산한 재화를 공장인도조건으로 수출하는 경우 당해 재화의 수출은 직수출에 해당하는 것으로 「부가가치세법」 제21조에 따라 영세율을 적용하며 그 공급시기는 「같은법시행령」 제28조 제6항 제1호에 따른 수출재화의 선(기)적일이 되는 것이다(부가-828, 2014.10.06).

④ 사업자가 국내에서 취득한 철강제품을 외국법인에게 수출하기로 하는 계약을 체결하여 수출대금 전액을 입급받은 후 해당 제품은 일정기간 경과 후 외국법인이 지정하는 해외 목적항에 인도하는 경우 해당 재화의 수출은 직수출에 해당하는 것이며, 그 공급시기는 「부가가치세법 시행령」 제28조 제6항 제1호에 따른 수출재화의 선적일이 되는 것이다(사전-2017-법령해석부가-0874, 2018.01.11.).

3. 과세표준

수출재화의 공급시기 이전에 환가(원화로 바꾼 경우)한 경우에는 그 환가한 금액이며, 공급시기 이후에 환가한 경우(매출채권 등 외상거래)는 공급시기일의 기준환율 또는 재정환율로 환산한 금액이 과세표준이다. 이 경우 공급시기가 토요일·공휴일인 경우에는 그 전날의 기준환율 또는 재정환율을 적용한다.

또한, 수출신용장의 금액과 실제 수출금액이 다른 경우 사업자가 재화를 수출하고 수출금액과 신용장상의 금액과의 차액을 별도로 지급받는 경우 그 금액에 대하여도 영의 세율을 적용한다(부기통 21-31-7). 사업자가 외국으로 재화를 수출함에 있어 거래상대방(수입자)과 실제 거래가액(수출가액)을 확정하고 국제간 거래의 특수한 요인으로 인하여 당초 약정한 실제수출가액보다 높게 수출신용장을 개설 받아 재화를 수출한 후 실제수출가액과 수출신용장상 수출가액의 차액에 상당하는 재화를 별도로 대가를 받지 아니하고 추가로 수출(반출)한 경우에는 당초 수출신용장상의 금액을 수출하는 재화의 부가가치세 과세표준으로 하는 것이다(부가46015-1386, 1999.5.15). 한편, 사업자가 재화를 수출한 후 외국구매자와의 약정에 의거 수출가액에 환차보상액을 당해 외국구매자로부터 별도로 지급받는 경우 동 환차보상액은 과세표준에 포함하는 것이며, 이 경우 동 금액에 대하여도 영의 세율을 적용하는 것이다(부가22601-844, 1988.5.21).

(1) 영세율 과세표준의 증감발생

내국물품을 외국으로 직접 반출(수출)하는 사업자가 국외의 외국법인과 수출계약에 의하여 재화를 수출한 후에 계약내용 변경사유가 발생하여 거래당사자간에 합의에 의하여 당초 계약내용이 변경됨으로써 당초 거래금액에 증가 또는 감소되는 금액이 발생한 경우에는 그 변경사유가 발생한 날이 속하는 예정신고 또는 확정신고시에 신고할 과세표준에서 계약변경으로 인하여 증가 또는 감소되는 금액을 가감하여 신고하여야 하는 것이다(서삼46015-11619, 2003.10.15). 즉, 과세표준의 증감이 확정되는 예정신고 또는 확정신고 과세기간의 과세표준에 가감하여 신고하여야 하며 수출실적명세서에 가감하여 조정하게 된다.

(2) 공급시기와 대금결제일의 환율변동으로 차이가 발생하는 경우

사업자가 재화를 공급하고 그 대가를 외국통화 기타 외국환으로 받아「부가가치세법」제9조에 규정하는 공급시기 이후에 외국통화 또는 기타 외국환의 상태로 보유하거나 지급받는 경우에는 동조에 의한 공급시기의「외국환거래법」에 의한 기준환율 또는 재정환율에 의하여 계산한 금액을 공급가액으로 하여 동조에 의한 공급시기에 세금계산서를 교부하여야 하는 것이며, 공급시기 이후에 환율변동으로 인하여 증감되는 금액은 당해 과세표준에는 영향을 미치지 아니하는 것이다(서삼46015-11983, 2002.11.19). 따라서 외환차손익은 영업외손익에 반영하여 당기순손익 및 과세소득에 영향을 미치게 된다.

(3) 고정환율로 원화가액을 확정한 경우

당해 재화를 공급하기 전에 공급받는 사업자와 사전약정에 의하여 재화의 공급가액을 환율상승 또는 환율하락과 관계없이 고정된 환율을 적용한 원화가액으로 확정하고 당해 재화공급 후 수출대금 수령은 수출 후에 원화수출가액으로 맞도록 수출대금을 외화로 수수한 경우 당초 원화로 확정된 금액을 공급가액으로 하는 것이다(부가460158-962, 2004.04.29.). 전지를 제조·판매하는 법인이 전지의 주요 원자재 가격 변동 위험을 회피하기 위하여 금융기관과 원자재 선도계약을 체결하고 해외 공급업체로부터 수입하는 원자재 구매가격과 선도계약상 고정가격(이하 "고정가격")의 차액을 금융기관과 정산하여 수수하는 경우로서 해당 수입 원자재 중 일부를 해외 특수관계법인에게 고정가격에 공급하기로 계약을 체결하고 금융기관과의 정산(스왑)수수료, 원자재 통합구매에 따른 수수료(발생비용+적정이윤) 등을 산정하여 고정가격에 가산한 금액으로 수출하는 경우「부가가치세법」제29조 제3항 제1호에 따라 해외 특수관계법인으로부터 금전으로 받는 대가가 공급가액이 되는 것이다.

다만, 해당 대가가 조세의 부담을 부당하게 감소시킬 것으로 인정되는 낮은 대가에 해당하는 경우에는 같은 법 제29조 제4항 제1호에 따라 시가가 공급가액이 되는 것으로, 귀 질의의 경우 고정가격에 가산하는 수수료등이 합리적인 기준에 따라 적정하게 산정되었는지 여부는 사실판단할 사항이다(법령해석부가-0180, 2019.06.11.).

(4) 신용장결제금액에 수출알선수수료가 포함된 경우

외국의 수입업자를 위하여 수출알선용역을 제공한 사업자의 수출알선수수료를 수출상품가액에 포함한 수출신용장을 개설 받은 수출업자가 재화를 수출하고 동 신용장 결재대금 중에서 수출알선업자에게 수출알선수수료를 지급하는 경우 수출업자의 영세율 과세표준은 동수수료를 포함한 전체금액이 되며, 수출알선업자가 수출업자로부터 동수수료를 지급받는 경우에는 부가가치세를 거래징수하는 세금계산서를 교부하여야 한다(부가1265.2-710, 1984.04.17.).

실무적용 Tip

● **재화의 무상수출에 대한 영세율 적용여부**

무상수출이란 물품에 대한 환결제가 이루어지지 않고 외국으로 반출되는 것으로 원칙적으로 재화의 공급에 해당되어 부가가치세 영세율 신고를 하여야 하지만 법인세법상 수입금액에서는 제외되므로 부가가치세 신고서상 수입금액 제외란(31)에 표시하여야 한다.

① 견본품의 무상반출(부기통11-24-4) : 수출신고필증상의 거래구분란(9)에 92로 표시가 되며 재화의 공급으로 보지 않아 영세율 신고대상이 아니다. 다만, 추후 대가를 받기로 확정된 때에는 확정된 때를 공급시기로 보아 영세율 적용대상이 되는 것이다(부가22601-1427, 1990.10.31).

② 해외 수탁사업자에게 원자재 무환반출(부령24②) : 수출신고필증상의 거래구분(9)에 29로 표시되며 재화의 공급에 해당되지 아니하고 외국에서 제품을 완성하여 인도하는 때 영세율 적용이 된다.

③ 수입재화의 반품(부가46015-2390, 1998.10.22)은 영세율 적용대상이나 관세법상 위약물품에 해당되어 수출업자에 반환하는 경우(서삼46015-10282, 2001.9.21) 영세율 적용대상이 아니다.

④ 박람회 등에 무상으로 출품하는 재화(해석편람11-1-4) : 수출재화에 해당되어 영세율이 적용된다.

⑤ 수출한 재화의 하자로 인한 무상 재수출(부가46015-2284, 1999.08.03) : 재화의 공급에 해당되지 아니한다.

⑥ 건설업을 영위하는 사업자가 자기의 사업과 관련하여 생산 또는 취득한 재화를 자기의 해외건설공사에서 건설용 자재로 사용·소비할 목적으로 국외로 반출하는 경우에는 재화의 공급으로 보지 아니한다(부기통10-0-2) : 국외제공용역의 부수재화 반출. 다만, 건설업을 영위하는 신청인이 국내 건설자재 공급업자와 건설자재 공급계약을 체결하면서 해당 건설자재를 공급업자 명의로 수출통관하여 신청인의 해외건설현장에 인도하게 하는 경우 국내에서 건설자재 공급업자가 신청인에게 공급하는 해당 건설자재에 대하여는 「부가가치

세법」 제21조 제2항 제1호에 따라 영의 세율이 적용되지 아니한다. 그러나, 신청인이 건설자재 공급업자와 한국은행의 무역금융세칙 및 대외무역 관련 법령이 정하는 내국신용장 또는 구매확인서를 개설하여 건설자재를 공급받는 경우에는 「부가가치세법 시행령」 제31조 제2항 제1호 및 같은 법 시행규칙 제21조에 따라 영세율이 적용되는 것이다(법령해석 부가-0106, 2015.4.28).
⑦ 국내 전시목적으로 외국사업자 소유의 물품을 무환수입 전시 후 반환하기 위한 외국무환 반출(서면3팀-3425, 2007.12.27) : 영세율 적용대상이 아니다.
⑧ 수입자가 반환조건의 용기를 외국사업자에게 반환하기 위한 무상반출(서삼46015-10017, 2004.1.5) : 영세율 적용대상이 아니다.

4. 세금계산서 발급 및 대금결제 방법

세금계산서 발급의무가 없으며 대금결제방법에 제한이 없다. 즉, 대가를 원화로 받든지 또는 외화로 받든지, 국내 또는 외국에서 받든지 관계없이 영세율이 적용된다.

5. 영세율 첨부서류

수출실적명세서(전자계산조직에 의하여 처리된 테이프 또는 디스켓을 포함한다). 다만, 소포우편에 의하여 수출하는 경우에는 당해 우체국장이 발행하는 소포수령증으로 한다. 또한 개별소비세법에 의한 수출면세의 적용을 받기 위하여 영세율첨부서류를 관할세무서장에게 이미 제출한 경우에는 영세율첨부서류제출명세서로 수출실적명세서 및 소포수령증을 갈음할 수 있다. 그리고 사업자가 소포수령증을 복사하여 저장한 테이프 또는 디스켓을 영세율첨부서류 제출명세서(전자계산조직에 의하여 처리된 테이프 또는 디스켓을 포함한다)와 함께 제출한 경우에는 소포수령증을 제출한 것으로 본다. 또한, 국제특송(UPS, Fedex, DHL) 수출의 경우 외화획득명세서에 특사수령증 등 외화획득을 증명하는 서류를 첨부하여 제출하여야 한다.

직수출의 경우 2002.7.1. 이후 최초로 공급하는 수출재화의 경우 영세율 첨부서류는 수출실적명세서로 단순화하였다. 이는 전산시스템을 통하여 수출실적명세서와 관세청의 통관자료를 직접대사·확인하여 수출 진위 여부 및 신고누락여부 등을 검증하기 위해서이다. 따라서 수출실적명세서를 작성할 경우 수출신고번호와 선적일을 정확히 확인하여 기재하여야 한다.

■ 부가가치세법 시행규칙 [별지 제40호서식(1)] 　　　　홈텍스(www.hometax.go.kr)에서도 신청할 수 있습니다.

수출실적명세서(갑)

년 제 기 (　월　일 ~ 　월　일)

※ 아래의 작성방법을 읽고 작성하시기 바랍니다.

제출자 인적사항	① 사업자등록번호	② 상호(법인명)
	③ 성명(대표자)	④ 사업장 소재지
	⑤ 업태	⑥ 종목

| ⑦ 거래기간 | 년 월 일 ~ 월 일 | ⑧ 작성일자 | |

구분	건수	외화금액	원화금액	비고
⑨ 합계				
⑩ 수출재화(=⑫합계)				
⑪ 기타 영세율적용				

⑫ 일련번호	⑬ 수출신고번호	⑭ 선(기)적일자	⑮ 통화코드	⑯ 환율	금액	
					⑰ 외화	⑱ 원화
합계						

6. 영세율 적용대상 사업장

사업자가 본사와 제조장 등 2이상의 사업장이 있는 경우에 자기가 제조한 수출재화에 대한 영세율적용사업장은 최종제품을 완성하여 외국으로 반출하는 제조장으로 하고 영세율 첨부서류는 수출실적명세서(전자계산조직에 의하여 처리된 테이프 또는 디스켓을 포함한다)이다(부기통21-31-3).

한편, 총괄납부승인을 받은 2이상의 사업장을 가진 사업자가 원재료를 지점사업장에서 국외로 반출하여 「대외무역법」에 의한 위탁가공무역방식으로 수출하는 경우 수출계약의 체결, 대가의 수령 및 지점으로부터 거래내역 수보 등이 이루어지는 본점 사업장에서 「부가가치세법」 제11조 제1항 제1호 및 같은 법 시행령 제24조 제1항 제2호의 규정에 의하여 부가가치세 영세율을 적용받을 수 있는 것이다(서면3팀-1588, 2006.7.26).

> **실무적용 Tip**
>
> ◎ 제조장과 본사가 다른 경우 영세율 적용사업장
>
> **Q.** 최종제품을 완성하여 수출하는 제조장과 신용장상의 명의, 수출신고필증상의 명의는 본사로 되어 있는 경우 본점에서 영세율 부가가치세 신고방법은 가능한지?
>
> **A.** 주사업장총괄납부나 사업자단위과세를 적용하여 본사에서 신고하면 됩니다.
>
> | 사업장 유형 | 영세율 신고사업장 | 거래자료 |
> |---|---|---|
> | 독립사업장(본사, 공장) | 공장(최종제품완성·인도) | - |
> | | 본사 | 세금계산서 발급 |
> | 주사업장 총괄납부 | 본사(주사업장) | 거래명세표 발급 |
> | 사업자단위과세제도 | 본사(주사업장) | - |

7. 직수출의 회계처리

(1) 일람불신용장 방식(At Sight L/C)[15]

사례

수출대금의 회수(At Sight L/C)

(주) 민지상사는 20×1.10.20. 미국의 수입상에 US$ 10,000의 상품을 수출하였다. 20×1.11.03. 동금액을 은행에서 환어음을 매입의뢰(네고)하여 환가료 50,000원과 수수료 40,000원을 차감하고 9,800,000원을 보통예금 하였다. 단, 선적시의 환율은 1,000원이다.

1) 선적시(20×1.10.20)

(차) 수출매출채권	10,000,000	(대) 수출매출	10,000,000
($10,000×1,000)			

2) 네고시(20×1.11.3)

(차) 현금 및 현금성자산	9,800,000	(대) 수출매출채권	10,000,000
환가료	50,000		
지급수수료	40,000		
외환차손	110,000		

※ 이 경우 부가가치세 과세표준은 선적일의 기준환율로 환산한 10,000,000원이며 네고시의 외환차손은 선적일의 환율과 네고시의 환율의 차이(환율하락)로 인하여 발생한 손실로 감면대상 개별손금에 해당된다. 한편 일람불 신용장방식(At Sight L/C)이란 수익자(수출상)가 선적서류와 환어음을 구비하여 매입은행에 제시할 경우 선적서류와의 상환으로 즉시 대금이 지급되는 신용장을 말한다.

또한 환가료란 매입은행이 고객(수출상)에게 대금을 미리 지급하고 외화를 개설은행으로부터 뒤에 수취하게 되는 데 따른 시차의 기간이자비용을 말한다.

---

15) 운송서류와 환어음의 인수와 동시에 수입대금을 결제하는 방식의 신용장이다.

(2) 기한부신용장(Usance L/C) 방식의 수출

사례

수출대금의 회수(Usance L/C)

(주) T&C상사는 20×1.10.02. 기한부신용장(Shipper's Usance L/C : at 90 days after B/L date)방식[16]으로 US$10,000을 미국의 수입상에 수출하였다. 선적일의 기준환율은 1,000원이다. 20×1.10.15. 매입은행에 선적서류를 제시하고 환어음을 매입의뢰 하였다. 90일분 선이자 100,000원과 환가료 50,000원, 수수료 80,000원을 차감한 9,700,000원을 보통예금 하였다.

1) 선적시(20×1.10.02)

(차) 수출매출채권	10,000,000	(대) 수출매출	10,000,000
($10,000×1,000)			

2) 네고시(20×1.10.15)

(차) 현금 및 현금성자산	9,700,000	(대) 수출매출채권	10,000,000
환가료	50,000		
매출채권처분손실	100,000		
지급수수료	80,000		
외환차손	70,000		

* 상업어음할인료(매출채권처분손실)은 지급이자 손금불산입, 원천징수 대상이 아니다.
* 수출자가 수출대금을 조기에 회수하기 위하여 매입은행에 환어음을 제시하여 할인하는 것이다.

실무적용 Tip

연불조건으로 수입하는 발생이자의 처리

구 분	Shipper's Usance Bill(D/A Bill)	Banker's Usance Bill
기준서(문단A22)	금 융 비 용	금 융 비 용
법인세법	취 득 원 가	취 득 원 가
개 념	수출자 외상판매(어음할인방식)	은행신용공여(일람불방식)
부담주체	수출자 부담	수입자 부담
기업회계 수용여부	수용	수용

※ 연불조건으로 수입하는 경우 발생하는 이자를 기업회계에서는 당기비용으로 처리하도록 하고 있으나 법인세법에서는 취득원가로 처리하도록 하고 있어 차이가 발생한다. 그러나 기업회계에서 당기비용으로 처리한 경우 법인세법상 이를 수용하므로 세무조정이 발생하지 않는다.

---

16) 수입자가 운송서류와 환어음을 외상으로 인수하고 환어음 만기일에 수입대금을 결제하는 신용장방식이다.

(3) 추심결제방식(D/P, D/A조건)

1) 어음지급서류 인도조건(Documents Against Payment)

수입자가 신용장을 개설하지 않고 수출자는 수입자의 신용에 기초하여 계약을 체결하고 수출물품을 선적한 후 화환어음을 발행하여 은행을 통하여 추심, 결제하는 방식의 거래이다. 이 때 발행하는 어음은 일람불(at sight) 어음이므로 수출자, 수출자의 외국환은행, 추심은행(수입자의 거래은행) 및 수입자간에 운송서류와 대금지급이 거의 동시에 발생하게 된다. 이 거래는 일람출급신용장방식거래와 유사한데 추심은행이 물품대금의 지급을 보증하느냐의 여부에 달려있게 되며, D/P거래에서의 추심은행은 단순히 물품대금의 추심업무만을 수행하게 되며 지급보증 등 채무부담 의무를 지지 않는다. D/P 방식은 D/P at sight 와 D/P Usance 방식으로 구분된다. D/P Usance 방식은 추심은행이 운송서류 도착 즉시 수입업자에게 인도하는 것이 아니라 명시된 Usance 기간(D/P at 30days after B/L date : 선하증권 발행 다음날부터 30일의 날)동안 서류를 보관하다가 기간 경과 후 수입업자에게 수입대금을 지급하고 서류를 인도하는 방식을 말한다. 이는 운송서류가 이미 도착하였으나 물품이 목적항에 도착하지 않아 수입자의 자금 부담을 완화해주고 수출업자의 자금미회수 위험을 방지하기 위한 것이다.

[그림 1-6] D/P 조건에 의한 대금흐름

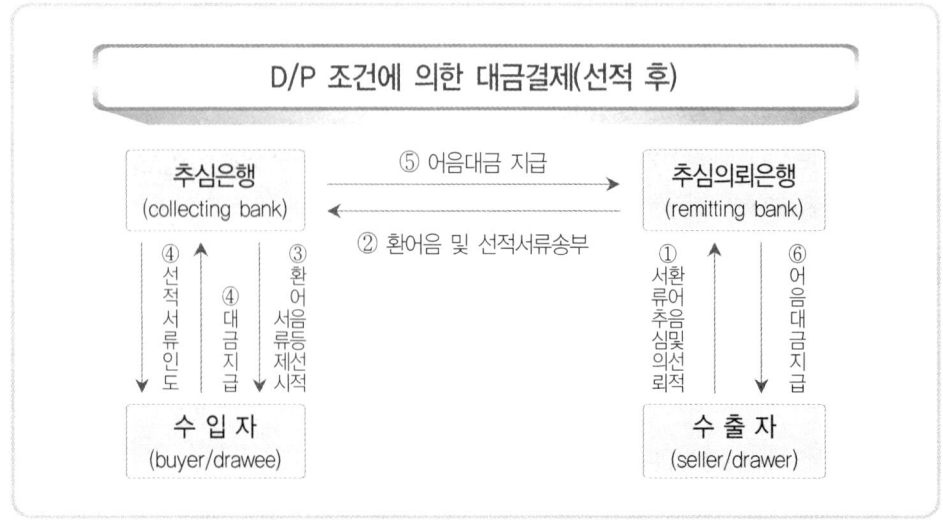

사례: 수출대금의 회수(D/P조건)

(주) 태안무역은 20×1년 2월 10일 D/P조건의 FOB가격 미화 $10,000의 수출상품을 선적하였다.(기준환율 U.S $1/1,100)
20×1년 3월 10일 일람불환어음과 선적서류 인도 후 외국환은행으로부터 대금을 지급받아서 원화로 환가하여 보통예금 하였다(대고객전신환매입율 U.S $1/1,300 환가료 30,000원). 은행수수료 10,000을 지급하였다.

1) 선적시(20×1.02.10)
   (차) 수출매출채권   11,000,000   (대) 수출매출   11,000,000

2) 네고시(20×1.03.10)
   (차) 현금 및 현금성자산 12,960,000 (대) 수출매출채권   11,000,000
       환가료   30,000   외환차익   2,000,000
       지급수수료   10,000

실무적용 Tip

○ D/P Nego

D/P Nego(추심전 매입)는 수출업자가 빠른 시일 내에 수출대금을 회수하기 위하여 추심의뢰은행에 추심서류 및 환어음을 매각하고 추심 전에 수출대금을 회수하는 것을 말한다. 이 경우 수입자의 계약파기 또는 파산, 대금지급의 지연 등으로 추심의뢰은행이 손해를 입게 되어 이 제도를 기피하게 된다. 이를 위하여 수출업자는 무역보험공사에 수출신용보증(선적후 NEGO)이라는 상품을 가입한다.

2) 어음인수서류 인도조건(Documents Against Acceptance)

기본적으로 D/P거래와 방식이 동일하나 일람불(at sight) 어음이 아닌 기한부어음(Usance Bill)이 발행된다는 것이 가장 큰 차이점이다. D/P거래에서는 운송서류의 인도시점과 결제시점이 동일하나 D/A거래에서는 운송서류가 수입자에게 인도되는 시점에 수입자의 인수(accept) 행위가 발생하고 대금은 어음 만기일 시점에 이루어지게 된다. 즉, D/A거래는 D/P거래와 달리 수입자에게 큰 혜택을 주는 것으로서 수출자는 선적시점부터 어음만기시점까지 자금이 묶이게 되는 부담을 지게 되는 것이다. 이로 인하여 일반적으로 수출자는 자신이 거래하는 외국환은행과 D/A거래대금을 할인하는 계약을 체결하고 실제 수출대금을 할인함으로써 국내매출채권을 일반은행에 할인하는 형태와 동일한 모습을 가지게 된다.

[그림 1-7] D/A 조건에 의한 대금흐름

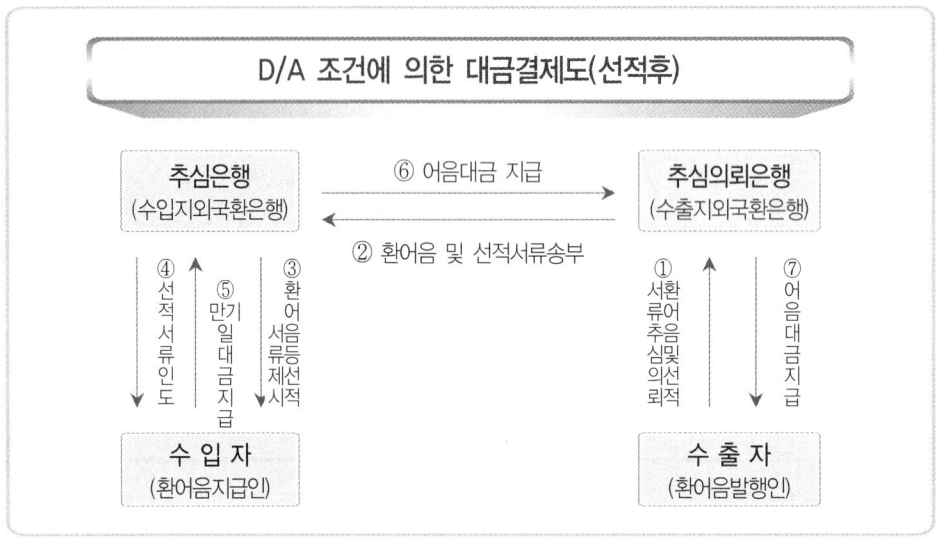

사례 　**수출대금의 회수(D/A조건)**

(주) 동작상사는 20×1.06.20 90일 D/A조건으로 US$10,000을 선적하였으며 선적일의 기준환율은 1,000원이다. 20×1.07.05 선적서류와 환어음을 매입하여 외국환은행에 추심의뢰 하였고 이에 따라 D/A이자 100,000원을 제외하고 9,840,000원이 입금되었다.

1) 선적일(20×1.6.20)
   (차) 수출매출채권　　　10,000,000　　(대) 수출매출　　　10,000,000

2) 네고시(20×1.7.5)
   (차) 현금 및 현금성자산　9,840,000　　(대) 수출매출채권　10,000,000
   　　　매출채권처분손실　　100,000
   　　　외환차손　　　　　　 60,000

● 참고

신용장방식과 추심방식의 비교

구 분	신용장방식	추심방식
근 거	신용장통일규칙(UCP600)	추심에 관한 통일규칙(URC522)
은행의무	지급보증의무 부담	지급보증의무 없음
수수료	신용장개설수수료	추심수수료

(4) 수출선수금을 받은 경우[17]

수출대금을 공급시기 이전에 원화로 환가한 경우에는 그 환가한 금액을 과세표준으로 한다(부령59조). 즉, 수출선수금을 받은 경우에는 비록 공급시기는 선적일이라고 하더라도 과세표준의 계산은 수출대금 수령시점에 환가한 금액이 과세표준이 되는 것이다. 다만, 공급시기 이후에 외국통화 또는 기타 외국환의 상태로 보유하거나 지급받는 경우에는 공급시기의 기준환율 또는 재정환율에 의하여 계산한 금액으로 환산하여 과세표준을 계산한다. 따라서 공급시기 이후의 환율을 변동으로 인한 외환차손익은 부가가치세 과세표준에는 영향을 미치지 않는다.

공급시기 도래 선에 원화로 환가한 경우	공급시기 도래 전에 외화로 사용한 경우
그 환가(교환)한 금액	사용한 날의 기준환율 또는 재정환율 (부가-1122, 2009.08.11.)

① 수출대금을 미리 지급받는 대신에 선수금 수령일로부터 수출일까지의 기간에 대한 이자상당액 만큼 수출물품을 더 주기로 한 경우 그 이자상당액은 국내 수출업자가 외국 수입업자에게 수출물품대금을 감액하여 주는 매출에누리에 해당하는 것으로 이자소득에 해당되지 않는다(국총46017-869, 1998.12.21).
② 관계회사에 해외직접투자 명목으로 외화를 대부하고, 관계회사로부터 동액상당의 수출선수금을 교부받아 그 외화를 유전스채무변제에 사용한 행위의 실질은 외화 단기부채를 상환하기 위한 것으로서 가지급금에 해당한다고 볼 수 없다(대법원 2006.08.25. 선고 2006두10238 판결).

---

[17] 수출선수금은 대금결제방식이 CWO, T/T, Red Clause L/C 등이 있다.

사례: 수출선수금 수취와 동시에 전액을 원화로 환가한 경우

(주) 동작상사는 20×1.10.12. 기계장치를 US$10,000(선적일의 기준환율 : 1,000원) 선적하였다. 수출과 관련하여 20×1.09.10. 수출선수금으로 US$ 10,000(기준 환율 950원)을 받고 환가하여 9,500,000원을 보통예금 하였다.

1) 수출선수금 수령시(20×1.09.10.)

    (차) 현금 및 현금성자산   9,500,000   (대) 선수금(수출)   9,500,000

2) 선적일(20×1.10.12.)

    (차) 선수금(수출)   9,500,000   (대) 매출(수출)   10,000,000
        외환차손   500,000

※ 부가가치세법상 수출재화의 공급시기는 선적일(201×.10.12.)이다. 다만, 부가가치세의 과세표준계산은 「부가가치세법시행령」 제59조의 규정에 의하여 공급시기 도래 전에 원화로 환가한 경우에는 그 환가한 금액을 과세표준으로 하므로 부가가치세 과세표준은 9,500,000원이다. 이 경우 법인세법상 수입금액은 선적일(소유권이전일)인 10,000,000원이 되어 그 차이가 발생하게 된다. 즉, 수출선수금을 받게 되는 경우 부가가치세법상 과세표준과 법인세법상 수입금액의 차이는 다음과 같이 산출하게 되며 이를 조정후수입금액명세서에서 표시하게 된다.

부가가치세 과세표준 +(−) 외환차손익 = 법인세법상 수입금액

※ 수출선수금을 받은 경우 수출실적명세서 작성방법

⑰항 란의 금액을 ⑯항 란의 환율로 곱한 환산금액을 ⑱란에 기재하며 이 금액을 부가가치세 신고 영세율 기타⑥란에 기재한다. 다만, 수출선수금을 받는 경우에는 선적일 이전에 환가한 금액을 과세표준으로 기재하게 되므로 환율을 공급시기가 아닌 환가한 당시의 환율을 기재하면 될 것이다.

※ 법인이 수출선수금(외화)을 받아 원화로 환전한 후 수출품을 선적하는 경우에는, 외화를 원화로 실제 환전한 금액을 수출품인도(선적)일이 속하는 사업연도의 매출액으로 한다(제도46013−565, 2000.12.04).

[수출실적명세서]

(12) 일련번호	(13) 수출신고번호	(14) 선(기)적 일자	(15) 통화 코드	(16) 환율	금액	
					(17) 외화	(18) 원화
합 계					10,000	9,500,000
1	020-10-05-0018663-4	20×1.10.12	USD	950	10,000	9,500,000

[부가가치세 신고서]

구 분			금 액	세율	세 액
과세표준및매출세액	과세	세금계산서교부분 ①		$\frac{10}{100}$	
		매입자발행세금계산서 ②		$\frac{10}{100}$	
		신용카드·현금영수증발행분 ③		$\frac{10}{100}$	
		기타(정규영수증외매출분) ④			
	영세율	세금계산서교부분 ⑤		$\frac{0}{100}$	
		기 타 ⑥	9,500,000	$\frac{0}{100}$	0
	예 정 신 고 누 락 분 ⑦				
	대 손 세 액 가 감 ⑧				
	합 계 ⑨		9,500,000	㉮	0

사례: 수출선수금을 외화로 보유하다가 선적일 전에 원화로 환가한 경우

(주) 안면도 물산은 20×1년 2월 5일 미국의 JKL로부터 수출선수금 미화 $10,000 를 T/T송금 받고 이를 거주자 외화예금 계좌에 외화로 예금하였다(기준환율 U.S$1 : 1,280). 20×1년 3월 15일 외화예금을 전액 원화로 환가하였다(대고객전신환매입율 U.S $1 : 1,320 환가료 15,000원).
20×1년 3월 30일 물품을 전량 CIF조건으로 선적완료하고, 수출제비용(운임 등) 150,000원을 현금으로 지불하였다(기준환율 U.S $1 : 1,260).

1) 수출선수금 수령시(20×1.2.5)

(차) 외화예금	12,800,000	(대) 수출선수금	12,800,000

2) 원화로 환가시(20×1.3.15)

(차) 현금·예금	13,185,000	(대) 외화예금	12,800,000
환가료	15,000	외환차익	400,000

3) 선적시(20×1.3.30)

(차) 수출선수금	12,800,000	(대) 수출매출	12,600,000
		외환차익	200,000
수출제비용	150,000	현금·예금	150,000

사례: 선수금을 받은 후 외화로 보유하다가 물품선적일 이후에도 계속 외화로 보유하고 있는 경우

(주) 안흥무역은 20×1년 10월 5일 미국의 JKL 로부터 수출선수금 미화$10,000을 T/T송금 받고 이를 거주자 외화예금계좌에 외화로 예금하였다(기준환율 U.S $1 : 1,280).
20×1년 10월 25일 물품을 전량 CIF조건으로 선적완료하고, 수출제비용(운임등) 150,000원을 현금으로 지불하였다(기준환율 U.S $1 : 1,260).

1) 수출선수금 수령시(20×1.10.5)

(차) 외화예금	12,800,000	(대) 수출선수금	12,800,000

2) 선적시(20×1.10.25)

(차) 수출선수금	12,800,000	(대) 수출매출	12,600,000
		외환차익	400,000
수출제비용	150,000	현금·예금	150,000

8. 직수출 사례

① 사업자가 사업상 취득한 특허권과 상표권 및 이에 부수되는 노하우 등 일체의 권리를 국내사업장이 없는 외국법인에게 양도하여 당해 외국법인이 동 권리를 국외에서 사용·소비하는 경우 동 권리의 양도에 대하여는 부가가치세법 제11조 제1항 제1호 및 동법시행령 제24조 제1항 제1호의 규정에 의한 수출하는 재화에 해당하여 부가가치세 영의 세율이 적용되는 것이다(서삼 46015-10405, 2003.03.11).

② 사업자가 소프트웨어산업진흥법 제2조 제1호의 규정에 의한 소프트웨어를 외국환관리법 제3조 제13호 규정에 의한 비거주자에게 전자통신망을 통한 전송방법으로 국외로 공급하는 경우에는 부가가치세법 제11조 제1항 제1호 및 동법시행령 제24조 제1항의 규정에 의한 수출하는 재화에 해당하여 부가가치세 영세율이 적용되는 것이다(부가 46015-752, 2002.10.16).

③ 사업자가 선박을 건조하여 수출하는 경우에는 영의 세율을 적용하는 것이며, 외국법인이 그 선박을 국내에 사업장이 없는 다른 외국법인에게 국외에서 사용하게 하고 그 대가를 받는 경우, 당해 대가는 부가가치세 과세대상에 해당하지 아니하는 것이다(부가-3135, 2008.09.18).

④ 사업자가 관세법에 의한 보세판매장에서 출국인에게 재화를 공급하는 경우 부가가치세법 제11조 제1항 제1호 규정의 수출하는 재화에 해당하여 영세율이 적용되는 것이며, 이 경우 부가가치세 예정 또는 확정신고시 영세율 첨부서류는 부가가치세법시행령 제64조 제3항 제1호의 규정에 의한 서류를 제출하여야 하며 부득이한 사유로 인하여 당해 서류를 제출할 수 없는 때에는 국세청장이 정하는 서류로서 이에 갈음할 수 있는 것이다(서면3팀-1057, 2006.6.8).

⑤ 사업자가 게임기에서 운영되는 소프트웨어를 개발하여 인터넷을 통하여 다운받아 사용할 수 있는 방법을 통하여 수출하고 그 대가를 외국의 소비자로부터 해외의 비자카드 등에 의하여 카드대행 결제를 담당하는 밴(VAN)사업자의 통장으로 입금되고, 대행결제 수수료를 제외한 잔여액을 국내에서 원화로 일정기간의 금액을 받은 경우 수출하는 재화에 해당되어 부가가치세 영의 세율이 적용되는 것이다(서삼 46015-10208, 2003.2.6).

⑥ 해외건설현장에 건설자재 공급
건설자재 공급업자(갑)가 국내건설업자(을)의 해외건설현장에 필요한 건설자재를

공급함에 있어 해외건설현장으로 부터 주문을 받아 계약을 체결하고 건설자재 공급업자가 수출신고를 하고 선적하여 해외현지까지 운송 및 통관한 후 해외건설현장(병)에 인도하는 경우에 영의 세율이 적용되는 것이며, 세금계산서 교부의무가 면제되는 것이다(서삼46015-11869, 2003.11.28).

㉠ 국내건설업자(갑)이 건설자재 공급업자(을)로부터 납품받는 경우

국내공급에 해당되어 부가가치세가 과세되며 국내건설업자(을)가 해외건설현장(병)에 건설자재로 사용할 목적으로 무환반출 하는 것은 부가가치세 과세대상이 아니다.

㉡ 건설자재 공급업자(을)가 직접 해외 건설현장에 납품하는 경우

재화의 공급인 수출에 해당하여 영세율이 적용되며 세금계산서 발급이 면제되며 공급시기는 수출재화의 선적일이다.

제3절 대행수출

1. 의의

대행수출이란 자기명의로 직접 수출하지 아니하고 제3자 명의를 빌려 수출하는 것을 말한다. 대행수출은 무역업 고유번호를 부여받은 자가 위탁자로부터 일정한 수수료를 받는 경우 또는 수출지역·수출품목에 대한 수출한도가 적용되는 경우에 쿼터(Quata)가 없는 사업자 등이 다른 사업자와 계약을 맺고 수출을 하는 경우에 주로 이용된다.

> **용어정리**
>
> ① 수출업자
> 대외무역법에 의하여 수출입업자로 신고되어 있는 자를 말한다.
> 직수출의 경우에는 수출품생산업자와 동일하며 대행수출의 경우에는 대행수출업자를 의미한다.
> ② 수출품생산업자
> 실제로 수출품을 생산하여 자기계산 하에 외국으로 반출하는 자를 말한다. 즉, 수출품생산업자는 수출의 주체가 되므로 수출재화의 공급시기, 과세표준 및 세금계산서 발급의무 등 직수출과 동일하며 영세율이 적용된다.
> ③ 대행수출업자
> 단순히 수출품생산업자를 대신하여 수출대행용역만 제공하므로 제공용역에 대한 대행수수료는 영세율 적용대상이 아니라 국내거래이므로 세금계산서의 발급대상이다.

2. 영세율 적용 범위

수출품생산업자가 수출업자와 다음과 같이 수출대행계약을 체결하여 수출업자의 명의로 수출하는 경우에 수출품생산업자가 외국으로 반출하는 재화(수출품 생산업자가 완제품 내국신용장을 개설 받는 경우를 포함한다)는 영의 세율을 적용한다. 이 경우 대행수출 해당여부의 판정은 거래의 실질내용 즉, 통관료, 선적료, 보험료 및 크레임 당사자 등 대행수출하는 부분에 대한 손익의 귀속에 따라 판단하여야 한다(서삼 46015-11122, 2003.7.14).

① 수출품생산업자가 직접 수출신용장을 받아 수출업자에게 양도하고 수출대행계약을 체결한 경우
② 수출업자가 수출신용장을 받고 수출품생산업자와 수출대행계약을 체결한 경우. 이 경우 수출품생산업자가 완제품 내국신용장을 개설 받는 경우를 포함한다.
③ 수출품생산업자가 실제로 수출을 하였는지는 거래의 실질내용에 따라 판단한다.

3. 공급시기

수출재화의 선(기)적일이다. 한편, 수출대행용역의 공급시기는 용역제공완료일인 수출을 완료한 날이나 수출대행업자가 수출위탁자에게 수출대행용역을 공급함에 있어, 수출대행업자가 수출대금을 회수하여 수출위탁자에게 지급한 경우에 수출대행용역 등에 대한 대가를 지급받기로 한 경우에는, 그 수출대행용역의 공급은 「부가가치세법 시행령」 제22조 제2호의 규정에 의한 기타 조건부로 용역을 공급하는 경우에 해당하는 것으로서 그 대가의 각 부분을 받기로 한 때가 공급시기가 되는 것이다(부가-3106, 2008.9.18).

4. 과세표준

수출재화의 공급시기 이전에 환가한 경우에는 그 환가한 금액이며, 공급시기 이후에 환가한 경우(매출채권 등 외상거래) 공급시기일의 기준환율 또는 재정환율로 환산한 금액이 과세표준이다. 사업자가 외국구매자로부터 원신용장을 개설 받아 종합무역상사 등에 동 신용장을 양도하고 종합무역상사 등이 개설한 완제품내국신용장에 의하여 수출재화를 생산·수출함에 있어 계약상 수출제비용 및 수출 후 하자의 책임이 원신용장을 개설 받은 사업자에 귀속되어 당해 사업자의 책임 하에 수출하는 경우 대행수출에 해당하는 것으로 원신용장 금액이 과세표준이 되는 것이다(부가1265.1-1406, 1983.7.14).

5. 세금계산서 발급의무

수출품생산업자가 수출업자와 수출대행계약을 체결하여 재화를 수출하는 때(수출대행계약과 함께 수출용완제품 내국신용장을 개설 받은 경우를 포함한다)에는 영 제57조 제3호에 따라 세금계산서 발급이 면제된다. 다만, 수출업자는 수출대행용역의 대가에 대하여 세금계산서를 발급하여야 한다(부기통33-71-2). 한편, 수출품생산업자로부터 원신용장을 양도받아 대행수출하는 수출업자가 수출품생산업자의 수출용원자재 구입을 위하여 내국신용장을 개설하고 수출품생산업자가 원자재생산업자로부터 직접 원자재를 공급받는 경우에는 원자재생산업자는 수출품생산업자를 공급받는 자로 하여 세금계산서를 발급하여야 한다(부기통32-67-4).

6. 영세율 첨부서류

사업자가 대행수출하는 경우에는 영세율첨부서류로서 수출실적명세서(전자계산조직을 이용하여 처리된 테이프 또는 디스켓을 포함한다)를 제출하여야 한다(부기통 21-101-1).
① 수출 대행계약서 사본과 수출실적명세서
   다만, 수출신고필증에 위탁자가 표시된 경우 수출실적명세서만 제출
② 기타 수출재화임을 입증하는 서류

7. 수출대행의 경우 수입금액 계산

제조업 등을 영위하는 법인이 자기가 생산 또는 매입한 물품을 「대외무역법」의 규정에 의한 무역업자를 통하여 대행수출한 경우 각자의 수입금액은 다음과 같이 계산한다(법기통15-11…6).
① 제조업자 등의 경우 해당 수출금액
② 무역업자의 경우 제조업자 등으로부터 받는 대행수수료

[별지 제3호 서식]

0303-79A	수 출 실 적 입 금 명 세 서	19

근거 : 부가가치세영세율적용에관한규정

사업자	① 성 명		④ 사 업 자 등 록 번 호	
	② 상 호		⑤ 업 태	
	③ 사 업 장 소 재 지		⑥ 종 목	

⑦ 구분	입금일자			수 출 금 액		수 출 면 장		비고
	년	월	일	⑧외 화	⑨원 화	⑩면장번호	⑪면허일자	
제출계	/	/	/			/	/	
신고해당분								
	소계	/	/			/	/	
미해당분	⑫ 대 행 분					/	/	
	⑬ 타 사 업 장 분					/	/	
	⑭ 기 신 고 분					/	/	
	⑮ 신 고 기 간 미 도 래 분					/	/	
	⑯ 기 타 분					/	/	
	소 계					/	/	

8. 대행수출의 범위

(1) 대행수출의 과세표준

사업자가 재화를 구입하여 자기 책임과 계산 하에 수출하고 그 대가를 받는 경우에는 그 대가의 합계액을 부가가치세 과세표준으로 하는 것이나, 대행수출계약을 체결하여 타인(수출위탁자)의 계산으로 수출을 대행(수출대행자)하고 수수료를 받는 경우에는 당해 수수료를 부가가치세 과세표준으로 하는 것이나 이 경우, 수출대행거래 여부는 계약내용, 수출가격의 결정권, 반품에 대한 책임 등 거래의 실질내용을 종합하여 판단하는 것이다(서면3팀-525, 2005.04.22).

(2) 대행수출에 해당되는지 여부

대행수출은 부가가치세법상 직수출과 마찬가지로 수출하는 재화에 해당되어 영세율 적용대상이나, 대행수출은 사업자가 자기의 명의가 아닌 수출업자의 명의로 외국으로 반출하는 것으로서, 무역업등록이 없는 자가 수출을 하려고 할 때 무역업자인 수출업자와 수출대행계약에 의해 대행·위탁하여 무역업자의 명의로 수출하는 것을 말하는 것으로, 대행수출인 경우에는 수출대행업자인 수출업자의 과세표준은 수출대행용역의 수수료가 되고, 수출품생산업자는 세금계산서 발급의무가 면제되는 반면, 수출대행업자인 수출업자는 수출대행수수료에 대하여 수출품생산업자에게 세금계산서를 발급하여야 한다. 청구법인의 경우 쟁점거래금액에 해당하는 재화를 납품하고 영세율 세금계산서를 작성·발급하였고, 처분청의 부가가치세 환급조사시에는 쟁점거래금액이 내국신용장 개설 또는 외화구매승인신청 등 서류미비로 영세율 적용대상이 아님을 확인한 사실에 비추어 볼 때, 청구법인이 쟁점거래금액에 해당하는 재화를 청구외 법인을 통하여 대행수출한 것으로 보기는 어렵다 할 것이다(국심2004부2756, 2005.01.11).

(3) 선박매각이 국내거래 또는 대행수출에 해당되는지 여부

처분청이 선박매각거래에 대하여 국내거래로 보아 부가가치세를 과세한데 대하여 청구법인은 수출자와 수출대행계약을 체결한 사실이 없고, 수출신고필증상에도 수출자가 양수 후 수출하는 것으로 기재되어 있으며, 청구법인과 ○○○ 간에 체결한 영문 매매계약서를 허위계약서로 보기 어려울 뿐만 아니라, ○○○가 선박출항허가를 기다리던 중 태풍으로 인하여 선박이 좌초되고 기름이 유출되어 구조작업과 재난으로 초래된 비용을 ○○○을 상대로 손해배상 소송을 제기한 것으로 보아 수출대행계약으로 볼 수 없으므로 당초처분은 정당하다(국심 2005광858, 2005.06.27.).

9. 회계처리 사례

수출대행자와 수출위탁자의 회계처리

사례

㈜혜화상사는 (주)성균물산과 20×1.05.10. 수출대행계약(US$100,000)을 체결하고 수출대행수수료 2,000,000원을 수령하였다. (주)혜화상사는 20×1.05.20. 수출물품 60,000,000을 인수받아 보세창고에 입고시켰다. 20×1.05.25. 선적되었고 선적시의 기준환율은 1,000원이다. (주)혜화상사는 은행에 20×1.06.01. 네고(환율 950원)하여 수출대금을 (주)성균물산에 지급하였다.

1) 혜화상사(수출대행업자)의 회계처리
   ① 대행수수료 수령시(20×1.05.10)
      (차) 현금 및 예금   2,200,000   (대) 수출대행수수료   2,000,000
                                                부가가치세예수금   200,000
   ② 네고시(20×1.06.01)
      (차) 현금 및 현금성자산 95,000,000   (대) 예수금   95,000,000
   ③ 송금시
      (차) 예수금   95,000,000   (대) 현금 및 예금   95,000,000

2) 성균상사(수출위탁자)의 회계처리
   ① 수출대행수수료 지급시(20×1.05.10)
      (차) 지급수수료   2,000,000   (대) 현금 및 예금   2,200,000
           부가가치세대급금   200,000
   ② 수출물품 인계시(20×1.05.20)
      (차) 적송품   60,000,000   (대) 제품   60,000,000
   ③ 선적시(20×1.05.25)
      (차) 수출매출채권   100,000,000   (대) 수출매출   100,000,000
           매출원가   60,000,000   (대) 적송품   60,000,000
   ④ 수출대금 회수시(20×1.06.01)
      (차) 현금 및 예금   95,000,000   (대) 수출매출채권   100,000,000
           외환차손   5,000,000

10. 수출대행계약서(완전대행)

수출대행자(갑)　　　　　　　　　수출위탁자(을)
　무역업고유번호 :　　　　　　　　사업자등록번호 :
　주　소 :　　　　　　　　　　　　주　소 :
　상　호 :　　　　　　　　　　　　상　호 :
　대표자 :　　　　　　　　　　　　대표자 :

수출대행자(이하 "갑"이라 한다)와 수출위탁자(이하 "을"이라 한다)는 다음의 조항에 의거 수출대행계약을 체결하고 신의성실의 원칙에 따라 본 계약을 성실히 이행할 것을 확약하며 후일에 증하기 위하여 본 계약서 2통을 작성하고 각자 서명날인하여 1통씩 보관키로 한다.

다　　음

제1조(대행내용)
　　"갑"은 "을"의 요청에 의해 다음의 물품을 수출대행한다.

품 명	규격	수량	단위	단가	금 액	L/C 또는 계약번호	선적기한	비 고

제2조(대행의 범위)
　1. "갑"은 "을"의 요청에 따라 수출대행하고 "을"이 수출물품을 제조·생산하는데 필요한 자금을 지원하기 위해 "갑"의 명의를 사용 무역금융 등의 융자를 받아 "을"에게 제공하고 기타 수출에 대한 지원혜택이 있을 때 "을"에게 그 혜택이 돌아가도록 "갑"의 명의를 대여해 주어야 한다.
　2. "갑"은 수출승인, 수출통관 및 선적에 이르기까지의 모든 수출절차를 본인의 책임하에 본인의 비용으로 이행한다.
　3. "갑"이 선적 완료후 "갑"의 명의로 작성된 운송서류에 의해 은행에서 운송서류 매입(NEGO) 후에 회수한 수출대전 외환증서등은 "을"의 소유로 한다.
　4. "을"은 본인의 명의로 수취한 신용장(또는 D/A, D/P 계약서 및 주문서(송금방식의 경우)) 등을 "갑"이 사용할 수 있도록 양도하거나 외국의 원계약자(수입자)로부터 재발행받아 "갑"이 수취

하도록 하여야 한다.
5. "을"은 수출대행물품을 제조·생산하고 "갑"이 요구하는 일시에 지정된 장소에 납품하여야 한다.

제3조(대행수수료)
"을"은 본 계약에 따라 수출대행수수료로서 미화(US $) 1$당 _____원씩 계산하여(또는 수출대행물품 가액 총 US $의 _____%) 일금 _____원정(₩_____)을 제10조에서 정한 바에 따라 "갑"에게 지불하여야 한다.

제4조(계약보증금)
"을"은 본 계약에 대한 계약이행보증을 위해 수출대행물품 가액을 원화로 환산한(본 계약 체결일 현재의 전신환매입율 기준) 금액의 _____%에 상응하는 계약이행보증금 금 _____원정(₩_____)을 현금, 유가증권, 부동산, 이행보증보험증권 등으로 "갑"에게 제공하여야 하며, 제15조에서 정한 계약의 해제사유에 해당할 시는 "을"의 동의없이 본 계약이행보증금은 "갑"에게 귀속된다.

제5조(계약문서)
계약문서는 본 계약서, "을"이 "을"의 명의로 수취후 "갑"에게 양도한 신용장(또는 주문서, D/A 계약서, D/P 계약서)등으로 구성한다.

제6조(계약기간)
본 계약의 유효기간은 20○○년 ○○월 ○○일로부터 20○○년 ○○월 ○○일까지로 하며, "갑", "을" 쌍방의 합의에 따라 연장할 수 있다.

제7조(물품의 납품)
"을"은 "갑"의 지시에 따라 수출대행물품을 제조·생산한 후 "갑"이 요구하는 일시에 지정된 장소에 납품하여야 하며, 납품이 완료되기 이전에 발생한 수출대행물품의 망실, 파손등으로 "을"의 부담으로 한다.

제8조(물품의 검수)
1. "을"은 제7조에서 정한 방법으로 수출대행물품을 인도한 후 그 사실을 서면으로 "갑"에게 통지하고 다음 각호의 검사를 받아야 한다.
  가. 검사는 품질, 수량, 하인, 포장등에 관하여 행한다.
  나. 검사에 요하는 물품의 반입비, 하역비, 노임등 일체의 비용과 검사로 인한 변형, 손모, 파손 또는 변질로 생기는 손상은 "을"의 부담으로 한다.
2. "갑"은 제1항의 검사에서 불합격품이 발견될 시 동 물품의 대체납품등 "을"에게 필요한 사정조치를 할 수 있다.
3. 제2항의 사유로 인해 제9조의 선적기한이 연장될 경우 제11조에서 정한 지체상금을 부과할 수 있다.

제 9 조(물품의 선적)

"을"은 본건 선적을 20○○년 ○○월 ○○일로부터 20○○년 ○○월 ○○일까지 선적하기로 한다.

제10조(대행수수료의 지급)

"갑"은 제9조의 선적기한내에 수출대행물품을 선적하고 그 선적일로부터일 이내에 당해 운송서류를 은행에 매입하고, 그 운송서류 매입일로부터일 이내에 제3조에서 정한 수수료를 제외한 금액을 "을"에게 현금으로 지급하여야 한다.

제11조(지체상금)

"을"이 제7조에서 정한 수출대행물품의 납품기한내에 납품을 이행하지 않을 경우 또는 제8조 제3항에 해당될 경우 "갑"은 "을"에게 매 지체일수당 제4조에서 정한 방법으로 산출된 수출대행물품의 총가액이 1,000분의 3에 해당되는 지체상금을 징구할 수 있다. 다만, 그 지체사유가 "갑"의 사정 또는 천재지변등 불가항력적인 사항일 경우에는 그러하지 아니한다.

제12조(물품의 보증)

1. "을"은 제8조의 물품의 검수와는 별도로 수출완료후 운송서류의 선적일로부터 1년간 수출한 물품의 규격과 품질등이 제5조에서 정한 계약문서상의 계약내용과 동일함을 보증한다.
2. "갑"은 1항의 기간내에 만일 수출물품의 규격과 품질등이 계약내용과 상이하여 해외의 원계약자(수입자)로부터 물품의 대체수출을 요구받거나 또는 수출대금의 반환등 클레임이 발생한 경우, 동 사항을 즉시 "을"에게 서면으로 통보하여야 한다.
3. "을"은 2항의 경우 "갑"의 요구에 따라 당해물품의 대체수출 또는 당해물품의 수출대금을 "갑"에게 빈환하는 등 "갑"이 해외의 원계약자(수입자)로부터 클레임에 내처할 수 있게 하여야 하고, 이 경우에 발생되는 모든 비용(대체수출물품의 대가와 이에 따르는 경비, 클레임 해결에 소요되는 비용등)은 "을"의 부담으로 한다.

제13조(권리의무의 양도)

"을"은 "갑"의 승인없이는 본 계약상의 권리의무를 제3자에게 양도할 수 없다.

제14조(특허 및 상표)

"을"은 본 계약을 이행함에 있어서 발생하는 상표 또는 특허상의 문제에 대하여 일체의 책임을 진다.

제15조(계약의 해제)

1. "갑"은 "을"이 다음 각호의 1에 해당하는 경우에는 당해 계약의 전부 또는 일부를 해제 또는 해지할 수 있다.

    가. 제7조에서 정한 납품기한내에 수출대행물품의 납품을 거부하거나 완료하지 못한 때

    나. "을"의 귀책사유로 인하여 물품의 납품기한내에 인도할 가능성이 없음이 명백하다고 인정될 때

    다. 기타 계약조건을 위반하고 그 위반으로 인하여 계약의 목적을 달성할 수 없다고 인정될 때

2. "을"은 "갑"의 특별한 이유없이 제2조 7항에서 정한 사항을 이행하지 않거나 파산등 "갑"의 수출대행이 불가능하다고 객관적으로 인정될 경우에는 당해 계약의 전부 또는 일부를 해제 또는 해지할 수 있다.
3. "갑"과 "을"은 제1항 및 제2항의 규정에 의거 계약을 해제 또는 해지하는 경우에는 그 사실을 상호 서면으로 통보하여야 하고, 일부 선적을 이행한 부분에 대해서 "을"은 "갑"에게 제3조 및 제10조에서 정한 방법으로 대행수수료를 지급하여야 한다.

제16조(계약내용의 변경)
　본 계약의 계약내용을 변경하고자 할 경우는 "갑"과 "을"의 쌍방의 합의하에 당해 계약내용을 변경할 수 있다.

제17조(어구의 해석)
　이 계약서상의 어구해석에 대하여 "갑", "을"간에 이견이 있을 때에는 "갑"의 해석에 따른다.

제18조(손해배상)
　"갑", "을" 공히 본 계약을 위반하여 손해가 발생할 경우, 계약을 위반한 당사자는 그 손해를 배상하여야 한다.

제19조(분쟁의 해결)
　이 계약으로부터 또는 이 계약과 관련하여 또는 이 계약의 불이행으로 말미암아 "갑", "을" 간에 발생하는 모든 분쟁, 논쟁 또는 의견의 차이는 대한민국 서울특별시에 소재하는 대한상사중재원의 상사중재규칙 및 대한민국법에 따라 중재로서 최종적으로 해결한다. 이 경우 중재인(들)에 의하여 내려지는 판정은 최종적인 것으로 "갑", "을" 당사자 쌍방에 대하여 구속력을 갖는다.

제20조(관세등 환급권)
　이 계약과 관련하여 "갑"의 명의로 수출후 관세등의 환급권이 있을 때 당해 환급권은 "을"의 소유로 하며, "갑"은 "을"이 관세등을 환급받을 수 있도록 모든 조치를 해주어야 한다.

제21조(기타)
　본 계약에 명시되어 있지 않은 사항은 일반법령이나 상관례에 따라 "갑", "을" 양자간 협의에 의하여 결정하며, 협의가 되지 않을 경우에는 제19조에 정한 방법에 따라 해결한다.

20   .   .

수출대행자(갑)　　　　　(인)

수출위탁자(을)　　　　　(인)

제4절 내국신용장(구매확인서)의한 공급

1. 의의

(1) 내국신용장(Local L/C)의 정의

내국신용장이라 함은 일반적으로 수출업자가 수출용 재화를 구입하거나 수출용재화의 제조에 소요되는 원자재 등을 구입하는 경우에 필요한 자금부담을 덜어주고, 한편으로는 그 제품이나 원자재를 공급하는 자에 대하여 수출업자의 신용이나 그 대금지급을 은행이 보증하여 주는 수출금융방식의 하나로서, 수출업자의 의뢰에 따라 외국환은행이 수출업자가 수취한 원신용장(Master L/C)을 근거로 하고 제품이나 원자재의 공급자를 수익자로 하여 국내에서 개설하는 수출신용장을 말한다. 부가가치세법상 영세율이 적용되는 내국신용장이라 함은 사업자가 국내에서 수출용원자재, 수출용 완제품 또는 수출재화임가공용역을 공급받으려는 경우에 해당 사업자의 신청에 따라 외국환은행의 장이 재화나 용역의 공급시기가 속하는 과세기간이 끝난 후 25일(그 날이 공휴일 또는 토요일인 경우에는 바로 다음 영업일을 말한다) 이내에 개설하는 신용장을 말한다.

내국신용장은 다음의 조건을 구비하여야 한다(한국은행 총액한도 대출관련 무역금융 취급세칙 제14조).

① 양도가 불가능한 취소불능신용장일 것
② 표시통화는 다음 각 목의 하나로 하는 것일 것
    ㉠ 원화
    ㉡ 외화
    ㉢ 원화로 하되 개설일 현재 매매기준율로 환산한 외화금액을 부기
③ 내국신용장의 금액은 물품대금 전액으로 하고, 제2호 다목에 의한 내국신용장의 경우 금액은 부기외화금액을 내국신용장어음 매입일(추심시는 추심의뢰일) 현재의 매매기준율로 환산한 금액으로 하는 것일 것
④ 물품의 인도기일은 대응수출 또는 물품공급이 원활히 이행되는데 지장이 없도록 책정된 것일 것

⑤ 유효기일은 물품의 인도기일에 최장 10일을 가산한 기일 이내일 것. 다만, 원수출신용장 등을 근거로 하여 개설되는 내국신용장의 유효기일은 대응되는 원수출신용장 등의 선적 또는 인도기일 이전이어야 한다.

⑥ 서류제시기간은 물품수령증명서 발급일로부터 최장 5영업일 범위 내에서 책정된 것일 것. 다만, 개설의뢰인과 수혜자의 소재지가 원격지인 경우에는 물품수령증명서 발급일로부터 7영업일까지로 할 수 있다.

⑦ 어음의 형식은 개설의뢰인을 지급인으로 하고, 개설은행을 지급장소로 하는 일람출급환어음일 것.

⑧ 어음대금은 개설의뢰인이 자체자금으로 결제(일람불 내국신용장)하거나 개설은행이 융자하여 결제(기한부 내국신용장)하는 방식일 것.

⑨ 어음의 발행조건은 원수출신용장 매입조건부 결제 등 수혜자에게 불리한 조건이 아닐 것. 다만, 선박 또는 대외무역법에서 정하는 산업설비의 수출을 위하여 개설되는 완제품 내국신용장의 경우에는 원수출신용장 등의 대금결제조건에 따른 제조공정별 분할지급조건으로 할 수 있다.

⑩ 제1호 내지 제9호에서 정하는 사항외의 조건에 관하여는 국제상공회의소(ICC) 제정 「화환신용장에 관한 통일규칙 및 관례」를 준용한다는 문언이 기재된 것일 것

취소불능내국신용장개설신청서

담 당	결재권자

취 소 불 능 내 국 신 용 장	신용장번호
① CMF번호 ☐☐☐☐☐ 개설신청인 (상호, 주소, 대표자, 전화)	② 결제통화 및 금액 ☐ ①원 화 ₩ ☐ ②외 화(통화표시) ☐ ③원 화 ₩ (외화금액@　　　　) 다만, 환어음 매입시 대고객 전신환 매입율이 개설시와 다를 경우 원화금액은 동 매매기준율로 환산한 금액으로 함. ③ 어음대금 결제조건 ☐ 일람불(개설의뢰인이 자체자금으로 결제) ☐ 기한부(개설은행이 융자하여 결제)
④ 수 혜 자(상호, 주소, 대표자, 전화)	⑤ 물품인도기일　　　　⑥ 유효기일

형식 : 수익자가 신용장 금액을 한도로하여 송장금액 전액을 이용금액으로 하고 본인(당사)을 지급인, 귀행을 지급장소로하는 일람출급환어음을 발행함을 허용하는 신용장

제 출 서 류

⑦ 물품수령증명서　　통　⑧ 물품명세가 기재된 송장 통☐　⑨ 공급자발행 세금계산서사본 통
⑩ 기 타

공 급 물 품 명 세

HS부호	품명 및 규격	단위 및 수량	단 가	금 액
29922-11-10000	Mono-Ethanol	2,000 M/T	@US$28, 161	US$563, 200

⑪ 분할도 ☐ ①허용함 ☐ ②불허함	⑫ 서류제시기가 　물품수령증명서발급일로부터 영업일이내
⑬ 기타	⑭ 용 도

원 수 출 신 용 장 등 의 내 용

⑮종류	☐ 수출L/C. ☐ D/A ☐ D/P	☐ 외화표시물품 공급계약서	☐ 내국신용장	☐ 외화표시건설·용역 공급계약서	☐ 기타 수출 관련계약서
⑯ 신용장(계약서)번호	⑰ 결제통화	⑱ 금액	⑲ 선적(인도)기일		⑳ 유효기일
㉑ 수출(공급)상대방	㉒ 발행은행		㉓ 대금결제조건		㉔ 수출지역
㉕ HS부호	㉖ 품명 및 규격		㉗ 단위 및 수량		금　액

귀행이 개설하는 내국신용장은 상기 원신용장과는 독립된 별개의 것임을 서약하고 위와 같이 내국신용장 개설을 신청하오며 귀행 별도 소정 외국환거래약정서 조건을 준수할 것을 확약합니다.

　　　　　　　　　　　　　　　　　　　　주　소:
년　월　일　　　신청인:　　　　　　　(인)
　　　귀하　　　　　　　Tel.

이 신용장에 관한 사항은 다른 특별한 규정이 없는 한 국제상공회의소 제정(1993년개정) 화환신용장 통일규칙에 따릅니다.

※ 은행사용란

㉘ 융 자 조 건	㉙ 수 수 료 구 분	지급 보증	금 액	확 인
㉚ 수 입 보 증 금	㉛ 입 금 구 분		번 호	검 인
㉜ 자 기 앞 금 액	㉜ 기 　 산 　 일		일 자	인감대조

[그림 1-8] 내국신용장의 개설절차[18]

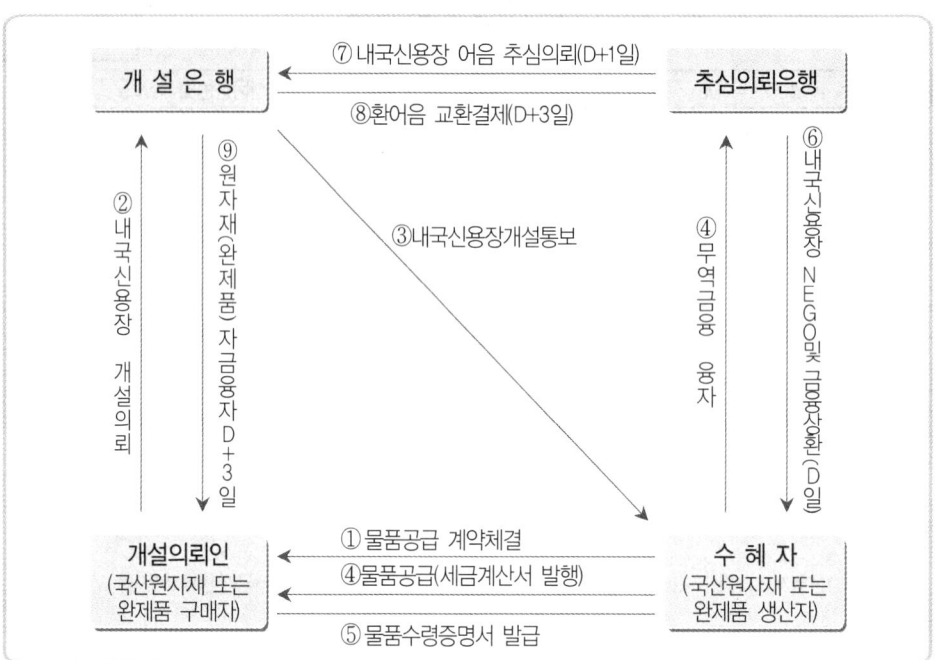

(2) 구매확인서의 정의

구매확인서라 함은 내국신용장에 의하지 않고 국내에서 외화획득용 원료 또는 물품을 공급하는 경우에 외국환은행의 장이 내국신용장에 준하여 발급하는 것을 말한다. 이러한 구매확인서를 근거로 하여 이에 소요되는 기초 국산원자재를 국내에서 구매하는 경우 공급자와의 계약에 의하여 구매확인서 소지자가 거래하고 있는 외국환은행의 장이 공급자 앞으로 또다시 구매확인서를 발급해 줄 수 있는데 이를 2차 구매확인서라 하고 2차 구매확인서에 의하여 발급된 구매확인서를 3차 구매확인서라 한다.

구매확인서는 다음의 용도를 목적으로 발급되며 실무적으로는 구매확인서보다 용도가 더 다양하고 혜택이 많은 내국신용장을 이용하고 있으나 내국신용장 개설한도가 부족하여 내국신용장을 개설할 수 없는 경우에 구매확인서를 주로 이용하고 있다.

① 수출실적인정(무역금융한도 산정을 위한 수출실적으로는 인정되지 않음)
② 부가가치세 영세율 적용   ③ 관세환급
④ 외화획득용 원료의 사후관리

---

18) 박종수, 수출입실무매뉴얼, 두남 1998, p. 450 인용

[별지 제13호 서식]

외화획득용원료·기재구매확인신청서

① 구매자	(상호)
	(주소)
	(성명)
	(사업자등록번호)
② 공급자	(상호)
	(주소)
	(성명)
	(사업자등록번호)

1. 구매원료·기재의 내용

③ H S 부호	④ 품명 및 규격	⑤ 단위 및 수량	⑥ 구 매 일	⑦ 단 가	⑧ 금 액	⑨ 비 고

2. 외화획득용 원료·기재라는 사실을 증명하는 서류

⑩ 서류명 및 번호	⑪ H S 부 호	⑫ 품명 및 규격	⑬ 금 액	⑭ 선 적 기 일	⑮ 발급기관명

3. 세금계산서(외화획득용 원료·기재를 구매한 자가 신청하는 경우에만 해당)

⑯ 세금계산서 번호	⑰ 작성일자	⑱ 공급가액	⑲ 세 액	⑳ 품 목	㉑ 규 격	㉒ 수 량

㉓ 구매원료·기재의 용도명세 : 원자재구매, 원자재 임가공위탁, 완제품 임가공위탁, 완제품구매, 수출대행 등 해당용도를 표시하되, 위탁가공무역에 소요되는 국산원자재를 구입하는 경우는 "(위탁가공)" 문구를 추가표시
　　* 한국은행 총액한도대출관련 무역금융 취급절차상의 용도표시 준용

위의 사항을 대외무역법 제18조에 따라 신청합니다.

　　　　　　　　　　　　　　　신청일자　　　년　　월　　일
　　　　　　　　　　　　　　　신 청 자
　　　　　　　　　　　　　　　전자서명

※ *③은 HS부호 또는 자사관리코드 중 어느 하나를 반드시 기재하여야 합니다.
　　⑳ 내지 ㉒은 1. 구매원료·기재의 내용과 금액이 다른 경우에는 반드시 기재하여야 합니다.

m^1

[그림 1-9] 구매확인서의 발급절차[19]

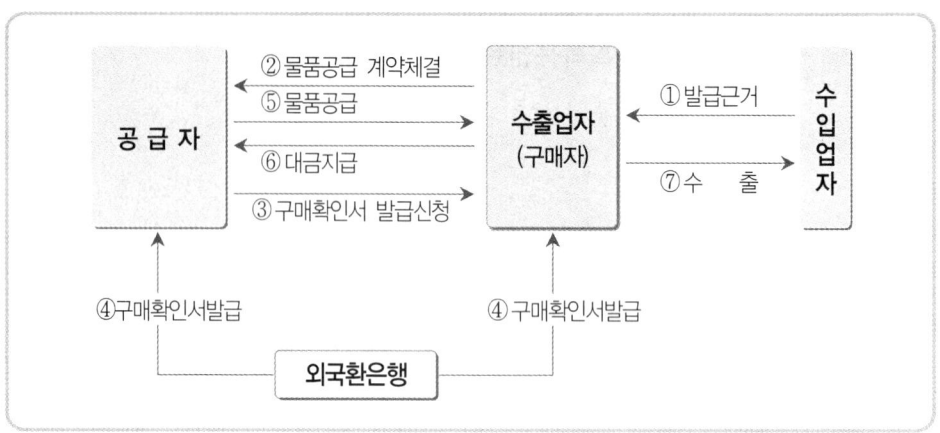

(3) 내국신용장과 구매확인서의 비교

[표 1-7] 내국신용장과 구매확인서의 비교

구 분	내국신용장	구매확인서
근 거 법 령	무역금융규정	대외무역법
개 설 기 관	외국환은행	외국환은행, KTNET(한국전자무역센터)
개 설 조 건	무역금융 융자한도 내에서 개설	제한 없이 개설
수 출 실 적	공급업체의 수출실적인정	좌동
개 설 목 적	국산수출용원자재 및 완제품 구매	외화획득용 원료 등 구매
지 급 보 증	개설은행이 지급보증	발급은행이 지급보증 없고 당사자 간의 계약
발 급 근 거	1. 수출신용장 2. 수출계약서(D/A, D/P 등) 3. 외화표시 물품(용역)계약서 4. 내국신용장 5. 과거 수출실적	1. 수출신용장 2. 수출계약서 3. 내국신용장 4. 외화입금증명서 5. 구매확인서
발 급 제 한	2차(단, 1차 내국신용장이 완제품내국신용장일 경우 3차까지 가능)	차수제한 없이 순차적으로 발급가능
영세율 적용여부	적 용	적 용
사 후 개 설	불 가(대금지급)	가 능

---

19) 박종수, 수출입실무매뉴얼, 두남, 1998, p. 456 인용

2. 영세율 적용요건

구매확인서란「대외무역법 시행령」제31조 및 제91조 제11항에 따라 외국환은행의 장이나 전자무역기반사업자가 제1호의 내국신용장에 준하여 재화나 용역의 공급시기가 속하는 과세기간이 끝난 후 25일(그 날이 공휴일 또는 토요일인 경우에는 바로 다음 영업일을 말한다) 이내에 발급하는 확인서를 말한다(부칙21). 주한미군군납계약서 또는 국제공공차관사업계약서 등을 근거로 개설된 내국신용장의 경우와 같이 외국으로 반출되지 아니하는 재화의 공급과 관련하여 개설된 내국신용장은 포함되지 아니한다(부기통 21-31-12).

한편, 국세심판례에서는 유효한 구매확인서를 다음과 같이 판시하고 있다. 당해 납세자를 선의의 납세자로 보기 위해서는 당해 납세자에게도 거래당사자로서의 최소한의 주의의무가 요구된다고 할 것이다. 그러나 쟁점 구매확인서는 대부분 수출계약서가 없이 발급되었거나 수출계약서가 제시된 경우에도 그 수출계약서가 허위인 경우로 확인되고 있어 그 발급절차에 중대한 하자가 있는 구매확인서임이 확인되고, 청구인이 최소한의 주의의무를 다하였다면 적법하게 발급된 구매확인서인지 여부를 확인할 수 있었다고 판단되므로, 청구법인이 수취한 쟁점 구매확인서를 외국환은행장이 발급하였다는 사실만으로 청구법인을 선의의 거래당사자로서 주의의무를 다했다고 보기는 어렵다(국심 2002서191, 2002.05.02).

한편, 내국신용장이나 구매확인서에 의하여 공급되는 금지금은 영세율이 적용되는 수출의 범위에서 제외되었다. 즉, 구매확인서로 공급하는 금지금에 대한 영세율 배제는 2003.07.01 이후부터 적용된 것과 같이 내국신용장에 의한 금지금의 공급도 2006.01.01. 이후부터 영세율 적용을 배제하도록 하였다(부령24②1). 이는 2005.03부터 면세금 납세담보제도에 의거 면세금 탈세가 원천 봉쇄됨에 의거 일부 사업자들이 수출거래를 가장하여 환급받은 후 국내에 유통시키는 수법으로 부가가치세를 탈루하는 변칙거래를 방지하기 위해서이다.

• 관련법조문 •

■ 부가가치세법시행규칙 제21조 【내국신용장 등의 범위】
법 제21조 제2항 제3호와 영 제31조 제2항 제1호 및 제33조 제2항 제4호에서 "기획재정부령으로 정하는 내국신용장 또는 구매확인서"란 다음 각 호의 내국신용장 또는 구매확인서를 말한다. 〈개정 2014.10.31〉
1. 내국신용장: 사업자가 국내에서 수출용 원자재, 수출용 완제품 또는 수출재화임가공용역을 공급받으려는 경우에 해당 사업자의 신청에 따라 외국환은행의 장이 재화나 용역의 공급시기가 속하는 과세기간이 끝난 후 25일(그 날이 공휴일 또는 토요일인 경우에는 바로 다음 영업일을 말한다) 이내에 개설하는 신용장
2. 구매확인서: 「대외무역법 시행령」 제31조 및 제91조 제11항에 따라 외국환은행의 장이나 전자무역기반사업자가 제1호의 내국신용장에 준하여 재화나 용역의 공급시기가 속하는 과세기간이 끝난 후 25일(그 날이 공휴일 또는 토요일인 경우에는 바로 다음 영업일을 말한다) 이내에 발급하는 확인서

3. 공급시기

내국신용장 또는 구매확인서에 의하여 공급되는 재화는 국내에서 거래되는 재화의 공급시기와 동일하게 적용된다.

• 관련법조문 •

■ **부가가치세법시행령 제28조【구체적인 거래 형태에 따른 재화의 공급시기】**
① 법 제15조 제1항 후단에 따른 구체적인 거래 형태별 재화의 공급시기는 다음 표에 따른다.

구 분	공급시기
1. 현금판매, 외상판매 또는 할부판매의 경우	재화가 인도되거나 이용가능하게 되는 때
2. 상품권 등을 현금 또는 외상으로 판매하고 그 후 그 상품권 등이 현물과 교환되는 경우	재화가 실제로 인도되는 때
3. 재화의 공급으로 보는 가공의 경우	가공된 재화를 인도하는 때

② 반환조건부 판매, 동의조건부 판매, 그 밖의 조건부 판매 및 기한부 판매의 경우에는 그 조건이 성취되거나 기한이 지나 판매가 확정되는 때를 공급시기로 본다.
③ 다음 각 호의 어느 하나에 해당하는 경우에는 대가의 각 부분을 받기로 한 때를 재화의 공급시기로 본다. 다만, 제2호와 제3호의 경우 재화가 인도되거나 이용가능하게 되는 날 이후에 받기로 한 대가의 부분에 대해서는 재화가 인도되거나 이용가능하게 되는 날을 그 재화의 공급시기로 본다.
1. 기획재정부령으로 정하는 장기할부판매의 경우
2. 완성도기준지급조건부로 재화를 공급하는 경우
3. 기획재정부령으로 정하는 중간지급조건부로 재화를 공급하는 경우
4. 전력이나 그 밖에 공급단위를 구획할 수 없는 재화를 계속적으로 공급하는 경우

[표 1-8] 완성도기준지급조건부와 중간지급조건부의 비교

구 분	중간지급조건부	완성도기준지급조건부
대 가 수 령 방 법	계약금·중도금·잔금	완성도(기성)에 따라 분할수령
수 령 일 자	특정(계약서에 명시)	기성확인에 따라 정함
기 간	계약부터 잔금까지 6월 이상	기간이 정해지지 않음
해 약	수정세금계산서 발급 함 (당초공급이 없음으로 간주)	수정세금계산서 발급 안함 (당초 공급이 이루어 졌음)

4. 과세표준

내국신용장상의 표시된 금액으로 한다.

① **원화로 표시된 금액**: 그 금액
② **외화로 표시된 금액**: 공급시기일 현재의 기준환율 또는 재정환율로 환산한 금액 즉, 구매승인서 또는 내국신용장에 의하여 수출용 원자재 등을 공급하는 사업자가 당해 재화를 공급하기 전에 공급받는 사업자와 사전약정에 의하여 당해 재화의 공급가액을 원화가액으로 확정하여 당해 확정된 원화금액으로 대가를 지급받는 경우 당해 재화의 공급에 대한 과세표준은 사전약정에 의하여 확정된 원화가액이 되는 것이나, 사업자가 내국신용장 등에 당해 내국신용장 등의 개설 당시의 환율을 부기하였으나 당해 공급시기 이후에 외국통화 또는 외국통화 상태로 보유하거나 지급받는 경우에는 당해 외화대금을 당해 재화의 공급시기의 외국환거래법에 의한 기준환율 또는 재정환율에 의하여 계산한 금액을 부가가치세 과세표준으로 하는 것이다(서삼 46015-12199, 2002.12.18.).
③ **내국신용장에 포함되지 않아 별도로 받는 경우**: 내국신용장에 의하여 재화를 공급하고 그 대가의 일부(관세환급금 등)를 내국신용장에 포함하지 아니하고 별도로 받는 경우 당해금액이 대가의 일부로 확인되는 때에는 영의 세율을 적용한다(부기통21-31-8).

5. 세금계산서 발급

내국신용장에 의하여 수출용원자재 등을 공급하는 사업자는 공급받는 사업자가 재화를 인수하는 때에 해당 일자의「외국환거래법」에 따른 기준환율 또는 재정환율에 의하여 계산한 금액을 공급가액으로 하여 세금계산서를 발급한다(부기통32-67-2).
한편, 구매확인서에 의하여 재화를 공급하는 사업자가 본사와 공장 등 2이상의 사업장이 있을 때 수출을 증명하는 제 증빙서류의 명의는 본사로 되어 있다 하더라도 최종제품을 완성하여 인도하는 공장에서 영세율을 적용받는 것이며, 신용장상의 명의로 되어 있는 본사가 영세율을 적용받는 경우에는 공장은 본사로 거래징수하는 세금계산서(총괄납부 승인을 받은 사업자의 경우 거래명세표)를 먼저 교부하여야 하는 것이다(부가-1267, 2010.09.28).

① 공급일의 다음 달 10일까지 구매확인서가 발급되지 않은 경우에는 일반세금계산서를 발급하는 것이며, 공급시기가 속하는 과세기간 종료 후 20일 이내에 구매확인서가 발급된 경우 수정 영세율세금계산서를 발급하는 것이다(부가-1252, 2010.09.26).

② 갑(보세공장)으로부터 재화를 공급받은 국내소재 을법인이 다른 보세구역에 소재한 병(보세공장)에게 재화를 공급하면서 보세운송에 의해 보세공장간 재화가 직접 이동한 경우에도 구매승인서에 의한 영세율 세금계산서는 갑(보세공장)은 을법인을 공급받는 자로, 을법인은 병(보세공장)을 공급받는 자로 하여 교부하는 것이다(부가-605, 2010.05.11).

③ 재화공급일 이전에 매입처로부터 구매확인서를 발급받아 재화를 공급하였으나, 영세율이 아닌 10% 세금계산서를 발급하거나 재화를 공급하면서 10% 세금계산서를 발급하고 매입처로부터 공급일이 속하는 과세기간 종료 후 20일 이내에 구매확인서를 발급받았으나, 영세율 수정세금계산서를 발급하지 아니한 경우로 과세표준 등을 신고·납부하는 등 조세탈루 사실이 없는 경우에는「부가가치세법」제22조 제2항 제1호의 가산세 부과대상인 사실과 다른 경우에 해당하지 아니하는 것이다(기획재정부 부가-747, 2011.11.28).

6. 내국신용장 사후개설과 수정세금계산서 발급

(1) 수정세금계산서의 발급

내국신용장 개설이전에 이미 물품공급이 완료된 분에 대하여는 해당 물품대금결제를 의한 내국신용장을 개설할 수 없다(한국은행의 총액대출 관련 무역금융 취급세칙 제17조 제2항). 따라서 원칙적으로 내국신용장의 사후개설은 불가능하나 구매확인서는 사후발급이 가능하다. 내국신용장 등이 사후개설되는 경우 부가가치세법에서는 공급시기가 속하는 과세기간 종료일로부터 25일 이내에 개설된 경우에는 영세율이 적용되도록 하고 있다. 당초 공급시기에 일반세금계산서(10%)를 발급하고 내국신용장 등이 개설된 때에 영세율세금계산서를 수정발급 하여야 한다.

수정세금계산서의 발급방법은 다음과 같다.
- 재화의 공급일 : 20×1.03.20.
- 내국신용장 개설일자 : 20×1.07.15.

① 재화의 공급일인 20×1.03.20에 일반세금계산서(10%)를 발급한다.
② 내국신용장의 개설일자에 당초 발행한 일반세금계산서에 대한 마이너스 세금계산서를 발급한다(발행일자 20×1.03.20).
③ 당초 발행일자(20×1.03.20)에 영세율세금계산서를 발급하고 비고란에 내국신용장 개설일자(20×1.07.15)를 부기한다.

다만, 사업자가 재화를 공급한 후 당해재화의 공급일이 속하는 달의 다음달 10일 이전에 내국신용장이 개설된 경우(재화의 공급시기가 속하는 과세기간 내에 개설된 것)로서 관계증빙서류 등에 의하여 실제거래사실이 확인되는 경우에는 당해 재화의 공급일을 발행일자로 하여 그 공급일이 속하는 달의 다음달 10일까지 영세율세금계산서를 교부할 수 있는 것이다(제도46013-617, 2000.12.22).

실무적용 Tip

○ 내국신용장 사후개설에 의한 가산세 부과 여부

① 사업자가 내국신용장이 개설되기 전에 재화를 공급하면서 부가가치세법 제9조의 규정에 의한 재화의 공급시기에 일반세율(10%)을 적용한 세금계산서를 교부하고 당해 재화의 공급시기가 속하는 과세기간 종료 후 20일 이내에 내국신용장이 개설됨에 따라 수정세금계산서를 교부(당초 세금계산서는 감액처리하고 영세율 세금계산서를 교부)한 경우에 있어, 부가가치세 확정신고시 당초 재화의 공급시기에 교부한 과세분 세금계산서에 대하여만 매출처별세금계산서합계표를 작성하여 신고·납부한 후 수정세금계산서 교부분에 대하여는 국세기본법 제45조의 2의 규정에 의하여 부가가치세 경정 등의 청구를 하는 경우에는 매출처별세금계산서합계표 관련 가산세와 영세율 과세표준 신고불성실가산세는 적용되지 않는 것이다(서삼 46015-10401, 2003.03.08).

② 사업자가 재화를 공급한 후 당해 재화의 공급일이 속하는 달의 다음달 10일 이전에 내국신용장이 개설된 경우(재화의 공급시기가 속하는 과세기간 내에 개설된 것)로서 관계증빙서류 등에 의하여 실제 거래사실이 확인되는 경우에는 당해 재화의 공급일을 발행일자로 하여 그 공급일이 속하는 달의 다음달 10일까지 영세율세금계산서를 교부할 수 있는 것이다(제도46013-617, 2000.12.22).

③ 사업자가 재화 또는 용역을 공급한 후 수정신고 기한 내에 내국신용장 또는 무역거래법에서 정하는 구매승인서가 개설되는 경우에는 수정세금계산서를 교부하여야 하며, 수정세금계산서 교부 및 과세표준 수정신고를 하지 아니하는 경우 소관 세무서장은 공급자에게 당초 거래징수하여 납부한 세액을 환급하고 가산세를 징수하는 것이며, 공급받는 자로부터는 당초 매입세액으로 공제한 매입세액과 가산세를 징수하는 것이다(부가 22601-1304, 1985.7.11).

④ 수정세금계산서의 작성일자를 착오로 해약일자로 발행하여 해약일이 속한 과세기간의 부가가치세를 환급 신고한 경우에「국세기본법」제47조의4에 의거 초과환급신고가산세를 적용하는 것이며, 법정신고기한이 지난 후 일정기간 내에 수정신고 하는 경우에는 같은 법 제48조 제2항 단서규정에 의거 가산세 감면을 적용받을 수 있는 것이다(국기, 징세과-115, 2010.02.02).

(2) 사후개설에 따른 부가가치세의 수정신고 또는 경정청구방법

「부가가치세법시행령」제73조 제3항의 규정에 의하여 매월별로 영세율 등 조기환급 신고를 하는 사업자가 재화를 공급하면서 당해 재화의 공급시기에 내국신용장이 개설되지 아니하여 과세분(10%)으로 세금계산서를 교부하여 신고한 후 당해 재화의 공급시기가 속하는 예정신고기간 내에 내국신용장이 개설되어 수정세금계산서를 교부한 경우에는 당해 수정세금계산서를 부가가치세 예정신고에 포함하여 신고하는 것이며, 예정신고기간 경과 후 과세기간 내에 내국신용장이 개설되어 수정세금계산서를 교부한 경우에는 당해 수정세금계산서를 부가가치세 확정신고에 포함하여 신고하는 것이다(부가46015-5048, 1999.12.27).

① 공급시기가 속하는 예정 또는 확정신고기간 내에 개설된 경우
   → 수정신고·경정청구 필요 없음

재화를 예정신고기간 또는 확정신고기간 내에 공급하고 내국신용장이 예정신고기간 또는 확정신고기간 내에 개설된 경우 재화의 공급시기에 일반세금계산서를 발급하고, 내국신용장 개설시에 당초작성일자를 작성일자로 하여(-) 세금계산서와 영세율 세금계산서를 수정발급 한다. 이 경우 부가가치세 예정신고 또는 확정신고시에 영세율 적용대상으로 과세표준 신고를 하면 되고 수정신고를 하지 않아도 무방하다.

재화의 공급시기	내국신용장 개설일	부가가치세 신고일
20×1.2.20	20×1.3.30	1기 예정신고(4.25)
20×1.5.10	20×1.6.28	1기 확정신고(7.25)

② 예정신고기간 내에 공급하고 확정신고기간 내에 개설된 경우
→ 수정신고·경정청구 필요 없음

재화를 예정신고기간 내에 공급하고 내국신용장이 확정신고기간 내에 개설된 경우 당초공급일(당초작성일자)을 작성일자로 하여(-)세금계산서와 영세율 수정세금계산를 발급하고 예정신고분에 대하여 경정청구를 하여 환급받는다. 다만, 예정신고에 대한 경정청구를 생략하고 확정신고시에 포함하여 신고를 할 수 있다.

재화의 공급시기	내국신용장 개설일	부가가치세 신고일
20×1.2.20	20×1.6.30	1기 확정신고(7.25)

③ 공급시기가 속하는 예정 또는 확정신고기한 내에 내국신용장이 개설된 경우
→ 수정신고·경정청구 필요 없음

재화를 예정신고기간 내에 공급하고 내국신용장이 확정신고기한 내에 개설된 경우 당초공급일(당초작성일자)을 작성일자로 하여(-)세금계산서와 영세율 수정세금계산서를 발급하고 예정신고분에 대하여 경정청구를 하여 환급받는다. 다만, 예정신고에 대한 경정청구를 생략하고 확정신고시에 영세율로 포함하여 신고를 할 수 있다.

재화의 공급시기	내국신용장 개설일	부가가치세 신고일
201×.4.20	201×.7.15	1기 확정신고(7. 25)

용어정리

① 부가가치세 신고기간
부가가치세법에 의하여 부가가치세의 과세표준 계산에 기초가 되는 기간을 말한다. 예를 들면 부가가치세 제1기 확정신고기간은 4.1 ~ 6.30.을 말한다.

② 부가가치세 신고기한
부가가치세법에 의하여 과세표준신고서를 제출할 기한을 말한다. 예를 들면 부가가치세 제1기 확정신고기한은 7.25.일이다.

(3) 수정세금계산서 미발급에 따른 제재

물품을 공급한 자는 당초 거래징수하여 납부한 부가가치세를 환급결정하고, (-)세금계산서(2%)와 영세율세금계산서 미발급가산세(2%)를 부과한다. 또한, 공급받는 자(수출업자)는 당초 공제받은 매입세액을 추징하면서 신고·납부불성실가산세를 부과한다(부가22601-1304, 1985.07.11). 반면에 심판원에서는 이에 대하여 사실과 다른 세금계산서로 보지 않고 있다. 재화의 공급시기가 속하는 과세기간종료 후 25일 이내에 구매확인서가 발급된 경우 그 작성일자는 당초 세금계산서 작성일자를 기재하고 비고란에 내국신용장 개설일 등을 부기하여 영세율 적용분은 검은색 글씨로 세금계산서를 작성하여 교부하고, 추가하여 당초에 교부한 세금계산서의 내용대로 세금계산서를 붉은색 글씨로 또는 부(負)의 표시를 하여 작성하고 교부한다고 규정하고 있는 바, 원칙적으로는 당초 교부한 일반 세금계산서에 대하여는 이를 없었던 것으로 하는 부의 세금계산서를 교부하고 다시 영세율 세금계산서를 교부하여 부가가치세를 신고하여야 하나, 영세율 세금계산서만을 교부하고 이에 근거하여 부가가치세를 신고한 것은 일부 절차를 생략한 것에 불과하다 할 것이고, 또한 영세율 세금계산서는 수정세금계산서의 역할을 한 것으로 볼 수 있으므로「부가가치세법」제16조 제1항의 규정에 의한 세금계산서의 필요적 기재사항의 전부 또는 일부가 착오 또는 과실로 기재되지 아니하거나 사실과 다른 때에 해당하지 아니하고, 더불어 같은 법 시행령 제70조의3 제2항의 규정에 따라 세금계산서의 필요적 기재사항 중 일부가 착오로 기재되었으나 당해 세금계산서의 그 밖의 필요적 기재사항 또는 임의적 기재사항으로 보아 거래사실이 확인되는 경우에 해당한다 할 것이다(조심2011중0863, 2011.06.29.).

사업자가「관세법」제196조에 따른 보세판매장에 재화를 공급하고 10%의 세율이 기재된 세금계산서를 발급한 후 공급시기가 속하는 과세기간 종료 후 25일 이내에「대외무역법」제18조에 따른 구매확인서를 발급받은 경우에는「부가가치세법 시행령」제70조 제1항 제4호에 따라 0%세율이 기재된 세금계산서를 수정 발급할 수 있는 것이다. 다만, 사업자가 구매확인서를 발급받았음에도 (영세율)수정세금계산서를 발급하지 아니한 경우로서 당초 발급한 세금계산서에 의해「부가가치세법」제48조 또는 제49조에 따른 신고·납부를 이행한 경우에는 해당 거래에 대하여「부가가치세법」제60조 제2항 및 제6항의 가산세를 적용하지 않는 것이며, 공급시기가 속하는 과세기간 종료 후 25일이 경과한 뒤에는「부가가치세법 시행령」제70조 제1항 제4호에 따른 수정세금계산서를 발급할 수 없는 것이다(기재부 부가-585, 2017.11.16.).

판례

영세율세금계산서를 취소하고 다시 발행된 일반세금계산서에 대하여 매입세액 불공제(조심2013중 0445, 2013.06.21)

청구법인은 영세율 적용대상 여부에 착오가 있는 경우도 「부가가치세법」 제16조 제1항 제3호의 공급가액과 부가가치세액에 관하여 착오가 있는 경우에 해당한다고 보아야 할 것이고, 부가가치세 확정신고 기한 이전에 개정된 대외무역관리규정의 내용을 확인하고 세법상의 절차를 존중하여 당초 영세율세금계산서에서 일반세금계산서로 수정발급을 요구한 행위는 「부가가치세법」 제16조 제1항에 규정하는 정당한 행위이므로 이에 대하여 매입세액 불공제한 처분은 부당하다고 주장하나, 수정세금계산서 교부사유 및 교부절차에 대하여 규정하고 있는 「부가가치세법 시행령」 제59조 제1항 제5호에 의하면, 필요적 기재사항 등을 착오로 잘못 기재한 경우에는 세무서장이 경정하여 통지하기 전까지 수정세금계산서를 작성·교부할 수 있도록 규정하고 있으나, 이 건의 경우 청구법인이 2011년 7월 해당 부가가치세 예정신고를 위하여 거래은행에 구매확인서를 발급받고자 하였으나 2011.7.1.부터 전자문서로만 발급하도록 개정된 대외무역관리규정에 따라 구매확인서를 발급받지 못하여 OOO를 통하여 영세율세금계산서를 취소하고 일반 세금계산서를 발급받았으므로 필요적 기재사항의 착오기재라고 보기보다는 법령을 알지 못하는 것에서 비롯된 것으로 보이는 점과 사업자가 10% 세율이 적용되는 거래에 대하여 영세율세금계산서를 발급한 경우 수정세금계산서를 발급할 수 없는 것이고, 개정된 「부가가치세법시행령」 제59조 제1항 제9호는 부칙에 따라 2012.7.1. 전에 수정세금계산서 발급사유가 발생한 분부터 적용하는 것이므로 2012.7.1. 전에 수정세금계산서 발급사유가 발생한 경우에는 적용할 수 없는 점(국세청 예규 부가-314, 2013.4.9.) 등에 비추어 볼 때 쟁점세금계산서를 과세기간이 종료된 후에 교부받았다고 보아 관련 매입세액 불공제하여 과세한 처분청 처분은 잘못이 없다고 판단된다.

사례

내국신용장 사후개설시 수정세금계산서 미발급 사례
- 20×1.03.20 수출업자에 납품 10,000,000(부가가치세 별도)
- 20×1.04.25 부가가치세 신고·납부
- 20×1.06.28 내국신용장 개설

1) 공급자

과세관청에서 당초 납부한 부가가치세 1,000,000원을 환급하면서 세금계산서 미발급가산세와 영세율신고불성실가산세를 부과한다. 세금계산서미발급가산세는 (-)공급가액과 영세율 공급가액 합계 20,000,000원에 대하여 2%인 400,000원을 부과하고 영세율신고불성실가산세는 10,000,000원의 1%인 100,000원을 부과한다.

2) 공급받는 자

당초 공제받은 매입세액 1,000,000원과 납부지연가산세 일당 10,000분의 2 및 신고불성실가산세(10%)를 부과한다.

판례

구매확인서 사후발급시 영세율세금계산서만 발행한 경우 세금계산서 불성실가산세 적용 여부(조심 2011중0863, 2011.06.29)

「부가가치세법 시행령」제59조 제4호는 재화의 공급시기가 속하는 과세기간 종료 후 20일 이내에 구매확인서가 발급된 경우 그 작성일자는 당초 세금계산서 작성일자를 기재하고 비고란에 내국신용장 개설일 등을 부기하여 영세율 적용분은 검은색 글씨로 세금계산서를 작성하여 교부하고, 추가하여 당초에 교부한 세금계산서의 내용대로 세금계산서를 붉은색 글씨로 또는 부(負)의 표시를 하여 작성하고 교부한다고 규정하고 있는 바, 원칙적으로는 당초 교부한 일반 세금계산서에 대하여는 이를 없었던 것으로 하는 부의 세금계산서를 교부하고 다시 영세율 세금계산서를 교부하여 부가가치세를 신고하여야 하나, 영세율 세금계산서만을 교부하고 이에 근거하여 부가가치세를 신고한 것은 일부 절차를 생략한 것에 불과하다 할 것이고, 또한 동 영세율 세금계산서는 수정세금계산서의 역할을 한 것으로 볼 수 있으므로「부가가치세법」제16조 제1항의 규정에 의한 세금계산서의 필요적 기재사항의 전부 또는 일부가 착오 또는 과실로 기재되지 아니하거나 사실과 다른 때에 해당하지 아니하고, 더불어 같은 법 시행령 제70조의3 제2항의 규정에 따라 세금계산서의 필요적 기재사항 중 일부가 착오로 기재되었으나 당해 세금계산서의 그 밖의 필요적 기재사항 또는 임의적 기재사항으로 보아 거래사실이 확인되는 경우에 해당한다 할 것이다(조심 2011중138, 2011.2.15., 조심 2009중4136, 2010.6.29. 같은 뜻임).

따라서, 처분청이 영세율 세금계산서를 사실과 다른 세금계산서로 보아「부가가치세법」제22조 제2항의 규정에 의한 세금계산서불성실가산세를 부과한 처분은 잘못이 있는 것으로 판단된다.

(4) 수출업자(공급받는 자)의 수정신고 시 가산세 적용 여부

수출업자가 예정신고 시 일반세금계산서로 매입세액을 공제받고 내국신용장이 사후 개설되어 수정세금계산서를 발급받아 수정신고 하는 경우 신고·납부불성실 가산세를 부과하지 아니한다.

(5) 수정전자세금계산서의 발급

재화 또는 용역을 공급한 후 공급시기가 속하는 과세기간 종료 후 25일(과세기간 종료 후 25일이 되는 날이 공휴일 또는 토요일인 경우에는 바로 다음 영업일) 이내에 내국신용장이 개설되었거나 구매확인서가 발급된 경우의 수정세금계산서의 발급은 내국신용장 등이 개설된 때에 그 작성일은 처음 세금계산서 작성일을 적고 비고란에 내국신용장 개설일 등을 덧붙여 적어 영세율 적용분은 검은색 글씨로 세금계산서를 작성하여 발급하고, 추가하여 처음에 발급한 세금계산서의 내용대로 세금계산서를 붉은색 글씨로 또는 음(陰)의 표시를 하여 작성하고 발급한다(부령70조①4).

7. 영세율첨부서류

① 내국신용장·구매확인서 전자발급명세서

■ 부가가치세법 시행규칙 [별지 제41호서식(1)]   홈택스(www.hometax.go.kr)에서도 신청할 수 있습니다.

내국신용장·구매확인서 전자발급명세서(갑)
년 제 기 (월 일 ~ 월 일)

※ 아래의 작성방법을 읽고 작성하시기 바랍니다.

접수번호	접수일		처리기간	즉시

1. 제출자 인적사항

① 상호(법인명)	② 사업자등록번호
③ 성명(대표자)	④ 사업장 소재지
⑤ 업태	⑥ 종목
⑦ 거래기간 년 월 일 ~ 월 일	⑧ 작성일

2. 내국신용장·구매확인서에 의한 공급실적 합계

구분	건 수	금액(원)	비고
⑨ 합 계(=⑩+⑪)			
⑩ 내 국 신 용 장			
⑪ 구 매 확 인 서			

3. 내국신용장·구매확인서에 의한 공급실적 명세서

⑫ 번호	⑬ 구분	⑭ 서류번호	⑮ 발급일	⑯ 공급받는 자의 사업자등록번호	⑰ 금액(원)	⑱ 비고

「부가가치세법 시행령」 제101조 제1항의 표 제3호 가목에 따라 내국신용장·구매확인서 전자발급명세서를 제출합니다.

년 월 일

제출자 (서명 또는 인)

세 무 서 장 귀하

작 성 방 법

이 명세서는 전자무역문서(「전자무역 촉진에 관한 법률」 제12조에 따른 전자무역기반시설을 이용한 전자문서를 말함)로 발급된 내국신용장·구매확인서에 의해 공급하는 재화 또는 수출재화임가공용역에 대하여 영세율을 적용받는 사업자가 작성하며, 해당 서류는 전자무역문서로 대체되고 그 사본은 제출하지 않습니다.
①~⑥: 제출자(공급자)의 사업자등록증에 적힌 내용을 적습니다.
⑦,⑧: 제출대상기간과 이 명세서의 작성일을 적습니다.
⑨~⑪: ⑨~⑪ 아래 ⑫~⑱에 작성된 내국신용장과 구매확인서 제출대상기간의 건수 및 금액의 합계를 적습니다.
⑫~⑱: 내국신용장과 구매확인서를 구분하여 서류번호, 발급일을 작성하며, 공급받는 자(내국신용장 개설업체, 구매확인서 신청업체)의 사업자등록번호 및 신고대상기간의 발급 또는 개설 금액을 각각 적습니다.
   ※『내국신용장·구매확인서 전자발급명세서(갑)』 서식을 초과하는 공급실적분에 대해서는 『내국신용장·구매확인서 전자발급명세서(을)』 [별지 제41호서식(2)]에 이어서 작성합니다.

작성방법

이 명세서는 전자무역문서(「전자무역촉진에관한법률」 제12조에 따른 전자무역기반시설을 이용한 전자문서를 말함)로 발급된 내국신용장·구매확인서에 의해 공급하는 재화 또는 수출재화임가공용역에 대하여 영세율을 적용받는 사업자가 작성하며, 해당 서류는 전자무역문서로 대체되고 그 사본은 제출하지 않습니다.

(1)~(6): 제출자(공급자)의 사업자등록증에 기재된 내용을 적습니다.
(7), (8): 제출대상기간과 이 명세서의 작성일을 적습니다.
(9)~(11): 아래 (12)~(18)까지 작성된 내국신용장과 구매확인서 제출대상기간의 건수 및 금액의 합계를 적습니다.
(12)~(18): 내국신용장과 구매확인서를 구분하여 서류번호, 발급일을 작성하며, 공급받는 자(내국신용장 개설업체, 구매확인서 신청업체)의 사업자등록번호 및 신고대상기간의 발급 또는 개설금액을 각각 적습니다.

■ 부가가치세법 시행규칙 [별지 제41호서식(2)]   홈택스(www.hometax.go.kr)에서도 신청할 수 있습니다.

내국신용장·구매확인서 전자발급명세서(을)
년 제 기 (월 일 ~ 월 일)

① 상호(법인명)				② 사업자등록번호		
⑫ 번호	⑬ 구분	⑭ 서류번호	⑮ 발급일	⑯ 공급받는 자의 사업자등록번호	⑰ 금액(원)	⑱ 비고

작 성 방 법

이 서식은 『내국신용장·구매확인서 전자발급명세서(갑)』 [별지 제41호서식(1)]을 초과하는 공급실적분에 대해서만 작성합니다.   (   )쪽

8. 관련 사례

(1) 구매확인서의 발급기한 이후 발급

과세기간 종료 후 20일이 되는 날이 공휴일이어서 그 익일에 구매확인서를 발급받은 경우에 동 구매확인서는 영세율 적용을 받을 수 있는 구매확인서에 해당하지 아니하는 것이다(서삼46015-11326, 2002.08.16). 다만, 2014.10.31.「부가가치세법시행규칙」개정을 하여 공휴일 또는 토요일의 다음 영업일로 하였다.

(2) 영세율 적용여부

사업자가 국외에서 제공하는 건설용역·설계용역은 「부가가치세법」 제11조 제1항 제2호의 규정에 의하여 영세율이 적용되는 것이며, 또한 해외건설공사에 필요한 자재를 국내에서 내국신용장이나 대외무역법에 정하는 구매확인서에 의하여 공급하는 경우에는 부가가치세 영의 세율을 적용하는 것이나, 건설장비 임대용역의 제공은 국내에서 임대한 건설장비를 해외에서 사용하는 것에 불과하므로 「부가가치세법」 제11조 제1항 제2호의 규정에 의한 영세율 적용대상이 아니다(서면3팀-593, 2005.05.03).

(3) 예정신고 대상여부

사업자가 재화를 공급한 후 재화의 공급시기가 속하는 과세기간 종료 후 25일 이내에 내국신용장이 개설되는 때에는 수정세금계산서를 교부(당초 기재사항의 착오 또는 정정사유로 인한 교부)할 수 있는 것이며, 당초 재화의 공급시기가 「부가가치세법」 제18조 규정의 각 예정신고기간인 경우에는 당해 예정신고기간의 종료 후 25일 이내에 과세표준과 납부세액 또는 환급세액을 신고하여야 하는 것이다(서면3팀-590, 2005.05.03).

(4) 북한반출 재화의 영세율 적용여부

북한으로 반출되는 물품에 대하여는 「남북교류협력에 관한 법률시행령」 제42조 제3항[20]의 규정에 의하여 이를 수출품목으로 보아 부가가치세법을 준용하는 것이므로 영세율이 적용되는 것이며(북한에 재화를 반출하는 경우 수출로 봄) 사업자가 북한으

---

[20] 북한으로 반출되는 물품등(해당 선박 또는 항공기에서 판매되는 물품은 제외한다)은 수출품목으로 보아 「지방세법」·「부가가치세법」·「개별소비세법」·「주세법」 및 「교통·에너지·환경세법」을 준용한다. 다만, 물품등 중 제3조에 따른 용역 및 전자적 형태의 무체물은 「지방세법」 및 「부가가치세법」만 준용한다.

로 반출할 물품을 국내에서 다른 사업자에게 공급하는 경우에는 당해 물품이 「부가가치세법시행령」 제24조 제2항 제1호의 규정에 의한 내국신용장 또는 구매확인서에 의하여 공급되는 재화에 해당되는 경우에는 영세율이 적용되는 것이다(서면3팀-1214, 2005.7.29). 그러나 북한 개성공단사업과 관련하여 사업자가 국내에서 설계, 장비 및 물자운송 등의 용역을 제공하는 경우에는 부가가치세 영세율이 적용되지 아니하는 것이다(서면3팀-517, 2006.03.17). 즉, 운수업을 영위하는 사업자가 무역업자 등과의 계약에 의거 남한에서 북한간 관광객 또는 화물을 수송하고 대가를 받는 경우 동 운송용역에 대하여는 「부가가치세법」 제14조의 규정에 의한 세율을 적용하여 부가가치세를 과세하는 것이다(재소비-1244, 2004.11.20.). 왜냐하면, 선박·항공기의 외국항행용역에 대하여만 「남북교류협력에 관한법률시행령」 제51조 제3항의 규정에 의거 영세율이 적용되며 육상운송용역에 대하여는 규정되어 있지 않기 때문이다.

(5) 완제품 납품의 영세율 적용여부

수출재화의 임가공용역은 수출업자와 직접 도급계약에 의하여 수출재화를 임가공 하는 용역 및 내국신용장에 의하여 공급하는 수출재화를 임가공하는 용역(서비스)으로서 임가공업자가 부자재의 일부를 부담하고 공작을 가하여 납품하는 경우인바, 청구인이 주요자재 전부를 부담하여 완제품을 제조·납품한 사실이 청구인이 신고한 부가가치세 부속서류 등에서 확인되고 이에 대하여는 청구인도 인정하고 있으므로 쟁점거래는 수출재화의 임가공용역의 공급이 아닌 재화의 공급(제조)에 해당된다 하겠고, 수출되는 재화의 공급은 내국신용장 또는 구매확인서에 의하여 공급하여야 하나, 청구인은 그러한 서류 없이 단지 수출품가공계약서와 납품사실증명서만으로 영세율 적용을 받은 것이므로 영세율 적용대상이 아니다(국심2004서3746, 2005.9.18).

(6) 보세구역 내에서 내국신용장 등이 없이 재화의 공급

국내사업자가 외국법인으로부터 매입한 수입원자재를 미통관 상태로 보세구역 내 공장에서 가공하여 보세구역 내의 다른 국내사업자에게 판매하는 것은 재화의 공급으로 부가가치세를 과세하는 것이고, 내국신용장 또는 구매확인서 없이 공급하는 것은 영의 세율이 적용되지 아니하는 것이며, 이 경우 재화를 공급하는 국내사업자는 세금계산서를 발급하여야 하는 것이다(부가-1740, 2010.12.30).

(7) 영세율 착오발급으로 일반세금계산서 수정발급

당초 영세율 적용대상이 아닌 재화의 공급에 대하여 영세율 세금계산서를 교부받았다가 매입세액이 기재된 쟁점수정세금계산서를 교부받은 경우, 기재사항에 관한 착오나 정정 등 대통령령이 정하는 사유에 해당되는 적법한 수정세금계산서로 보아 매입세액을 공제할 수 없다(조심2010부3507, 2010.12.31). 다만, 2012.7.1 이후 수정세금계산서 발급분부터 세율을 잘못 적용(영세율을 10%로 또는 10%를 영세율로)하여 발급한 경우 처음에 발급한 세금계산서의 내용대로 세금계산서를 붉은색 글씨로 쓰거나 음(陰)의 표시를 하여 발급하고, 수정하여 발급하는 세금계산서는 검은색 글씨로 작성하여 발급할 수 있도록 개정하였다(부령70①9).

(8) 구매확인서에 의한 간접적 공급

사업자가 구매확인서에 의해 한국국제협력단에 직접이 아닌 거래처를 거쳐 간접적으로 물품(재화)을 공급하는 경우에도 수출로 보아 영세율이 적용된다(조심2009서3957, 2010.09.17).

(9) 구매확인서의 영세율 적용요건

수출하는 재화 공급에 대하여는 영세율을 적용하고, 사업자가 내국신용장 또는 구매확인서에 의하여 공급하는 재화인 경우에도 수출하는 재화에 포함시켜 영세율을 적용한다고 규정하고 있다. 이 경우 공급된 지금이 실제로 수출되었는지 여부는 지금 공급자에 대한 영세율 적용 여부에 영향을 미칠 수 없다. 구매확인서 발급과정에서 수출 근거서류가 없거나 허위 수출계약서를 토대로 발급된 것이거나 유효기일 또는 선적기일 미기재 혹은 유효기일 경과 후 발급되는 등과 같은 하자가 있다는 점만으로는 외국환은행장이 발행한 구매확인서가 무효로 되지 아니한다. 그러나 영세율은 이중과세를 방지하기 위하여 수출을 하는 경우에만 인정되는 것이 원칙이고, 국내거래에 대하여는 수출에 준하는 경우로서 외국환 관리 및 부가가치세 징수질서를 해하지 않는 범위 내에서 외화획득을 장려하려는 국가정책상 목적에 부합되는 경우에만 예외적, 제한적으로 인정된다. 이와 같은 영세율 적용에 관한 취지와 관계 법령에 비추어 볼 때, 재화를 공급하는 자가 구매자와 공모하여 허위 구매승인서를 발급받았거나 구매승인서 발급에 하자가 있다는 사실을 알면서도 영세율을 적용하여 판매한 경우, 구매자가 수출을 목적으로 하지 아니하고 국내에 판매함으로써 조세를 포탈할 의도 하에 하자 있는 구매승인서를 이용하는 사정을 알면서도 이를 묵인하는 경우 등 부가가치세 징수질서를 해하는 특별한 사정이 있는 경우에는 영세율 적용을 받지 못한다. 이러한 특별한 사정은 조세부과처분 적법성과 과세요건 사실 존재에 관한 증명책임을 부담하는 피고가 증명하여야 한다(서울고등법원 2010.11.03. 선고 2007누29255 판결).

(10) 영세율 첨부서류 미제출시 영세율 적용여부

영세율이 적용되는 경우에는 부가가치세 예정신고서에 영세율 적용대상임을 증명하는 서류를 첨부하여 제출하여야 한다고 한 규정은 그 문언의 형식으로 볼 때도 단순히 납세자에게 정부에 대한 협력의무를 부과한 임의규정으로 볼 수 있는 점 등의 사정과 수출 등 재화나 용역을 외국에 공급하는 거래에 부가가치세의 부담을 지지 않게 하고 수출을 촉진한다는 영세율 규정의 입법취지 및 목적과 앞서 본 법리에 비추어보면, 구매확인서 등이 첨부되지 않았다는 형식적인 이유만으로 영세율의 적용을 배제한 이 사건 처분은 실질과세의 원칙에 반하여 위법하다고 할 것이다(수원지방법원 2010.7.22. 선고 2009구합12892 판결).

제5절 위탁판매수출

1. 의의

위탁판매수출이라 함은 물품 등을 무환으로 수출하여 당해물품이 판매된 범위 안에서 대금을 결제하는 계약에 의한 수출을 말한다(대외무역관리규정 제1-0-2조4). 즉, 수탁자가 위탁자의 물품을 판매하고 총판매대금에서 판매수수료를 차감한 금액을 위탁자에게 송금하는 형태이다. 부가가치세법에서는 국내의 사업장에서 계약과 대가수령 등 거래가 이루어지는 대외무역법상 위탁판매수출은 수출하는 재화에 해당되어 영세율을 적용한다(부령31①2).

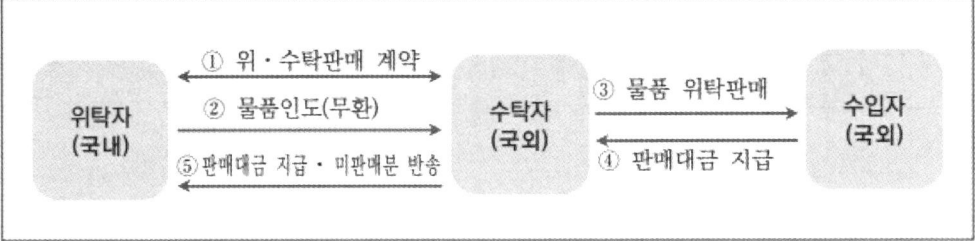

2. 공급시기

수출재화의 공급가액이 확정되는 때이다. 즉, 국외의 수탁자가 판매하는 때이다. 한편, 사업자가 무상 투자한 외국의 현지인과 합작으로 외국에 재화의 보관·관리시설만을 갖춘 보관창고를 설치하고 자기가 생산하거나 취득한 재화를 국내항구에서 선적하여 당해 외국의 보관창고로 반출한 후 당해 국가의 수입상에게 판매하는 경우에는 그 대금을 판매되는 시점에 수입상으로부터 받는 경우에도 당해 수출재화에 대하여는 선적일을 공급시기로 하는 것이다. 다만, 국내사업장에서 계약과 대가수령 등 거래가 이루어지는 것으로서 당해 수출방식이 대외무역법에 의한 위탁판매수출에 해당하는 경우에는 수출재화의 공급가액이 확정되는 때를 공급시기로 하는 것이다(서면3팀-2167, 2004.10.25).

3. 과세표준

공급시기 도래 전에 수출대금을 원화로 환가한 경우에는 그 환가한 금액을, 수출물품 공급시기까지 수출대금을 원화로 환가하지 아니하였거나 공급시기 이후에 지급받은 경우에는 공급시기의 외국환거래법에 의한 기준환율 또는 재정환율로 환산한 금액이다.

4. 세금계산서 발급

국외거래에 해당되어 세금계산서 발급의무가 없다.

5. 영세율 첨부서류

수출계약서 사본 또는 외화입금증명서이다. 다만, 동 규정에서 정하는 서류를 제출할 수 없는 경우에는 외화획득명세서에 영세율이 확인되는 증빙서류를 첨부하여 제출하여야 한다.

6. 위탁판매수수료의 처리

국내사업자와의 위탁판매계약에 따라 수탁자에게 지급하는 위탁판매수수료는 부가가치세 과세대상이므로 세금계산서를 발급하여야 하나 국내사업장이 없는 외국법인이나 비거주자가 내국법인의 상품을 위탁받아 현지에서 판매를 대행하고 지급받는 수수료는 국내원천소득에 해당되지 않으므로 원천징수하지 않는다.

7. 위탁물품 중 미판매분의 재반입

수출된 후 다시 수입하는 재화로서 수출자와 수입자가 동일하거나 당해 재화의 제조자가 직접 수입하는 것으로서 관세가 감면되는 것 중 수출(보세가공수출을 포함한다)한 물품을 수출신고일부터 2년 이내에 다시 수입하는 것은 부가가치세를 면제한다.

사례 — 위탁판매수출의 회계처리

의류 제조업체인 (주)서울상사는 미국의 수탁사업자에게 20×1.05.20 의류 US$ 10,000(원가 7,500,000)을 선적하였다. 발송관련 제비용 500,000원이 발생하였다. 20×1.07.10. 미국의 수탁자로부터 수탁수수료 1,000,000원을 차감한 금액을 송금 받았다. 단, 기준환율은 1,000원이다.

1) 적송시(20×1.5.20)

(차) 적송품	8,000,000	(대) 제품	7,500,000
		현금 및 예금	500,000

　＊ 위탁판매목적으로 반출(31)하는 적송품은 과세대상이 아니므로 영세율 신고의무가 없다.

2) 판매보고시(20×1.7.10)

(차) 보통예금	9,000,000	(대) 매출	10,000,000
지급수수료	1,000,000		
(차) 매출원가	8,000,000	(대) 적송품	8,000,000

　＊ 수탁자가 외국에서 판매하여 공급가액이 확정되는 때 재화의 공급에 해당되어 부가가치세신고를 하며 법인세법상 수입금액을 계상한다.

8. 위탁판매계약서

위 탁 판 매 계 약 서

한국법인으로서 주소가 [주소   ]인 [회사명   ] (이하 "Company")와 [국가명   ] 법인으로서 주소가 [주소   ]인 [회사명   ](이하 "Consignee")간에 [년   월   일] 다음과 같이 계약을 체결하기로 약정한다.

제1조(지명)
Company는 Consignee를 아래에 명시된 제품(이하 "제품")의 판매를 위해 아래와 같은 지역(이하 "지역")의 (독점, 비독점) 수탁판매인으로 지명한다. 아래의 제품과 지역은 당사자의 서면동의로 변경될 수 있다.

품 명	판매지역	비 고

제2조(발주 및 계약)
① Consignee는 판매지역내의 고객으로부터 발주나 구매주문을 받고 판매지역 내의 어떤 개인이나, 회사와 Company를 대신해서 제품판매계약을 체결할 수 있다.
② Consignee는 Company가 정한 계약서 양식을 사용하여야 하며, 본 계약서 양식 이외의 양식을 사용할 수 없다. 또한, Company의 사전서면 동의 없이는 어떤 사유로도 동 양식을 변경·수정할 수 없다.

제3조(가격)
① 판매지역내의 고객에게 판매되는 제품의 가격은 아래와 같다.

단 위	단 가

② 전항의 규정에도 불구하고, Company는 제품가격을 변경할 수 있고, 이 경우 Company는 동 변경내용을 제품의 새로운 가격의 적용시기와 함께 Consignee에게 통보한다.

제4조(경쟁사업)
Consignee는 본 계약기간 중 제품과 경쟁되거나 경쟁이 우려되는 상품이나 장비를 대리점, 판매점, 대리인 또는 여하한 방법으로도 취급하지 아니한다.

제5조(독립사업)

Consignee는 항시 Company로부터 독립되어 있다. Consignee는 본 계약을 이행하기 위하여 광고 또는 영업용 투자나 지급을 하거나 새로이 직원을 고용하는 경우, Company는 본 계약이 어떤 사유로 종료된다 하더라도 Consignee의 지출에 대해 책임이 없다.

제6조(최소거래)

① Consignee는 다음의 제품최소판매물량을 보증한다.

계약년도	기간	구매량	가격
제1차 계약년도	년 월 일		
제2차 계약년도	년 월 일		
제3차 계약년도	년 월 일		

② Consignee가 어느 한 기간이라도 최소물량을 달성하지 못할 경우, Company는 [30]일 전의 통보로 본 계약을 조기 해지할 수 있다.

③ 위 최소물량 산정은 Consignee가 고객으로부터 지급받은 제품대금과 Company가 판매지역의 고객과 직접 거래하여 선적 및 대금지급 받은 제품대금의 합계액으로 한다.

제7조(Consignee의 서비스)

① 본 계약기간 중 Consignee는 다음의 서비스를 제공하고 동 서비스로 발생되는 모든 비용을 부담한다.
  1. Company가 위탁한 제품을 쌍방이 합의한 장소에 Consignee의 관리 또는 Company가 인정하는 관리 하에 두는 것
  2. 제품을 잠재고객에게 전시할 수 있는 전시실(Show room)의 보유
  3. 제2조 제1항의 매매계약 양식을 사용하여 고객과 가능한 한 많이 Company를 위해 계약을 체결하는 것
  4. 고객으로부터 대금을 수금하여 Company에게 송금하는 것. 단, 매달동안 수금된 대금은 당해 월 종료 [10] 일내에 송금되어야 함
  5. Company에게, 본 계약에 따라 또는 Company가 수시로 지시하는 바에 따라, 시장정보 보고를 하는 것
  6. 본 계약에 규정되었거나 Company가 수시로 지시하는 기타 서비스의 제공

② 본 계약 기간 중, Company는 Consignee에게 제품을 공급한다. 공급되는 제품의 수량, 스타일이나 모델, 인도시기 및 방법 등은 Company가 Consignee와 협의를 거쳐 임의로 결정한다.

제8조(유지관리)

① Consignee는 최대한의 주의를 다하여 고객에게 A/S한다. Consignee는 고객으로부터 제품에 대한 문제제기를 받은 즉시 이를 Company에게 보고하고, 상호 합의한 바에 따라 필요한 조치를 취한다. Company와 Consignee는 동 조치에 소요된 경비 부담에 대해 건별로 협의한다.

② Consignee는 제품의 유지관리 서비스를 고객에게 제공하는데 필요한 부품, 도구 및 장비를 충분히

유지해야 한다. Company와 고객간의 매매계약상의 품질보증기간 중에는 Consignee는 그 기술능력 범위 내에서 하자 제품을 수선한다.

제9조(기술지원)
Consignee는 제품의 설치, 운영, 수리, 유지에 관한 훈련을 받기 위해 당사자간 합의한 수의 인원을 선정하여 Consignee의 비용으로 Company에게 파견한다. Company는 Consignee가 파견한 직원을 [20] 일을 초과하지 않는 기간동안 훈련한다.

제10조(소유권)
Company는 Consignee에게 위탁한 제품의 소유권은 제품이 고객에게 인도 완료될 때까지는 Company에게 있다.
* 재화의 공급인 인도가 이루어지지 않았으므로 부가가치세 과세대상이 아니다.

제11조(보험)
제품이 제7조 제1항에 따라 Consignee 또는 제3자의 관리 하에 있는 기간 동안, Consignee는 제품을 안전하고 양호한 상태로 유지한다. Consignee는 Company를 수혜자로 하여 제품에 대해 화재, 도난 기타 확장 보험에 부보한다. 동 보험증권은 Company에게 제공하고 Consignee는 보험료를 부담한다.

제12조(위탁수수료)
① Consignee의 서비스에 대하여, Company는 매 분기 종료 [1] 개월 내에 동 분기동안 Consignee 이나 고객과 거래하여 회수·지급된 총 판매가의 [   ]%를 수수료로 Consignee에게 지급한다. Company는 이 수수료에서 Consignee가 Company에게 부담하는 금액을 공제할 수 있다.
② Company는 Company와 고객과의 직접거래로 인한 제품 대금에 대해서는 수수료 지급의 의무가 없다.
* 위탁수수료 지급은 수탁자가 국외의 외국법인이나 비거주자이며 국외원천소득에 해당되므로 원천징수 및 적격증명 수취의무가 없다.

제13조(비용 및 수입관세)
① Consignee는 판매지역 내에서 제품의 하역, 보관, 운송, 취급을 위해 발생된 비용을 부담한다.
② Company는 수입관세가 확정되는 즉시 동 관세액을 Consignee에게 송금한다.
③ 별도 규정이 없는 한, Company는 서면동의 없이는 위에 언급된 비용 이외에는 지급하지 않는다.

제14조(판촉)
Consignee는 판매지역을 통틀어 제품의 판매를 그 비용으로 광고·판촉한다. Company는 Consignee 에게 유·무상으로 적당량의 광고자료를 제공한다.

제15조(정보보고)
Company와 Consignee는 정기적으로 또는 상대방의 요청이 있을 시, 제품의 판매를 촉진하기 위하여 상대방에게 정보나 시장보고를 가능한 한 많이 제공한다. Consignee는 Company에게 재고, 시장상황, Consignee의 기타 활동에 대한 보고를 해야 한다.

제16조(산업재산권)
① Consignee는 판매지역 내에서 제품과 관련하여 특허, 실용신안, 상표, 의장 또는 저작권을 등록할 수 없다.
② Consignee는 Company가 현재 보유하거나 앞으로 보유할 서명, 모노그램, 상호, 기타 표시나 그 유사물을 사용할 수 없다.

제17조(비밀유지)
Company가 Consignee에게 제공하는 기술 및 영업정보는 비밀로 Consignee에게 제공된다. 동 비밀정보가 특별히 공개 정보로 되지 않는 한, Consignee는 제품의 판매·사용을 위해 그 종업원이나 고객에게 알리는 이외에는 동 비밀정보를 공개하거나 달리 사용할 수 없다. 본 조항은 본 계약 종료 후에도 [5] 년간 효력을 갖는다.

제18조(계약기간)
본 계약은 양당사자가 서명한 날로부터 [3년간] 유효하다. 위 기간이 종료되는 경우, [30]일 이전에 계약해지를 상대방에게 서면으로 통지하지 않으면 계약은 자동으로 연장된 것으로 간주한다.

제19조(계약해지)
① Consignee는 그 의무이행을 하지 아니하고 동 불이행이 Company의 통지일로부터 [30]일 내에 시정되지 않으면 Company는 Consignee에 대한 서면통보로 즉시 본 계약을 해지할 수 있다.
② Company는 다음 사유가 발생하는 경우 Consignee에 대한 서면 통보로 본 계약 및 본 계약상의 Consignee의 권리·의무를 즉시 종료시킬 수 있다.
  1. Consignee가 해산, 청산, 지급불능 또는 폐쇄절차에 자발적 또는 비자발적으로 들어가거나 수인하는 경우
  2. Consignee를 위한 관재인의 지명, 채권자 화의, 채권양도와 감액요구 등 유사조치
  3. Consignee의 소유주(또는 Consignee를 지배하는 회사)가 Consignee주식(또는 Consignee를 지배하는 회사의 주식)의 50% 이상을 소유·지배할 수 없게 된 경우

제20조(해지후의 권리·의무)
① 본 계약의 종료 후, Consignee응 판매지역내의 고객들에게 본 계약이 종료되었음을 알려야 한다.
② Consignee는 계약종료 시 제품제고를 보유하고 있는 경우 재고를 모두 Company에게 반송한다.

제21조(불가항력)
어느 일방도 본 계약 또는 건별 계약을 파업, 노동분규, 소요, 폭풍, 화재, 폭발, 홍수, 불가피한 사고, 전쟁(선포된 것이든 선전포고 안된 것이든), 억류 해상봉쇄, 법적제한, 내란, 천재지변, 기타 당사자가 제어할 수 없는 사유로 이행하지 못하는 경우 그 불이행에 대해 상대방에게 책임이 없다.

제22조(양도)
본 계약은 상대방의 서면 동의 없이는 양도할 수 없다.

제23조(적용법 및 중재)
① 본 계약은 [   ] 법의 적용·해석을 받는다.
② 본 계약 및 그 불이행과 관련하여 발생되는 모든 분쟁은 대한민국 서울에서 대한상사중재원의 중재 규칙에 따라 중재로 해결한다. 중재인이 내린 판정은 최종적인 것으로 관련 당사자 쌍방을 구속한다.

제24조(기타규정)
① 본 계약은 본건 사안에 관해 Company와 Consignee 간의 모든 합의를 포함한다.
② 본 계약의 변경 및 수정은 본 계약일 이후에 서면으로 작성되어야 하고, 계약 당사자가 서명하지 않는 한 구속력을 갖지 않는다.
③ 계약상의 권리의 포기는 서면으로 하여야 하며 일방당사자가 어느 때에 타방 당사자의 계약상의 의무이행을 요구하지 않았다는 사실 때문에 이후에 타 의무의행을 요구할 수 없는 것은 아니다. 계약조항위반을 한번 용인하였다고 하여 동 조항 위반의 계속적 묵인이나 동 조항의 변경·포기로 간주되지 아니한다.
④ 이 계약서는 영어와 기타의 다른 언어로 작성될 수 있다. 서로 다른 언어로 작성된 계약서 간에 차이 또는 불일치가 있는 경우, 영문 계약서가 모든 면에서 우선한다.
본 계약을 증명하기 위해 당사자들은 본 계약체결의 수권을 받은 임원이 서명하게 한다.

	Company	Consignee
당사자명	[ ]	[ ]
대표자명	[ ]	[ ]
서 면		

실무적용 Tip

● 풀필먼트(FBA, Fulfillment By Amazon) 방식의 수출

판매상품을 아마존 등 해외플랫폼 제공업체의 물류센터에 보관하여 고객의 주문에 따라 상품을 파킹(picking), 패킹(packing) 및 배송하고 사후 교환 및 환불 등 물류대행서비를 제공하는 방식에 의한 수출을 말한다. 즉, 수출자(seller)가 아마존 물류센터에 제품을 공급하고 수수료(15%)를 내면 보관·출하·결제·고객서비스 등 e-commerce 전반의 업무를 위탁하는 형태이다. 관세청은 2021.3.9.부터 전자상거래 풀필먼트 방식으로 수출하는 경우 거래구분코드를 17로 신설하였다.

제6절 위탁가공무역방식의 수출

1. 의의

위탁가공무역이란 가공임을 지급하는 조건으로 외국에서 가공(제조, 조립, 재생, 개조를 포함한다)할 원료의 전부 또는 일부를 거래상대방에게 수출하거나 외국에서 조달하여 이를 가공한 후 가공물품 등을 수입하거나 외국으로 인도하는 수출입을 말한다(대외무역관리규정 제1-0-2조 6).

즉, 노동력이 저렴한 중국, 베트남 등 동남아시아 등에서 제품을 위탁가공방식에 의해 생산하여 제3국으로 수출하거나 국내로 재반입하는 형태의 무역거래방식이다. 대외무역법상 위탁가공무역방식의 수출에 해당하기 위해서는 다음 요건이 모두 충족되어야 한다.

① 가공임(CMT charge)을 지급하는 조건으로 외국에서 가공이 이루어질 것
② 원재료의 국내 또는 외국에서 조달하여(외국인수수입) 외국수탁가공업자에게 전부 또는 일부를 제공할 것. 이 경우 일부 가공 또는 완제품 상태로 조달한 경우에도 내국신용장 개설이 허용되어 무역금융혜택을 받을 수 있다.
③ 가공물품을 제3국으로 인도하거나 가공국내의 제3자에게 인도할 것

따라서 국내사업자가 외국임가공사업자에게 원부자재를 무환 반출하여 가공한 제품을 국내로 반입하지 아니하고 국외에서 국내의 다른 사업자가 지정하는 외국사업자에게 인도한 후 국내에서 국내의 다른 사업자로부터 대가를 받는 경우에는 「대외무역법」에 의한 "위탁가공무역"에 해당하지 아니하므로 영세율 적용대상이 되는 수출의 범위에 포함되지 아니하는 것이다(부가-735, 2010.06.14).

위탁가공무역의 거래형태를 살펴보면,
신청법인은 국내수출업자 "DMT사"와 "제품"을 납품하기로 하는 계약을 체결하고 제품생산을 위하여 국외에 소재하는 "A사"와 "임가공계약"을 체결하고 제품생산을 위한 원자재를 무환으로 반출하거나 또는 A사가 국외 현지에서 필요한 자재를 직접 구입하는 경우에는 그에 대한 대가를 지불하는 형태로 제품을 생산하고 A사가 생산한 제품은 DMT사가 지정하는 국외의 수입업자 B사에게 인도되는 경우 위탁가공무역에 해당된다(법규부가2012-339, 2012.09.07.).

[그림 1-10] 위탁가공무역의 거래형태

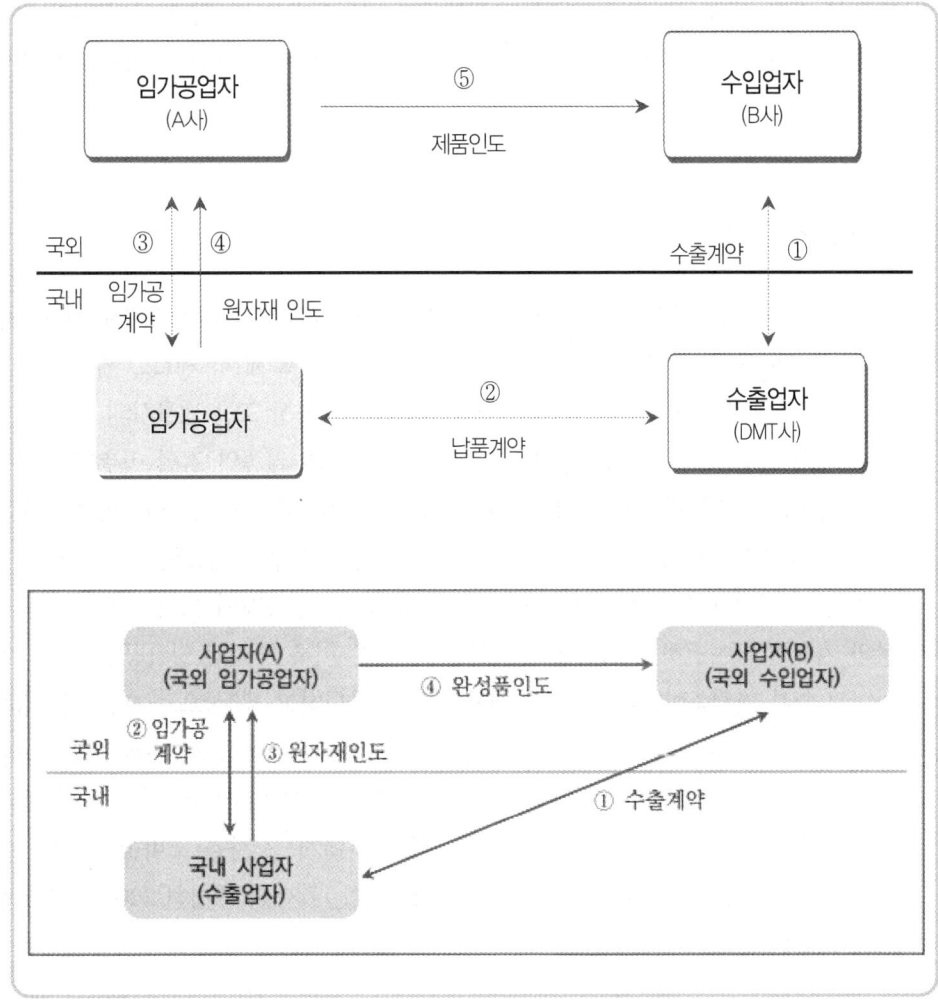

2. 공급시기

외국에서 당해 재화가 인도되는 때이다(부령28⑥)

즉, 위탁가공목적으로 국외(중국, 동남아 등)로 무환반출하는 원·부자재는 부가가치세의 과세대상인 재화의 공급(재화의 수출)에 해당하지 아니한다. 이 법 개정 전에는 공급시기에 관하여 행정해석에 의하여 국내에서 원자재가 선적되는 때를 공급시기로 하여 부가가치세 영세율과세표준 신고를 하도록 하여 왔으나 대법원판례에서 '재화가 외국에서 인도되는 때'를 공급시기로 하도록 하여 부가가치세법에 규정하게 되었다. 따라서 개정 전에는 부가가치세법 과세표준과 법인세법상 수입금액이 차이가 발생했으나 공급시기와 손익의 귀속사업연도의 일치로 부가가치세법상 과세표준 및 법인세법상 수입금액이 일치하게 되었다.

3. 과세대상 여부

국내에서 위탁가공목적으로 반출이 이루어지는 원·부자재가 부가가치세 과세대상이 되는 재화의 공급에 해당되는지의 여부를 보면, 법 제1조 제1항 제1호, 제6조 제1항은 부가가치세 과세대상거래인 재화의 공급에 대하여 계약상 또는 법률상의 모든 원인에 의한 재화의 인도 또는 양도는 부가가치세가 소비세의 일종인 점에 비추어 궁극적으로 재화를 사용·소비할 권한의 이전이 수반되어야 할 것인데, 원고는 임가공계약에 의하여 국외의 임가공업자에게 임가공을 목적으로 원·부자재를 제공한데 불과하여 내국물품인 원·부자재가 국외로 반출되었다 하더라도 원·부자재에 대한 소유권이나 사실상의 지배권은 여전히 원고에게 남아있는 것이고, 비록 국외의 임가공업체에 의하여 완성된 일부 완제품이 직접 국내에 재반입 되지 아니하고 제3국으로 수출되는 경우라 하더라도 그 원·부자재의 반출이 임가공계약에 의해 이루어졌고 제3국으로의 수출도 위 계약에 따른 원고의 지시에 따라 그 지배범위 내에서 이루어진 것인 이상, 위 원·부자재의 공급당시로 소급하여 국외의 임가공업자에게 그 사용·소비할 권한이 이전·귀속된 재화의 공급이 이루어진 것이라고 볼 수 없는 것이다(대법원 2001.03.13. 선고 1999두9247 판결).

판례

무환반출 가공물품을 외국사업자에 인도(조심2012중3067, 2013.05.20)

쟁점거래의 거래구조를 보면, ① 국내에서 청구법인과 OOO가 쟁점물품OOO공급계약을 체결하고 대금수수는 국내에서, 완성품인 쟁점물품의 납품은 중국 현지에서 직납하기로 하는 내용의 계약을 체결, ② 청구법인은 국내에서 매입한 원자재를 중국 현지 임가공업체인 중국법인 OOO에게 무환으로 반출, ③ OOO은 원재료를 가공하여 완성된 쟁점물품을 중국 현지에서 직접 OOO의 중국 현지 임가공업체인 OOO에게 납품하고 그 임가공 수수료는 청구법인으로부터 수취하며 청구법인은 OOO이 OOO에게 쟁점물품을 인도하는 시점에 OOO에게 대금을 청구, ⑤ 관련 대금은 국내에서 외화로 수수, ⑥ OOO는 납품받은 쟁점물품과 다른 원자재를 추가 가공하여 완성된 OOO을 OOO에게 납품, ⑦ OOO는 완성된 OOO을 국내에 반입하여 수입통관한 다음 국내의 휴대폰 업체에게 Local 수출방식으로 납품하거나 국내로 반입하지 아니하고 외국에서 직접 다른 국외업체에게 수출하는 내용이다.

살피건대, 청구법인은 쟁점거래가 부가가치세법상 영세율적용대상거래라는 주장이나, 쟁점거래는 국내사업자가 외국 임가공사업자에게 원·부자재를 무환반출하여 가공한 제품을 국내로 반입하지 아니하고 국외에서 국내의 다른 사업자가 지정하는 외국사업자에게 인도한 후 국내에서 국내의 다른 사업자로부터 대가를 받는 거래로서「부가가치세법」제11조 제1항 제1호 및 같은 법 시행령 제24조 제1항 제2호의 규정에 의한 영세율 적용대상이 되는 수출의 범위에 포함되지 아니하는 거래라고 할 것(기획재정부 부가가치세과-366, 2010.6.4.)이고, 쟁점거래는 재화의 이동이 국외에서 이루어진 것이므로 부가가치세 과세대상거래가 아닌 국외거래에 해당하므로 관련 원자재의 매입세액도 공제할 수 없다고 할 것이다.

또한, 청구법인은 2012.2.2.과 2013.2.15.「부가가치세법시행령」제24조가 개정되어 쟁점거래가 영세율 적용대상 거래로 추가되었고 부칙에서 개정법령의 시행 후 경정·결정하는 분부터 적용한다고 규정되어 있으므로 쟁점거래도 영세율 적용대상거래로 보아 재경정하여야 한다고도 주장하나, 부칙에서 소급하여 적용한다고 규정하지 아니하였고, 처분청이 이미 쟁점거래 당시 법령에 따라 영세율적용을 부인한 점 등에 비추어 청구주장을 받아들이기 어렵다고 판단된다.

4. 과세표준

완성된 제품의 인도가액을 과세표준으로 한다. 즉, 국내에서 무환반출 하는 원자재가액은 부가가치세상 과세표준 및 법인세법상 수입금액이 아니다.

5. 세금계산서 발급

국외거래이므로 세금계산서 발급의무가 없다. 다만, 내국법인(A법인)이 다른 내국법인(B법인)과의 물품공급계약에 따라 국외사업자에게 원재료를 대가없이 반출하여 위탁가공한 완제품을 국외에서 B법인에 인도하는 경우, A법인은 B법인에게 해당 완제품 전체 공급가액에 대하여「법인세법」제121조에 따라 계산서를 발급하여야 한다(사전-2020-법령해석법인-0663, 2020.10.08.).

6. 영세율 첨부서류

수출계약서 사본 또는 외국환은행이 발행하는 외화입금증명서이다. 다만, 외국인도수출 사업자로서 위탁가공무역방식의 수출을 적용받는 사업자로부터 매입하는 경우 매입계약서를 추가로 첨부한다.

>
>
> ◎ **영세율 신고불성실가산세 적용여부**
>
> 청구인이 처분청에 팩스로 제출한 "기타영세율 적용" 상세내역에 의하면 수출일자, 거래상대방 상호, 송장번호, 선적일, 통화, 환율, 외화입금액, 원화금액이 기재되어 수출내역을 확인할 수 있고, 청구인이 보관하고 있는 송장 및 송장별 수출대금입금내역에서 그 구체적 수출내역 및 외화입금내역을 확인할 수 있는 것으로 나타난다. 또한, 영세율 조기환급 신고시 의무적으로 제출하여야 하는 영세율 첨부서류에 대한 유효적절한 행정지도를 하지 아니한 채 기왕에 별다른 이의제기 없이 장기간 영세율적용대상임을 승인하여 왔다면, 그 귀책사유가 영세율 신청을 한 사업자에게 있다고 보기 어려운 바, 처분청에서는「부가가치세 영세율 적용에 관한 규정」에 영세율적용사업자에 대하여 사후관리대장과 영세율 첨부서류 검토조사서 등을 비치 등재하여 사후관리 하도록 규정하고 있어 청구인의 위탁가공무역방식의 수출이 영세율 거래임을 알 수 있었고, 청구인은 영세율과세표준이나 세액을 실제 수출과 동일하게 신고하고 대금이 입금되었음이 확인될 뿐만 아니라 청구인은 2006년 제1기까지 영세율 첨부서류를 제출하다 2006년 제2기부터 첨부서류 일부를 생략하고 처분청은 생략 제출된 영세율 첨부서류에도 불구하고 21회에 걸쳐 별다른 이의제기 없이 청구인의 영세율 과세표준 신고 내용을 용인하여 왔던 점에 비추어 청구인에게 영세율 첨부서류 미제출에 대한 의무위반을 탓하기는 어렵다(조심 2008중3984, 2009.03.12).

7. 재반입조건부 위탁가공무역

위탁가공을 위하여 국외로 반출한 원부자재에 대하여 과세당국에서는 「부가가치세법 시행령」 제21조의 규정에 의거 공급으로 보지 아니하므로 반출하여도 매출과세표준 (영세율)에 포함되지 아니하나 이를 가공하여 국내 반입하는 경우 과세당국에서는 품목이 다르다는 이유로 매입처리 되어 매입세액을 과다공제 받을 수 있고 국내임가공 업자에 비해 업종별부가가치율이 낮아지는 문제점이 있다.

그 이유는 「관세법」 제101조 규정상 국외 위탁가공 하여 수입시 품목분류(HS)가 같으면 국내에서 반출한 원자재를 제외한 임가공비 등에 대해서만 수입세금계산서를 발행하나 품목분류가 다르면 전체를 수입으로 보아 세금계산서를 발행하기 때문이다.

(1) 해외임가공물품 무역 수출입 거래흐름도(납세도움제도 가이드북, 관세청)

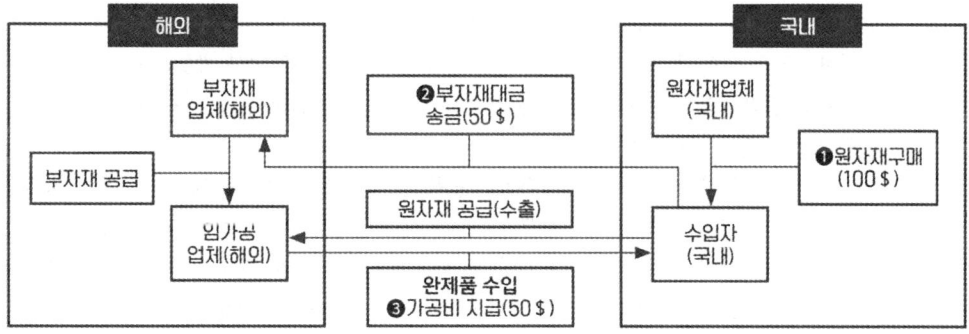

(2) 해외임가공 신고가격

신고항목	수출신고	수입신고
거래구분	위탁가공 원자재 수출(29)	위탁가공 완제품 수입(29)
신고가격*	국내 구매원가(100$)	① 원자재비(100$) + ② 부자재비(50$) + ③ 가공비(20$) + 기타비용(운임 등) = 170$ + @

* 수입물품 과세가격 : 무상공급한 원부자재 가격(수출자재 가격 + 현지 구매자재 가격) + 가공비 지급액 + 기타비용(운임 등)

> 관련법고시

위탁가공 수출물품에 대한 관세 등 환급처리에 관한 예규

개정 2020.7. 관세청 예규

제1조(목적) 이 예규는 위탁가공무역의 방법으로 수출한 물품 및 가공 후 재수입한 물품의 수출시 관세 등의 환급방법을 정하여 효율적인 환급업무를 수행하는데 그 목적이 있다.

제2조(위탁가공 수출물품의 환급) 위탁가공무역의 방법으로 수출한 물품은 다음의 방법에 따라 관세등을 환급한다.

① 위탁가공 수출물품과 수입물품이 다른 경우(관세·통계통합품목분류표상 10단위 품목번호를 기준)에는 해당 위탁가공을 위하여 수출한 물품을 수출물품으로 취급하여 환급한다.

② 위탁가공 수출물품과 수입물품이 같은 경우(관세·통계통합품목분류표상 10단위 품목번호를 기준)에는 다음 각 호에서 정하는 바에 따라 환급한다. 다만, 위탁가공을 위하여 수출한 물품을 「대외무역법」 제13조 제1항에 따라 특정 거래 형태의 수출 인정을 받아 현지에서 판매하거나 제3국으로 수출한 경우에는 제1항을 적용하여 환급한다.

1. 위탁가공을 위하여 수출한 후 재수입한 물품이 관세법」 제101조 제1항 제2호에 따라 관세의 경감을 받지 못하는 경우에는 처음 위탁가공을 위하여 수출한 물품에 대하여 관세등을 환급한다.
2. 위탁가공을 위하여 수출한 후 재수입한 물품이 「관세법」 제101조 제1항 제2호에 따라 관세등이 경감되는 경우에는 위탁가공을 위하여 수출한 물품에 대하여 관세등을 환급하지 아니하고, 수입신고수리를 할 때 처음 위탁가공을 위하여 수출한 물품에 대한 수출신고필증을 제출받아 해당 수출물품에 대한 관세 등의 환급여부를 확인한 후에 재수입품의 수입신고서에 다음 사항을 기재하여 수입신고 수리하여야 한다.

> 본 물품은 해외 위탁가공을 위하여 20 . . . 수출신고번호   호로 수출한 물품의 재수입물품임

제3조(재수입물품의 수출시 환급) ① 제2조 제2항 제2호에 따른 위탁가공 후 재수입한 물품이 수출용원재료로 사용된 경우에는 당초의 위탁가공을 위하여 수출한 물품을 제조·가공하는데 소요되는 수출용원재료를 수입하였을 때 납부한 관세 등을 환급한다.

② 제1항에 따른 관세 등을 환급하는 경우에는 위탁가공을 위하여 수출한 물품을 재수입할 때 「관세법」 제101조 제1항 제2호의 관세 경감을 받지 못한 가공·수리분에 대한 관세 등을 납부한 사실이 있는 경우에는 그 관세 등도 같이 환급할 수 있다.

제4조(환급기관의 제한) 제2조에서 정한 위탁가공 수출물품에 대하여는 환급신청인의 주소지 관할세관장이 환급한다.

실무적용 Tip

재반입조건부의 원자재 무환반출

위탁가공을 위하여 원자재를 반입조건부로 국외의 수탁가공사업자에게 무환반출하는 경우에는 재화의 공급으로 보지 아니하는 것이다(서면3팀-500, 2005.04.14.).

※ 위탁가공품 재반입시 수입세금계산서 발급대상(관세법101, 동법령119)

구 분	수입세금계산서 발급방법
수출물품(원자재반출)과 수입물품의 품목이 달라지는 경우	가공물품 전액(원자재+가공임)에 대하여 관세 및 부가가치세 과세
수출물품과 수입물품의 품목이 동일한 경우	가공임에 대해서만 관세 및 부가가치세 과세, 즉 원자재부분은 면세(계산서 발급)

• 관련법조문 •

■ 관세법 제101조(해외임가공물품 등의 감세)

① 다음 각호의 1에 해당하는 물품이 수입되는 때에는 대통령령이 정하는 바에 의하여 그 관세를 경감할 수 있다.
1. 원재료 또는 부분품을 수출하여 기획재정부령이 정하는 물품으로 제조·가공한 물품
2. 가공 또는 수리할 목적으로 수출한 물품으로서 기획재정부령이 정하는 기준에 적합한 물품

② 제1항의 물품이 다음 각 호의 어느 하나에 해당하는 경우에는 그 관세를 경감하지 아니한다.
1. 해당 물품 또는 원자재에 대하여 관세의 감면을 받은 경우. 다만, 제1항 제2호의 경우는 제외한다.
2. 이 법 또는 「수출용원재료에 대한 관세 등 환급에 관한 특례법」에 따른 환급을 받은 경우
3. 보세가공 또는 장치기간 경과물품을 재수출조건으로 매각함에 따라 관세가 부과되지 아니한 경우

실무적용 Tip

◎ 재반입조건부 위탁가공무역의 상업송장의 금액

Q. 원자재를 중국으로 보내 가공하여 재수입할 경우 송장기재금액과 관세과세가격은?

A. 상업송장은 완제품금액 전액을 기재하여야 합니다.
다만, 해외임가공의 경우 다음에 해당하는 경우에는 관세가 감면됩니다.
① 수입완제품이 HS NO 분류상 85류에 해당하거나, 또는 90류 중 9006호에 해당할 경우 국내서 수출한 원자재금액에 해당하는 경우
② 단순가공이나 수리를 위해 무환반출 하는 원자재가 수입할 완제품과 동일한 세번으로 분류되는 경우

사례 — 위탁가공무역의 회계처리

(주)안면무역은 중국의 청도유한공사와 위탁임가공계약을 20×1.05.20. 체결하고 원자재를 국내사업자인 태안무역으로부터 20,000,000원을 공급받았다(내국신용장 개설되었음). 당사는 20×1.05.30. 원자재를 중국사업자에게 무환반출 하였다. 20×1.06.20 임가공료 지급을 위한 수입신용장을 개설하면서 10,000원의 비용이 발생하였다. 20×1.06.28. 무환임가공료 3,000,000원이 결제되었다. 20×1.07.20. 중국에서 임가공한 제품을 미국에 선적하였다는 통보를 받았다(수출신용장 가격 40,000,000원). 20×1.07.30. 환어음 매입에 따른 추심료 100,000원, 환가료 150,000원을 제외한 41,000,000원을 보통예금 하였다.

1) 원자재를 공급받은 경우(20×1.5.20)

    (차) 원재료　　　　　20,000,000　　　(대) 보통예금　　　　20,000,000

    ※ 수출목적으로 원자재를 공급받는 경우 내국신용장이 개설되었으므로 영세율이 적용되며 영세율세금계산서를 공급시기(원자재 인도시)에 발급받아야 한다.

2) 중국으로 원자재 무환반출(20×1.5.30)

    (차) 무환(적송)원재료　20,000,000　　　(대) 원재료　　　　　20,000,000

    ※ 위탁가공목적의 국외 원자재 무환반출은 재화의 공급이 아니므로 영세율 신고대상이 아니며 법인세법상 수입금액도 아니다.

3) 수입신용장 개설(20×1.6.20)

    (차) 무환외주가공품(임가공료)　10,000　　(대) 보통예금　　　　10,000

4) 무환외주가공료 결제(20×1.6.28)

    (차) 무환외주가공품　　3,000,000　　　(대) 보통예금　　　　3,000,000
    (차) 무환외주가공품　20,000,000　　　(대) 무환(적송)원재료　20,000,000

5) 선적통보(20×1.7.20)

    (차) 수출매출채권　　40,000,000　　　(대) 수출매출　　　　40,000,000

6) 네고시(20×1.7.30)

    (차) 보통예금　　　　41,000,000　　　(대) 수출매출채권　　40,000,000
    　　　추심료　　　　　　100,000　　　　　　외환차익　　　　 1,250,000
    　　　환가료　　　　　　150,000
    (차) 수출매출원가　　23,010,000　　　(대) 무환외주가공품　23,010,000

실무적용 Tip

○ 위탁가공무역 흐름도[21]

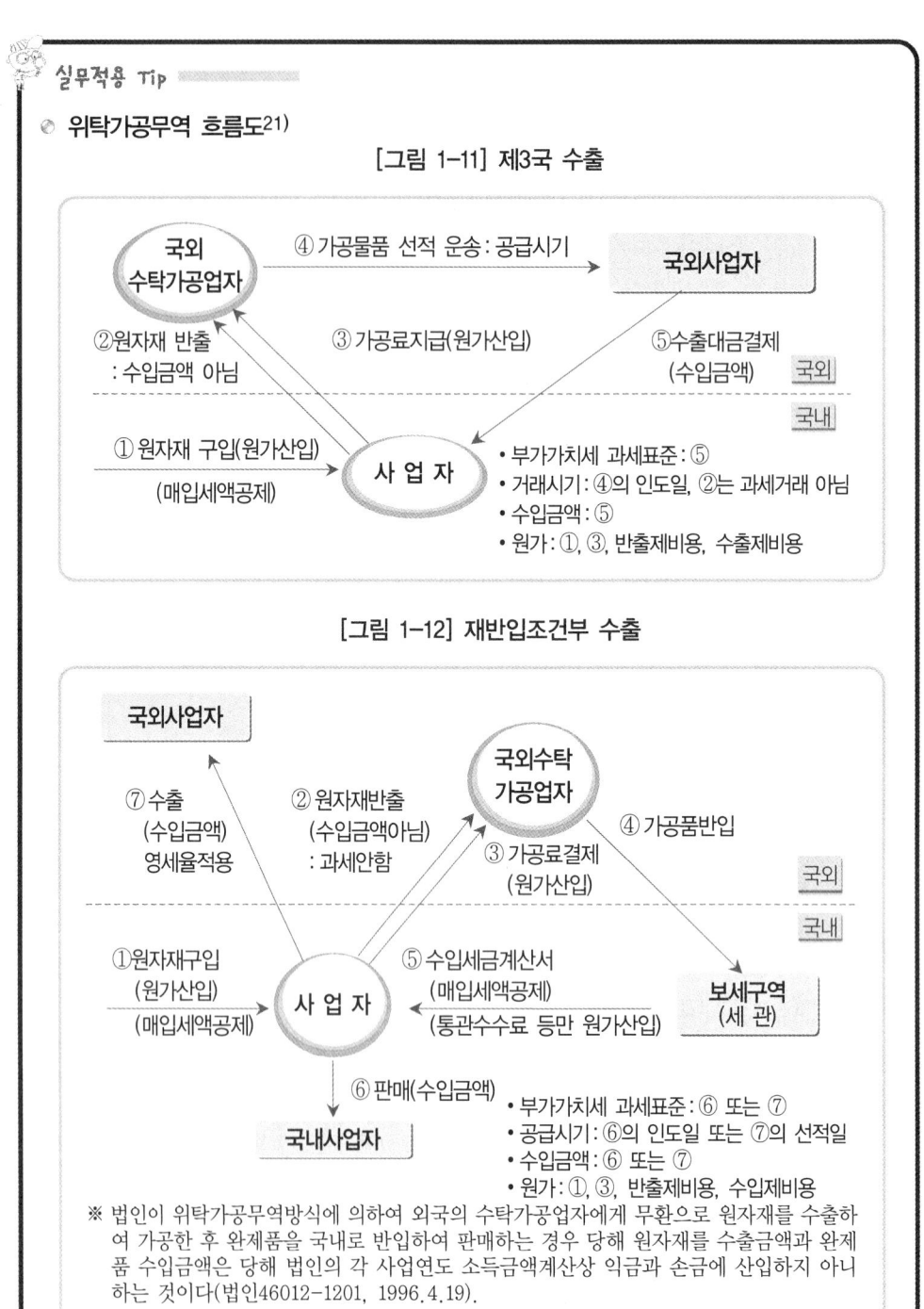

※ 법인이 위탁가공무역방식에 의하여 외국의 수탁가공업자에게 무환으로 원자재를 수출하여 가공한 후 완제품을 국내로 반입하여 판매하는 경우 당해 원자재를 수출금액과 완제품 수입금액은 당해 법인의 각 사업연도 소득금액계산상 익금과 손금에 산입하지 아니하는 것이다(법인46012-1201, 1996.4.19).

---

21) 한장석·김용관 저, 부가가치세 2005. 광교TNS p. 384 인용

위탁가공무역에서 제3자에게 지급한 외주가공비의 취득원가 산입 여부

Q. 내국법인이 위탁가공계약에 따라 해외현지법인에게 발주하고, 해외현지법인은 이중 일부를 다시 현지 업체에게 재위탁하는 과정에서 내국법인이 해외현지법인과 현지 업체와의 삼자간 계약에 따라 외주가공비를 직접 현지업체에게 송금하는 경우 해당 외주가공비 지급액의 제품 취득원가 포함되는지?

• 거래형태
현지 업체의 사정을 반영한 내국법인(갑법인), 해외현지법인(A법인)과 현지 업체(B법인)간의 지급계약 내역은 A법인은 B법인에게 재하청을 준 것에 대해 지급청구를 받으면 이를 포함하여 A법인 전체의 가공임을 갑법인에게 청구
- 갑법인은 B법인의 가공임에 해당하는 것에 대해서는 B법인의 은행계정에 직접 외화(US$)로 지급하고
- A법인에게는 전체 가공임 중 B법인에게 송금한 금액을 차감하고 지급

A. 내국법인이 해외현지법인과 임가공계약을 통해 제품을 생산하는 과정에서 계약된 일부를 해외현지법인이 재차 현지업체에게 재하청을 주고 해당 재하청에 대한 가공임에 대해 내국법인, 해외현지법인과 현지업체 간의 제3자 계약에 따라 내국법인이 직접 현지업체에게 지급하는 경우 해당 지급액은 「법인세법」 제41조 제1항 제2호 및 같은 법 시행령 제72조 제1항 제2호에 따라 자산의 취득가액에 포함되는 것입니다.

(근거 : 법규법인 2011-0454, 2011.12.19)

8. 위탁가공무역이 제조업[22]에 해당되는지 여부

위탁가공무역방식에 의한 수출이 제조업에 해당되는지의 여부에 대한 논란이 있다. 이에 대한 국세심판원과 국세청의 행정해석으로는 도매업으로 분류하고 있다.

내국인이 국내기업에 임가공하지 않고 외국기업에 위탁가공하여 제3국으로 수출하는 위탁가공무역방식에 의한 수출이 제조업에 해당되는지의 여부이다. 이에 관하여 국세심판원에서는 원·부자재를 중국현지법인에게 무환반출하고 현지법인에서 의류를 제조하여 제3국으로 수출하는 경우 업종은 도매업(무역업)에 해당되어 제조업에서 발생한 소득으로 보지 아니한다 라고 결정한 바 있다(국심 2001서2953, 2002.01.15). 또

---

22) 이 법에서 사용되는 업종의 분류는 이 법에 특별한 규정이 있는 경우를 제외하고는 「통계법」 제22조에 따라 통계청장이 고시하는 한국표준산업분류에 따른다. 다만, 한국표준산업분류가 변경되어 이 법에 따른 조세특례를 적용받지 못하게 되는 업종에 대해서는 한국표준산업분류가 변경된 과세연도와 그 다음 과세연도까지는 변경 전의 한국표준산업분류에 따른 업종에 따라 조세특례를 적용한다(조특법2③).

한 국세청의 유권해석에서는 자기가 직접 제조하지 않고 국내기업에 임가공의 방식으로 제조하는 경우에는 일정요건을 충족하는 경우 제조업으로 보나, 외국기업에 임가공의 방식으로 제조하는 경우에는 무역업에 해당되어 제조업에 대한 특별세액감면을 적용할 수 없다고 해석한 바 있다(법인 46012-158, 2000.01.18).

한편, 「조세특례제한법」 제7조 제1항 제1호 어목(2002.12.11 법률 6762호로 개정)이 추가되면서 대통령령이 정하는 주문자상표부착방식에 의한 수탁생산업도 중소기업특별세액감면을 받도록 하였다. 「조세특례제한법시행령」 제6조 제2항에서 대통령령이 정하는 주문자상표부착방식에 의한 수탁생산업이라 함은 위탁자로부터 주문자상표부착방식에 의한 제품생산을 수탁받아 이를 재위탁하여 제품을 생산·공급하는 사업을 말한다고 규정하고 있다.

또한, 「조세특례제한법시행규칙」 제2조 제1항에 의하면, 자기가 제품을 직접 제조하지 아니하고 제조업체(사업장이 국내 또는 「개성공업지구 지원에 관한 법률」 제2조 제1호에 따른 개성공업지구에 소재하는 업체에 한한다)에 의뢰하여 제조하는 사업으로서 그 사업이 다음의 요건을 충족하는 경우에는 중소기업 해당업종의 제조업의 범위에 포함되는 것으로 규정하고 있다.

① 생산할 제품을 직접기획(도안 및 디자인, 견본제작 등을 말한다)할 것
② 그 제품을 자기명의로 제조할 것
③ 그 제품을 인수하여 자기책임 하에 직접 판매할 것

위 규정을 종합하여 볼 때 외국의 임가공사업자에게 위탁가공하여 제조하는 위탁가공무역방식에 의한 수출의 경우에는 중소기업인 제조업의 범위에 포함되지 아니하며 한국표준산업분류에서도 제조업은 국내기업에 한정하고 있으므로 제조업이 아닌 도매업[23]으로 업종분류를 하고 있다.

---

23) 수도권의 경우 중소기업특별세액감면은 소기업에 해당되는 경우에만 감면을 받을 수 있다. 소기업은 당해 연도 매출액이 100억원 미만이어야 한다. 따라서 위탁가공무역을 수도권에서 영위하는 경우 매출액이 100억원 이상이 되면 중소기업특별세액감면을 받을 수 없으므로 주의하여야 한다.

9. 위탁가공무역 관련 사례

① 제조업을 영위하는 내국법인이 제품을 직접 제조하지 아니하고 국외에 소재하는 자회사에 임가공 의뢰하여 제품을 제조하는 경우, 국외소재 자회사에서 사용하기 위해 내국법인이 취득하는 기계장치에 대하여는 「조세특례제한법」 제26조의 규정에 의한 제조업의 임시투자세액공제 대상이 되지 않고, 제조업을 영위하는 내국법인이 기계설비를 취득하여 제조업에 직접 사용하다가 취득일이 속하는 사업연도의 종료일로부터 2년 내에 국외 임가공업체에 반출하는 경우에는 같은 법 제146조의 규정에 의해 감면세액이 추징되는 것이다(서면2팀-1992, 2005.12.6.).

② 청구인이 계약에 의하여 가공임을 지급하는 조건으로 원재료인 청화금(은)을 중국으로 반출(수출)하고 중국내 수탁가공업자가 수출업자의 중국 현지법인으로부터 악세사리(원재료)를 인수하여 이를 도금한 후 당해 가공물품을 수출업자의 중국 현지법인에게 인도하는 거래형태로서 이는 대외무역법에서 규정하는 '위탁가공무역방식의 수출거래' 요건을 모두 충족하고 있으므로 동 규정에 의한 수출거래로 보아야 할 것이며, 「대외무역법」에 의한 위탁가공무역 방식의 수출거래는 과세거래로서 영세율이 적용되고 세금계산서 교부의무가 면제되는 거래에 해당하므로 처분청이 청구인에게 한 이 건 세금계산서미교부가산세 부과처분은 잘못이라고 판단된다(심사부가2007-0002, 2007.04.27).

③ 국내사업자가 외국임가공사업자에게 원부자재를 무환 반출하여 가공한 제품을 국내로 반입하지 아니하고 국외에서 국내의 다른 사업자가 지정하는 외국사업자에게 인도한 후 국내에서 국내의 다른 사업자로부터 대가를 받는 경우에는 「대외무역법」에 의한 "수출"에 해당하지 아니하므로 「부가가치세법」 제11조 제1항 제1호 및 같은 법 시행령 제24조 제1항 제2호의 규정에 의한 영세율 적용대상이 되는 수출의 범위에 포함되지 아니하는 것이다(부가-735, 2010.06.14).

④ 법인이 위탁가공무역방식에 의하여 외국의 수탁가공업자에게 무환으로 원자재를 수출하여 가공한 후 완제품을 국내로 반입하여 판매하는 경우 당해 원자재의 수출금액과 완제품 수입금액은 당해 법인의 각사업연도 소득금액계산상 익금과 손금에 산입하지 아니한다(법인46012-1201, 1996.04.19.).

⑤ 국내 갑법인이 외국법인에 원재료를 무환반출하여 임가공용역을 공급받는 과정에서 발생한 폐스크랩을 국외에서 국내 을법인에게 공급하고 을법인이 이를 수입하

는 경우 갑법인과 을법인의 거래는 부가가치세가 과세되지 아니하는 것이며, 갑법인은 을법인에게「법인세법」제121조에 따라 해당 폐스크랩의 공급에 대하여 계산서를 발급하는 것이다(사전-2021-법령해석부가-1623, 2021.11.25.).

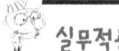 실무적용 Tip

◎ 위탁가공무역방식 수출의 업무처리 유의점

① 원자재반출(29)은 재화의 공급이 아니고 외국에서 완제품이 인도되는 때 부가가치세 영세율 신고를 한다. 즉, 무환반출에 대한 수출신고필증의 금액은 영세율 신고대상이 아니다.
② 도매업에 해당되므로 감면율에 주의한다.
③ 외국에 지급하는 임가공료(CMT)를 외주가공비(무환임가공료)로 처리한다. 임가공료를 T/T 방식 등으로 송금하는 경우 송금자료 등 국외거래내용이 국세청에 통보되므로 외주가공비 원가산입에 주의하여야 한다.
④ 외국에서 가공 중에 있거나 선적되지 않은 것은 기말재고자산에 포함한다.

10. 위탁가공계약서

위 탁 가 공 계 약 서

한국법인으로서 주소가 [주소   ]인 [회사명   ] (이하 "Company")와 [국가명   ] 법인으로서 주소가 [주소   ]인 [회사명   ](이하 "Consignee")간에 [년   월   일] 다음과 같이 계약을 체결하기로 약정한다.

제1조(제품 및 가공료)
"을"은 제2조의 부품과 구성품으로 아래의 제품을 가공하여 동 제품을 "갑"에게 인도한다.

품 명	단 위	명 세	수 량	가공단가	금 액

제2조(부품 및 구성품)
① "갑"은 제1조의 제품생산에 필요한 다음의 부품과 구성품을 무상으로 "을"에게 공급한다.

품 명	단 위	명 세	수 량	단 가	금 액

② "을"은 상기 부품과 구성품("자재")을 제1조의 제품 생산·가공에만 사용하며, 동 자재를 공장 내에 보관하며 "갑"의 사전 서면 동의 없이 공장 밖으로 반출할 수 없다.
③ 위①항에 따라 공급된 자재 이외에 제품생산을 위해 필요한 모든 자재는 "을"의 비용으로 조달·사용한다.

제3조(자재의 소유권 등)
① "갑"이 공급한 자재는 "갑"의 재산이다. "을"은 동 자재를 선량한 관리자로서 유지하고, 제3자에 대하여 "갑"의 재산임을 공시해야 하며, 판매 또는 기타 처분행위를 할 수 없다.
② "을"은 자재 및 가공품 및 완제품에 대하여 자신의 비용으로 "갑"이 동의하는 보험회사에 부보한다.
* 자재의 소유권이 수탁가공업자에게 인도되지 않았으므로 무환반출되어 해외현지에서 가공중인 재공품은 위탁가공업자 소유이며 따라서 원자재 무환반출은 재화의 공급에 해당되지 아니한다.

제4조(가공)
① "을"은 "갑"이 제공하는 샘플이나 명세, 기타 지시사항에 맞추어 제품을 제조·가공해야 하며, 동 샘플 등에서 이탈할 경우는 "갑"의 사전 서면동의를 요한다.

② "을"은 "갑"의 사전 서면동의 없이 본 계약의 전부 또는 일부를 제3자에게 양도하거나 하청 할 수 없다.
③ "갑"은 "을"에게 제품의 가공, 포장, 운송에 관하여 언제라도 기술적인 지시를 하거나 작업명령을 줄 수 있으며, "을"은 이에 따라야 한다.

제5조(선적)
① "을"은 제품을 통관하여 신용장에 기재된 선적일정에 따라 인도한다.
② "을"은 [FOB   ] (INCOTERMS 2000) 선적 시까지 발생되는 모든 비용을 부담·지급하고, 그 이후 발생되는 비용은 "갑"이 부담·지급한다.

제6조(가공료의 지급)
"갑"은 신용장에 의거 신용장에 명시된 B/L 기타 선적 서류의 제시 시 가공임을 지급한다.

제7조(클레임)
제품의 구매자 또는 최종소비자로부터 "갑"에 대하여 클레임이 제기되는 경우, "갑"은 서면으로 이를 "을"에 통보하며, 동 클레임이 "을"의 귀책사유로 말미암은 것이 입증되면, "을"은 동 클레임에 대한 책임을 부담하며 "갑"을 그로부터 면책 시켜야 한다. 이 경우 "갑"은 "을"과 협의 하여 가능한 한 클레임의 감액을 위해 노력한다.

제8조(적용법 및 중재)
① 본 계약은 [   ] 법의 적용·해석을 받는다.
② 본 계약 및 그 불이행과 관련하여 발생되는 모든 분쟁은 대한민국 서울에서 대한상사중재원의 중재규칙에 따라 중재로 해결한다. 중재인이 내린 판정은 최종적인 것으로 관련 당사자 쌍방을 구속한다.

제9조(기타규정)
① 본 계약은 본건 사안에 관해 "갑"과 "을"간의 모든 합의를 포함한다.
② 본 계약의 변경 및 수정은 본 계약일 이후에 서면으로 작성되어야 하고, 계약 당사자가 서명하지 않는 한 구속력을 갖지 않는다.
③ 이 계약서는 영어와 기타의 다른 언어로 작성될 수 있다. 서로 다른 언어로 작성된 계약서 간에 차이 또는 불일치가 있는 경우, 영문 계약서가 모든 면에서 우선한다.
　본 계약을 증명하기 위해 당사자들은 본 계약체결의 수권을 받은 임원이 서명하게 한다.

(갑)

(을)

제 7 절 수탁가공무역

1. 의 의

수탁가공무역이란 가득액을 영수하기 위하여 원자재의 전부 또는 일부를 거래상대방의 위탁에 의하여 외국으로부터 수입하여 이를 가공한 후 위탁자 또는 그가 지정하는 자에게 수출하는 수출·수입을 말한다. 다만, 위탁자가 지정하는 자가 국내에 있음으로써 보세구역 및 수출자유지역에서 가공한 물품 등을 외국으로 수출할 수 없는 경우 관세법에 의한 수출자의 수출·반출과 위탁자가 지정한 자의 수입·반입·사용은 이를 대외무역법에 의한 수출·수입으로 본다(대외무역관리규정 제1-0-2조-7). 따라서 수탁가공무역은 원재료의 일부 또는 전부를 국외에서 조달하여야 하며 국내에서 전부 조달하는 경우 수탁가공무역이 아니다. 그 가득액을 수취하는 방식에 따라 유환수탁가공무역과 무환수탁가공무역으로 나누어진다. 유환수탁가공무역은 원자재의 수입대금과 가공제품의 수출대금이 별도로 지급·회수되는 것이며, 무환수탁가공무역은 그 차액만이 영수되는 방법이다. 수탁가공무역방식의 거래는 저렴한 노동력 또는 고도의 기술을 이용하고자 하는 경우에 발생하는 거래로서 수입과 수출승인이 동시에 이루어진다. 수탁가공무역에 의해 수입되는 원료는 대외무역법상 외화획득 원료로 취급되므로 수출입공고에서 수입이 제한되는 품목일지라도 수입승인이 가능하다.

2. 위탁자가 지정하는 국내의 다른 사업자에게 인도하는 경우

(1) 영세율 적용요건

수탁가공무역에 의한 국내사업자에게 인도되는 재화가 영세율을 적용받기 위해서는 다음 요건을 충족하여야 한다(부령33②).
① 국외의 비거주자 또는 외국법인과 직접계약에 의하여 공급할 것
② 대금을 외국환은행에서 원화로 받을 것
③ 비거주자 등이 지정하는 국내의 다른 사업자에게 인도할 것
④ 국내의 다른 사업자가 비거주자 등과 계약에 의하여 인도받은 재화를 그대로 반출하거나 제조·가공 후 반출 할 것

(2) 공급시기

국내거래에 해당되므로 가공된 재화를 인도(입고)하는 때이다(부령28①, 소비46015-212, 2001.08.20).

(3) 과세표준

공급시기 이전에 수출대금을 원화로 환가한 경우에는 그 환가한 금액이 과세표준이다. 공급시기 이후에 환가한 경우에는 공급시기의 기준환율 또는 재정환율로 환산한 금액이다.

(4) 세금계산서 발급

세금계산서 발급의무 없다.

(5) 영세율 첨부서류

국내의 다른 사업자가 비거주자 등과 계약에 의하여 인도받은 재화를 그대로 반출하거나 제조·가공 후 반출한 사실을 입증할 수 있는 관계증빙서류 또는 외국환은행이 발행하는 외화입금증명서이다(서삼-2135, 2005.11.25).

3. 외국의 위탁자에게 반출하는 경우

(1) 과세대상 및 과세표준

① 유환수탁가공무역

대상 원재료를 유환으로 수입하여 가공 후 수출하는 거래로 원자재의 수입대금과 가공제품의 수출대금이 직접 지급되고 수취되는 것으로서, 가공제품의 수출대금 전액이 영세율과세표준이다.

② 무환수탁가공무역

대상원재료를 무환으로 수입하여 가공 후 가공료 만을 받고 수출하는 것으로서 보세공장의 설영특허를 받아 외국의 구매자가 제공하는 원재료를 무환으로 수입하여 임가공 후 반출하는 때에는 재화로 본다(통칙 21-31-6). 이 경우 과세표준은 가공수수료이다.

(2) 공급시기

수출재화의 선(기)적일이다.

(3) 세금계산서 발급

세금계산서의 발급의무가 없다.

(4) 영세율 첨부서류

수출실적명세서이다.

4. 수탁가공무역 관련사례

① 임가공계약에 의거 외국법인으로 부터 원재료를 무환으로 인도받아 국내에 반입하고, 국내사업자에게 공정의 일부를 위탁임가공 후, 다시 받아 외국법인이 지정한 장소(국외)로 인도하며, 수출업자는 외국법인으로부터 순수임가공료에 대해서만 외환으로 지급받고, 국내사업자는 무환수탁임가공업자(수출업자)로부터 임가공용역의 대가를 원화로 지급받고 당해 임가공거래에 대해 수출업자는 국내사업자에게 구매확인서를 발급받아 임가공용역을 공급하는 경우에는 영세율이 적용되는 것이다(부가-1291, 2010.09.30).

② 사업자가 국내에 사업장이 없는 외국법인이 지정하는 국내의 다른 사업자에게 재화를 인도하는 것으로 볼 수 없는 경우에는 영의 세율이 적용되지 않는다(서면3팀-482, 2008.03.05).

③ 사업자가 국내사업장이 없는 외국법인(위탁자)과 계약에 의해 원자재를 무환으로 수입 통관하여 제조 가공한 후 위탁자에게 수출하는 경우 과세표준은 그 대가 관계가 있는 모든 금전적 가치가 있는 것을 포함하는 것이며, 사업자가 수입통관 시 교부받은 수입세금계산서의 매입세액공제는 자기 책임과 계산하의 수입인 경우 매출세액에서 공제받을 수 있는 것이나, 수입주체가 실질적으로 외국법인인 경우에는 사업자가 수취한 수입세금계산서의 매입세액은 공제할 수 없는 것이다(서면3팀-871, 2006.05.11).

④ 사업자가 국내사업장이 없는 외국법인과 계약을 체결하고 이에 따라 원자재를 무환으로 인도받고 일부는 국내에서 구입하여 이를 제조 가공한 후 당해 외국법인이

지정하는 자에게 제조 가공제품을 인도하고 그 대가를 당해 외국법인으로 부터 외국환은행을 통하여 원화로 받는 수탁가공무역방식에 의한 수출은 「부가가치세법」 제11조 제1항 제1호 및 같은 법 시행령 제24조 제2항 제3호의 규정에 의해 영세율이 적용되는 것이며, 이 경우에는 「부가가치세법 시행령」 제57조 제3호의 규정에 의하여 세금계산서 교부의무가 면제되는 것이다(서면3팀-2135, 2005.11.25).

⑤ 사업자가 국내사업장이 없는 외국법인과 계약에 의하여 당해 외국법인으로부터 인도받은 원자재를 사용하여 제조·가공한 재화를 공급하는 경우 당해 원자재의 가액은 과세표준에 포함하지 아니하는 것이다. 다만 당해 재화를 공급하고 그 대가로 원자재를 받는 경우에는 그러하지 아니하다(서면3팀-2585, 2004.12.17.).

판례

수탁가공무역에 해당되는지(조심-2019-부-0209, 2020.07.28)

<처분청> 쟁점용역의 공급은 재화가 아닌 용역의 공급에 해당하고 이는 처분청과 청구법인 간에 다툼이 없으므로 재화의 공급일 경우 적용가능한 규정인 「부가가치세법 시행령」 제31조 제2항 제5호는 쟁점용역의 공급에는 적용할 수 없을 뿐만 아니라 쟁점용역은 「부가가치세법 시행령」 제33조 제2항 제1호에서 규정하고 있는 재화 또는 용역 등의 범위에 해당하지 아니하므로 영세율 적용대상에 해당하지 아니하므로 이 건 처분은 적법하다.

처분청은 쟁점용역의 공급에 대하여 영세율을 적용할 수 없다고 보아 이 건 부가가치세를 과세하였으나, 부가가치세제하에서 영세율의 적용은 국제 간의 재화 또는 용역의 거래에 있어서 이중과세를 방지하기 위하여 소비지과세원칙에 의하여 수출의 경우에만 원칙적으로 인정되고, 국내의 공급소비에 대하여는 위 수출에 준할 수 있는 경우로서 그 경우에도 외국환의 관리 및 부가가치세의 징수질서를 해하지 않는 범위 내에서 외화획득의 장려라는 국가정책상의 목적에 부합하는 경우에는 예외적·제한적으로 인정된다 할 것(대법원 2007.6.14. 선고 2005두12718 판결 참조)이다.

이 건의 경우 청구법인은 외국법인인 OOO직접계약에 따라 수탁가공무역 방식으로 쟁점용역을 공급하고 그 대금을 OOO원화로 지급받은 후 OOO지정하는 국내의 OOO조립한 OOO인도하였으며, OOO인도받은 OOO시추선에 설치하여 국외로 수출하고 이에 대하여 영세율을 적용받은 것으로 나타나는 등 쟁점용역의 공급은 「부가가치세법 시행령」 제31조 제1항 및 제2항 제5호 각 목의 요건을 모두 충족하는 것으로 나타나고, 처분청도 이러한 사실에 대하여 모두 인정하면서도 위 규정은 용역이 아닌 '재화를 공급하는 경우'에 한하여 적용할 수 있다는 의견인데, 위 규정을 이와 같이 제한적으로 해석할 근거는 제시하지 못하는 점, 「부가가치세법」은 영세율 적용에 대하여 제21조에서 재화의 수출을, 제22조에서 용역의 국외공급을 각각 규정하고 있으나,

외관상 용역의 국내공급에 해당하나 실질은 용역의 국외공급에 해당하는 경우 즉, 비거주자 또는 외국법인이 지정하는 국내사업자에게 용역을 공급하는 경우에 대한 규정은 별도로 마련되어 있지 아니한 상황에서「부가가치세법 시행령」제31조 제2항 제5호를 반드시 재화의 공급에만 적용할 수있다고 해석한다면 결과적으로 입법 불비로 인하여 발생하는 문제를 납세자에게 전가하는 것이 되므로, 동 규정은 외국법인 등이 지정하는 국내사업자에게 인도된 재화가 반출될 것을 요구할 뿐 동 재화를 인도한 사업자가 재화를 공급하였는지 또는 용역을 제공하였는지 여부에 따라 달리 해석할 수 없다고 봄이 영세율의 취지에도 부합하며, 처분청이 수십년 동안 청구법인과 같이 수탁가공무역 방식으로 선박 등을 조립하여 조선업체에 인도한 경우에 대하여 계속적으로 영세율을 적용하여 오다가 이제 와서 명문규정이 없다는 이유로 영세율 적용을 배제하는 것은 지나치게 가혹하다 할 수 있는 점,

청구법인이 조립 및 설치용역을 제공하여 OOO이라는 완성된 재화를 OOO납품한 것은 명백한 사실이므로 청구법인이 제공한 수탁가공용역도 위 완성품에 포함되는 것으로 해석할 수 있고, 결과적으로 OOO데릭을 수출하고 영세율을 적용받은 상황에서 그 중간단계에서 발생한 수탁가공용역만 분리하여 별도로 영세율을 적용하지 아니하는 것은 불합리해 보이며, 처분청이「부가가치세법 시행령」제71조 제1항 제4호에 따라 쟁점용역의 공급에 대하여 세금계산서 교부의무를 면제하여 가산세 부과처분은 취소하면서도 영세율 적용은 배제하는 것은 일관성이 없는 점 등에 비추어 수탁가공무역 방식에 의한 쟁점용역의 공급은 영세율 적용대상에 해당한다고 봄이 타당하다 할 것이다.

5. 수탁가공계약서

BONDED PROCESSING TRADE CONTRACT

This contract is made and agreed on this _____th day of _____ Au ust, 20 _____ by and between the following parties concerned :

    ABC Company, Ltd., (hereinafter referred to as ABC), a COMPANY,
           having its office at _____
        and

    XYZ Corp.(hereinafter referred to as XYZ), a Corporation,
           having its office at _____

Whereas ABC wants its materials to be processed into fabrics in the most cost-effective, reliable and high-quality way;

Whereas XYZ has its reputable fabric making facility in the bonded area as designated by the competent government authority;

Whereas processing the yarns of ABC into fabrics in XYZ's bonded manufacturing facility would greatly enhance the mutual benefit of the parties;

Now, therefore, in consideration of the mutual promises and covenants contained herein, ABC and XYZ agree as follows:

<u>Article 1</u> ABC exports to XYZ Rayon Yarns as specified in the attached Annex1, and XYZ exports to ABC Rayon Fabrics after processing them in its bonded manufacturing facility as specified in the attached Annex1.
          All other materials or components for processing Rayon Fabrics than those supplied hereabove by ABC in this Article shall be procured and used by XYZ at XYZ's costs and expense.

<u>Article 2</u> XYZ guarantees the quality of the Rayon Fabrics to be strictly equivalent to the samples already confirmed by ABC.

<u>Article 3 Ownership of Rayon Yarns etc</u>

(1) Raw materials and components supplied by ABC shall remain the property of XYZ. XYZ shall maintain them as a bona-fide holder, hold out to all others as ABC's property and may not sell, or otherwise dispose of them.
(2) XYZ shall take out an insurance with an insurance company acceptable to ABC, at its expenses, for the raw materials and components and the semi-processed or the finished Products.
(3) XYZ shall use the above materials and components for the manufacture and process of the

Products described in Article 1, which XYZ shall keep in the factory and may not remove outside factory without the prior written consent of ABC.

Article 4 ABC establishes a letter of credit in the initial amount of U. S. Dollar ten thousand(USD 10,000) for the Rayon Fabrics in favor of XYZ.

Article 5 Shipments are to be carried out partially as agreed upon by ABC and XYZ, and establishments of Credits after the first Credit are to be made partially as agreed upon in consideration of execution of the first Credit.

Article 6 The term of this Contract is one year, and further extension and/or renewal may be agreed after consultation by ABC and XYZ.

Article 7 In performance of this Contract, both ABC and XYZ are always to cooperate to their best sincerity and care. If either party breaches any provision of this Contract the non-defaulting party is entitled to compensation for the loss or damage therefrom.

In WITNESS WHEREOF, the parties concerned have caused this Agreement to be executed by their duly authorized representative as of the date first above written :

For and on behalf of,
ABC Company, Ltd.
BY :
Typed Name :
Title :

For and on behalf of,
XYZ Corp.
BY :
Typed Name :
Title :

Annex1. Rayon Yarns and Rayon Fabrics

제8절 중계무역방식의 수출

1. 의의

중계무역이라 함은 수출할 것을 목적으로 물품 등을 수입[24]하여 보세구역 또는 자유무역지역 이외의 국내에 반입하지 아니하고 수출하는 것(대외무역 관리규정 제1-0-2조 11)과 수입신고 수리 전의 물품으로서 보세구역에 보관하는 물품을 외국으로 반출하는 것을 포함한다하는 것(부령 31①6)을 말한다. 중계무역은 국내의 사업장에서 계약과 대가수령 등 거래가 이루어지므로 수출하는 재화에 포함된다(부법 21②2). 즉, 중계무역은 거주자의 책임 하에 수입하여 수출하며, 대금결제도 같은 은행에서 함께 이루어지는데 비하여 중개무역은 거주자가 수출입주체가 되지 않고 단순히 중개수수료만을 취득하는 경우로 양자의 구분이 필요하다. 일반적으로 중계무역은 최초수출자로부터 최종수입자에게 직접운송이 이루어지나 운송서류는 수출국에서 중계국을 거쳐 최종수입자에게 인계된다. 중계무역은 수입물품의 성질을 변형시키지 않고 원상태로 수출하여 수출대금과 수입대금의 차액을 가득액으로 하는 제3자간 무역형태이다.

2. 중계무역의 거래형태

(1) 일반적인 경우

중계자가 최초 수출자와 수입계약을 체결하고 최종수입자와 수출계약을 체결하여 수입물품을 보세구역으로 반입하여 수출국으로 반출하거나(반송통관) 수출국에서 수입국으로 직접 반출되는 경우이다.

---

[24] 보세구역으로 반입하지 않고 수출국에서 수입국으로 바로 인도되는 것도 중계무역에 포함된다.

[그림 1-13] 중계무역의 거래형태

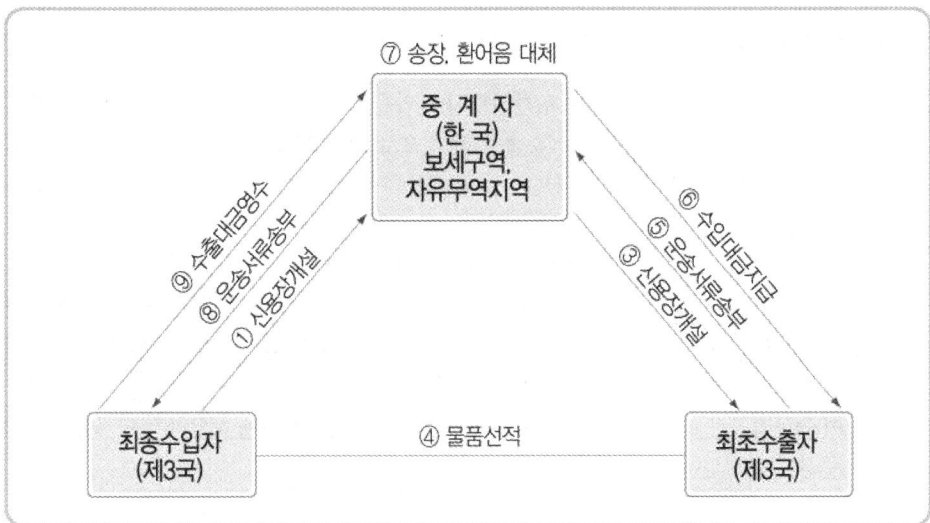

※ 재화의 이동경로 : 최초수출국(외국) ➔ 최종수입국(외국)
  운송서류의 이동경로 : 최초수출국(외국) ➔ 중계자 ➔ 최종수입국(외국)

(2) 신용장(조건부 양도가능신용장) 국외양도방식의 경우

국내사업자를 수익자로 하여 국외구매자로부터 개설된 신용장(Master L/C)을 국내사업자가 수취한 후 동 신용장을 국내 지정은행에서 제3국의 국외사업자에게 양도하여 제3국의 국외사업자가 수출재화를 국외구매자에게 직접 인도하는 경우로서 국내사업자의 계산과 책임 하에 수출계약에 따른 거래가 이루어지고 국내사업자가 원신용장의 금액보다 낮은 금액으로 원신용장의 조건을 변경하여 양도함으로써 원신용장 금액과 양도통지서 금액과의 차액을 가득액으로 획득하는 경우 국내사업자의 신용장 국외양도에 의한 거래는 「부가가치세법」 제11조 제2항 제1호 및 같은 법 시행령 제24조 제1항 제2호 가목(중계무역)의 규정에 의하여 영세율이 적용되는 것이다(서삼46015-10012, 2004.1.5).

판례

중계무역 해당여부(조심2011서0829, 2012.03.20)

청구법인이 자동차부품의 수입자 및 판매자로서 계약을 체결한 사실이 계약서에 의하여 확인된다 하여 청구법인이 중계무역에 의한 수출을 한 것으로 보았으나, ① 청구법인이 제시한 합의서에 의하면, 청구법인은 쟁점거래처의 수입물품 대금의 지급을 대행하기로 하고, 수입과 관련한 권리와 의무를 쟁점거래처가 지기로 합의한 점, ② 통상적인 무역거래와 달리 청구법인의 경우 자동차 부품의 수입 및 수출로 인한 이익이 없는 것으로 나타나는 점, ③ 해외수출업자인 OOO가 수입과 관련된 거래조건 등을 쟁점거래처와 직접 협의하고 있다고 공증서에 의하여 확인하고 있는 점 등을 감안할 때, <u>청구법인이 형식상 중계무역 방식의 거래를 취하고 있을 뿐, 쟁점거래처가 자동차부품을 해외수출업자인 OOO로부터 수입함에 있어 대금지급의 원활한 이행을 확보하기 위하여 청구법인이 수입대금을 OOO에 선지급한 것으로 중계무역에 해당하지 아니한다는 청구법인의 주장은 신빙성이 있어 보인다고 하겠다.</u>

3. 공급시기 및 과세표준

중계무역의 공급시기는 수출재화의 선(기)적일이다.

중계무역에 의한 매출은 총액주의에 의하여 계상하여야 하므로 과세표준은 수출대금 전액이다. 즉, 공급시기 이전에 환가한 경우에는 그 금액을, 공급시기 이후에 환가한 경우에는 공급시기의 기준환율 또는 재정환율로 환산한 금액이다.

4. 세금계산서 발급

세금계산서 발급의무가 없다.

5. 영세율 첨부서류

수출계약서 사본 또는 외화입금증명서이다. 즉, 사업자가 외국으로부터 물품을 국내의 보세구역까지만 반입한 후 「관세법」에 따라 세관장에 반송신고를 하고 외국으로 반출하는 「대외무역법」에 의한 중계무역방식의 수출에 있어서 부가가치세 예정신고 또는 확정신고 시에 제출하여야 하는 영세율 첨부서류는 「부가가치세법 시행령」

제64조 제3항 제1호의 2의 규정에 의한 수출계약서 사본 또는 외국환은행이 발행하는 외화입금증명서로 하는 것이나, 부득이한 사유로 인하여 당해 서류를 첨부할 수 없는 때에는 영세율 규정에 의한 외화획득명세서에 당해 외화획득내역을 입증할 수 있는 반송신고서나 반송신고내용을 기재한 수출실적명세서를 제출할 수 있는 것이다(부가-2170, 2008.07.22).

6. 중계무역의 업종구분

중계무역은 자기책임 하에 국내사업장에서 계약을 체결하고 대가를 수령하는 형태로 수입물품의 성질을 변형시키지 않고 원상태로 수출하는 것으로 한국표준산업분류상 도매업으로 분류한다. 따라서 중소기업 해당업종의 범위에 포함되어 일정한 요건이 충족되면 조세특례를 받을 수 있다(서이46012-11271, 2003.07.07). 도매업으로 분류되기 때문에 수입금액의 인식은 총액으로 하여야 한다. 다만, 수출실적의 인정금액은 수출금액(FOB가격)에서 수입금액(CIF가격)을 공제한 가득액으로 한다(대외무역관리규정 26①1).

실무적용 Tip

중계무역의 수익인식에 대한 질의

Q. 1. B사와 C사는 특수관계이며, C사의 구매요청에 의거하여 복수의 공급처 중 최적 거래처인 A사로부터 구입하여 C사에 판매하는 거래 형태임. 동 질의는 사전에 구매요청기업(C사)의 요청에 의하여 복수의 공급자 중 최적거래처(A사)로부터 구매하여 구매요청 기업에 판매하는 방식의 중개무역거래의 수익인식에 있어서 총액으로 인식할 것인지 순액으로 인식할 것인지?
2. [질의1]과 달리 사전구매요청 없이 시장상황에 따라 자유롭게 구매 또는 판매하는 중계무역의 경우로서 당해 회사(B사)가 고객(D사)과의 거래에서 수익인식 방법은?

A. 1. B사는 C사의 구매요청에 의거하여 수입 업무를 대행하는 위탁매수인으로서 재화의 소유에 따른 위험과 효익을 가지지 않고 C사의 대리인 역할을 수행하여 재화를 매입하고 있으므로 수수료만 수익으로 인식하는 것이 타당함(중개무역).
2. B사가 A사 및 D사와의 거래에서 독립적으로 가격을 결정할 권한을 가지고 있고, D사의 판매를 전제로 A사로부터 물품을 구매하여 공급하는 것이 아닌 거래의 당사자로서의 역할을 수행한다면 총액의 인식요건을 충족하는 것으로 볼 수 있으므로 D사에 판매하는 판매총액을 매출로 인식하고 A사로부터 매입하는 매입총액을 매입으로 인식하는 것이 타당함(중계무역)(회제일 8360-00198, 2004.4.19).

> **사례** 중계무역의 회계처리
>
> (주)안흥무역상사는 20×1.05.10. 수입신용장을 개설하고 개설수수료 100,000원, 수입보증금 5,000,000원을 지급하였다. 20×1.05.20. 상품이 선적되었음을 통보받았다($10,000, 기준환율 1,000원). 20×1.05.25. 수입대금을 결제하였다($8,000, 기준환율 950원). 20×1.06.02. 환어음을 매입하고 환가료 100,000원, 추심료 150,000원을 제외한 9,900,000원을 보통예금 하였다.
>
> 1) 신용장 개설(20×1.5.10)
>
> | (차) 선급금 | 100,000 | (대) 보통예금 | 5,100,000 |
> |---|---|---|---|
> | 수입보증금 | 5,000,000 | | |
>
> 2) 상품 선적(20×1.5.20)
>
> | (차) 매출채권 | 10,000,000 | (대) 수출매출 | 10,000,000 |
> |---|---|---|---|
> | (차) 매입 | 8,100,000 | (대) 매입채무 | 8,000,000 |
> | | | 선급금 | 100,000 |
>
> 3) 수입대금 결제(20×1.5.25)
>
> | (차) 매입채무 | 8,00,000 | (대) 보통예금 | 7,600,000 |
> |---|---|---|---|
> | | | 외환차익 | 400,000 |
>
> 4) 수출대금 회수(20×1.6.2)
>
> | (차) 보통예금 | 9,900,000 | (대) 매출채권 | 10,000,000 |
> |---|---|---|---|
> | 환가료 | 100,000 | 외환차익 | 150,000 |
> | 추심료 | 150,000 | | |

7. 중계무역과 반송신고필증

(1) 개념

반송이란 외국으로부터 우리나라에 반입된 물품을 수입신고를 하지 아니하고 외국으로 되돌려 보내는 것을 반송이라 하고 반송에 관련된 절차를 반송통관이라 한다. 즉, 국내에 도착한 외국물품이 수입통관절차를 거치지 아니하고 다시 외국으로 반출되는 것을 말한다(관세법 제2조 2의 2). 반송통관으로 원재료를 수입하는 경우 관세 등을 납부하지 않으므로 외국으로 반송하더라도 관세환급을 받을 수 없다.

(2) 반송유형

① 외국으로부터 우리나라 보세구역에 반입된 물품으로서 다음의 사유로 수입신고를 하지 아니한 상태에서 다시 외국으로 반출되는 물품(단순반송물품)

⊙ 주문이 취소되었거나 잘못 반입된 물품
ⓒ 수입 신고 전에 계약상이가 확인된 물품
ⓒ 수입 신고 전 수입요건 미구비가 확인된 물품
ⓔ 선사(항공사)가 외국으로 반출하는 선(기)용품 또는 선(기)내에 판매용품 및 기타 사유로 반출하는 물품

② 외국으로부터 보세구역에 반입된 물품으로서 수입하고자 수입신고를 하였으나 수입신고 수리요건 등의 불비로 통관이 보류되어 다시 외국으로 반출되는 물품(통관보류물품)

③ 해외에서 위탁가공 후 보세구역에 반입된 물품으로서 수출할 목적으로 다시 외국으로 반출하는 물품(위탁가공물품)

④ 외국으로부터 보세창고에 반입된 물품으로서 국내 수입화주의 결정지연 등으로 수입하지 아니한 상태에서 다시 외국으로 반출되는 물품
보세창고에 반입된 해외조립용 수출용원재료 또는 이미 수출한 물품의 사후보수, 수리를 위한 물품(장기비축 수출용원재료 및 수출품사후보수용품)

⑤ 박람회 등을 위하여 보세전시장에 반입된 후 전시 종료 후 외국으로 반출하는 물품(보세전시장 반출물품)

⑥ 보세판매장에 반입된 외국물품을 판매하지 못하여 운영인이 외국으로 반출하는 물품

⑦ 미군 교역처에서 수출조건부 불하한 보세물품

⑧ 중계무역방식으로 수입하여 보세구역에 장치 후 수출할 목적으로 외국으로 반출하는 경우

⑨ 여행자 또는 승무원의 휴대물품을 반출하는 경우

⑩ 보세판매장에서 외국인에게 판매한 물품을 외국으로 반출하는 경우

(3) 회계처리 및 부가가치세 신고

반송신고는 수출신고와 동일한 절차를 통해서 이루어지며 회계처리도 동일하다. 예를 들면 다음과 같이 회계처리하면 된다.

- 구입시
  - (차) 미착상품(상품) ×××　　(대) 매입채무 ×××
- 반송시
  - (차) 외화매출채권 ×××　　(대) 수출매출 ×××
  - 　　 매출원가　　　 ×××　　　　　미착상품(상품) ×××

다만, 수출로 보지 않는 단순반품의 경우에는 수정분개(-)만 하면 된다.
한편, 수출로 보는 중계무역이나 위탁가공무역의 경우는 영세율이 적용된다.
또한 사업자가 수입한 재화를 반품하는 경우 수출하는 재화에 해당되어 영의 세율이 적용되는 것이다(서면3팀-526, 2005.04.22).

사례 반송통관시 영세율 적용여부

1) 사실관계

국내법인인 "A"사는 국내해외합작 국내법인인 "C"사로부터 원재료 100을 매입하여 "A"사의 해외법인인 "B"사에게 매각하기로 한 경우로서

① "C"사는 국내생산설비를 갖추지 아니한 법인으로서 "A"사의 구매확인서를 통해 또 다른 해외법인인 "D"사로부터 원재료를 수입하여 "C"사가 직접 "B"사로 보내는 방식으로 처리된 바, "A"사는 "C"사로부터 영세율세금계산서를 수취하였고 "A"사는 "C"사에게 대금을 지급함

② "C"사가 직접 "B"사로 보내는 방식은 국내수입통관을 하지 않은 상태에서 원재료를 수출한 것으로서 수출신고필증이 아닌 반송신고필증(반송통관, 수출자 상호로는 "A"사가 들어가 있음)이 발급됨

상기의 경우로서 국내법인인 "A"의 경우 수출로서 부가가치세 과세대상인지 아니면 수출의 범위에 들어가지 아니하기 때문에 과세대상이 아닌지 여부

2) 회신

국내법인 "A"가 해외법인에게 공급하는 재화와 관련하여 국내의 사업장에서 계약과 대가수령 등 거래가 이루어지는 경우에는 부가가치세법시행령 제24조 제1항의 규정에 의한 수출로서 영의 세율이 적용되는 것이다(서삼46015-12163, 2002.12.16).

(4) 반송신고필증

반송물품이란 외국으로부터 보세구역에 반입된 물품으로서 계약상이 등의 사유로 수입신고를 하지 아니한 상태에서 다시 외국으로 반출되는 물품을 말하며 이 경우 반송신고필증이 발급된다. 반송신고필증상의 거래구분(⑨)과 반송사유(⑳)란의 코드번호를 확인하면 반송원인을 알 수 있다. 이에 따라 회계처리 및 세무처리를 이행하면 된다.

① 양식

다음 반송신고필증 양식의 거래구분(9)에 78로 표시된 것은 외국으로부터 보세구역에 반입된 물품으로 다시 반송되는 물품(중계무역 수출은 제외)을 의미한다.

결제환율 :		**반 송 신 고 필 증**	(갑 지)
USD환율 :			※ 처리기간 : 즉시

제출번호 11204-05-0156010	⑤ 신고번호	⑥ 신고일자	⑦ 신고구분	⑧ C/S구분
① 신 고 자 청솔관세사무소 / 이강오	014-10-05-	20×1/01/20	M	
② 수 출 자 부호 수출자구분A	⑨ 거래구분	⑩ 종류	⑪ 결재방법	
위 탁 자	78	A		
(주소)	⑫ 목적국	⑬ 적재항		
(대표자)	⑭ 운송형태	⑮ 검사방법선택 A		
(통관고유부호)		검사희망일 20×1/01/20		
(사업자등록번호)	⑯ 물품소재지			
③ 제 조 자	⑰ L/C번호	⑱ 물품상태 N		
(통관고유부호)				
(사업자등록번호) 사업단지부호	⑲ 사전임시개청통보여부 A	⑳ 반송 사유		
④ 구 매 자	㉑ 환급신청인 (1:수출/위탁자, 2:제조자) 간이환급 NO			
(구매자부호)	㉒ 환급기관			

• 품명·규격 (란번호/총란수: 001 / 000)

㉓ 품 명	㉕ 상표명			
㉔ 거래품명				
㉖ 모델·규격	㉗ 성분	㉘ 수량	㉙ 단가 ( )	㉚ 금액 ( )
		0 ( )	0	0

㉛ 세 번 부 호	–	㉜ 순 중 량	0.0 ( )	㉝ 수량		㉞ 신고가격(FOB)	$ ₩
㉟ 송품장부호		㊱ 수입신고번호		㊲ 원산지 – –		㊳ 포장갯수(종류)	( )
㊴ 총 중 량	0(KG)	㊵ 총포장갯수		( )		㊶ 총신고가격 (FOB)	$ ₩
㊷ 운 임 (₩)		㊸ 보험료(₩)				㊹ 결 제 금 액	– –
㊺ 수입화물 관리번호						㊻ 컨테이너번호	
㊼ 수 출 요 건 확 인 (발 급 서 류 명)							

※ 신고인기재란	㊽ 세관기재란
	본 반송물품은 보세운송신고 (승인)을 필하여야 하며 위반시 관세법에 의해 처벌됩니다.

㊾ 운송(신고)인				㊿ 신고수리일자	52 적재의무기한
51 기간		부터	까지		

Page : 1 / 1

(1) 수출신고수리일로부터 30일내에 적재하지 아니한 때에는 수출신고수리가 취소됨과 아울러 과태료가 부과될 수 있으므로 적재사실을 확인하시기 바랍니다. (관세법 제251조,제277조) 또한 휴대탁송 반출시에는 반드시 출국심사부두,초소,공항) 세관공무원에게 제시하여 확인을 받으시기 바랍니다.
(2) 반송신고필증의 진위여부는 수출입통관정보시스템에 조회하여 확인하시기 바랍니다.(http://kcis.ktnet.co.kr)

② 반송사유

코드	반송사유
11	주문이 취소되었거나 잘못 반입된 물품
12	수입신고 전에 계약상이가 확인된 물품
13	수입신고 전 수입요건 미구비가 확인된 물품
14	선사/항공사가 외국으로 반출하는 선/기용품 또는 선/기내판매용품
15	기타 사유로 반송하는 물품
20	통관보류물품의 반송
30	위탁가공 하여 보세구역에 반입된 물품의 반송
40	중계무역 물품의 반송
50	보세창고반입물품의 반송
60	장기비축원재료 및 수출물품 사후보수용품 반송
70	보세전시장물품 반송
80	보세판매장물품 반송
90	수출조건부 미군 불하물품 반송

③ 반송절차에 관한 고시

실무적용 Tip

중계무역을 가장한 자금차입행위

① 종합무역상사인 원고는 국제통화기금(IMF) 구제금융 사태로 대외신인도가 떨어져 금융기관으로부터 무차별적 자금회수를 당하게 되자 1999 사업연도부터 2004 사업연도까지 동안에 자금조달을 목적으로, 국내 고정사업장이 없는 외국법인(이하 '해외수출자'라 한다)으로부터 해외수출자가 신용을 공여하는 연지급조건 신용장 방식(Shipper's Usance L/C)으로 구리, 금, 콩, 아연 등의 재화를 수입하여 이를 제3국에 소재하는 외국법인(이하 '해외수입자'라 한다)에 전신환송금 방식(Telegraphic Transfer)이나 연지급조건 신용장 방식(Shipper's Usance L/C) 등으로 수출하는 중계무역 형식의 거래(이하 '이 사건 거래'라 한다)를 한 사실, ② 이 사건 거래는 해외수출자로부터 해외수입자로의 매매대금 등이 이미 정해진 상태에서 원고가 개입하여 이루어졌으며, 해외수출자 측에서 원고에게 매입처, 매출처, 매출채권 할인처, 차입금, 이자 등 거래의 모든 조건을 일괄 제안한 사실, ③ 정상적인 중계무역은 대금지급기간이 단기(30~60일)로서 이자 부담이 작고 판매금액 기준으로 0.51% 정도의 이익이 발생하는 반면, 이 사건 거래는 대금지급기간이 장기(180일)로서 이자 부담이 크고 거래시 마다 이자상당액의 손해를 본 사실, ④ 이 사건 거래를 담당한 원고의 직원들은 실제로는 수입거래가 없었음에도 허위 선적서류를 이용하여 수입대금 명목으로 외화를 불법으로 지급하였다거나, 수출거래가 없었음에도 허위 선적서류를 이용하여 수출대금 명목으로 외화를 불법으로 국내로 차입함으로써 외환거래법을 위반하였다는 이유로 벌금형의 약식명령을 받은 사실 등을 인정하였다.

원심은 이러한 사실관계를 토대로 하여, 이 사건 거래는 해외수출자가 해외수입자에게 재화를 매도하고 해외수입자로부터 <u>매도대금을 지급받는 것이 이미 정하여져 있는 상태에서 해외수출자로부터 자금을 차입하려는 원고가 중계무역자인 것처럼 가장하여 해외수입자로부터 위 매도대금을 지급받는 형식으로 해외수출자로부터 위 매도대금 상당액의 자금을 차입한 다음, 해외수출자에게 재화의 매입에 따른 매입대금 및 유산스 이자를 지급하는 형식으로 위 차입금에 대한 원금 및 이자를 변제하는 거래로서 형식상 중계무역의 외관을 띤 자금차입거래행위에 불과하다고 보고, 그에 따라 원고가 해외수출자에게 지급한 유산스 이자는 외국법인인 해외수출자의 국내원천 이자소득으로서 법인세 원천징수 대상에 해당한다고 판단한 것은 잘못이 없다</u>(대법원2008두9959, 2011.05.26).

제9절 외국인도 수출

1. 의의

외국인도 수출이라 함은 수출대금은 국내에서 영수하지만 국내에서 통관되지 아니한 수출물품 등을 외국으로 인도하는 수출을 말한다(대외무역관리규정 제1-0-2조13). 외국인도 수출은 주로 해외건설현장에서 사용하는 건설기계나 산업설비를 현지에서 구입하여 사용하다가 매각하는 거래 등이 이에 해당된다.

[그림 1-14] 외국인도 수출 유형(Ⅰ)

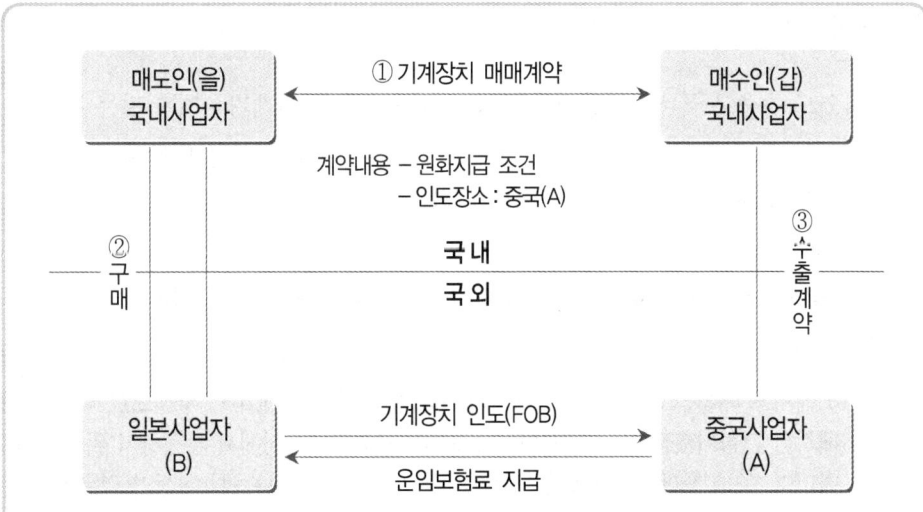

- 매수인(갑)은 수출대금은 국내에서 받지만 수입행위 없이 국외에서 구입하여 외국사업자인 (A)에게 인도하므로 외국인도수출에 해당되나 매도인(을)은 국외에서 재화가 인도되고 국내사업자간의 거래로 수출에 해당되지 아니하므로 부가가치세 과세대상이 아니나 계산서 교부의무는 있음(산자부 무역55210-17, 법규부가 2012-155, 2012.05.01)

[그림 1-15] 원자재 반출 후 가공재화 양도

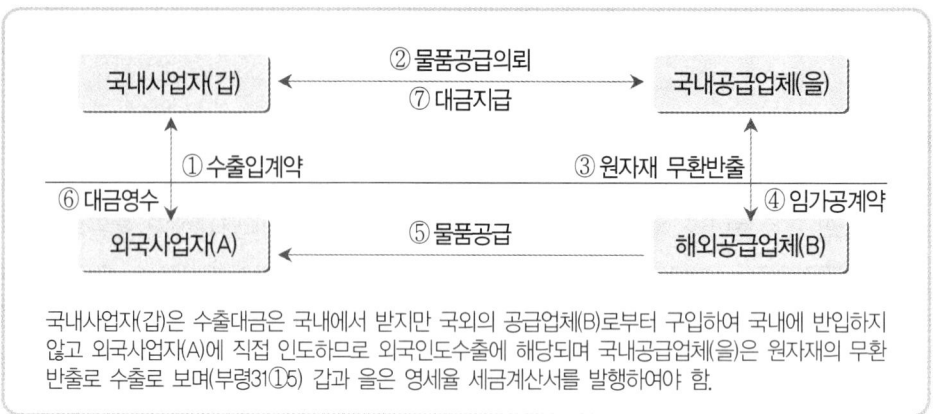

국내사업자(갑)은 수출대금은 국내에서 받지만 국외의 공급업체(B)로부터 구입하여 국내에 반입하지 않고 외국사업자(A)에 직접 인도하므로 외국인도수출에 해당되며 국내공급업체(을)은 원자재의 무환반출로 수출로 보며(부령31①5) 갑과 을은 영세율 세금계산서를 발행하여야 함.

2. 과세대상 여부

외국인도 수출은 국내사업장에서 계약과 대가수령 등 거래가 이루어지는 경우에는 재화의 공급으로 본다. 따라서 국외사업장에서 계약을 체결하고 대가를 수령하는 경우에는 외국인도 수출에 해당하지 아니한다.

● 건설장비를 국외에서 국내법인에게 공급 시 부가가치세 과세 여부

Q. 건설업을 영위하는 국내법인(A)으로 해외건설현장에서 사용중이던 건설기계장비를 해외에서 국내법인(B)에게 매각하고 대가를 전액 국내법인(B)의 주식으로 취득하였으며, 매각한 건설기계장비는 국내에서 취득하여 해외건설현장에서 사용하기 위해 반출한 재화이며, 매매 후에도 국내법인(B)의 해외건설현장에서 사용될 예정인 경우 부가가치세가 과세되는지?

A. 사업자가 국내에서 구입하여 해외건설현장에서 사용하던 건설기계장비를 국내에 반입 없이 국내의 사업자 "B"과 물품공급계약에 따라 "B"가 지정하는 국외의 장소로 인도하고 그 대가는 국내에서 "B"로부터 받는 경우, 당해 거래는 국외에서 이루어진 거래이므로 부가가치세 과세거래에 해당하지 아니하는 것입니다.

(근거 : 부가-796, 2010.06.10.)

3. 공급시기

외국에서 당해 재화가 인도되는 때이다(부령28⑥3).

판례

검수조건부 외국인도수출의 공급시기(조심2011서3753, 2012.02.22.)

처분청은 검수조건부 공급이 대형 기계장치·플랜트설비 등에 적용되는 것으로, 쟁점재화와 같이 소규모의 재화에는 적용되지 않는 것이고, 쟁점재화의 공급시기를 중국에서 선적된 날로 보았으나, 검사에 합격하여 공급이 확정되는 검수조건부 판매의 계약은 계약당사자 간의 약정에 의하여 재화의 종류에 관계없이 계약이 가능한 것(대법원 1979.10.30. 선고 79누135 판결)이고, 쟁점재화와 같이 외국인도수출에 해당하는 경우의 공급시기는 「부가가치세법시행령」 제21조 제1항 제10호 다목에서 외국에서 당해 재화가 인도되는 때로 규정되어 있는 바, 인도되는 때에 대하여 부가가치세법령에서 별도의 명문 규정이 없으므로 「법인세법 시행령」 제68조 및 「법인세법 시행규칙」 제33조의 규정을 준용하여야 할 것인 바, 법인세법령에서 인도한 날을 판정함에 있어 물품을 수출하는 경우에는 수출물품을 계약상 인도하여야 할 장소에 보관한 날로 규정되어 있고, 수출물품을 계약상 인도하여야 할 장소에 보관한 날이라 함은 계약상 별단의 명시가 없는 한 선적을 완료한 날을 뜻하는 것(법인세법 기본통칙 40-68-2)이나, 청구법인의 경우와 같이 미국의 OOO와 검수 조건부 판매로 쟁점재화를 공급하는 별단의 검수조건부 계약을 체결한 경우에는 계약내용에 따라 검수가 완료된 날을 공급시기로 보아야 하는 것(서면 3팀-1928, 2004.9.20.)으로, 선적일 이후 청구법인의 거래상대방인 OOO가 쟁점재화를 2011.1.3.자에 검수한 사실이 나타나고 있어, 쟁점재화의 공급시기는 검수완료일인 2011.1.3.로 보아야 할 것으로 판단된다.

4. 세금계산서 발급

세금계산서 발급의무가 없다(부령71).

5. 영세율 첨부서류

수출계약서 사본 또는 외화입금증명서이다(부령101①2).

> **사례**　**외국인도 수출의 회계처리**
>
> ㈜우주산업은 20×1.06.20. 해외공장에서 사용하던 기계장치를(구입가격 20,000,000원, 감가상각누계액 15,000,000원) US$10,000에 매각하기로 수입업자와 계약을 하였다. 20×1.06.30. 선적되었으며(기준환율 1,200원), 20×1.07.10. 환어음과 선적서류를 구입하여 환어음매입의뢰(기준환율 1,100원) 하고 환가료 100,000원, 추심료 150,000원을 지급하고 잔액을 보통예금 하였다.
>
> 1) 선적일(20×1.6.30)
>
> | (차) 미수금 | 12,000,000 | (대) 기계장치 | 20,000,000 |
> |---|---|---|---|
> | 　감가상각누계액 | 15,000,000 | (대) 유형자산처분이익 | 7,000,000 |
>
> 2) 네고시(20×1.7.10)
>
> | (차) 보통예금 | 10,750,000 | (대) 미수금 | 12,000,000 |
> |---|---|---|---|
> | 　환가료 | 100,000 | | |
> | 　추심료 | 150,000 | | |
> | 　외환차손 | 1,000,000 | | |

[표 1-9] 중계무역과 외국인도 수출의 비교

구 분	중계무역	외국인도수출
근 거 법 령	대외무역법	대외무역법
취 급 품 목	재고자산(상품 또는 제품)	재고자산·사업용고정자산 (기계장치, 선박)
부 가 가 치 세	영세율	영세율
공 급 시 기	선적일	인도일
시　　　　차	수입과 수출이 동시에 발생	구입하여 사용하다가 판매
영세율 첨부서류	외화입금증명서	외화입금증명서
세금계산서교부의무	없 음	없 음
거 래 형 태	수입 후 수출(2건)	수출(1건)
수 출 인 정 금 액	수출금액(FOB가격)에서 수입금액(CIF가격)을 공제한 가득액	외국환은행의 입금액

제10절 국외 수탁가공사업자에 원료의 반출

1. 의의

국내사업장에서 계약과 대가수령 등 거래가 이루어지는 경우로서 원료를 대가 없이 국외의 수탁가공 사업자에게 반출하여 가공한 재화를 양도하는 경우에 그 원료의 반출은 수출하는 것으로 본다(부령31①5). 이는 국내사업자와의 계약에 의하여 외국에서 가공한 재화를 국내에 반입하지 않고 국내사업자가 지정하는 외국사업자에게 양도하는 경우에 적용되며 국내사업자간 거래이나 원료가 국외로 반출되었으므로 비록 대외무역법에 의한 위탁가공무역방식의 수출이 아니더라도 부가가치세법상 영세율이 적용되는 수출로 보는 것이다.

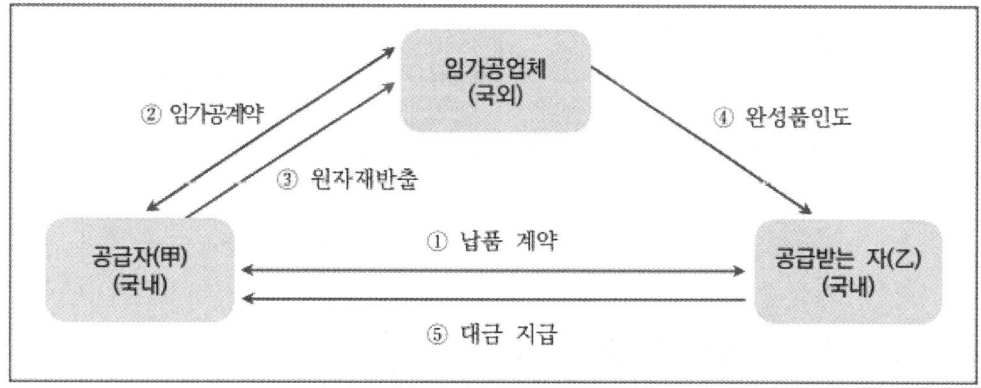

2. 공급시기

외국에서 해당 재화가 인도되는 때를 공급시기로 본다.

3. 세금계산서 발급의무

원료를 대가없이 국외 수탁가공사업자에 원자재 반출 후 가공재화를 국내사업자에게 양도하는 경우 그 원료에 대하여 영세율 세금계산서를 발급하여야 한다(부령69). 이는 공급받는 자가 국내사업자이므로 사업자간 상호검증기능을 강화하기 위하여 2013. 02.15. 이후 공급분부터 적용한다. 국내사업자(갑)이 국내사업자(을)과의 물품공급계약에 따라 원료를 대가 없이 국내에서 국외의 수탁가공 사업자(병)에게 반출하여 가공한 재화를 국외사업자(정)에게 인도하는 경우 그 원료의 반출은「부가가치세법 시행령」제31조 제1항 제5호에 따라 영세율이 적용되는 것이며, 갑과 을의 거래는 국외거래에 해당하여 부가가치세가 과세되지 아니하고 갑은 을에게 해당 재화의 가액에 대하여「법인세법」제121조에 따라 계산서를 발급하여야 하는 것이다(법령해석과-3455], 2019.12.31.).

[그림 1-16] 원자재 반출후 가공재화 양도[25]

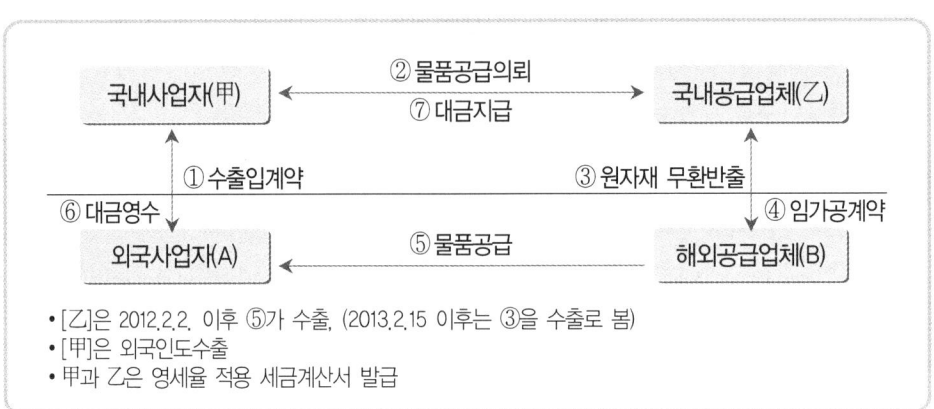

- [乙]은 2012.2.2. 이후 ⑤가 수출, (2013.2.15 이후는 ③을 수출로 봄)
- [甲]은 외국인도수출
- 甲과 乙은 영세율 적용 세금계산서 발급

4. 영세율이 적용되는 원료의 범위

사업자(A)가 국내의 다른 사업자(갑법인)와 체결한 물품공급계약에 따라 원료를 대가 없이 국내에서 국외의 수탁가공 사업자(B)에게 반출하여 가공한 재화를 국외사업자(C)에게 인도하는 경우 그 원료의 반출은「부가가치세법시행령」제31조 제1항 제5호에 따라 영세율이 적용되는 것이며, 같은 법 시행령 제71조 제1항 제4호에 따라 해당 원료에 대하여 "갑"법인에게 영세율 세금계산서를 발급하여야 하는 것이다(법령해석부가-1345, 2015.12.15).

---

25) 한장석·김용관 저, 부가가치세 2013. 광교TNS, p. 415 인용

(1) 거래흐름

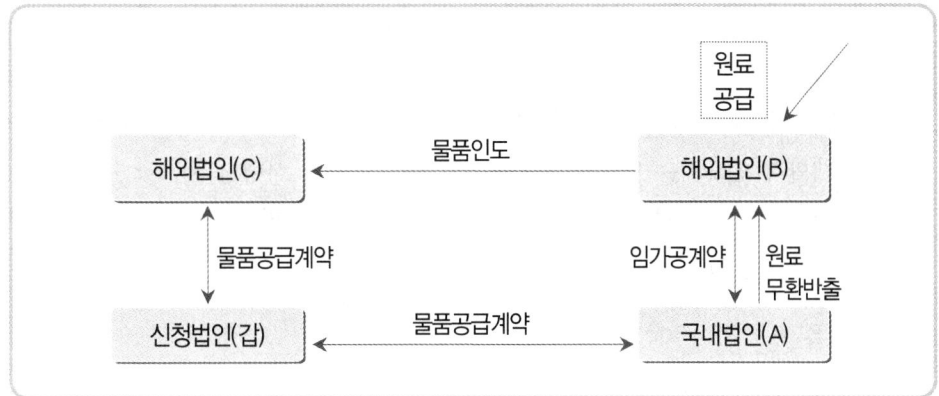

- (주)T&C(이하 "신청법인"이라 함)와 국내기업(A)은 물품납품계약을 체결하고 A의 책임 하에 A의 해외법인(B)이 신청법인의 해외법인(C)에게 국외에서 물품을 납품하고 물품대금은 신청법인이 A에게 지급하기로 하는 물품매매계약을 체결함.
- 2014. 12. 21. 「부가가치세법 시행령」 개정으로 제31조 제1항 제5호에서 원료를 대가없이 국외의 수탁가공 사업자에게 반출하여 가공한 재화를 양도하는 경우에 그 원료의 반출에 대하여 영의 세율이 적용됨.
- 이에 신청법인은 A로부터 A가 대가없이 B로 무환반출한 원료에 대하여 영세율 세금계산서를 발급받고, 그 외 금액(A의 현지법인 임가공비와 마진 등)에 대하여는 계산서를 발급받음.

(2) 질의내용

사업자가 국내의 다른 사업자와 물품공급계약을 체결함에 따라 원료를 대가 없이 국외의 수탁가공업자에게 반출하거나, 외국에서 조달하여 가공한 재화를 국외사업자에게 양도하는 경우 영세율이 적용되는 원료의 범위

5. 원자재를 무상반출하여 가공한 재화를 국외에서 국내사업자에게 인도

사업자(갑)가 "을"과 제품공급계약을 체결함에 따라 현지법인A에 원자재를 무상반출하거나 국외에서 원자재를 조달하여 가공한 재화를 "을"이 지정한 현지법인B에 인도

하고 그 대가를 "을"로부터 받는 경우에는 사업자(갑)의 경우 해당 재화의 이동이 국외에서 이루어진 것이므로 「부가가치세법」 제4조에 따라 부가가치세 과세거래에 해당하지 아니하는 것이다. 이 경우 사업자(갑)가 위탁가공을 위하여 현지법인A에게 원자재를 대가 없이 국내에서 국외로 반출하는 경우는 「부가가치세법시행령」 제31조 제1항 제5호에 따라 영의 세율이 적용되는 것으로서 해당 원자재에 대하여는 외국에서 해당 재화가 인도되는 때를 공급시기로 하여 같은 법 시행령 제71조 제1항 제4호에 따라 사업자(갑)가 "을"에게 영세율 세금계산서를 발급하는 것이다(법령해석 부가-1372, 2015.12.15).

(1) 거래흐름

- (주)T&C산업(이하 "신청법인"이라 함)은 "을"과 체결한 제품공급계약에 따라 현지법인A로 원자재를 무상반출 및 국외(대만 및 중국)에서 원자재를 조달(외국인수수입)하여 현재법인A로 하여금 가방부자재를 임가공하여 "을"이 지정한 현지법인B에 인도하고 그 대금을 국내에서 "을"로부터 원화로 수취함.

- 거래흐름도

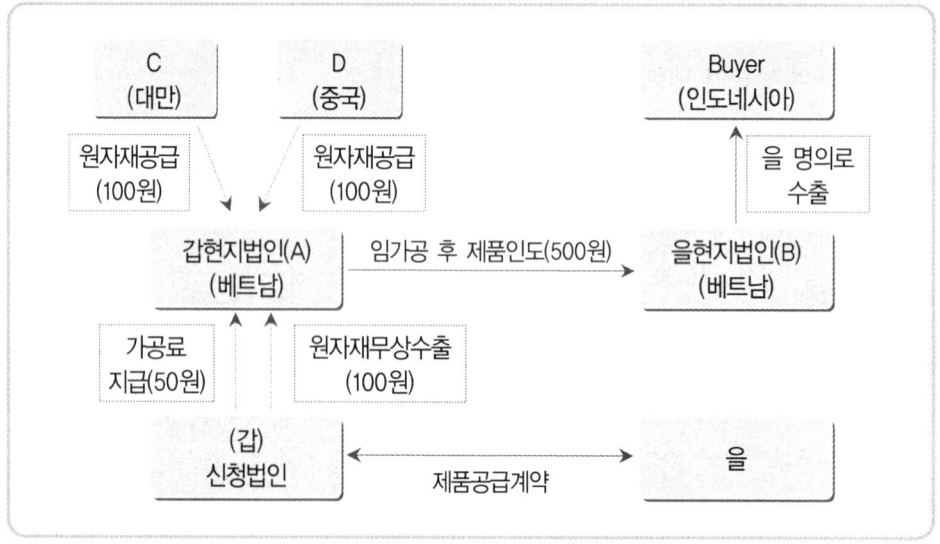

제11절 국내외 다자간 거래[26]

1. 국내외 다자간 거래유형(I)

(1) 거래형태

갑과 을 간의 거래가 다음과 같을 때 영세율 적용대상인 수출에 해당되는지 않으면 국내거래에 해당되는지 여부

① 매수인 갑과 매도인 을은 국내에서 기계장치 매매계약을 체결한 바, 갑은 기계장치 대금을 원화로 지급하기로 하고, 기계장치를 중국의 A사업자에게 인도하는 조건으로 계약

② 매도인 을은 일본에 소재하는 사업자 B로부터 기계장치를 구입하여 B로 하여금 A에게 인도해 주도록 함(FOB 조건, 운송책임은 중국의 A에게 있음)

③ 갑은 기계장치를 중국의 A에게 현물출자 함

[그림 1-17] 국내외 다자간 거래유형(I)

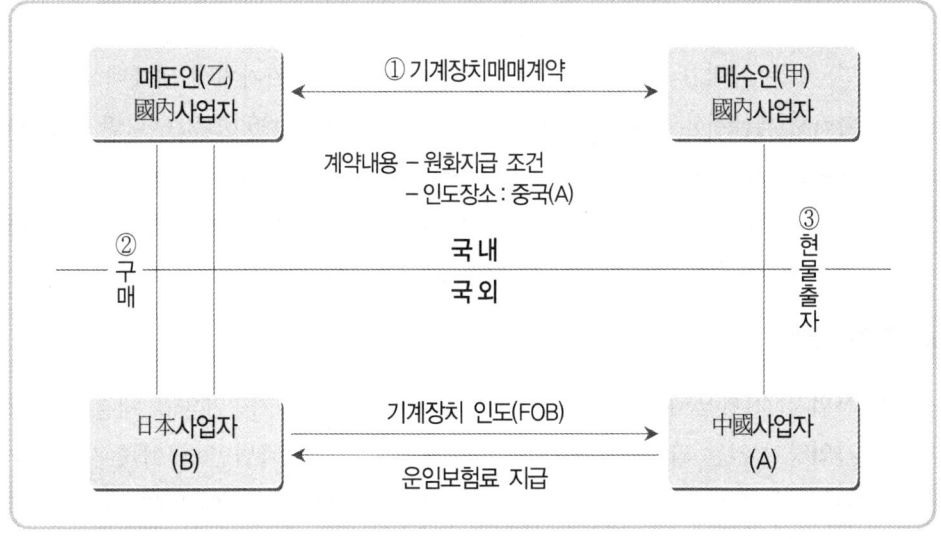

---

[26] "국내외 다자간(多者間) 거래에 있어 국외거래 해당 여부 및 영세율 적용여부" 편집(http://www.etaxkorea.co.kr, 2006.11.8, 황종대)

(2) 과세대상 여부

① 매도인(을)의 경우

재화의 이동이 국외에서 이루어진 것에 해당하므로 부가가치세 과세거래가 아니다(재소비-1404, 2004.12.12 및 서면3팀-497, 2005.04.14, 서면3팀-385, 2008. 03.21). 즉, 부가가치세 납세의무는 대한민국의 주권이 미치는 범위 내에서 적용되므로 사업자가 대한민국의 주권이 미치지 아니하는 국외에서 재화를 공급하는 경우에는 납세의무가 없으며, 또한 국내사업자 간 거래에 해당하여 영세율 거래로 규정되어 있는 대외무역법에 의한 중계무역 등의 무역거래에도 속하지 아니하므로(산업자원부 무역정책과-1310, 2004.10.16) 부가가치세 과세대상이 아니다. 다만, 매도인의 수입금액은 법인세법상 익금에 해당되므로 법인세 납세의무(내국법인의 경우 전세계 소득이 과세대상임)는 발생한다.

② 매수인(갑)의 경우

매수인(갑)은 기계장치를 A에 현물출자 하는 경우 국내에 반입하지 않고 외국에서 외국으로 인도하는 경우로 외국인도수출에 해당한다. 따라서 수출하는 재화에 포함되어 영세율 적용대상이다.

③ 세금계산서 발급대상 여부

매도인과 매수인간에 국내거래로 보아 세금계산서 교부대상에 해당되는지를 보면, 이는 재화가 국외에서 이동이 이루어지므로 부가가치세 과세대상이 아니다. 따라서 세금계산서 교부의무가 없다(서면3팀-385, 2005.03.21). 다만, 「소득세법」 제163조 및 같은 법 시행령 제211조에 따라 계산서를 작성·교부하여야 한다(서일-528, 2008.4.15). 이 경우 부가가치세가 과세되지 아니하는 거래와 관련된 매입세액은 매출세액에서 공제하지 아니하는 것이다(서면3팀-1164, 2008.6.10).

(3) 관련 사례

① 사업자(갑)가 국내에서 수출업체인 내국법인(을)과 임가공계약을 체결하고 국내에 사업장이 없는 외국법인(병)으로 하여금 국외에서 내국법인(을)이 현지구매하거나 내국법인(을) 명의로 국외 반출한 주요자재를 직접 인도받아 임가공하게 한 후 내국법인(을)로부터 임가공용역의 대가를 받는 경우 당해 대가에 대하여는 부가가치세가 과세되지 아니하는 것이다(서면3팀-1325, 2008.06.26.).

② 국내사업자 "을"로부터 상품(원단)주문을 받은 국내사업자 "갑"이 국외사업자 "병"에게 해당 상품을 주문을 한 경우로서 "갑"이 "을"의 요청에 따라 해당 상품을 해외 임가공업체인 "정"에게 이동시키고 그 대가를 "을"로부터 원화로 수령하는 경우 "갑"과 "을"간의 거래는 재화의 이동이 국외에서 이루어진 것이므로 「부가가치세법」 제4조에 따라 부가가치세 과세거래에 해당하지 아니하는 것이며, 이 경우 "갑"은 "을"에게 「법인세법」 제121조 및 같은 법 시행령 제164조 제1항에 따라 계산서를 작성·발급하는 것이다(법령해석부가-0216, 2019.05.22.)

③ 국내사업자(갑)이 국내사업자(을)과의 물품공급계약에 따라 원료를 대가 없이 국내에서 국외의 수탁가공 사업자(병)에게 반출하여 가공한 재화를 국외사업자(정)에게 인도하는 경우 그 원료의 반출은 「부가가치세법 시행령」 제31조 제1항 제5호에 따라 영세율이 적용되는 것이며, 갑과 을의 거래는 국외거래에 해당하여 부가가치세가 과세되지 아니하고 갑은 을에게 해당 재화의 가액에 대하여 「법인세법」 제121조에 따라 계산서를 발급하여야 하는 것이다(서면-2019-법령해석부가-2631, 2019.12.31.).

(4) 국외거래의 부가가치세 과세대상(영세율) 판단기준

부가가치세가 과세되기 위해서는 우리나라의 과세권이 미치는 영토에서 재화가 인도되거나 이동이 이루어져야 한다(부법6, 7). 다만, 소비지국과세원칙이 적용되는 국외제공용역에 대하여는 영세율이 적용된다. 따라서 수출의 경우 적용되는 영세율거래도 재화의 이동장소가 우리나라에서 이루어져야 한다. 다만 재화의 이동장소가 국외에서 이루어지는 대외무역법상의 중계무역, 위탁가공무역, 위탁판매수출, 외국인도수출의 경우에 한하여 영세율이 적용된다. 그러므로 국외거래 중 대외무역법상의 4가지 수출이 아닌 거래에 대하여는 부가가치세 과세대상이 아니므로 영세율적용 대상도 아니다.

국외에서 내국법인과의 거래시 과세대상 및 계산서 교부의무

Q. 내국법인간 선하증권 양수도방식으로 국외에서 매입한 물건을 판매하였으나, 해당 물건은 국내반입 없이 국외에서 바로 다른 국외지역으로 이동되는 경우 계산서 교부대상인지요?

A. 국내사업자(甲법인)가 외국사업자(A법인)로부터 공장인도조건으로 국외에서 물품을 구입함과 동시에 국내의 다른 사업자(乙법인)에게 공급하고, 乙법인이 해당 물품을 국내에 반입하는 경우 甲법인이 乙법인에게 국외에서 인도하는 해당 재화의 공급거

래에 대하여 「법인세법」 제121조 제1항에 따라 계산서를 작성·교부하여야 하는 것입니다.

(근거 : 법인세과-748, 2011.10.12.)

🔲 국내에서 계약과 대가의 수령이 이루어지고 국외에서 국외로 재화를 인도하는 경우 국외거래 해당 여부

Q. 다솔통상(주)(이하 "A"라 함)는 의류제품을 제조·판매하는 사업자로서 국내사업자인 원주무역(이하 "갑"이라 함)에게 의류제품을 공급하는 계약을 체결하였으며, 갑은 국외사업자(이하 "D 라 함)에게 해당 제품을 공급할 예정임.

A는 해당 제품을 다시 국내사업자인 (주)T&C인터내셔날(이하 "B 라 함)에게 주문하였으며, B는 국외사업자(이하 "C 라 함)에게 주문의뢰 함.

C는 중국에서 해당 제품을 생산하여 갑이 지정한 D에게 제품을 인도함. 갑은 권리포기 선하증권(Surrendered B/L) 사본을 수취 후 미국달러로 A에게 대금 결제하고 A는 선하증권 사본을 수취한 후 미국달러로 B에게 대금결제 함.

국내사업자 "갑"이 국외사업자 D에게 의류를 공급할 목적으로 국내사업자 A로부터 해당 물품을 공급받기로 하고, 국내사업자 A는 다시 국내사업자 B로부터 해당 물품을 공급받기로 계약을 각각 체결한 경우로서 B가 해당 물품을 외국인수수입에 해당하는 방식으로 국외사업자 C로부터 수입하여 "갑"과 A의 요청에 따라 해당 물품을 국외사업자 C에서 D로 직접 이동시키는 경우 B와 A 간의 거래, A와 "갑" 간의거래를 국외거래로 볼 수 있는지 여부

A. 국내사업자 "갑"이 국외사업자 D에게 의류를 공급할 목적으로 국내사업자 A로부터 해당 물품을 공급받기로 하고, 국내사업자 A는 다시 국내사업자 B로부터 해당 물품을 공급받기로 계약을 각각 체결한 경우로서 B가 해당 물품을 「대외무역 관리규정」상 외국인수수입에 해당하는 방식으로 국외사업자 C로부터 수입하여 "갑"과 A의 요청에 따라 해당 물품을 국외사업자 C에서 D로 직접 이동시키는 경우 B와 A의 거래, A와 "갑"의 거래는 재화의 이동이 국외에서 이루어진 것이므로 「부가가치세법」 제4조에 따라 부가가치세 과세거래에 해당하지 아니하는 것이며, 이 경우 국내사업자 B는 A에게, A는 "갑"에게 「법인세법」 제121조 및 같은 법 시행령 제164조에 따라 각각 계산서를 작성·발급하여야 하는 것입니다.

(근거 : 법령해석부가-0344, 2015.11.13)

2. 국내외 다자간 거래유형(Ⅱ)

(1) 거래형태

① 국내사업자 乙은 국내사업자 甲과 호주의 국외사업자 A(갑의 자회사)에게 상품을 공급하여 주기로 계약을 체결함
② 국내사업자 乙은 국내사업자 丙에게 관련 상품을 납품하여 줄 것을 요청하고 계약을 체결
③ 국내사업자 丙은 미국의 국외사업자B에게 상품을 공급하여 줄 것을 요청하고 계약을 체결 → 상품은 미국에서 호주로 바로 운송됨

[그림 1-18] 국내외 다자간 거래유형(Ⅱ)

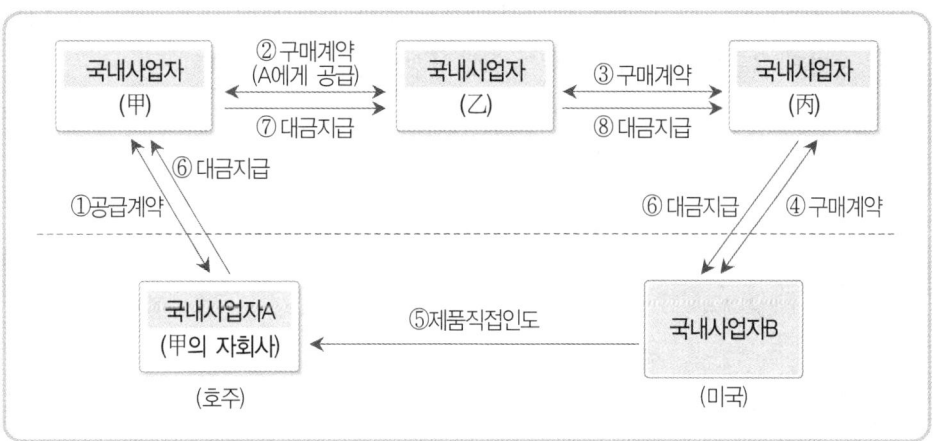

(2) 과세대상 여부

① 국내사업자(갑)

국내사업자(갑)은 국외사업자(A)로부터 대금을 수령하여 외국인도수출에 해당되어 영세율 적용이 되며 공급시기는 인도일이다. 영세율 첨부서류는 수출계약서나 외화입금증명서이다.

② 국내사업자(을)

국내사업자(을)은 무역거래에 해당하지 않아 부가가치세 과세대상이 아니다. 다만, 국내사업자(을)은 국내사업자(갑)으로부터 물품대금을 수령하고 증빙으로서 계산서를 발급하여야 한다.

③ 국내사업자(병)

국내사업자(병)은 수입대금을 국내에서 지급하지만 수입물품은 외국에서 인수하는 무역으로 외국인수수입에 해당한다(산자부-308, 2004.2.27).

3. 국내외 다자간 거래유형(Ⅲ)

(1) 거래형태

① 국내 A사(원부자재 공급업체), B사(가방제조업체), F(A사의 판매대리점)가 있고, 이들은 각각 해외에 현지법인 A1, B1, F1(연락사무소)이 있음
② F사는 B사의 주문에 따라 A사로부터 재화를 공급받아 B사에 공급하기로 하는 판매계약을 B1사와 체결하고, 관련 재화는 해외 소재 A1에서 공급받아 B1으로 이동시키되 물품대금은 국내에서 B에게 영수하여 A에게 지급함.

[그림 1-19] 국내외 다자간 거래유형(Ⅲ)

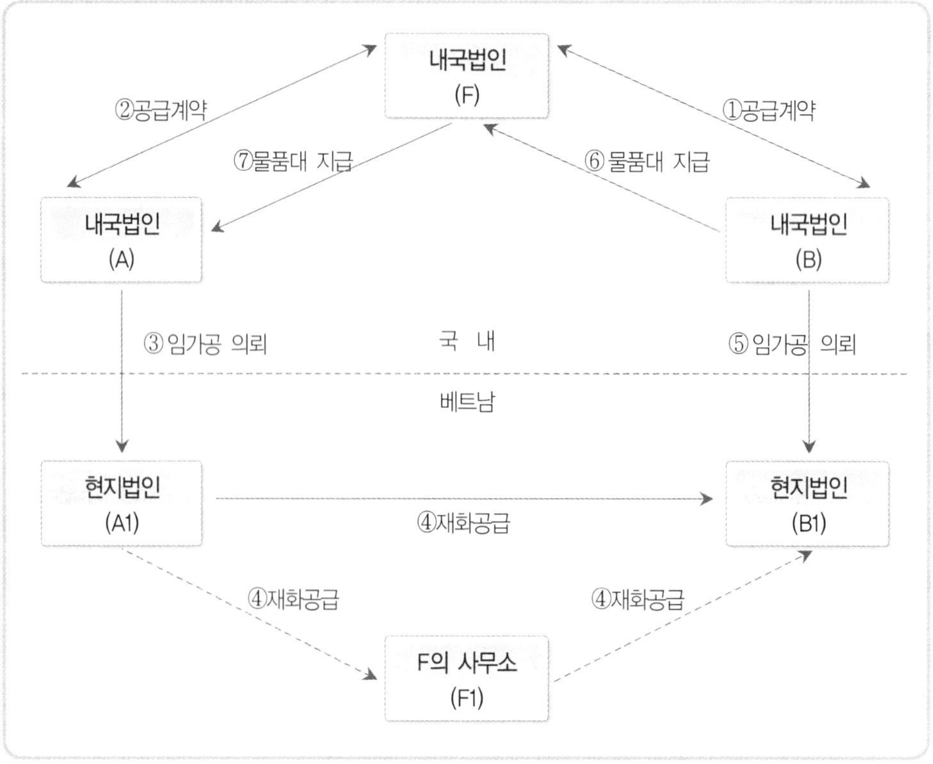

(2) 과세대상 여부

① 국내사업자(A)

국내사업자(A)의 경우 원재료 등의 반출이 없이 가공의뢰 또는 납품의뢰만 하고 그 대가를 지급하는 경우로 위탁가공무역에 해당하지 않고, 국외에서 인도된 재화에 대한 공급대가를 B1로부터 수취한 경우에도 해당하지 아니하므로 외국인도수출도 아니다(산자부-308, 2004.02.27). 따라서 국내사업자(A)는 부가가치세 과세대상이 아니다. 다만, 대가를 수령하는 금액에 대하여는 계산서를 발급하여야 한다.

② 국내사업자(B)

국내사업자(B)의 경우 원자재를 국외에서 외국인수수입하는 방식으로 자기의 현지법인(임가공업체)에 공급하는 것이므로, B는 현지법인에서 당해 완성재화를 제3국 또는 베트남의 다른 업체에 공급하는 경우 위탁가공무역에 해당한다.

③ 국내사업자(F)

국내사업자(F)의 경우 외국에서 직접적인 수입행위가 없어 거래형태를 중계무역으로 볼 수 없고, B나 B1과의 직·간접적인 계약에 의하여 재화의 공급대가를 B1으로부터 수출대금을 영수하지 않으므로 대외무역법상 수출(무역거래)에 해당하지 아니한다(산자부 무역정책팀-78, 2006.07.13).

※ F가 계약(F, B 및 B1 3자간)에 의하여 B1부터 수출대금을 받는 경우에는 외국인도수출이다. 따라서 국내사업자 F의 거래형태는 대외무역법에 의한 무역거래가 아니므로 영세율이 적용될 여지가 없으며, 국외거래에 해당되어 부가가치세 과세대상에 해당하지 아니한다(산자부 무역정책과-308, 2004.2.27 ; 서면3팀-1738, 2005.10.10 ; 법규과-1232, 2006.04.04; 재소비-1404, 2004.12.21; 재소비-288, 2006.03.23).

4. 국내외 다자간 거래유형(IV)

(1) 거래형태

① 갑은 선박부품 무역업을 영위하는 외국인투자법인으로서 본사인 노르웨이 소재 A사가 전액 출자한 법인임.
② 갑이 국내업체인 을과 선박부품을 공급하는 계약을 체결하고 대금을 받으면서 해당 선박부품을 A로부터 구입하여 A가 을의 거래처인 인도 소재 B에게 인도하는 거래를 함.

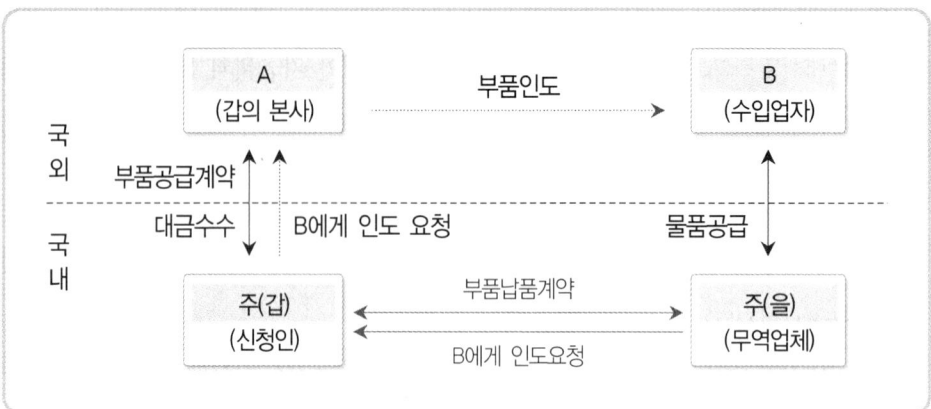

[그림 1-20] 국내외 다자간 거래유형(Ⅳ)

(2) 과세대상 여부

갑이 국내에서 을과 선박부품을 공급하는 계약을 체결하면서 국외 소재 A로부터 해당 선박부품을 구입하여 을이 지정하는 국외 소재 B에게 인도하고 대가는 을로부터 받는 거래를 하는 경우, 당해 거래는 재화의 이동이 국외에서 이루어진 것이므로「부가가치세법」제10조 제1항에 따라 부가가치세 과세대상 거래에 해당하지 아니하는 것이다.

부가가치세는 우리나라 과세권을 행사할 수 있는 권리가 미치는 곳에서 이루어지는 거래에 대하여 과세하는 것이며 국외에서 공급하는 재화에 대하여는 원칙적으로 부가가치세 납세의무가 없다. 갑이 국내에서 을에게 물품을 공급키로 계약을 체결하고 그에 대한 대가를 받으면서 갑의 본사인 A로부터 물품을 구입하여 을의 거래처인 B에게 A가 국외에서 직접 인도하여준 해당거래는 국내사업자인 갑과 을 사이에 이루어진 것으로서 국외의 다른 사업자에게 공급하는 것을 요건으로 하는 중계무역 등의 거래방식 중 어느 하나에 해당하지 아니할 뿐만 아니라 물품은 국외에서 국외로 이동된 것이므로 거래장소가 우리나라 과세권이 미치지 아니하는 것이므로 우리나라에 납세의무가 있는 것으로 볼 수 없다(법규 부가2009-0190, 2009.06.11).

제12절 수출신용장 양도와 영세율

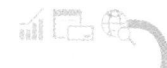

1. 양도가능신용장의 개념

양도가능신용장이란 신용장상에 "양도가능"(transferable)이라고 명시한 신용장으로 신용장의 제1수익자가 양도은행에게 신용장상의 권리의 전부 또는 일부를 다른 수익자에게 양도해 주도록 요청할 수 있는 신용장이다.

① 양도비용의 부담자

양도 시에 달리 합의하지 않는 한, 양도와 관련하여 발생한 수수료·요금·비용 또는 지출금과 같은 모든 경비는 제1수익자(원수익자)가 지급하여야 한다(UCP 제38조 c항).

② 양도의 횟수

양도가능신용장은 1회에 한하여 양도할 수 있다.

③ 양도되는 신용장의 조건변경

양도되는 신용장은 원칙적으로 원신용장의 조건과 동일해야 하지만 다음의 경우는 조건변경이 인정된다.
㉠ 신용장의 금액 및 단가의 감액
㉡ 유효기일, 서류제시기간, 선적기일 또는 선적기간의 단축
㉢ 부보비율의 인상
㉣ 발행신청인의 명의를 제1수익자 명의로 대체하는 것

2. 신용장 국외양도 방식(중계무역)

(1) 거래형태

국내사업자(갑)이 양도가능신용장에 의하여 T/S(Transfer)방법으로 다음 각각의 거래를 행하는 경우로서 판매계약 이행에 대한 주된 책임을 "갑"이 부담하는 경우 "갑"의 영세율 적용여부 및 과세표준

■ 사업자(갑)이 외국의 수입업자(을)에게 완제품(100원)을 수출함에 있어 "을"로부터 Master L/C를 수취한 후 완제품 생산업체인 해외 현지법인(병)에게 당해 Master L/C상의 권리 일부[갑의 마진(10원)을 제외한 금액]를 지정은행에서 양도[T/S (Transfer)]하여 완제품(90원)은 "병"이 생산하여 "을"에게 인도되는 경우로서 그 대가는 Master L/C상의 지정은행으로 100원이 입금되며 당해 지정은행은 "갑"에게는 10원을, "병"에게는 90원을 각각 지급한다.

[그림 1-21] 신용장 국외양도방식을 이용한 중계무역 거래형태

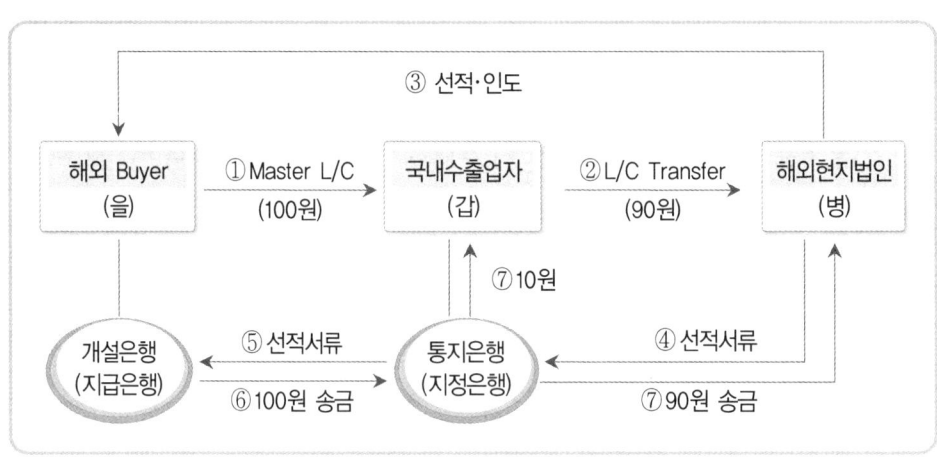

(2) 과세여부

국내사업자를 수익자로 하여 국외구매자로부터 개설된 신용장(Master L/C)을 국내사업자가 수취한 후 동 신용장을 국내 지정은행에서 제3국의 국외사업자에게 양도하여 제3국의 국외사업자가 수출재화를 국외구매자에게 직접 인도하는 경우로서 국내사업자의 계산과 책임 하에 수출계약에 따른 거래가 이루어지고 국내사업자가 원신용장의 금액보다 낮은 금액으로 원신용장의 조건을 변경하여 양도함으로써 원신용장 금액과 양도통지서 금액과의 차액을 가득액으로 획득하는 경우 국내사업자의 신용장 국외양도에 의한 거래는 중계무역에 해당하여 영세율이 적용되는 것이다(서삼46015-10012, 2004.1.5). 영세율 첨부서류는 외화입금증명서 또는 수출계약서이며 공급시기는 수출재화의 선적일이다.

3. 신용장 국내양도 방식

(1) 거래형태

국내수출업자(갑)가 양도가능신용장에 의하여 T/S(Transfer)방법으로 다음 각각의 거래를 행하는 경우로서 판매계약 이행에 대한 주된 책임을 "갑"이 부담하는 경우 "갑"과 "을"의 영세율 적용여부 및 과세표준

- 사업자(갑)가 외국의 수입업자(병)에게 완제품(100원)을 수출함에 있어 "병"으로부터 Master L/C를 수취한 후 완제품 생산업체인 국내제조업자(을)에게 당해 Master L/C상의 권리 일부[갑의 마진(10원)을 제외한 금액]를 지정은행에서 양도[T/S(Transfer)]하여 완제품(90원)은 "을"이 생산하여 "병"에게 인도되는 경우로서 그 대가는 Master L/C상의 지정은행으로 100원이 입금되며 당해 지정은행은 "갑"에게는 10원을, "을"에게는 90원을 각각 지급한다.

[그림 1-22] 신용장 국내양도방식과 영세율 적용 거래형태

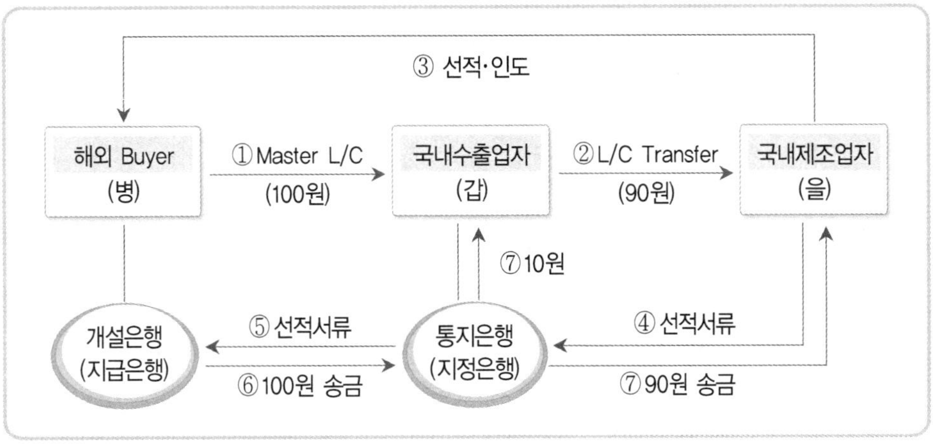

(2) 세무처리

① 수출업자(갑)

수출업자(갑)은 수출에 대한 전반적인 책임을 지므로 수출하는 재화에 해당되어 영세율이 적용된다(재부가-479, 2007.6.21, 법인 22601-2082, 1991.11.4).

㉠ 공급시기 : 수출재화의 선적일

ⓒ 과세표준 및 수입금액 : 수출금액(100원)
　　ⓒ 세금계산서 발급 : 면제

② 제조업자(을)

제조업자(을)은 수출업자에게 수출하는 재화를 공급하면서 원신용장의 조건을 변경한 신용장을 양도받아 대금을 결제 받는 경우에는 내국신용장방식에 의한 수출과 유사하므로 영세율이 적용된다(부가-765, 2009.6.5).

　　㉠ 공급시기 : 수출재화의 선적일
　　ⓒ 과세표준 : 원신용장의 양도금액(90원)
　　ⓒ 세금계산서 발급 : 국내거래로 영세율세금계산서 발급

제13절 무역대리업(오퍼상)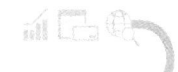

1. 의의

무역대리업은 물품매도확약서(Offer)의 발행용역을 제공하는 사업자로 외국의 수출업자를 대리하여 국내에서 수입업자와 수입거래 계약을 체결·중개하고 그 대가로 용역수수료를 받는 사업이다. 무역대리업은 외국의 수출상이 물품을 선적했을 때 오퍼수수료를 받을 권리가 발생하게 된다.

2. 과세대상 여부

오퍼수수료수입(수출입알선용역)은 영세율이 적용되는 부가가치세 과세대상이다. 즉, 국내에서 국내사업장이 없는 비거주자 또는 외국법인에게 공급되는 상품중개업으로 그 대금을 외국환은행에서 원화 또는 기획재정부령으로 정하는 방법으로 받는 것은 영의 세율이 적용된다. 따라서 그 대금을 국내 제3자 또는 국내 대리인으로 부터 받거나 외국에서 직접 수령하는 경우에는 영세율을 적용받을 수 없다(서면3팀-2314, 2005.12.19).

(1) 수출입 알선용역의 영세율 적용

국내에서 국내사업장이 없는 비거주자 또는 외국법인에게 수출알선용역을 제공하고 그 대가를 외국환은행에서 원화로 받는 경우에는 영의 세율을 적용한다. 다만, 외국으로부터 수출신용장을 받아 수출업자에게 양도하고 받는 대가는 국내거래수수료로 영의 세율을 적용하지 아니한다(부기통24-33-1).

(2) 국내사업장이 없는 외국법인 등이 지정하는 자에게 공급하는 재화 또는 용역

국내에 사업장이 없는 비거주자 또는 외국법인이 지정한 자에게 국내에서 재화 또는 용역을 공급하고 그 대가를 당해 비거주자 또는 외국법인으로부터 외국환은행을 통하여 원화로 받는 경우에는 영의 세율을 적용한다(부기통24-33-1).

(3) 대가의 지급방법에 따른 영세율 적용범위

국내사업장이 없는 비거주자 또는 외국법인에게 재화 또는 용역을 공급하고 그 대가

를 다음과 같은 방법으로 받는 때에는 영의 세율을 적용한다.
① 국외의 비거주자 또는 외국법인으로부터 외화를 직접 송금받아 외국환은행에 매각하는 방법
② 국내사업장이 없는 비거주자 또는 외국법인에게 재화를 공급하거나 용역을 제공하고 그 대가를 해당 비거주자 또는 외국법인에게 지급할 금액에서 빼는 방법

(4) 영세율 과세표준

수출알선수수료를 수출상품가액에 포함한 수출신용장을 개설 받은 수출업자가 재화를 수출하고 동 신용장 결제금액 중에서 수출알선수수료를 지급하는 경우 수출업자 영세율 과세표준은 동 수수료를 포함한 전체금액이 되는 것이며, 수출알선업자가 수출업자로부터 동 수수료를 지급받는 경우에는 부가가치세를 거래징수하고 세금계산서를 교부하여야 하는 것이다(부가2-743, 1988.05.07).

3. 공급시기 및 귀속시기

물품매도확약서 발행용역의 공급시기는 계약조건에 따라 역무의 제공이 완료되는 때이나 당해 역무의 제공이 완료되는 때에 그 대가가 확정되지 아니한 경우에는 대가가 확정된 때를 그 공급시기로 본다(부기통16-29-1). 한편, 물품매도확약서 발행업에 있어서 수익실현시기는 당해 물품을 선적한 날이 속하는 사업연도로 하는 것이고, 수익이 실현된 그 다음 사업연도에 그 선적한 물품의 하자로 당해 물품이 반환된 경우에는 그 반환된 날이 속하는 사업연도의 손금에 산입한다(법인 46012-3824, 1995.10.12). 다만, 물품매도확약서 발행에 관한 장부와 제증빙서류를 비치하지 아니한 경우에는 신용장개설일이 속하는 사업연도로 한다(법기통40-71…4).

4. 영세율 첨부서류

국내사업장이 없는 비거주자나 외국법인에게 재화 또는 용역의 공급시 영세율 첨부서류는 다음과 같다(부기통24-101-1).

구 분	영 제101조 제1항의 첨부서류	국세청장 지정서류
부가가치세법 시행령 제33조 제2항 제1호 및 제2호에서 규정하는 거래의 경우	외화입금증명서	용역공급계약서 사본 외환매입증명서 또는 외국환매각증명서는 외화입금증명서에 갈음한다. 직접외화가 입금되지 아니하는 경우에는 영세율 규정에 의한 외화획득명세서에 외화획득사실을 증명하는 서류를 첨부하여 제출하여야 한다.

5. 오퍼상의 업종분류

「조세특례제한법」상 업종의 분류는 이 법에 특별한 규정이 있는 경우를 제외하고는 한국표준산업분류에 의하는 것이며, 한국표준산업분류상 상품중개업(분류코드 46105)은 도매업에 포함된다. 세무서장이 발급한 사업자등록증상 업종코드는 한국표준산업분류와 코드체계가 다르고, 세무서장의 정정교부 없이 한국표준산업분류상의 도·소매 업종코드로 수정할 수 없다.

분 류	기 관	분류코드	업 종	비 고
한국표준산업분류	통계청	46105	도매업	• 단순경비율(70.7)
기준경비율	국세청	749927	사업서비스업	• 기준경비율(33.2)

분류코드	분류명	예 시
461	상품중개업	
4610	상품중개업	
46101	산업용 농축산물 및 산동물 중개업	
46102	음·식료품 및 담배중개업	주류 및 비알콜음료 중개
46103	섬유, 의복, 신발 및 가죽제품중개업	
46104	기계장비 중개업	농업용 기계장비 중개
46105	상품종합 중개업	종합무역중개, 연쇄화사업 종합상품중개
46109	기타 상품중개업	

• 상품중개업 : 수수료 또는 계약에 의하여 타인의 명의로 타인의 상품을 거래하는 대리판매점, 상품중개인, 무역대리 또는 중개인 및 경매인, 기타 대리도매인의 활동이 포함된다. 이들은 통상 구매자와 판매자를 연결시켜 주어 그들의 사업을 영위하거나 상업적 거래를 대리한다. 소매 중개 및 대리활동은 해당 상품 소매업으로 분류한다.

• 상품종합중개업 : 타인의 계정으로 타인을 대신하여 각종 상품의 거래와 관련된 경매 또는 중개를 수행하는 산업활동을 말한다.

6. 오퍼상의 중소기업 범위

(1) 중소기업기본법상의 범위

업 종	분류부호	규 모 기 준
도 매	G	평균매출액등 1,000억원 이하

(2) 중소기업특별세액감면 적용대상 범위

수도권 내	소기업	매출액 50억 미만
수도권 외	중소기업	조세특례제한법상 중소기업의 범위 내

> **실무적용 Tip**
>
> ● **수출알선수수료의 세무처리**
>
> 수출알선을 국내에서 하는 경우에는 국내원천소득에 해당되어 원천징수 또는 세금계산서를 발급하여야 한다. 그러나 알선행위가 국외에서 이루어지면 국내원천소득에 해당되지 않아 원천징수대상이 아니다.
>
> 1) 수출알선수수료의 원천징수 여부
>
>   수출알선수수료 지급시 원천징수관계는 수출알선행위가 국외에서 행하여진 경우에는 국내원천소득에 해당되지 않으므로 원천징수문제가 발생하지 않으며(서이46017-12308, 2002.12.23), 수출알선행위가 국내에서 행하여진 경우라도 국내사업장이 있는 외국법인에게 수출알선수수료를 지급하는 경우에는 원천징수를 하지 않는 것이고(세금계산서 발급, 부가22601-410, 1987.03.10), 비거주자인 외국인인 개인과 내국법인 및 내국인인 개인에게 수수료를 지급하는 경우에는 원천징수를 하는 것이다(외인 1264.37-2290, 1981.06.27).
>
> 2) 통상가격을 초과하는 수출알선수수료
>
>   내국법인이 국내사업장이 없는 비거주자에게 해외에서 동 내국법인 제품의 수출알선을 수행한 대가로 지급하는 수출알선수수료는 소득세법 제119조 규정에 의한 국내원천소득에 해당되지 않는 것이며, 거래의 형태나 실질관계로 보아 특수관계 없는 비거주자에게 지급하는 수출알선수수료가 상거래관행에 따른 통상 알선수수료를 초과함으로써 그 초과하는 금액이 수출알선행위와 직접 관련 없이 무상으로 지급하는 재산적 증여의 가액에 해당되는 경우에는 「법인세법」 제24조의 규정에 의한 비지정기부금에 해당되어 내국법인의 각 사업연도의 소득금액계산시 손금불산입 된다(국총46017-554, 1999.08.16).

(Exporter & Manufactures를 입력)

Messrs.   Our Ref.
                                                           ‾‾‾‾‾‾‾‾‾‾‾‾‾‾‾‾‾‾
                                                           Seoul

OFFER SHEET

We are pleased to offer the under-mentioned article(s) as per conditions and details

Items No.	Commodity & Description	Unit	Quantity	Unit price	Amount

described as follows

Origin   :
Packing   :
Shipment   :
Shipping port   :
Inspection   :
Destination   :
Payment   :
Validity   :
Remarks   :

Looking forward to your valued order for the above offer, we are,
yours faithfully,

                                                    ‾‾‾‾‾‾‾‾‾‾‾‾‾‾‾‾‾‾‾‾‾‾

제14절 수출재화 임가공용역

1. 의의

수출재화 임가공이란 수출업자(수출품생산업자)의 의뢰에 의하여 수출업자가 공급한 재화에 주요자재를 전혀 부담하지 아니하고 단순히 가공만 하여 주고 대가(가공임)를 받는 경우를 말한다.

[표 1-10] 임가공 형태의 업종구분

업종구분	부가가치세법	적용범위 및 분류기준	부가가치율
제 조	재화의 공급	주요 자재의 전부·일부 부담	낮음(주요 자재 매입)
서비스	용역의 공급	주요 자재를 전혀 부담하지 않고 단순가공 (기준경비율 코드 : 749604)	높음(인건비 비중 큼)

2. 과세대상 여부

(1) 영세율 적용대상

다음에 해당하는 경우에는 영의 세율을 적용한다.
① 수출업자와 직접 도급계약에 의하여 수출재화를 임가공하는 수출재화임가공(염색임가공)용역. 다만, 사업자가 부가가치세를 별도로 기재한 세금계산서를 발급한 경우에는 과세대상으로 일반세율을 적용한다.
② 사업자가 주요 자재의 전부 또는 일부를 부담하고 일부 자재는 상대방으로부터 인도받아 공작을 가하여 생산한 재화를 거래상대방이 수출하는 경우에 해당 사업자 간의 거래는 재화의 공급에 해당하므로 내국신용장 또는 「대외무역법」에서 정하는 구매확인서에 의하여 공급하는 경우(금지금은 제외) 영의 세율을 적용한다(부기통 21-31-11).
③ 수출업자와 직접 도급계약에 의하여 수출재화의 부분품·반제품 및 포장재를 임가공 하는 용역은 직접 도급계약을 체결한 사업자 자신이 임가공하였는지의 여부에

불구하고 수출재화 임가공용역으로 본다(부기통24-33-4).

다만, 재하도급업자는 내국신용장 또는 구매확인서에 의하여 공급하여야 영세율을 적용받을 수 있다(부가22601-1045, 1985.06.10).

(2) 수출재화 임가공용역 해당여부

국내사업자("갑")는 외국사업자("병")와 수출계약을 체결하고, 국내사업자("을")와 임가공계약을 체결하고 국내사업자 "을"은 중국현지법인("B")과 임가공계약을 체결하여 국내에서 구입한 원재료 일부를 제공함.

- 국내사업자 "갑"은 중국현지법인("A")을 경유하여 "B"에게 주요 원자재를 제공함.
- "B"는 "A"와 "을"로부터 인도받은 원자재 등을 임가공하여 완성품을 "A"에게 인도하고 "A"는 "갑"의 명의로 완성품을 제3국 "병"에게 수출함.
- 국내 수출업자로부터 주요 원자재를 국외에서 제공받아 국내 임가공업자의 책임하에 국외 현지공장에서 임가공하여 수출업자가 지정한 외국사업자에게 인도하는 경우

이와 같은 거래가 수출재화임가공용역에 해당되어 영세율 적용대상거래인지 여부를 보면 실제 임가공용역을 국외 현지공장에서 공급한 경우 거래장소가 국외이므로 부가가치세가 과세되지 않는 것이다(부가-1442, 2010.10.29).

[그림 1-23] 수출재화임가공용역 해당여부

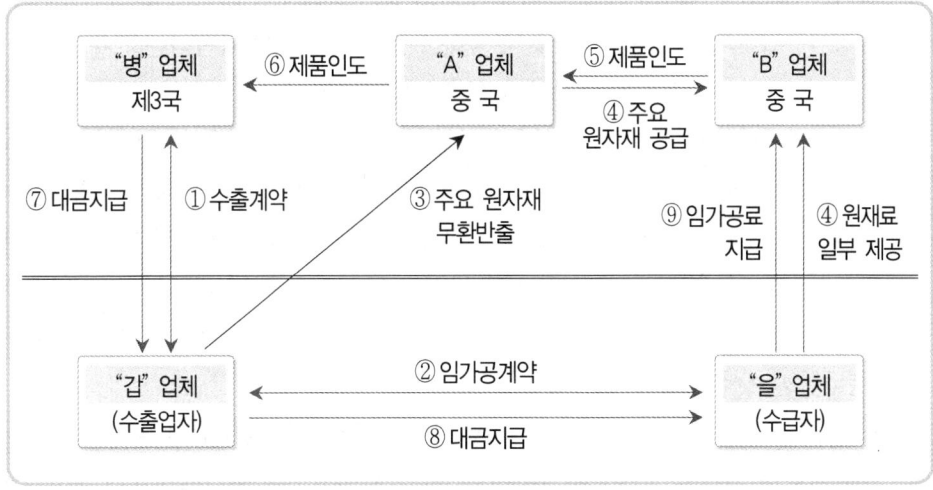

① 사업자가 국내에서 국내의 수출업자와 제품공급계약을 체결한 후 외국임가공업자에게 원자재를 무환 반출하여 가공한 제품을 국외에서 해당 수출업자가 지정하는 외국사업자에게 인도하는 경우 당해 거래는 재화의 이동이 국외에서 이루어진 것이므로 부가가치세 과세대상거래에 해당하지 아니하는 것이다(법규부가 2010-240, 2010.08.26).
② 국내사업자가 외국임가공사업자에게 원부자재를 무환 반출하여 가공한 제품을 국내로 반입하지 아니하고 국외에서 국내의 다른 사업자가 지정하는 외국사업자에게 인도한 후 국내에서 국내의 다른 사업자로부터 대가를 받는 경우에는「대외무역법」에 의한 "수출"에 해당하지 아니하므로「부가가치세법」제11조 제1항 제1호 및 같은 법 시행령 제24조 제1항 제2호의 규정에 의한 영세율 적용대상이 되는 수출의 범위에 포함되지 아니하는 것이다(기획재정부 부가-366, 2010.6.4).
* 이 해석은 기존 해석(법규부가2009-0053, 2009.3.4)을 수정함.
③ 영세율이 적용되는 도급계약에 의한 수출재화임가공용역은 수출업자와의 직접계약에 한정하고 있으므로 내국물품인 특정재화를 외국으로 직접 반출하는 수출업자 아닌 단순한 무역거래법에 의하여 수출업자로 등록되어 있는 자와의 도급계약에 의하여 수출재화를 임가공하는 경우에는 영세율 적용대상에 포함되지 않는다고 할 것이다(대법88누2182, 1988.12.20).
④ 수출재화의 임가공용역은 수출업자와 직접 도급계약에 의하여 수출재화를 임가공하는 용역 및 내국신용장에 의하여 공급하는 수출재화를 임가공하는 용역으로서 임가공업자가 부자재의 일부를 부담하고 공작을 가하여 납품하는 경우인 바, 청구인이 주요자재 전부를 부담하여 완제품을 제조·납품한 사실이 청구인이 신고한 부가가치세 부속서류 등에서 확인되고 이에 대하여는 청구인도 인정하고 있으므로 쟁점거래는 수출재화의 임가공용역의 공급이 아닌 재화의 공급에 해당된다 하겠고, 수출되는 재화의 공급은 내국신용장 또는 구매확인서에 의하여 공급하여야 하나, 청구인은 그러한 서류 없이 단지 수출품가공계약서와 납품사실증명서만으로 영세율 적용을 받은 것이므로 청구인의 주장은 받아들일 수 없다고 판단된다(국심2004서3746, 2005.09.08).
⑤ 청구인은 내국법인 ○○○와 임가공계약을 체결하고 청구인의 중국현지법인으로 하여금 중국에서 임가공한 후 완성품을 국외에서 외국법인에게 인도하고 가공임을 ○○○로부터 국내에서 받고 있는 바, 이 경우 실질용역의 제공자는 청구인의 중국현지법인이고, 동 법인은 국내에 사업장이 없는 비거주자 또는 외국법인으로

이는 부가가치세 과세대상이 아니므로 쟁점거래가 수출재화임가공용역에 해당한다고 한 청구주장 또한 받아들이기 어렵다고 판단된다(조심2011중1479, 2011.06.23.).

3. 대가의 수수방법

수출재화임가공용역은 대가를 원화로 받든지 외화로 받든지 내국신용장에 의하여 받든지에 불구하고 영세율을 적용한다.

4. 과세표준

내국신용장에 의하여 공급하는 수출재화임가공용역은 내국신용장이나 구매확인서에 의한 재화의 공급과 동일하게 계산하며, 내국신용장 등이 없는 수출재화임가공용역은 계약상 약정된 금액으로 한다.

5. 세금계산서의 발급

영세율 세금계산서(일반세금계산서도 가능)를 발급하여야 한다.

6. 영세율 첨부서류

임가공계약서 사본과 당해 수출업자가 교부한 납품사실을 증명할 수 있는 서류, 내국신용장, 구매확인서 사본 또는 수출대금입금증명서이다(부령101①).

[그림 1-24] 수출재화 임가공용역과 영세율[27]

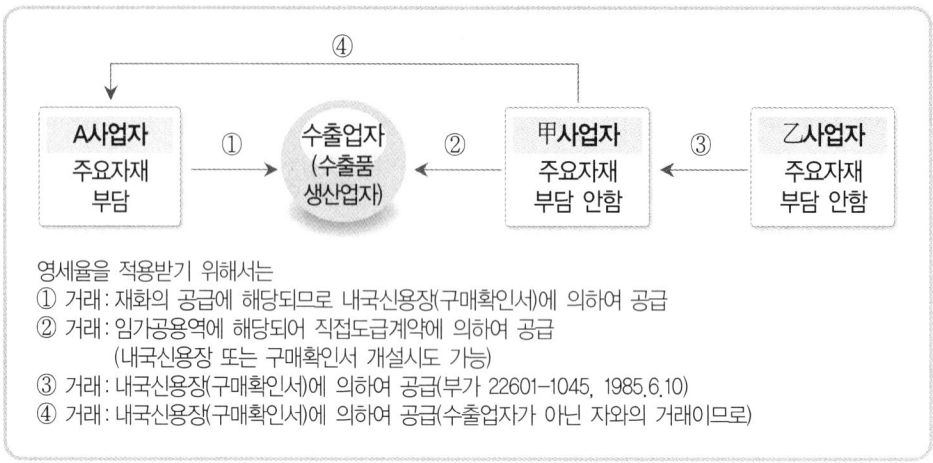

7. 임가공용역의 공급시기

임가공용역을 공급하는 사업자가 공급물량에 대한 단위별 요율이 결정되고 공급한 물량을 공급받는 자의 인수확인을 거쳐 용역의 공급이 확정되는 경우에는 공급받는 자가 인수확인한 때를 공급시기로 보아 세금계산서를 교부하여야 한다(부가22601-1864, 1986.9.12).

---

27) 한장석·김용관, 부가가치세 2006 광교이택스, 2006, p. 432. 인용

수출물품 임가공계약서

위탁자(갑) 　　　　　　　　　　　수탁자(을)
　주　소 :　　　　　　　　　　　　　주　소 :
　상　호 :　　　　　　　　　　　　　상　호 :
　대표자명 :　　　　　　　　　　　　대표자명 :

상기 위탁자○○○를 "갑", 수탁자○○○를 "을"이라 칭하고 상기 당사자간에 다음 조항에 의거 상호 신의성실의 원칙에 준하여 공동이익을 추구하기 위하여 수출물품 임가공계약을 체결한다.

다　음

제1조(임가공물품의 표시 및 가공임)

"갑"은 "을"에게 아래표시의 임가공을 위탁하고 임가공비를 지급하며, "을"은 이에 따라 임가공 물품을 가공납품한다. 단 부가가치세는 별도로 한다.

| 품 명 | 수 량 | 단 가 | 가 공 료 ||비 고 |
			단 가	금 액	

제2조(원·부자재 공급)

① "갑"은 생산 및 포장에 필요한 하기 원·부자재를○○○에서 "을"에게○○년○○월○○일까지 공급하여야 한다.

원·부자재품명	단 위	수 량	단 가	금 액	비 고

② "갑"이 임가공에 필요한 원·부자재를 "을"에게 공급한 후 3일 이내에 "을"은 공급받은 원·부자재의 이상유무를 "갑"에게 통지하여야 하며, 이상이 있으면 "갑"은 즉시 대체품을 공급하여야 하고 이상없이 이 모든 원·부자재가 납품된 날자를 납품일자로 한다.
③ "을"은 인수한 원·부자재 및 미출고 제품에 대하여 "갑"을 피보험자로 화재보험에 부보하여야 하며 보험료는 "갑"이 부담한다.
④ "갑"이 공급한①항의 원·부자재는 제1조의 임가공품의 제조·가공에만 사용하여야 한다.
⑤ "을"이 인수한 원·부자재는 "을"의 책임으로 관리하여야 하며, "을"의 고의 또는 중대한 과실로 인하여 도난, 분실, 훼손 및 기타 중대한 이상이 발생할 시는 "을"의 비용으로 "갑"으로부터 추가 공

급을 받는다.

제 3 조(물품의 인도)

"을"은 제1조에 정한 제품을 ○○년○○월○○일까지 "갑"이 지정한 장소에 납품하여야 하며 인도비용은 "을"이 부담한다.

제 4 조(가공지시)

물품가공 및 포장은 "갑"이 "을"에게 지시하는 가공지시서에 따른다.

제 5 조(견본확인)

"을"은 본 계약에 의한 수출물품임가공 작업개시전에 제품의 견본을 제조하여 "갑"의 확인을 득한 후 작업을 개시하여야 한다.

제 6 조(재하청 금지)

"을"은 "갑"의 승낙없이 물품의 임가공을 제3자에게 재하청하지 못하며, 본 계약의 이행으로 인하여 취득하는 각종의 청구권을 제3자에게 양도할 수 없다.

제 7 조(물품의 검사)

"을"은 가공완료한 물품을 "갑" 또는 "갑"이 지정하는 자나 해당수출기관의 검사를 필해야 하며 검사의 합격한 물품만을 납품할 수 있다.

제 8 조(임가공비의 결제)

"갑"은 "을"이 본 계약에 의한 물품을 하자없이 납품함과 동시에 임가공료를 결제한다.

제 9 조(원·부자재 재고조사)

① "갑"은 "을"의 공장에 직원을 파견하여 "갑"이 제공한 원·부자재의 이동상황 및 재고조사 또는 작업의 진행상황점검, 생산과정상의 과오시정을 할 수 있으며 검사원을 파견하여 물품검사를 실시할 수 있다.

② "을"은 "갑"으로부터 가공 기타 목적으로 공급받은 원·부자재를 금융 기타 목적을 위하여 이를 타인에게 교환, 양도, 입질, 처분등의 행위를 하지 못한다.

제10조(잉여자재의 소유)

임가공 종료후의 잉여 원·부자재는 "갑"의 소유로 하며 "을"은 선량한 관리자의 주의 의무로 보관하고 그 처분에 관하여는 "갑"의 지시에 따라야 한다.

제11조(의장권 등의 비밀유지)

① "을"은 "갑"의 물품을 임가공함에 있어 제공받은 물품에 관련된 제의장권 등의 비밀은 상호신뢰의 바탕아래 이를 철저히 유지하여야 한다.

② 전항의 규정과 관련하여 "을"의 고의 또는 중대한 과실로 이를 누설하여 "갑"에게 가한 손해는 "갑"의 입증에 따라 배상하여야 한다.

제12조(자금지원)

"갑"은 "을"의 요구가 있을 시 본 계약상의 임가공에 필요한 자금지원을 할 수 있으며 이에 따른 제 반사항은 별도 계약에 따라 결정한다.

제13조(담보)

본 계약의 이행을 보증하기 위하여 "을"은 "갑"에게 제품대금의 10%를 계약이행 보증금으로 제공하고 "갑"은 임가공비의 결제시에 "을"에게 이를 반환한다.

제14조(클레임)

본 계약물품의 품질불량, 수량부족, 규격상이, 포장불량 등 제반 하자에 대한 모든 클레임은 물품이 수입지에 도착된 후 30일 이내에 제기하여야 한다.

제15조(중재)

이 계약으로부터 발생하는 모든 분쟁은 대한상사중재원의 상사중재규칙에 따라 중재에 의하여 최종적으로 해결한다.

제16조(특약)

상기와 같이 "갑"과 "을"을 양자간의 충분한 고려와 상호이해의 바탕으로 합의에 이르러 본 계약에 체결하고 후일에 발생될지도 모를 법률관계를 원활히 처리하기 위하여 계약서 2통을 작성하여 "갑"과 "을" 쌍방이 날인한 후 각각 1통씩 보관한다.

20   .   .   .

위탁자(갑)   수탁자(을)
  주   소 :   주   소 :
  상   호 :   상   호 :
  대표자명 :   대표자명 :

제15절 국외제공용역

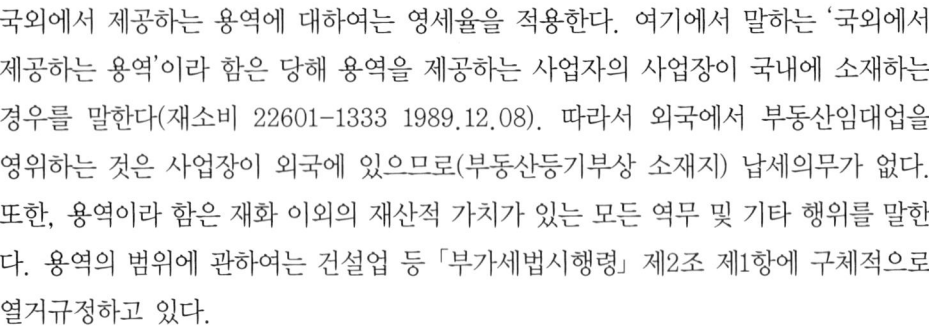

국외에서 제공하는 용역에 대하여는 영세율을 적용한다. 여기에서 말하는 '국외에서 제공하는 용역'이라 함은 당해 용역을 제공하는 사업자의 사업장이 국내에 소재하는 경우를 말한다(재소비 22601-1333 1989.12.08). 따라서 외국에서 부동산임대업을 영위하는 것은 사업장이 외국에 있으므로(부동산등기부상 소재지) 납세의무가 없다. 또한, 용역이라 함은 재화 이외의 재산적 가치가 있는 모든 역무 및 기타 행위를 말한다. 용역의 범위에 관하여는 건설업 등 「부가세법시행령」 제2조 제1항에 구체적으로 열거규정하고 있다.

1. 적용요건

국외에서 제공하는 용역이 영세율이 적용되기 위해서는 용역의 제공 장소가 국외이면 족하고 대가를 외화로 받든지 원화로 받든지 관계없이 영세율이 적용된다. 예를 들어 사업자가 국외에서 건설공사를 도급받아 국외에서 건설용역을 제공하는 경우 해당 용역을 제공받는 자, 대금결제수단에 관계없이 영세율이 적용된다(부기통22-0-1).

① 부가가치세법상 사업장이 국내에 소재하여야 한다.
② 용역의 수행이 국외에서 제공되어야 한다. 즉, 역무가 제공되거나 재화·시설물 또는 권리가 사용되는 장소가 국외이면 족하다. 또한 북한에서 제공되는 용역도 "남북교류협력에 관한 법률"에 따라 국외제공용역으로 본다.

2. 공급시기

국외제공용역의 공급시기는 역무가 제공되거나 재화·시설물 또는 권리가 사용되는 때이다. 국내에 사업장을 둔 사업자가 국외에서 건설용역을 제공하는 경우 공급계약서상 특정내용에 따라 당해 건설용역에 대하여 검사를 거쳐 대가의 각 부분의 지급이 확정되는 경우에는 검사 후 대가의 지급이 확정되는 때를 그 공급시기로 보는 것으로서 지급확약서를 통해 건설공사의 기성부분에 대한 대가가 확정되는 경우에는 당해 지급확약서를 수령하는 때가 공급시기가 되는 것이다(서면3팀-2459, 2004.12.06).

3. 과세표준의 계산

공급시기 이전에 환가한 경우에는 그 환가한 금액이며, 공급시기 이후에 환가한 경우에는 공급시기의 기준환율 또는 재정환율로 환산한 금액이 과세표준이다.

4. 세금계산서 발급

국외에서 제공하는 용역에 대하여는 세금계산서 발급의무가 면제된다. 다만, 국내사업자가 외국의 건설공사를 도급받아 국내사업자에게 하도급을 한 경우, 하도급업자가 국외에서 건설용역을 제공하고 그 대가를 국내사업자로부터 받는 경우에는 영세율세금계산서를 교부하여야 한다(부가 22601-1014 1985.6.4).

5. 영세율첨부서류

외국환은행장이 발행하는 외화입금증명서 또는 국외에서 제공하는 용역에 관한 계약서(하도급계약서)이다. 다만, 장기해외건설공사인 경우에는 해당 건설용역에 대한 최초의 과세표준신고 시에 공사도급계약서 사본을 제출하고 그 이후의 신고에 있어서는 해당 신고기간의 용역제공 실적을 영세율 규정에 따른 외화획득명세서에 의하여 제출할 수 있다(부기통 22-101-1).

판례

국외제공용역의 해당여부(조심2018전3928, 2018.11.220)

부가가치세제 하에서 영세율의 적용은 국제간의 재화 또는 용역의 거래에 있어서 생산·공급 면에서 부가가치세를 과세징수하고 수입국에서 다시 부가가치세를 과세하는 경우의 이중과세를 방지하기 위하여 관세 및 무역에 관한 일반협정(GATT)상의 소비지 과세원칙에 의하여 수출의 경우에만 원칙적으로 인정되고, 국내의 공급소비에 대하여는 위 수출에 준할 수 있는 경우로서 그 경우에도 외국환의 관리 및 부가가치세의 징수질서를 해하지 아니하는 범위 내에서 외화획득의 장려라는 국가 정책상의 목적에 부합되는 경우에만 예외적, 제한적으로 인정되는 것이며, 외화획득과는 무관하게 외화소비를 증진시키는 경우까지 국외에서 공급하는 용역이라는 이유로 영세율을 적용하는 것은 영세율 제도의 취지에 부합하지 아니한 점(대법원 2018.9.13. 선고 2018두46049 판결, 같은 뜻임), 청구법인이 당초 부가가치세 신고시 쟁점여행상품을 패키지로 기획하여 여행객들에게 제공한 대가로 수령한 총 금액에서 현지 랜드사에게 지급한 항공료, 숙박료 등 지상비 상당액을 차감한 금액을 쟁점수수료로 분리하여 부가가치세 과세표준에 포함한 점, 청구법인의 2013 ~ 2017회계연도 외부감사보고서에도 고객에게 청구한 금액에서 재화나 용역의 실질적인 공급자에게 지급해야 할 금액을 차감한 순액을 수수료수익으로 인식하고 있다는 내용이 나타나는 점, 청구법인이 제출한 국외여행 계약서에도 여행요금 포함사항 중 필수항목으로 유류할증료 등의 경비를 제외한 '청구법인의 알선수수료 및 알선료에 대한 부가가치세 포함'이라는 내용이 기재되어 있는 점, 쟁점수수료는 국외에서 현지 랜드사가 제공하는 여행용역과 달리 국내에서 기획된 여행상품의 계약이나 비용지급의 대행업무와 관련된 용역의 대가이며 그 용역이 국내에서 제공된 것으로 보이고 영세율 적용대상인 외국항행용역 등과 관련된 것이라 하기도 어려운 점 등에 비추어 쟁점수수료가 영세율 적용대상에 해당한다는 청구주장은 받아들이기 어려운 것으로 판단된다.

6. 구매대행용역과 영세율

국내소비자에게 제공하는 구매대행용역이 국내공급부분과 해외현지법인에 위탁한 국외공급부분이 외형상 구분될 수 있더라도 이는 유기적으로 결합하여 실질적으로 하나의 용역으로 공급된 것으로서 그 중요하고도 본질적인 부분이 국내에서 이루어졌으므로 전체적으로 국내에서 공급된 용역으로 봄이 타당하므로 영세율이 적용되지 않는 것이다(대법원 2018.9.13. 선고 2018두46049 판결).

제1조(목적)
13. 서비스 정의 및 내용
    가. "배송대행형 서비스(배송대행)"라 함은 회원이 해외 인터넷 쇼핑몰 등에서 물품을 구매하려는 경우 원고가 해외에 물품 중간배송처로 활용될 수 있는 해외물류센터를 제공하고, 이후 회원이 직접 해외 인터넷 쇼핑몰 등에서 구매한 물품이 해외물류센터로 배송되면, 회원이 서비스 요금(국제운송료+국내통관에 따른 세금 등의 제 비용 및 대행수수료)을 결제 시에 고객 요청 또는 회사가 제공하는 국제운송회사를 통해 국제운송 및 수입통관을 거쳐 회원이 지정하는 수취처로 물품을 배송하여 회원이 물품을 수령할 수 있도록 하는 서비스를 제공합니다.
    나. "수입대행형 서비스(○○경매, 일본구매, □□경매, 미국구매)"라 함은 원고 패밀리 사이트에 공시한 수입대행내용을 근거하여 국내구매자와 수입대행 계약을 체결하고 해외판매자 또는 판매사이트 등으로부터 이용자를 대신해 구매 및 결제를 하고 해당 상품이 원고가 제공하는 해외의 중간 배송처에 입고된 이후 원고의 책임으로 국제운송 및 수입통관을 거쳐 이용자의 국내 수취처까지 운송하여 이용자가 수령할 수 있도록 하는 것을 의미합니다.
    다. "△△몰"이라 함은 수입대행형 거래계약 유형에 해당하는 서비스로서, "원고 패밀리 사이트"인 "△△몰" 인터넷 홈페이지 내 카테고리에 게시된 물품에 대하여 이용자가 수입대행에 따르는 총비용을 결제 시 "원고 패밀리 사이트"가 해외사용이 가능한 기명식 법인신용카드 및 해외송금(Wire Transfer) 등을 통해 해당 상품을 판매하는 해외 인터넷 쇼핑몰 등에서 이용자를 대신해 구매 및 결제를 하고 구매대행된 상품이 "원고 패밀리 사이트"가 제공하는 해외의 중간배송처에 입고된 이후 "원고 패밀리 사이트" 책임으로 국제운송 및 수입통관을 거쳐 이용자가 지정하는 국내 수취처까지 배송하여 이를 이용자가 수령할 수 있도록 하는 서비스를 의미합니다.
15. 원고는 계약에 의하여 일본 (유)AAAA와 미국 BBBB Inc.가 제공하는 다음과 같은 서비스에 소요되는 대금 등의 결제, 서비스 요청 및 주문의 접수를 대행합니다.
    가. 해외 경매 사이트, 해외 쇼핑 사이트 및 해외 판매자 등의 재화 또는 용역에 대한정보 제공 및 수입대행계약의 체결
    나. 원고 패밀리 사이트를 통한 해외 경매 사이트 입찰
    다. 해외 경매, 쇼핑 사이트의 재화 등의 출품지 또는 판매자와의 구매 계약 대금의 송금대행
    라. 해외 경매, 쇼핑 사이트의 재화 등의 출품자 또는 판매자와의 구매 계약이 체결되어 배송대행을 의뢰한 재화 또는 용역의 개별운송 계약체결 대행
    마. 해외판매 대행 및 상품의 배송 대행 등 해외판매 관련 서비스
    바. 기타 원고 패밀리 사이트가 정하는 업무제10조(신청과 계약의 성립)
2. 경매 및 구매대행 신청 및 계약은 회원ID 단위로 체결하는 것을 원칙으로 하며, 회원의

경매 및 구매대행 신청을 하는 경우 다음의 조건 하에서 계약이 성립됩니다.
　가. 경매 및 구매대행 신청시 "원고 패밀리 사이트"에서 등록한 회원아이디 사용
　나. 경매 시 "원고 패밀리 사이트"가 규정한 절차에 따라 사용 허가를 받은 "원고"가 취득한 아이디와 패스워드를 이용하여 낙찰을 받은 시점에
　다. 구매신청 후에 구매대금을 지불했을 때부터
3. "원고 패밀리 사이트"는 회원이 경매 및 구매대행 신청을 하여 계약이 성립되는 경우 다음의 계약조건이 승인된 것으로 간주합니다.
　가. "원고 패밀리 사이트"와의 계약은 해당 상품의 경매 및 구매에 있어서 송금, 인수, 배송의 대행 과정을 원고에 위임한 것으로 간주합니다.

제11조(대금지급)

1. 원고에게 경매 및 구매대행한 재화 등에 대한 대금과 수수료 및 재화 등의 배송 및 인수에 소요되는 비용 결제는 신용카드, 무통장입금, 가상계좌, 사이버머니 등 원고 사이트에서 인정한 결제수단으로 합니다.
5. 지급액 구성내용은 대행수수료, 현지소비세, 물품가, 송금료, 현지배송료, 기타 실비 및 국제배송료가 됩니다. 세부내용 결제화면내역 및 이용안내에 명시합니다.

제12조(경매 및 구매신청의 변경 및 취소)

1. 회원이 해외 경매사이트로부터 경매입찰을 하여 낙찰을 받는 시점에 출품자와 재화 등에 대한 구매계약을 체결한 것이며, 회원은 이 계약에서 이용자의 의무 이행사항을 원고에 위임한 것으로 간주합니다.
6. 원고가 구매하고자 하는 물품이 약관 6조의 각호에 해당하는 경우, 원고는 해당 물품에 대한 구매 및 배송 등에 관한 계약 일체를 해지할 수 있습니다.

제13조(재화 등의 인수, 배송, 보관)

1. 원고는 구매물품을 해외 현지사무소에서 인수하는 책임을 지며, 그와 관련하여 적절한 배송수단을 사용할 수 있습니다.
3. 원고는 경매낙찰품과 구매물품의 대금지급대행 및 인수와 관련하여 안전한 대금지급방법을 사용하여야 하며, 만일 원고의 과실로 인한 대금지불상의 문제가 발생하였을 경우에는 원고가 책임을 집니다.
7. 회원이 구매신청 후 지정한 시간 이내에 원고의 서비스 요금을 결제하지 않은 경우, 회사는 해당상품을 임의대로 처리할 수 있으며, 회원에게 물품의 보관 및 처분과 관련한 비용 등을 청구하여 징수할 수 있습니다.

제14조(차액정산)

3. 상품가격 변경, 관세율표 개정, 세 번분류 변경, 전산시스템 오류, 물품의 부피/무게차

이 등으로 이용자가 지불한 금액과 원고의 수입대행 시 발생한 실제 비용이 차이가 발생하는 경우에 대해 과부족금액을 2차 결제시 정산할 수 있으며, 이를 결제하지 않는 경우 원고는 회원의 서비스 이용을 제한할 수 있습니다. 모든 비용 계산은 원고의 비용과 그 적용에 관한 각종 규정이 적용됩니다.

제15조(운송 및 통관)
1. 운송
   가. 원고는 운송계약대행자로서 운송제휴사가 원고의 해외물류센터에서부터 이용자가 지정한 수취처까지의 항공/선박 운송, 수입통관, 국내배송의 용역을 제공합니다.
2. 통관
   가. 원고는 개인이 자가사용 목적으로 수입하는 개인수입통관원칙에 의거, 이용자를 납세의무자로 하고 수입요건을 구비하여 운송제휴사를 통하여 통관절차를 수행합니다.

제16조(반품 및 교환, 파손)
1. 나. 회원은 구매대행 재화 등으로서 해당 판매자의 거래약관상 반품 및 교환이 가능한 경우 반품 및 교환할 수 있습니다.
2. 원고는 1항에 해당하는 경우, 규정된 반품 및 교환 조건에 따라 반품 및 교환을 처리해 주어야 합니다.

제17조(책임범위)
1. 원고는 서비스 제공과 관련하여 회사의 귀책사유로 회원에게 발생한 손해에 대하여 회원이 당해 물품을 구입할 당시의 물품가격과 제 비용범위 내에서 회원에게 배상을 합니다.

원고가 국내에서 공급하는 부분과 원고가 해외 현지법인에 위탁하여 국외에서 공급하는 부분을 구분할 수 있다고 하더라도 원고가 해외 현지법인에 위탁하여 국외에서 공급하는 부분은 실질적으로 해외물품이라는 재화를 '수입'하는 과정 일부에 해당한다. 부가가치세제하에서 영세율의 적용은 국제간의 재화 또는 용역의 거래에 있어서 생산·공급 면에서 부가가치세를 과세징수하고 수입국에서 다시 부가가치세를 과세하는 경우의 이중과세를 방지하기 위하여 관세 및 무역에 관한 일반협정(GATT)상의 소비지 과세원칙에 의하여 수출의 경우에만 원칙적으로 인정되고, 국내의 공급소비에 대하여는 위 수출에 준할 수 있는 경우로서 그 경우에도 외국환의 관리 및 부가가치세의 징수질서를 해하지 아니하는 범위 내에서 외화획득의 장려라는 국가 정책상의 목적에 부합되는 경우에만 예외적, 제한적으로 인정되는 것이다(대법원 1983.12.27. 선고 83누409 판결, 대법원 2007.6.14. 선고 2005두12718 판결 등 참조). 이 사건에서 수출에 준할 수 있는 경우로서 외화획득의 장려라는 국가 정책상의 목적에 부합되는 경우라고 볼 자료가 없고, 위와 같이 실질적으로 재화의 수입에 해당하여 외화획득과는 무관하게 외화소비를 증진시키는 경우까지 국외에서 공급하는 용역이라는 이유로 영세율을 적용하는 것은 영세율 제도의 취지에 부합하지 아니한다.

원고와 같이 해외 현지법인에 구매대행용역 일부를 위탁하는 경우 해외 현지법인에 수수료 액수만큼의 외화가 유출됨에도 영세율이 적용된다고 본다면, 국내에서 구매대행용역 전부를 직접 수행하는 업체의 경우는 구매대행수수료 전체에 대하여 과세되는 10%의 부가가치세만큼 불리해지므로 조세공평의 원칙에 부합한다고 보기도 어렵다.

7. 관련 사례

(1) 국외제공용역에 해당하는 경우 : 영세율

① 선박매매중개용역

거래목적물이 고가이면서도 정착되어 있지 않은 선박매매거래의 특성상 선박매매중개용역은 엄선하여 거래가 성약되도록 하는 것과 선박을 인수도하여 거래가 종결되도록 하는 것이 본질적인 부분이이라 할 것으로서, 동 용역이 국외에서 제공되었기에 그 용역수수료는 영세율 적용대상이다(심사부가2007-0091, 2007.11.19).

② 외국에 인력파견

인력파견업을 영위하는 사업자가 대한무역투자진흥공사와 계약상 한국 내에서 채용한 안내요원을 일본현지 한국관에 파견하여 국외에서 용역을 제공하고 그 대가를 받는 경우 「부가가치세법」 제11조 제1항 제2호의 규정에 의하여 영세율이 적용되는 것이며, 대한무역투자진흥공사가 일본 엑스포 한국관 개최와 관련하여 국내의 업체와 도급계약에 의하여 일본 현지인들에게 배포할 홍보물 등을 국내에서 공급받는 경우에는 「부가가치세법」 제11조 제1항 제2호의 규정에 의한 영세율적용 대상에 해당하지 아니하는 것이며, 같은 법 제1조의 규정에 의하여 부가가치세가 과세되는 것이다(서면3팀-2197, 2004.10.28).

③ 북한에서 제공하는 용역

북한에 제공하는 용역은 남북교류협력에 관한 법률시행령에 의하여 국외제공용역에 해당되므로「부가가치세법」제11조 제1항 제2호의 규정에 의하여 영세율이 적용되는 것이다(서삼 46015-10039, 2004.1.8). 한편. 사업자가 북한 금강산지구내에 직원 및 관광객을 위한 식당을 개설한 국내사업자와 식당관리운영계약을 체결하고, 사용인을 상주시켜 자기의 책임과 계산 하에 음식용역을 북한에서 제공하는 경우에는 부가가치세 과세대상에 해당하지 아니하는 것이며(사업장이 북한에 소재하므로), 이 경우 사업자가 식자재를 구입하여 북한에 있는 식당에 반출하는 재화는「남북교류협력에 관한 법률」제26조 및 같은 법률 시행령 제51조의 규정에 의하여 영세율이 적용되는 것이다(서면3팀-1075, 2005.7.11).

④ **설계용역의 영세율 적용여부**

사업자가 국외의 건설공사를 수주받은 국내 건설업자로부터 당해 건설공사의 설계를 의뢰받아 국외현지에서 설계용역을 제공하는 경우에는 국외제공용역에 해당되어 영세율이 적용되나 국내에서 설계업무를 수행하는 경우에 당해 설계용역은「부가가치세법」제11조 제1항 제2호의 규정에 의하여 영세율이 적용되는 국외에서 제공하는 용역에 해당하지 아니하는 것이다(서삼 46015-11342, 2003.8.22).

⑤ **선박수리용역**

선박수리업을 영위하는 국내사업자가 국외에 소재하는 국내사업자 소유의 선박을 국외의 특성상소에서 수리하기로 당해 사업자와 계약을 체결하고 자기의 계산과 책임 하에 국외의 선박수리회사에 도급을 주어 선박수리용역을 제공하고 그 대가는 선박을 소유한 국내사업자로부터 국내에서 원화로 지급받는 경우 국내사업자가 제공한 당해 선박수리용역은 영세율이 적용되는 것이다(부가 46015-2391, 1997. 10.20).

⑥ **국외위탁영농 제공용역**

국내사업자가 블루베리 국외 위탁영농과 관련하여 주요하고도 본질적인 위탁영농용역의 수행을 국외에서 제공하는 경우에 한하여 국외제공용역으로 영세율이 적용되는 것이나, 이에 해당하는지는 수수료로 받는 대가의 성격, 위탁계약 내용, 위탁영농 관리, 위탁영농 수행 주체(법적, 경제적 권리자) 및 주된 용역의 제공 장소 등에 대한 그 실질내용에 따라 사실판단 할 사항이다(부가-809, 2010.06.29).

⑦ **국외 부동산개발 대행용역**

국내사업자가 외국법인과의 계약에 따라 국외에서 부동산 개발사업 업무대행 용역(해외 건설공사 진척도 확인, 외국법인 해외계좌 거래내역의 적정성 확인, 분양

대금 납입현황 확인 등)을 제공하고, 그 용역 대가는 외국법인의 채무지급대행 업체인 국내법인으로 부터 원화로 수령한 경우에도 당해 용역에 대해서는 「부가가치세법」제11조 제1항 제2호의 규정에 따라 영세율을 적용하는 것이다(부가-600, 2010.05.11).

⑧ 국외 부동산개발 대행용역

개별원시특허권을 보유한 사업자가 원시특허권사용계약에 의하여 국외에 소재하는 통합특허권자에게 당해 특허권에 대한 사용용역을 국외에서 제공하고 그 대가를 받는 경우 당해 용역의 제공은 영의 세율을 적용하는 것이며, 당사자 간 계약내용, 특허권 사용 방법 등을 종합적으로 고려하여 사실판단 하여야 하는 것이다(부가-1103, 2009.08.04.).

(2) 국외제공용역에 해당하지 않는 경우 : 과세

① 국내사업장이 있는 외국법인에게 제공하는 용역

사업자가 국내에서 공장건설(플랜트) 용역을 제공하는 외국법인에게 해당 공장건설에 소요되는 재화 또는 용역을 공급하고 그 대가를 외국법인의 본점으로부터 받는 경우에는 영의 세율을 적용하지 아니한다(부기통 24-33-2).

② 해외현지법인에 지급·이행보증용역 제공시 영세율 적용 여부

제조업을 영위하는 사업자가 해외 현지법인의 외화차입에 따른 채무지급보증용역을 제공하고 그 대가를 해외현지법인으로부터 외국환은행을 통하여 외화로 입금받는 경우 당해 용역제공대가는 부가가치세 영세율 적용대상 거래에 해당하지 아니하는 것이다(부가-825, 2009.06.16).

③ 국외 임대할 목적 장비를 국내에서 임차한 경우

국내사업자 "갑"이 해외법인에게 장비임대계약을 체결하고 이를 임대할 목적으로 국내법인 "을"과 장비 임차계약을 체결함.

해외법인에게 임대할 장비는 "갑"의 사업장으로 이동 없이 "을"의 사업장에서 바로 해외법인으로 이동하며 당해 장비의 통관, 검사, 운송 등 제반업무는 "을"의 관리책임 및 명의로 이루어지고 소요비용은 "을"이 "갑"에게 임대료에 포함하여 청구하는 조건인 경우 건설장비 임대용역 제공이 국내에서 이루어지는 것(단지 임차자가 건설장비를 해외에서 사용하는 것에 불과함)이므로, 당해 건설장비 임대용역의 제공은 영세율 적용 대상이 아니다(서면3팀-1135, 2008.06.05.).

(3) 애플리케이션 오픈마켓 국외제공

국내사업자가 개발한 스마트폰용 응용프로그램(애플리케이션)을 인터넷 상의 오픈마켓에 등재하고 오픈마켓 운영자의 중개 하에 국내·외 소비자가 이를 유상으로 다운로드받아 사용하는 경우, 동 거래는 용역의 공급으로서 과세대상이고, 국외 소비자가 다운로드 받는 분은 국외에서 제공하는 용역으로서 영세율이 적용되며, 영세율을 적용하여 신고할 경우 국세청장이 정하는 바에 따라 외화획득명세서 및 영세율이 확인되는 증빙서류 등을 제출하여야 하는 것이다. 동 거래와 관련하여 소비세 등의 명목으로 외국에서 납부한 금액은 과세표준에 포함되지 아니하고, 공급가액과 세액이 별도 표시되어 있지 아니하는 경우 거래금액의 110분의 100에 해당하는 금액을 과세표준으로 보되, 영세율이 적용되는 경우에는 전체 거래금액을 영세율 과세표준으로 보는 것이며 대가를 외국통화 기타 외국환으로 지급받는 경우 국내 개발자와 오픈마켓 운영자 간 정산일 등 역무의 제공이 완료되고 그 공급가액이 확정되는 때를 공급시기로 하여 「부가가치세법 시행령」 제51조에 따라 과세표준을 산정하는 것이다(재부-388, 2010.06.10.).

• 관련법조문 •

■ 집행기준 22-0-2(영세율이 적용되는 용역의 국외공급 사례)

용역의 국외공급에 해당되는 것	용역의 국외공급에 해당되지 아니하는 것
• 국외에서 건설공사를 도급받은 사업자로부터 건설공사를 하도급받아 국외에서 건설용역을 제공하는 경우	• 국내에서 외국법인에게 용역을 제공하고 그 대가를 외화로 받는 경우
• 광고물의 제작설치 및 유지보수용역을 제공하는 사업자가 광고대행업자의 주선으로 국내 광고주와 해외광고계약을 체결하고 국외에서 광고물을 제작, 설치한 후 해당 광고물의 유지보수용역을 공급하는 경우	• 국외에 소재하는 건설공사에 사용되는 건설장비 임대용역 • 국외 건설공사를 수주한 국내 건설업자에게 국내에서 제공하는 설계용역
• 사업자가 외국기업과 국외에 설립한 합작 법인에 해당 사업자의 기술을 이전하여 주고 합작법인으로부터 출자지분을 취득하는 경우	• 세관의 보세구역에서 외국인이 입국시 예치품을 일시보관하였다가 출국시 인출하여 주고 외국인으로부터 경비료를 받는 경우

제16절 플랜트수출

1. 의의

(1) 정의

플랜트 수출은 산업설비수출에 주로 활용되며 공장 및 산업시설에 필요한 기계설비만을 수출하는 것이 아니라 그 시설의 타당성 조사, 설비의 배열·설치, 시운전, 이에 수반되는 각종 건설공사, 엔지니어링, 기술훈련, 경영지도 등까지도 포괄하는 종합적인 개념으로 Hardware와 Software가 결합된 생산단위체를 말한다. 즉, 플랜트(산업설비) 수출이란 각종 상품을 제조하기 위한 기계, 장비 등의 하드웨어와 그 설치에 필요한 엔지니어링, 노하우, 건설시공, 감리, 시운전 등의 소프트웨어가 결합된 생산단위체의 종합수출을 말한다. 플랜트수출은 통상적인 수출과는 달리 국제경쟁입찰의 과정을 통하여 계약이 체결된다.

(2) 대외무역법의 규정(32조)

① 산업통상자원부장관은 다음의 플랜트수출을 하려는 자가 신청하는 경우에는 수출을 승인할 수 있다. 승인한 사항을 변경할 때에도 또한 같다.

   가. 농업·임업·어업·광업·제조업, 전기·가스·수도사업, 운송·창고업 및 방송·통신업을 경영하기 위하여 설치하는 기재·장치 및 대통령령으로 정하는 설비 중 산업통상자원부장관이 정하는 일정 규모 이상의 산업설비의 수출

   나. 산업설비·기술용역 및 시공을 포괄적으로 행하는 수출(일괄수주방식에 의한 수출)

1. 발전설비
2. 담수 설비 및 용수처리설비
3. 해양설비 및 수상구조설비
4. 석유 처리설비 및 석유화학설비
5. 정유설비 및 송유설비
6. 저장탱크 및 저장기지설비
7. 냉동 및 냉장설비
8. 제철·제강설비 및 철강재구조설비
9. 공해방지설비
10. 공기조화설비
11. 신에너지 및 재생에너지 설비
12. 정치식(定置式) 운반하역설비 및 정치식 건설용설비
13. 시험연구설비
14. 그 밖에 산업 활동을 위하여 필요한 설비

(3) 플랜트수출과 일반건설의 차이점

플랜트와 일반 건설이라는 대분류에서 나타나는 차이점을 판단해 보면 플랜트 수출 물류도 동일한 원리로 일반 수출 물류보다 더 전문화 되고 적기진행의 중요성이 강조되는 것을 알 수가 있다. 또한 현장의 화물 긴급성 및 다양성에 대하여 대처할 수 있는 유연성도 필요함을 인지할 수 있다.[28]

플랜트 분야	비교 분야	일반건설 분야
소수의 민간 발주자	발주자	다수의 공공 및 민간발주자
턴키(Turnkey) 일반화	발주방식	설계와 시공분리 일반화
기술경쟁 요소가 지배	입, 낙찰방식	가격경쟁력이 지배
지명 경쟁 일반화	경쟁방식	공개 경쟁 일반화
사업의 손익을 결정	프로젝트관리	발주자의 역량이 좌우
주문 생산 방식 일반화	자재공급방식	기성 제품이 일반화
설계 시공에 직접, 간접적 관여	기자재 공급자와 관계	거의 없음
설계 시공자의 역량	사업지배 역량	발주자의 사업 관리 역량
거의 절대적인 역량을 발휘	브랜드(인지도 영향)	극히 미미한 경쟁력
사업의 성패를 좌우함	통합관리	공기를 좌우함
성능과 규모 좌우함	대상설비에 대한 지식	제도와 기준이 좌우함
설계와 시공에 직접, 간접적 관여	기자재 공급과 인터페이스	거의 없음

---

28) 전현구, "플랜트 수출 물류의 개선방안에 관한 연구", 2012.8. p.14

2. 공급시기

사업자가 내국물품을 외국으로 반출하는 플랜트 수출의 경우에 수출재화의 공급시기는 수출재화의 선적일이 되는 것이다(부가46015-4393, 1999.10.29.).

Q. 산업용 정수시설(초순수 제조설비 – system)을 중국에 수출하였음. 일종의 플랜트 수출인데 국내에서 제반 시스템을 구축하고 이를 선편으로 중국 현지에 보낸 후 여기서 작업자들이 상당기간 현지에 머물면서 이를 설치하는 프로젝트로 대금수수방법은

① 계약금으로 40%를 T/T base로 받고 ② 중도금으로 50%를 L/C base로 받고
③ 잔금으로 10%를 설치 후 시운전과 공급 받는 자의 검사를 득하여 T/T base로 받기로 되어 있음.

A. 수출재화의 공급 시기는 수 출재화의 선적일이 되는 것임(서면인터넷방문상담3팀-384 2008.02.22.).

3. 손익의 귀속시기

내국법인이 일본업체로부터 육상플랜트 건설공사에 소요되는 부품(Girth Gear, Pinion & Shaft)을 수주 받아 그 부품을 직접 설계·제조하지 아니하고 국내업체에게 발주하여 이를 납품받아 당해 법인의 계산과 책임하에 그 일본업체에 수출하는 계약으로서 그 계약기간이 1년 이상인 경우 그 부품의 판매로 인한 익금과 손금의 귀속사업연도는 「법인세법 시행령」 제68조 제1항 제1호 및 같은 법 시행규칙 제33조 제2호의 규정에 따라 그 부품을 계약상 인도하여야 할 장소에 보관한 날이 속하는 사업연도로 하는 것이다(법규법인2009-0013, 2009.02.17.).

• 관련법조문 •

■ **법인세법 시행규칙 제33조 【인도한 날의 범위】**
영 제68조 제1항 제1호의 규정에 의한 상품 등을 인도한 날의 판정을 함에 있어서 다음 각 호의 경우에는 당해 호에 규정된 날로 한다.
1. 납품계약 또는 수탁가공계약에 의하여 물품을 납품하거나 가공하는 경우에는 당해물품을 계약상 인도하여야 할 장소에 보관한 날. 다만, 계약에 따라 검사를 거쳐 인수 및 인도가 확정되는 물품의 경우에는 당해검사가 완료된 날로 한다.
2. 물품을 수출하는 경우에는 수출물품을 계약상 인도하여야 할 장소에 보관한 날

 판례

검수조건부 플랜트수출의 공급시기(조심-2011-서-3753, 2012.2.22)

처분청은 검수조건부 공급이 대형 기계장치·플랜트설비 등에 적용되는 것으로, 쟁점재화와 같이 소규모의 재화에는 적용되지 않는 것이고, 쟁점재화의 공급시기를 중국에서 선적된 날로 보았으나, 검사에 합격하여 공급이 확정되는 검수조건부 판매의 계약은 계약당사자 간의 약정에 의하여 재화의 종류에 관계없이 계약이 가능한 것(대법원 79누135, 1979.10.30., 소비 22601-441, 1986.5.29., 같은 뜻임)이고, 쟁점재화와 같이 외국인도수출에 해당하는 경우의 공급시기는 「부가가치세법 시행령」 제21조 제1항 제10호 다목에서 외국에서 당해 재화가 인도되는 때로 규정되어 있는 바, 인도되는 때에 대하여 부가가치세법령에서 별도의 명문 규정이 없으므로 「법인세법 시행령」 제68조 및 「법인세법 시행규칙」 제33조의 규정을 준용하여야 할 것인 바, 법인세법령에서 인도한 날을 판정함에 있어 물품을 수출하는 경우에는 수출물품을 계약상 인도하여야 할 장소에 보관한 날로 규정되어 있고, 수출물품을 계약상 인도하여야 할 장소에 보관한 날이라 함은 계약상 별단의 명시가 없는 한 선적을 완료한 날을 뜻하는 것(법인세법 기본통칙 40-68--2, 같은 뜻임)이나, 청구법인의 경우와 같이 검수 조건부 판매로 쟁점재화를 공급하는 별단의 검수조건부 계약을 체결한 경우에는 계약내용에 따라 검수가 완료된 날을 공급시기로 보아야 하는 것(서면 3팀-1928, 2004.9.20., 같은 뜻임)으로, 선적일 이후 청구법인의 거래상대방에 쟁점재화를 2011.1.3.자에 검수한 사실이 나타나고 있어, 쟁점재화의 공급시기는 검수완료일인 2011. 1. 3.로 보아야 할 것으로 판단된다.

제17절 임대방식의 수출

1. 의의

(1) 정의

"임대수출"이란 임대(사용대차를 포함한다. 이하 같다) 계약에 의하여 물품등을 수출하여 일정기간 후 다시 수입하거나 그 기간의 만료 전 또는 만료 후 해당 물품등의 소유권을 이전하는 수출을 말한다. 반면에 "임차수입"이란 임차(사용대차를 포함한다. 이하 같다) 계약에 의하여 물품등을 수입하여 일정기간 후 다시 수출하거나 그 기간의 만료 전 또는 만료 후 해당 물품의 소유권을 이전받는 수입을 말한다(대외무역관리규정 2조).

(2) 거래구조[29]

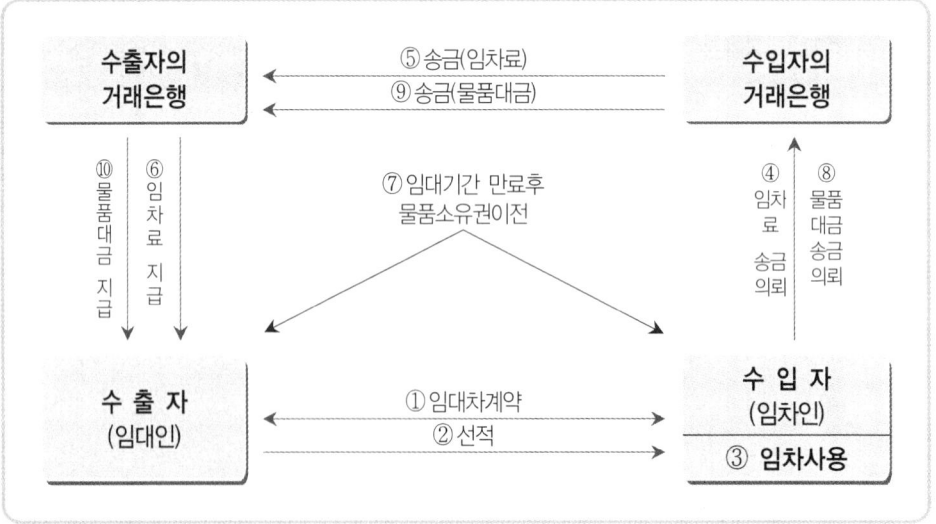

---

[29] 한국무역협회, 무역실무매뉴얼 32

2. 부가가치세법의 적용

(1) 수출형태에 따른 영세율

1) 소유권 이전조건

소유권 이전형태로 국외로 기계장치 등을 반출하는 경우 재화의 공급에 해당되어 선적일을 공급시기로 하여 부가가치세를 신고하여야 한다. 또한, 임대료를 지급받는 경우 용역의 국외공급에 해당되어 영세율이 적용된다.

2) 소유권 불이전조건

소유권 이전 없이 내국물품을 외국으로 무환반출 하는 것은 부가가치세 과세대상인 재화의 공급에 해당되지 않는다. 다만, 외국에서 임대료를 받는 것은 국외제공용역에 해당되어 영세율을 적용받는다. 소유권불이전 조건으로 외국에 무환반출하여 임대에 제공한 후 임대만료시에 직접 매각하는 경우 외국인도수출에 해당되어 영세율이 적용된다.

(2) 공급시기

소유권이전조건 임대방식의 수출은 선적일이 공급시기이며 소유권불이전조건으로 임대하다가 외국에서 매각하는 경우 인도되는 때가 공급시기이다. 또한 외국에서 임대차계약에 의하여 임대료를 지급받는 경우 대가의 각부분을 받기로 한 때가 공급시기이다.

(3) 세금계산서 발급의무

재화 또는 용역의 공급거래상대방이 외국법인 또는 비거주자에 해당되므로 세금계산서 발급의무가 면제된다.

(4) 대가의 수수방법

국외에서 임대료를 받는 경우 그 대가를 원화로 받거나 외화로 받는 경우 관계없이 영세율이 적용된다.

(5) 영세율 첨부서류

임대료에 대한 영세율첨부서류는 임대차계약서, 외화입금증명서 등이고 임대기간 만료 후 외국에서 매각하는 경우 수출계약서, 외화입금증명서 등이다.

제18절 선박 또는 항공기의 외국항행용역

1. 외국항행용역의 범위

(1) 선박 또는 항공기의 외국항행용역

영세율이 적용되는 외국항행용역은 선박 또는 항공기에 의하여 여객이나 화물을 국내에서 국외로, 국외에서 국내로 또는 국외에서 국외로 수송하는 것을 말하며, 외국여행사업자가 자기의 사업에 부수하여 행하는 재화 또는 용역의 공급으로서 다음에 규정하는 것을 포함한다.

① 다른 외국항행사업자가 운용하는 선박 또는 항공기의 탑승권을 판매하거나 화물운송계약을 체결하는 것
② 외국을 항행하는 선박 내 또는 항공기내에서 승객에게 공급하는 것
③ 자기의 승객만이 전용하는 버스를 탑승하게 하는 것
④ 자기의 승객만이 전용하는 호텔에 투숙하게 하는 것

(2) 복합운송주선용역

운송주선업자가 국제복합운송계약에 의하여 화주로부터 화물을 인수하고 자기책임과 계산 하에 타인의 선박 또는 항공기 등의 운송수단을 이용하여 화물을 운송하고 화주로부터 운임을 받는 국제운송용역은 외국항행용역에 포함한다. 복합운송주선업은 이 책 제3절(국제물류주선업)에서 별도로 설명한다.

(3) 상업서류송달용역

「항공법」에 의한 상업서류송달용역은 외국항행용역에 포함된다.

> • 관련법조문 •
>
> ■ 항공법 제2조 제33호
> "상업서류 송달업"이란 타인의 수요에 맞추어 유상으로 「우편법」 제2조 제2항 단서에 해당하는 수출입 등에 관한 서류와 그에 딸린 견본품을 항공기를 이용하여 송달하는 사업을 말한다.

2. 영세율 적용범위

(1) 영세율 적용대상

1) 용선과 이용운송

다음의 용역은 외국항행용역에 해당하므로 영의 세율을 적용한다(부기통23-32-1).

① 사업자가 외국항행선박으로 면허를 받은 선박을 선원부 용선계약에 의하여 타인에게 임대하여 자기책임 하에 자기의 선원이 그 선박을 국제간에 운항하도록 하고 용선자로부터 용선료를 받는 경우의 선원부 선박임대용역
② 사업자가 선원부 용선계약에 의하여 임차한 선박으로 자기계산 하에 여객이나 화물을 국제간에 수송해 주고 여객 또는 화주로부터 운임을 받는 경우의 운송용역
③ 운송주선업을 영위하는 사업자가 국제복합운송계약에 의하여 화주로부터 화물을 인수하고 타인의 운송수단을 이용하여 화주에 대하여는 자기책임과 계산 하에 외국으로 화물을 수송해 주고 화주로부터 운임을 받는 경우의 국제간이용운송용역
다만, 외국항행사업자가 국내의 외국항행사업자에게 나용선으로 선박을 대여하고 그 대가를 받는 경우에는 영의 세율을 적용하지 아니한다.

2) 외항선박 등에 공급하는 재화 또는 용역

외국을 항행하는 선박 및 항공기 또는 원양어선에 공급하는 재화 또는 용역이라 함은 당해 외항선박 및 항공기 또는 원양어선에 직접 공급하는 재화 또는 용역을 말하는 것(외항선박 자체에서 소요되는 물품을 말한다)이므로 다음에 대하여는 영(0)의 세율이 적용된다. 여기서 외국을 항행하는 선박이라 함은 외국의 선박과 「해운법」에 따라 사업면허를 얻은 외국항행사업자가 운항하는 선박으로서 외국을 항행하는 우리나라의 선박을 말하며, 원양어선이라 함은 「원양산업발전법」에 따라 원양어선으로 허가를 얻어 주로 해외수역에서 조업을 하는 선박을 말한다(부기통 24-33-6).

① 도선선박·예인선박 또는 통선 등에 의한 용역을 외항선박에 제공하고 그 대가를 받는 것(부기통 24-33-8).
② 외국을 항행하는 선박 또는 항공기에 직접 하역용역 등을 제공하고 그 대가를 받는 것(부기통 24-33-9).
③ 외국항행사업자가 선용품 등을 다른 외항선박·원양어선에 공급하는 경우. 다만 국

내의 다른 사업자에게 공급하는 경우에는 영의 세율을 적용하지 아니한다(부기통 24-33-10).

④ 사업자가 수리를 목적으로 보세구역(수리선박소)으로 입항한 외항선박(내·외 국적 불문)에 수리를 위한 자재를 공급하는 경우 및 원양어선 수리용역(부가 1265.2-224 82.11.1).

(2) 영세율 적용제외

다음의 경우에는 외항선박 등에 직접 공급하는 재화 또는 용역이라 볼 수 없으므로 영(0)의 세율을 적용하지 아니한다. 즉, 사업상의 목적으로 사용하기 위하여 공급받는 재화 또는 용역은 영세율이 적용되지 않는다.

① 외항선박의 컨테이너 수리용역(부기통 24-33-7).
② 외항선을 예인하는 예인선박에 소요되는 재화(석유류 제품)의 공급(간세 1235-2924, 1977.9.3).
③ 사업자가 항행사업자에게 재화를 공급하는 경우(예, 탑승객에게 제공하는 넥타이를 제조하여 항공회사에 공급하는 경우)(부가 22601-478 91.4.18).
④ 침몰된 외국항행선박으로부터 유출된 유류제거를 위한 용역(부가 1265.1-1541 1982.6.24).

(3) 비거주자 또는 외국법인의 경우

국내사업장이 있는 외국법인이 제공하는 외국항행용역에 대한 영의 세율은 해당 외국법인이 상호면세국의 사업자에 해당하는지 여부에 따라 다음과 같이 적용한다(부기통 23-32-2).

① 상호면세국일 경우에는 우리나라에서 여객이나 화물이 탑승 또는 적재되는 것만 영의 세율을 적용한다.
② 상호면세국이 아닐 경우에는 우리나라에서 여객이나 화물이 탑승 또는 적재되는 것만 과세하며, 영의 세율을 적용하지 아니한다.

3. 공급시기

외국항행용역의 공급시기는 역무의 제공이 완료되고 그 공급가액이 확정되는 때이다. 즉, 항공운행이 완료된 시점이나 항공권의 발급시점이 아니다. 그 이유는 항공료 수입은 국제항공운송협회(IATA)의 항공료 정산시점에서 확정되기 때문이다.

4. 대가의 영수방법

용역제공에 대한 대가를 원화로 받느냐 외화로 받느냐 또는 누구에게서 받느냐 등의 영수조건에 관계없이 영의 세율이 적용된다.

5. 세금계산서 발급

선박 또는 항공기에 의한 외국항행 용역(국내에 사업장이 없는 비거주자 또는 외국법인인 경우와 항공기의 외국항행용역 및 「항공법」에 의한 상업서류송달용역에 한한다)은 세금계산서 발급의무가 면제된다(부법23, 부령71①4).

따라서 선박에 의한 외국항행용역을 거주자·내국법인 또는 국내사업장이 있는 비거주자·외국법인에게 공급하는 경우에는 영세율세금계산서를 발급하여야 한다.

6. 영세율첨부서류

(1) 항공기의 운송용역

다음의 공급가액 확정명세서를 제출한다.

0303-69A	공 급 가 액 확 정 명 세 서	19

근거 : 부가가치세영세율적용에관한규정			
사업자	① 성 명	㉑	⑤ 사 업 자 등 록 번 호
	② 상 호		⑥ 주민등록번호
	③ 사업장소재지		⑦ 업 태
	④ 사업자 주소		⑧ 종 목

공 급 내 용												
⑨ 노선별	여객수입		화물수입		수화물 수입		우편물 수입		기타수입		합 계		비고
	⑩ 외화	⑪ 원화	⑫ 외화	⑬ 원화	⑭ 외화	⑮ 원화	⑯ 외화	⑰ 원화	⑱ 외화	⑲ 원화	⑳ 외화	원화	

(2) 외항선박에 의한 운송용역

외화입금명세서이나 부득이한 경우에는 선박에 의한 운송용역 공급가액일람표를 제출할 수 있다.

[별지 제2호 서식]

0303-80A	선박에 의한 운송용역공급가액일람표							19
근거 : 부가가치세영세율적용에관한규정								
사업자	① 성 명				④ 사 업 자 등 록 번 호			
	② 상 호				⑤ 업 태			
	③ 사업장소재지				⑥ 종 목			
공 급 내 용								
구 분		운 송 수 입 (기간 년 월 ~ 월)						⑮비고 (운항기간 등)
⑦ 선박명	⑧운항 기간	원화수입분		해외수입분		계		
		⑨ 외화	⑩ 원화	⑪ 외화	⑫ 원화	⑬ 외화	⑭ 원화	
⑯ 소 계 (A)								
⑰ 외 화 입 금 증명서제출분 (B)								
⑱ 차 감 (A-B)								

※ 대선수입분은 비고란에 기간 용선·항해용선으로 구분하고 대선기간을 표시함.

(3) 다른 외국항행사업자의 탑승권판매·화물운송계약을 체결한 경우

공급자와 공급받는 자간의 송장집계표를 제출한다. 송장집계표는 공급자와 공급받는 자간에 정하는 서식으로 일정기간의 거래내용을 기재하여 집계한 서류를 말한다(부기통23-101-1).

(4) 국제복합운송용역

외화획득명세서에 영세율이 확인되는 증빙서류를 제출한다(부기통24-101-5).

(5) 기타 영세율 첨부서류

① 외항선박 또는 항공기에 공급하는 재화
  ㉠ 세관장이 발급하는 물품, 선(기)용품 적재허가서(선적이 확인된 것에 한함)
  ㉡ 다만, 물품, 선(기)용품 적재허가서 상에 물품수량 및 금액 등이 합계로 기재되고 물품명세서는 별첨된 경우로서 사업자가 당해 물품명세서를 보관하여 확인이 가능한 경우에는 당해 물품명세서의 제출을 생략할 수 있다.

② 외항선박 또는 항공기에 공급하는 하역용역
세관장에게 제출한 수출(입)품목 적재(하선)에 관한 작업신고서 및 교통허가서 또는 작업보고필증이나 선박회사 대금청구서

③ 외항선박 또는 항공기에 공급하는 하역용역 이외의 용역
세관장이 발급한 승선허가증 사본

④ 원양어선에 공급하는 재화 또는 용역
항만청장에게 제출한 입출항신고필증사본과 선장이 발행하는 확인서

⑤ 외항선박·항공기 또는 원양어선에 공급한 용역에 대한 지정서류를 제출할 수 없는 경우
용역계약서 사본

제19절 자유무역지역 안의 반입 재화·북한반출 재화 및 용역

1. 개요

일반적인 수출이라 함은 내국물품을 외국으로 반출하는 것을 말한다. 다만, 일정한 요건을 갖춘 경우 수출로 보는 경우가 있는가 하면 타법령에 의하여 영세율이 적용되도록 규정하고 있다. 타법령에 의해서 영세율이 적용되는 것은 대북반출과 자유무역지역안의 공급 등이 있다.

2. 영세율 적용범위

(1) 자유무역지역 안의 공급

1) 관련법령

「자유무역지역의 지정 및 운영에 관한 법률」 제45조에 부가가치세의 영세율 적용 및 관세 등이 면제 또는 환급에 대하여 다음과 같이 규정하고 있다.

① 입주기업체가 제29조 제1항의 규정에 의하여 반입신고를 한 내국물품에 대하여는 「주세법」 제31조 제1항 제1호, 「개별소비세법」 제15조 제1항 제1호 또는 「교통·에너지·환경세법」 제13조 제1항 제1호의 규정에 의하여 수출하거나 「수출용원재료에 대한 관세 등 환급에 관한 특례법」 제4조 제1호 또는 제3호의 규정에 의하여 수출 또는 공급하는 것으로 보아 관세 등을 면제하거나 환급한다.

② 제1항의 규정에 의한 내국물품에 대하여는 「부가가치세법」 제11조 제1항 제1호의 규정에 의하여 수출하는 재화로 보아 부가가치세의 영세율을 적용한다.

③ 자유무역지역 안에서 입주기업체간에 공급하거나 제공하는 외국물품등과 용역에 대하여는 부가가치세의 영세율을 적용한다.

이법에서 내국물품이란 다음을 말한다(자유무역지역의 지정 및 운영에 관한 법률 제29조 제1항 제2호).

㉠ 기계·기구·설비 및 장비와 그 부분품
㉡ 원재료·윤활유·사무용컴퓨터 및 건축자재

ⓒ 그 밖에 사업목적의 달성에 필요하다고 인정하여 관세청장이 정하는 물품

2) **부가가치세법 규정(부기통 9-18-7)**

① 보세구역(자유무역지역 및 관세자유지역 포함)에 관련된 부가가치세법 적용은 다음과 같이 한다.
   1. 외국에서 보세구역으로 재화를 반입하는 것은 재화의 수입에 해당하지 아니한다.
   2. 동일한 보세구역 내에서 재화를 공급하거나 용역을 제공하는 것은 재화의 공급 또는 용역의 제공에 해당한다.
   3. 보세구역 외의 장소에서 보세구역으로 재화 또는 용역을 공급하는 것은 재화 또는 용역의 공급에 해당한다.
   4. 사업자가 보세구역 내에서 보세구역 외의 국내에 재화를 공급하는 경우에 공급가액 중 관세가 과세되는 부분에 대하여는 세관장이 부가가치세를 거래징수하고 수입세금계산서를 발급하며 공급가액 중 관세의 과세가격과 관세·개별소비세·주세·교육세·교통·에너지·환경세 및 농어촌특별세의 합계액을 뺀 잔액에 대하여는 재화를 공급하는 사업자가 부가가치세를 거래징수하고 세금계산서를 발급하여야 한다. 다만, 영 제61조 제1항 제5호 단서에 해당하는 때에는 그 선하증권의 공급가액 전체에 대하여 부가가치세를 거래징수하고 세금계산서를 발급할 수 있다.
   5. 사업자가 보세구역 내에서 보세구역 외의 국내로 내국신용장에 의하여 재화를 공급하는 경우에 공급가액 중 관세가 과세되는 부분에 대하여는 세관장이 부가가치세를 거래징수하고 수입세금계산서를 발급하며 공급가액 중 관세의 과세가격과 관세·개별소비세·주세·교육세·교통·에너지·환경세 및 농어촌특별세의 합계액을 뺀 잔액에 대하여는 재화를 공급하는 사업자가 영의 세율이 적용되는 세금계산서를 발급하여야 한다. 다만, 영 제61조 제1항 제5호 단서에 해당하는 때에는 그 선하증권의 공급가액 전체에 대하여 부가가치세를 거래징수하고 세금계산서를 발급할 수 있다.

② 「자유무역지역의 지정 및 운영에 관한 법률」에서 제1항과 달리 규정하고 있는 경우에는 그 법률에 의한다.

3) **영세율 첨부서류**

세관장이 발행하는 내국물품 반입사실을 증명할 수 있는 서류를 제출하여야 한다.

4) 관련사례

① 위탁급식용역

「자유무역지역의 지정 및 운영에 관한 법률」 제2조의 규정에 의한 입주기업체가 아닌 국내사업자가 자유무역지역내의 입주기업체에게 위탁급식용역을 공급하는 경우에는 「부가가치세법」 제7조의 규정에 따라 부가가치세가 과세되는 것이다(부가-1533, 2009.10.22).

② 재화의 공급

「자유무역지역의 지정 및 운영에 관한 법률」 제2조의 규정에 의한 입주기업체가 같은 법 제29조 제1항 제2호의 규정에 의한 내국물품을 공급받고 세관장에게 반입신고를 한 경우 당해 내국물품을 공급한 사업자는 같은 법 제45조 제2항의 규정에 의하여 부가가치세 영의 세율이 적용되는 것이나, 귀 질의의 물품이 같은 법 제29조 제1항에 의하여 세관장에게 반입신고된 내국물품에 해당하는 지의 여부는 사실판단사항이다(서면3팀-1273, 2006.6.29).

> ● 참고
>
> **자유무역지역 입주업종 확대 추진30)**
>
> (1) 업종확대
>
> 그간 제조업, 도매업, 물류업에 한정되었던 자유무역지역 입주업종이 정보서비스업(콘텐츠업, 소프트웨어업), 전문디자인업, 연구개발업 등 지식서비스산업까지 확대될 예정이다.
>
> ※ 지식서비스산업이란 인간의 지식을 집약적으로 활용하여 높은 부가가치를 창출하는 서비스를 제공하는 산업을 말하며, 전자상거래업, 전기통신업, 회계 및 세무관련 서비스업, 경영컨설팅업 등이 해당된다.
>
> 따라서 지식경제부는 관세유보, 저가임대, 조세감면 등 최상의 인센티브가 제공되는 자유무역지역에 지식서비스업을 유치할 수 있도록 관련법(「자유무역의 지정 및 운영에 관한 법률」) 개정안을 입법예고하고 3월 4일까지 이에 대한 의견을 수렴하고 있다.
>
> - 먼저 내국물품을 자유무역지역 밖으로 반출할 때 매번 증빙서류를 세관에 제출하도록 하던 것을, 물품목록만을 신고하고 증빙서류는 업체가 자체 보관할 수 있도록 한다.
> - 또한, 창고업 등에 종사하는 입주업체가 취급하는 물품 중 수취거절 등으로 처분하기 곤란한 외국물품을 세관에서 대신 매각 처리할 수 있도록 하며,
> - 물품 자율관리제도를 도입하여 보세사가 관리하는 물품에 대하여는 재고조사 간소화, 내국물품확인서 자율발급 등 물품관리 절차를 간소화할 수 있도록 할 예정이다.

지식경제부는 금년 5월 중 정부안을 확정하여 국회에 상정하고 6월 법률 개정안을 공포하여 9월부터 시행할 계획이다.

(2) 자유무역지역 지원제도

1) 자유무역지역의 특징
   ① 일정규모의 산업단지, 항만, 공항을 자유무역지역으로 조성하여 제조, 생산, 수출, 물류 등 무역 및 물류 진흥 및 기업 활동에 특화
   ② 산업용지 임대방식으로 생산·물류·경제 활동 공간 제공

2) 자유무역지역 제도 개요 및 인센티브
   ① 자유무역지역은 대외무역법, 관세법 등의 규제를 완화하여 외국인투자 유치, 수출입·물류 진흥 등을 발전시키려는 지역
   ② 제조·유통·무역 관련 규제의 완화, 인프라 구축, 토지·건물 임대, 조세감면 등 입주기업에 대해 최상의 인센티브 부여
      ㉠ 관세 유보 또는 환급 및 부가가치세 영세율 적용
      ㉡ 외투기업 세제혜택(1천만불 제조업, 5백만불 물류업)
         ⓐ 법인세, 소득세 : 3년간 100%, 2년간 50% 감면
         ⓑ 재산세 등 지방세 : 최장 15년간 100% ~ 50% 감면
      ㉢ 외국인투자, 입주허가, 건축허가 등 일괄행정서비스 제공

(3) 자유무역지역 지정 현황

1) 산업단지형 자유무역지역(관리권자 : 지식경제부장관)

구 분	마산	익산	군산	대불	동해	율촌	울산	김제
소 재 지	경남 마산시	전북 익산시	전북 군산시	전남 영암군	강원 동해시	전남 순천시	울산 울주군	전북 김제시
지 정 일	1970.1.1	1973.10.8	2000.10.6	2002.11.21	2005.12.12	2005.12.12	2008.12.8	2009.1.6
총면적(천㎡)	953	309	1,256	1,157	248	343	1,297	991
관 리 기 관	마산 관리원	군산 관리원	군산 관리원	대불 관리원	조성중	조성중	조성중	조성중
관 리 권 자	지식경제부장관							

2) 항만형 및 공항형 자유무역지역(관리권자 : 국토해양부장관)

구 분	부산항	광양항	인천항	포항항	평택 당진항	인천국제공항
지 정 일	'02.1.1	'02.1.1	'03.1.1	'08.12.8	'09.3.30	'05.4.6
면적(천㎡)	9,452	8,879	2,405	709	1,429	3,014
관 리 기 관	지방해양항만청 부산항만공사	지방해양항만청 컨테이너공단	지방해양항만청 인천항만공사	지방해양 항만청	지방해양 항만청	서울지방항공청 인천국제공항공사
관 리 권 자	국토해양부장관					

(2) 북한으로 반출하는 재화·용역

1) 「남북교류협력에 관한 법률 시행령」 제42조(영세율)

① 북한으로부터 반입되는 물품 등은 「부가가치세법」에 따른 재화 또는 용역의 공급으로 보아 같은 법을 준용한다. 이 경우 물품 등(용역은 제외한다)에 대해서는 세관장이 관세 징수의 예에 따라 부가가치세를 징수하며 용역에 대해서는 「부가가치세법」 제52조를 준용한다.

② 북한으로부터 반입되는 물품이 개별소비세·주세 및 교통·에너지·환경세의 과세대상인 경우 출입장소로부터 해당 물품이 반출되는 때를 보세구역으로부터 반출되는 것으로 보아 「개별소비세법」·「주세법」 또는 「교통·에너지·환경세법」을 준용한다.

③ 북한으로 반출되는 물품 등(해당 선박 또는 항공기에서 판매되는 물품은 제외한다)은 수출품목으로 보아 「지방세법」·「부가가치세법」·「개별소비세법」·「주세법」 및 「교통·에너지·환경세법」을 준용한다. 다만, 물품 등 중 제3조에 따른 용역 및 전자적 형태의 무체물은 「지방세법」 및 「부가가치세법」만 준용한다.

④ 북한에 제공되는 용역 및 선박·항공기의 북한항행용역은 이를 각각 국외제공용역 또는 외국항행용역으로 보아 「지방세법」 및 「부가가치세법」을 준용한다. 다만, 해당 선박 또는 항공기에서 운행요금 외에 별도로 대가를 받고 제공되는 용역에 대하여는 그러하지 아니하다.

2) 「남북교류협력에 관한 법률 시행령」 제43조(휴대품에 대한 과세특례)

① 출입장소를 통하여 북한에서 남한으로 들어오는 사람의 휴대품·별송품으로서 관계 행정기관의 장이 정하여 고시하는 물품 등에 대해서는 제41조 제2항 및 제42조에도 불구하고 관세·부가가치세·개별소비세·주세 및 교통·에너지·환경세를 부과하지 아니한다.

② 북한에서 남한을 방문하는 사람에 대하여는 외국인 관광객에 준하여 「부가가치세법」 및 「개별소비세법」의 감면규정을 준용한다.

3) 「남북교류협력에 관한 법률 시행령」 제44조(소득세 과세)

① 남한과 북한 간의 투자, 물품 등의 반출·반입, 그 밖에 경제 분야의 협력사업 및 이에 수반되는 거래로 발생하는 소득에 대한 조세의 부과·징수·감면 및 환급 등에

---

30) 자유무역지역 입주업종 확대추진, 보도자료(지식경제부, 2010.02.16)

관하여는 법 제26조 제3항 제6호부터 제8호까지의 법률을 준용한다. 이 경우 북한에 물품 등을 반출하는 것은 수출 또는 외화획득사업으로 보며, 북한으로부터 물품 등이 반입되는 것은 수입으로 보지 아니한다.

② 제1항에 따라 「소득세법」을 준용할 때 북한에서 소득이 있는 남한주민의 소득에 대하여 소득세 부과의 특례를 인정하는 경우에는 남한에서 소득이 있는 북한주민의 소득에 대하여 그와 동등한 특례를 인정할 수 있다.

③ 남북교류·협력으로 발생하는 소득에 대한 과세에 대하여 정부와 북한의 당국 간의 합의가 있는 때에는 제1항에 따른 「소득세법」의 전부 또는 일부를 준용하지 아니할 수 있다.

제20절 여행알선용역

1. 영세율 적용요건

「관광진흥법」에 따른 일반여행업자가 외국인관광객에게 공급하는 관광알선용역으로서 그 대가를 다음 어느 하나의 방법에 의하여 받는 것은 영세율을 적용한다. 여기서 외국인관광객이란 관광의 목적으로 우리나라에 입국한 외국인 또는 재외국민을 말한다.

① 외국환은행에서 원화로 받은 것
② 외화 현금으로 받아 외국인관광객과의 거래임이 확인된 것(국세청장이 정하는 관광알선수수료명세표와 외화매입증명서에 의하여 확인되는 것만 해당한다)

종전에는 일반여행사의 영세율 적용대상을 외국환은행에서 원화로 받는 것에 제한하였으나 관광산업의 활성화 일환으로 2008.7.24. 공급분 부터 세법을 개정하여 영세율 적용대상을 확대하였다.

> **관련법고시**
> 관광알선수수료 명세표 고시(국세청고시 제2021-44호, 2021.08.24.).
>
> 「부가가치세법」 제24조 제1항 제3호, 같은 법 시행령 제33조 제2항 제7호 나목의 위임에 따라 관광알선수수료명세표 서식을 다음과 같이 개정하여 고시합니다.

관광알선 수수료 명세표

근거 : 부가가치세법시행령 제26조 제1항 제5호 나목

사업자	① 성 명		③ 사업자등록번호	
	② 상 호		④ 사 업 장	

<table>
<tr><td colspan="9" align="center">공 급 내 용</td></tr>
<tr><td colspan="4" align="center">공 급 받 는 자</td><td rowspan="2">⑨
관광알선
용역제공
기 간</td><td colspan="3" align="center">관광알선용역 수수료</td></tr>
<tr><td>⑤성 명</td><td>⑥국 적</td><td>⑦여권번호</td><td>⑧
입국
일자</td><td>⑩
계</td><td>⑪
외화
수취</td><td>⑫
여행자
수표</td></tr>
<tr><td></td><td></td><td></td><td></td><td></td><td></td><td></td><td></td></tr>
</table>

부 칙(2021.8.24 국세청고시 제2021-44호)

이 고시는 2021년 8월 24일부터 시행한다.

2. 과세대상 및 과세표준의 계산

여행알선업을 영위하는 사업자가 여행객에게 여행알선에 대한 서비스를 제공하고 받는 대가는 용역의 공급에 해당되어 부가가치세 과세대상이다. 이 경우 관광진흥법에 의한 일반여행업에 있어서 부가가치세 과세표준은 관광객으로부터 받은 알선수수료와 관광알선용역의 공급에 필수적으로 부수하여 발생하는 대가관계에 있는 모든 금전적 가치 있는 것을 포함하는 것이나, 관광객으로부터 수탁 받아 지급되는 숙박비·운송비·고속도로비·전화요금·입장료 등의 경비는 과세표준에 포함하지 아니한다. 즉, 여행객이 직접 부담하는 항공료, 숙박비 등을 여행사가 납부대행만 하는 경우에는 예수금 성격으로 구분기장한 때에는 과세표준 및 수입금액에서 제외되는 것이다. 그러나 수탁경비가 아닌 출장비, 안내비, 수당, 안내원교통비, 안내원숙박비, 기사식사비, 고속도로비, 주차비, 기념품비 등 여행사의 일반관리비·판매비 성격으로 여행사가 부담하여야 할 성격의 경비는 과세표준에 포함하여야 한다. 「관광진흥법」에 따른 일반여행업자가 관광상품을 기획하여 자기의 계산과 책임 하에 관광용역을 제공하면서 여행객으로부터 여행객이 부담하여야 할 비용의 종류별 금액과 여행알선수수료를 구분하지 아니하고 대가를 받는 경우 「부가가치세법」 제11조에 따라 용역의 공급으로 부가가치세가 과세되는 것이다. 이 때 부가가치세 공급가액은 여행상품 판매가액(부가가치세 제외)이 되는 것이며, 해당 공급가액에 대응하여 거래징수된 매입세액은 자기의 매출세액에서 공제하는 것이다(법규부가2014-433, 2014.09.19.).

> 여행사의 과세표준 = 관광요금 − 랜드비용(숙박비 등 수탁금)

3. 세금계산서 또는 현금영수증의 발급

여행사가 여행객에게 공급하는 여행알선용역만 부가가치세 과세대상이므로 이 금액에 대해서 세금계산서를 발급하여야 하며, 따라서 여행객이 부담하는 항공요금, 숙박비 등을 단지 수탁 받아 집행하는 경우에는 세금계산서 발급대상이 아니다. 즉, 「조세특례제한법」 제123조의3 규정에 의한 현금영수증가맹점으로 가맹한 사업자가 일반여행객에게 여행알선용역의 수수료와 당해 여행알선 용역외의 운송·숙박·식사 등에 대한 비용을 함께 현금으로 받는 경우에는 당해 사업자가 직접 제공한 여행알선용역의 수수료에 대하여만 현금영수증을 발급하여야 하는 것이며 항공료, 숙박비 등 수탁경비는 현금영수증 발행대상이 아니다. 다만, 영세율이 적용되는 일반여행업자로 등록한 여행사가 외국인관광객에게 제공하는 여행알선용역은 세금계산서 발급의무가 면제된다.

4. 공급시기

용역의 공급시기는 역무의 제공이 완료되고 공급가액이 확정되는 때이다. 따라서 여행알선용역의 공급시기는 여행알선용역의 제공이 완료되는 때이다. 여행알선업자가 항공운송사업자와의 항공권 판매 대행계약에 의하여 항공권 판매 대행용역을 제공함에 있어 항공권 판매 대행용역의 제공이 완료되었으나, 그 대가가 확정되지 아니한 경우 항공권 판매 대행용역의 공급시기는 「부가가치세법 시행령」 제29조 제2항 제1호의 규정에 의하여 당해 용역의 제공이 완료되고 그 공급가액이 확정되는 때인 것이다. 한편, 여행사가 여행권(상품권)을 판매하고 추후 여행알선용역 및 여객운송용역을 제공하고 반환 받는 경우 부가가치세 과세표준은 반환 받은 여행권의 금액이 되는 것이며 그 공급시기는 여행알선용역제공이 완료되는 때이다.

5. 매입세액공제

관광진흥법에 의한 여행업을 영위하는 사업자의 과세표준은 여행알선용역을 제공하고 받는 수수료이므로 당해 여행알선용역의 공급에 직접 관련되지 아니한 관광객의 운송·숙박·식사 등에 따른 매입세액은 매출세액에서 공제하지 아니한다.

6. 손익의 귀속시기

내국법인의 각 사업연도의 익금과 손금의 귀속사업연도는 그 익금과 손금이 확정된 날이 속하는 사업연도로 한다. 따라서 여행알선용역의 귀속사업연도는 여행알선용역 제공이 완료된 사업연도로 한다.

7. 익금 또는 총수입금액의 계산

여행사는 사업서비스업에 해당하므로 수수료 수입상당액만 순액으로 수입금액으로 계상하여야 한다. 즉, 고객으로부터 대납금 성격으로 받는 수탁비용은 과세표준과 수입금액에 산입하지 아니한다. 즉, 익금 또는 총수입금액은 고객으로부터 받는 항공권·철도승차권의 판매대행수수료, 여행상품의 판매수익, 숙박업소의 예약소개 등을 통한 알선수수료 등이다. 또한, 여권 및 비자수속 대행수수료, 쇼핑수수료 등이다. 비용은 운수경비, 임직원 급여, 복리후생비 등 일반회사와 거의 유사하다. 이 경우 여행객으로부터 받는 수탁금은 구분 회계처리 한 경우 익금 또는 총수입금액에서 제외된다.

8. 중소기업 해당 여부

여행사는 관광진흥법에 의한 관광사업에 해당되어 세법상 중소기업 해당업종으로 중소기업요건을 충족하는 경우 조세특례를 적용받을 수 있다.

9. 적격증명 수취대상 여부

법인이 여행사에게 지급한 여행알선용역 대가의 수수료 외에 교통비, 숙박비, 입장료 등 여행경비를 대신 지급하도록 한 경우, 그 위탁 지급한 여행경비에 대하여도 당해 법인이 실제 용역을 제공한 자로부터 지출증빙서류를 수취하여야 하며 이를 수취하지 아니한 경우 정규증명서류 미수취가산세(2%)에 해당 하는 것이다. 다만, 이 경우에도 다른 객관적인 자료에 의하여 당해 법인사업 관련한 지출인 사실이 확인된 경우에는 각 사업연도 소득금액 계산 시 손금에 산입한다.

제21절 비거주자·외국법인에게 공급하는 재화·용역

1. 적용범위

재화나 용역의 공급이 국내에서 거래되지만 외화획득을 장려하기 위하여 일정한 요건을 갖춘 다음의 경우에 영세율을 적용한다(부령33②).

① 국내에서 국내사업장이 없는 비거주자 또는 외국법인에 공급되는 일정한 재화 또는 사업에 해당하는 용역으로서 그 대금을 외국환은행에서 원화로 받거나 기획재정부령으로 정하는 방법으로 받는 것
② 비거주자 또는 외국법인의 국내사업장이 있는 경우에 국내에서 국외의 비거주자 또는 외국법인과 직접 계약에 의하여 공급되는 재화 또는 용역 중 일정한 재화 또는 사업에 해당하는 용역으로서 그 대금을 해당 국외의 비거주자 또는 외국법인으로부터 외국환은행을 통하여 원화로 받거나 기획재정부령으로 정하는 방법으로 받는 것

2. 영세율 적용대상 재화 및 용역

다만, "②" 중 전문서비스업과 "⑧"에 해당하는 용역의 경우에는 해당 국가에서 우리나라의 거주자 또는 내국법인에 대하여 동일하게 면세하는 경우(우리나라의 부가가치세 또는 이와 유사한 성질의 조세가 없거나 면세하는 경우를 말한다)에 한정한다.

① 비거주자 또는 외국법인이 지정하는 국내사업자에게 인도되는 재화로서 해당 사업자의 과세사업에 사용되는 재화
② 전문, 과학 및 기술서비스업[수의업(獸醫業), 제조업 회사본부 및 기타 산업회사본부는 제외한다]
③ 사업지원 및 임대서비스업 중 무형재산권 임대업
④ 통신업
⑤ 컨테이너수리업, 보세구역 내의 보관 및 창고업, 「해운법」에 따른 해운대리점업, 해운중개업 및 선박관리업

⑥ 정보통신업 중 뉴스 제공업, 영상·오디오 기록물 제작 및 배급업(영화관 운영업과 비디오물감상실 운영업은 제외한다), 소프트웨어 개발업, 컴퓨터 프로그래밍, 시스템 통합관리업, 자료처리, 호스팅, 포털 및 기타 인터넷 정보매개서비스업, 기타 정보서비스업
⑦ 상품중개업 및 전자상거래 소매 중개업
⑧ 사업시설관리 및 사업지원 서비스업(조경 관리 및 유지 서비스업, 여행사 및 기타 여행보조 서비스업은 제외한다)
⑨ 「자본시장과 금융투자업에 관한 법률」 제6조 제1항 제4호에 따른 투자자문업
⑩ 교육 서비스업(교육지원 서비스업으로 한정한다)
⑪ 보건업(임상시험용역을 공급하는 경우로 한정한다)
⑫ 「관세법」에 따른 보세운송업자가 제공하는 보세운송용역

이 경우 업종의 구분은 통계청장이 고시하는 한국표준산업분류에 의한다(서면3팀 -3178, 2006.12.18.).

외국법인이 지정하는 국내사업자에게 인도시 영세율 적용여부

Q. A의 한국지사(B)가 당사로부터 제품을 공급받아 해외로 수출하는 경우 당사는 B에게 면세 계산서를 발행하는 것인지 여부?

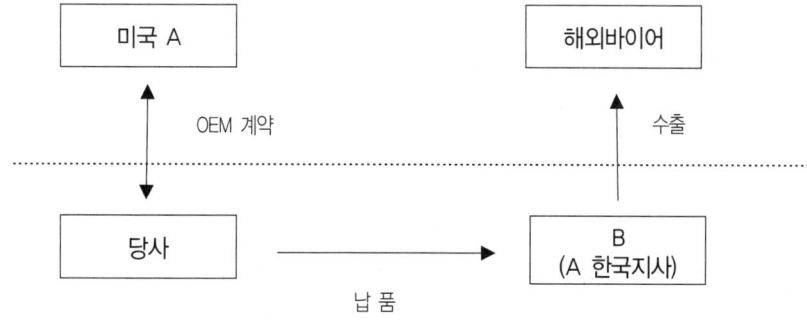

- 당사는 미국업체(A)의 주문을 받아 OEM 생산을 하게 되었으며 A의 한국지사(B)가 당사로부터 제품을 공급받아 해외로 수출함.
- 당사는 기존 거래처가 있어 당사가 B로부터 매입해서 국내나 해외로 수출하는 경우도 있음.

A. 사업자가 외국법인과 직접 OEM계약에 의해 생산한 제품을 해당 외국법인이 지정하는 국내사업자에게 인도하고 해당 국내사업자가 과세사업에 사용하는 경우로서 그

대금을 외국환은행에서 원화로 받는 경우 「부가가치세법 시행령」 제33조에 따라 영세율이 적용되는 것이며 세금계산서 발급의무는 없는 것입니다.

또한 사업자가 상기 국내사업자로부터 해당 제품을 구입하여 국내의 다른 사업자에게 공급시 세금계산서를 발급하는 것이며, 수출하는 경우에는 「부가가치세법」 제21조에 따라 영의 세율을 적용하며 같은 법 시행령 제101조에 따른 첨부서류를 제출하는 것입니다.

(근거 : 부가-2660, 2016.05.12)

(1) 비거주자 또는 외국법인의 범위

비거주자라 함은 외국환관리법상의 비거주자(다만, 법인 국내주재외교관·국내주재 국제연합군 및 미국군의 장병·군무원은 제외)를 말한다(소비22601-1033, 1989.9.20).

• 관련법조문 •

■ **외국환거래법 제3조**
14. "거주자"란 대한민국에 주소 또는 거소를 둔 개인과 대한민국에 주된 사무소를 둔 법인을 말한다.
15. "비거주자"란 거주자 외의 개인 및 법인을 말한다. 다만, 비거주자의 대한민국에 있는 지점, 출장소, 그 밖의 사무소는 법률상 대리권의 유무에 상관없이 거주자로 본다.

■ **외국환거래법 시행령 제10조**
① 다음 각 호의 자는 법 제3조 제2항에 따라 거주자로 본다.
1. 대한민국 재외공관
2. 국내에 주된 사무소가 있는 단체·기관, 그 밖에 이에 준하는 조직체
3. 다음 각 목의 어느 하나에 해당하는 대한민국 국민
   가. 대한민국 재외공관에서 근무할 목적으로 외국에 파견되어 체재하고 있는 자
   나. 비거주자이었던 자로서 입국하여 국내에 3개월 이상 체재하고 있는 자
   다. 그 밖에 영업 양태, 주요 체재지 등을 고려하여 거주자로 판단할 필요성이 인정되는 자로서 기획재정부장관이 정하는 자
4. 다음 각 목의 어느 하나에 해당하는 외국인(제2항 제2호 및 제6호 가목·나목에 해당하는 자는 제외한다)
   가. 국내에서 영업활동에 종사하고 있는 자
   나. 6개월 이상 국내에서 체재하고 있는 자

② 다음 각 호의 자는 법 제3조 제2항에 따라 비거주자로 본다.
1. 국내에 있는 외국정부의 공관과 국제기구
2. 「대한민국과 아메리카합중국 간의 상호방위조약 제4조에 의한 시설과 구역 및 대한민국에서의 합중국군대의 지위에 관한 협정」에 따른 미합중국군대 및 이에 준하는 국제연합군(이하 이 호에서 "미합중국군대 등"이라 한다), 미합중국군대 등의 구성원·군속·초청계약자와 미합중국군대 등의 비세출자금기관·군사우편국 및 군용은행시설
3. 외국에 있는 국내법인 등의 영업소 및 그 밖의 사무소
4. 외국에 있는 주된 사무소가 있는 단체·기관, 그 밖에 이에 준하는 조직체
5. 다음 각 목의 어느 하나에 해당하는 대한민국 국민
    가. 외국에서 영업활동에 종사하고 있는 자
    나. 외국에 있는 국제기구에서 근무하고 있는 자
    다. 2년 이상 외국에 체재하고 있는 자. 이 경우 일시 귀국의 목적으로 귀국하여 3개월 이내의 기간 동안 체재한 경우 그 체재기간은 2년에 포함되는 것으로 본다.
    라. 그 밖에 영업양태, 주요 체재지 등을 고려하여 비거주자로 판단할 필요성이 인정되는 자로서 기획재정부장관이 정하는 자
6. 다음 각 목의 어느 하나에 해당하는 외국인
    가. 국내에 있는 외국정부의 공관 또는 국제기구에서 근무하는 외교관·영사 또는 그 수행원이나 사용인
    나. 외국정부 또는 국제기구의 공무로 입국하는 자
    다. 거주자였던 외국인으로서 출국하여 외국에서 3개월 이상 체재 중인 자
③ 거주자 또는 비거주자에 의하여 주로 생계를 유지하는 동거 가족은 해당 거주자 또는 비거주자의 구분에 따라 거주자 또는 비거주자로 구분한다

3. 「외국환은행에서 원화로 받는 경우」의 의미

(1) 대상 업종

① 오퍼수수료 수입(상품중개업)
② 국내에서 국내사업장이 없는 비거주자 또는 외국법인에게 공급되는 영세율 적용대상이 되는 재화 또는 용역
③ 비거주자 또는 외국법인의 국내사업장이 있는 경우에 국내에서 국외의 비거주자 또는 외국법인과 직접 계약에 의하여 공급되는 재화 또는 용역 중 상기 제2항 각 목의 1에 해당하는 재화 또는 사업에 해당하는 용역으로서 그 대금을 당해 국외의

비거주자 또는 외국법인으로부터 외국환은행을 통하여 원화로 받는 것
④ 「관광진흥법」에 따른 일반여행업자가 외국인관광객에게 공급하는 관광알선용역으로서 그 대가를 다음 각 목의 어느 하나의 방법에 의하여 받는 것
　㉠ 외국환은행에서 원화로 받은 것
　㉡ 외화현금으로 받아 외국인관광객과의 거래임이 확인된 것(국세청장이 정하는 관광알선수수료명세표와 외화매입증명서에 의하여 확인되는 것만 해당한다)
⑤ 다음에 해당하는 사업자가 국내에서 공급하는 재화 또는 용역으로서 그 대가를 외화로 받고 그 외화를 외국환은행에서 원화로 환전하는 것
　㉠ 「개별소비세법」 제17조 제1항의 규정에 의한 지정을 받아 외국인전용판매장을 영위하는 자
　㉡ 「조세특례제한법」 제115조의 규정에 의한 주한외국군인 및 외국인선원 전용의 유흥음식점업을 영위하는 자

(2) 「외국환은행에서 원화로 받는 경우」로 대금수령요건을 제한한 이유

영세율 적용요건 중에서 상기의 업종과 같이 대금수령요건을 제한하여 외국환은행에서 원화로 수출대금을 회수하는 경우에 한하여 영세율을 적용하는 취지는 외화획득을 장려를 위해서이다.

(3) 영세율이 적용되는 경우

① 국외의 비거주자 또는 외국법인으로부터 직접 송금받아 외국환은행에서 매각하는 경우
② 국내사업장이 없는 비거주자 또는 외국법인에게 재화 또는 용역을 제공하고 그 대가를 당해 비거주자 또는 외국법인에게 지급할 금액에서 차감하는 경우
다만, 대법원에서는 이를 인정하지 않고 있다. 부가세법 기본통칙은 과세관청의 내부에 있어서 세법의 해석기준 및 집행기준을 시달한 시행규칙에 불과하고 법원이나 국민을 기속하는 효력이 있는 법규가 아니라 할 것이고, 오랫동안 시행되어 왔다는 사정만으로 법규적 효력을 인정할 수도 없다(대법2005두12718, 2007.06.14).
③ 내국법인이 국외에 소재하는 국외사업자에게 용역을 제공하고 그 용역대가를 당해 내국법인의·대표이사 개인이 외국환은행을 통하여 원화로 결제받았으나 내국법인의 부가가치세 신고시 이를 누락시킨 경우에도 외국환은행을 통하여 원화로 결제받은 금액이 당해 용역의 대가로 확인되는 경우에는 영의 세율이 적용되는 것이며

이 경우 당해 용역의 대가에 대하여는 세금계산서 교부의무가 없는 것이다(부가 46015-1608 1998.07.15).

④ 국내에서 국내사업장이 없는 비거주자 또는 외국법인에게 재화 또는 용역을 공급하고 그 대가를 외국신용카드로 받는 경우(소비46015-41, 2002.2.8).

⑤ 대가를 당해 용역을 공급받은 비거주자 또는 외국법인이 국외에 소재하는 금융기관을 지급자로 하고 당해 용역의 공급자를 수취인으로 하여 발행한 개인수표를 받아 외국환은행에서 매각하는 경우(부가 46015-494, 2001.3.14).

⑥ 내국법인이 「소득세법」 제120조 및 「법인세법」 제94조의 규정에 의한 국내 사업장에 해당하지 아니하는 사무소를 두고 있는 비거주자 또는 외국법인과 직접계약에 의하여 사업서비스 용역을 제공하고 그 대가는 비거주자 등의 국내사무소의 계좌로 송금된 외화를 외국환은행을 통하여 원화로 받는 경우에도 「부가가치세법 시행령」 제26조 제1항 제1호의 규정에 의하여 영세율이 적용되는 것임. 다만, 이 경우 국내사무소가 비거주자 등의 국내사업장에 해당하는 경우에는 같은 법 시행령 제26조 제1항 제1호의 2의 규정에 의한 영세율이 적용되지 아니하는 것임(서면3팀-194, 2004.02.09).

⑦ 국내에서 국내사업장이 없는 비거주자 또는 외국법인에게 재화 또는 용역을 공급하고 그 대금을 외국환은행으로부터 비거주자 등의 국내대리점을 경유하여 원화로 받는 경우, 국내대리점이 비거주자 등으로부터 국내대리점의 계정으로 송금된 외화를 매각하거나 비거주자 등에게 송금할 국내대리점 계정상의 외화의 전부 또는 일부를 매각하여 원화로 지급한 사실이 확인되는 때에는 영의 세율이 적용됨(소비22601-61, 1987.01.24).

(4) 영세율이 적용되지 않는 경우

① 국내에서 국내사업장이 없는 외국법인에게 용역을 제공하고 그 대금을 당해 외국법인의 국내소재 외국환은행의 비거주자 원화예금구좌를 통하여 원화로 받는 경우(부가 22601-2150, 1986.10.29).

② 외국소재의 비거주자 또는 외국법인으로부터 직접 송금이 아니고 직접미화(달러)로서 대금을 받은 경우 외국환은행이 발행하는 외환교환계산서를 발급받는 경우(부가22601-2148, 1985.11.2)

③ 사업자가 국내에서 국내사업장이 없는 비거주자 또는 외국법인에게 재화를 공급하고 그 대금을 국내에서 원화 또는 외화로 직접 받는 경우(부가22601-1325, 1988.07.29.).

• 관련법조문 •

■ 집행기준 24-33-1(그 밖의 외화획득 재화·용역의 범위)

① 외화를 획득하는 재화 또는 용역은 대가를 외국환은행에서 원화로 받는 경우에만 영세율이 적용되는 것과 대금결제수단에 관계없이 영세율이 적용되는 것이 있으며, 그 사례는 다음과 같다.

대금결제요건 필요	대금결제요건 불필요
• 국내 사업장이 없는 비거주자 또는 외국법인에게 공급되는 특정 재화 또는 용역	• 수출업자와의 도급계약에 따라 공급하는 수출재화 임가공용역
• 비거주자 또는 외국법인의 국내사업장이 있는 경우 국내에서 국외의 비거주자 또는 외국법인과 직접 계약에 의하여 공급되는 특정 재화 또는 용역	• 우리나라에 상주하는 외교공관, 영사기관, 국제연합과 이에 준하는 국제기구(우리나라가 당사국인 조약과 그 밖의 국내법령에 따라 특권과 면제를 부여받을 수 있는 경우만 해당)등 외교공관 등에 공급하는 재화 또는 용역
• 국내 사업장이 없는 비거주자 또는 외국법인에게 제공하는 수출알선용역	• 외국을 항행하는 선박, 항공기 및 원양어선에 공급하는 재화 또는 용역
• 일반 여행업자가 외국인관광객에게 공급하는 관광알선용역	• 내국신용장 또는 구매확인서에 의하여 공급하는 수출재화 임가공용역
• 외국인전용판매장을 영위하는 사업자와 주한 외국군인 및 외국인선원 전용의 유흥음식점을 영위하는 사업자가 공급하는 재화 또는 용역	• 외교관 등이 외교관면세점에서 외교관면세판매기록표에 의하여 공급받는 음식·숙박용역, 석유류, 보석제품 등의 물품, 주류, 자동차

② 재화 또는 용역의 대가를 다음과 같은 방법으로 받는 경우에는 외국환은행에서 원화로 받는 것으로 본다.
1. 비거주자 등으로부터 외화를 직접 송금받아 외국환은행에서 매각하는 방법
2. 비거주자 등에게 지급할 금액에서 빼는 방법
3. 대가를 외국신용카드로 결제받는 방법
4. 비거주자가 발행한 개인수표를 받아 외국환은행에서 매각하는 방법
5. 외국환은행을 통하여 외화로 송금받아 외국예금계좌로 예치하는 방법
6. 대가를 외국환은행을 통해 외화구좌로 받아 외화 상태로 예치하였다가 외화채무 상환 등에 사용하는 경우

4. 상호주의 적용

(1) 개념

영세율은 부가가치세 과세사업자인 비거주자 또는 외국법인이면 그 해당 국가에서 대한민국의 거주자 또는 내국법인에 대하여 동일하게 면세하는 경우에만 영세율을 적용한다. 여기서 "동일하게 면세하는 경우"는 해당 외국의 조세로서 우리나라의 부가가치세 또는 이와 유사한 성질의 조세를 면세하는 경우와 그 외국에 우리나라의 부가가치세 또는 이와 유사한 성질의 조세가 없는 경우로 한다(부법25③).

(2) 대상업종

① 전문서비스업
② 사업시설관리 및 사업지원 서비스업(조경 관리 및 유지 서비스업, 여행사 및 기타 여행보조 서비스업은 제외한다)

(3) 한국표준산업분류

1) 전문, 과학 및 기술 서비스업(70 ~ 73)

① 연구개발업

자연과학, 인문과학 및 사회과학 등의 각 연구 분야에서 새로운 지식을 얻기 위한 기초 탐구, 실용적 목적으로 연구하는 응용 연구, 제품 및 공정 개발을 위한 실험 개발 등의 연구개발 활동을 말한다.

② 전문 서비스업

전문적인 지식을 갖춘 인적 자본이 주요 요소로서 투입되는 법률, 회계, 광고, 경영 등에 대한 전문적 서비스를 제공하는 산업활동을 말한다.

```
711.   법무관련 서비스업
7110.  법무관련 서비스업
712.   회계 및 세무관련 서비스업
7120.  회계 및 세무관련 서비스업
713.   광고업
7131.  광고 대행업
7139.  기타 광고업
714.   시장 조사 및 여론 조사업
7140.  시장 조사 및 여론 조사업
715.   회사 본부 및 경영 컨설팅 서비스업
716.   기타 전문 서비스업
```

③ 건축 기술, 엔지니어링 및 기타 과학 기술 서비스업

건축 설계, 감리 등의 건축 기술 서비스, 엔지니어링 원리를 이용한 공학적 전문 기술 서비스, 지질 또는 지구 물리학적 조사 서비스, 물리적 및 화학적 분석 시험 서비스 등의 과학 기술 서비스를 제공하는 산업활동을 말한다.

④ 기타 전문, 과학 및 기술 서비스업

인테리어 디자인, 제품 디자인, 시각 디자인 등의 디자인 전문 서비스활동과 축산 동물 및 애완 동물 대상의 수의 서비스, 사진 촬영 및 처리, 번역 및 통역, 매니저업 및 물품 감정·계량 및 견본 추출업 등의 기타 전문 기술 서비스를 제공하는 산업활동을 말한다.

2) 사업시설 관리, 사업 지원 및 임대 서비스업(74~76)

① 사업시설 관리 및 조경 서비스업

고객의 사업시설을 관리 또는 청소, 소독 및 방제 서비스를 수행하거나 산업장비 및 용품을 물리적, 화학적으로 세척하는 산업활동을 말한다. 조경관리 및 유지 서비스 활동도 여기에 분류한다.

② 사업지원 서비스업

고용 알선, 인력 공급 등 고용 지원 서비스 활동; 경비, 경호 및 보안 시스템 운영 등 보안 서비스 활동; 여행사 및 예약 대리 등의 여행 보조 서비스 활동; 문서 작성, 복사 등의 사무 지원 서비스 활동 등의 사업 운영에 관련된 지원 서비스를 제공하는 산업활동을 말한다.

③ 임대업

개인, 가정 또는 사업체를 대상으로 조작자가 없이 각종 산업용 기계·장비 또는 개인 및 가정용 기계·장비·용품을 임대하는 산업활동을 말하며, 무형 재산권을 임대하는 산업활동도 포함한다.

5. 영세율 적용사례

(1) 관세환급과 수입세금계산서 발급

○ 신청인은 외국소재 다국적 기업인(이하 "국외모기업")이 100% 출자한 자회사로 내국법인이며
  - 부가통신업과 별정통신업을 영위함
○ 국외모기업은 주로 외국 소재 다국적기업과 그 관계회사들(이하 "외국법인A")과 "국내사업자(갑)에게 국제통신용역 등(이하 "네트워크 서비스"라 한다)을 제공하며
  - 국외모기업은 외국법인A와 글로벌 네트워크 서비스 공급에 대한 네트워크 통합 서비스 및 장비 재판매계약(이하 "기본계약"이라 함)을 체결하고
  - 외국법인A의 국내 자회사인 국내사업자(갑)에게 제공하여야 할 네트워크 서비스를 신청인이 제공하도록 위임하는 포괄위임계약(이하 "포괄위임계약"이라 함)을 체결함
○ 한편, 기본계약에 따르면 국외모기업이 해외 현지에서 서비스를 수행하여야 하는 경우 신청인을 포함한 국외모기업의 현지 자회사가 이를 수행하는 것으로 규정하고 있고
  - 통상 실무에서도 다국적 기업 간의 용역 공급의 경우 전 세계 자회사들에 대한 현지에서의 용역 공급에 대해서 통일적인 계약조건의 확보, 기타 본사 차원의 관리 등의 목적으로 본사차원에서 일괄 계약을 체결하고 있으며
  - 해당 일괄 계약에 기초하거나 해외 본사와 각국 소재 자회사 간에 일괄 계약에 의하여 별도로 체결된 업무위임계약에 따라 각 국가에 소재한 자회사들 간에 용역의 공급이 이루어지고 있음
○ 위 포괄위임계약에 따라 신청인이 국내사업자(갑)에게 제공하는 네트워크 서비스에 대하여 국외모기업은 외국법인A로부터 대금을 직접수령하고 신청인 귀속분은 외국환은행을 통하여 신청인에게 송금

- 신청인은 국내사업자(갑)에게 제공하는 네트워크 서비스와 관련하여 국내사업자(갑) 뿐만 아니라 외국법인A 간에도 별도의 계약은 체결하지 않았고
- 국내사업자(갑)도 제공받은 네트워크 서비스에 대하여 국외 모기업인 외국법인 A에게 대가를 지급함

국내사업자(이하 "신청인")가 국내사업장이 없는 국외모기업(이하 "외국법인")과 업무 포괄위임 계약을 체결함에 따라 외국법인과 네트워크 서비스 공급계약을 체결한 외국의 다른 법인(이하 "외국법인 A")의 국내자회사(이하 "국내사업자 갑")에게 외국법인을 대신하여 신청인의 책임 하에 네트워크 서비스를 제공하고 이에 대한 대가를 외국법인으로부터 외국환은행을 통하여 원화로 받은 경우 신청인이 국내사업자 갑에게 해당 용역을 제공한 것이며, 「부가가치세법」 제16조 제1항에 따라 10% 세율의 세금계산서를 발급하여야 하는 것이다(법규부가2013-58, 2013.05.27).

[그림 1-25] 국내사업장이 없는 외국법인과의 거래(Ⅰ)

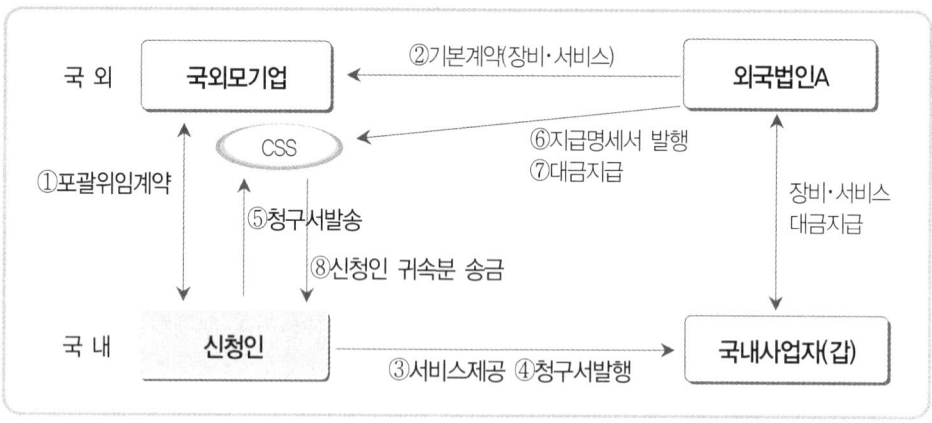

(2) 국내사업장 없는 외국법인에게 제공한 용역대가를 국내대리인을 통하여 받는 경우

국내에서 국내사업장이 없는 비거주자 또는 외국법인에게 재화 또는 용역을 공급하고 그 대금을 외국환은행으로부터 비거주자 등의 국내대리점을 경유하여 원화로 받는 경우, 국내대리점이 비거주자 등으로부터 국내대리점의 계정으로 송금된 원화를 매각하거나 비거주자 등에게 송금할 국내대리점 계정상의 원화의 전부 또는 일부를 매각하여 원화로 지급한 사실이 확인되는 때에는 (구)부가가치세법 시행령 제26조 제1항 제1호의 규정에 의하여 영의 세율이 적용되는 것이다(기획재정부 부가-348, 2014.08.11.).

[그림 1-26] 국내사업장이 없는 외국법인과의 거래(Ⅱ)

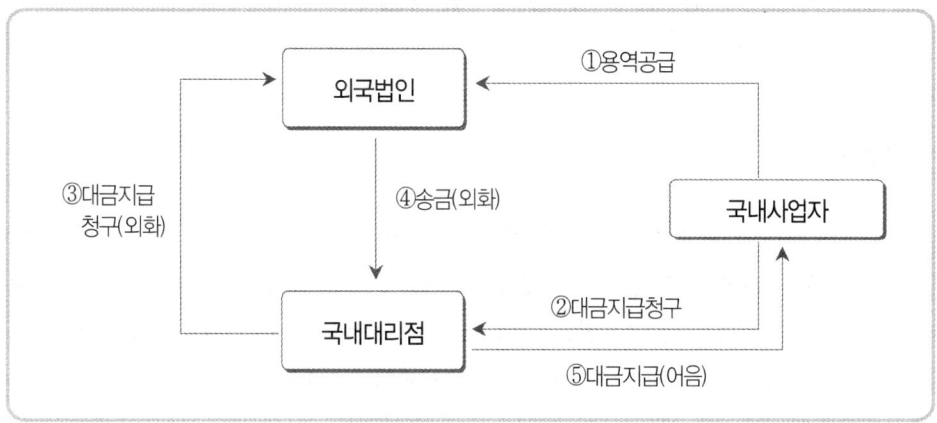

제22절 용역의 수입과 대리납부

1. 개념

비거주자 또는 외국법인으로부터 국내에서 용역 또는 권리를 공급(국내에 반입하는 것으로서 관세와 함께 부가가치세를 신고·납부하여야 하는 재화의 수입에 해당하지 아니하는 경우를 포함한다)받는 자(공급받은 그 용역 등을 과세사업에 제공하는 경우는 제외하되, 제39조에 따라 매입세액이 공제되지 아니하는 용역 등을 공급받는 경우는 포함한다)는 그 대가를 지급하는 때에 그 대가를 받은 자로부터 부가가치세를 징수하여야 한다. 이를 부가가치세법에서 대리납부라 한다(부법52①). 국내사업자가 비거주자나 외국법인으로부터 국내에서 용역을 공급받는 경우에는 통관절차를 거치지 않으므로 거래사실의 포착이 어렵고 비거주자나 외국법인은 부가가치세법상 납세의무자가 아니므로 부가가치세를 납부할 의무도 없다.

이 경우 만일 대리납부제도를 두지 않는다면 부가가치세를 부담하지 아니한 용역의 수입자와 부가가치세를 부담한 국내 용역공급자와의 가격경쟁력에서 형평에 어긋나게 되어 이 제도를 두고 있는 것이다.

2. 요건

(1) 용역의 공급자

국내사업자에게 용역을 다음에 해당하는 자가 공급하여야 한다.
① 「소득세법」제120조 또는 「법인세법」제94조에 따른 국내사업장이 없는 비거주자 또는 외국법인
② 국내사업장이 있는 비거주자 또는 외국법인(비거주자 또는 외국법인의 국내사업장과 관련 없이 용역 등을 공급하는 경우로서 다음에 정하는 경우만 해당한다)
   ⓐ 「소득세법」제156조 제1항 본문 또는 「법인세법」제98조 제1항 본문에 해당하는 경우(국내원천소득에 대하여 원천징수하는 경우)
   ⓑ 위 외의 경우로서 해당 용역 등의 제공이 국내사업장에 귀속되지 아니하는 경우

(2) 대리납부 대상

비거주자 또는 외국법인의 재화·시설물 또는 권리를 우리나라에서 사용하고 그 대가를 지급하는 자는 공급받는 해당용역을 과세사업에 제공하는 경우를 제외하고는 대리납부를 하여야 한다. 이 경우 재화·시설물 또는 권리란 부동산, 부동산상의 권리, 광업권, 조광권, 채석권, 선박, 항공기, 자동차, 건설기계, 기계, 설비, 장치, 운반구, 공구, 학술 또는 예술상의 저작물(영화필름을 포함)의 저작권, 특허권, 상표권, 의장, 모형, 도면, 비밀의 공식 또는 공정, 라디오·텔레비전·방송용 필름 및 테이프, 산업상·상업상 또는 과학상의 지식·경험 또는 숙련에 관한 정보, 우리 나라 법에 따른 면허·허가 또는 이와 유사한 처분에 의하여 설정된 권리 그 밖의 이와 유사한 재화 시설물 또는 권리를 말한다(부기통52-95-1).

(3) 용역을 공급받는 자가 과세사업자 이외의 자

용역대가를 지급하는 자는 대리납부하여야 한다. 다만, 공급받는 해당 용역을 과세사업에 제공하는 경우는 제외한다. 따라서 일반과세자, 간이과세자 이외의 자가 용역을 수입하고 대가를 지급하는 경우에는 대리납부의무를 진다.

3. 대리납부세액

대리납부세액은 용역대가에 10%를 적용하여 계산한다. 비거주자 또는 외국법인으로부터 공급받은 용역이 과세사업과 면세사업에 공통으로 사용되어 그 실지귀속을 구분할 수 없는 경우의 면세사업에 사용된 용역의 과세표준은 다음과 같이 계산한다.

(1) 국내체재경비

국내에 사업장이 없는 외국법인과 기술도입계약을 체결하여 동 법인소속의 기술자로부터 계약에 정하는 기술용역을 공급받고 기술자의 체재경비를 지급하는 경우에 해당 체재경비가 용역의 대가에 포함되는 때에는 그 대가를 지급하는 때에 부가가치세를 징수하여 대리납부하여야 한다(부기통52-95-4).

(2) 용역대가의 계산

① 거래당사자간에 부가가치세액의 징수 및 부담에 대하여 별도의 계약이 있는 경우

에는 해당 계약에 따른다.
② 부가가치세액의 징수 및 부담에 대하여 별도의 계약이 없이 용역대가의 전액을 지급하는 때에는 해당 용역대가에 부가가치세가 제외되어 있는 것으로 하여 계산한다.
③ 부가가치세액의 징수 및 부담에 대하여 별도의 계약이 없이 용역대가에서 부가가치세액을 공제하여 지급하는 때에는 해당 용역대가에 부가가치세가 포함되어 있는 것으로 하여 계산한다.

(3) 용역대가의 환산

대가를 외화로 지급하는 경우에는 다음 각 호의 구분에 따른 금액을 그 대가로 한다.
① 원화를 외화로 매입하여 지급하는 경우: 지급일 현재의 대고객외국환매도율에 따라 계산한 금액
② 보유 중인 외화로 지급하는 경우: 지급일 현재의 「외국환거래법」에 따른 기준환율 또는 재정환율에 따라 계산한 금액

4. 대리납부세액의 안분계산

(1) 원칙

비거주자 또는 외국법인으로부터 공급받은 용역 등이 과세사업과 면세사업 등에 공통으로 사용되어 그 실지귀속을 구분할 수 없는 경우 그 면세사업 등에 사용된 용역 등의 과세표준은 해당 용역의 총공급가액에 대금지급일이 속하는 과세기간의 총공급가액에 대한 면세공급가액 비율로 안분계산하고 확정신고 시에 정산한다(부령95②).

(2) 공급가액이 없는 경우

해당 과세기간 중 과세사업과 면세사업 등의 공급가액이 없거나 그 어느 한 사업의 공급가액이 없는 경우에 해당 과세기간에 대한 안분계산은 다음 각 호의 순서에 따른다. 다만, 건물 또는 구축물을 신축하거나 취득하여 과세사업과 면세사업 등에 제공할 예정면적을 구분할 수 있는 경우에는 제3호를 제1호 및 제2호에 우선하여 적용한다.
1. 총매입가액(공통매입가액은 제외한다)에 대한 면세사업 등에 관련된 매입가액의 비율
2. 총예정공급가액에 대한 면세사업 등에 관련된 예정공급가액의 비율
3. 총예정사용면적에 대한 면세사업 등에 관련된 예정사용면적의 비율

위와 같이 매입세액을 안분계산하는 경우에는 확정되는 과세기간에 대한 납부세액을 확정신고 하는 때 정산한다.

5. 대리납부방법 및 시기

징수한 부가가치세는 부가가치세 대리납부신고서와 함께 부가가치세를 징수한 사업장 또는 주소지 관할 세무서장에게 납부하거나 「국세징수법」에 따른 납부서를 작성하여 한국은행 또는 체신관서에 납부하여야 한다. 용역대가를 지급하는 때에 부가가치세를 대리납부 하여야 한다. 따라서 용역을 공급받기 전에 그 대가의 일부를 수회에 걸쳐 지급하는 경우에는 그 지급하는 때마다 부가가치세를 대리납부하여야 한다(부가 22601-2589, 1986.12.22).

6. 대리납부지연가산세

국세를 징수하여 납부할 의무를 지는 자(대리납부의무자)가 징수하여야 할 세액을 세법에 따른 납부기한까지 납부하지 아니하거나 과소납부한 경우에는 납부하지 아니한 세액 또는 과소납부분 세액의 100분의 10에 상당하는 금액을 한도로 하여 다음 각 호의 금액을 합한 금액을 가산세로 한다(국기법47의5).
① 납부하지 아니한 세액 또는 과소납부분 세액의 100분의 3에 상당하는 금액
② 납부하지 아니한 세액 또는 과소납부분 세액 × 납부기한의 다음 날부터 자진납부일 또는 납세고지일까지의 기간 × 0.022%(2020.12.29. 이후 적용, 2020.12.29. 이전 0.025%)

제23절 영세율 적용대상 사업자의 면세포기

부가가치세가 면제되는 재화 또는 용역의 공급이 「부가가치세법」 제21조의 규정에 의하여 영세율 적용의 대상이 되는 경우에 부가가치세의 면제를 받지 아니하고자 하는 사업자는 면세포기신고서에 의하여 관할세무서장에게 신고(국세정보통신망에 의한 신고를 포함한다)하고, 지체 없이 등록하여야 한다. 면세포기를 한 사업자는 신고한 날로부터 3년간은 부가가치세의 면제를 받지 못한다. 면세포기신고를 한 사업자가 기간 경과 후 부가가치세의 면제를 받고자 하는 때에는 면세적용신고서와 함께 교부받은 사업자등록증을 제출하여야 하며, 면세적용신고서를 제출하지 아니한 경우에는 계속하여 면세를 포기한 것으로 본다. 면세포기를 두는 이유는 매입세액공제를 허용하도록 하는 데 있다.

1. 내국신용장에 의하여 재화를 공급하는 경우

영세율 적용대상이 되는 재화 또는 용역의 공급에 대하여 「부가가치세법 시행령」 제47조의 규정에 의하여 면세포기신고를 한 사업자가 같은 법 시행령 제24조 제2항의 규정에 의한 내국신용장에 의하여 수출용 재화를 공급하는 경우에는 같은 법 제16조의 규정에 의한 세금계산서를 교부하여야 하는 것이다(부가 22601-1414, 1988.08.11). 예를 들어 영농조합이 수출업자에게 면세대상인 화훼 등을 공급하는 경우 면세포기를 한 경우에는 계산서가 아닌 영세율세금계산서를 교부하여야 한다.

2. 인삼제품 등의 영세율 적용여부

부가가치세 과세사업과 면세사업을 겸영하는 사업자가 면세재화를 수출하는 경우(인삼, 홍삼 등) 당해 면세재화에 대하여 영세율 적용을 받고자 하는 때에는 면세포기를 하는 경우에 영세율을 적용받을 수 있는 것이다(서면3팀-816, 2007.3.16).

3. 면세포기한 자가 입어권을 양도하는 경우 과세여부

수출에 대하여 면세포기를 한 원양어업 및 제조업을 겸업하는 사업자가 러시아 해역에서 우리나라와 러시아간 어업협정에 의해 명태 등을 어획할 수 있는 권리(입어허가권)를 러시아 정부로부터 이를 국내에서 국내의 다른 원양어업회사에 양도하는 경우에 당해 입어허가권은 「부가가치세법」 제1조 제1항의 규정에 의하여 부가가치세가 과세되는 것이다(재소비 46015-257, 2003.8.18).

4. 면세포기 재화를 국내에 공급하는 경우

양돈을 공급하는 회사로써 부가가치세법상 면세되는 회사이나, 면세대상 중 수출하는 품목에 대해서는 면세포기신고를 하고 영세율 규정을 적용하여 수출하는 재화로써 환급을 받았으나 당해 재화를 수출하지 아니하고 국내에 공급한 경우에는 부가가치세 영세율을 적용받을 수 없는 것으로 부가가치세가 면제되는 것으로 면세포기를 적용받는 과세기간에 감가상각자산을 공급받아 매입세액을 공제한 후 수출목적의 재화를 국내에 공급함에 따라 총공급가액에 대한 면세공급가액의 비율이 증가하는 경우에는 납부세액 또는 환급세액을 재계산하여 당해 과세기간의 확정신고와 함께 신고납부 하여야 하는 것이다(부가 46015-4030, 2000.12.14).

5. 면세포기관련 선박의 판매

수산물을 원양에서 채취하여 수출하는 사업자가 면세포기를 하여 과세사업을 영위하다가 동 과세사업에 사용되는 선박을 매각하는 경우에는 부가가치세가 과세되는 것이다(부가 22601-1316, 1989.09.11).

6. 한국국제협력단의 면세포기

한국국제협력단법에 의하여 설립된 한국국제협력단의 국제협력 사업의 일환으로 해외에 무상으로 반출하는 재화에 대하여는 면세포기에 의하여 영세율을 적용받을 수 있는 것이다(재부가 46015-87, 1993.05.22.).

제24절 수출업의 영세율 조기 환급신고

1. 수출업의 부가가치세 신고

수출업을 영위하는 사업자는 조기환급 기간의 종료일로부터 25일 이내에 영세율 조기환급신고를 하는 경우 조기환급 신고기한 경과 후 15일 내에 환급을 받을 수 있다. 주사업장총괄납부 승인을 받은 사업자가 조기환급 신고를 하는 경우 사업장별로 각각 부가가치세 신고를 하여야 한다(부가 22601-557, 1990.05.07). 또한, 조기환급을 받을 수 있는 사업자는 당해 영세율 등 조기환급 신고기간·예정신고기간 또는 과세기간 중에 각 신고기간 단위별로 영세율 등의 적용대상이 되는 과세표준이 있는 경우에 한한다(부기통59-107-1).

[표 1-11] 영세율 조기환급 신고대상 해당 여부

구 분	1월	2월	3월
영세율 과세표준	100,000,000	0	1,000,000
조기환급 신고 여부	가능	불가능	가능

(1) 영세율 등 조기환급기간

수출업을 영위하는 사업자는 예정신고기간 중 또는 과세기간 최종 3월 중 매월 또는 매 2월에 영세율 등 조기환급 기간의 종료일로부터 25일 내에 영세율 등 조기환급 기간에 대한 과세표준과 환급세액을 정부에 신고하는 경우에는 영세율 등 조기환급 기간에 대한 환급세액을 각 영세율 등 조기환급 기간별로 당해 조기환급 신고기한 경과 후 15일 이내에 사업자에게 환급하여야 한다(부령107④).

[표 1-12] 제1기 조기환급 신고기한 및 환급기한

구 분	예정신고기간			과세기간 최종3월(확정신고기간)		
	기 간	신고기한	환급기한	기 간	신고기한	환급기한
매 월	1.1~1.31	2.25	3.12	4.1~4.30	5.25	6. 9
	2.1~2.28	3.25	4. 9	5.1~5.31	6.25	7.10
	3.1~3.31	4.25	5.10	6.1~6.30	7.25	8. 9
매2월	1.1~2.28	3.25	4. 9	4.1~5.31	6.25	7.10
	2.1~3.31	4.25	5.10	5.1~6.30	7.25	8. 9
3 월	1.1~3.31	4.25	5.10	4.1~6.30	7.25	8. 9

※ 환급기한은 조기환급 신고기한 경과 후 15일 이내로 상기의 기한 전에 환급을 받게 된다. 다만, 조기환급 신고내역의 적정성을 검증하기 위하여 환급신고 현지 확인조사를 실시하는 경우에는 다소 지연될 수도 있다.

(2) 영세율 조기환급 신고 시 첨부서류

영세율 등 조기환급 신고에 있어서는 다음의 사항을 기재한 영세율 등 조기환급 신고서에 당해 과세표준에 대한 영세율 첨부서류와 매출처별세금계산서합계표 및 매입처별세금계산서합계표를 첨부하여 제출하여야 한다(부령107⑤).

① 사업자의 인적사항
② 과세표준과 환급세액 및 그 계산근거
③ 매출·매입처별세금계산서합계표의 제출 내용
④ 그 밖의 참고사항

(3) 국세환급금 계좌개설신고

계좌개설 신고는 계좌개설(변경)신고서(「국세기본법 시행규칙」 별지 제22호 서식)에 의해 신고하여야 한다. 다만, 환급신고액이 5,000만 원 미만이고 과세표준신고서에 납세자 명의의 환급계좌를 기록한 경우 해당 환급 신고분에 한하여 기록한 계좌로 환급한다(국세징수사무처리규정 제71조 제2항).

■ 국세기본법 시행규칙 [별지 제22호서식] 〈개정 2021.3.16.〉

계좌개설(변경)신고서

접수번호		접수일		처리기간	

신고인	상호(법인명)		사업자등록번호	
	성명(대표자)		주민(법인)등록번호	
	사업장소재지/주소	(전화번호:)		

구 분	☐ 계좌신고 ☐ 계좌변경	
	당초	변경
개설은행 또는 체신관서명		
계좌번호		
변경사유		
신고세목	☐ 모든 세목 ☐ 종합소득세 ☐ 부가가치세 ☐ 법인세 ☐ 그 밖의 세목 (세)	

「국세기본법 시행령」 제34조 제1항에 따라 계좌개설(변경)신고를 하오니 본인에 대한 국세환급금이 발생하면 신고(변경)한 위의 계좌로 송금해 주시기 바랍니다.

※ 계좌이체방식으로 국세환급금이 지급된 경우에는 별도로 국세환급금통지서를 우편송달하지 않습니다.

년   월   일

신고인   (서명 또는 인)

대리인   (생년월일:) 관계(직책):
주 소   전화번호 :

세무서장 귀하

첨부서류	1. 통장 사본 1부 2. 신고인 신분증 사본 1부 3. 위임장 원본 1부 ※ 2번과 3번 서류는 대리인이 신청하는 경우에만 제출합니다.	수수료 없음

210mm×297mm[백상지(80g/㎡) 또는 중질지(80g/㎡)]

2. 영세율 첨부서류

영세율이 적용되는 경우에는 법령이 정하는 서류를 첨부하여 제출하여야 한다. 다만, 부득이한 사유로 해당 서류를 첨부할 수 없는 때에는 국세청장이 정하는 서류로 대신할 수 있다(부령101①). 또한 영세율매출명세서를 제출하여야 한다. 여기서 부득이한 사유는 다음과 같다.

① 영의 세율적용대상 거래로서 영 제64조 제3항 각호에서 정한 서류가 없는 때
② 신고기한 내 서류발급관서의 사정으로 제출할 수 없는 때
③ 기타 영세율적용사업자에게 귀책사유가 없는 때

(1) 영세율 첨부서류 제출기한

조기환급을 받고자 하는 경우 영세율 첨부서류는 부가가치세 신고기한까지 제출하여야 한다(국세청고시 제2003-1호, 2003.1.10). 다만 조기환급 신고 외에 전자신고 하는 부가가치세 과세표준신고 중 수출실적명세서 및 영세율첨부서류 제출명세서를 제외한 영세율 첨부서류는 신고기한 경과 후 10일 이내에 제출할 수 있다(국세청고시 제2003-2호, 2003.1.22).

[표 1-13] 영세율 첨부서류 제출기한

구 분		제 출 기 한
전 자 신 고	• 조기환급을 받고자 하는 경우 • 수출실적명세서 • 영세율첨부서류제출 명세서	부가가치세 신고기한
	그 외	10일 연장
서 면 신 고		부가가치세 신고기한

(2) 영세율 첨부서류

■ 부가가치세법 시행규칙 [별지 제42호서식]　　　　홈택스(www.hometax.go.kr)에서도 신청할 수 있습니다.

영세율 첨부서류 제출명세서

년 제 기 (월 일 ~ 월 일)

※ [ ]에는 해당하는 곳에 √ 표시를 합니다. 뒤쪽의 작성방법을 읽고 작성하시기 바랍니다.　　　(앞쪽)

제출자 인적사항	① 사업자등록번호		② 상호(법인명)	
	③ 성명(대표자)		④ 사업장 소재지 및 연락처	
	⑤ 업태(종목)			
⑥ 거래기간			⑦ 작성일자	
⑧ 제출사유				

⑨ 일련번호	⑩ 서류명	⑪ 발급자	⑫ 발급일자	⑬ 선적일자	⑭ 통화코드	⑮ 환율	당기제출금액		당기신고해당분		⑳ 비고
							⑯ 외화	⑰ 원화	⑱ 외화	⑲ 원화	

210㎜×297㎜[백상지 80g/㎡(재활용품)]

작 성 방 법

이 명세서는 개별소비세 수출면세의 적용을 받기 위하여 수출신고필증, 우체국장이 발행한 소포수령증(우편수출의 경우로 한정함) 등을 개별소비세 과세표준신고서와 함께 이미 제출한 사업자가 부가가치세 신고를 할 때 해당 서류를 별도로 제출하지 아니하려는 경우 또는 영세율 첨부서류를 전산테이프 또는 디스켓으로 제출하려는 사업자의 경우에 작성합니다.
이 명세서는 아래의 작성요령에 따라 한글, 아라비아숫자 및 영문자로 정확하고 선명하게 기입하여야 합니다.

①~⑤: 제출자(수출자)의 사업자등록증에 적힌 내용을 적습니다.
⑥: 신고대상기간을 적습니다.
⑦: 이 신고서의 작성일자를 적습니다.
⑧: 이 신고서는 제출이유를 다음과 같이 간략하게 적습니다.
　　－ 개별소비세 과세표준신고서와 함께 제출
　　－ 전산디스켓 또는 테이프로 제출
　※ 위 두 가지 사유에 모두 해당하는 사업자는 각각 별지로 작성하여 제출하여야 합니다.
⑨: 이미 제출한 서류 및 전산테이프 또는 디스켓에 수록된 내용을 건별로 1번부터 번호를 부여하여 마지막까지 순서대로 적습니다.
⑩: 개별소비세신고를 할 때에 이미 제출한 서류와 전산테이프 또는 디스켓에 수록된 서류의 명칭을 적습니다.
⑪~⑫: 이미 제출한 서류 및 전산테이프 또는 디스켓에 수록된 서류의 발급자(발급기관)와 해당 서류의 발급일자를 적습니다.
⑬: 수출재화(물품)를 실질적으로 선적한 일자를 적습니다.
⑭: 수출대금을 결제받기로 한 외국통화의 코드를 영문자 3자로 적습니다(수출신고필증상의 33번 항목의 중간에 표시되며, 미국 달러화인 경우 USD로 표기합니다).
⑮: 수출재화 선적일자의 외국환 거래시점에 의한 기준환율 또는 재정환율을 적습니다.
⑯~⑰: 개별소비세신고를 할 때에 제출한 것과 전산테이프 또는 디스켓에 수록된 것을 적습니다.
⑯: 수출재화의 인도조건에 따라 지급받기로 한 전체 수출금액으로 수출신고필증상의 33번 항목의 금액이며 소수점 2자리까지 적습니다.
⑰: ⑯란의 금액을 ⑮란의 환율로 환산한 금액을 적습니다. 다만, 선적일 전에 수출대금을 원화로 환가한 경우(수출선수금, 사전송금방식수출 등)에는 그 금액을 원단위 미만을 절사하고 적습니다.
⑱~⑲: 부가가치세 영세율신고와 관련된 것을 적습니다. 작성요령은 ⑯란 및 ⑰란과 동일합니다.

■ 부가가치세법 시행규칙 [별지 제29호서식] 〈개정 2017.3.10.〉   홈텍스(www.hometax.go.kr)에서도 신청할 수 있습니다.

영세율 매출명세서

년 제 기 (월 일 ~ 월 일)

※ 뒤쪽의 작성방법을 읽고 작성하시기 바랍니다.   (앞쪽)

1. 제출자 인적사항

① 상호(법인명)	② 사업자등록번호
③ 성명(대표자)	④ 사업장 소재지
⑤ 업태	⑥ 종목

2. 영세율 적용 공급실적 합계

⑦ 구분	⑧ 조문	⑨ 내 용	⑩ 금액(원)
부가가치세법	제21조	직접수출(대행수출 포함)	
		중계무역·위탁판매·외국인도 또는 위탁가공무역 방식의 수출	
		내국신용장·구매확인서에 의하여 공급하는 재화	
		한국국제협력단, 한국국제보건의료재단 및 대한적십자사에 공급하는 해외반출용 재화	
		수탁가공무역 수출용으로 공급하는 재화	
	제22조	국외에서 공급하는 용역	
	제23조	선박·항공기에 의한 외국항행용역	
		국제복합운송계약에 의한 외국항행용역	
	제24조	국내에서 비거주자·외국법인에 공급되는 재화 또는 용역	
		수출재화임가공용역	
		외국항행 선박·항공기 등에 공급하는 재화 또는 용역	
		국내 주재 외교공관, 영사기관, 국제연합과 이에 준하는 국제기구, 국제연합군 또는 미합중국군대에 공급하는 재화 또는 용역	
		「관광진흥법 시행령」에 따른 일반여행업자가 외국인 관광객에게 공급하는 관광알선용역	
		외국인전용판매장 또는 주한외국군인 등의 전용 유흥음식점에서 공급하는 재화 또는 용역	
		외교관 등에게 공급하는 재화 또는 용역	
		외국인환자 유치용역	
⑪ 「부가가치세법」에 따른 영세율 적용 공급실적 합계			
조세특례제한법	제105조 제1항 제1호	방위산업물자 또는 「비상대비자원 관리법」에 따라 지정된 자가 생산공급하는 시제품 및 자원동원으로 공급하는 용역	
	제105조 제1항 제2호	「국군조직법」에 따라 설치된 부대 또는 기관에 공급하는 석유류	
	제105조 제1항 제3호	도시철도건설용역	
	제105조 제1항 제3호의2	국가·지방자치단체에 공급하는 사회기반시설 등	
	제105조 제1항 제4호	장애인용 보장구 및 장애인용 특수 정보통신기기 등	
	제105조 제1항 제5호	농민 또는 임업에 종사하는 자에게 공급하는 농업용·축산업용·임업용 기자재	
	제105조 제1항 제6호	어민에게 공급하는 어업용 기자재	
	제107조	외국인 관광객 등에게 공급하는 재화	
	제121조의13	제주특별자치도 면세품판매장에서 판매하거나 제주특별자치도 면세품판매장에 공급하는 물품	
⑫ 「조세특례제한법」 및 그 밖의 법률에 따른 영세율 적용 공급실적 합계			
⑬ 영세율 적용 공급실적 총 합계 ⑪+⑫			

[표 1-14] 영세율 첨부서류

영세율적용대상	첨부서류	
	법령에 의한 첨부서류	국세청장 지정서류
직접수출 (대행수출 포함)	• 수출실적명세서 • 휴대반출시 간이수출신고수리필증 • 소포우편 수출의 경우 소포수령증	수출대행계약서 사본 및 수출신고필증, 또는 수출대금입금증명서
중계무역방식 수출·위탁판매 수출·외국인도수출·위탁가공수출	수출계약서 사본 또는 외화입금증명서	
내국신용장·구매확인서에 의한 공급	내국신용장 등 전자발급명세서	관세환급금 등 명세서 (내국신용장에 불포함분)
한국국제협력단에 재화 공급	한국국제협력단 발행 공급사실 증명서류	
수탁가공무역 수출용 재화공급	수출재화를 입증하는 서류 및 외화입금증명서	
국외에서 제공하는 용역	외화입금증명서 또는 용역공급 계약서	장기 해외건설공사의 경우 최초신고시 공사도급계약서 사본을 제출하고 당해 신고기간에는 외화획득명세서 제출)
선박에 의한 외국항행용역	외화입금증명서	「선박에 의한 운송용역」
항공기에 의한 외국항행용역	공급가액 확정명세서	다른 외국항행사업의 탑승권을 판매하거나 화물운송계약을 체결하여 주는 경우 「송장집계표」
국제복합운송계약에 의한 외국항행용역		선박·항공기에 의한 외국항행용역 입증서류
국내에서 비거주자·외국법인에게 공급하는 재화 및 일부 용역	외화입금증명서	• 용역공급계약서 사본 • 외화매입증명서 또는 외국환매각 증명서는 외화입금증명서에 갈음 • 직접 외화가 입금되지 아니한 경우→「외화획득명세서」에 외화획득사실 증빙 첨부
수출재화 임가공용역	• 임가공계약서 사본과 납품사실증명서 또는 수출대금입금증명서 • 내국신용장 또는 구매확인서 사본	수출업자와 임가공 사업자의 사업장이 동일한 경우 납품사실증명서만 제출함

영세율적용대상		첨부서류	
		법령에 의한 첨부서류	국세청장 지정서류
외국항행 선박·항공기 등에 공급하는 재화·용역	재화	선(기)적완료증명서 다만, 전기통신사업은 용역공급기록표	세관장 발행 물품·선(기)용품 적재허가서
	하역 용역	세관장에게 제출한 작업신고 및 교통허가서 또는 작업보고필증이나 선박회사 대금청구서	
	기타 용역	세관장 발행 승선허가증 사본	
외국정부기관 등에 공급하는 재화·용역		수출(군납)대금입금증명서 또는 군납완료증명서 또는 외국정부기관 등이 발급하는 납품 또는 용역공급 사실을 증명하는 서류 다만, 전력 등 계속 공급하는 경우 재화공급기록표, 용역공급기록표	외화입금 증명서
외국인관광객에게 공급하는 관광기념품과 관광알선용역 및 관광호텔의 숙박용역		• 외국인물품판매 기록표 • 일반여행업은 외화입금증명서 • 외국인숙박 기록표	
외국인전용판매장에서 공급하는 재화·용역 및 미군주둔지역 관광특구 내 사업자가 공급하는 재화		외화입금증명서 또는 외화매입 증명서	
외교관 등에게 공급하는 재화·용역		외교관면세판매 기록표	
차관자금에 의해 공급하는 재화·용역		외화입금증명서 또는 차관사업증명서	
방위산업물자 군부대등에 공급하는 석유류		납품증명서	
도시철도 건설용역		납품받는 기관장 발행 용역공급사실 증명서류	
국가·지방자치단체에 공급하는 사회간접자본시설		「사회간접시설에 대한 민간투자법」에 의한 공급 입증서류	
장애인용보장구 및 정보통신기기		월별판매액합계표	
농민 등에게 공급하는 농·축·임·어업용 기자재		• 월별판매액합계표 • 농협 등을 통한 공급의 경우 납품확인서	

> 관련법고시

영세율적용사업자가 제출할 영세율적용 첨부서류 지정 고시

국세청 고시 제2021-40호(2021. 8. 24.)

「부가가치세법 시행령」제101조 제1항의 위임에 따라 영세율적용사업자가 제출할 영세율적용 첨부서류에 관한 사항을 다음과 같이 개정하여 고시합니다.

2021년 8월 24일
국세청장

제1조(목적) 이 고시는「부가가치세법 시행령」제101조 제1항에서 국세청장에게 위임한 영세율이 적용되는 경우 부가가치세신고서에 첨부할 서류에 관한 내용을 명확히 규정하는 것을 목적으로 한다.

제2조(첨부서류의 지정) 영세율적용사업자가 제출할 영세율적용 첨부서류는 다음 표에서 정하는 바와 같다.

구 분	영세율대상	지정서류	첨부서류규정
① 수출하는 재화 : 부가가치세법(이하 "법"이라 함) 제21조, 같은 법 시행령(이하 "영"이라 함) 제31조	1. 무역업자와 대행계약에 의거 대행수출을 한 때	- 수출대행계약서 사본과 수출실적명세서	영 제101조 제1항 제1호
	2. 내국신용장에 포함되지 않은 관세환급금 등	- 관세환급금 등 명세서(별지 제1호 서식)	영 제101조 제1항 제3호
② 선박 또는 항공기의 외국항행용역 : 법 제23조, 영 제32조	1. 선박에 의하여 화물 또는 여객운송을 제공하고 그 대가를 원화로 받거나, 해외에서 받은 수입금액	- 선박에 의한 운송용역공급가액일람표(별지 제2호 서식) (외화입금증명서로 제출한 공급가액을 포함하여 작성)	영 제101조 제1항 제9호
	2. 항공기에 의하여 화물 또는 여객운송을 제공하고 그 대가를 원화로 받거나, 해외에서 받은 수입금액	- 공급가액확정명세서(별지 제3호 서식)	
	3. 다른 외항사업자가 운용하는 선박 또는 항공기의 승선(탑승)권을 판매하거나 화물운송계약을 체결하여 주고 받는 대가	- 공급자와 공급받는 자간의 송장집계표 또는 대금청구서	

구 분	영세율대상	지정서류	첨부서류규정
③ 그밖의 외화획득 : 법 제24, 영 제33조	1. 비거주자 또는 외국법인에게 공급되는 용역	- 용역공급계약서 사본 또는 대금청구서	영 제101조 제1항 제10호
	2. 외국항행 선박 또는 항공기에 공급하는 재화	- 외항 선박 등에 제공한 재화·용역일람표(별지 제4호 서식)와 - 세관장이 발행하는 선(기)용품 등 적재허가서(선적이 확인된 것에 한함). 다만, 선(기)용품 등 적재허가서 상에 물품 수량 및 금액 등이 합계로 기재되고 물품명세서는 별첨된 경우로서 사업자가 당해 물품명세서를 보관하여 확인이 가능한 경우에는 당해물품명세의 제출을 생략할 수 있음	영 제101조 제1항 제12호
	3. 외국항행 선박 또는 항공기에 공급하는 하역용역	- 외항 선박 등에 제공한 재화·용역일람표(별지 제4호 서식)와 - 세관장에게 제출한 수출입물품 적재·하선(기)작업 확인 신청 및 증명원 또는 대금청구서	
	4. 외국항행 선박 또는 항공기에 공급하는 하역용역 이외의 용역	- 외항 선박 등에 제공한 재화·용역일람표(별지 제4호 서식)와 - 세관장이 발급한 승선(탑승)수리신고서 또는 선장이 발행하는 확인서나 대금청구서	영 제101조 제1항 제12호
	5. 원양어선에 공급하는 재화·용역	- 외항 선박 등에 제공한 재화·용역일람표(별지 제4호 서식)와 - 세관장이 발급한 승선수리신고서 또는 선장이 발행하는 확인서나 대금청구서	
	6. 외국항행 선박·항공기 또는 원양어선에 공급한 용	- 외항 선박 등에 제공한 재화·용역일람표(별지 제4호	

구 분	영세율대상	지정서류	첨부서류규정
③ 그밖의 외화획득 : 법 제24, 영 제33조	역에 대한 지정서류를 제출할 수 없는 경우	서식)와 - 용역공급계약서 사본 또는 대금청구서	
	7. 외교공관 등에 공급하는 재화·용역	- 재화·용역공급기록표(별지 제5호 서식)	영 제101조 제1항 제13호
	8. 외교관 등에 공급하는 재화·용역	- 외교관면세판매 기록표(별지 제6호 서식)	영 제101조 제1항 제17호
	9. 영세율적용사업자가 위 지정서류를 제출할 수 없는 경우	- 외화획득명세서(별지 제7호 서식)와 - 영세율이 확인되는 증빙서류	
④ 재화·용역공급이 2과세기간 이상 소요되는 경우	영세율대상이 되는 제조·가공·역무의 제공이 2과세기간 이상 소요되어 외화입금증명서 또는 수출신고필증을 발급받을 수 없을 때	- 제조·가공·역무제공계약서 사본	

제3조(서식) ① 제2조 제1항 제2호의 관세환급금 등 명세서는 별지 제1호 서식과 같다.
② 제2조 제2항 제1호의 선박에 의한 운송용역공급가액일람표는 별지 제2호 서식과 같다.
③ 제2조 제2항 제2호의 공급가액확정명세서는 별지 제3호 서식과 같다.
④ 제2조 제3항 제2호부터 6호까지의 외항선박 등에 제공한 재화·용역일람표는 별지 제4호 서식과 같다.
⑤ 제2조 제3항 제7호의 재화·용역 공급기록표는 별지 제5호 서식과 같다.
⑥ 제2조 제3항 제8호의 외교관면세판매 기록표는 별지 제6호 서식과 같다.
⑦ 제2조 제3항 제9호의 외화획득명세서는 별지 제7호 서식과 같다.

제4조(재검토기한) 「훈령·예규 등의 발령 및 관리에 관한 규정」(대통령 훈령 제431호)에 따라 이 고시 발령 후의 법령이나 현실여건의 변화 등을 검토하여 이 고시의 폐지, 개정 등의 조치를 하여야 하는 기한은 2024년 8월 23일까지로 한다.

부 칙(2021.8.24. 국세청 고시 제2021-40호)

제1조(시행일) 이 고시는 2021년 1월 1일부터 시행한다.
제2조(적용례) 이 고시는 2021년 1월 1일 이후 과세기간분부터 적용한다.
제3조(종전 고시의 폐지) 종전의 「영세율적용사업자가 제출할 영세율적용 첨부서류 지정 고시」(2017.12.26. 국세청 고시 제2017-34호)는 폐지한다.

(3) 부득이한 사유로 신고기한 내에 법정서류를 제출할 수 없는 경우

법정 영세율첨부서류를 신고기한 내 제출할 수 없는 경우나 법정 서류가 없는 경우 및 영세율 적용사업자에게 귀책사유를 물을 수 없는 경우에는 외화획득명세서(별지 제7호 서식)에 영세율이 확인되는 증빙서류를 첨부하여 제출하여야 한다(부기통24-101-5, 서삼46015-12043, 2003.12.31). 당해서류를 제출한 사업자는 법정서류를 실질적으로 발급받을 수 있는 날이 속하는 과세기간의 예정신고 또는 확정신고 기한 내에 제출하여야 하며, 이를 보완하여 제출하지 아니한 때에는 당초부터 법령에 의한 영세율첨부서류를 제출하지 아니한 것으로 보아 영세율신고불성실가산세를 적용한다.

영세율적용사업자가 제출할 영세율적용첨부서류 지정 고시(별지 제2호 서식)

선박에 의한 운송용역 공급가액 일람표
(년 제 기)

1. 인적사항

(1) 성 명		(2) 사업자등록번호	
(3) 상 호		(4) 사업장소재지	
(5) 거 래 기 간	년 월 일 ~ 월 일	(6) 작 성 일	

2. 선박에 의한 외국항행용역 공급 내용

(7) 선박명	(8) 운항기간	운송수입금액(원화)			(12) 비고 (외화 등)
		(9) 국내수입분	(10) 해외수입분	(11) 합계	
(13) 소계 (A)					
(14) 외화입금증명서 제출분 (B)					
(15) 차감 (A-B)					

「영세율적용사업자가 제출할 영세율적용첨부서류 지정 고시」에 따라 선박에 의한 운송용역 공급가액일람표를 제출합니다.

년 월 일

제출인 (서명 또는 인)

세 무 서 장 귀하

작성방법

(1) ~ (4): 제출자(공급자)의 사업자등록증에 기재된 내용을 적습니다.
(5), (6): 제출대상기간과 이 명세서의 작성일을 적습니다.
(7) ~ (15): 선박에 의한 외국항행용역 공급 내용에 대해 적습니다. 금액은 원화로 적되 원단위 미만은 절사하며, 운항기간이나 외화 등은 비고란에 참고로 적을 수 있습니다.

영세율적용사업자가 제출할 영세율적용첨부서류 지정 고시(별지 제3호 서식)

공 급 가 액 확 정 명 세 서
(년 제 기)

1. 인적사항

(1) 성 명		(2) 사업자등록번호	
(3) 상 호		(4) 사업장소재지	
(5) 거 래 기 간	년 월 일 ~ 월 일	(6) 작 성 일	

2. 항공기에 의한 외국항행용역 공급 내용

(7) 노선별	공급금액(원화)						(14) 비 고 (외화 등)
	(8) 여객수입	(9) 화물수입	(10) 수화물수입	(11) 우편물수입	(12) 기타수입	(13) 합 계	

「영세율적용사업자가 제출할 영세율적용첨부서류 지정 고시」에 따라 항공기의 외국항행용역 공급가액확정명세서를 제출합니다.

년 월 일

제출인 (서명 또는 인)

세 무 서 장 귀하

작성방법

(1) ~ (4): 제출자(공급자)의 사업자등록증에 기재된 내용을 적습니다.
(5), (6): 제출대상기간과 이 명세서의 작성일을 적습니다.
(7) ~ (14): 항공기에 의한 외국항행용역 공급 내용에 대해 적습니다. 금액은 원화로 적되 원단위 미만은 절사하며, 외화 등은 비고란에 참고로 적을 수 있습니다.

영세율적용사업자가 제출할 영세율적용첨부서류 지정 고시(별지 제4호 서식)

외항 선박 등에 제공한 재화·용역 일람표
(년 제 기)

1. 인적사항

(1) 성 명		(2) 사업자등록번호	
(3) 상 호		(4) 사업장소재지	
(5) 거 래 기 간	년 월 일 ~ 월 일	(6) 작 성 일	

2. 외항 선박 등에 제공한 재화·용역 일람표

(7) 구 분	(8) 금 액(원 화)	(9) 제 출 서 류	(10) 비 고 (외화 등)
(12) 선(기)적완료증명서 제출분			
(13) 합 계			

「영세율적용사업자가 제출할 영세율적용첨부서류 지정 고시」에 따라 외항 선박 등에 제공한 재화·용역 일람표를 제출합니다.

년 월 일

제출인 (서명 또는 인)

세 무 서 장 귀하

작성방법

(1) ~ (4): 제출자(공급자)의 사업자등록증에 기재된 내용을 적습니다.
(5), (6): 제출대상기간과 이 명세서의 작성일을 적습니다.
(7) ~ (10): 외항 선박 등에 제공한 재화·용역에 대해 제출할 해당 지정서류명을 적고 지정서류와 함께 제출합니다.
　　　　　금액은 원화로 적되 원단위 미만은 절사하며, 외화 등은 비고란에 참고로 적을 수 있습니다.

영세율적용사업자가 제출할 영세율적용첨부서류 지정 고시(별지 제5호 서식)

재화·용역 공급기록표
(년 제 기)

1. 인적사항

(1) 성 명		(2) 사업자등록번호	
(3) 상 호		(4) 사업장소재지	
(5) 거 래 기 간	년 월 일 ~ 월 일	(6) 작 성 일	

2. 공급내용

(7) 공급일자	공급받는자		(10) 품목	(11) 금액	(12) 비고
	(8) 기관명	(9) 대표자			

「영세율적용사업자가 제출할 영세율적용첨부서류 지정 고시」에 따라 재화공급기록표를 제출합니다.

년 월 일

제출인 (서명 또는 인)

세 무 서 장 귀하

작성방법

(1) ~ (4): 제출자(공급자)의 사업자등록증에 기재된 내용을 적습니다.
(5), (6): 제출대상기간과 이 명세서의 작성일을 적습니다.
(7) ~ (12): 외교공관 등에 공급하는 재화 또는 용역에 대해 적습니다. 금액은 원화로 적되 원단위 미만은 절사합니다.

영세율적용사업자가 제출할 영세율적용첨부서류 지정 고시(별지 제6호 서식)

외교관 면세판매 기록표
(년 제 기)

1. 인적사항

(1) 성 명		(2) 사업자등록번호	
(3) 상 호		(4) 사업장소재지	
(5) 거 래 기 간	년 월 일 ~ 월 일	(6) 작 성 일	

2. 공급내용

| (7) 공급일자 | 공급받는자 |||| (12) 품 목 | (13) 금액(원화) | (14) 비 고 (외화 등) |
	(8) 성 명	(9) 국 적	(10) 근무처	(11) 외교관면세카드번호			

「영세율적용사업자가 제출할 영세율적용첨부서류 지정 고시」에 따라 외교관 면세판매기록표를 제출합니다.

년 월 일

제출인 (서명 또는 인)

세 무 서 장 귀하

작성방법

(1) ~ (4): 제출자(공급자)의 사업자등록증에 기재된 내용을 적습니다.
(5), (6): 제출대상기간과 이 명세서의 작성일을 적습니다.
(7) ~ (14): 부가가치세법 시행령 제33조 제1항에 따라 공급하는 경우 적습니다. 금액은 원화로 적되 원단위 미만은 절사하며, 외화 등은 비고란에 참고로 적을 수 있습니다.

영세율적용사업자가 제출할 영세율적용첨부서류 지정 고시(별지 제7호 서식)

외 화 획 득 명 세 서
(년 제 기)

1. 인적사항

(1) 성 명		(2) 사업자등록번호	
(3) 상 호		(4) 사업장소재지	
(5) 거 래 기 간	년 월 일 ~ 월 일	(6) 작 성 일	
(7) 영세율적용근거		(9) 법정서식 제출불능사유	
(8) 법정제출 서류명		(10) 법정서식제출 가능여부및일자	

2. 외화획득내용

(11) 공급일자	공급받는자		공급내용			(17) 비 고 (외화 등)
	(12) 상호및성명	(13) 국 적	(14) 구 분 (재화 또는 용역)	(15) 명 칭	(16) 금 액 (원화)	

위와같이 부가가치세법 제24조 및 동법시행령 제31조부터 제33조까지 규정하는 영세율 적용 재화 및 용역을 공급하였기「영세율적용사업자가 제출할 영세율적용첨부서류 지정 고시」에 따라 외화획득명세서외 관계증빙서류를 붙임과 같이 제출합니다.

붙 임 : 1.
        2.
        3.

년 월 일

제출인 (서명 또는 인)

세 무 서 장 귀하

작성방법

(1) ~ (4): 제출자(공급자)의 사업자등록증에 기재된 내용을 적습니다.
(5), (6): 제출대상기간과 이 명세서의 작성일을 적습니다.
(7) ~ (17):「부가가치세법」제24조 및「같은법 시행령」제31조부터 제33조까지 규정한 영세율적용사업자가 지정서류를 제출할 수 없는 경우에 영세율이 확인되는 증빙서류를 첨부하여 제출합니다. 금액은 원화로 적되 원단위 미만은 절사하며, 외화 등은 비고란에 참고로 적을 수 있습니다.

3. 영세율 과소신고가산세

(1) 영세율 과소신고가산세

영세율이 적용되는 과세표준을「부가가치세법」제48조 제1항 또는 제49조 및 제67조에 따른 신고하지 아니하거나 신고한 과세표준이 신고하여야 할 과세표준에 미달하는 경우에는 그 신고하지 아니한 과세표준(미달하게 신고한 경우에는 그 미달한 과세표준)의 100분의 0.5에 해당하는 금액을 납부세액에 더하거나 환급세액에서 뺀다(국기법 47조의2 ② 2, 47조의3 ② 2).

또한, 사업자가 부가가치세 신고 시 영세율이 적용되는 과세표준에 관하여 법에 규정하는 영세율 첨부서류를 제출하지 아니한 때에는「부가가치세법 시행령」제64조 제9항 및 제65조 제4항의 규정에 의하여 신고된 것으로 보지 아니하여 영세율 신고불성실가산세가 적용되는 것이다(서면3팀-2892, 2006.11.22). 영세율 첨부서류 제출은 영세율 적용대상 모두에 해당되며 특히 조세특례제한법에서 규정하는 영세율 적용대상의 경우에도 영세율첨부서류를 미제출하는 경우 가산세 적용대상에 해당하는 것이다(서면3팀-1177, 2008.06.12).

① 영세율 첨부서류는 제출하였으나 과세표준신고서에 기재하지 않은 경우
「부가가치세법 시행령」제64조 및 제65조에 따른 부가가치세 예정신고서 또는 부가가치세 확정신고서를 작성할 때 영세율이 적용되는 과세표준을 과세표준란에 기재하지 않았으나「부가가치세법 시행령」제64조 제9항 및 제65조 제4항에 따른 서류를 첨부하여 제출한 경우에는 법 제22조 제8항을 적용하지 아니하는 것이다(부가-1352, 2011.10.31).

② 부가가치세 신고 시 영세율 과세표준을 외화표시 금액의 원화환산의 오류로 인하여 신고하여야 할 과세표준에 미달하게 신고한 경우「부가가치세법」제22조 제7항의 규정에 의하여 영세율 과세표준 신고불성실가산세를 적용하는 것이다(부가-1418, 2009.09.30).

③ 영세율 등 조기환급 신고에 대하여 같은 법 시행령 제68조 제2항 제5호의 규정에 따라 부가가치세의 과세표준과 환급세액을 조사에 의하여 같은 법 제18조 또는 제19조에 의한 신고기한 전에 경정하는 경우,「부가가치세법」제22조 제3항 제3의2호의 규정에 의한 세금계산서불성실가산세를 부과하는 것이다(기획재정부 부가가치세제과-404, 2008.10.15).

④ 면세수입금액에 기재한 경우

영세율과세표준을 과세표준으로 신고하지 아니하고 신고서상 면세수입금액란에 기재하여 신고한 경우에는 영세율과세표준 신고불성실가산세가 적용된다(서면3팀-1242, 2005.08.03).

판례

영세율첨부서류 미제출가산세(조심2012서800, 2012.05.22)

청구법인은 중계무역방식의 수출을 하는 업체로서 수출계약서를 따로 작성하지 않으므로 외화입금증명서를 첨부하여 부가가치세를 신고하고 있으나, 수출대금의 입금이 늦게 이루어져 외화입금증명서를 발급받지 못하여 부득이 외화획득명세서를 우선 첨부하고, 나중에 수출대금의 입금이 되면 외화입금증명서를 발급받을 수 있을 때 외화입금증명서를 첨부하고 있는 것으로, 국세청장이 정하는 서류를 제출하여야 하는데, 국세청장은 현재 그 서류를 고시하고 있지 않고 있고, 본점의 경우도 2001.4. 이후 외화획득명세서의 제출로 영세율 조기 환급을 받음에 있어 관할 세무서로부터 이의제기 또는 행정지도를 받은 바가 없고, 외화획득명세서에 공급 연월, 공급받는 자의 상호 및 국적, 재화·용역의 구분, 원사·부자재·물품·완제품의 표시, 수량, 단가, 금액, B/L 번호 등을 기재하여 영세율을 확인에 필요한 정보를 모두 기재하였고, 외화획득명세서만 첨부한 거래에 대하여 청구인은 OOO 등을 보관하고 있어 과세관청은 언제든지 이를 확인할 수 있음에도 영세율 과세표준 신고불성실가산세를 부과한 처분은 부당하다고 주장하며, 부가가치세 신고서 및 외화입금명세서(매입실적확인 및 증명발급신청서), 외화획득명세서(외화미입금해당분), 수출실적명세서(직수출분) 등을 제출한 바, 이중 외화획득명세서를 보면, 공급연월, 공급받는 자의 상호 및 국적, 재화·용역의 구분, 원사·부자재·물품·완제품의 표시, 수량, 단가, 금액, B/L 번호 등이 기재되어 있고, 법정서식제출불능사유에는 "미입금"이라고 기재되어 있고, 추후 입금시 발급받은 외화입금증명서를 제출할 때에는 기보고분 이라고 기재하여 구분하여 영세율신고를 하고 있는 것으로 나타난다.

「부가가치세법 시행령」제64조 제3항에서 영세율이 적용되는 경우에 일반과세표준 신고시와는 달리 영세율 적용대상임을 확인할 수 있는 서류를 제출하도록 한 취지는 영세율이 적용되는 경우에는 부가가치세가 완전 면세되는 만큼 그 적용대상 여부와 금액을 정확하게 확인하기 위한 것으로 세무서장이 납세자의 신고서류만으로 이를 확인할 수 있도록 하기 위한 것이라 할 것이나, 납세자가 신고시 의무적으로 제출하여야 하는 법정 첨부서류에 대하여 과세관청이 유효 적절한 행정지도를 하지 아니한 채 기왕에 별다른 이의 제기 없이 장기간 영세율 적용대상임을 승인하여 왔다면 영세율 신고불성실의 귀책사유가 납세자에게만 있다고 보기 어려운 점이 있다(국심 2000서436, 2000.7.29., 국심 1998전2715, 1999.2.8. 등 참조).

이상의 내용을 종합하여 살피건대, 이 건에 있어 청구법인은 수출대금의 외화입금 해당분은 외화입금증명서를 첨부하고, 그 미입금분은 부득이 수출사실이 상세하게 기록된 외화획득명세서를 처분청에 제출하고 OOO를 보관하고 있어 처분청으로서도 언제든지 영세율 적용대상의 여부와 금액 등의 수출사실을 확인할 수 있다고 보이고, 다음 달 외화입금 시 외화입금증명서에 "기보고분"이라고 표시하여 다음 달의 실적신고 시 정상적으로 신고해온 점에서 수출상대국의 대금지연이라는 부득이한 사유가 있는 것으로 보이며, 본사의 경우 2001년 4월 이후 외화획득명세서의 제출로 영세율 조기 환급을 받음에 있어 관할 세무서로부터 이의제기 또는 행정지도를 받은 바가 없는 점 등에 비추어 신고불성실의 귀책사유가 청구법인에게만 있다고 보기 어려우므로 처분청이 청구법인에게 영세율과세표준 신고불성실가산세를 부과한 처분은 부당한 것으로 판단된다.

● 영세율에 대해 10%세금계산서 발급한 경우 사실과 다른 세금계산서 해당여부

Q. 재화 공급일 이전에 매입처로부터 구매확인서를 발급받아 재화를 공급하였으나, 영세율이 아닌 10% 세금계산서를 발급한 경우 사실과 다른 세금계산서에 해당하는지요?

A. 사업자가 「부가가치세법 시행령」 제24조 제2항 제1호에 따라 영세율을 적용할 수 있는 거래에 대해 「부가가치세법」 제16조에 따라 부가가치세액(세율 10%)을 별도로 적은 세금계산서를 발급하고 이에 따라 과세표준 등을 신고·납부하는 등 조세탈루 사실이 없는 경우에는 「부가가치세법」 제22조 제2항 제1호의 가산세 부과대상인 사실과 다른 경우에 해당하지 아니하는 것입니다.

(근거 : 기재부 부가-747, 2011.11.28)

또한, 영세율 적용대상 거래에 대하여 착오로 10%의 세율을 적용한 세금계산서를 교부하고 부가가치세를 신고·납부한 경우에는 영세율을 적용하는 수정세금계산서를 교부하여 경정 등의 청구를 할 수 있는 것입니다.

(근거 : 부가-123, 2011.02.09)

(2) 수정신고에 대한 영세율신고불성실가산세 감면

법정신고기한 경과 후 2년 이내에 영세율 부가가치세 예정신고 또는 확정신고에 대한 수정신고를 한 경우 다음의 기한에 따라 영세율신고불성실가산세를 감면한다. 다만, 과세표준수정신고서를 제출한 과세표준과 세액에 관하여 경정이 있을 것을 미리 알고 제출한 경우를 제외한다(국기법48②1). 한편, 영세율과세표준 예정신고누락분으로 확정신고 하면서 첨부서류를 제출하는 경우에 「국세기본법」 제48조 제2항 제1호(2008.

12.26 법률 제9263호로 개정된 것)에 따라 영세율 과세표준 신고불성실가산세에 대하여 100분의 50을 감면 받을 수 있는 것이다(국기,징세과-12, 2009.08.27).

[표 1-15] 수정신고에 기간별 영세율신고불성실가산세 감면비율

법정 신고기한 경과 후 기간	감면 비율
1개월 이내	90%
1개월 초과 ~ 3개월 이내	75%
3개월 초과 ~ 6개월 이내	50%
6개월 초과 ~ 1년 이내	30%
1년 초과 ~ 1년 6개월 이내	20%
1년 6개월 초과 ~ 2년 이내	10%

(3) 영세율 관련사례

① 영세율신고불성실 가산세 부과처분의 당부

청구인은 국내에서 전자부품(변압기 등)을 제조하여 수출하다 원가상승으로 국내 제조설비를 이전하여 위탁가공 생산한 후 제품 일부는 국내업체에게 판매하거나 국내에 반입 후 직접 수출하고, 나머지 제품은 위탁가공무역방식으로 인도네시아 현지에서 수출하고 있다.

청구인은 2006년 제2기 이후 영세율 첨부서류를 간소화하라는 처분청 담당자의 행정지도에 의거, 위탁가공무역방식의 수출에 대한 월별조기환급신고시 수출실적명세서상의 "기타영세율 적용"란에 그 총액을 기재하고, 상세내역은 별지로 작성하여 팩스로 제출하고 21회에 걸쳐 환급받았음에도 처분청은 「부가가치세법 시행령」 제64조 제3항 제1의2에서 정하는 "수출계약서 사본" 또는 "외화입금증명서"를 제출하지 않았다 하여 2006년 제2기분 이후 위탁가공무역방식의 수출에 대하여 영세율 과세표준 신고불성실가산세를 적용한 것은 부당하다고 주장한다.

「부가가치세법 시행령」 제101조 및 「부가가치세법 시행규칙」 제69조에서 영세율 과세표준에 대하여 일반 과세표준과는 달리 영세율 적용대상임을 확인할 수 있는 서류를 제출하도록 규정한 취지는 영세율이 적용되는 경우에는 부가가치세가 완전면세 되는 만큼 그 적용대상 여부와 금액을 정확하게 확인하여야 하기 때문에 신고납부제도를 채택하고 있는 부가가치세 체제에서 세무서장이 납세자의 신고서

류만으로 이를 확인할 수 있게 하기 위한 것인 바, 청구인이 처분청에 팩스로 제출한 "기타영세율 적용" 상세내역에 의하면 수출일자, 거래상대방 상호, 송장번호, 선적일, 통화, 환율, 외화입금액, 원화금액이 기재되어 수출내역을 확인할 수 있고, 청구인이 보관하고 있는 송장 및 송장별 수출대금입금내역에서 그 구체적 수출내역 및 외화입금내역을 확인할 수 있는 것으로 나타난다. 또한, 영세율 조기환급 신고 시 의무적으로 제출하여야 하는 영세율 첨부서류에 대한 유효적절한 행정지도를 하지 아니한 채 기왕에 별다른 이의제기 없이 장기간 영세율적용대상임을 승인하여 왔다면, 그 귀책사유가 영세율 신청을 한 사업자에게 있다고 보기 어려운 바 처분청에서는 「부가가치세 영세율 적용에 관한 규정」에 영세율적용사업자에 대하여 사후관리대장과 영세율 첨부서류 검토조사서 등을 비치 등재하여 사후관리 하도록 규정하고 있어 청구인의 위탁가공무역방식의 수출이 영세율거래임을 알 수 있었고, 청구인은 영세율과세표준이나 세액을 실제 수출과 동일하게 신고하고 대금이 입금되었음이 확인될 뿐만 아니라 청구인은 2006년 제1기까지 영세율 첨부서류를 제출하다 2006년 제2기부터 첨부서류 일부를 생략하고 처분청은 생략 제출된 영세율 첨부서류에도 불구하고 21회에 걸쳐 별다른 이의제기 없이 청구인의 영세율 과세표준신고 내용을 용인하여 왔던 점에 비추어 청구인에게 영세율 첨부서류 미제출에 대한 의무위반을 탓하기는 어렵다고 볼 수 있다(조심 2008중3984, 2009.03.12;조심2010부3408, 2010.12.14).

② 신고기한 경과 후 영세율 첨부서류 제출 시 가산세 부과여부

「국세기본법」제5조의 2 제3항 및 국세청고시 제 2003-2호에서 조기환급 신고의 경우 영세율첨부서류를 제출기한 연장대상에서 제외하는 것은 그 취지가 영세율사업자에게 조기환급하여 자금부담을 덜어주기 위하여 일반환급시보다 빨리 영세율첨부서류를 제출하라는 것임을 감안할 때 청구법인이 조기환급 신고자의 제출기한 내에 영세율첨부서류를 제출하지는 않았으나 일반 환급신고자의 제출기한 내에 영세율첨부서류를 제출하였다면 이를 일반환급 신고로 보아 영세율 조기환급의 혜택을 부여하지 아니하고 일반환급으로 전환하는 것으로 충분한 것이지 영세율사업자에게 신고불성실가산세까지 부과할 것은 아니라고 할 것이다. 따라서 처분청이 청구법인에게 신고불성실가산세를 부과한 이 건 처분은 잘못이 있는 것으로 판단된다(국심 2006서3669, 2007.04.27).

③ 영세율 조기환급에 대한 세금계산서불성실 가산세

「부가가치세법 시행령」 제73조 제3항에 따른 영세율 등 조기환급 신고에 대하여 같은 법 시행령 제68조 제2항 제5호의 규정에 따라 부가가치세의 과세표준과 환급 세액을 조사에 의하여 같은 법 제18조 또는 제19조에 의한 신고기한 전에 경정하는 경우, 「부가가치세법」 제22조 제3항 제3의2호의 규정에 의한 세금계산서불성실 가산세를 부과하는 것이다(기획재정부-404, 2008.10.15).

④ 착오로 영세율세금계산서로 발급한 경우 일반세금계산서로 발급교부 가능여부

㉠ 국세청 법규해석

사업자가 「부가가치세법」 제11조의 규정에 의한 영의 세율이 적용되지 아니하는 재화 또는 용역을 공급하면서 영세율 세금계산서를 교부한 경우에 당해 재화 또는 용역의 공급시기 이후에는 10%의 세율을 적용하여 「부가가치세법시행령」 제59조의 규정에 의한 수정세금계산서를 교부할 수 없는 것이다(재부가-700, 2007.10.4).

㉡ 법원 판결

「부가가치세법 시행령」 제59조의 규정은 세금계산서상의 작성에 있어 착오나 정정의 사유가 있을 경우 이를 수정하도록 함으로써 거래의 실제와 일치시켜 정당한 부가가치세액을 산출하기 위한 데에 그 취지가 있다 할 것이므로 이 사건과 같이 매입분에 대한 세율의 착오가 있는 경우에도 이를 정당한 세율로 정정한 수정세금계산서를 교부할 수 있다고 보아야 할 것이고, 또한 위와 같이 착오 내지 정정사유가 발생한 이유에 관하여 아무런 제한을 두고 있지 아니하므로 이 사건 세율의 착오가 부가가치세 조사과정에서 발견된 것이라고 하여 수정세금계산서 교부의 대상이 아니라고 볼 수도 없는 것임(대구고등법원 2002누 1183, 2002.11.08 : 직권취소종결).

2012.7.1 이후 수정세금계산서 발급분부터 세율을 잘못 적용하여 발급한 경우 처음에 발급한 세금계산서의 내용대로 세금계산서를 붉은색 글씨로 쓰거나 부(負)의 표시를 하여 발급하고, 수정하여 발급하는 세금계산서는 검은색 글씨로 작성하여 발급할 수 있도록 개정하였다(부령70①9).

⑤ 월별조기환급 신고에 대한 가산세 여부

㉠ 사업자가 「부가가치세법 시행령」 제73조 제3항의 규정에 의하여 4월분 과세표준과 환급세액에 대하여 영세율 등 조기환급 신고서를 제출한 후 당해 영세율

등 조기환급 신고 시 누락한 4월분 매입세금계산서는 확정신고 시 제출하는 것이며, 당해 매입세금계산서를 5월분 과세표준과 환급세액에 대하여 영세율 등 조기환급 신고서를 제출하면서 포함하여 제출한 경우 「부가가치세법」제22조 제5항(매입처별세금계산서 합계표 관련 가산세) 및 「국세기본법」제47조의4 (초과환급신고가산세)에서 규정하는 가산세는 적용하지 아니하는 것이다(서면 3팀-1904, 2007.07.05).

ⓛ 「부가가치세법 시행령」제73조 제3항에 따른 영세율 등 조기환급 신고에 대하여 같은 법 시행령 제68조 제2항 제5호의 규정에 따라 부가가치세의 과세표준과 환급세액을 조사에 의하여 같은 법 제18조 또는 제19조에 의한 신고기한 전에 경정하는 경우, 「부가가치세법」제22조 제3항 제3의2호의 규정에 의한 세금계산서불성실가산세를 부과하는 것이다(재부가-404, 2008.10.15).

ⓒ 사업자가 「부가가치세법 시행령」제73조 제3항의 규정에 의하여 조기환급 신고를 하면서 당해 조기환급 기간에 대한 환급세액을 초과하여 환급세액을 신고하였다고 하더라도 신고불성실가산세는 부과되지 아니하는 것이다(국심 2006중919, 2006.11.16).

ⓔ 재화의 공급에서 제외되는 사업의 포괄양도·양수와 관련하여 세금계산서를 교부받고 조기환급 신고를 한 후, 관할세무서의 조기환급 결정전에 수정신고서를 통해 조기환급 신고를 취소한 경우 초과환급신고가산세는 적용되지 아니하는 것이다(재정부-420, 2008.03.12).

⑥ 영세율 첨부서류 미제출과 가산세

부가가치세 조기환급 신고 시 의무적으로 제출하여야 하는 법정 영세율 첨부서류를 생략한 채 조기환급을 신청하였고, 처분청이 그에 대하여 유효적절한 행정지도를 하지 아니한 채 별다른 이의제기 없이 2008년 4월분부터 2009년 12월분까지 총 21회에 걸쳐 영세율 적용에 따른 환급결정을 승인하여 왔다면 조기환급 신청시 법정 첨부서류를 제출하지 아니한 데 대한 귀책사유가 청구법인에게 있다고 보기는 어렵다 할 것이다(조심 2011중364, 2011.11.03).

PART 02

수입업의 회계와 세무실무

수입업의 회계와 세무실무일반_ 제 1 절

수입원가의 산정과 회계처리_ 제 2 절

수입업의 부가가치세실무_ 제 3 절

해외구매대행의 세무실무_ 제 4 절

외화자산·부채의 평가_ 제 5 절

PART 02 수입업의 회계와 세무실무

제1절 수입업의 회계와 세무실무일반

1. 수입의 정의

(1) 대외무역법상의 정의

"수입"이라 함은 다음의 1에 해당하는 것을 말한다(대외무역법시행령 제2조 제4호).
① 매매·교환·임대차·사용대차·증여 등을 원인으로 외국으로부터 국내로 물품을 이동하는 것과 유상으로 외국에서 외국으로 물품을 인수하는 것으로서 산업통상자원부장관이 정하여 고시하는 기준에 해당하는 것
② 비거주자가 거주자에 대한 산업통상자원부장관이 정하여 고시하는 방법으로 제3조에 따른 용역을 제공하는 것
③ 비거주자가 거주자에게 정보통신망을 통한 전송 그 밖에 산업통상자원부장관이 정하여 고시하는 방법으로 제4조에 따른 전자적 형태의 무체물을 인도하는 것

(2) 부가가치세법상의 정의

재화의 수입은 다음 어느 하나에 해당하는 **물품을 국내에 반입하는 것**(보세구역을 거치는 것은 보세구역에서 반입하는 것)으로 한다(부법13).
① 외국으로부터 국내에 도착된 물품[외국 선박에 의하여 공해(公海)에서 채집되거나 잡힌 수산물을 포함한다]으로서 수입신고가 수리(受理)되기 전의 것
② 수출신고가 수리된 물품[수출신고가 수리된 물품으로서 선적(船積)되지 아니한 물품을 보세구역에서 반입하는 경우는 제외한다]

따라서 외국에서 보세구역으로 재화를 반입하는 것은 재화의 수입에 해당하지 않아 부가가치세 과세대상이 아니다.

(3) 관세법상의 정의

"수입"이란 외국물품을 우리나라에 반입(보세구역을 경유하는 것은 보세구역으로부터 반입하는 것을 말한다)하거나 우리나라에서 소비 또는 사용하는 것(우리나라의 운송수단 안에서의 소비 또는 사용을 포함하며, 제239조 각 호의 어느 하나에 해당하는 소비 또는 사용은 제외한다)을 말한다.

(4) 특수거래수입의 정의(대외무역관리규정 제1-0-2조)

① "수탁판매수입"이라 함은 물품을 무환으로 수입하여 당해물품이 판매된 범위 안에서 대금을 결제하는 계약에 의한 수입을 말한다.
② "임차수입"이라 함은 임차(사용임차를 포함한다) 계약에 의하여 물품을 수입하여 일정기간 후 다시 수출하거나 그 기간의 만료 전 또는 만료 후 당해물품의 소유권을 이전받는 수입을 말한다.
③ "연계무역"이라 함은 물물교환(Barter Trade), 구상무역(Compensation trade), 대응구매(Counter purchase), 제품환매(Buy Back) 등의 형태에 의하여 수출·수입이 연계되어 이루어지는 수출입을 말한다.
④ "외국인수수입"이라 함은 수입대금은 국내에서 지급되지만 수입물품은 외국에서 인수하는 수입을 말한다. 외국인수수입은 위탁가공을 위하여 국외에서 원부자재를 구입하고 국내에서 대금을 지급하는 경우에 발생한다.
⑤ "무환수출입"이라 함은 외국환거래가 수반되지 아니하는 물품 등의 수출·수입을 말한다.

2. 수입절차

수입(통관)의 절차를 그림으로 나타내면 다음과 같다.[31]

[그림 2-1] 수입절차

참 고 사 항	절 차	구 비 서 류
→ 수입승인 유효기간 수입승인의 유효기간은 승인일로부터 원칙적으로 1년임. → 신용장개설시 주의사항 ① 대금결제방법, 선적항, 도착항의 계약서와의 일치 여부 ② 품목, 규격, 단가, 원산지, 가격조건이 계약서와의 일치 여부 ③ 선적기일과 유효기일이 계약서상의 유효기일 이내이며 선적기일은 유효기일 이내인가 확인 ④ 분할 선적과 환적의 허용 여부 → L/G 발급시 유의사항 ① L/G발급 후엔 도착하는 서류에 하자가 있더라도 클레임을 제기할 수 없음. ② 일람후 정기출급조건의 기한부 신용장인 경우 기간개시의 기산일이 L/G발급일임 (최장 20일 인정) → 수입신고 시기 반입신고 후 30일 이내에 수입신고 해야 함(기간 경과시 최고 20%이내의 가산세 부과)	수입계약체결 ↓ (수입승인)필요시 ↓ 신용장개설 ↓ 선적서류내도 및 대금결제 — L/G ↓ 수입신고 및 통관 ↓ 사후관리	→ 수입승인신청시 구비서류 ① 수입승인신청서 ② 수입계약서 또는 물품매도확약서 ③ 수입대행계약서(대행시) ④ 기타 수출입공고 등에서 규정한 요건을 충족하는 서류 → 신용장개설시 구비서류 ① 수입신용장 개설신청서 ② 외국환거래 약정서 ③ 수입승인서(필요시) ④ 물품매도 확약서 ⑤ 기타 필요한 서류 : 담보제공 증서 등 → L/G발급신청시 구비서류 ① 발급은행소정의 선취보증서 및 보증서 발행신청서 각 1부 ② 선하증권사본 ③ 상업송장사본 ④ 화물도착통지서(Arrival Notice) ⑤ 기타 필요하다고 인정되는 서류 (각서 등) → 수입신고시 구비서류 ① 수입신고서 ② 수입승인서(필요시) ③ 가격신고서(송장 포함) ④ 선하증권사본 ⑤ 기타필요서류(C/O, 수입물품 명세확인서 등)

---

31) 무역실무매뉴얼(한국무역협회, 2003)

3. 수입신고필증 검토방법

(1) 수입신고필증의 개념

외국물품을 국내로 수입하고자 하는 자는 세관장에 외국물품을 수입하겠다는 의사표시를 한 서류를 세관장에게 제출하는 것으로 이에 대하여 세관장은 적법하게 신고된 경우에는 수입신고필증을 교부하게 된다.

(2) 수입신고필증의 양식

①신고번호		②신고일	③세관.과	⑥입항일	⑦전자인보이스 제출번호	
④B/L(AWB)번호		⑤화물관리번호		⑧반입일	⑨징수형태	
⑩신 고 인 ⑪수 입 자 ⑫납세의무자 　(주소) 　(상호) 　(전화번호) 　(이메일주소) 　(성명) ⑬운송주선인 ⑭무역거래처				⑮통관계획	⑲원산지증명서 유무	㉑총중량
				⑯신고구분	⑳가격신고서 유무	㉒총포장갯수
				⑰거래구분	㉓국내도착항	㉔운송형태
				⑱종 류	㉕적출국	
					㉖선기명	
				㉗MASTER B/L 번호		㉘운수기관부호
㉙검사(반입)장소						

● 품명·규격 (란번호/총란수 :)

㉚품　　　명 ㉛거래품명			㉜상 표		
㉝모델·규격	㉞성분	㉟수량		㊱단가(XXX)	㊲금액(XXX)

㊳세번 부호		㊵순중량		㊳C/S 검사		㊺사후확인기관
㊴과세가격(CIF)	$ ㊶수 량			㊹검사변경		
	W ㊷환급물량			㊻원산지		㊼특수세액
㊽수입요건확인 　(발급서류명)						
㊾세종	㊿세율(구분)	51감면율	52세액	53감면분납부호	감면액	* 내국세종부호

54결제금액(인도조건-통화종류-금액-결제방법)				56환　　율	
55총과세가격	$ 57운임		59가산금액	64납부서번호	
	W 58보험료		60공제금액	65총부가가치세 과표	

61세 종	62세 액		
관　　　세			
특 소 세		※신고인기재란 - 전화번호 - 이메일주소	66세관기재란
교 통 세			
주　　　세			
교 육 세			
농 특 세			
부 가 세			
신고지연가산세			
미신고가산세			
63총세액합계		67담당자	68접수일시	69수리일자

(3) 수입신고서의 작성요령 및 검토

1) 일반사항

　가. 수입신고서 용도별 구분
　　• 수입신고서(보 관 용) : 세관/신고인 보관용 수입신고서
　　• 수입신고필증 : 신고필증 발급용

　나. 수입신고서의 형식
　　• 전산기에 의하여 출력되는 데이터의 길이에 따라 신고항목의 상하 출력 위치가 가변적인 FREE FORM 형태의 서식을 사용
　　• 수입신고서의 좌우 출력위치는 고정적임

　다. 외국으로부터 보세공장 또는 자유무역지역으로 반입(수입)되어 사용하는 경우의 사용신고는 수입신고서를 사용한다.

　라. 신고수리전 반출신청을 하여 승인될 경우에는 확정되지 않은 사항이라도 B/L, 송품장 등을 확인하여 수입신고서에 보완 기재한 후 신고수리 전 반출승인시점에서 전산 입력토록 한다.

　마. 〈삭 제〉

　바. 통계부호의 추가, 삭제, 변경사항이 시달되었을 때에는 이를 선식원 및 관세사에게 숙지시키고 관계자료를 보완하여 활용함으로써 오류가 발생치 않도록 유의한다.

　사. 자동차, 전자제품, 기계류, 섬유류등 주요품목에 부수하여 수입되는 품목으로서 금액이 적고 종류가 다양하며, 관세 징수와 무역통계 작성에 지장이 없는 것으로 품목별로 각각 별도의 란을 구분하여 작성하는 것이 비능률적이라고 판단되는 경우에는 여러가지 부수되는 품목 중에서 무역 통계상 별의미가 없는 품목의 세번 및 수량, 중량, 포장 등으로 일괄하여 한란에 기재할 수 있다.

　아. 결재금액에 운임, 보험료가 포함된 경우에는 수입자(화주)가 운임, 보험료를 구분하여 신고하되(CIF, DDP 등 운임·보험료가 포함된 결제조건인 경우는 제외) 관세사 등 신고인은 그 적정성을 심사하여야 한다. ('10.08.02 일부개정)

　자. 간이 수입신고 대상물품은 수입신고서 기재항목 중 다음 항목은 기재하지 아니할 수 있다.
　　- 「⑩수입자」 기재항목
　　- 「⑪납세의무자」 기재항목 중 「통관고유부호」 항목

- 「⑫운송주선인」 기재항목
- 「⑭통관계획」 기재항목
- 「⑱원산지증명서유무」 기재항목
- 「⑲가격신고서유무」 기재항목
- 「㊶환급물량」 기재항목
- 「㊷C/S검사」 기재항목
- 「㊸검사방법변경」 기재항목
- 「㊹사후확인기관」 기재항목
- 「관세사기재란」 기재항목

차. 〈삭제〉

카. B/L단위로 신고서를 작성하되 동일 B/L에 신고납부물품과 부과고지물품이 혼합되어 있을 경우 B/L을 분할하여 신고납부와 부과고지를 분리하여 작성한다.

타. 신고번호는 어떠한 경우에도 중복되지 않게 작성한다.

파. 수입신고서 출력시 출력내용이 첫 페이지를 초과할 경우 다음 페이지에 이어서 계속하여 출력하되, 신고서의 ①~⑧항목은 매 페이지별로 동일한 위치에 반복하여 출력한다.

하. 〈삭제〉

거. 동일 품목번호에 분류되는 물품이라도 개별소비세 과세대상 물품과 비대상 물품은 각각 란을 달리하여 신고하여야 한다.

2) 품명·규격 기재에 관한 사항

가. 용어의 정의
- "품명·규격"이라 함은 품명, 거래품명, 상표명, 모델·규격, 성분 등 수입신고서상의 5개 항목을 총칭하여 말한다.
- "품명"이라 함은 당해 물품을 나타내는 관세율표상의 품명을 말한다. 다만 관세율표상에 당해 물품을 나타내는 품명이 없는 경우에는 이를 나타낼 수 있는 일반적인 상품명을 말한다.
- "거래품명"이라 함은 실제 상거래시 송품장에 기재되는 품명을 말한다.
- "상표명"이라 함은 상품을 생산, 가공 또는 판매하는 것을 업으로 영위하는 자가 자기의 업무에 관련된 상품을 타인의 상품과 식별되도록 하기 위하여 사용하는 기호·문자·도형 또는 이들을 결합한 것과 기호·문자·도형에 색채를 결합한 것을 지칭하

는 이름을 말한다.
- "모델"이라 함은 생산방식·방법·타입·양식 등으로서 관세법 별표 관세율표(이하 "관세율표"라 한다)상의 품목분류·관세법 제226조에 따른 세관장확인 물품·관세환급·관세감면·과세가격 등의 심사에 영향을 미치는 사항을 말한다.
- "규격"이라 함은 재질·가공상태·용도·조립여부·사이즈·정격전압·처리능력·생산년도 등으로서 관세율표상의 품목분류·관세법 제226조에 따른 세관장확인물품·관세환급·관세감면·과세가격 등의 심사에 영향을 미치는 사항을 말한다.
- "성분"이라 함은 당해 물품 구성성분의 종류 및 그 함량을 나타내는 것으로 관세율표상의 품목분류·관세법 제226조에 따른 세관장확인물품·관세환급·관세감면·과세가격 등의 심사에 영향을 미치는 사항을 말한다.

나. 품명·규격의 표기 원칙
- 품명·규격의 표기는 다음 사항을 구체적으로 빠짐없이 기재하여야 한다.
  - 품목분류(HSK10단위)에 필요한 사항
  - 세율(관세, 내국세)확인을 위하여 필요한 사항
  - 관세법 제226조에 따른 세관장확인에 필요한 사항
  - 관세감면, 분할납부 대상 확인에 필요한 사항
- 품명·규격은 영어와 아라비아 숫자로 표기하여야 하며, 영어가 아닌 경우에는 영어로 번역하여 기재하여야 한다.
- 품명·규격의 표기는 수입신고서상의 양식순서에 따라 표기한다.
- 관세법 제82조(합의에 의한 세율적용) 적용대상으로서 일괄하여 신고하는 경우 세율이 가장 높은 물품을 대표로 기재하고 그 외 물품의 품명·규격은 모델·규격 및 성분 항목에 모두 기재한다.
- 다수의 품목을 신고하는 경우로서 품목번호·품명·상표·원산지가 다르면 각각 란을 달리하여 신고하여야 한다. 다만, 동일한 품목번호로 분류되는 부분품, 부속품, 시약 및 개별 금액이 각각 20불이하인 소량(5개 이내)의 물품 등은 대표되는 품명을 기재하고 그외 물품의 품명·규격은 모델·규격 및 성분항목에 차례대로 기재한다.
- 관세청장이 정하는 품명·용도 표준화 코드에 따라 기재하여야 한다.

다. 신고인의 권한과 책임
- 신고인은 수입요건확인서류, 송품장 등에 기재한 품명·규격이 이 요령에서 정하는 표기원칙과 다르게 작성된 때에는 이 요령에서 정하는 바에 따라 수정하여 수입신

고서에 표기하여야 한다.
- 관세사 등은 통관을 의뢰하는 수입업자에게 수입요건 확인서류, 송품장 등을 작성하는 때에는 이 요령에서 정하는 바에 따라 품명·규격을 작성하도록 전문지식을 제공하여야 한다.
- 신고인은 총포, 도검류 등 안보위해물품 및 기타 불법화물일 가능성이 높은 물품을 신고서 1란부터 순서대로 기재하고, 신고인기재란(기재사항2)에 판단의견을 기재하여야 한다.

2) 작성요령

항 목	작 성 요 령
① 신고번호 - 신고인부호 - 연도 - 일련번호 - 구분	○ 신고인부호, 연도, 일련번호, 구분을 기재 - 수입신고인 부호기재(통계부호표 참조) - 신고년도 기재 - 신고인이 관리하는 연도별 일련번호로서 중복될 수 없음(일련번호(6)+신고서식부호(1)) 　• 단, 통관포탈신고시는 인터넷신고와 중복방지를 위해 일련번호(5) + 'P(포탈)' 부여 　• 신고서식부호 : 수입신고(M), 보세공장사용신고(B), 보세판매장반입검사신청(S), FTZ사용소비신청(F) - 일부 통관보류할 경우 통관보류된 분에 대하여는 세관에서 부여한 부호를 기재 ＊ 수입신고전 물품반출신고후 수입신고하는 경우에는 반출신고서의 신고번호를 기재
② 신고일	○ 신고일자를 기재
③ 세관-과 - 세관부호 - 과부호	○ 통관지 세관 및 과부호를 기재 - 통계부호표 참조 - 통계부호표 참조 ＊ 수입신고전 물품반출신고후 수입신고하는 경우에는 반출신고세관의 세관 및 과부호를 기재
④ B/L(AWB)번호 - B/L(AWB)번호 - 분할수입신고 　여부	○ House단위의 B/L(AWB)번호 및 분할수입신고 여부 - Master B/L(AWB)에 종속되어 있는 House B/L(AWB)이 있는 경우에는 House B/L(AWB)번호를 기재(적하목록상의 House단위 B/L(AWB)번호와 일치하여야 함) - 국내로 반입되는 물품이 B/L번호가 없는 경우 공란으로 함 - B/L을 분할하여 수입신고할 경우 'true', B/L분할이 아닌 경우에는 'false'을 기재 - B/L분할 수입신고인 경우 ( )에 "분할" 출력

항 목	작 성 요 령
⑤ 화물관리번호 - MRN - MSN - HSN	○ 적하목록상의 화물관리번호 기재 - 적하목록 관리번호(Manifest Reference No) - Master B/L(AWB) Sequence No. 4자리 기재 - House B/L(AWB) Squence No. 4자리 기재 * 휴대품은 휴대품유치서상의 화물관리번호를 기재하며, 화물관리번호가 없는 경우 "NO"로 기재
⑥ 입항일	○ 입항일자를 기재 * 출항전·입항전 신고시 입항일자는 입항예정일을 전송
⑦ 전자인보이스 제출번호	○ 전자인보이스 제출번호 기재
⑧ 반입일	○ 장치장소 반입일자를 기재
⑨ 징수형태	○ 통계부호표상의 징수형태부호를 기재 * 접수통보 이후에는 징수형태 부호 변경 제한(징수형태부호 첫째자리 변경 불가 등) * 수입신고전 물품반출신고한 물품을 수입신고기한을 경과하여 수입신고하는 경우 에는 부과고지 징수형태 부호 기재
⑩ 신고인	○ 신고인상호와 대표자 성명을 기재 - 관세사인 경우 : 신고인상호와 관세사 성명 기재 - 자가통관업체인 경우 : 신고인 상호와 대표자 성명 기재 - 기타 개인의 경우 성명만 기재

⑪ 수입자
- 수입자상호
- 수입자부호
- 수입자구분
	○ 수입자 관련사항 기재
	- 수입자상호 또는 성명 기재
	  * 전자상거래물품인 경우 생략 불가
	- 통관고유부호 기재(개인은 기재생략)
	  * 남북교역물품은 통관고유번호 생략 불가
	○ 수입자 구분부호를 기재
	- 수입자와 납세의무자가 동일한 경우 : A
	- 수입자와 납세의무자가 상이한 경우 : B
	  * 전자상거래물품은 수입자구분부호 생략 불가하며, 수입식품 등 인터넷 구매대행업의 경우 구매대행업자를 수입자로 신고

⑫ 납세의무자 - 소재지 부호 - 주소 - 상호 - 전화번호 - 이메일 주소 - 성명	○ 납세의무자 관련사항 기재 - 납세의무자의 주소지 우편번호 5자리 기재 - 납세의무자의 주소를 기재 - 납세의무자의 상호를 기재 - 연락 가능한 전화번호를 기재 - 이메일 주소 기재 - 납세의무자의 성명을 기재

항 목	작 성 요 령
– 통관고유부호 – 사업자등록 번호 – 사업장번호	– 관세청장이 지정한 통관고유부호를 기재(개인인 경우 기재 생략) – 납세의무자의 사업자등록번호 기재 • 국세청장이 지정한 사업자등록번호 기재 • 사업자등록번호가 없는 개인의 경우는 개인통관고유부호 또는 주민등록번호를 기재하며, 외국인인 경우는 개인통관고유부호 또는 외국인등록번호(외국인등록번호가 없을 경우 여권번호) 기재하고, 해외소재 법인일 경우에는 해외거래처부호를 등록한 후 기재(일시수입물품에 한함) ＊ 외국인의 여권번호 기재시 앞자리에 "F"를 기재한 후, ISO국가코드 2자리와 여권번호를 이어서 기재(13자 이내) • 사업자단위 과세적용 사업자의 경우 국세청에서 부여하는 해당 사업장 일련번호 〈작성례〉 본사 : 0000, 지사 : 0001 ～ 　　　　　 (지사는 해당번호 기입)
⑬ 운송주선인 – 상호 – 부호	○ 운송주선인(포워더) 관련사항 기재 – 운송주선인 상호 기재 – 세관에 등록된 화물운송 주선업자 부호 기재 ＊ 가격신고(운임)와 직접 관련있는 운송주선인 기재 원칙 – 적하목록 B/L TYPE이 "S"인 경우에는 상호를 "NO"로 기재 – 운송주선인이 없는 경우 부호는 "XXXX"로 기재
⑭ 무역거래처 – 상호 – 국가 – 부호	○ 무역거래처 관련사항 기재 – 무역거래처 [거래당사자가 발행한 송품장상의 매도자(Seller)] 상호 기재 – 무역거래처 국가부호(ISO코드) 기재(통계부호 참조) – 관세청장이 부여한 해외거래처부호 기재 ＊ 수입승인면제물품은 송품장상의 무역 거래처명을 기재하고, 맨끝 2자리는 국가부호(ISO코드) 2자리 기재 ＊ 전자상거래의 경우 판매업체와 대행업체(구매·배송 등)의 인터넷 주소를 병행하여 기재 　　예) www.amazon.com (www.malltail.com)
● 해외공급자 – 상호 – 국가 – 부호	○ 해외공급자 관련사항 기재 – 계약물품을 실제 공급하는 B/L상의 Shipper – 해외공급자 국가부호(ISO코드) 기재(통계부호 참조) – 관세청장이 부여한 해외거래처 부호기재 ＊ 수입승인면제물품은 B/L상의 Shipper를 기재하고, 맨끝 2자리는 국가부호(ISO코드) 2자리 기재
⑮ 통관계획 – 부호 – 설명	○ 통관계획 부호를 기재 – 통계부호표 참조 – 코드 설명(신고서 출력시)

항 목	작 성 요 령
	* 특급탁송화물, 간이수입통관대상은 기재 생략 * 수입신고전 물품반출신고후 수입신고하는 경우 'G(물품반출후 수입신고)'로 기재
⑯ 신고구분 – 부호 – 설명	○ 신고구분 부호를 기재 – 통계부호표 참조 – 코드 설명(신고서 출력시) ※ 유의사항 ① 일반수입신고서의 수입신고시에는 모두 'A'로 신고 ② 수입통관시스템에서 일반서류대상으로 지정된 경우에는 'B'로 자동처리됨 ③ 일반 간이신고물품은 'C' 또는 'D'를 입력하고 간이신고특송물품은 'E'를 입력
⑰ 거래구분 – 부호 – 설명	○ 거래구분 부호를 기재 – 통계부호표 참조 – 코드설명(신고서 출력시)
⑱ 종류 – 부호 – 설명	○ 수입종류 부호를 기재 – 통계부호표 참조 – 코드설명(신고서 출력시)
⑲ 원산지증명서 유무	○ 관세법 제232조 및 대외무역관리규정 제91조에 의거 세관장이 원산지를 확인해야 할 물품으로서, 원산증명서 구비어부를 기재 – 원산지증명서를 구비한 경우 : Y * 특혜관세(E,D,R,G,Y) 및 북한산물품중 비과세(U)를 적용하는 경우 발행번호, 발행국가, 발행기관, 발행일자 및 Tax ID No(FTA 적용물품에 한함) 기재 – 원산지증명서 제출면제 대상인 경우 : X – 세관장 확인대상이 아니거나 원산지증명서를 구비하지 못한 경우 : N – 원산지증명서 분할여부, 전체수량, 사용수량, 전체중량, 사용중량
⑳ 가격신고서 유무	○ 가격신고서 제출(전자문서전송) 여부를 기재 – 가격신고서 제출대상인 경우 : Y – 가격신고서 제출대상이 아닌 경우 : N
㉑ 총중량 – 중량 – 단위	○ 신고물품의 총중량 – 신고물품의 총중량(포장용기포함, 단 반복사용 운반용기는 제외)을 기재 – 단위는 KG으로 기재
㉒ 총포장갯수 – 갯수 – 종류	○ 신고물품의 총포장개수 – 신고물품의 외포장 개수를 기재 – 신고물품의 포장종류 부호(UN/전자문서FACT 기준 138종)를 기재(통계부호표 참조)

항 목	작 성 요 령
㉓ 국내도착항 　- 부호 　- 항구(공항)명	○ 우리나라의 도착항(공항 및 항구) 부호 　- 통계부호표 참조 　- 공항 및 항구명(신고서 출력시)
㉔ 운송형태 　- 운송수단 　- 운송용기	○ 운송수단 및 운송용기 부호 　- 운송수단 부호 기재(통계부호표 참조) 　- 운송용기 부호 기재(통계부호표 참조)
● 컨테이너번호 　- 컨테이너번호	○ 컨테이너 소유주의 고유번호 　- 수입화물이 컨테이너화물인 경우 11자리이내의 당해 컨테이너번호를 반드시 기재 　- 컨테이너번호가 여러 개인 경우 각 번호를 모두 입력 　- 컨테이너 하나에 여러 개의 B/L이 있을 경우 B/L별로 컨테이너 번호 기재
㉕ 적출국 　- 부호 　- 국명	○ 수입신고물품의 적출국 부호 　- 적출국 부호 기재(통계부호표 참조) 　- 해당 국가명 약어(신고서 출력시) 　　* 보세공장 및 수출자유지역은 KR(R,KOREA)로 기재
㉖ 선(기)명 　- 선(기)명 　- 국적	○ 수입물품을 적재한 선(기)명 및 국적 　- 선박 또는 항공기명을 영문으로 기재 　- 선박 또는 항공기 국적의 국가부호 기재
㉗ Master 　- B/L번호	○ 선사 또는 항공사가 발행한 Master B/L(AWB)번호 기재 　- 입항전 신고물품으로서 화물관리번호를 확인할 수 없는 해상화물의 경우 필수 기재
㉘ 운수기관부호	○ 세관에 신고된 운항 선사 또는 항공사 부호를 기재 　- 입항전신고물품으로서 화물관리번호를 확인할 수 없는 해상화물의 경우 필수 기재
㉙ 검사(반입)장소 　- 보세구역부호 　- 보세구역명칭	○ 수입물품을 검사 또는 반입할 장소 　- 검사 또는 반입장소의 보세구역부호와 화물의 장치위치를 18자리 이내로 기재 　　* 타소장치장인 경우 장치위치는 '년도(2)+일련번호(6)' 기재 　　* 수입신고전 물품반출신고후 수입신고하는경우 물품반출신고시의 화물반입 보세구역부호 기재 　- 보세구역 명칭(신고서 출력시)
● 란번호/총란수 　- 란번호 　- 총란수	- 품목별 란번호를 기재 - 당해 신고건의 총란수(신고서 출력시)
㉚ 품명	○ 당해물품을 나타내는 관세율표상의 품명을 영문으로 기재 　- 관세율표상 품목번호 10단위에 당해 품명이 특게되어 있는 경우 이를 기재 　- 10단위에 특게되어 있는 품명이 없는 경우에는 9단위부터 4단위까지 순차적으로 특게된 품명을 찾아 기재

항 목	작 성 요 령
	(예) OPTICAL DISK DRIVE (8471.70-2039)… 9단위 CINEMATOGRAPHIC FILM (3702.90-1010)… 8단위 LOBSTER(바다가재, 1605.30-1000) … 6단위 ANTI-KNOCK PREPARATION (3811.19-0000) …5단위 PAPER LABELS(지제라벨,4821.10-0000) …4단위 ○ 품목번호중 최종 4단위에도 관세율표상에 품명이 특게되지 않은 경우 일반적인 품명을 기재 ○ 관세율표상에 특게된 품명이 당해물품의 성질을 정확하게 표현하지 못하는 경우 일반적인 품명 기재 ○ 품명은 명사, 명사의 조합, 형용사+명사의 조합으로 된 것만 사용가능하며 4단어 이내로 기재 　-4단어를 초과할 경우 단순한 수식어는 빼고 4단어이내로 기재 ○ 부분품 및 부속품의 경우에는 「~PART」 또는 「PART FOR ~」로 일괄 기재하고 구체적인 품명은 모델·규격란에 기재 ○ 시약의 경우에는 관세율표상 품명을 기재하고 구체적인 품명·규격은 모델·규격 및 성분 항목에 기재 ○ 표준품명이 제정된 물품은 ㅠ준품명을 영문으로 기재 ○ 품명 또는 용도 표준화 코드에 따라 기재
㉛ 거래품명	○ 거래품명이라 함은 실제 상거래시 송품장 등 무역서류에 기재되는 품명으로서 학명을 병기하여 기재할 수 있음 ○ 영어이외의 외국어는 단순히 발음을 영자로 표기 　-품명: ELETRONIC GAMES(9504.90-2000) 　-거래품명 : TAMAGOCHI ○ 학명은 CITES대상품목, 한약재, 조정관세 적용여부 등의 확인이 필요한 경우에 한하여 기재 　-품명: BELLFLOWER ROOT(도라지, 1211.90-9090) 　-거래품명: PLATYCODI RADIX(도라지의 학명)
㉜ 상표 　- 상표코드 　- 상표명	○ 상표코드 　-관세청에 등록된 경우는 대표 상표코드를 기재, 미등록의 경우는 "ZZZZ"로 기재하고 상표가 없는 경우는 "XXXX"로 기재 ○ 상표명 　-상표가 있는 경우에는 실제 사용하는 상표명(한글 또는 영문)을 기재하고 상표가 없는 경우에는 "NO"로 기재 　　• "BRAND"라는 단어는 기재할 수 없음

항 목	작 성 요 령
	– 상표가 둘 이상인 경우 란을 달리하여 기재하고, 도형상표는 관세청 홈페이지에서 조회하여 해당 상표명(도형)을 기재. – 상표는 지식재산권 확인, 원산지 확인, 가격심사 등에 필수적인 기재요소로서 상표가 있는 물품을 "없음"으로 기재하는 것은 불가함
◉ 표준품명코드	○ 표준화 품명이 있는 경우에는 실제 사용하는 표준품명 기재
◉ 합의세율신청 및 서류첨부여부	○ 합의세율 신청 및 해당품목의 모델·규격의 일부만 입력하고 세부내역은 서류로 별첨(attach)할 것인지 여부 – 일부입력 : 'Y' – 전부입력 : 'N' – 합의세율 신청 + 일부입력 : 'A' – 합의세율 신청 + 전부입력 : 'B' ○ 신고서 출력시 – 'Y'인 경우 '모델·규격'란에 "상세내역 별첨" 표시 – 'A'인 경우 '모델·규격'란에 "합의세율(상세내역 별첨)" 표시 – 'B'인 경우 '모델·규격'란에 "합의세율" 표시

㉝ 모델·규격
– 규격번호
– 모델·규격
	○ 해당 품목의 세부 모델 및 규격
	– 모델·규격별 일련번호
	– 세관 심사에 필요한 모델 및 규격을 기재
	  * 하나의 모델에 규격이 여러개인 경우에는 각 규격별로 규격앞에 모델명을 기재
	○ 모델명 기재방법
	– 모델은 생산방식, 생산방법, 타입 등을 나타내는 부호로써 관세율표상의 품목분류, 법제226조의 규정에 의한 세관장확인대상물품, 관세환급, 관세감면, 과세가격 등의 심사에 영향을 미치는 사항을 기재하여야 한다.
	– 모델이 있는 경우에는 규격 앞에 "MODEL:"라는 단어를 기재한 후 영문 대문자로 모델명을 기재
	○ 규격 기재방법
	– 규격은 재질, 가공상태, 용도, 조립여부, 사이즈, 정격전압, 처리능력, 생산년도 등으로써 관세율표상의 품목분류, 법제226조의 규정에 의한 세관장 확인대상물품, 관세환급, 관세감면, 과세가격등의 심사에 영향을 미치는 사항을 기재하여야 한다.
	– 규격은 주로 관세율표상에 OF, FOR, WITH등의 단어로 표현되므로, 규격 기재시 가능하면 관세율표상 용어를 그대로 사용할 것
	– 물품에 따라 세관심사에 필요한 규격사항을 기재
	  * 냉동홍어의 경우 냉동여부만 기재
	    품명: SKATE(홍어, HS 0303.79-9093)
	    규격: FROZEN
	  * 엔진의 경우는 품목분류 등을 확인하여야 하므로 여러가지 요소를 기재

항 목	작 성 요 령
	품명: ENGINE 규격: GASOLIN ENGIN 2,500CC, FOR SEDAN, 1998YEAR ○ 미술품 모델·규격 기재방법 다음 순서대로 기재 – Title(작품명) – Artist(작가) – Year(제작년도) – Dimension(크기)
㉝ 모델·규격	○ 용도의 기재방법 – 법 제226조의 규정에 의한 세관장확인대상 물품에 해당하는 세번의 물품은 식용, 공업용, 사료용, 비료용, 의약용, 동물의약용, 연구·실험용, 기타 등의 용도를 영문자로 표기한다. 다만, '기타'라고 표기한 경우 ( )안에 구분 가능한 용도를 영문 또는 한글로 기입한다. • 표기방법 USE : EDIBLE 〈용도 기재사례〉 – 식용 : EDIBLE – 공업용 : INDUSTRIAL – 화장품용 : COSMETICS – 사료용 : FEEDING – 미끼용 : BAIT – 비료용 : FERTILIZER – 의약용 : MEDICINAL – 동물의약용 : ANIMAL MEDICINAL – 연구·실험용 : RESEARCH – 기타 : ETC(용도) ○ 자동차 모델·규격 기재방법 – 기재형식 : [모델명],[차대번호],[주요특성]의 순서로 기재 – 모델명 : BMW520i, BENZ320S등으로 기재 – 차대번호 : 17단위. 모델명 다음에 콤마(,)로 구분하여 기재 – 주요특성 : 배기량, 제작년도, 주행거리, 차체형상, 변속기형식, 엔진번호 등을 차대번호 다음에 각 주요특성마다 콤마(,)로 구분하여 기재 – 2대 이상인 경우 줄을 바꾸어 기재 – 란을 초과(100대이상)하는 경우 새로운 란에 기재하거나 수입 B/L분할신고 방법으로 신고가능 * 주요특성 예시 – 배기량 : 1997cc – 제작년도 : 2001년식

항 목	작 성 요 령
	- 주행거리 : 35,758 mile - 차체형상 : 4D 세단 (Four Door Sedan) - 변속기형식 : 수동, 자동, 반자동, 무단변속기등 - 엔진번호 : 1G 6831372 - 기타 수입신고서 기재 필요사항 　* 기재예시 　　BENZ320S,WBDGA33EOTA312272,1997cc,2001yr,mile 35758,4D,Auto,1G 6831372
㉝ 모델·규격	○ 규격의 유형별 기재사례 〈타입 기재사례〉 - 수평형,수직형: VERTICAL, HORIZONTAL - 작동방식: PORTABLE, PNEUMATIC, HYDRAULIC - 제어방식: CNC, PLC, ATC 〈상태 기재사례〉 - 물품의 외형적인 형상 　PASTE, LIQUID, PELLET, POWDER, GAS, CRYSTALLINE POWDER - 가공상태 　• CRUDE, RAW, LIVE, FRESH 　• ROASTED, CALCINED 　• FROZEN, DRIED, DEHYDRATED 　• CONCENTRATED 　• COLD ROLLED, HOT ROLLED 〈조립여부 기재사례〉 - KNOCKDOWN, UNASSEMBLED - UNFINISHED 〈사이즈 기재사례〉 - Scarf: W 500mm X L 500mm - Sheet: T 20mm X W 300mm X L 1,500 - Tile : T 2mm X W 200mm X L 200m - Distributer : T 1,400mm X D 746mm X H 2,025mm - Tube: T 20mm X ID 200mm X OD 250mm 〈처리능력 기재사례〉 - A4 15 sheet/M - 150 KVA

항 목	작 성 요 령

	〈정격전압 기재사례〉
	- 200V, 100KV
	
	〈생산년도,등급 기재사례〉
	- 몇년도 산 : Year1995, Year1996
	- 연령 : 17year old
	- Grade : A grade
	
	○ 모델·규격 기재 오류 사례
	  - 품명: COFFEE(커피, HS 0901.11-0000)
	    거래품명: COLOMBIAN GREEN COFFEE
	    모델·규격: 미기재
	    오류사항 : 볶은 것인지 여부 및 카페인 제거여부 미표기로 품목분류 불가능
	  - 품명: SUITCASE(슈트케이스, HS 4202.11-1040)
	    거래품명: SUITCASE
	    모델·규격: BLACK
	    오류사항: 재질 미표기로 품목분류 불가능
	○ 품명 또는 용도 표준화 코드에 따라 기재

● 부품코드	○ 수입화주가 모델·규격을 고유하게 관리하는 부호(환급시 활용 : 환급신청서의 원재료식별번호) 기재
● 특정거래수입물품 등록번호	○ 특정거래 수입물품 등록번호 기재

㉞ 성분	○ 세관심사에 필요한 성분 및 함량 기재
	○ 성분 기재방법
	  - 성분은 당해물질의 성분 및 함량으로써 관세율표상의 품목분류, 법제226조의 규정에 의한 세관장 확인물품, 관세환급, 관세감면, 과세가격 등의 심사에 영향을 미치는 성분 및 함량을 기재한다.
	  - 농산물 혼합물 및 실·직물의 경우는 성분 및 함량을 모두 기재하여야 한다.
	○ 성분 기재사례
	  - 청바지는 주된 성분의 함량만을 기재하나 청바지용 직물은 성분의 종류 및 함량, 중량 등을 기재 하여야 함
	    품명: COTTON WOVEN FABRIC (HS 5208.11-0000)
	    성분: COTTON 100%, 40G/m^2
	    품명: BLUE JEAN(청바지, HS 6203.42-1000)
	    성분: COTTON 100%
	  - 농산물 혼합물 기재사례
	    품명: Seasoning(양념, HS 2103.90-9030)
	    거래품명: tateki
	    성분: RED PEPPER POWDER MAXED WITH SALT1 8%, WATER 42%, GARLIC POWDER 7%, ONIONPOWDER 5%

항 목	작 성 요 령
	○ 성분 기재오류 사례 – 품명: CANE SUGAR (사탕수수당, 1701.11-2000) 　성분: RAW SUGAR POLARIZATION BETWEEN 98 AND 98.99 DEGREES 　오류: 당도표기 모호(당도 98.5를 기준으로 세번이 달라지나 당도가 양 세번에 걸쳐 있어 세번분류 불가능) – 품명: LACTOSE(유당, 1702.19-1000) 　성분: REFINED 전자문서BLE FINE POWDER 　오류: 유당의 함유량 미표기로 세번분류 불가(99%를 기준으로 세번이 달라짐) – 품명: COCOA PREPARATION (1806.20-9010) 　성분: 15%(18M/T) USD4,554.- 　오류: 함량표기 불분명(밀크분 함량50%를 기준으로 세번이 달라짐)
㉟ 수량 　– 수량 　– 단위	○ 해당 품목의 모델·규격별 수량 – 모델·규격별 수량을 소수점이하 4자리까지 기재(소수점이하 5자리에서 반올림) – 실제 수량단위를 기재 – 담배는 그램, 전자담배는 밀리리터 단위에 해당하는 숫자 기재. 다만, 궐련담배(HS2402.20-)는 수량을 U(갑/20개피)로 단위를 환산하여 기재
㊱ 단가	○ 해당 품목의 모델·규격별 단가를 결제통화 단위로 기재 – 정수 12자리, 소수점 이하 6자리까지 기재(소수점 이하 7자리에서 반올림) – 소수점 이하 숫자중 '0000' 부분은 서류(신고서) 출력시 제외 – ','와 '.'을 포함하여 출력할 전체 자리수가 16자리를 초과할 경우 앞에서부터 16자리만 출력
㊲ 금액	○ 해당 품목의 모델·규격별 금액을 기재 – 정수 12자리, 소수점 이하 4자리까지 기재(소수점 이하 5자리에서 반올림) – 소수점 이하 숫자중 '0000' 부분은 서류(신고서) 출력시 제외 – ','와 '.'을 포함하여 출력할 전체 자리수가 16자리를 초과할 경우 앞에서부터 16자리만 출력
● 단가/금액 　– 통화종류	○ V결제금액란의 통화종류 부호를 단가 및 금액항목 우측( )안에 출력 – D단가(XXX), E금액(XXX)
㊳ 세번부호	○ 관세율표에 기재된 H.S.K. 10단위 품목번호를 기재 – 간이세번은 간이세율표에 기재된 세번을 기재(3단위)
㊴ 과세가격 　– 미화 　– 원화	○ 해당 품목의 과세가격 – 과세가격을 미화로 기재(CIF기준 USD) 　(소수점이하 절상) – 과세가격을 원화로 기재(소숫점 이하 절사)
㊵ 순중량 　– 단위	○ 물품의 포장용기를 제외한 순중량 – 관세율표에 게기된 당해 물품의 중량단위로 환산하여 기재 – 중량단위가 KG(I.C 등)인 경우에는 용기를 포함한 중량을 기재 ○ 단위는 KG으로 기재

항 목	작 성 요 령

㊶ 수량
– 단위
	○ 관세율표에 게기된 수량단위로 환산 기재
	  – 관세율표상에 중량단위만 있고 수량단위 부호가 특게되어 있지 않은 것은 기재하지 않음(중량만 기재)
	  – 소수점 이하는 반올림하여 기재
	○ 관세율표에 게기된 수량단위를 기재 (U외 10개)
	  CR : carat(카랏트)
	  M : metres(미터)
	  M2 : square metres(제곱미터)
	  M3 : cubic metres(세제곱미터)
	  L : litres(리터)
	  DZ : dozens(타)
	  MW : mega watt(메가와트)
	  U : pieces/items(개,본,매,두,필,대,량,기,척,착)
	  2U : pairs(쌍, 켤레, 족)
	  TU : thousands units(천본, 천매)
	  * 수량단위가 U로 되어 있는 물품으로서 송품장등에 수량이 나타나 있지 않거나 packs으로 되어 있어 개개의 수량을 파악하기 불가능한 물품의 경우는 packs(U)단위로 기재
	○ 담배는 그램, 전자담배는 밀리리터 단위에 해당하는 숫자 기재. 다만, 궐련담배(HS2402.20–)는 수량을 U(갑/20개피)로 단위를 환산하여 기재

㊷ 환급물량
– 단위
	○ HS별 표준수량과 관계없이 소요량 계산시 실제 사용하는 단위로 환급 사용 물량을 기재
	  (예 : ㊵항목 10DZ → ㊶항목 120PCS)
	  – 소수점이하 3자리까지 기재(소수점이하 4자리에서 반올림)
	  – 환급물량이 없는 경우에는 '0.000'으로 기재
	  – 단위는 소요량 계산시 실제 사용하는 단위로 기재
	○ 담배는 그램, 전자담배는 밀리리터 단위에 해당하는 숫자 기재. 다만, 궐련담배(HS2402.20–)는 수량을 U(갑/20개피)로 단위를 환산하여 기재
	○ 환급물량을 입력하지 않고 수입신고하는 경우에는 전산시스템에서 오류 통보
	  ※ 환급물량 입력대상 : 수입관리 부호 (형태별 분류)
	    – 11,12,13,14,15,21,22,29,51,52,55,59, 80,83,84,87,88,89,92,93,94

㊸ C/S 검사
– 검사구분부호
– 설명
	○ C/S결과 검사구분 부호
	  – 세관에서 접수통보한 C/S검사구분 부호를 기재 (출력시)
	  – 검사구분 부호설명(출력시)

㊹ 검사변경
– 부호
– 설명
	○ C/S검사방법 변경 부호
	  – 세관에 의해 C/S검사방법이 변경되었을 때 변경된 검사방법 변경부호(출력시)
	  – 변경부호 설명(출력시)

항 목	작 성 요 령

㊺ 사후확인기관
  - 기관 1
  - 기관 2
  - 기관 3
	○ 수입물품이 사후확인대상인 경우 당해 수입요건확인기관의 부호를 3개까지 기재
	  - 통계부호표 참조

㊻ 원산지
  - 국가부호
  - 결정기준
  - 표시유무
  - 표시방법
  - 표시면제사유
	○ 원산지 결정 및 표시 관련사항 기재
	  - 상품의 원산국(생산, 제조국) 국가부호 기재
	  - 원산지결정기준부호 기재(통계부호표 참조)
	  - 원산지 표시유무 기재 (통계부호표 참조)
	  - 원산지 표시방법 기재 (통계부호표 참조)
	  - 원산지표시 면제사유 기재(통계부호표 참조)
	    * 원산지 표시방법
	      원산지 표시유무가 'Y', 'B', 'G'인 경우 원산지표시방법을 기재
	    * 원산지표시 면제사유
	      원산지 표시유무가 'E'인 경우 원산지 표시 면제사유를 기재

㊼ 특수세액	○ 특수세액 계산근거
	  - 주정인 경우 알콜도수를 기재
	  - 비디오 테이프 등 분당으로 계산되는 종량세인 경우 란별 총분수 기재
	  - 내국세4종 물품(귀금속,모피,양탄자,고급가구 등)인 경우 기준가격 초과분 개수 또는 조 기재

㊽ 수입요건확인
  - 구분
  - 요건승인번호
  - 발급서류명
  - 발급일자
  - 법령부호
	○ 타법령에 의한 수입요건확인 관련사항(법제226조)
	  - '1' : 승인서 등, '2' : 검사/검역증
	  - 타법령에 의하여 수입요건에 대하여 허가·승인 등을 받은 요건확인서의 허가·승인 번호
	  - 통관단일창구를 통해 요건신청과 동시 또는 요건승인전에 신고할 경우 요건신청서 신청번호
	  - 수입요건확인서류명
	    • 신고서 출력시 20자리까지 ( )로 표시
	  - 수입요건확인서류 발급일자
	  - 통관단일창구를 통해 요건신청과 동시 또는 요건승인전에 신고할 경우 "0000년00월00일" 입력
	  - 수입요건확인 관련 법령부호(통계부호표 참조)
	  - 요건확인서류의 개수는 최대 8개이내

● 품목식별부호	○ 요건확인기관에 요건승인 신청시 부여되는 규격별 고유한 일련번호로서 수입신고서 모델·규격단위로 기재

㊾ 세종	○ 관세와 각종 내국세의 종류를 순차적으로 기재
	  - 관세인 경우 "관"
	  - 개소세인 경우 "개"
	  - 교통세인 경우 "통"

항 목	작 성 요 령
	– 주세인 경우 "주" – 교육세인 경우 "육" – 농특세인 경우 "농" – 부가세인 경우 "부"
(50) 세율 – 관세율 (단위당 세액) – 관세구분 – 관세액기준 – 내국세율 – 내국세 구분 – 세율구분	○ 세종에 해당하는 세율구분과 세율을 기재 – 관세의 세율을 기재 – 종량세인 경우 세율 대신 단위당 세액 기재 – 관세율 구분부호 기재(통계부호표 참조) – '1': 종가세, '2' : 종량세 – 내국세의 세율을 기재 – 내국세 구분 부호 (통계부호표 참조) – 관세율란에는 당해 품목에 대한 관세율구분부호 및 구분명을 ( )에 기재 – 내국세율란에는 내국세구분부호를 ( )에 기재
(51) 감면율	○ 해당 세목의 감면율을 기재
(52) 세액	○ 각 품목별 해당 세액을 기재 – 원 미만은 절사하고 기재 – 수리전 반출승인물품은 세액이 확정되지 않은 경우라도 잠정세액을 기재 – 보세공장 및 자유무역지역에서의 사용신고 또는 반입신고시 산출된 세액을 기재
(53) 감면분납부호 – 감면분납부호 – 부가세감면 부호 – 개소세면세 부호 – 주세면세부호 – 과세보류 – (감면액)	○ 감면분납부호 및 감면액 기재 관세인 경우 감면분납부호 기재(통계부호표 참조) – 부가세 감면인 경우 부가세 감면부호를 기재(통계부호표 참조) – 개소세 면세인 경우 개소세 면세부호를 기재(통계부호표 참조) – 주세면세인 경우 주세 면세부호를 기재(통계부호표 참조) – 보세공장 및 자유무역지역에서의 사용신고 또는 반입신고시에는 "과세보류"로 표시 – 관세감면액을 ( )에 기재
◉ 내국세종부호	○ 내국세인 경우 내국세 세종부호를 기재(통계부호표 참조)
◉ 부가세과표 – 과세과표 – 면세과표	– 부가세과세과표를 기재 – 부가세면세과표를 기재
◉ 특송업체 C/S	○ 특급탁송물품의 경우 특송업체 자체 C/S결과를 기재 – 'Y' : 검사 'N' : 생략
(54) 결제금액 – 인도조건 – 통화종류 – 결제금액 – 결제방법	○ 송품장등의 내용에 근거하여 인도조건, 통화종류, 결제금액, 결제방법순으로 기재 – 인도조건은 INCOTERMS 90 코드를 기재 – 통화종류는 통계부호표상의 통화코드를 기재 (단, 관세청 고시환율에 해당 통화코드가 없거나 또는 결제금액이 없는 경우에는 "USD"로 통일)

항 목	작 성 요 령
	- 금액은 통화종류에 따른 금액 기재(INCOTERMS 90 코드 이외에는 환산하여 기재 : 통계부호표참조) - 결제방법부호 기재(통계부호표 참조)
(55) 총과세가격 - 미화 - 원화	- 신고서 총 과세금액을 미화로 기재 - 신고서 총 과세금액을 원화로 기재
(56) 환율	○ 53번 항목의 통화종류에 대한 관세청 고시환율을 기재 * 결제금액이 없는 경우에도 해당 환율은 기재 * 수입신고전 물품반출신고후 수입신고하는 경우 물품반출신고시의 환율 기재
(57) 운임 - 금액 - 통화종류	○ 운임에 대한 통화종류 및 금액을 기재 - 운임은 실제 지급한 운임을 원화로 환산하여 기재 - 통화종류는 "KRW" 기재
(58) 보험료 - 금액 - 통화종류	○ 보험료에 대한 통화종류 및 금액을 기재 - 보험료는 실제 지급한 보험료를 원화로 환산하여 기재 - 통화종류는 "KRW" 기재
(59) 가산금액 - 통화종류	○ 품목전체에 영향을 미친 가산금액을 원화로 환산하여 기재 - 통화종류는 "KRW" 기재
(60) 공제금액 - 통화종류	○ 품목전체에 영향을 미친 공제금액을 원화로 환산하여 기재 - 통화종류는 "KRW" 기재
(61) 세종(합계)	○ 관세 및 내국세의 종류(출력시)
(62) 세액(합계)	○ 세종별 세액합계를 기재
(63) 총세액합계	○ 총 세액 합계를 기재
(64) 납부(고지)서번호	○ 세관에서 접수통보시 부여한 납부(고지)서번호 - 세관(3) + 고지유형(2) + 년도(2) + 일련번호(8)
(65) 총부가가치세과표 - 과세과표 - 면세과표	- 총부가세과세과표를 기재 - 총부가세면세과표를 기재
◉ 특송업체부호	○ 특송업체부호를 기재
◉ 특별통관대상 업체부호	○ 특별통관대상업체 부호를 기재
◉ 응답형태	○ 응답형태를 기재 'AB' : 응답필요 'NA' : 응답불필요
◉ 신고인기재란 - 구분부호 - 기재사항1 - 기재사항2	○ 관세사가 신고서 표시사항 또는 세관에 제공하는 정보를 구분하여 기재 - 관세사 기재 부호를 기재(통계부호표 참조) - 신고서에 출력하지 아니할 사항을 자유롭게 기재 - 신고서에 출력할 사항 기재

항 목	작 성 요 령
– 전화번호 – 이메일 주소	• 사전회시번호 및 시행일자, 컨테이너번호 및 수량등 – 연락 가능한 전화번호를 기재 – 이메일 주소 기재
● 무역업체 참조번호	○ 무역업체가 내부관리를 위해 부여한 참조번호 기재
● 남북교역 과세구분	○ 남북교역물품여부, A : 정부지원 물품(차관 포함) C : 사회문화협력사업 물품, E : 기타 경제협력사업 물품(G,K 제외), F : 정부 협력사업교역(유상 반출입 물품) 등
● 금 거래 계좌여부	○ 금거래계좌 납부신청건 여부, Y : 신청건, N : 미신청건
● 사용신고구분	○ 보세공장 사용신고여부, A : 사용전신고, B : 사용후신고(보세공장 사용 후 사후 사용신고서를 제출하는 경우 B(사용후신고)로 기재)
● 사용일시	○ 사용신고 구분이 B(사용후신고)인 경우 사용일시 기재
● 신고지연가산세	○ 신고지연가산세 기재
● 미신고가산세	○ 미신고가산세 기재
● 전용물품 확인공문번호	○ 용도세율 전용물품확인 공문번호 또는 용도세율 전용물품 신청번호 기재
● 제품원료구분	○ 수입종류가 보세공장 원료과세, 종합보세구역 원료과세인 경우 반드시 기재(보세공장 원료과세 : 29, 종합보세구역 원료과세 : 36), A : 제품, B : 원료미신고가산세 기재
● 제품란 번호	○ 제품·원료구분이 "B(원료)"일 경우 원료에 해당하는 제품란번호를 필수 기재
● 신고인기재 검사 필요란 여부	○ 관세사 기재부호의 3번째 부호가 B,C,D,E 인 경우만 검사필요란 여부 기재(Y: 검사필요, N:검사불필요)
● 요건비대상 사유부호	○ 세관장 확인대상 세번 중 해당 법령에 대해 요건비대상인 경우 란단위로 필수 기재(A:용도비대상, B:요건면제대상, Z:기타)
● 요건비대상 법령부호	○ 세관장 확인대상 세번 중 요건비대상인 경우 해당 법령 부호 필수 기재
● 요건비대상 사유	○ 세관장확인대상이면서 비대상일 경우 기재
● 수출신고번호	○ 재수입면세 대상일 경우 수출신고번호, 란번호, 규격번호, 수출신고 수량에 대한 수입사용량과 단위 기재
⑥⑥ 세관기재란	○ 의무이행요구사항 등 세관에서 필요한 사항 기재
⑥⑦ 담당자 – 성명 – 직원부호	○ 세관 심사담당자 성명 및 직원부호 – 심사담당자의 성명을 기재 – 심사담당자의 직원부호를 기재
⑥⑧ 접수일시	○ 세관에서 접수통보한 접수일시를 기재
⑥⑨ 수리일자	○ 신고수리일자 기재

제2절 수입원가의 산정과 회계처리

1. 취득원가 산정의 기본원칙

손금은 자본 또는 출자의 환급, 잉여금의 처분 및 법인세법에서 규정하는 것은 제외하고 해당 법인의 순자산을 감소시키는 거래로 인하여 발생하는 손비의 금액으로 한다(법19조). 손비는 이 법 및 다른 법률에서 달리 정하고 있는 것을 제외하고는 그 법인의 사업과 관련하여 발생하거나 지출된 손실 또는 비용으로서 일반적으로 인정되는 통상적인 것이거나 수익과 직접 관련된 것으로 한다. 판매한 상품 또는 제품에 대한 원료의 매입가액(기업회계기준에 따른 매입에누리금액 및 매입할인금액을 제외한다)과 그 부대비용 및 판매한 상품 또는 제품의 보관료, 포장비, 운반비, 판매장려금 및 판매수당 등 판매와 관련된 부대비용(판매장려금 및 판매수당의 경우 사전약정 없이 지급하는 경우를 포함한다)은 손금에 해당한다(법령19조).

2. 수입물품의 취득원가의 산정

(1) 취득원가의 계상시점

수입물품의 경우 미착상품(재고자산)으로 언제 계상할 것인가가 중요한 문제이다. 재고자산으로 계상하는 시점은 다음과 같은 시점에서 계상하는 것이 실무관행이다.

① 수출상의 B/L(선적일)일자로 계상하는 방법
② 수입상이 외국환은행으로부터의 선적서류 인수일자로 계상하는 방법
③ 수입물품 통관일자로 계상하는 방법
④ 수입상의 창고입고 일자로 계상하는 방법

기업회계기준에서는 운송 중에 있어 아직 도착하지 않은 미착상품은 법률적인 소유권(B/L서류와 상환으로 물품대금이 지급하는 때)의 유무에 따라서 재고자산 포함여부를 결정한다. 법률적인 소유권 유무는 매매계약상의 거래조건에 따라서 다르다. 선적지인도조건인 경우에는 상품이 선적된 시점에 소유권이 매입자에게 이전되기 때문에 미착상품은 매입자의 재고자산에 포함된다. 그러나 목적지인도조건인 경우에는 상품이 목

적지에 도착하여 매입자가 인수한 시점에 소유권이 매입자에게 이전되기 때문에 매입자의 재고자산에 포함되지 않는다. 즉, 수입물품의 재고자산 계상시점은 인도조건에 따라 수입원가 계상시점을 정하여야 한다. 예를 들어 인도조건이 수출상의 본선인도조건(FOB, CIF, CFR)인 경우에는 본선인도시점에서 수입상은 미착상품(미착원재료)으로 계상하고 창고입고 시에 상품 또는 원재료계정으로 대체하여야 한다.

[표 2-1] 주요 거래조건별 재고자산의 계상시점

거 래 조 건	취득원가 계상시점
EXW(공장인도조건)	매도인의 공장 등에서 인수하는 시점
FAS(선측인도조건)	매도인이 선측에 인도하는 시점
FOB·CFR·CIF(본선인도조건)	매도인이 본선에 인도하는 시점
CPT(운송비지급조건)	매수인이 지정한 운송인에게 인도하는 시점
DES(착선인도조건)	수입항에 도착하여 인도하는 시점
DDU(관세미지급인도조건)	수입통관시점에서 매수인이 인수하는 시점
DAP(지정장소인도조건)	물품이 양하 하지 아니한 상태에서 인도되는 시점
DPU(도착지양하인도조건)	매도인이 수입국내 지정목적지에서 물품을 도착운송수단으로부터 양하된 상태로 매수인에게 인도되는 시점
DDP(관세지급인도조건)	수입통관 되어 매수인이 인수하는 시점

(2) 취득원가의 범위

수입물품에 대한 취득원가는 매입가액에 매입운임, 하역료 및 보험료 등 취득과정에서 정상적으로 발생한 부대비용을 가산한 금액이다. 다만, 매입과 관련된 할인, 에누리, 기타 유사한 항목은 매입원가에서 차감한다.

1) 연지급 수입이자의 처리

연지급 수입에 있어서 취득가액과 구분하여 지급이자로 계상한 금액은 취득가액에 포함하지 않도록 하고 있다(법령72④2).

연지급수입이라 함은 다음의 수입을 말한다.

① 은행이 신용을 공여하는 기한부 신용장방식 또는 공급자가 신용을 공여하는 수출자 신용방식에 의한 수입방법에 의하여 그 선적서류나 물품의 영수일부터 일정기간이 경과한 후에 당해 물품의 수입대금 전액을 지급하는 방법에 의한 수입

② 수출자가 발행한 기한부환어음을 수입자가 인수하면 선적서류나 물품이 수입자에게 인도되도록 하고 그 선적서류나 물품의 인도일부터 일정기간이 지난 후에 수입자가 해당 물품의 수입대금 전액을 지급하는 방법에 의한 수입
③ 정유회사, 원유 또는 액화천연가스 수입업자가 원유 또는 액화천연가스의 일람불 수입대금 결제를 위하여 외국환거래법에 의한 연지급수입기간 이내에 단기외화자금을 차입하는 방법에 의한 수입
④ 기타 이와 유사한 연지급수입

2) 관세의 원가산입 여부

관세를 납부한 경우에는 수입원가에 포함하여 처리하였다가 수출하여 환급을 받는 경우 매출원가에서 차감한다.

3) 무상으로 수입한 물품

① 소득세법(소기통 24-51-12)

사업자가 사업과 관련하여 해외에서 무상으로 수입한 물품을 사업용으로 사용한 때에는 다음 각호와 같이 처리한다.

1. 그 물품이 재산적 가치가 있는 경우 소득금액계산상 총수입금액에 산입한다. 이 경우 총수입금액에 산입할 금액은 당해 물품의 관세과세표준금액으로 하며 관세 및 부대비용은 취득가액에 합산한다.
2. 그 물품이 필요경비에 산입할 성질인 경우 관세 및 부대비용은 견본비, 소모품비 등 그 성질에 따라 필요경비에 산입한다.

② 법인세법(법기통 15-11-3)

법인이 해외에서 물품을 무환으로 수입하는 경우에는 이를 각 사업연도의 소득금액계산상 익금으로 한다. 이 경우에 익금에 산입할 금액은 해당 물품의 통관시 관세 과세표준금액이 되는 감정가액으로 하며 관세 및 부대비용은 취득가액에 합산한다.

반환할 것이 약정된 무상수입자산의 통관비용 등은 그 효익이 미치는 기간에 안분하여 손금에 산입한다(법기통 19-19-16).

| (차) 미착상품 | ××× | (대) 자산수증이익 | ××× |
| (관세과세가액+관세 등 부대비용) | | | |

◆ 무상제공 받은 부품가액의 익금산입여부

Q. 내국법인이 미국의 수입업자가 제공한 부품에 다른 부품을 결합하여 해당 수입업자에게 수출하는 경우, 수입업자로부터 무상 제공받은 부품가액을 자산수증이익으로 익금에 산입하는지?

A. 내국법인이 외국의 수입업자로부터 무상 제공받은 부품에 다른 부품을 부착하여 해당 거래처에 수출함에 있어 수입업자의 제공부품이 내국법인에 귀속되지 않는 수탁가공형태인 경우에는 해당 내국법인은 수입업자 제공부품의 시가상당액을 익금에 산입하지 않는 것이다.

(근거 : 법인-193, 2011.03.16)

(3) 취득원가의 원화환산방법

재화를 수입하고 그 재화가액을 통관일까지 지급하지 아니한 경우 그 수입하는 재화의 가액은 통관일 현재의 기준환율로 평가한 가액으로 수입물품의 장부가액으로 하며, 그 후 수입대금을 결제하는 경우 장부가액과 전신환 매도율 등 실제 적용한 환율로 수입물품의 장부가액을 확정하고 그 차액을 외환차손익으로 영업외손익에 반영한다(법인46012-1435, 1999.04.16).

실무적용 Tip

○ L/G 발행시 수입원가 산정(질의회신 02-142, 2002.8.23)

1) 질의 내용
   회사는 물품 수입시 거래상대방으로부터 B/L 수취 이전에 수입화물선취보증서(Letter of Guarantee)를 통하여 먼저 통관을 진행하고 L/G를 발급하기 위해 은행에 적립한 보증금으로 향후 수입대금을 결제하고 있는 경우의 회계처리는?

2) 회신 내용
   운송중인 재고자산은 매매계약상 조건에 따라 소유권이 이전된 시점에서 회사의 재고자산 및 매입채무로 인식하는 것이 타당합니다. 또한 수입화물선취보증서를 발급 받기 위하여 은행에 적립한 금액은 보증금으로 회계처리 하는 것이 타당합니다. 이 때 재고자산 관련 매입채무 및 보증금의 환율변동에 해당하는 금액은 영업외손익으로 회계처리 합니다.

3) 회계처리
   • 선적시 :

   (차) 미착상품   ×××   (대) 외화매입채무   ×××

- L/G 발급시 :

  (차) 수입보증금　　　　　　　　×××　　(대) 현금 및 현금성자산　　×××

  ※ 수입자는 L/G 발급시 수입대금을 결제한다.

- 정산시 :

  (차) 외화매입채무　　　　　　　×××　　(대) 수입보증금　　　　　　×××

> **참고**
>
> - **수입화물선취보증서(Letter of Guarantee)**
>
>   수입화물선취보증서(Letter of Guarantee)는 수입상의 신용장개설은행이 선박회사 앞으로 지급보증을 하는 보증서로 수입자가 선박회사에 제시하여 화물을 인도받고 추후 선하증권원본이 내도하면 이를 선박회사에 제시하여 회수하게 된다. 즉, 수입화물보다 선하증권이 늦게 도착하는 경우 수입상은 화물을 찾기 위하여 신용장개설은행에 "선하증권의 지급을 보증한다"는 증서를 발급받아 선박회사에 제시하여 화물을 인수하기 위한 보증서를 말한다.
>
> - **권리포기선하증권(Surrender B/L)**
>
>   L/G를 발행하게 되면 수수료가 많이 들게 되므로 그 대신에 Surrender B/L를 이용하는 경우가 많다. Surrender B/L은 선하증권의 종류를 말하는 것이 아니라 선하증권상에 Surrender란 문구를 표시하여 유가증권인 선하증권의 유통성(Negotiable)을 포기한 선하증권으로서, Original B/L 없이 수입화물을 인도할 수 있는 권리포기선하증권을 말한다.

수입화물선취보증신청서
(Application For Letter of Guarantee)

(□수입물품대도(T/R) 신청 □EDI형 서비스 신청)

			계 / 결재

①선박회사명(Shipping Co)	⑥신용장(계약서)번호(L/C NO.) : MI701905NS06260		⑦L/G번호(L/G NO.)
Korea shipping co.	⑧선하증권번호 (B/L NO.)		74343043
②송하인(Shipper)	⑨선박명 (Vessel Name)		Korea Shipping Co.
KOBNACK CO., LTD TOKYO, JAPAN	⑩도착(예정)일 (Arrival Date)		Jan. 24, 20×4
	⑪항해번호 (Voyage No.)		NYPU013
③상업송장금액(Invoice Value)	⑫선적항 (Port of Loading)		TOKYO
¥600,000	⑬도착항 (Port of Discharge)		PUSAN
④화물표시 및 번호 (Nos. & Marks)	⑤포장수(Packages)	⑭상품명세(Description of Goods)	
WOOJIN PUSAN P/NO.1 Made in Japan	1set	Weather Facsimile Receiver Model : FAX-108 Maker : Furno Electric Co. Complete set	

□ 본인은 위 신용장의 수입물품을 대도(T/R) 신청함에 있어 따로 제출한 외국환거래약정서 및 양도담보계약서의 모든 조항에 따를 것을 확약합니다.

□ 본인은 EDI 방식에 의한 수입물품선취보증서(L/G) 발급의 경우 소정의 서비스 이용료를 납부하고 본건이 발급된 후에는 변경 또는 취소가 불가능 함을 확약합니다.

본인은 위 신용장등에 의한 관계 선적서류가 귀행에 도착하기 전에 수입화물을 인도받기 위해 수입화물 선취보증을 신청하며 본인이 따로 제출한 수입화물 선취보증서(LETTER OF GUARANTEE)에 귀행이 서명함에 있어 다음 사항에 따를 것을 확약합니다.

1. 귀행이 수입화물 선취보증서에 서명함으로써 발생하는 위험과 책임 및 비용은 모두 본인이 부담하겠습니다.
2. 본인은 위 수입화물에 대하여는 귀행이 소유권이 있음을 확인하며 귀행이 수입화물선취보증서에 따른 보증채무를 이행하여야 할 것이 예상될 경우 또는 본인에 대하여 은행여신거래 기본약관 제7조의 사유가 발생할 경우에는 귀행의 청구를 받는 즉시 위 수입화물을 귀행에 인도하겠으며, 수입화물의 인도가 불가능할 경우에는 위 수입물품에 상당하는 대금으로 상환하겠습니다.
3. 본인은 위 수입화물에 관한 관계 선적서류를 제3자에게 담보로 제공하지 않았음을 확인하며, 또한 귀행의 서면 동의없이 이를 담보로 제공하지 않겠습니다.
4. 본인은 위 수입화물에 관한 관계 선적서류가 도착할 때에는 신용장 조건과의 불일치 등 어떠한 흠에도 불구하고 이들 서류를 반드시 인수하겠습니다.

200 년 월 일

신청인 홍 길 동 ㊞
주 소 서울 강남구 삼성동 159-1
TEL. 6000-0114

인감 및 원본확인

수입(4040051, 210×297) NCR 2매 1조(2002. 12 개정)

무상으로 수입한 견본품의 익금산입 여부

Q. (갑)법인이 싱가폴 소재 관계회사와 계약을 체결하고 아시아지역 거래처에 견본품 무상 배포 용역을 제공하는 경우, 무상으로 수입된 견본품의 익금 여부 및 자회사의 거래처에 견본품 배포시 손금에 해당하는지 여부?

- 거래형태

(갑)법인(제조, 석유, 화학제품)은 독일 모회사가 100% 투자한 외투법인으로서 모회사와 그의 해외 관계회사의 아시아 거래처 및 한국 내 (갑)법인 거래처에 견본품을 무상으로 제공하는 용역을 제공하기로 아시아 총판(Marketing Center)인 싱가폴 관계회사와 계약을 체결함. 모회사는 그간 아시아에 소재하는 관계회사의 거래처에 미국 관계회사로부터 배포되는 견본품을 무상으로 공급하여 왔으나 시간과 비용의 효율을 도모하고자 (갑)법인의 울산공장 내에 Sample 창고를 설치하고 견본품을 보관·배포하기로 한 것임. (갑)법인은 Sample 창고에 무상으로 공급받은 견본품을 관리하면서 거래처의 요청에 따라 아시아 각 지역에 견본품을 배송하고 견본품 수입 시 발생하는 수입부가가치세와 배포용역 제공시 발생하는 운반비 등을 우선 부담한 후, 발생한 비용에 일정한 이윤을 더하여 싱가폴 관계회사에 용역대가를 청구할 예정이며 이는 (갑)법인의 용역매출로 계상됨. 이상의 내용을 그림으로 표시하면 다음과 같음.

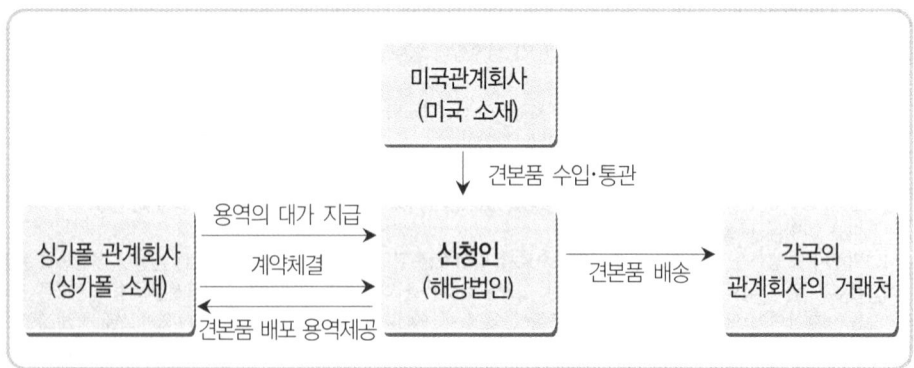

A. 내국법인이 싱가폴 소재 법인(해외 모회사의 아시아지역 마케팅 센터)과 아시아지역 거래처에 견본품을 제공하는 용역계약을 체결하고, 이에 따라 미국 소재 법인으로부터 무상으로 견본품을 수입하여 보관하다 아시아지역 거래처의 요청에 의해 무상으로 견본품을 제공하는 경우, 해당 견본품은 해당 내국법인의 익금과 손금에 해당하지 아니하는 것입니다.

(근거 : 법규법인 2011-0250, 2011.09.01.)

3. 거래형태별 회계처리

(1) 외화선급금 지급에 의한 수입

① 20×1.03.05. (주)민지상사는 미국의 LA상사와 수입계약을 체결하고 선급금으로 U.S $10,000(외화예금의 장부가액 10,500,000)를 송금하였다. 매매기준율은 ₩1,000원이며 FOB가격조건이다.

(차) 외화선급금	10,000,000	(대) 현금 및 현금성자산	10,500,000
외환차손	500,000		

※ 선급금은 비화폐성자산으로 외환차손익이 발생하지 않는다. 그러나 이 분개의 경우 외화예금에서 선급금을 지급하였으므로 외화예금은 화폐성자산으로 발생일의 기준환율을 적용하여 외환차손을 계상하여야 한다. 또한 여기에서 발생한 외환차손은 과세분 개별손금에 해당된다. 따라서 외환차손은 감면을 받을 수 없다.

② 20×1.4.20. 은행으로부터 선적서류를 인수하였다.

(차) 미착상품	10,000,000	(대) 외화선급금	10,000,000

③ 20×1.4.25. 수입통관비용 3,525,000원을 다음과 같이 지급하다.

　㉠ 타관타소장치료 50,000 해상운임 300,000
　㉡ 창고료 100,000 하역비 10,000
　㉢ 출고상차료 100,000 화물검수표 5,000
　㉣ 화재보험료 10,000 운송료 100,000
　㉤ 파출료 50,000 통관수수료 100,000
　㉥ 관세 1,500,000 부가가치세 1,200,000

(차) 미착상품	2,325,000	(대) 현금 및 현금성자산	3,525,000
부가가치세대급금	1,200,000		

④ 20×1.04.30. 수입물품이 창고에 입고되었다.

(차) 상품	12,325,000	(대) 미착상품	12,325,000

> **실무적용 Tip**
>
> ◎ **수입세금계산서·계산서와 취득원가와의 관계**
>
> 취득원가 계상은 취득에 소요되는 모든 금액의 합계액으로 한다. 따라서 수입세금계산서 또는 수입계산서상의 공급가액은 취득원가와는 차이가 있으므로 수입세금계산서는 매입세금계산서 합계표만 제출하고 부가가치세를 제외한 공급가액은 회계처리를 하지 말아야 한다. 즉, 관세사사무소로부터 받은 수입통관정산서를 통하여 일반전표에서 분개를 하여 취득원가를 계상하여야 한다. 그 이유는 수입시의 부가가치세 공급가액은 실제 취득가액이 아닌 다음과 같은 금액으로 산출되기 때문이다.
>
> 수입시 부가가치세 과세표준(공급가액) = 관세의 과세가격+관세+개별소비세·주세·교육세·농어촌특별세
> +교통·에너지·환경세

• 관련법조문 •

■ **과세가격결정의 원칙(관세법 제30조)**

① 수입물품의 과세가격은 우리나라에 수출하기 위하여 판매되는 물품에 대하여 구매자가 실제로 지급하였거나 지급하여야 할 가격에 다음 각호의 금액을 가산하여 조정한 거래가격으로 한다. 다만, 다음 각호의 금액을 가산함에 있어서는 객관적이고 수량화할 수 있는 자료에 근거하여야 하며, 이러한 자료가 없는 때에는 이 조의 규정에 의한 방법으로 과세가격을 결정하지 아니하고, 제31조 내지 제35조의 규정에 의한 방법으로 과세가격을 결정한다.

1. 구매자가 부담하는 수수료 및 중개료. 다만, 구매수수료를 제외한다.
2. 해당 수입물품과 동일체로 취급되는 용기의 비용과 해당 수입물품의 포장에 소요되는 노무비와 자재비로서 구매자가 부담하는 비용
3. 구매자가 해당 수입물품의 생산 및 수출거래를 위하여 대통령령으로 정하는 물품 및 용역을 무료 또는 인하된 가격으로 직접 또는 간접으로 공급한 경우에는 그 물품 및 용역의 가격 또는 인하차액을 해당 수입물품의 총생산량 등 대통령령으로 정하는 요소를 고려하여 적절히 배분한 금액
4. <u>특허권·실용신안권·디자인권·상표권 및 이와 유사한 권리를 사용하는 대가로 지급하는 것으로서 대통령령이 정하는 바에 의하여 산출된 금액</u>
5. 해당 수입물품의 수입한 후 전매·처분 또는 사용하여 생긴 수익금액 중 판매자에게 직접 또는 간접으로 귀속되는 금액
6. 수입항까지의 운임·보험료와 그 밖에 운송과 관련되는 비용으로서 대통령령이 정하는 바에 따라 결정된 금액. 다만, 기획재정부령으로 정하는 수입물품의 경우에는 이의 전부 또는 일부를 제외할 수 있다.

② 제1항 각 호 외의 부분 본문에서 "구매자가 실제로 지급하였거나 지급하여야 할 가격"이란 해당 수입물품의 대가로서 구매자가 지급하였거나 지급하여야 할 총금액을 말하며, 구매자가 해당 수입물품의 대가와 판매자의 채무를 상계하는 금액, 구매자가 판매자의 채무를 변제하는 금액, 그 밖의 간접적인 지급액을 포함한다. 다만, 구매자가 지급하였거나 지급하여야 할 총금액에서 다음 각 호의 어느 하나에 해당하는 금액을 명백히 구분할 수 있을 때에는 그 금액을 뺀 금액을 말한다.
1. 수입 후에 하는 해당 수입물품의 건설·설치·조립·정비·유지 또는 해당 수입물품에 관한 기술지원에 필요한 비용
2. 수입항에 도착한 후 해당 수입물품을 운송하는 데에 필요한 운임·보험료와 그 밖에 운송과 관련되는 비용
3. 우리나라에서 해당 수입물품에 부과된 관세 등의 세금과 그 밖의 공과금
4. 연불조건의 수입인 경우에는 해당 수입물품에 대한 연불이자

(2) 일반 내수용 수입(at sight L/C)

① 20×1.05.20. (주)민지상사는 L/C 금액 U.S $10,000을 개설하고 다음의 금액을 지급하였다.
- 신용장 개설수수료 10,000 신용장개설전보료 15,000

| (차) 선급금 | 25,000 | (대) 현금과 예금 | 25,000 |

② 20×1.05.25. L/C 금액 U.S $10,000에 대하여 L/C 개설은행으로부터 일람불화환어음을 제시받고 U.S $10,000 @전신환매도율 1,000로 결제하고 선적서류를 인수하였다.

| (차) 미착상품 | 10,025,000 | (대) 현금과 예금 | 10,000,000 |
| | | 선급금 | 25,000 |

③ 20×1.05.30. 수입통관시 수입통관제비용 1,000,000을 지급하였다.

| (차) 미착상품 | 1,000,000 | (대) 현금과 예금 | 1,000,000 |

④ 20×1.06.05. 창고에 입고되었다.

| (차) 상품 | 11,025,000 | (대) 미착상품 | 11,025,000 |

(3) Banker's Usance L/C에 의한 수입

① 20×1.07.20. (주)성균상사는 Banker's Usance L/C 90일 조건의 F.O.B U.S $10,000 상품을 LA상사와 수입신용장을 개설하였다.
  ㉠ 신용장 개설수수료 10,000 신용장개설전보료 15,000
  ㉡ 환율 : T.T 매도율 @1,000
  ㉢ L/C 개설보증금 : 10% U.S $1000

(차) 선급금	25,000	(대) 현금과 예금	25,000
수입보증금	1,000,000	현금과 예금	1,000,000

② 20×1.07.30. 은행으로부터 선적서류 도착통지와 함께 Usance 90일 어음의 지급인수 요청을 받고 지급인수 서명 후 선적서류를 인수하였다. (매매기준율 @1,100)

(차) 미착상품	11,025,000	(대) 외화단기차입금	11,000,000
		선급금	25,000

※ D/A조건, Shipper's Usance L/C로 수입하는 경우 은행으로부터 선적서류 인수시 다음과 같이 회계처리 한다.

(차) 미착상품(원재료)	×××	(대) 외화외상매입금	×××

③ 20×1.08.05. 수입통관을 완료하고 수입통관제비용 1,000,000원을 지급하였다.

(차) 미착상품	1,000,000	(대) 현금과 예금	1,000,000

④ 201×.08.10. 창고에 입고되었다.

(차) 상품	12,025,000	(대) 미착상품	12,025,000

⑤ 20×1.10.19. 어음 만기도래하여 Usance이자 200,000원과 함께 어음 결제하였다 (환율 : T.T 매도율 @1,100).

(차) 외화단기차입금	11,000,000	(대) 수입보증금	1,000,000
이자비용	200,000	현금과 예금	10,100,000
		외환차익	100,000

* ($10,000 × @1,100) − {($9,000 × @1,100) + 1,000,000} = 100,000

제3절 수입업의 부가가치세실무

1. 수입재화에 대한 부가가치세 과세 여부

재화의 수입은 원칙적으로 부가가치세 과세대상이다. 다만, 다음에 대하여는 부가가치세를 면제한다(부법27).

(1) 수입 미가공식료품

가공되지 않은 원생산물 그대로 이거나 원생산물의 본래의 성질이 변하지 아니하는 정도의 1차 가공을 거쳐 공하는 1차산업 생산물인 미가공식료품을 수입하는 경우 부가가치세를 면제한다. 미가공식료품의 범위(별표1)는 국내공급의 면세범위와 동일하다.

① 별표 1 미가공식료품분류표에 열거되고 식용에 한하는 것으로 한정하는 등의 별도 규정을 두지 않은 농산물·축산물·수산물·임산물을 수입한 때에는 당해 농산물·축산물·수산물·임산물의 구체적인 용도(종축용 닭·돼지 또는 씨앗 등)에 관계없이 미가공식료품으로 보아 법 제27조 제1호에 따라 면세한다(부기통27-49-2).

② 별표 1에 열거하는 미가공식료품의 수입에 대하여는 면세하나, 규칙 별표 2에 열거하는 커피두·코코아두 등 다음의 수입에 대하여는 면세하지 아니한다. 다만, 부가가치세를 과세한 커피두 등이 영 제34조의에 따른 미가공의 상태로 국내에서 공급하는 때에는 면세한다(부기통 27-49-1).
  ㉠ 관세율표 제0901호에 해당하는 물품 중 커피두 및 커피두의 각·피와 웨이스트
  ㉡ 코코아두(원상 또는 분쇄한 것으로서 볶은 것을 포함한다)
  ㉢ 코코아두의 각·피와 웨이스트

③ 북한지역에서 생산된 농산물·축산물·수산물·임산물로서 원생산물 또는 원생산물의 본래의 성상이 변하지 아니하는 정도의 원시가공을 거친 것은 부가가치세가 면제된다(부가 46015-2827, 1998.12.22).

※ 수입된 개가 국내에서 낳은 강아지를 공급하는 경우에는 그 강아지는 우리나라에서 생산된 것으로「부가가치세법」제12조 제1항 제1호의 규정에 따라 부가가치세가 면제되는 것이다 (부가-3268, 2008.09.25).

(2) 도서·신문 및 잡지

① 도서는 도서에 부수하여 그 도서의 내용을 담은 음반·녹음테이프 또는 비디오테이프를 첨부하여 통상 하나의 공급단위로 하는 것을 포함하는 것으로 한다.
② 신문·잡지는 「신문 등의 진흥에 관한 법률」에 따른 신문과 「잡지 등 정기간행물의 진흥에 관한 법률」에 따른 정기간행물로 한다.
③ 뉴스통신은 「뉴스통신진흥에 관한 법률」이 규정하는 뉴스통신(뉴스통신사업을 경영하는 법인이 특정회원을 대상으로 하는 금융정보 등 특정한 정보를 제공하는 경우를 제외한다)과 외국의 뉴스통신사가 제공하는 뉴스통신용역으로서 「뉴스통신진흥에 관한 법률」에 규정하는 뉴스통신과 유사한 것을 포함한다.
④ 관보는 「관보규정」의 적용을 받는 것으로 한다.
⑤ 도서·신문과 잡지는 「관세법」 별표 관세율표 제49류의 인쇄한 서적·신문·잡지 기타 정기간행물·수제문서 및 타이프문서와 제6항에서 규정하는 전자출판물로 한다.
⑥ 법 제12조 제1항 제8호 및 같은 조 제2항에서 규정하는 도서에는 기획재정부령으로 정하는 전자출판물을 포함한다. "기획재정부령이 정하는 전자출판물"이라 함은 도서 또는 영 제32조 제2항의 규정에 의한 간행물의 형태로 출간된 내용 또는 출간될 수 있는 내용이 음향이나 영상과 함께 전자적 매체에 수록되어 컴퓨터 등 전자장치를 이용하여 그 내용을 보고 듣고 읽을 수 있는 것으로서 문화체육관광부장관이 정하는 기준에 적합한 전자출판물을 말한다. 다만, 「음악산업진흥에 관한 법률」, 「영화 및 비디오물의 진흥에 관한 법률」 및 「게임산업진흥에 관한 법률」의 적용을 받는 것을 제외한다. 사업자가 외국출판사 및 국내출판사로부터 PDF 파일을 공급받아 도서로 제작하여 고객에게 공급하는 경우 당해 도서의 공급은 「부가가치세법」 제12조 제1항 제8호에 따라 면세되는 것임. 또한, 공급받는 PDF 파일이 같은 법 시행규칙 제11조에서 규정하는 전자출판물에 해당하는 경우에는 도서의 공급 및 수입에 해당하여 모두 면세되는 것이다(부가-1142, 2010.09.02).

(3) 과학·교육·문화용으로 수입하는 재화

학술연구단체, 교육기관, 「한국교육방송공사법」에 따른 한국교육방송공사 또는 문화단체가 과학용·교육용·문화용으로 수입하는 재화는 다음 각 호의 어느 하나에 해당하는 재화로 한다. 이 경우 제1항 내지 제5항의 재화는 관세가 감면되는 것에 한하여 적용하되, 관세가 경감되는 경우에는 경감되는 분에 한하여 이를 적용한다.

① 학교(「서울대학교병원 설치법」에 따라 설립된 서울대학교병원과 「국립대학병원 설치법」에 따라 설립된 국립대학병원을 포함)·박물관 또는 기타 기획재정부령이 정하는 시설에서 진열하는 표본 및 참고품·교육용의 촬영된 필름·슬라이드·레코드·테이프 기타 이와 유사한 매개체와 이러한 시설에서 사용되는 물품
② 연구원·연구기관 등 기획재정부령으로 정하는 과학기술연구개발시설에서 과학기술의 연구개발에 제공하기 위하여 수입하는 물품
③ 과학기술연구개발지원단체에서 수입하는 과학기술의 연구개발에 사용되는 시약류
④ 「정부출연연구기관 등의 설립·운영 및 육성에 관한 법률」 제8조에 따라 설립된 한국교육개발원이 학술연구를 위하여 수입하는 물품
⑤ 「한국교육방송공사법」에 따른 한국교육방송공사가 교육방송을 위하여 수입하는 물품
⑥ 외국으로부터 기획재정부령이 정하는 영상관련 공익단체에 기증되는 재화로서 그 단체가 직접 사용하는 것

(4) 공익목적으로 외국으로부터 종교단체·자선단체 등에 기증되는 재화

종교의식, 자선, 구호, 그 밖의 공익을 목적으로 외국으로부터 종교단체·자선단체 또는 구호단체에 기증되는 재화는 다음에 규정하는 것으로 한다.
① 사원(寺院)이나 그 밖의 종교단체에 기증되는 물품으로서 관세가 면제되는 것
② 자선이나 구호의 목적으로 기증되는 급여품으로서 관세가 면제되는 것
③ 구호시설 및 사회복리시설에 기증되는 구호 또는 사회복리용에 직접 제공하는 물품으로서 관세가 면제되는 것

(5) 조약·국제법규 또는 국제관습에 따라 관세가 면제되는 재화

① 대한민국을 방문하는 외국의 원수와 그 가족 및 수행원이 사용하는 물품
② 국내에 있는 외국의 대사관·공사관, 그 밖에 이에 준하는 기관의 업무용품
③ 국내에 주재하는 외국의 대사·공사, 그 밖에 이에 준하는 사절 및 그 가족이 사용하는 물품
④ 국내에 있는 외국의 영사관, 그 밖에 이에 준하는 기관의 업무용품
⑤ 국내에 있는 외국의 대사관·공사관·영사관, 그 밖에 이에 준하는 기관의 직원과 그 가족이 사용하는 물품
⑥ 정부와의 사업계약을 수행하기 위하여 외국계약자가 계약조건에 따라 수입하는 업

무 용품
⑦ 국제기구나 외국정부로부터 정부에 파견된 고문관·기술단원, 그 밖에 이에 준하는 자가 직접 사용할 물품

(6) 수출된 후 다시 수입하는 재화

수출된 후 다시 수입하는 재화로서 관세가 감면된 것 중 사업자가 재화를 사용하거나 소비할 권한을 이전하지 아니하고 외국으로 반출하였다가 다시 수입하는 재화로서 「관세법」 제99조에 따라 관세가 면제되거나 같은 법 제101조에 따라 관세가 경감되는 재화. 다만, 관세가 경감되는 경우에는 경감되는 비율만큼만 면제한다.

※ 「관세법」 제99조
① 수출(보세가공수출을 포함한다)된 물품으로서 해외에서 제조·가공·수리 또는 사용되지 아니하고 수출신고일부터 2년 이내에 다시 수입하는 물품
② 수출물품의 용기로서 다시 수입하는 물품
③ 해외에서 시험 및 연구를 목적으로 수출된 후 재수입되는 물품

※ 「관세법」 제101조
① 원재료 또는 부분품을 수출하여 기획재정부령으로 정하는 물품으로 제조하거나 가공한 물품
② 가공 또는 수리할 목적으로 수출한 물품으로서 기획재정부령으로 정하는 기준에 적합한 물품

> **· 관련법조문 ·**
>
> ■ **재수입면세 (관세법 99조)**
>   다음 각 호의 어느 하나에 해당하는 물품이 수입되는 때에는 그 관세를 면제할 수 있다.
>   1. 우리나라에서 수출(보세가공수출을 포함한다)된 물품으로서 해외에서 제조·가공·수리 또는 사용(장기간에 걸쳐 사용할 수 있는 물품으로서 임대차계약 또는 도급계약 등에 따라 해외에서 일시적으로 사용하기 위하여 수출된 물품 중 기획재정부령으로 정하는 물품이 사용된 경우와 박람회·전시회·품평회, 그 밖에 이에 준하는 행사에 출품 또는 사용된 경우는 제외한다)되지 아니하고 수출신고 수리일부터 2년 내에 다시 수입(이하 이 조에서 "재수입"이라 한다)되는 물품. 다만, 다음 각 목의 어느 하나에 해당하는 경우에는 관세를 면제하지 아니한다.
>   가. 당해 물품 또는 원자재에 대하여 관세의 감면을 받은 경우
>   나. 이 법 또는 「수출용원재료에 대한 관세 등 환급에 관한 특례법」에 의한 환급을 받은 경우
>   다. 이 법 또는 「수출용원재료에 대한 관세 등 환급에 관한 특례법」에 따른 환급을 받을 수 있는 자 외의 자가 해당 물품을 재수입하는 경우. 다만, 재수입하는 물품에 대하여 환급을 받을 수 있는 자가 환급받을 권리를 포기하였음을 증명하는 서류를 재수입하는 자가 세관장에게 제출하는 경우는 제외한다.
>   라. 보세가공 또는 장치기간경과물품을 재수출조건으로 매각함에 따라 관세가 부과되지 아니한 경우
>   2. 수출물품의 용기로서 다시 수입하는 물품
>   3. 해외시험 및 연구목적으로 수출된 후 재수입되는 물품

(7) 다시 수출하는 조건으로 일시 수입하는 재화

다시 수출하는 조건으로 일시 수입하는 재화로서 관세가 감면되는 것 중 다음에 정하는 것. 다만, 관세가 경감되는 경우에는 경감되는 부분만 해당한다.

> **• 관련법조문 •**
>
> ■ **관세법 제97조(재수출면세)**
> ① 수입신고 수리일부터 다음 각 호의 어느 하나의 기간에 다시 수출하는 물품에 대하여는 그 관세를 면제할 수 있다.
> 1. 기획재정부령으로 정하는 물품 : 1년의 범위에서 대통령령으로 정하는 기준에 따라 세관장이 정하는 기간. 다만, 세관장은 부득이한 사유가 있다고 인정되는 때에는 1년의 범위에서 그 기간을 연장할 수 있다.
> 2. 1년을 초과하여 수출하여야 할 부득이한 사유가 있는 물품으로서 기획재정부령으로 정하는 물품 : 세관장이 정하는 기간
> ② 제1항에 따라 관세를 면제받은 물품은 같은 항의 기간에 같은 항에서 정한 용도 외의 다른 용도로 사용되거나 양도될 수 없다. 다만, 대통령령으로 정하는 바에 따라 미리 세관장의 승인을 받았을 때에는 그러하지 아니하다.
> ③ 다음 각 호의 어느 하나에 해당하는 경우에는 수출하지 아니한 자, 용도 외로 사용한 자 또는 양도를 한 자로부터 면제된 관세를 즉시 징수하며, 양도인으로부터 해당 관세를 징수할 수 없을 때에는 양수인으로부터 면제된 관세를 즉시 징수한다. 다만, 재해나 그 밖의 부득이한 사유로 멸실되었거나 미리 세관장의 승인을 받아 폐기하였을 때에는 그러하지 아니하다.
> 1. 제1항에 따라 관세를 면제받은 물품을 같은 항에 규정된 기간 내에 수출하지 아니한 경우
> 2. 제1항에서 정한 용도 외의 다른 용도로 사용하거나 해당 용도외의 다른 용도로 사용하고자 하는 자에게 양도한 경우
> ④ 세관장은 제1항에 따라 관세를 면제받은 물품 중 기획재정부령이 정하는 물품이 같은 항에 규정된 기간 내에 수출되지 아니한 경우에는 500만원을 넘지 아니하는 범위에서 해당 물품에 부과될 관세의 100분의 20에 상당하는 금액을 가산세로 징수한다.

(8) 관세가 무세이거나 감면되는 재화

관세가 무세이거나 감면되는 재화로서 정부에서 직접 수입하는 군수품 등 「부가가치세법 시행령」 제56조의 어느 하나에 해당되는 재화로 한다. 다만, 관세가 경감되는 경우에는 경감되는 부분만 해당한다.

(9) 기타 다음의 재화

① 거주자가 받는 소액물품으로서 관세가 면제되는 재화
② 이사·이민 또는 상속으로 인하여 수입하는 재화로서 관세가 면제되거나 「관세법」

제81조 제1항에 따른 간이세율이 적용되는 재화

③ 여행자의 휴대품, 별송(別送)물품 및 우송(郵送) 물품으로서 관세가 면제되거나 「관세법」 제81조 제1항에 따른 간이세율이 적용되는 재화

④ 수입하는 상품의 견본과 광고용 물품으로서 관세가 면제되는 재화

⑤ 국내에서 열리는 박람회·전시회·품평회·영화제 또는 이와 유사한 행사에 출품하기 위하여 무상으로 수입하는 물품으로서 관세가 면제되는 재화

⑥ 다시 수출하는 조건으로 일시 수입하는 재화로서 관세가 감면되는 것 「관세법」 제97조에 따라 관세가 감면된 것. 다만, 경감의 경우에는 경감되는 분에 한한다.

⑦ 제26조 제1항 제10호에 따른 담배

(10) 국내법인 간의 국외양도재화의 과세여부

국내사업자(甲법인)가 외국사업자(A법인)로부터 공장인도조건으로 국외에서 물품을 구입함과 동시에 국내의 다른 사업자(乙법인)에게 공급하고, 乙법인이 해당 물품을 국내에 반입하는 경우 甲법인이 乙법인에게 국외에서 인도하는 해당 재화의 공급거래에 대하여는 「법인세법」 제121조 제1항에 따라 계산서를 작성·교부하여야 하는 것이다(법인-1012, 2010.10.29). 즉, 해외에서 공급하는 물품은 부가가치세 과세대상에 해당하지 아니하는 것이다(부가-315, 2010.03.18.).

관련법고시

재화의 수입에 대한 부가가치세 부과에 관한 예규 [시행 2023.12.15.]

[관세청예규 제293호, 2023. 12. 15., 일부개정]

제1조(목적) 이 예규는 수입재화에 대한 부가가치세의 부과에 필요한 사항을 정함으로서 수입재화에 대한 「부가가치세법」 적용의 적정을 기함을 목적으로 한다.

제2조(보세구역에 대한 부가가치세법 적용) ① 외국에서 보세구역에 재화를 반입하는 경우에는 부가가치세(이하 "부가세"라 한다)를 부과하지 아니한다.
② 보세구역내(국제공항보세구역내의 외국인전용판매장 등)에서 공급하는 재화는 수출하는 재화에 해당하는 것으로 본다.
③ 보세구역(자유무역지역 포함)으로 재화 또는 용역을 공급하는 경우에는 「부가가치세법」에 따라 영의 세율을 적용한다.
④ 보세구역내에서 관세가 부과되는 지역으로 재화 또는 용역을 공급하는 경우

1. 공급가액 중 「관세법」에 따라 관세가 과세되는 부분에 대하여는
   가. 보세구역내에서 재화를 공급하는 사업자는 세금계산서 교부와 과세표준계산이 배제되는 것이며,
   나. 세관장은 수입재화에 대하여 부가세징수 및 수입세금계산서를 교부한다.
2. 공급가액 중 관세의 과세가격을 공제한 잔액에 대하여 「부가가치세법」에 따라 보세구역내에서 해당 재화를 공급하는 사업자는 세금계산서 교부와 과세표준계산등의 의무를 이행하여야 한다.

⑤ 보세구역내에서 외국으로 재화를 수출 또는 반송하는 경우에는 「부가가치세법」에 따라 영의 세율을 적용한다.

제3조(수입세금계산서) 재화를 수입하는 자가 2개 이상의 사업장을 가지고 있는 경우에는 수입재화를 실지로 사용, 소비할 사업장으로 수입세금계산서를 교부할 수 있다.

제4조(공매물품에 대한 부가세 징수) ① 「관세법」 제208조에 따라 보세구역에 반입된 외국물품이 장치기간을 경과하여 매각한 때에는 매각물품의 낙찰자로부터 부가세를 징수한다.
② 매각예정가격 산정 및 부가세 징수방법에 대하여 입찰공고 시에 계약금액을 낙찰금액과 부가세액을 합산한 금액으로 한다는 내용을 알려야 한다.

제5조(가공되지 아니한 식료품) ① 식용에 공하는 농산물, 축산물, 수산물과 임산물이란 수입물품의 본래의 성질이 식용에 공하는 물품을 말한다.
예) 옥수수, 수수를 사료 제조용으로 수입하는 경우에도 부가세 면제
② 가공되지 아니한 식료품으로 부가세가 면제되는 물품은 「부가가치세법 시행규칙」 제24조 제1항에 따른 별표1의 물품으로 한다. 다만, 관세가 감면되지 아니하는 식료품으로서 부가세가 과세되는 수입미가공식료품은 「부가가치세법 시행규칙」 제37조 제1항에 따른 별표2의 물품으로 한다.

제6조(유효기간) 이 예규는 「훈령·예규 등의 발령 및 관리에 관한 규정」에 따라 이 예규를 발령한 후의 법령이나 현실 여건의 변화 등을 검토하여야 하는 2026년 12월 14일까지 효력을 가진다.

2. 수입재화의 부가가치세 과세표준

(1) 일반적인 경우

재화의 수입에 대한 부가가치세의 과세표준은 그 재화에 대한 관세의 과세가격과 관세·개별소비세·주세(酒稅)·교육세·농어촌특별세 및 교통·에너지·환경세를 합한 금액으로 한다(부법29②).

(2) 관세가 감면되는 경우

[(관세의 과세가격) + {관세율표상의 해당 관세율에 따른 관세액(경감전의 관세가액)} + (징수하는 개별소비세) + (징수하는 주세) + (징수하는 교육세·농어촌특별세 및 교통·에너지·환경세)] × (1 − 관세경감률) × (세율)

실무적용 Tip

○ **송장금액(invoice)과 수입신고서상 과세가격과의 차이**

Q. 본사로부터 부품을 수입하는 데 본사로부터 할인을 많이 받아 송장금액과 수입신고금액의 차이가 많습니다. 이 경우 실제지급액과 부가가치세 공급가액과의 차이가 발생하여 부가가치세를 과다납부하는 것이 아닌지?

A. 관세법 제30조에 수입물품의 과세가격은 우리나라에 수출하기 위하여 판매되는 물품에 대하여 구매자가 실제로 지급하였거나 지급하여야 할 가격에 일정한 금액을 가산하여 조정한 거래가격으로 합니다. 따라서 비정상적인 상거래 할인 및 특수관계자간 거래에 의하여 일정 수준 이상의 할인에 대해서는 실제로 지급되는 금액과 별도로 할인을 인정하지 않고, 할인된 금액을 가산하여 신고하여야 하며 이 경우 실제지급액과 수입세금계산서상의 공급가액과는 차이가 발생하게 되는 것입니다.

3. 수입세금계산서 또는 수입계산서의 발급

재화의 수입에 대하여는 수입자로부터 관세법에 따라 세관장이 부가가치세를 징수하고 과세대상에 대하여는 세금계산서를 발급하고 면세대상에 대해서는 계산서를 발급하여야 한다. 다만, 소득세법시행령 제212조의 2 제2항에서 부가가치세법시행령 제12조의 제2항 제2호 내지 제11호 및 제14호의 규정에 의하여 부가가치세가 면제되는 수입에 대하여는 계산서를 교부하지 아니할 수 있도록 하고 있다. 따라서 세관장은 수입신고가 수리된 날로부터 15일 이내에 부가가치세를 수입자로부터 징수하고 수입세금계산서를 발급하여야 한다.

수입계산서합계표는 세관장이 수입업자에게 교부한 자료를 세관에서 국세청에 통보하므로 수입업자의 매입처별계산서합계표 제출의무가 2006.1.1 이후 개시하는 사업연도부터 폐지되었다. 즉, 계산서를 발급받은 수입자는 그 계산서의 매입처별합계표를 제출하지 아니할 수 있다(소법163⑤). 「관세법」 제9조 제3항에 따른 관세의 월별납부 및 「부가가치세법」 제50조의2에 따른 부가가치세 납부유예 사업자가 재화의 수입에 대한 관세 및 부가가치세를 납부하기 전 「자유무역협정의 이행을 위한 관세법의 특례에 관한 법률」 제9조에 따른 협정관세 사후적용 신청을 하여 관세가 전액 감액된 경우로서 세관장으로부터 재화의 수입신고수리일 이후 관세청 「수입세금계산서 교부에 관한 고시」에 따른 수입세금계산서를 발급받은 경우 해당 수입세금계산서는 「부가가치세법」 제60조 제7항 제1호에 따른 가산세를 적용하지 아니하는 것이다(서면-2020-법령해석부가-1705, 2020.11.20.).

※ 수입세금계산서·계산서는 관세청 홈페이지(www.customs.go.kr) 실시간조회서비스 화면에서 발급내역을 확인할 수 있다.

(1) 수입세금계산서

수입업자가 자기의 과세사업을 위하여 세관장으로부터 교부받은 수입세금계산서상의 매입세액은 매출세액에서 공제한다. 수입되는 재화에 대하여 세금계산서를 교부받아야 할 '수입자'라 함은 그 수입의 효과가 실질적으로 귀속되는 자를 의미한다고 할 것이므로 단지 형식상의 수입신고 명의인에 불과할 뿐 그 수입의 효과가 실질적으로 귀속되지 아니하는 자를 수입자로 하여 교부받은 세금계산서는 사실과 다른 세금계산서에 해당하여 그 매입세액은 매출세액에서 공제되지 아니한다(대법원2009두11539, 2011.04.28.).

판례

대법원 2011.04.28. 선고 2009두11539 판결

부가가치세법 제17조 제1항은, 사업자가 납부하여야 할 부가가치세액은 매출세액에서 매입세액을 공제한 금액으로 하고 있고, 같은 조 제2항은 사업과 직접 관련이 없는 지출에 대한 매입세액은 이를 매출세액에서 공제하지 아니하도록 규정하고 있는 바, 위 인정사실에 의하여 알 수 있는 다음과 같은 사정 즉, ① 원고는 외국법인과 운반용역대행계약을 체결하고, 위 계약에 따라 외국법인이 제공하는 선박용품을 외국법인이 지정하는 외국항행 선박에 공급하는 용역을 제공하고 그에 따른 수수료를 지급받는 업무를 할 뿐이고, 선박용품의 소유권은 공급시까지 계속 외국법인에게 귀속되어 있는 점, ② 원고는 이 사건 재화에 대하여 대금지급을 하지 않은 상태에서 수입·통관하여(이른바 무환수입) 이를 외국항행 선박에 공급하였고, 이 사건 재화에 대한 소유권을 취득한 바는 없는 점, ③ 외국회사로부터 제공받은 선박용품 중 일정한 사정이 있는 경우에는 이 사건 재화와 같이 수입·통관 절차를 거치게 되나 이는 원고와 외국법인 사이의 용역계약 중 일부분에 불과하고, 대부분은 수입·통관 절차 없이 바로 외국항행 선박에 공급되므로, 수입·통관이 용역계약상 필수적인 사항은 아닌 것으로 보이는 점, ④ 이 사건 재화가 수입·통관되는 주요한 목적은 이를 판매하기 위한 것이고, 원고의 용역제공은 판매에 부수되는 행위에 불과한 것인 점, ⑤ 이 사건 재화의 판매로 인한 수입(대금)은 외국법인의 국내지점이 법인세 신고시 수입금액으로 계상하였고, 원고는 단지 용역제공수수료 부분만을 매출세액으로 하여 부가가치세를 신고한 점, ⑥ 외국법인의 국내지점으로서는 물품공급업 허가나 항만운송부대사업 허가 등을 취득하지 못하여 외국항행 선박에 물품을 공급할 수는 없더라도, 이 사건 재화를 스스로 수입·통관할 수는 있는 것으로 보이는 점, ⑦ 원고와 외국법인 사이의 공급계약서 4.(1)항에 의하면, 이 사건 재화를 원고의 창고로 운반하는데 소요되는 모든 비용은 외국법인이 부담하는 것으로 약정되어 있고, 원고의 창고로 운반하기 위하여는 수입·통관 절차를 거쳐야 하는 것이므로, 그에 수반하는 부가가치세, 관세, 통관비용 등은 위 공급계약상 외국법인이 부담하여야 하는 것인 점, ⑧ 선적서류상 수하인 명의가 원고로 되어 있고, 실제로 원고가 수입·통관에 따른 부가가치세를 납부해 왔다고 하더라도, 그것만으로 수입·통관에 따른 부가가치세 등 비용을 원고가 부담하기로 하는 약정이 있었다고 보기는 어려운 점 등을 종합하여 보면, 이 사건 수입세금계산서의 매입세액은 원고의 이 사건 운반대행용역 사업과 간접적으로 관련이 있다고 할 수는 있을지언정 직접적으로 관련이 있는 지출에 대한 것이라고 볼 수는 없다 할 것이고, 여기에 이 사건 재화를 실질적으로 수입하는 자(공급받는 자)는 외국법인의 국내지점임에도, 형식상의 수입자에 지나지 않는 원고를 공급받는 자로 하여 작성된 이 사건 수입세금계산서는 사실과 다르게 기재된 세금계산서로 봄이 상당한 점까지 더하여 보면, 피고가 이 사건 수입세금계산서의 매입세액을 불공제하여 한 이 사건 각 부과처분은 적법한 반면, 이와 다른 전제에 선 원고의 주장은 이유 없다

1) 무환수입시의 매입세액 공제여부

사업자가 국내사업장이 없는 외국법인과 당해 외국법인이 국내에 공급한 재화에 대한 사후보증수리 대행계약을 체결하고 당해 외국법인으로부터 수리용 부품을 무상으로 제공받아 수리용역을 제공하는 경우로서 당해 부품을 무환으로 수입하면서 관세·부가가치세 등을 부담하고 세관장으로부터 수입세금계산서를 교부받은 경우에 당해 세금계산서의 매입세액은「부가가치세법」제17조 제1항 제2호의 규정에 의하여 매출세액에서 공제되는 것이다(서면3팀-2915, 2007.10.26).

2) 수입대행의 경우 매입세액공제 대상자

사업자가 재화의 수입을 위탁하는 경우에는 수입위탁자의 명의로 수입세금계산서를 교부받아야 하는 것이므로 수입대행자가 수입세금계산서를 자기명의로 교부받은 경우 당해 매입세액은「부가가치세법」제17조 제2항의 규정에 의하여 수입대행자의 매입세액으로 공제받을 수 없으나, 수입대행자가 실질적으로 자기의 책임과 계산 하에 재화를 수입하고 자기명의로 수입세금계산서를 교부받아 위탁자에게 당해 수입재화를 공급하는 경우에는 그러하지 아니하는 것이다(서면3팀-1122, 2007.04.13.). 수입대행업을 영위하는 사업자(이하 "수입대행업자")가 의류물품을 수입하고자 하는 사업자(이하 "의뢰자")와 '수입대행계약'을 체결하여 단순히 수입대행 용역을 제공하는 경우로서 수입대행업자가 자기 명의로 발급받은 선하증권을 의뢰자에게 배서하고 의뢰자가 자기 명의로 수입통관 후 수입대행업자에게 상품대금 및 대행수수료를 정산·지급하는 경우 수입대행업자의 부가가치세 공급가액은「부가가치세법」제29조 제3항 제1호에 따라 대행수수료가 되는 것이다(법령해석부가-0711, 2019.12.16.).

> **사례** **수입대행자가 실제수입자에게 세금계산서 발급방법**
>
> (1) 각 거래당사자의 거래형태
>   - (을)은 (갑)의 국내대리점임
>   - (을)은 (갑)으로부터 기중기를 수입대행하여 국내사업자인 (병)에게 공급함
>   - 세관장이 (을)을 공급받는 자로 하여 20×1.01.20. 100(10)으로 수입세금계산서 발급
>   - (을)은 (병)에게 20×1.01.20. 100(10)으로 세금계산서 발급
>
> (2) 수입대행자인 (을)이 (갑)에게 세금계산서 발급방법
>   (을)은 (갑)의 한국내 대리점으로 (병)으로 부터 받은 오퍼수수료만 수입금액으로 계상한 것으로 보아 실제 수입자는 (병)으로 형식상 수입대행을 한 (을) 명의로 세관장이 발급한 수입세금계산서를 발급받아 (을)이 같은 날 같은 공급가액으로 (병)에게 발급한 세금계산서의 공급가액이 과다하게 기재된 것으로 볼 수 없다(심사부가 2010-149, 2010.10.22).

3) 수출자가 관세 등을 부담하는 조건의 수입

국내사업자가 외국 수출업체로부터 재화를 수입(DDP조건 : 매도인 관세부담조건)함에 있어 당해 재화의 수입주체가 실질적으로 외국 수출업체로서 재화를 수입함에 있어 수입에 관련된 관세 및 부가가치세를 외국 수출업체가 납부하는 경우에는 국내사업자가 수취한 수입세금계산서의 매입세액은 공제할 수 없는 것이나, 다만, 국내사업자가 당해 재화를 자기의 과세사업을 위하여 사용하고 실질적인 수입의 주체로서 수입과 관련한 관세 및 부가가치세를 납부하는 경우에는 세관장으로부터 수취한 수입세금계산서의 매입세액은 매출세액에서 공제받을 수 있는 것이다(서면3팀-2234, 2005.12.08).

사례 | **DDP 조건으로 수입하는 경우 매입세액공제 여부**

1) 국세청 법규해석 및 심사결정례

① 매도인 관세지급 인도조건의 경우 수출자가 관세 등을 대납하는 경우로서 수입주체가 외국수출업체인 경우 수입자의 상품원가로 처리하지 말아야 하며(또는 원가처리하고 대납액을 수익으로 계상가능), 수입세금계산서를 교부받아도 매입세액공제를 받을 수 없음에 주의하여야 한다.

즉, 수입업자가 세관장으로부터 수입세금계산서를 교부받은 경우에 재화의 수입이 실질적으로 수입자의 책임과 계산 하의 수입이라면 당해 세금계산서의 매입세액은 수입업자의 매출세액에서 공제받을 수 있는 것이나, 수입에 관련된 관세 및 부가가치세를 외국 수출업체가 대납한 경우(DDP조건)로서 당해 재화의 수입주체가 실질적으로 외국 수출업체인 경우에는 수입업자가 수취한 수입세금계산서의 매입세액은 공제할 수 없는 것이다(서면3팀-417, 2005.03.25). 다만, 국내사업자가 당해 재화를 자기의 과세사업을 위하여 사용하고 실질적인 수입의 주체로서 수입과 관련한 관세 및 부가가치세를 납부하는 경우에는 세관장으로부터 수취한 수입세금계산서의 매입세액은 매출세액에서 공제받을 수 있는 것이다(서면3팀-2234, 2005.12.08).

② 매도인 관세지급인도조건(DDP조건)으로 수입하였고 부가가치세 부담을 수출업자가 하였다고 하더라도 수입시 세관에서 징수하는 부가가치세를 누가 부담할 것인가는 거래당사자의 해결사항이고(서면3팀-3214, 2007.11.28) 수입대행업체가 아니라 자신의 책임과 계산하에 수입을 하였으므로 실질적인 수입주체로 인정되고 수입물품을 판매하여 매출로 계상하여 자기의 과세사업을 위하여 사용한 사실이 인정되므로 매입세액공제는 타당하다(심사부가2011-0046, 2011.06.30).

2) 조세심판원

① DDP조건으로 철강촉매제를 판매하고 있으나 이들이 약정한 계약서에는 부가가치세를 누가 부담할 것인지에 대한 명시적인 규정이 없어 부가가치세 부담 주체가 불분명하나 부가가치세법령에 의하면 재화를 수입하는 수입자는 부가가치세를 납부하여야 하는 것은 당연하고, 청구법인은 ○○○와 별도의 철강촉매제 납품계약을 체결한 사실이 없고 ○○○이 지정하는 자에게 철강촉매제를 납품하도록 ○○○과 임가공계약이 체결되어 있는 바, 청구법인이 ○○○의 계약에 의하여 수입한 철강촉매제 원재료를 국내임가공회사에 임가공시키고 국내임가공회사가 청구법인에 납품한 철강촉매제를 ○○○에 납품하는 등 청구법인은 ○○○의 국내대리인 역할을 수행하고 있는 것으로 보인다.

한편, 청구법인은 쟁점수입세금계산서의 철강촉매제 원재료 가액에 대해 재무제표상 매입원가로 인식하지 아니하였음 물론 쟁점수입세금계산서의 물품가액에 대해서도 수입금액으로 계상하지 아니하였으며, 부가가치세 영세율 매출로 신고한 것도 국내 운송비, 통관수수료, 관세, 임가공료 등 실제 발생한 비용에 일정 이윤을 가산한 것이며, 쟁점매입세액과 관련된 사항에 대해 매출로 신고한 것도 아니므로 쟁점매입세액이 청구법인의 과세사업과 직접 관련이 없는 것으로 보이고, ○○○과 ○○○의 무역거래조건은 DDP조건으로 거래조건을 살펴보면, 매도인이 물품을 수입국의 지정된 장소에서 매수인이 임의처분 가능한 상태로 인도하는 것으로 매도인은 물품을 수입통관을 수행한 상태로 지정 인도 장소에서 인도하기 위해 필요한 제세공과금을 포함한 비용과 위험을 부담해야 하는 무역거래조건이며, 계약당사자들은 매도인의 의무에서 물품 수입시 지불해야 하는 부가가치세 등을 제외하기 위하여 명시적인 문구(부가가치세 미지급)를 추가할 수 있는 것으로 되어 있는 바, 그 원문의 규정 중 일부를 보면 다음과 같고, ○○○과 ○○○간에 약정된 계약서에는 위 명시적인 문구(부가가치세 미지급) 관련 내용의 규정은 없는 것으로 나타난다. 쟁점매입세액은 ○○○이 ○○○에 철강촉매제를 판매하는 과정 중 하나인 동 촉매제를 수입하면서 부가가치세법에 따라 발생하는 비용으로 이는 ○○○이 부담하여야 할 비용으로 보여지므로 처분청이 쟁점매입세액을 불공제한 처분은 잘못이 없는 것으로 판단된다(국심 2006서4039, 2007.07.04).

② 「부가가치세법 시행령」 제58조 제3항은 「조달사업에 관한 법률」에 의하여 물자가 공급되는 경우에는 공급자 또는 세관장이 당해 실수요자에게 직접 세금계산서를 교부하여야 하는 것으로 규정하고 있는 바, 청구법인이 쟁점특수차량의 수입신고필증에 납세의무자로서 청구법인 명의로 생섬수입세금계산서를 교부받았으나 이에 대응되는 매출이 나타나지 아니한 점, 청구법인이 수입수수료 명목으로 외국수출업체로부터 146,089천원 상당을 수령한 것으로 나타나는 점, 쟁점특수차량의 실수요자인 ○○○이 납세의무자라고 관세청으로부터 회신받은 점, ○○○의 외자구매요청서에 계약방법이 DDP조건이고 관세 및 부가가치세가 구매요청금액에 포함된 것으로 기재되어 있는 점, 쟁점특수차량의 인도조건이 DDP조건으로 구매계약서에 명시되어 있는 점, 상업송장의 계약금액에 관세 및 부가가치세 등이 포함된 DDP조건으로 되어 있어 외국수출업체가 부가가치세를 부담하는 것으로 볼 수 있는 점, ○○○이 외국수출업체에 쟁점특수차량의 계약금액을 송금한 점 등으로 볼 때, 수입자(납세의무자)는 ○○○이나 외국수출업체가 부가가치세를 대납하는 것으로 보이고 청구법인은 쟁점특수차량의 수입대행업체로 보이므로 수입주체로 보기는 어렵다 할 것이다(조심 2010서0509, 2010.07.20).

3) 판단

위 판례를 요약하여 보면 DDP조건으로 수입하는 경우 수입과 관련된 관세, 통관비용, 수입허가 절차 등을 매도자(수출상)이 부담하게 되므로 이 경우 수입상 앞으로 발행되는 수입세금계산서상의 매입세액을 수입상이 공제받을 수 있는가 하는 것이다. 국세청 해석으로는 DDP조건으로 수입하는 경우 실질적인 수입주체가 외국수출업체인 경우에는 사업과 관련없는 매입세액으로 보아 공제받을 수 없는 것이나 수입주체가 국내수입업체인 경우에는 공제받을 수 있다고 해석하고 있다. 그러면 실질적인 수입주체란 의미는 무엇일까? 원칙적으로 DDP조건으로 수입하는 경우 수입주체는 외국수출상이 된다고 보아야 한다. 왜냐하면 수출상이 수입과 관련된 인허가나 수입절차, 관세, 부가세, 내국세 등 모든 세금을 부담하여 실질적인 수입주체가 되기 때문이다. 다만, 실질적인 수입주체는 수입상으로 부가가치세 등을 수입상이 부담하는 경우에는 자기사업을 위하여 사용되었거나 사용될 재화 또는 용역과 관련된 즉 자기책임과 계산 하에 수입하여 공급하는 과세사업과 관련된 사업으로 매입세액공제가 가능하다고 판단된다.

→ (DDP조건의 영문계약서 일부) The supplier shall pay all taxes, duties, dues and other relate charge, imposed under any present or future law, whether now or hereafter in force, up to the delivery point as the result of, or in connection with, this agreement or any purchase order issued thereunder.

4) DDP조건 사례

(갑)은 태양광 웨이퍼를 제조 판매하는 내국법인으로 웨이퍼 제조에 필요한 부재료 일부를 국외에서 수입하고 있으며, 일부 거래처에서는 당사가 고정 거래처이기 때문에 일부 품목에 대하여 소량으로 무상공급하기도 함.
무상 공급받는 물품의 수입은 DDP조건(매도인 관세부담 조건)으로 외국수출업체가 당해 관세 및 부가가치세를 납부하고, (갑)은 무상으로 재화를 인도받으면서, 세관장으로부터 (갑)명의의 수입세금계산서를 발급받음.

4) 세금계산서 발급대상의 해당여부

외국법인의 국내지점이 국내의 사업자와 계약에 의하여 부가가치세가 과세되는 재화를 국외의 외국법인 본점에서 수입하여 공급하는 경우에 있어서 국내 사업자가 자기 명의로 직접 당해 재화의 수입·통관 등 제반 수입절차를 이행하고 세관장으로부터 동 재화의 수입에 따른 수입세금계산서를 교부받는 경우 외국법인의 국내지점은 국내사업자에게 동 재화의 공급에 대하여 별도의 세금계산서를 교부할 의무가 없는 것이다(부가-1619, 2011.12.23).

5) 사후보증수리용역의 제공에 사용될 수리용 부품의 무환수입시 매입세액 공제 여부

국내사업자가 국외에 소재한 외국법인과 당해 외국법인이 국내에 판매한 로봇장비에 대한 사후보증수리 대행계약을 체결하고 당해 외국법인으로부터 수리에 사용될 부품

을 무상으로 제공받아 수리용역을 제공하는 경우로서 당해 부품을 무환으로 수입하면서 관세·부가가치세 등을 부담하고 세관장으로부터 수입세금계산서를 교부받은 경우 당해 세금계산서의 매입세액은 「부가가치세법」 제17조 제1항 제2호에 따라 매출세액에서 공제되는 것이다(부가-1481, 2009.10.13).

6) 위탁부품 무환 수입세금계산서 교부받고 관세 등 부담한 때 매입세액공제여부

기상청에 공급한 수퍼컴퓨터의 1년간 사후무상수리 및 유지관리 등을 위하여 청구법인과 서비스 하청계약을 체결하였고, 청구법인은 계약에 따라 기상청에 직원을 파견하여 상시 주재하면서 수퍼컴퓨터의 부품교체 및 유지보수 등을 지원하고, 이와 관련하여 무상보증수리에 사용할 위탁부품을 청구법인이 무환으로 수입·통관하여 이를 운반·보관 등을 한 것인바, 쟁점매입세액은 청구법인이 무상보증수리용역 등을 제공하기 위해 자기명의로 무상보증수리용 위탁부품을 수입·통관하고 부가가치세를 직접 납부한 것이므로 청구법인의 사업수행에 필수적으로 발생되는 매입세액으로서 자기의 사업을 위한 매입세액으로 보아야 할 것이므로(같은 뜻, 국심 99서458, 1999.09.28. 부가46015-293, 2000.02.12.)처분청이 쟁점매입세액을 청구법인의 사업과 직접 관련 없는 매입세액으로 보아 당해 매입세액을 불공제한 것은 잘못이라고 판단된다(심사부가2000-0078, 2000.07.07).

7) 관세환급과 세금계산서 발급

○ 사업자는 가죽, 가방류 및 의류 등을 중국, 베트남 등으로부터 수입하여 국내 보세판매장인 면세점에 납품하거나 국내의 거래처에 판매하고 있으며 면세점에 대한 거래형태는 다음과 같음(법규부가2013-58, 2013.05.27.).

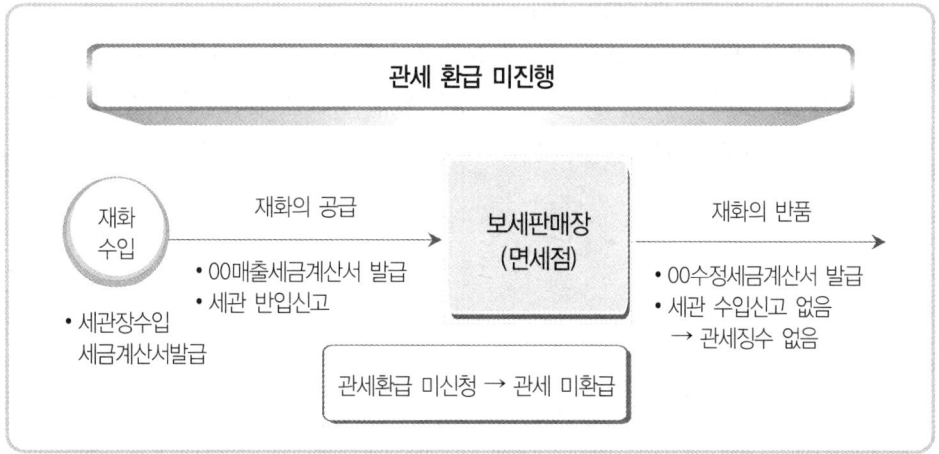

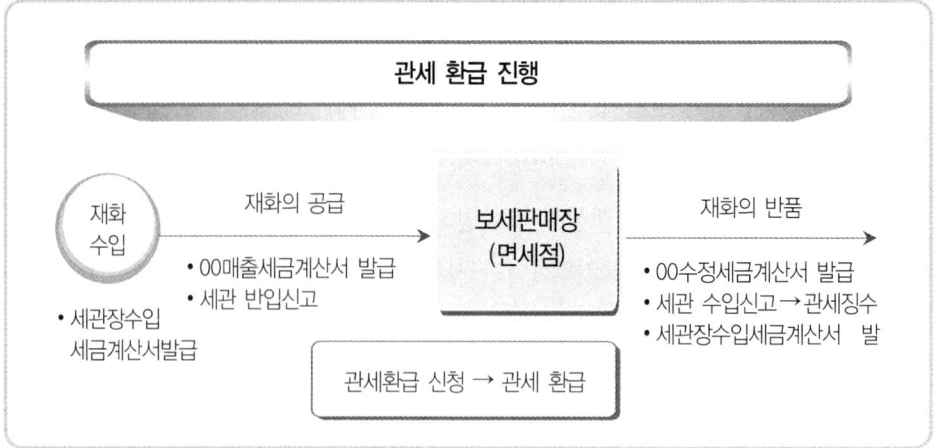

- ○ (관세 환급 미진행시)사업자가 면세점에 수입한 재화를 공급하고, 해당 재화를 수출용 원재료에 대한 관세 등의 환급에 관한 특례법(이하 "환특법")에 따라 관세환급을 진행하지 않았던 재화를 판매부진 등의 사유로 면세점으로부터 반품받는 경우에는
  - 면세점에 수정세금계산서를 발급하고 별도의 수입신고 절차 없이 세관의 반출 승인을 거쳐 반출하게 됨
- ○ (관세 환급 진행시)사업자가 면세점에 재화를 공급하고 해당 재화를 환특법에 따라 관세를 환급받은 후 판매부진 등의 사유로 면세점으로부터 반품받는 경우에는 면세점에 수정세금계산서를 발급하고
  - 관세환급 재화에 대한 수입통관 절차의 이행규정에 따라 세관장은 관세를 징수하고 수입세금계산서를 발급하게 됨
  - 물품을 판매 부진 등의 사유로 보세구역 외의 국내로 반품하는 경우「부가가치세법」제16조 제5항에 따라 세관장은 해당 물품을 반품받은 수입자에게 수입세금계산서를 발급하는 것이다.

외국에서 수입시 물품을 공급받는 자에게 직접 인도시 계산서 교부의무

Q. 외국사업자로부터 공장인도조건으로 해외에서 물품을 구입하여 다른 국내법인에게 공급하고, 공급받은 법인이 당해 물품에 대한 수입절차를 이행하고 세관장으로부터 수입세금계산서를 교부받는 경우 갑법인은 계산서를 교부하여야 하는지?

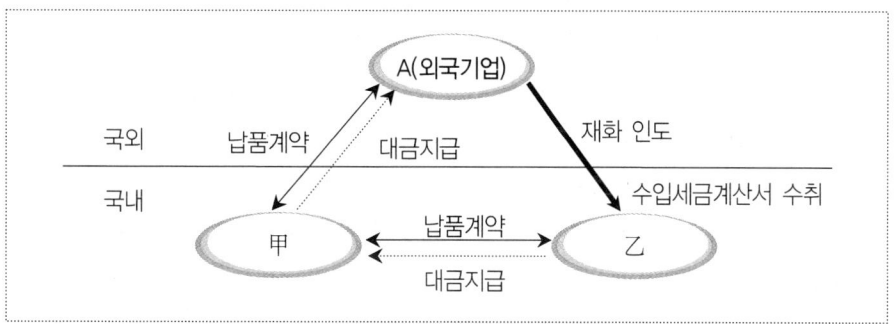

- 甲법인은 다른 국내사업자인 乙법인에게 상품을 납품함에 있어서, 해당 상품을 외국기업(A)으로부터 구매하여 납품하고자 함.
- 해당 상품을 A사와 甲법인, 甲법인과 乙법인 간에 공장인도조건으로 해외의 A사가 물품을 출하하면 乙사는 당해 재화의 수입·통관 등 제반수입절차를 이행하고 세관장으로부터 수입세금계산서를 乙명의로 교부받음.

A. 국내사업자(甲법인)가 외국사업자(A법인)으로부터 공장인도조건으로 국외에서 물품을 구입함과 동시에 국내의 다른 사업자(乙법인)에게 공급하고, 乙법인이 당해 물품에 대한 수입절차를 이행하여 세관장으로부터 수입세금계산서를 교부받는 경우, 甲법인이 乙법인에게 국외에서 인도하는 당해 재화의 공급거래에 대하여 「법인세법」 제121조 제1항에 따라 계산서를 작성·교부하여야 하는 것입니다.

(근거 : 법인-2904, 2016.07.12)

(2) 수입세금계산서 등의 공제시기

1) 원칙적인 공급시기

사업자가 보세구역 내에서 보세구역 이외의 국내에 재화를 공급하는 경우에 당해 재화가 수입재화에 해당하는 때에는 수입신고수리일이다.

세관장은 부가가치세를 징수, 환급, 충당하는 때에 수입세금계산서를 교부한다. 다만, 법령에 따라 부가가치세의 징수를 유예하는 경우에는 실제로 부가가치세를 징수하는 때에 교부한다. 부가가치세가 면제되는 경우에는 수입신고수리를 하는 때(「관세법」 제

16조의 각 호에 해당하는 물품은 그 사실이 발생한 때)에 「소득세법」 제163조 제3항에 따른 수입계산서(별지 제1호의2 서식)를 교부한다.

2) 세관장이 부가가치세를 소급하여 추징하는 경우 공제시기

외국으로부터 재화를 수입하는 수입업자가 재화를 수입하고 부가가치세법 제16조 제3항의 규정에 의하여 세관장으로부터 수입세금계산서를 교부받은 후 당초 수입한 재화에 대하여 관할세관장이 경정하여 추가로 관세 및 부가가치세를 부담하고 추가 수입세금계산서를 교부받은 경우 당해 수입세금계산서의 매입세액은 같은 법 제17조 제1항에 의하여 그 수입세금계산서를 교부받은 날이 속하는 과세기간에 자기의 매출세액에서 공제하거나 환급할 세액에 가산하여 환급받을 수 있는 것이다(서면3팀-1969, 2007.07.13).

3) 사업의 양도시 까지 발급받지 못한 수입세금계산서 처리

사업양도자가 수입재화에 대한 수입세금계산서를 사업양도 시까지 발급받지 못하고 사업양도 후 사업양수자가 사업양도자 명의로 발급받은 경우에는 해당 수입세금계산서를 발급받은 과세기간에 매입세액으로 공제받을 수 있다(부기통38-0-3).

4) 수입세금계산서에 의한 매입세액 공제

사업자가 자기의 사업과 관련된 재화의 수입에 따른 수입세금계산서를 수입일이 속하는 과세기간 경과 후에 발급받은 때에는 수입세금계산서를 발급받은 날이 속하는 과세기간의 매출세액에서 공제받을 수 있다(부기통38-0-7).

5) 폐업 후 교부받은 수입세금계산서

사업자가 수입재화에 대한 매출세액을 신고 납부하고 폐업한 후에 당해 수입재화에 대한 수입세금계산서를 교부받은 경우 그 매입세액은 부가가치세법 시행령 제21조 제1항 단서의 규정에 의하여 폐업일이 속하는 과세기간에 대한 매출세액에서 공제되는 것이다(서면3팀-2003, 2006.09.05).

6) 수입신고일과 수입세금계산서의 발행일이 상이한 경우의 매입세액 공제 여부

부가가치세법상 수입재화의 공급 시기는 수입신고수리일로 보는 것이고, 사업자가 재화나 용역을 제공하는 때에는 공급받는 자에게 세금계산서를 교부하여야 하는 것인 바, 사업자가 수입신고수리일이 속하는 과세기간이 경과한 후에 세관장으로부터 수입세금계산서를 교부받은 경우에는 교부받은 날이 속하는 과세기간의 매출세액에서 공

제받을 수 있도록 한 것(부가가치세법 기본통칙 17-0-8)은 세관장이 수입재화에 대하여 부가가치세 등의 납부일에 수입세금계산서가 발행되는 현실을 고려하여 수입신고수리일과 수입세금계산서의 발행일이 다른 경우 수입세금계산서에 의한 매입세액을 수입신고수리일이 속하는 과세기간은 물론 그 수입세금계산서 발행일이 속하는 과세기간에도 공제 받을 수 있도록 허용한 것으로 보아야 할 것이다(국심 2004광1579, 2005.8.22. 같은 뜻임). 그러하다면 청구법인이 쟁점금액과 관련된 재화를 수입하고 수입세금계산서를 지연 교부받은 이 건의 경우, 청구법인이 수입신고수리일을 공급시기로 보아 매입처별세금계산서합계표를 당해 수입신고수리일이 속하는 과세기간 및 예정신고기간에 작성·제출한 것에 대하여 당해 수입세금계산서를 위 과세기간 및 예정신고기간 이후에 교부받았음을 사유로 청구법인이 신고한 동 부가가치세 매입세액의 공제를 부인하고 수입세금계산서의 교부일이 속하는 과세기간의 매입세액으로 공제하면서 신고·납부불성실가산세를 부과한 처분은 부당하다고 판단된다(국심2005부4405, 2006.11.09).

(3) 위약물품에 대한 수정세금계산서의 발급

세관장으로부터 부가가치세를 징수당한 수입재화가「관세법」제106조에 규정하는 위약물품에 해당하는 경우에는 관할세관장은 부가가치세를 지체 없이 환급하여야 한다. 이 경우 세관장은 수정수입세금계산서를 수입자에게 발급하고, 법 제20조에 따라 이를 관할세무서장에게 제출하여야 한다(부령70).

사업자가 국외로부터 수입한 재화가 하자가 발생하여 반송하는 경우 동 재화가 관세법 제106조에 규정하는 위약물품에 해당하는 경우에는 관할세관장은 부가가치세를 지체 없이 환급하여야 하는 것이므로 수출하는 재화에 해당하지 아니하는 것이며, 반송하는 수입재화가 관세법에 규정하는 위약물품에 해당되지 아니하는 경우에는 수출하는 재화에 해당하는 것이다(제도46015-12407, 2001.07.26.) 또한, 사업자가 수입한 재화가 관세법 제106조에 규정하는 위약물품에 해당되어 세관장으로부터 수정수입세금계산서를 교부받고 당해 재화의 반출에 따른 수출신고를 필한 후 외국의 수출자에게 반출하는 경우에는 부가가치세가 과세되지 아니하는 것이다(서삼46015-10282, 2001.09.21).

따라서 (-)수입세금계산서는 당해 작성일자가 속하는 과세기간에 대한 부가가치세 신고시 부가가치세대급금(-)로 처리하면 된다.

수입한 재화를 국외로 반품하는 경우, 선결정(국심 1999서972, 1999.8.17.)에 의하면, 반품선적분도 수출하는 재화에 해당하여 영세율이 적용되며, 부가가치세 과세표준 신고시 이를 누락한 경우에는 가산세가 부과되는 것으로 판단한 점, 관세청장은 질의회신문(관세제도과-561, 2009.6.10.)에서 "하자를 이유로 수입된 물품을 원상태로 유상 수출한 경우, 제106조에 의한 환급조건과 환특법에 의한 환급조건(영세율 신고방법)의 충족 여부에 따라 선택적으로 환급을 신청할 수 있는 것"으로 회신하고 있는 점 등으로 보아 처분청이 과세근거로 삼은 「부가가치세법 시행령」 제71조 제2항의 "제106조에 규정하는 위약물품에 해당하는 경우에는 관할세관장은 부가가치세를 지체없이 환급하여야 한다"는 규정은, 납세자가 제106조의 규정에 의하여 위약물품에 대한 관세환급을 신청함에 따라 관세당국이 관세환급대상임을 확인하는 경우에는 수정(-)수입세금계산서를 발행·교부하면서, 환급신청한 관세뿐만 아니라, 관세와 동시에 징수한 수입부가가치세도 함께 지체없이 환급해 주어야 한다는 납세자에 대한 편의적 규정으로 판단되며, 동 규정을 관세환급이 불필요한 무관세 물품의 수입자에게도 수입당시 납부한 부가가치세를 환급받기 위해서는 반드시 제106조에 의한 관세환급절차를 이행해야 한다고 판단하기는 어려운 것으로 보인다.

따라서 수입자가 하자 등을 이유로 수입품을 반품하는 방법으로는 제106조에 의한 환급 방법과 환특법에 의한 원상태로의 수출방법 중에서 선택할 수 있다 할 것이므로, 쟁점거래에 대하여는 영세율을 적용하여 관련 매입세액을 공제하는 것이 타당한 것으로 판단된다(조심2010서0067, 2010.10.28).

※ 반품의 개념(부가-1438, 2010.10.28)
   ① 수출입업체의 입장
      a. 반품가능기간 : 1년~4년(제품 상품에 따라 다름)
      b. 사용에 대한 개념 : 물품을 사용하다가 하자가 발견되는 경우가 많음
      c. 처리 : 고장난 물품을 신제품으로 교환해 줌
   ② 관세청의 입장
      a. 반품가능기간 : 수입신고수리일로부터 1년 이내에 보세구역에 반입하여 위약수출
      b. 사용에 대한 개념 : 사용한 물품은 위약수출의 대상이 아님
      c. 처리 : 위약수출인 경우는 (-)세금계산서 발급

• 관련법조문 •

■ **계약내용과 상이한 물품 등에 대한 관세환급(관세법 제106조)**

① 수입신고가 수리된 물품이 계약내용과 다르고 수입신고 당시의 성질이나 형태가 변경되지 아니한 경우 해당 물품이 수입신고 수리일부터 1년 이내에 다음 각 호의 어느 하나에 해당하는 때에는 그 관세를 환급한다.
1. 외국으로부터 수입된 물품: 보세구역(제156조 제1항에 따라 세관장의 허가를 받았을 때에는 그 허가받은 장소를 포함한다. 이하 이 조에서 같다)에 이를 반입하였다가 다시 수출하였을 것. 이 경우 수출은 수입신고 수리일부터 1년이 지난 후에도 할 수 있다.
2. 보세공장에서 생산된 물품: 보세공장에 이를 다시 반입하였을 것

② 제1항에 따른 수입물품으로서 세관장이 환급세액을 산출하는 데에 지장이 없다고 인정하여 승인한 경우에는 그 수입물품의 일부를 수출하였을 때에도 제1항에 따라 그 관세를 환급할 수 있다.

③ 제1항과 제2항에 따른 수입물품의 수출을 갈음하여 이를 폐기하는 것이 부득이하다고 인정하여 그 물품을 수입신고 수리일부터 1년 내에 보세구역에 반입하여 미리 세관장의 승인을 받아 폐기하였을 때에는 그 관세를 환급한다.

④ 수입신고가 수리된 물품이 수입신고 수리 후에도 지정보세구역에 계속 장치되어 있는 중에 재해로 멸실되거나 변질 또는 손상되어 그 가치가 떨어졌을 때에는 대통령령으로 정하는 바에 따라 그 관세의 전부 또는 일부를 환급할 수 있다.

⑤ 제1항부터 제4항까지의 규정을 적용할 때 해당 수입물품에 대한 관세의 납부기한이 종료되기 전이거나 징수유예 중 또는 분할납부기간이 끝나지 아니하여 해당 물품에 대한 관세가 징수되지 아니한 경우에는 세관장은 해당 관세의 부과를 취소할 수 있다.

⑥ 제1항부터 제4항까지에서 규정한 관세의 환급에 관하여는 제46조와 제47조를 준용한다.

(4) 수정수입세금계산서의 발급

수입자가 보정신고, 수정신고, 경정청구, 후발경정청구, 과세가격조정 경정, 과오납 및 위약환급의 사유로 스스로 정정한 경우에는 세관장은 수정세금계산서를 발급할 수 있다. 또한, 관세조사 등 개시 이후 세액 경정할 것을 미리알고 보정·수정·경정 신청하거나 세관장이 세액을 결정 경정하는 경우로서 단순착오 등 수입자가 귀책사유가 없음을 증명하는 경우에는 수정세금계산서를 발급할 수 있다. 이 개정규정은 2013년 7월 26일 최초로 수정신고하거나 결정 경정하는 분부터 적용하며 성실신고 유도를 위하여 도입되었다.

1) 발급사유

세관장은 다음의 어느 하나에 해당하는 경우에는 수입하는 자에게 수정한 수입세금계산서(이하 "수정수입세금계산서"라 한다)를 발급하여야 한다(부법35②).

① 경정 전 잠정가격의 신고 등에 의한 수정신고

세관장은 「관세법」에 따라 과세표준 또는 세액을 결정 또는 경정하기 전에 같은 법 제28조제2항, 제38조의2 제1항·제2항, 제38조의3 제1항부터 제3항까지, 제38조의4 제1항, 제46조, 제47조, 제106조 및 제106조의2에 따라 부가가치세를 납부받거나 징수 또는 환급하는 경우에는 법 제35조 제2항에 따라 수입자에게 수정한 수입세금계산서를 발급하여야 한다.

② 경정 등을 알고 수정신고 하는 경우

「관세법」에 따라 세관장이 과세표준 또는 세액을 결정 또는 경정하는 경우(수입하는 자가 해당 재화의 수입과 관련하여 다음의 어느 하나에 해당하지 아니하는 경우로 한정한다)

㉠ 「관세법」 제270조(제271조 제2항에 따른 미수범의 경우를 포함한다), 제270조의2 또는 제276조를 위반하여 고발되거나 같은 법 제311조에 따라 통고처분을 받은 경우

㉡ 「관세법」 제42조 제2항에 따른 부정한 행위 또는 「자유무역협정의 이행을 위한 관세법의 특례에 관한 법률」 제36조 제1항 제1호 단서에 따른 부당한 방법으로 관세의 과세표준 또는 세액을 과소신고한 경우

㉢ 수입자가 과세표준 또는 세액을 신고하면서 관세조사 등을 통하여 이미 통지받은 오류를 다음 신고 시에도 반복하는 등 대통령령이 정하는 중대한 잘못이 있는 경우(부령72④)

ⅰ. 「관세법」 제37조의4 제1항 및 제2항에 따라 세관장이 과세가격의 결정과 관계되는 자료 및 증명자료를 제출하도록 요구하였으나 수입자가 같은 조 제3항에 따른 기한까지 제출하지 않거나 거짓의 자료를 제출하는 경우

ⅱ. 다음의 어느 하나에 해당하는 심사 또는 조사를 통하여 과세표준 또는 세액의 과소신고에 관한 오류를 통지받은 후에도 법 제50조에 따른 부가가치세에 관한 다음 신고 시에도 그 오류를 반복하는 경우

가. 「관세법」 제38조 제2항에 따른 심사

나. 「관세법」 제110조 제2항 제1호 및 제2호에 따른 조사 중 과세표준 또는

세액의 결정·경정을 위한 조사

다. 「관세법」 제255조의 2에 따른 심사(같은 법 시행령 제259조의 2 제1항 제1호의 기준에 따라 과세표준 또는 세액의 결정·경정에 관련하여 심사하는 경우로 한정한다)

라. 「자유무역협정의 이행을 위한 관세법의 특례에 관한 법률」 제17조 제1항에 따른 조사

③ 수입하는 자가 세무공무원의 관세조사 등 대통령령으로 정하는 행위가 발생하여 과세표준 또는 세액이 결정 또는 경정될 것을 미리 알고 그 결정·경정 전에 「관세법」에 따라 수정신고하는 경우(해당 재화의 수입과 관련하여 제2호 각목의 어느 하나에 해당하지 아니하는 경우로 한정한다)

2) 발급방법

세관장이 수정한 수입세금계산서를 발급하는 경우에는 부가가치세를 납부받거나 징수 또는 환급한 날을 작성일로 적고 비고란에 최초 수입세금계산서 발급일 등을 덧붙여 적은 후 추가되는 금액은 검은색 글씨로 쓰고, 차감되는 금액은 붉은색 글씨로 쓰거나 음(陰의) 표시를 하여 발급한다(부령72⑤). 수정수입세금계산서를 발급한 세관장은 법제54조를 준용하여 작성한 수정된 매출처별 세금계산서합계표를 해당 세관 소재지를 관할하는 세무서장에게 제출하여야 한다(부법35⑥).

3) 수입하는 자의 수정수입세금계산서 발급 신청

수입하는 자는 위의 수정세금계산서의 발급사유가 발생했음에도 불구하고 세관장이 수정수입세금계산서를 발급하지 아니하는 경우 「국세기본법」 제26조의2 제1항이나 같은 조 제6항 제1호에 따른 기간 내에 세관장에게 수정수입세금계산서의 발급을 신청할 수 있다(부법35⑤).

> 관련법고시

수입세금계산서 교부(관세청고시 제2021- 9호, 2021.1.1)

제1조(목적) 이 고시는「부가가치세법」제16조 제5항 및 같은 법 시행령 제56조에 따라 재화의 수입에 대하여 세관장이 교부하는 수입세금계산서의 교부절차 및 교부방법 등을 규정함을 목적으로 한다.

제2조(수입세금계산서 등의 교부) ① 세관장이 부가가치세를 징수, 환급, 충당하는 때에는 별지 제1호 서식의 수입세금계산서를 교부하여야 한다. 다만,「부가가치세법」또는 다른 법령에 따라 부가가치세의 징수를 유예하는 경우에는 실제로 부가가치세를 징수하는 때에 교부한다.
② 부가가치세가 면제되는 경우에는 수입신고수리를 하는 때(「관세법」제16조의 각 호에 해당하는 물품은 그 사실이 발생한 때)에 「소득세법」제163조 제3항에 따라 별지 제1호의2 서식의 수입계산서를 교부한다.
③ 제1항의 수입세금계산서는「부가가치세법」제16조 제2항에 따른 전자적 방법(이하 "전자수입세금계산서"라 한다)으로 교부한다.
④ 세관장은「관세법」(이하 '법'이라 한다) 제46조 및 제106조에 따라 부가가치세 환급금을 결정한 후 환급금을 지급하거나 충당하는 때에는 과세표준 및 세액 앞에 부(-)표시한 수입세금계산서를 교부한다.

제3조(수입세금계산서의 수정교부) ① 세관장은 수입세금계산서를 교부한 후 다음 각 호의 어느 하나에 해당하는 경우에는 해당 수입세금계산서를 수정하여 교부하여야 한다.
1. 수입신고서의 납세의무자를 착오로 잘못 신고하여 변경하는 경우
2. 법인합병으로 인한 납세의무의 승계로 당초 납세의무자와 실제 납세자가 다른 경우
3. 수입물품이「여신전문금융업법」에 따른 대여시설물품으로서 수입신고서의 납세의무자와 대여시설이용자가 다른 경우
4. 그 밖에 제1호부터 제3호까지 준하는 정정사유가 있다고 세관장이 인정하는 경우
② 제1항에 따라 수입세금계산서를 수정교부 받으려는 자는 별지 제2호 서식의 수입세금계산서 수정교부 신청서를 원래의 수입세금계산서를 교부한 세관장에게 제출하여야 하며, 신청서류는 우편으로 제출할 수 있다.
③ 세관장은 제2항에 따른 신청을 받으면 다음 각 호의 방법으로 수정수입세금계산서를 교부할 수 있다.
1. 공급가액에 추가 또는 차감되는 금액이 발생한 경우에는 증감사유가 발생한 날을 작성일자로 하여 추가되는 금액은 정(+)의 세금계산서를 교부하고, 차감되는 금액은 부(-)의 세금계산서를 교부한다.
2. 필요적 기재사항 등이 착오로 잘못 기재된 경우에는 당초 작성일자로 공급가액과 세

액 앞에 각각 부(-)표시한 수입세금계산서와 기재사항을 정정한 수정수입세금계산서를 함께 교부한다.

④ 세관장은 제5조의 일괄수입세금계산서 또는 제5조의2 월별납부서단위의 수입세금계산서를 수정하려는 경우에는 개별수입세금계산서를 수정한 후 정정된 일괄수입세금계산서 또는 월별납부서단위의 수입세금계산서를 교부한다.

제4조(수입세금계산서의 재교부) ① 수입세금계산서의 재교부를 받으려는 자는 별지 제3호 서식의 재교부신청서를 원래의 수입세금계산서를 교부한 세관장에게 제출하여야 하며, 신청서류는 우편으로 제출할 수 있다.

② 세관장은 제1항에 따른 수입세금계산서의 재교부 신청을 받으면 해당 신청서를 검토한 후 즉시 이를 재교부하여야 한다.

제5조(수입세금계산서의 일괄교부) ① 세관장은 제2조의 규정에도 불구하고 수입자별로 전월의 공급가액을 합계하여 해당 월의 말일을 발행일자로 하여 그 다음달 10일까지 수입세금계산서를 일괄하여 교부(이하 "일괄교부"라 한다)할 수 있다.

② 제1항에 따라 수입세금계산서의 일괄교부를 받으려는 자는 일괄교부를 받으려는 달의 전월 25일까지 별지 제4호서식의 수입세금계산서 일괄교부신청서를 부가가치세를 납부한 세관장에게 제출하여야 하며, 신청서류는 우편으로 제출할 수 있다.

③ 세관장은 제2항에 따른 일괄교부신청이 있는 때에는 그 타당성을 심사한 후 이를 수리하고 관세청 전산시스템에 등록하여야 한다.

제6조(월별납부서단위의 수입세금계산서 교부) ① 세관장은 「관세법」 제9조 제3항에 따른 월별납부 승인을 받은 자가 월별납부서단위로 수입세금계산서의 교부를 신청하는 경우에는 월별납부서단위의 수입세금계산서를 교부할 수 있다. 이 경우 월별납부서단위의 수입세금계산서는 제5조에 따른 일괄교부대상에 포함되지 아니한다.

② 제1항에 따라 수입세금계산서를 교부받으려는 자는 월별납부 세액을 납부하기 전날까지 별지 제4호의2 서식의 월별납부서단위의 수입세금계산서 교부신청서를 월별납부를 승인한 세관장에게 제출하여야 하며, 신청서류는 우편으로 제출할 수 있다.

③ 세관장은 제2항에 따른 신청에 대하여 월별납부업체의 사업자등록번호 등을 확인하고 이상이 없는 경우 이를 수리하여야 한다. 이 경우 월별납부서단위의 수입세금계산서는 신청일 이후 월별납부 하는 분부터 교부한다.

제7조(전자수입세금계산서의 교부) ① 세관장은 제2조 제3항에 따른 전자수입세금계산서를 전자문서 중계사업자의 전자문서중계시스템(이하 "전자문서중계시스템"이라 한다) 또는 인터넷통관포탈시스템을 통하여 교부한다. 다만, 전자문서중계시스템 또는 인터넷통관포탈시스템을 통하여 교부할 수 없는 경우에는 납세자가 제출하는 전자기록매체에 저장하여 교부할 수 있다.

② 전자문서중계시스템을 통하여 전자수입세금계산서를 교부받으려는 납세자 또는 수입신고인은 별지 제5호서식의 전자수입세금계산서 교부신청서를 관할지 또는 주통관지 세관장에게 제출하여야 하며, 신청서류는 우편으로 제출할 수 있다.

③ 인터넷통관포탈시스템을 통하여 전자수입세금계산서를 교부받으려는 납세자 또는 수입신고인은 인터넷통관포탈서비스에 가입한 후 제6조에 따른 전자수입세금계산서 교부를 신청하여야 한다.

④ 제2항 및 제3항에 따라 신청한 납세자에게는 전자수입세금계산서를 전자문서중계시스템 또는 인터넷통관포탈시스템의 납세자 사서함으로 교부하고 신청하지 아니한 납세자에게는 수입신고인의 사서함으로 교부한다.

제8조(준용규정) 수입계산서 교부절차에 관하여는 수입세금계산서 교부절차를 준용한다.

제9조(재검토기한) 관세청장은 「훈령·예규 등의 발령 및 관리에 관한 규정」에 따라 이 고시에 대하여 2021년 1월1일을 기준으로 매 3년이 되는 시점(매 3년째의 12월31일까지를 말한다)마다 그 타당성을 검토하여 개선 등의 조치를 해야 한다.

부　칙〈관세청고시 제2000- 44호(2000.12.28)〉

4. 보세구역에 대한 부가가치세법의 적용

① 외국에서 보세구역으로 재화를 반입하는 것은 재화의 수입에 해당하지 아니한다.

② 동일한 보세구역 내에서 재화를 공급하거나 용역을 제공하는 것은 재화의 공급 또는 용역의 제공에 해당한다.

③ 보세구역 외의 장소에서 보세구역으로 재화 또는 용역을 공급하는 것은 재화 또는 용역의 공급에 해당한다.

④ 보세구역 내에 사업장을 둔 사업자가 보세구역 외의 장소로 재화 또는 용역을 공급하는 경우에 공급가액 중 관세가 과세되는 부분에 대하여는 세관장이 부가가치세를 거래징수하고 수입세금계산서를 발급하며 공급가액 중 관세의 과세가격과 관세·개별소비세·주세·교육세·교통세 및 농어촌특별세의 합계액을 뺀 잔액에 대하여는 재화 또는 용역을 공급하는 사업자가 부가가치세를 거래징수하고 세금계산서를 발급하여야 한다. 이 경우 공급시기는 수입신고수리일이다(부령28⑦).

⑤ 보세구역 내에 사업장을 둔 사업자가 보세구역외의 사업자에게 내국신용장에 의하여 재화 또는 용역을 공급하는 경우에 공급가액 중 관세가 과세되는 부분에 대하여는 세관장이 부가가치세를 거래징수하고 수입세금계산서를 발급하며 공급가액 중 관세의 과세가격과 관세·개별소비세·주세·교육세·교통세 및 농어촌특별세의 합계액을 뺀 잔액에 대하여는 재화 또는 용역을 공급하는 사업자가 영의 세율이 적용되는 세금계산서를 발급하여야 한다.

⑥ 보세구역 내에 별도의 사업장을 두지 아니한 사업자가 외국물품을 수입함에 있어서 당해 물품을 수입통관 전에 양도한 경우 과세표준은 부가가치세법 제13조 제1항에서 규정한 공급가액으로 하며 이때 당해물품을 양수받은 사업자는 자기가 부담한 매입세액을 동법 제17조 제1항의 규정에 의하여 매출세액에서 공제받을 수 있다(부가법 집행기준38-0-2).

[표 2-2] 보세구역 내·외에서의 재화·용역의 공급

재화·용역의 이동	과세대상 여부
외국 → 보세구역	재화의 수입(×), 수입통관(×), 과세대상(×)
보세구역 → 보세구역	재화·용역의 공급, 세금계산서 발급
보세구역 외 → 보세구역	재화·용역의 공급, 세금계산서 발급
보세구역 → 보세구역 외	• 세관장 : 수입세금계산서(A)=관세의과세가격+관세+개별소비세·주세·교육세+교통·에너지·환경세+농어촌특별세 • 사업자 : 세금계산서= 총공급가액-A
보세구역 → 보세구역 외 (Local L/C에 의한 공급)	• 세관장 : 수입세금계산서(A)=관세의과세가격+관세+개별소비세·주세·교육세+교통·에너지·환경세+농어촌특별세 • 사업자 : 영세율 세금계산서= 총공급가액-A

> 관련법고시

집행기준 13-0-2(보세구역에 대한 부가가치세 납세의무)

보세구역(자유무역지역 및 관세법에 따른 보세구역을 포함)에서 거래되는 재화 또는 용역에 대한 「부가가치세법」 적용은 다음과 같이 한다.

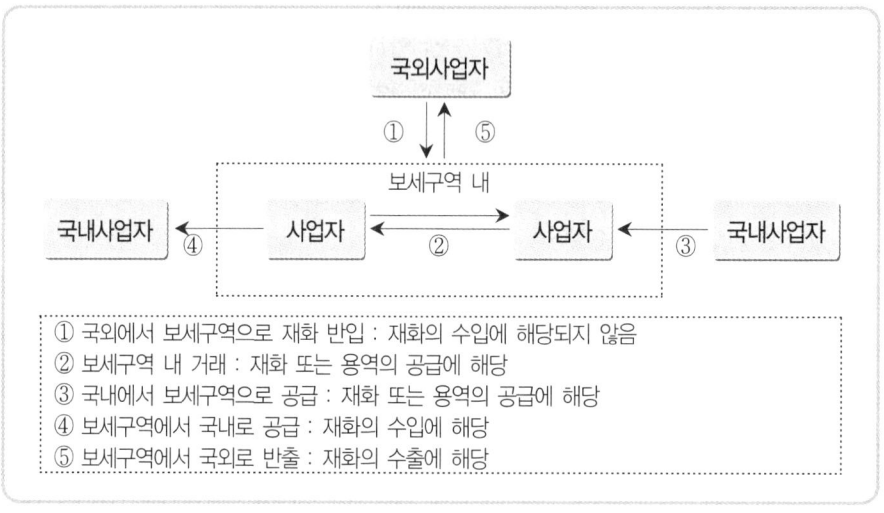

① 국외에서 보세구역으로 재화 반입 : 재화의 수입에 해당되지 않음
② 보세구역 내 거래 : 재화 또는 용역의 공급에 해당
③ 국내에서 보세구역으로 공급 : 재화 또는 용역의 공급에 해당
④ 보세구역에서 국내로 공급 : 재화의 수입에 해당
⑤ 보세구역에서 국외로 반출 : 재화의 수출에 해당

사례 보세구역에서 공급시 과세표준의 계산

보세구역 내에서 제조업을 영위하는 동작실업은 외국에서 도착한 제품을 보세구역 밖의 영등포물산에게 다음과 같이 공급하였다고 할 때 각각 거래징수할 부가가치세는 얼마인가? 단, 관세의 과세가격은 20,000,000원, 관세 10,000,000원 제조원가 5,000,000원이다.

1) 판매가액(공급가액) 40,000,000원인 경우
   ① 세관장이 징수할 부가가치세 : (20,000,000 + 10,000,000) × 10%
                              = 3,000,000원
   ② 동작물산이 징수할 부가가치세 : (40,000,000 − 30,000,000) × 10%
                              = 1,000,000원

2) 판매가액(공급가액) 25,000,000원인 경우
   ① 세관장이 징수할 부가가치세 : (20,000,000 + 10,000,000) × 10%
                              = 3,000,000원
   ② 동작물산이 징수할 부가가치세 : (25,000,000 − 30,000,000) × 10%
                              = −500,000원
   ※ 음수로 부가가치세 징수 및 세금계산서 발급의무가 없다.

5. 수입물품에 대한 선하증권 양도

(1) 선하증권 양도와 부가가치세 과세문제

선하증권의 양도는 운송물을 인도한 것과 동일한 효력[32]이 있으므로 수입재화가 부가가치세 과세대상인 경우에는 부가가치세가 과세된다. 다만, 면세대상인 경우에는 부가가치세가 면제된다.

> **사례** 선하증권의 양도와 부가가치세 과세
>
> [사례 1] 국내사업자 간 선하증권 양도(법규부가2013-132-2, 2013.05.14.)
>
> ① 선하증권 양도와 거래관계
>
> 국내의 사업자 "甲법인"은 직접적인 물품의 인도 없이 국외에서 운송중인 물품에 대한 선하증권을 乙법인에게 양도하는 거래를 하고 물품대금은 외화로 받았으며 거래흐름은 다음과 같을 경우 국외에서 운송중인 물품을 양도하기 위해 국내의 甲법인이 국내의 乙법인에게 선하증권을 양도하는 경우 부가가치세 과세거래에 해당하는지 여부를 살펴보면,

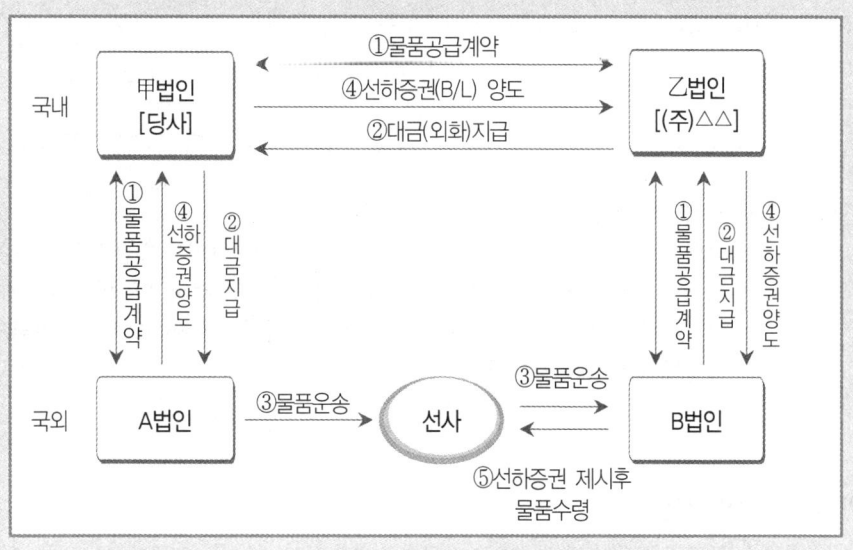

---

[32] 화물상환증에 의하여 운송물을 받을 수 있는 자에게 화물상환증을 교부한 때에는 운송물 위에 행사하는 권리의 취득에 관하여 운송물을 인도한 것과 동일한 효력이 있다(상법 제133조).

② 과세대상 여부

국내사업자 갑이 국외사업자 A로부터 물품을 매입하면서 발급받은 선하증권을 국내사업자 을에게 양도하고, 국내사업자 을은 해당 선하증권을 국외사업자 B에게 다시 양도함으로써 실질적으로 물품의 이동이 국외사업자 A로부터 B에게 직접 인도되는 경우, 국내사업자 갑과 을의 선하증권 양도거래는 부가가치세 과세거래에 해당된다.

[사례 2] 보세구역에서 선하증권 양도(법규부가2012-231, 2012.06.07.)

① 선하증권 양도와 거래관계

"갑법인"이 독일, 미국 등지에서 오리털과 거위털을 수입하여 우모제조업체에 판매하는 무역업체로 외국법인 A로부터 오리털 등을 수입하는 계약을 체결하고 A법인으로부터 선하증권을 발급받은 후 국내의 자유무역지역 내에 소재한 을법인(제조업체)에게 해당 선하증권을 양도하고 을법인이 오리털 등의 반입신고를 하였으며 이 경우 국내에서 갑법인이 보세구역 내의 을법인에게 선하증권을 양도하는 것이 부가가치세 과세거래에 해당되는지를 살펴보면,

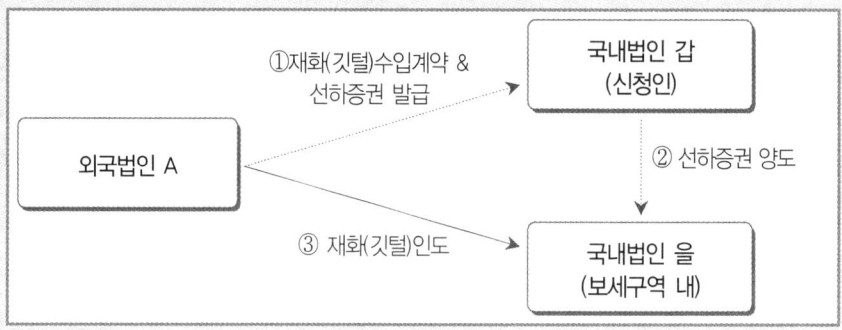

② 과세대상 여부

국내사업자 갑이 국외사업자 A로부터 물품을 매입하면서 발급받은 선하증권을 보세구역 내 국내사업자 을에게 양도하는 경우, 해당 선하증권 양도에 대해서는 부가가치세가 과세(10%) 되는 것이며, 「부가가치세법」 제16조에 따라 세금계산서를 발급하여야 하는 것이다.

(2) 과세표준의 계산

사업자가 보세구역 내에 보관된 재화를 다른 사업자에게 공급하고 해당 재화를 공급받은 자가 그 재화를 보세구역으로부터 반입하는 경우에 재화를 공급한 자의 과세표준은 그 재화의 공급가액에서 세관장이 법 제23조 제3항에 따라 부가가치세를 징수

하고 발급한 수입세금계산서에 적힌 공급가액을 뺀 금액으로 한다. 다만, 세관장이 법 제23조 제3항에 따라 부가가치세를 징수하기 전에 같은 재화에 대한 선하증권이 양도되는 경우에는 해당 재화를 공급하는 자의 과세표준은 양수인으로부터 받은 대가를 공급가액으로 할 수 있다(부령61②5).

① 선하증권 재양도시 부가가치세 과세표준

사업자 "갑"이 수입물품에 대한 선하증권을 "을"에게 양도(수입물품이 보세구역에 도착하기 전에 양도하는 경우를 포함)하고 "을"이 다시 당해 선하증권을 "병"에게 양도한 후 선하증권의 최종소유자인 "병"이 수입물품을 통관하는 경우, "갑"은 선하증권을 양도하는 때에 선하증권 양도가액(부가가치세 제외)을 공급가액으로 하여 "을"에게 세금계산서를 발급하는 것이며, "을"은 「부가가치세법시행령」 제48조 제8항 규정에 따라 세금계산서를 발급하는 것이다(부가-1246, 2010.09.17).

② 면세대상인 경우 과세표준의 계산

사업자가 보세구역 내에서 수입물품에 대한 선하증권을 양도(수입물품이 보세구역에 도착하기 전에 양도하는 경우를 포함)하고 해당 선하증권을 양수한 자가 보세구역으로부터 그 수입물품을 반입하면서 부가가치세가 면제되는 경우 「부가가치세법 시행령」 제61조 제2항 제5호의 규정이 적용되지 아니하는 것이므로 재화의 공급가액 전액을 부가가치세 공급가액으로 하는 것이며, 이 경우 해당 선하증권의 양도와 관련한 공급시기는 해당 선하증권 양도일이 되는 것이다(법령해석과-4197, 2021.11.30).

사례 **선하증권 양도시 과세표준의 계산 및 세금계산서의 발급**

20×1.08.28. 사업자 (갑)은 (을)에게 선하증권을 1억원에 양도하고 (을)은 20×1.09.20. 수입통관 하였다. 사업자(을)은 수입통관 하면서 세관장으로부터 수입세금계산서를 8천만원에 발급받았다. 이 경우 사업자 (갑)의 선하증권 양도관련 과세표준은 다음과 같이 선택적으로 세금계산서를 발급할 수 있다.

① 수입신고수리일을 작성일자(20×1.09.20.)로 하여 세관장이 징수한 금액을 제외한 2천만원를 과세표준으로 하여 발급
② 선하증권 양도일을 작성일자(20×1.08.28.)로 하여 선하증권 양도가액 1억원을 과세표준으로 하여 발급

(2) 선하증권 양도와 공급시기

사업자가 수입물품에 대한 선하증권을 양도하고 당해 선하증권을 양수한 자가 수입통관하는 경우로서 당해 선하증권에 대한 부가가치세 과세표준을 「부가가치세법 시행령」 제48조 제8항의 규정에 의하여 계산하는 경우에 당해 선하증권 양도와 관련한 공급시기는 당해 수입물품의 수입신고수리일인 것이다(서삼 46015-11452, 2003.09. 15). 다만 심판례에서는 선하증권 양도관련 공급시기는 선하증권의 교부일로 보고 있다. 즉, 물품증권인 선하증권을 교부하거나 양도하는 경우 당해 운송물의 권리·취득에 대하여 운송물 등을 인도하는 것과 같은 법적효력이 있으므로, 사업자가 부가가치세가 과세되는 수입물품에 대한 선하증권을 수입통관 전에 양도하는 경우에는 부가가치세가 과세되는 것이며, 이 경우 당해 선하증권을 양수한 사업자가 양도한 사업자로부터 선하증권의 교부일을 공급시기로 하여 교부받은 세금계산서상의 매입세액은 매출세액에서 공제되는 것인 바, 수입물품 수입통관일전에 선하증권을 교부받은 날 수입물품 취득에 관하여 동 물품을 인도받은 것과 동일한 효력이 있다 할 것이므로, 사실과 다른 세금계산서라 볼 수 없다고 판단된다(국심 2007서2342, 2007.08.30.).

(3) 선하증권 양도와 세금계산서 발급

사업자가 과세되는 선하증권을 매입하면서 교부받은 세금계산서의 공급가액에 동 선하증권 관련 재화의 수입통관 시 세관장으로부터 교부받은 수입세금계산서의 공급가액이 포함되어 기재된 경우 당해 선하증권 매입 시 부담한 부가가치세의 매입세액은 공제 가능하다(기획부 부가-445, 2009.06.29). 또한, 재화의 공급에 대하여 해당 거래 시기에 교부받은 정당한 세금계산서에 해당하여 매입세액 공제 가능하다(부가-919, 2009.7.1.). 한편, 국외의 법인으로부터 부가가치세가 과세되지 않는 재화를 위탁받아 수입·판매하는 내국법인이 보세구역 내에서 선하증권을 국내의 다른 사업자에게 양도한 경우 「법인세법」 제121조 제2항에 따라 계산서를 발급하여야 하는 것이나, 세관장이 선하증권을 양수한 사업자에게 발급한 수입계산서 부분에 대하여는 계산서 발급 의무가 없는 것이다(법인세과-4046, 2020.11.06.).

🔲 선하증권 재양도시 부가가치세 과세표준

Q. 사업자 "갑"이 수입물품에 대한 선하증권을 수입물품이 보세구역에 도착하기 전에 사업자 "을"에게 양도하고 "을"은 양수한 선하증권을 수입물품이 보세구역에 도착하기 전에 다시 사업자 "병"에게 재양도하고 "병"은 수입물품을 수입통관하는 경우 각각의 과세표준 및 세금계산서 발행방법은?

A. 사업자 "갑"이 수입물품에 대한 선하증권을 "을"에게 양도(수입물품이 보세구역에 도착하기 전에 양도하는 경우를 포함)하고 "을"이 다시 당해 선하증권을 "병"에게 양도한 후 선하증권의 최종소유자인 "병"이 수입물품을 통관하는 경우, "갑"은 선하증권을 양도하는 때에 선하증권 양도가액(부가가치세 제외)을 공급가액으로 하여 "을"에게 세금계산서를 발급하는 것이며, "을"은 「부가가치세법 시행령」 제48조 제8항 규정에 따라 세금계산서를 발급하는 것입니다.

(근거 : 부가-1418, 2009.09.30.)

6. 수입 부가가치세 납부유예

(1) 의의

세관장은 매출액에서 수출액이 차지하는 비율이 일정요건을 충족하는 중소·중견사업자가 물품을 제조·가공하기 위한 원재료 등 재화의 수입에 대하여 부가가치세의 납부유예를 미리 신청하는 경우에는 해당 재화를 수입할 때 부가가치세의 납부를 유예할 수 있다(부법50의2 ①).

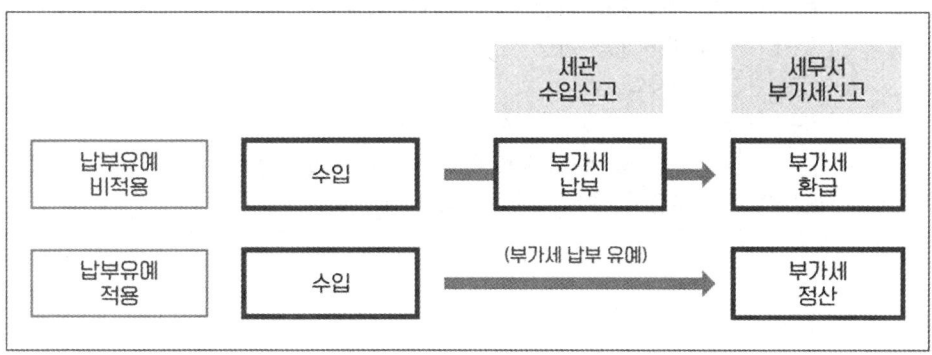

(2) 수입부가가치세 납부유예 요건

재화의 수입에 대한 부가가치세 납부유예를 신청하기 할 수 있는 일정요건을 충족하는 중소·중견사업자란 다음의 요건을 모두 충족하는 중소·중견사업자를 말한다.
① 직전 사업연도에 「조세특례제한법 시행령」 제2조에 따른 중소기업 또는 같은 영 제6조의4 제1항에 따른 중견기업에 해당하는 법인(「조세특례제한법」 제6조 제3항 제2호에 따른 제조업을 주된 사업으로 경영하는 기업에 한정한다)일 것
② 직전 사업연도에 수출액이 다음에 해당할 것
  ⅰ. 중소기업인 경우: 직전 사업연도에 공급한 재화 또는 용역의 공급가액의 합계액에서 수출액이 차지하는 비율이 30% 이상이거나 수출액이 50억원 이상일 것
  ⅱ. 중견기업: 직전 사업연도에 공급한 재화 또는 용역의 공급가액의 합계액에서 수출액이 차지하는 비율이 30% 이상일 것
③ 납부유예 요건 충족 요건 확인 요청일 현재 다음의 요건에 모두 해당할 것
  ⅰ. 최근 3년간 계속하여 사업을 경영하였을 것
  ⅱ. 최근 2년간 국세(관세를 포함)를 체납한 사실이 없을 것
  ⅲ. 최근 2년간 「조세범처벌법」 또는 「관세법」 위반으로 처벌받은 사실이 없을 것
  ⅳ. 최근 2년간 법 제50조의2 제3항에 따라 납부유예가 취소된 사실이 없을 것

> ● **참고**
> ① 중소·중견 제조기업(「조세특례제한법 시행령」 §2 및 §6조의4)
> ② [중소] 수출액 비중 30% 이상 또는 50억원 이상
>   [중견] 수출액 비중 30% 이상
> ③ 최근 3년간 계속사업 경영
> ④ 최근 2년간 관세 및 국세 체납 사실이 없어야 함
> ⑤ 최근 2년간 관세법 및 조세범처벌법 위반 처벌 사실이 없어야 함
> ⑥ 최근 2년간 납부유예 취소 사실이 없어야 함

(3) 정산 납부

납부를 유예받은 중소·중견사업자는 납세지 관할 세무서장에게 예정신고 또는 확정신고 등을 할 때 그 납부가 유예된 세액을 정산하거나 납부하여야 한다. 이 경우 납세지 관할 세무서장에게 납부한 세액은 세관장에게 납부한 것으로 본다(부법50의2 ②).

(4) 납부유예취소

세관장은 부가가치세의 납부가 유예된 중소·중견사업자가 국세를 체납하는 등 일정 사유에 해당하는 경우에는 그 납부의 유예를 취소할 수 있다. 이 경우 세관장은 해당 중소·중견사업자에게 그 취소 사실을 통지하여야 한다(부법50의2 ③)

제4절 해외구매대행의 세무실무

1. 해외구매대행의 정의

(1) 관세법상 정의

해외구매대행은 해외 직접구매의 절차, 언어 등에 어려움을 느끼는 소비자가 구매대행업체를 이용하여 해외제품을 구매하고 배송받는 형태를 말한다.

관세법에서 구매대행업자란 다음에 해당하는 자를 말한다(관세법 제19조 제5항 제1호).

① 자가사용물품을 수입하려는 화주의 위임에 따라 해외 판매자로부터 해당 수입물품의 구매를 대행하는 것
② 사이버몰(컴퓨터 등과 정보통신설비를 이용하여 재화 등을 거래할 수 있도록 설정된 가상의 영업장을 말한다) 등을 통하여 해외로부터 구매 가능한 물품의 정보를 제공하고 해당 물품을 자가사용물품으로 수입하려는 화주의 요청에 따라 그 물품을 구매해서 판매하는 것

구매대행업체는 국내 소비자의 요청에 따라 구매를 대행하므로 물품의 재고를 보유하고 있지 않아야 하며, 구매대행업체가 구매를 대행한 물품은 국내 소비자(수령인)의 명의로 수입 통관돼야 한다.

(2) 거래구조

해외직접 구매 소비자가 구매대행자에게 물품을 주문, 결제(①)하면 구매대행자가 해외판매자에게 주문, 결제를 한다(②). 해외 판매자가 구매대행자에게 인보이스(송품장)를 송부(③)하고 특송업체를 통하여 해외에서 국내로 배송한다(④, ⑤). 구매대행자는 관세사를 통해 세관에 수입신고를 하고(관세, 부가가치세 납부)(⑥~⑧), 세금이 납부되면(⑨, ⑩) 국내특송업체는 직구소비자에게 국내배송을 완료한다(⑪). 이 시점에서 구매대행수수료는 확정된다.

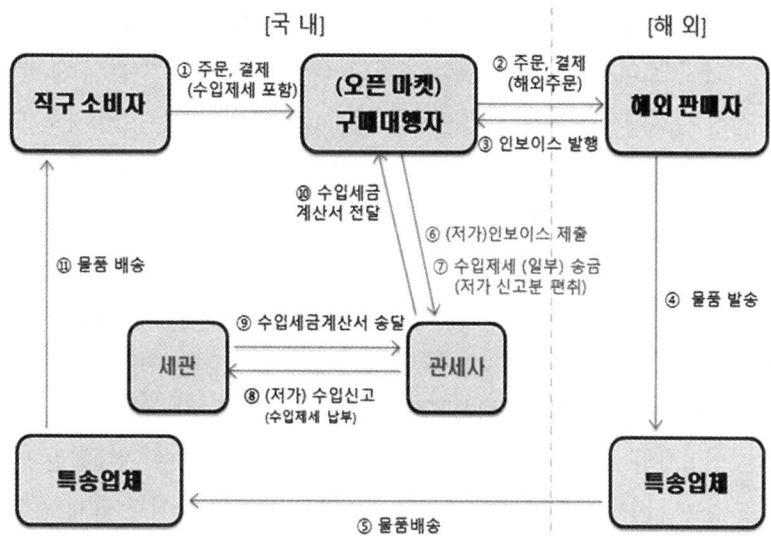

(출처 : 규제영향분석서, 기획재정부, 2021.1.4.)

(3) 일반수입과 구매대행의 비교[33]

첫째, 구매대행은 수입할 물품을 소비자가 구체적으로 지정하지만, 일반 수입업자는 소비자가 원할 것으로 생각되는 물품을 자신의 판단에 의해 수입한다는 차이가 있다. 이러한 차이로 인해 일반 수입업자는 수입한 물품이 국내에서 판매되지 않을 수 있는 불확실성을 감수하고 사업을 하지만, 구매대행업자는 국내 판매 소비자가 이미 지정되어 있어 이런 불확실성을 감수할 필요가 없다.

둘째, 일반 수입업자는 자신의 비용으로 배송비, 수수료, 관세, 부가가치세 등의 제세금 등을 부담하고 추후에 미래 소비자에게 판매할 때 전가하기 때문에 금융비용도 부담하게 되며, 해당 수입물품이 판매되지 않으면 배송비, 제세금 등의 부담도 수입업자 본인이 감당해야 된다. 그런데 구매대행은 사이버몰에서 판매하면서 이미 국내 소비자로부터 배송비와 제세금 등을 받았기 때문에 물품을 수입하면서 이런 부담이 발생하지 않는다. 일부 구매대행은 물품비용만 국내 소비자로부터 선불로 받고, 관세 및 부가가치세는 추후 수입하면서 국내 소비자가 납부하도록 하는 경우가 있는데, 이 경우에도 구매대행업자는 제세금에 대한 부담이 전혀 없다.

셋째, 판매되는 동일한 해외 물품을 기준으로 이 둘의 차이점을 보면, 일반 수입업자는 이미 국내에 수입된 물품을 판매하는 것이고, 구매대행(쇼핑몰형)업자는 아직 국

---

[33] 해외직구 구매대행과 일반수입업 간의 제도 적용문제, 정재호, "재정포럼" 한국조세재정연구원, 2021.9.

내에 수입되지 않은 물품을 판매한다는 것이다. 다시 말해 구매대행과 일반 수입업의 차이는 국내 소비자가 선제적으로 지정되어 있는지, 아닌지에 의해 발생하고 있다. 관세 행정 관점에서 일반 수입업자와 구매대행업자의 차이는 소비자가 요청하기 이전에 수입 통관이 이루어지느냐, 아니면 소비자의 요청 이후에 수입 통관이 이루어지느냐의 차이이다. 관세 행정에서 이런 차이점은 수입의 주체가 누구인지를 가르는 중요한 기준이다. 즉, 일반 수입업자는 수입 주체가 일반 수입업자이기에 현재「관세법」에서는 일반 수입업자 자신이 납세의무자이지만, 구매대행의 경우에는 수입 주체가 국내 소비자이기에 납세의무자는 국내 소비자가 된다. 즉, 수입업자는 납세의무가 있지만, 구매대행업자에게는 납세의무가 없는 것이다.

일반 수입업자와 구매대행업자는 해외에서 물품을 수입하여 판매하는 일로 동일하게 수익을 얻는다는 공통점이 있고, 국내 소비자도 이들의 차이를 크게 인식하지 못하지만, 일반 수입업자와 구매대행업자 사이에는 납세의무라는 큰 차이가 존재한다. 제도적으로 위험부담이 있는 일반 수입업자에 비해 위험부담이 없는 구매대행업자가 유리하게 규정되어 있다.

구 분	일반 수입	구매대행(쇼핑몰형)
공통점	해외로부터 물품 수입	해외로부터 물품 수입
물품 용도	판매(수익)용	자가소비용
물품 주문형태	대량 주문	소량 주문
수입 신고 및 통관	수입업자(수입업자에게 위탁받은 자)	대행업자(대행업자에게 위탁받은 자) (* 소비자는 관계 없음)
수입계약 명의자	수입판매업자 명의	국내소비자 명의
납세의무자	수입업자	국내소비자
고객 확정시기	수입통관 이후 판매시점 (위탁수입은 사전확정)	수입통관 이전 사전 확정 (국내 소비자)
물품 대금	통상 물품인도 또는 판매시점	소비자 선납 (사전 고지된 매매가격에 포함)
배송비 등 수수료	수입업자 부담	소비자 선납 (사전 고지된 매매가격에 포함)
제세금	수입업자 부담	소비자 부담
수 익	수입물품 판매	수입 대행

구 분	일반 수입	구매대행(쇼핑몰형)
수입물품 판매 위험부담	수입판매업자가 수입 물품 판매 여부에 따른 손익 위험 부담	없음
위험부담	수입판매업자가 수입거래 책임 부담 (물품파손, 오배송, 지연배달 등)	구매대행업자가 수입거래 책임 부담 (물품파손, 오배송, 지연배달 등)

(4) 구매대행업자의 등록

「전자상거래 등에서의 소비자보호에 관한 법률」 제12조 제1항에 따라 통신판매업자로 신고한 자로서 직전 연도 구매대행한 수입물품의 총 물품가격이 10억원 이상인 자는 관세청장이나 세관장에게 등록하여야 한다(관세법 제222조).

2. 구매대행업의 업종구분

(1) 한국표준산업분류

분류코드	47911	분류명(한글)	전자상거래 소매 중개업
		분류명(영문)	Electronic commerce on a fee or contract basis via internet
성명(한글)			사회 관계망 서비스(소셜 네트워크 서비스, SNS)를 통하여 일반 대중을 대상으로 각종 상품을 소매하거나 개인 또는 소규모 업체가 온라인상에서 직접 상품을 등록해 판매할 수 있도록 만든 전자상거래 중개업무를 담당하는 산업활동을 말한다. 〈예시〉• 소셜 커머스(할인 쿠폰 공동 구매형 전자상거래 중개) • 전자상거래 소매 중개(오픈마켓 사업자) 〈제외〉• 각종 정보 및 기타 서비스를 전자상거래 방식으로 제공하는 경우 서비스 유형별로 분류
색인어			소매품 온라인 구매대행, 소셜 커머스, 전자상거래 소매 중개, 전자상거래 오픈마켓 사업

(2) 기준경비율·단순경비율

	통신 판매업	해외직구 대행업	86.0	11.8
525105	온라인 몰을 통해 해외에서 구매 가능한 재화 등에 대하여 정보를 제공하고 온라인 몰 이용자의 청약을 받아, 해당 재화 등을 이용자의 명의로 대리하여 구매한 후 이용자에게 전달해줌으로써 수수료를 받아 수익을 얻는 산업 활동을 말한다.			

3. 수입금액의 인식기준

(1) 총액주의·순액주의

특정거래에 대한 수익을 총액으로 인식할 것인가, 또는 순액으로 인식할 것인가의 여부는 거래와 관련된 여러 요인과 상황을 고려하여 판단하여야 한다. 회사는 이를 판단하는 데 있어서 다음에 예시된 지표를 종합적으로 고려하여야 하며, 특정 지표에만 근거하여 판단하거나 추정에 근거하여 판단해서는 아니 된다. 총액인식의 지표는 주요 지표와 보조 지표로 구분되며, 보조 지표는 주요 지표를 판단하는 세부적인 근거가 되기도 한다. 따라서 최종 판단에 있어 주요 지표를 우선적으로 고려하고 보조 지표는 보충적으로 고려하여야 한다.

1) 주요 지표

① 회사가 거래의 당사자로서 재화나 용역의 제공에 대한 주된 책임을 부담한다.

고객이 구매한 재화나 용역을 수락하는 것(acceptability)을 포함하여 회사가 판매 계약 이행에 대한 책임을 진다면, 이 회사는 거래의 당사자로서의 위험과 효익을 부담하는 것이다. 마케팅 과정에서 제시되었거나 계약서에 명시된 거래조건은 계약 이행에 대한 책임이 회사에 있는지 또는 공급자에 있는지에 관한 증거를 제시한다. 그러나 고객이 주문한 재화를 배송할 책임을 부담한다는 것만으로 곧 계약 이행에 책임이 회사에 있다는 것을 의미하지는 않는다.

② 회사가 재고자산에 대한 전반적인 위험을 부담한다.

회사가 공급자로부터 판매가 확정되지 않은 재고자산의 법적소유권을 이전받아 보유하거나 거래 조건에 따라 고객으로부터 반품된 재화를 회사의 재고자산으로 다시 보유하는 경우, 회사는 재고자산에 대한 전반적인 위험을 부담하게 된다. 그러나, 회사가 계약 등에 의해 미판매 재고자산을 공급자에게 반품할 수 있는 권리를 갖거나 재고자산의 가격하락을 공급자로부터 보전받는 등의 경우에는 재고자산에 대한 전반적인 위험이 현격히 감소된다. 따라서, 재고자산에 대한 전반 위험을 평가할 때에는 계약 등에 의해 그 위험이 경감된 정도를 반드시 고려하여야 한다. 고객이 공급자에 의해 제공된 용역을 수락하지 아니하여 지불을 거절할 경우에도 회사가 공급자에게 그 대가를 지불할 의무를 부담한다면, 이는 회사가 용역의 제공에 있어 위에서 설명한 재고자산에 대한 전반적인 위험과 동일한 위험을 부담하는 것으로 볼 수 있다.

2) 보조 지표

① 회사가 가격결정의 권한을 갖는다.

고객에게 청구한 판매대가의 결정권한이 공급자가 아닌 회사에 있다면, 이는 회사가 거래의 당사자로 위험과 효익을 갖는다는 것을 나타내는 지표가 된다. 이때 회사는 고객과의 계약과 공급자와의 계약에 의해 독립적으로 결정된 각각의 매출액과 매입액의 차이를 순이익으로 얻게 된다. 이와는 반대로 회사의 순이익이 고객 한 명당 일정금액 또는 판매대가의 일정률로 결정되는 경우, 회사가 공급자의 대리인임을 나타내는 지표가 된다.

② 회사가 재화를 추가 가공(단순한 포장은 제외)하거나 용역의 일부를 수행한다.

③ 고객이 요구한 재화나 용역을 제공할 수 있는 복수의 공급자가 존재하는 상황에서 회사가 공급자를 선정할 수 있는 재량을 갖는다.

④ 회사가 고객에게 제공되는 재화나 용역의 성격, 유형, 특성, 또는 사양을 주로 결정한다.

⑤ 회사가 재고자산의 물리적 손상에 따른 위험을 부담한다.

재고자산에 대한 물리적 손상위험의 부담은 재고자산에 대한 전반적인 위험과는 달리 수익의 총액인식 여부에 대하여 부분적인 증거만을 제공한다. 즉, 회사가 재고자산을 보유하지 않아 재고자산에 대한 전반적인 위험은 부담하지 않으나, 운송조건에 따라 공급자로부터 또는 고객에게 운송중인 재고자산에 대하여 물리적 손상위험을 부담하는 경우가 있다. 또한, 회사가 고객의 매입의사에 따라 공급자로부터 재화를 매입하였으나 이를 아직 인도하지 않은 경우에도 물리적 손상에 따른 위험을 부담하게 된다.

⑥ 회사가 신용위험을 부담한다.

회사가 고객에게 청구한 판매가액 총액에 대하여 신용위험을 부담한다면, 이는 회사가 거래의 당사자로 위험과 효익을 갖고 있다는 것을 나타내는 보조 지표가 된다. 회사가 고객으로부터 판매가액 총액을 회수할 책임이 있으며 판매가액의 회수여부에 관계없이 공급자에게 대금을 지급하여야 한다면 신용위험을 부담하게 된다. 그러나, 계약이 취소되었을 때 회사가 순수하게 가득한 금액만을 반환하는 규정이 있는 경우에는 회사가 거래 총액에 대한 신용위험을 부담한다고 볼 수 없다.

또한, 회사가 재화나 용역을 제공하기 전에 판매가액 총액을 선수하는 경우 신용위험이 발생하지 않으며, 고객이 신용카드를 사용하거나 회사가 선불을 요구할 수 있는 경우 등을 통해 경감될 수 있다. 이와 같이 신용위험이 크게 경감된 경우에는 이를 총액인식의 지표로 볼 수 없다.

(2) 구매대행업의 수입금액의 인식[34]

해외구매대행은 해외직구를 원하는 소비자들을 대신하여 직구를 해주는 서비스업이다. 따라서 해외구매대행을 업으로 하는 개인이나 업체는 국세청에 매출신고를 할 때 대행수수료만 신고하면 된다. 예를 들어 고객이 구매대행을 의뢰한 물품의 가격이 2만원이고 미국내 배송료가 5천원, 국제운송비가 1만 5천원, 관부가세 면제, 구매대행 수수료 1만 5천원이라면 고객은 대행업체의 계좌로 총 금액 5만 5천원을 입금한다. 이러한 입금내역은 자동으로 국세청에 전송되며 국세청은 업체의 매출액을 5만 5천원으로 보고 세금을 부과하거나 소명을 요구한다. 이러한 상황의 발생을 방지하기 위하여 해외구매대행업자는 사업자등록시 업태를 '구매대행'으로 신고하여 서비스업임을 명확히 해야 한다. 즉, 이 사례의 구매대행업자는 수수료 1만 5천원에 대해서만 매출신고를 하면 되는 것이다. 하지만 일부 구매대행업자들은 소비자들의 수요가 있을 것으로 예상되는 물품을 사전에 수입하여 재고로 두고 있다가 소비자가 주문하면 바로 배송해준다. 이러한 운영방식은 수수료를 추구하는 서비스업이 아니라 매매차익을 추구하는 소매업에 해당함으로, 만약 이런 방식으로 운영했다면 총 판매대금을 매출로 신고해야할 것이다. 구매대행으로 인정받기 위해서는 반드시 재고가 없는 상태에서 고객으로부터 먼저 대금을 받은 후 해외쇼핑몰에서 구매를 진행해야 한다. 미리 구매하여 해외창고에 보관하고 있다가 고객에게 판매하는 방식 역시 구매대행이 아니고 소매에 해당한다. 또한 구매대행은 배송물품의 수취인을 고객으로 기재하여 고객 이름으로 수입통관이 되어야 하며 대행자의 이름으로 통관된 물품은 소매에 해당한다.

> 구매대행업의 과세표준 = 구매자(소비자)의 총결제금액 - 상품구입액 - 배송료 - 관세 등 (구매대행 수수료)

---

[34] 오원석·이경화, "중국의 해외구매대행 현황과 문제점에 관한 연구"「무역상무연구제65권」, 2015.2.

> **관련법고시**
>
> **구매대행의 판단기준(조심-2016-서-3866, 2018.11.20.)**
>
> 납세의무자는 동일한 경제적 목적을 달성하기 위하여 여러 가지 법률관계 중 하나를 선택할 수 있고 과세관청은 특별한 사정이 없는 한 납세의무자가 선택한 법률관계를 존중하여야 하며 거래당사자가 법적 거래형식을 매매거래로 약정하고 일반매매형식에 따라 세금계산서를 수수하여 조세탈루나 거래사실이 왜곡되지 않았다면 해당 세금계산서를 사실과 다른 세금계산서로 볼 수 없는 바(대법원 2017.4.7. 선고 2015두49320 판결, 조심 2014구3765, 2017.11.8., 조심 2016부275, 2016.12.20. 외 다수, 같은 뜻임),
>
> 청구법인이 부품 공급업체로부터 부품을 매입하여 창고에 보관하다가 부품납기가 도래할 때 납품하여 왔던 점, 청구법인이 구매자에게 제공한 수입부품에 대한 가격 결정·운송·통관·품질보수 등 전반적인 사항에 관하여 주된 책임이 있을 뿐만 아니라 자신의 책임과 계산으로 수입부품을 매입하여 재고부족 및 장기보유 등에 따른 전반적인 위험을 부담한 것으로 보이는 점, 쟁점거래 시 청구법인이 개입한 것이 조세목적이라고 보기 어렵고, 그러한 상황에서 이를 위탁매매 또는 대리인에 의한 매매용역의 제공이라고 단정하기 어려운 점 등에 비추어 처분청이 쟁점거래를 구매대행용역의 제공거래로 보고 2013년 제1기분부터 2014년 제2기분까지의 쟁점거래금액에 대하여 부가가치세(세금계산서합계표제출 관련 가산세)를 부과한 이 건 처분은 잘못이 있는 것으로 판단된다.

4. 해석 사례

(1) 사실관계

(갑)은 2019. 12월 개업하여 해외직구대행업을 영위하는 사업자로 네이버 스토어 등 온라인 상품중개 플랫폼(이하 "오픈마켓")에 입점(가입)하여 오픈마켓 사이트에 상품 및 판매가격 정보, 해외구매대행업을 영위한다는 사실 등을 공시하고 있으며, 이를 구매자가 확인할 수 있음

(갑)은 구매자가 오픈마켓에서 원하는 상품을 주문하면 해외 판매업자에게 주문요청을 하면서, 구매자로부터 물품대금(상품가격 + 배송비 + 관세·부가세 + 구매대행수수료 구분)을 받아 해외 판매업자에게 상품구입 금액을 송금하고 구매자가 주문한 상품은 결제 완료후 신청인이 개별로 해외주문 요청하고 있어, 별도의 재고를 보유하지 아니함.

배송대행업체와 물품배송대행에 관한 약정을 하면서, 구매자로부터 개인통관 고유번호를 수집하여 배송대행업체에 인계하고, 배송비, 관세, 부가가치세를 송금하며 구매자로부터 주문시 입금받는 물품구매대금은 해외상품 구입가격, 배송비, 관세, 부가가치세, 구매대행수수료 등이 구분되어 있음. 배송대행업체는 구매자 명의의 개인통관 고유번호를 근거로 해외판매업자로부터 상품을 일괄적으로 통관수입하여 구매자에게 배송하고 있으며 배송 중 발생하는 재화의 멸실 등의 사고 발생시 배송업체에서 구매자에게 보상하고 있음.

주문과실 등 구매자의 귀책사유로 인한 교환 및 반품시에는 통관비용 및 운송료 등 제반비용은 구매자가 부담하고 있으며, (갑)이 부담하는 금액이나 책임은 없고 구매자의 결제시점과 판매자의 인도시점의 차이로 소액의 외환차손익이 발생하여 (갑)이 부담하고 있으나 기간이 단기로 금액은 미미함. 향후 신청인은 경쟁력 제고를 위하여 구매자들에게 '배송비 무료'라는 내용을 오픈마켓에 공지한 후 신청인의 부담으로 배송비를 배송업체에 송금할 예정임.

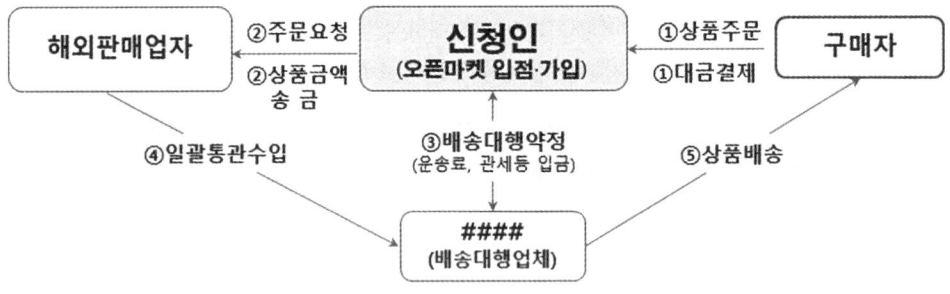

(2) 구매대행업의 과세표준 : 구매대행수수료

해외직구대행업을 영위하는 사업자가 온라인 상품중개 플랫폼(이하 "오픈마켓")에 입점하여 해당 오픈마켓에서 해외상품 구매를 원하는 자로부터 상품의 구매대행을 의뢰받아 단순히 구매를 대행하고 그 대가로 대행수수료를 지급받는 경우 「부가가치세법」 제29조 제3항 제1호에 따라 대행수수료가 공급가액이 되는 것이다(사전-2020-법령해석 부가-0923, 2020.12.04.).

5. 국세청 소명자료에 대한 대응방안

해외직구대행업은 중개수수료에 해당되는 금액만 부가가치세 과세표준이 된다. 그러나 국세청에서 도소매업으로 보아 고객으로부터 받은 총금액에 대하여 부가가치세 과세를 하는 경우가 발생할 수 있는 데 이에 대하여 사업초기부터 철저한 준비와 대응이 필요하다.

(1) 사업자등록 신청시 업종기재

해외구매대행의 업종코드는 525105(해외구매대행) 또는 749609(사업지원서비스업)으로 하여야 한다.

(2) 중개수수료와 수탁비용의 구분관리

상품구매비용, 배송료 등 수탁비용과 중개대행수수료를 명확히 구분관리 하여야 한다.

(3) 수입의 주체 : 구매자

구매자 명의의 개인통관 고유번호를 근거로 해외판매업자로부터 상품을 일괄적으로 통관수입하여야 한다.

(4) 재고 및 비용의 부담

주문과실 등 구매자의 귀책사유로 인한 교환 및 반품시에는 통관비용 및 운송료 등 제반비용은 구매자가 부담한다.

> 관련법고시

구매대행업자 등록 및 관리에 관한 고시 (관세청 고시 2021-54, 2021.7.6.)

제1조(목적) 이 고시는 「관세법」 제222조 및 「관세법」 시행령 제231조에 따라 등록한 구매대행업자의 관리에 필요한 세부적인 지침과 절차를 규정하는 것을 목적으로 한다.

제2조(용어의 정의) 이 고시에서 사용하는 용어의 뜻은 다음과 같다.
1. "통신판매업자"란 「전자상거래 등에서의 소비자보호에 관한 법률」(이하 "전자상거래법") 제2조 제3호에 따른 통신판매업자를 말한다.
2. "구매대행업자"란 「관세법」(이하 "법"이라 한다) 제19조 제5항 제1호 다목에 해당하는 자를 말한다.
3. "통관지 세관"이란 구매대행업자가 구매대행한 수입물품의 수입통관을 처리한 세관으로서 해당 구매대행업자가 법 제222조 제1항 제7호에 따라 등록을 신청한 날(등록을 갱신한 경우 갱신을 신청한 날을 의미한다)부터 과거 1년간 해당 구매대행한 수입물품의 수입통관실적이 가장 많았던 세관을 말한다.

제3조(등록 대상 및 요건) ① 전자상거래법 제12조 제1항에 따라 통신판매업자로 신고한 자로서 직전 연도 구매대행 한 수입물품의 총 물품가격이 10억원 이상인 구매대행업자는 법 제222조 제1항 제7호에 따라 관세청장에게 구매대행업자로 등록하여야 한다.
② 제1항에 해당하는 자는 다음 각 호의 등록요건을 모두 갖춘 자이어야 한다.
1. 법 제175조 각 호의 어느 하나에 해당하지 아니할 것
2. 관세 및 국세의 체납이 없을 것
3. 법 제222조의 보세운송업자등의 등록이 취소(법 제175조 제1호부터 제3호까지의 어느 하나에 해당하여 등록이 취소된 경우는 제외한다)된 후 2년이 지났을 것
4. 법 및 법에 의한 세관장의 명령에 위반하여 관세범으로 조사받고 있거나 기소 중에 있지 아니할 것

제4조(등록신청 및 심사) ① 법 제222조 제1항 제7호의 구매대행업자 등록을 하고자 하는 자는 별지 제1호서식의 등록(갱신) 신청서와 첨부서류를 통관지 세관장에게 제출하여야 하며, 별지 제1호서식의 등록(갱신) 신청서와 첨부서류는 우편, 전자메일, 팩스로 제출할 수 있다.
② 통관지 세관장은 제1항에 따른 신청서 및 첨부서류를 접수받은 때에는 제3조의 대상 및 요건의 충족여부를 확인하여, 접수일로부터 10일 이내에 처리하여야 한다.
③ 통관지 세관장은 등록요건에 부적합하거나, 처리기한 내에 처리할 수 없는 합리적인 사유가 있는 경우에는 그 사유를 신청인에게 통보하여야 한다.
④ 통관지 세관장은 제2항에 따른 심사결과 이상이 없는 경우에는 전자통관시스템에 신청사항을 등록한 후 신청인에게 별지 제2호서식의 등록증을 교부하여야 한다.

⑤ 등록의 유효기간은 3년으로 하되, 갱신할 수 있다.

제5조(갱신신청 및 변동신고) ① 통관지 세관장은 제4조에 따라 등록을 한 자(이하 "등록 구매대행업자"라 한다)에게 등록의 유효기간을 갱신하려면 등록의 유효기간이 끝나는 날의 1개월 전까지 등록 갱신을 신청해야 한다는 사실과 갱신절차를 등록의 유효기간이 끝나는 날의 2개월 전까지 문자메시지 전송, 전자메일, 팩스, 전화, 문서 등으로 미리 알려야 한다.
② 등록의 유효기간을 갱신하려는 자는 별지 제1호서식의 등록(갱신)신청서와 첨부서류를 기간만료 1개월 전까지 통관지 세관장에게 제출하여야 한다.
③ 제2항의 신청서 및 첨부서류를 접수받은 통관지 세관장은 제4조를 준용하여 처리한다.
④ 등록 구매대행업자는 등록사항에 변동이 생긴 때에는 별지 제3호서식의 구매대행업자 등록사항 변동신고서를 작성하여 지체 없이 통관지 세관장에게 등록사항 변동신고를 하여야 한다.
⑤ 통관지 세관장은 제4항에 따른 등록사항 변동신고를 접수한 때에는 변동사항을 확인한 후 이상이 없는 경우에는 이를 수리하고 전자통관시스템에 등록하여야 한다.

제6조(등록의 효력상실) 다음 각 호의 어느 하나에 해당하면 법 제222조 제1항 제7호의 구매대행업자 등록은 그 효력을 상실한다.
1. 등록 구매대행업자가 폐업한 경우
2. 등록 구매대행업자가 사망한 경우(법인인 경우에는 해산된 경우)
3. 등록의 유효기간이 만료된 경우
4. 법 제224조 제1항에 따라 등록이 취소된 경우

제7조(구매대행업자의 의무) ① 등록 구매대행업자는 다른 사람에게 자신의 성명·상호를 사용하여 구매대행업자의 업무를 하게 하거나 그 등록증을 빌려주어서는 아니 된다.
② 등록 구매대행업자는 다음의 각 호에 모두 해당하는 경우 법 제19조 제1항 제1호에 따른 수입신고물품에 관계되는 관세·가산세 및 강제징수비에 대해서는 수입신고하는 때의 화주와 연대하여 납부할 의무를 진다.
1. 화주로부터 해당 물품에 대하여 납부할 관세 등에 상당하는 금액을 수령하였을 것
2. 수입신고인 등에게 과세가격 등의 정보를 거짓으로 제공하였을 것
③ 등록 구매대행업자는 소비자의 개인 통관고유부호를 소비자와 체결한 계약내용을 이행하는 목적 이외에 사용해서는 아니 된다.

제8조(세관장의 업무감독) ① 관세청장은 통관지 세관장으로 하여금 등록 구매대행업자의 본사 또는 영업소에 대하여 매년 단위로 자체계획을 수립하여 등록사항의 변동여부 등에 대한 업무점검을 하게 할 수 있다.
② 통관지 세관장은 업무량 등을 고려하여 제1항의 업무점검을 서면으로 할 수 있다.
③ 통관지 세관장은 제1항 또는 제2항의 업무점검 결과 이상이 있는 때에는 즉시 필요한 사항을 명할 수 있다.

④ 제1항 또는 제2항의 업무점검을 실시한 통관지 세관장은 점검결과와 조치결과를 업무점검 종료 후 1개월 이내에 관세청장에게 보고하여야 한다.
⑤ 통관지 세관장은 법령의 준수 여부를 확인하기 위하여 필요하다고 인정할 때에는 등록 구매대행업자에게 업무실적 등 영업에 관하여 보고를 하게 하거나 장부 또는 그 밖의 서류를 제출하도록 명할 수 있다.

제9조(행정제재 기준) ① 통관지 세관장은 별표 1에서 정하는 기준에 따라 법 제224조 제1항의 등록의 취소, 6개월의 범위에서의 업무정지 또는 그 밖에 필요한 조치를 한다.
② 통관지 세관장은 제1항에 따른 업무정지가 그 이용자에게 심한 불편을 주거나 공익을 해칠 우려가 있을 경우에는 업무정지처분을 갈음하여 해당 업무 유지에 따른 매출액의 100분의 3 이하의 과징금을 부과할 수 있다.
③ 통관지 세관장은 등록 구매대행업자에 대하여 제1항의 행정제재를 한 경우에는 즉시 그 사실을 전자통관시스템에 등록하여야 하며, 등록취소를 한 경우에는 그 사실을 관세청장에게 보고하여야 한다.
④ 제2항에 따른 과징금을 납부하여야 할 자가 납부기한까지 납부하지 아니한 경우 과징금의 징수에 관하여는 법 제26조를 준용한다.

제10조(과징금 부과기준) 제9조 제2항에 따라 과징금을 부과하려는 경우 과징금의 부과기준 등은 「관세법」 시행령 제231조의2를 따른다.

제11조(벌칙) 제3조 제1항에 해당하는 자가 등록을 하지 않은 경우 법 제276조 제3항에 따라 벌금에 처한다.

제12조(청문) 통관지 세관장은 제9조 제1항의 행정제재 중 등록 취소 및 업무정지를 하려는 경우에는 청문을 거쳐야 한다. 이 경우 청문에 관한 절차는 「행정절차법」을 따른다.

제13조(재검토 기한) 관세청장은 「훈령·예규 등의 발령 및 관리에 관한 규정」에 따라 이 고시에 대하여 2021년 7월 1일 기준으로 매3년이 되는 시점(매 3년째의 6월 30일까지를 말한다)마다 그 타당성을 검토하여 개선 등의 조치를 해야 한다.

부 칙 〈제2021-54호(2021.07.06.)〉

제1조(시행일) 이 고시는 2021년 7월 1일부터 시행한다.
제2조(등록에 관한 경과조치) 이 고시 시행 당시 법 제222조 제1항 제7호에 따른 수입물품의 구매대행업에 해당하는 영업을 하고 있는 자는 같은 고시의 시행일부터 2022년 6월 30일까지는 법 제222조 제1항에 따른 등록을 한 것으로 본다.

제5절 　외화자산·부채의 평가

1. 외화자산·부채의 상환손익

(1) 기업회계

외화자산을 회수하거나 외화부채를 상환하는 경우 그 회수 또는 상환금액이 외화자산·부채의 장부가액보다 크거나 작은 경우에 발생하는 외환차손익은 영업외손익으로 처리한다.

원화를 외화로 예금하는 경우 회계처리는 은행에서 외화를 매입하는 때 적용한 환율(대고객외국환매입률)로 한다. 반면에 수출매출채권을 회수하여 외화예금을 하는 경우에는 기준환율로 환산하여 회계처리 한다. 외화를 원화로 인출하는 경우에는 선입선출법이나 이동평균법 중 선택하여 회계처리하고 그 방법을 계속 적용하여야 한다. 내국법인이 외화예금을 원화로 인출함으로써 수취하는 원화금액과 해당 외화예금의 원화기장액의 차익 또는 차손은 그 인출일이 속하는 사업연도의 익금 또는 손금에 산입하는 것이며, 이 경우 수차례에 걸쳐 입금한 외화예금의 일부를 인출한 때에는 먼저 입금된 분부터 인출하는 것으로 하는 것이나, 해당 법인이 「법인세법 시행령」제74조 제1항 제1호 마목의 '이동평균법'을 준용한 평가방법을 계속적으로 적용하여 온 경우에는 그에 따른 평가방법을 적용할 수 있는 것이다(법인-865, 2009.07.29). 또한 외화매출채권의 회수(12.15)와 원화환전(12.25)이 동시에 이루어지지 않고 외화예금을 보유하다가 시차를 두고 원화로 환전하는 경우 외환차손익은 12.15과 12.25에 모두 인식한다(회제일 8360-00154, 2004.3.12).

사례　　**외화예금거래의 회계처리**

① 외화매출채권 $10,000을 수령하여 외화예금을 하였다.
　　(차) 매출채권　　　11,000,000　　　(대) 수출매출　　　11,000,000
　　　　　　　　　　　　　　　　　　　　　　　　　　　　　　($10,000×1,100)
　　기준환율 1,000/1$(외화예금시), 1,100/1$(수출선적시)

② 수출계약금으로 받은 $20,000을 외화예금 하였다. 기준환율 1,100/1$

③ 외화예금에서 $20,000을 원화로 환전하였다. 환전환율당시의 환율은 1,200/1$이었으며 환전수수료 50,000원을 차감하고 당좌예금 하였다.
④ 결산시의 기준환율은 1,300/1$이다.

1) 평균법

① (차) 외화예금　　　　　10,000,000　　　(대) 외화매출채권　　　11,000,000
　　　외환차손　　　　　　1,000,000

② (차) 외화예금　　　　　22,000,000　　　(대) 수출선수금　　　　22,000,000

③ (차) 당좌예금　　　　　23,950,000　　　(대) 외화예금　　　　　21,333,200
　　　지급수수료　　　　　　50,000　　　　　외환차익　　　　　2,666,800
　＊ 평균환율 =(10,000,000+22,000,000)/($10,000+$20,000)=1,066.66

④ (차) 외화예금　　　　　2,333,200　　　(대) 외화환산이익　　　2,333,200
　＊ 재무상태표상 외화예금 : 13,000,000($10,000×1,300)
　　외화예금 장부금액 : 10,666,800원
　　외화환산이익 : 2,333,200원

2) 선입선출법

① (차) 외화예금　　　　　10,000,000　　　(대) 외화매출채권　　　11,000,000
　　　외환차손　　　　　　1,000,000

② (차) 외화예금　　　　　22,000,000　　　(대) 수출선수금　　　　22,000,000

③ (차) 당좌예금　　　　　23,950,000　　　(대) 외화예금　　　　　21,000,000
　　　지급수수료　　　　　　50,000　　　　　외환차익　　　　　3,000,000
　＊ 선입선출법 적용 =($10,000×1,000/1$+$10,000×1,100/1$)=21,000,000

④ (차) 외화예금　　　　　2,000,000　　　(대) 외화환산이익　　　2,000,000
　＊ 재무상태표상 외화예금 : 13,000,000($10,000×1,300)
　　외화예금 장부금액 : 11,000,000원
　　외화환산이익 : 2,000,000원

3) 이동평균법과 선입선출법의 비교

구　분	선입선출법	이동평균법
외　환　차　익	3,000,000	2,666,800
외　환　차　손	(1,000,000)	(1,000,000)
외 화 환 산 이 익	2,000,000	2,333,200
손　익　합　계	4,000,000	4,000,000
외화예금 기말잔액	13,000,000	13,000,000

위 표에서와 같이 선입선출법과 이동평균법의 손익의 차이는 발생하지 않는다. 다만, 와환차손익과 외화환산손익에서 차이가 발생할 뿐이다.

사례 — 외화매출채권을 외화로 회수하여 보유하다가 시차로 환전하는 경우

외화매출채권의 회수(12.15)와 원화환전(12.25)이 동시에 이루어지지 않고 외화예금을 보유하다가 시차를 두고 원화로 환전하는 경우 외환차손익은 12.15과 12.25에 모두 인식한다(회제일 8360-00154, 2004.03.12).

1) 20×1.4.20 $10,000을 미국소재 수입상에게 선적하였다(기준환율 1,100/1$).

 - 선적(20×1.04.20)
   (차) 매출채권　　　　　11,000,000　　(대) 수출매출　　　　　11,000,000
   　　　　　　　　　　　　　　　　　　　　　　　　　　　　　　($10,000×1,100)

2) 20×1.6.20 외화매출채권 $10,000을 수령하여 외화예금을 하였다.
   (기준환율1,000/1$)

 - 매출채권 회수(20×1.06.20)
   (차) 외화예금　　　　　10,000,000　　(대) 매출채권　　　　　11,000,000
   　　외환차손　　　　　 1,000,000
   ※ 매출채권회수와 관련된 외환차손은 감면대상 개별손금이다.

사업연도	･･･ ~ ･･･		소 득 구 분 계 산 서							법인명		
										사업자등록번호		

① 과목	② 구분	코드	③ 합계	감면분 또는 합병 승계사업해당분등						기 타 분		비고
				④ 금액	⑤ 비율	④ 금액	⑤ 비율	④ 금액	⑤ 비율	⑥ 금액	⑦ 비율	
(7) 영업외비용	개별분	11	1,000,000									
	공통분	12										
	계	13	1,000,000									

3) 20×1.7.20 외화예금 $10,000을 원화로 환전하였다. 환전당시의 환율은 1,200/1$이었으며 환전수수료 50,000원을 차감하고 당좌예금 하였다.

 - 외화예금 환가(20×1.7.20)
   (차) 당좌예금　　　　　11,950,000　　(대) 외화예금　　　　　10,000,000
   　　지급수수료　　　　　　50,000　　　　외환차익　　　　　 2,000,000
   ※ 외화예금 회수와 관련된 외환차손은 과세대상 개별익금이다.

① 과목	② 구분	코드	③ 합계	감면분 또는 합병 승계사업해당분등						기 타 분		비고
				④ 금액	⑤ 비율	④ 금액	⑤ 비율	④ 금액	⑤ 비율	⑥ 금액	⑦ 비율	
(6) 영업외수익	개별분	11								2,000,000		
	공통분	12										
	계	13								2,000,000		

소득구분계산서 / 사업연도 / 법인명 / 사업자등록번호

(2) 법인세법

내국법인이 상환받거나 상환하는 외화채권·채무의 원화금액과 외화기장액의 차익 또는 차손은 당해 사업연도의 익금 또는 손금에 이를 산입한다(법령76⑤).

① 사업연도 중에 발생된 외화자산·부채는 발생일 현재 외국환거래법에 의한 기준환율 또는 재정환율에 의하여 환산한다. 이 경우 외화자산·부채의 발생일이 공휴일인 때에는 그 직전일의 환율에 의한다.

② 사업연도 중에 보유외환을 매각하거나 외환을 매입하는 경우에는 거래은행에서 실제 적용한 환율에 의하여 기장한다.

③ 사업연도 중에 보유외환으로 다른 외화자산을 취득하거나 기존의 외화부채를 상환하는 경우에는 보유외환의 장부상 원화금액으로 회계처리한다.

사례 외환차손익의 회계처리

(주)신길상사는 우리은행으로부터 20×1.05.30 $200,000(적용환율 1,000원)을 차입하여 영업자금으로 사용하다가 20×1.09.30. 전액상환(적용환율 1,200원)하였다.

1) 차입(20×1.5.30)
   (차) 보통예금 200,000,000   (대) 단기차입금 200,000,000

2) 상환(20×1.9.30)
   (차) 단기차입금 200,000,000   (대) 보통예금 240,000,000
       외환차손   40,000,000

※ 매출채권, 매입채무와 관련되지 않는 외환차손은 감면대상 소득금액에서 제외된다.

2. 외화자산·부채의 평가손익

(1) 금융기관의 외화평가(법령76①)

① 화폐성 외화자산·부채
  사업연도 종료일 현재의 기획재정부령으로 정하는 매매기준율 또는 재정된 매매기준율로 평가하는 방법

② 통화선도와 통화스왑
  다음 각 호의 어느 하나에 해당하는 방법 중 관할 세무서장에게 신고한 방법에 따라 평가하는 방법. 다만, 최초로 ⓒ의 방법을 신고하여 적용하기 이전 사업연도에는 ㉠의 방법을 적용하여야 한다.
  ㉠ 계약의 내용 중 외화자산 및 부채를 계약체결일의 매매기준율 등으로 평가하는 방법
  ㉡ 계약의 내용 중 외화자산 및 부채를 사업연도 종료일 현재의 매매기준율 등으로 평가하는 방법

(2) 금융기관외의 외화평가

다음의 어느 하나에 해당하는 방법 중 관할 세무서장에게 신고한 방법에 따라 평가하여야 한다. 다만, 최초로 ②의 방법을 신고하여 적용하기 이전 사업연도의 경우에는 ①의 방법을 적용하여야 한다(법령76②).

① 화폐성 외화자산·부채와 환위험회피용 통화선도 등의 계약 내용 중 외화자산 및 부채를 취득일 또는 발생일(통화선도 등의 경우에는 계약체결일) 현재의 매매기준율등으로 평가하는 방법
② 화폐성 외화자산·부채와 환위험회피용 통화선도 등의 계약 내용 중 외화자산 및 부채를 사업연도 종료일 현재의 매매기준율 등으로 평가하는 방법

법인이 신고한 평가방법은 그 후의 사업연도에도 계속하여 적용하여야 한다. 다만, 신고한 평가방법을 적용한 사업연도를 포함하여 5개사업연도가 지난 후에는 다른 방법으로 신고하여 변경된 평가방법을 적용할 수 있다(법령76③).

■ 법인세법 시행규칙 [별지 제63호의4서식] 〈개정 2014.3.14〉

[ ] 화폐성외화자산등
[ ] 특별계정 평가방법 신고서

※ 아래의 작성방법을 읽고 작성하시기 바랍니다.

신고인	법 인 명	사업자등록번호
	본점 소재지	
	대표자 성명	
	평가방법 적용 사업연도 개시일	

금융회사 등의 통화선도·통화스왑·환변동보험 평가방법 신고	[ ] 계약체결일의 매매기준율 등으로 평가 [ ] 사업연도 종료일 현재의 매매기준율 등으로 평가
금융회사 등 외의 법인의 화폐성 외화자산·부채 및 환위험회피목적의 통화선도·통화스왑·환변동보험 평가방법 신고	[ ] 계약체결일의 매매기준율 등으로 평가 [ ] 사업연도 종료일 현재의 매매기준율 등으로 평가
보험회사의 특별계정 평가방법 신고	[ ] 개별법 [ ] 총평균법 [ ] 이동평균법 [ ] 시가법

「법인세법 시행령」 제75조제4항 및 제76조제1항·제2항·제6항에 따라 화폐성외화자산등(특별계정) 평가방법 신고서를 제출합니다.

년   월   일

신고인   (서명 또는 인)

세무서장   귀하

작성방법

1. 이 서식은 금융회사의 통화선도·통화스왑·환변동보험 평가방법, 금융회사 외의 법인의 화폐성 외화자산·부채 및 환위험 회피목적의 통화선도·통화스왑·환변동보험 평가방법과 보험회사의 특별계정에 대한 평가방법을 신고하는 서식으로 「법인세법」 제60조에 따른 과세표준 신고와 함께 제출합니다.
2. 신고한 평가방법은 이후 사업연도에도 계속 적용해야 합니다. 다만, 화폐성외화자산 등 평가방법의 경우 「법인세법 시행령」 제76조제3항 단서에 따라 평가방법을 적용한 사업연도를 포함하여 5개 사업연도가 지난 후에 변경할 수 있습니다.

210mm×297mm[백상지 80g/㎡ 또는 중질지 80g/㎡]

[표 2-3] 법인세법상 외화자산·부채의 평가방법

구 분	금융기관	일반기업
① 화폐성 외화자산·부채	강제평가	선택가능
② 통화선도·스왑	선택가능	–
③ 헷지목적 통화선도·스왑	–	선택가능

(3) 외화평가 대상 금융기관의 범위

① 「은행법」에 의한 인가를 받아 설립된 금융기관
② 「한국산업은행법」에 의한 한국산업은행
③ 「중소기업은행법」에 의한 중소기업은행
④ 「한국수출입은행법」에 의한 한국수출입은행
⑤ 「한국정책금융공사법」에 따른 한국정책금융공사
⑥ 「농업협동조합법」에 따른 농업협동조합중앙회(신용사업에 한함)
⑦ 「수산업협동조합법」에 따른 수산업협동조합중앙회(신용사업에 한함)

(4) 화폐성항목·비화폐성항목

화폐성항목은 현금 및 현금성자산·매출채권·매입채무 등과 같이 화폐가치의 변동과 상관없이 자산·부채의 금액이 계약 기타에 의하여 일정액의 화폐액으로 고정되어 있는 경우의 자산·부채로 한다. 반면에 비화폐성항목으로는 일정한 화폐금액으로 고정되어 있지 않아 화폐가치의 변동에 따라 변동하는 항목으로 재고자산, 선급금, 선수금, 유형자산, 무형자산 등을 말한다.

[표 2-4] 외화자산·부채의 평가분류

계정과목	구분		평가	계정과목	구분		평가
	화폐성	비화폐성			화폐성	비화폐성	
현금 및 현금성자산	○		○	매입채무	○		○
유가증권	○	○		차입금	○		○
매출채권	○		○	미지급금	○		○
미수금	○		○	선수금		X	X
대여금	○		○	예수금		X	X
선급비용		○	X	선수수익		X	X
재고자산		○	X	퇴직급여충당부채	○		○
유형자산		○	X	사채	○ X		○ X
무형자산		○	X	자본	○		○

① 유가증권은 화폐성·비화폐성의 양면적인 성격을 동시에 가지므로 보유상의 목적 또는 성실에 따라 화폐성·비화폐성 여부를 구분한다.

② 외화표시 전환사채는 전환청구기간 만료시까지 비화폐성 외화부채로 구분한다.

(5) 기업회계기준과의 차이

법인세법과 화폐성항목에 대한 외화평가를 선택하여 신고한 경우에는 기업회계의 평가와 차이가 나지 않으므로 세무조정이 발생하지 않는다.

• 관련법조문 •

■ **집행기준 42-76-1 외화자산 및 부채의 평가**

① 은행업을 영위하는 금융회사가 보유하는 화폐성 외화자산 및 부채 등은 다음과 같이 평가한다.

평가대상 자산	평가방법
화폐성 외화자산 및 부채	사업연도종료일 매매기준율 등
통화선도, 통화스왑, 환변동보험	다음의 방법 중 신고한 방법(신고한 평가방법은 그 후 사업연도에도 계속하여 적용) 1. 계약의 내용 중 외화자산 및 부채를 사업연도종료일 현재의 매매기준율 등으로 평가하는 방법 2. 계약의 내용 중 외화자산 및 부채를 계약체결일의 매매기준율 등으로 평가하는 방법

② 금융회사 등 외의 법인이 보유하는 화폐성 외화자산·부채와 환위험회피용통화선도 등은 다음의 어느 하나에 해당하는 방법 중 신고한 방법에 따라 평가한다.

평가대상 자산	평가방법
화폐성외화자산·부채와 환위험회피용 통화선도 등	1. 취득일 또는 발생일(통화선도의 경우 계약체결일)현재의 매매기준율 등 2. 사업연도 종료일 현재의 매매기준율 등(2호 적용이전에는 1호를 적용함)

■ **집행기준 42-76-2 외화자산·부채의 기장환율**

외화자산·부채는 다음의 방법에 따라 환산한 원화금액으로 기장한다.

구 분	원화 환산 방법
1. 사업연도 중에 발생된 외화자산·부채	발생일 현재 매매기준율 등에 따라 환산한다. 이 경우 외화자산·부채의 발생일이 공휴일인 때에는 그 직전일의 환율에 따른다.
2. 사업연도 중에 보유외환을 매각하거나 외환을 매입하는 경우	거래은행에서 실제 적용한 환율에 따른다.
3. 사업연도 중에 보유외환으로 다른 외화자산을 취득하거나 기존의 외화부채를 상환하는 경우	보유외환의 장부상 원화금액으로 회계처리한다.

[표 2-5] 외화평가방법의 기업회계와 법인세법 비교

구 분	기업회계	법인세법(평가한 경우)	
		금융기관	일반기업
외 화 평 가 대 상	화폐성 외화자산·부채	화폐성 외화자산·부채	화폐성 외화자산·부채
적 용 환 율	종료일의 적절한 환율	기준환율, 재정환율	기준환율, 재정환율
평 가 손 익	영업외손익	익금, 손금	익금, 손금

■ 법인세법 시행규칙 [별지 제40호서식(갑)] 〈개정 2012.2.28〉 (앞 쪽)

사 업 연 도	. . . ~ . . .	외화자산 등 평가차손익조정명세서(갑)	법인명	
			사업자등록번호	

1. 손익 조정금액

①구 분	②당기손익금 해 당 액	③회사손익금 계 상 액	조 정		⑥손익 조정금액 (②-③)
			④차익조정 (③-②)	⑤차손조정 (②-③)	
가. 화폐성 외화자산·부채 평 가 손 익					
나. 통화선도·통화스왑·환변 동보험 평가손익					
다. 환 율 조 정 계 정 손 익 차익					
차손					
계					

2. 환율조정계정 손익계산 명세

⑦구 분	⑧최종 상환(회수)기일	⑨전기 이월액	⑩ 당기경과일수 / 잔존일수	⑪손익금 해당액 (⑨×⑩)	⑫차기 이월액 (⑨-⑪)	비 고
계 차익						
차손						

210mm×297mm[일반용지 70g/㎡(재활용품)]

작 성 방 법

1. 이 서식의 작성대상은 다음과 같습니다.
 1) 화폐성 외화자산·부채 및 통화선도·통화스왑·환변동보험을 보유한 금융회사 등("「법인세법 시행령」 제61조 제2항 제1호부터 제7호까지의 금융회사 등)
 2) 화폐성 외화자산·부채 및 환위험 회피용 통화선도·통화스왑·환변동보험을 보유한 금융회사 등("「법인세법 시행령」 제61조 제2항 제1호부터 제7호까지의 금융회사 등) 외의 법인으로서 「법인세법 시행령」 제76조 제2항 제2호의 평가방법을 선택한 법인
 3) 1998.12.31 이전 개시한 사업연도에 발생한 장기성 외화자산·부채에 대한 평가차손익을 환율조정계정으로 계상하고 미상각잔액이 남아 있는 법인
 ※ 위 1)·2)·3)에 해당하지 아니하는 외화자산 및 부채의 환산손익은 익금불산입 또는 손금불산입하여 "소득금액조정합계표(별지 제15호서식)" 및 "과목별소득금액조정명세서(별지 제15호서식 부표1·2)"에 적습니다.
2. "가.화폐성 외화자산·부채 등 평가손익"과 "나.통화선도·통화스왑·환변동보험 평가손익"의 ②당기손익해당액란은 "외화자산등 평가차손익조정명세서(을)[별지 제40호서식(을)]"의 ⑩란 평가손익을 적습니다.
3. "가.화폐성 외화자산·부채 등 평가손익"과 "나.통화선도·통화스왑·환변동보험 평가손익"의 ③회사손익금계상액은 법인이 해당 사업연도 결산 시 외화자산 및 부채와 관련하여 계상한 평가손익을 적습니다.
4. "가.화폐성 외화자산·부채 등 평가손익"과 "나.통화선도·통화스왑 평가손익·환변동보험"의 ⑥손익조정금액란은 ②당기손익해당액에서 ③회사손익금 계상액을 뺀 금액을 적고, 계산된 금액을 해당사업연도의 법인세 과세표준 계산 시 익금 또는 손금에 산입합니다.
5. "다.환율조정계정손익"의 ②당기손익금해당액란에는 ⑪손익금해당액을 차익과 차손으로 구분하여 각각 적습니다.
6. "다.환율조정계정손익"의 ③회사손익금계상액란에는 외화자산·부채의 평가손익금계상액을 차익과 차손으로 구분하여 각각 적습니다.
7. ④차익조정란의 차익과소계상분은 익금산입, 차익과다계상분(△)은 익금불산입하고, ⑤차손조정란의 차손과다계상분은 손금불산입, 차손과소계상분(△)은 손금산입합니다.
8. ⑦구분란에는 외화자산·부채명을 적습니다.
9. ⑨전기이월액란에는 1999.1.1이후 개시하는 사업연도의 개시일 현재 환율조정계정의 잔액이 있는 경우 직전 사업연도 이 서식(갑)상의 차기이월액을 적습니다.
10. ⑩당기경과일수/잔존일수란은 해당 사업연도중 경과일수와 최종상환 또는 회수기일까지의 잔존일수로 합니다 (해당 사업연도 중 경과일수도 잔존일수에 산입합니다).
11. 음영으로 표시된 난은 적지 않습니다.

■ 법인세법 시행규칙 [별지 제40호서식(을)] 〈개정 2012.2.28〉 (앞 쪽)

사 업 연 도	. . . ~ . . .	외화자산 등 평가차손익조정명세서(을)			법 인 명	
					사업자등록번호	

①구분	②외화종류	③외화금액	④장부가액		⑦평가금액		⑩평가손익
			⑤적용환율	⑥원화금액	⑧적용환율	⑨원화금액	자산(⑨-⑥) 부채(⑥-⑨)
외화 자산							
	합 계						
외화 부채							
	합 계						
통화 선도							
	합 계						
통화 스왑							
	합 계						
환변동 보험							
	합 계						
	총 계						

210mm×297mm[백상지 80g/㎡ 또는 중질지 80g/㎡]

PART 03

국제물류주선업의 회계와 세무실무

개 요_ 제 1 절
국제물류주선업의 부가가치세실무_ 제 2 절
국제물류주선업의 법인세 실무_ 제 3 절

PART 03 국제물류주선업의 회계와 세무실무

제1절 개요

1. 국제물류주선업의 정의

국제물류주선업이란 물품이 어느 한 국가의 지점에서 수탁하여 다른 국가의 인도지점까지 적어도 두 가지 이상의 운송방식에 의하여 이루어지는 물품운송을 의미한다.
한편, 국제물류주선업이란 「물류정책기본법」 제2조 제11호에서 다음과 같이 정의하고 있다.
"타인의 수요에 따라 자기의 명의와 계산으로 타인의 물류시설·장비 등을 이용하여 수출입화물의 물류를 주선하는 사업을 말한다."
여기에서 "물류"란 재화가 공급자로부터 조달·생산되어 수요자에게 전달되거나 소비자로부터 회수되어 폐기될 때까지 이루어지는 운송·보관·하역 등과 이에 부가되어 가치를 창출하는 가공·조립·분류·수리·포장·상표부착·판매·정보통신 등을 말한다(물류정책기본법 제2조 제1항 제1호).
복합운송주선업은 선박, 대륙운송수단 및 부대사업의 소유 및 참여형태에 따라 포워더형(Forwarder) 복합운송주선업, 캐리어형(Carrier) 복합운송인, 무선박운송인(NVOCC)으로 나누어진다. 일반적으로 복합운송주선인은 포워더(Freight Forwarder)라고 불리는데 이는 운송수단을 직접 보유하지 않고 계약운송인으로서 책임을 지는 자를 말한다.
운송주선인은 그 영업형태에 따라 해상운송주선인(Ocean freight forwarder)과 항공운송주선인(Air freight forwarder)으로 나눠지나 일반적으로 항공운송주선과 해상운송주선업을 겸업하는 형태를 취하고 있다.

2. 국제물류주선업의 영업형태[35]

① 국외에서 국내로의 수입화물운송에 대한 거래(Inbound)

일반현황

* 선박을 이용하여 국제운송을 하는 외국법인이 국외에서 국내로 화물운송(Inbound)
  • 국내도착지에서 최종도착지까지의 내륙운송용역을 국내사업자에게 도급
  • 외국법인 국내지점이 본점을 대리하여 비용 등을 지급하고 국내사업자로부터 세금계산서를 교부 받음.

[그림 3-1] Inbound의 수입화물운송 거래형태

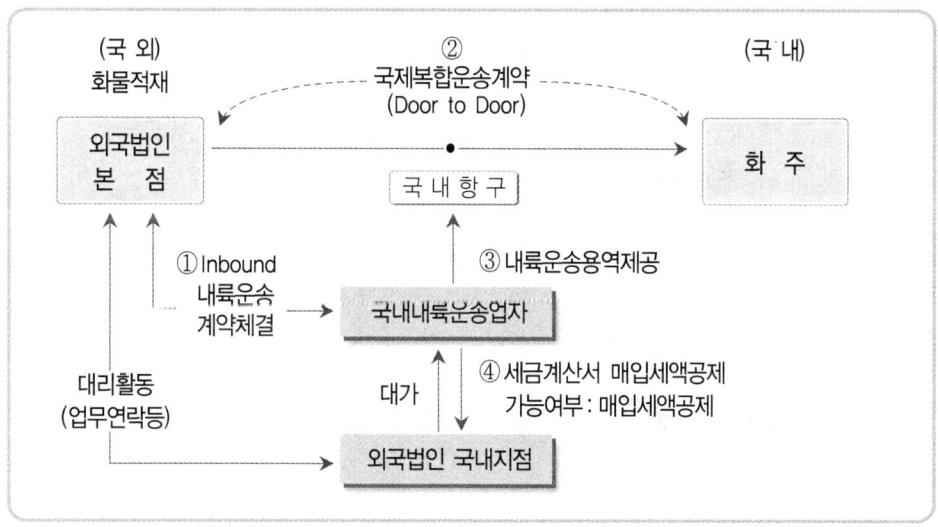

〈구체적 처리방법〉

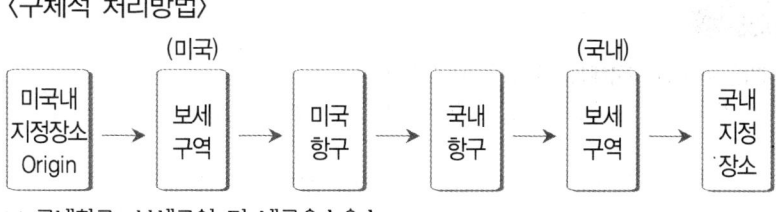

※ 국내항구, 보세구역 및 내륙육송운송

---

35) 김영환, 부가가치세법 해설, 한국세정신문사, 1996. pp. 340 ~ 342. 참조

㉠ 컨테이너서비스

화물이 국내항구에 도착하여 보세창고 내에서 각 제품별, 행선지별로 내용물을 분류·집합

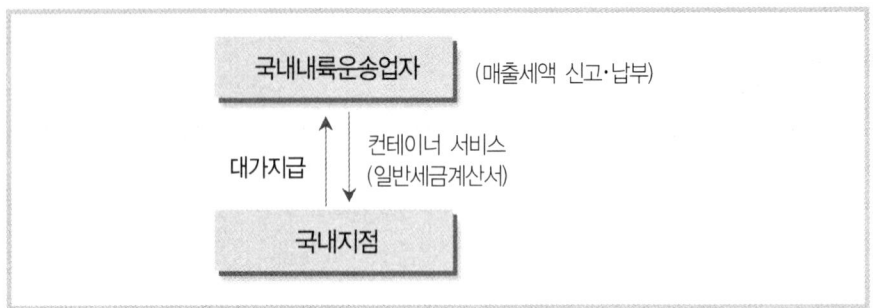

㉡ 적체료(체화료) 발생

화주가 소정기간 내에 화물을 인수해 가지 않을 경우 해당일수만큼 적체료 받음.

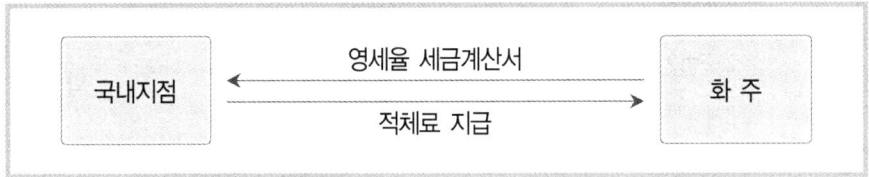

㉢ 하역료, 화물경비용역 등

용역을 공급하는 자가 외국해상운송업자(국내지점)에게 외국항행용역의 일부를 제공하는 것으로 보아 영세율 세금계산서 발행

② 국내에서 국외로의 수화물운송에 대한 거래(Outbound)

일반현황

* 계약은 화주와 외국해상운송사 국내지점이 체결
  * 국내에서(선적지) 운송료를 받은 경우 → 영세율 적용
  * 국외에서(도착지) 운송료를 받은 경우
    → 국내지점 매출로 보아 국내지점의 매출액으로 부가가치세 신고
* 국내 내륙운송용역은 외국해상운송사의 한국지점이 국내 내륙운송사업자에게 대금지급
  * 국내내륙운송사업자: 일반세금계산서 발행
  * 외국해상운송사: 한국지점 매입세액 공제

[그림 3-2] Outbound의 수입화물운송 거래형태

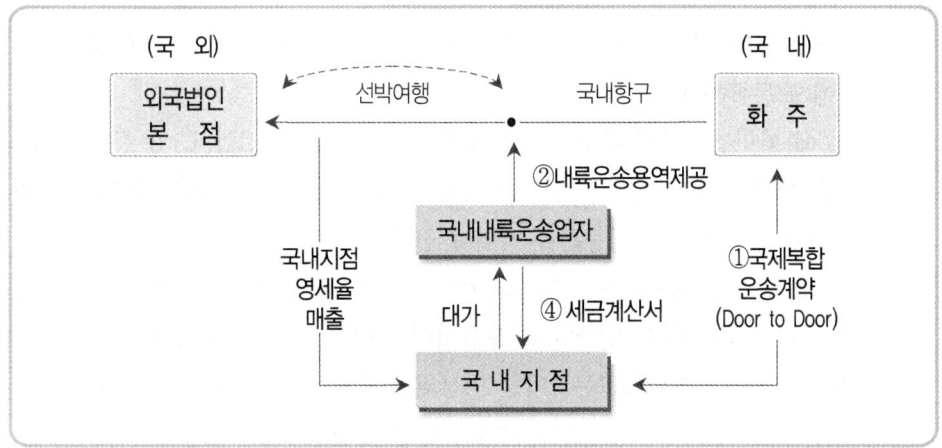

〈구체적 처리방법〉

㉠ 화주와 외국해상운송사업자 국내지점이 운송계약 체결

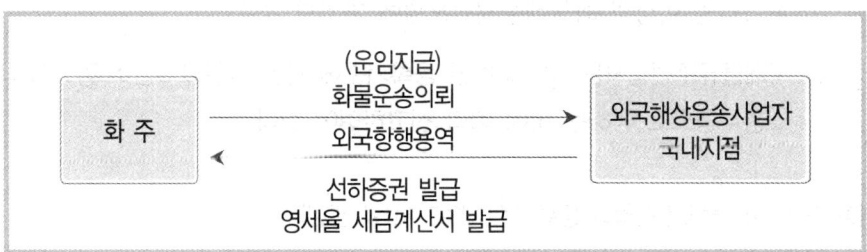

㉡ 외국항행용역 수행

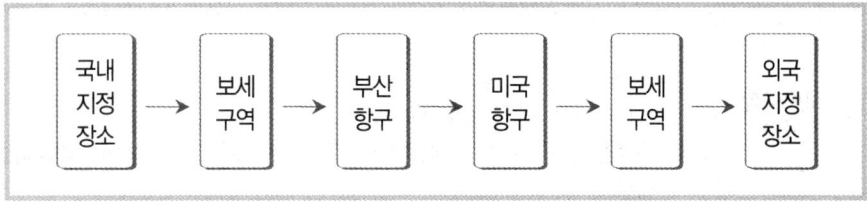

※ 내륙육송 및 보세구역 서비스
  ⓐ 내륙운송용역 및 컨테이너서비스 : 국내내륙운송업자가 내륙운송용역을 제공하고 용역을 공급받는 외국해상운송업자 국내지점 앞으로 일반세금계산서 발행
  ⓑ 하역료, 예인료, 접안료 등 : 용역을 공급하는 자가 외국해상운송업자 국내지점 앞으로 영세율세금계산서 발행

3. 국제물류주선업의 등록(물류정책기본법 제43조)

① 국제물류주선업을 경영하려는 자는 국토교통부령으로 정하는 바에 따라 시·도지사에게 등록하여야 한다.

② "①"에 따라 국제물류주선업을 등록한 자("국제물류주선업자")가 등록한 사항 중 국토교통부령으로 정하는 중요한 사항을 변경하려는 경우에는 국토교통부령으로 정하는 바에 따라 변경등록을 하여야 한다.

③ "①"에 따라 등록을 하려는 자는 3억원 이상의 자본금(법인이 아닌 경우에는 6억원 이상의 자산평가액을 말한다)을 보유하여야 하고, 그 밖에 다음의 어느 하나에 해당하는 경우를 제외하고는 1억원 이상의 보증보험에 가입하여야 한다.
  1. 자본금 또는 자산평가액이 10억원 이상인 경우
  2. 컨테이너장치장을 소유하고 있는 경우
  3. 「은행법」 제2조 제1항 제2호에 따른 금융기관으로부터 1억원 이상의 지급보증을 받은 경우
  4. 1억원 이상의 화물배상책임보험에 가입한 경우

④ 국제물류주선업자는 "③"에 따른 등록기준에 관한 사항을 3년이 경과할 때마다 국토교통부령으로 정하는 바에 따라 신고하여야 한다.

[표 3-1] 국제물류주선업의 등록기준(제6조 제1항 관련)

자본금 또는 자산평가액	법인인 경우에는 자본금이 3억원 이상, 법인이 아닌 경우에는 자산평가액이 6억원 이상일 것
보증보험 가입	1억원 이상의 보증보험에 가입할 것. 다만, 다음 각호의 1에 해당하는 경우에는 그러하지 아니한다. 1. 자본금 또는 자산평가액이 10억원이상인 경우 2. 컨테이너장치장을 소유하고 있는 경우 3. 은행법 제2조 제1항 제2호에 따른 금융기관으로부터 1억원 이상의 지급보증을 받은 경우 4. 1억원 이상의 화물배상책임보험에 가입한 경우

4. 운송관련 용어 정리

① House B/L : Forwarder B/L이라고도 부르며 Master B/L을 근거로 하여 운송주선인이 화주에게 발행하는 선하증권
② Master B/L : 선박회사가 운송주선인에게 발행하는 선하증권
③ House Air Waybill : 혼재항공화물에 대하여 항공화물운송인이 발행한 선하증권
④ Consignor : 타인에게 물품을 선적한 자로 선하증권에서는 화주
⑤ Consignee : B/L에 명시된 화물의 수취인으로서 화물의 소유자
⑥ Notify Party : 선사나 포워더가 화물의 도착을 통지해주는 신용장개설의뢰인 수입자
⑦ S/R(Shipping Request) : 송하인이 선박회사에 화물을 선적할 공간을 요청하는 선복신청서
⑧ S/O(Shipping Order) : 선박회사가 화물을 선적하여 목적지까지 운송할 것을 선장에게 지시하는 선적지시서
⑨ M/R(Mate's Receipt) : 특정의 물품을 본선이 인수하여 적재하였음을 일등항해사가 증명하는 본선인수증
⑩ D/O(Delivery Order) : 수하인, 화주 또는 화물 소유주가 서류를 지참하고 있는 타인에게 화물의 양도를 지시하는 서류
⑪ T/R(Trust of Receipt) : 수입자가 물품대금을 결제하기 전에 은행이 담보권을 확보한 상태에서 수입물품을 통관해서 처분할 수 있도록 한 수입화물 대도신청서
⑫ FCL(Full Container Load) : 한 화주의 화물이 컨테이너 1개에 가득 채워지는 대량화물을 말하며 화물은 화주의 공장이나 창고에서 적재되어 CY에서 수령 LCL보다 비용이 적게 들며 선사로부터 Master B/L을 받게 된다.
⑬ LCL(Less than Container Load) : 한 화주의 화물이 한 개의 컨테이너 용량에 미달하는 경우 다른 화주의 화물과 혼재하는 경우로 포워더가 화주에게 House B/L을 발행
⑭ CY(Container Yard) : 선적전의 FCL 화물을 보관·직접·수령 또는 인도하는 컨테이너 장치장
⑮ CFS(Container freight station) : LCL화물을 혼재하기 위하여 CY로 인계하거나 수하인에게 인도하는 장소

⑯ CAF(Currency Adjustment Factor) : 환율변동으로 인한 손실보전을 선사가 수입화주에게 부담시키는 비용
⑰ BAF(Bunker Adjustment Factor) : 유가변동으로 인한 손실을 보전하기 위하여 선사가 수입화주에게 부담시키는 비용
⑱ Wharfage : 반출입 화물을 취급하는 대가로 받는 부두사용수수료
⑲ CFS Charge(Container freight station Charge) : CFS에서 발생하는 하역료, 검수료, 화물정리비, 보관료 등
⑳ Prepaid : 운송요금이 이미 화주에 의해 선사에 지급하는 선불조건(CIF 조건)
㉑ Collect : 물품의 수취인이 도착지에서 운임을 지급하는 후불조건(FOB 조건)
㉒ Consol Forwarder : 컨테이너선 운송 단위인 컨테이너 한 대를 채우지 못하는 LCL 화물을 모아서 한대의 컨테이너로 혼재하는 데, 이때 한대의 컨테이너를 혼재하는 포워더를 콘솔포워더 또는 콘솔사라고 함.

제2절 국제물류주선업의 부가가치세실무

1. 국제복합운송용역의 영세율 적용

운송주선업자가 국제복합운송계약에 의하여 화주로부터 화물을 인수하고 자기책임과 계산 하에 타인의 선박 또는 항공기 등의 운송수단을 이용하여 화물을 운송하고 화주로부터 운임을 받는 국제운송용역은 영세율이 적용되는 외국항행용역에 포함된다. 그리고 운송주선업자가 국제복합운송계약에 의하여 화주로부터 화물을 인수하고 자기의 책임과 계산 하에 당해 국제복합운송용역 중 일부를 다른 복합운송주선업자에게 위탁하여 화물을 운송하고 화주로부터 그 대가를 받는 경우 당해 국제복합운송용역은 외국항행용역에 포함되어 영세율이 적용된다. 또한, 운송주선업자가 국제복합운송계약에 의하여 국내출발자로부터 도착지까지의 운송용역을 하나의 용역으로 연결하여 국제간의 화물을 운송하여 주고 화주로부터 그 대가를 받는 경우에는 영세율이 적용되어 영세율세금계산서를 교부하여야 한다(재소비-213, 2004.02.25). 다만, 국제복합운송용역과는 별도로 국내에서 국내로 화물운송용역을 제공하는 경우 당해 국내운송용역에 대하여는 부가가치세 영세율이 적용되지 아니하는 것으로 일반세금계산서를 교부하여야 한다(서면3팀-1324, 2008.06.26). 또한 복합운송주선업으로 화물유통촉진법의 규정에 의거 등록하지 아니한 사업자가 국내에서 국내사업장이 없는 비거주자로부터 화물을 인수하여 타인의 명의로 선하증권을 발급하고, 타인의 운송수단을 이용하여 화물을 국외로 운송하여 주고 대가를 받는 경우에는 영세율이 적용되는 외국항행용역으로 볼 수 없으므로 일반세금계산서를 교부하여야 한다(국심 1999 부31, 2000.03.02). 한편, 복합운송주선업을 영위하던 개인사업자가 당해 사업에 관련된 모든 권리와 의무를 포괄적으로 양도하여 법인으로 전환함에 있어서 당해 사업에 대한 영업권을 평가하여 사업을 양수받은 법인으로부터 사업양도대가와 함께 지급받는 경우에도 사업의 양도에 해당되어 부가가치세가 과세되지 아니하는 것이다(부가 46015-2615, 1997.11.20).

① 국제물류주선업의 부수공급 영세율 적용 여부

국제물류주선업(복합운송주선업)자가 자기책임과 계산 하에 화물의 해외운송을 위해 필요한 정도의 포장 및 기타서비스 제공용역을 국제운송용역과 함께 일괄하여 제공하는 경우, 국제운송용역을 위하여 필수적으로 부수되는 일로 보아 영세율이 적용되는 것이다. 다만, 국내에서 제공되는 화물포장 및 기타서비스 제공용역이 국제운송용역과 구분되어 제공되는 경우는 국내운송용역과 동일한 성질의 것으로서 일반세율을 적용하는 것이다(재부가-826, 2007.11.28).

② 운송주선업자의 국내화물 운송용역

운송주선업자가 국내에서 국내로 화물운송용역을 제공하고 그 대가를 받는 경우 당해 국내운송용역에 대하여는 부가가치세 영세율이 적용되지 아니하는 것이다(서면3팀-1324, 2008.06.26). 즉, 운송주선업자가 화주에 대하여 국제운송용역을 제공함이 없이 단순히 국내 항구에 도착한 화물과 관련된 서비스 등의 용역만을 제공하고 그 대가를 화주로부터 받는 경우, 그 대가에 대하여는 영세율이 적용되지 아니하는 것이다(부가-1487, 2010.11.11).

③ 수입화물의 국내운송용역

외국으로부터 수입물품에 대하여 국내 포워더가 수입재화의 도착항구로부터 화주의 창고까지 국내운송용역을 제공하고 외국 포워더로부터 그 대가를 외국환은행에서 원화로 받는 경우에는 영세율이 적용되나, 국내 포워더가 다른 포워더 또는 국내 운송업자와의 하도급계약에 의하여 국내운송용역을 제공하는 경우 국내거래로 영세율이 적용되지 않으므로 일반세금계산서를 교부하여야 한다.

④ 대금결제방법

운송주선업을 영위하는 사업자가 국제복합운송계약에 의하여 화주로부터 화물을 인수하고 화주에 대하여는 자기 책임과 계산 하에 출발지에서 도착지까지 운송용역을 하나의 용역으로 연결하여 국제간에 화물을 운송(국내운송 등을 다른 운송업자에게 의뢰하여 운송하는 경우 포함)해 주고 화주로부터 대가를 받는 경우(국내 수입업자가 화주에게 지급할 물품대금에서 화주를 대신하여 원화 또는 외화로 대가를 지급하는 경우 포함)의 당해 용역은「부가가치세법」제11조 제1항 제3호의 규정에 의한 외국항행용역에 해당하는 것이며, 이 경우 당해 운송주선업자의 부가가치세 영세율 과세표준에는 해상운송료 및 국내운송료 등을 포함하여 거래상대자로부터 받은 대금·요금·수수료 기타 명목여하에 불구하고 화주로부터 받는 대가 관계가 있는 모든 금전적 가치 있는 것을 포함하는 것이다(부가-1434, 2010.10.26).

[표 3-2] 국제복합운송용역에 따른 수수료[36]

(1) 항공화물의 경우

구 분		수수료 항목	내 용	부과권자
세관통관 비용		관세, 부가가치세 등	통관시 발생하는 국세	세관장
		보세구역 외 장치허가수수료	보세구역 외 장치허가시 발생	
		파출검사수수료	자가보세창고 검사시 발생	
		임시개청수수료	근무시관외 통관시 발생	
		물품취급시간 외 물품취급수수료	물품취급시간 외 물품을 취급하는 경우 발생	
기타 부대 비용	하역	조업료	항공기에서 하기장소까지 운송하여 블랙다운시 까지 발생하는 비용	조업사
	보관	보관료	보세창고 보관수수료	보세창고업자
		THC	도착 후 발생화물 조작료	
		화재보험료	화재발생에 대비한 손해보험료	대한손해보험협회
	통관	B/L Handling Charge	B/L 발급비용	포워더
		검역신청수수료	정부수입인지대	검역소
		관세사수수료	관세사 통관의뢰수수료	관세사
	운송	국내운송료	항공사 창고에서 포워더 창고 또는 화주가 지정창고까지 운송시 발생	포워더

(2) 해상화물의 경우

구 분		수수료 항목	내 용	부과권자
세관통관 비용		관세, 부가가치세 등	통관시 발생하는 국세	세관장
		보세구역 외 장치허가수수료	보세구역 외 장치허가시 발생	
		파출검사수수료	자가보세창고 검사시 발생	
		임시개청수수료	근무시관외 통관시 발생	
		물품취급시간 외 물품취급수수료	물품취급시간외 물품을 취급하는 경우 발생	
	입항	화물입항료 (Wharfage)	선박회사가 도착지항구에 대신하여 납부함	해운항만청
		THC(Terminal h/c)	도착후 발생하는 터미널 취급수수료	선박회사

---

[36] 이영원, 복합운송주선업의 세무실무, 2009.11, 한국세무사회

구 분		수수료 항목	내 용	부과권자
기타 부대 비용	하역	DDC(Document Charge)	선사가 화주에게 제공하는 서류비용 보전비용	
		하역료	본선에서 육상으로 하역	하역회사
		CFS 조작비(하차료)	CFS에 반입할 때 발생	
		검수료	검수, 검량이 필요할 때 발생	검정회사
	보관	보관료	보세창고 보관수수료	보세창고업자
		출고상차료	보세창고에서 출고하여 화물에 적재할 때 장비 등 사용료	
		화재보험료	화재발생에 대비한 손해보험료	대한손해보험협회
		검사료	세관검사를 위한 CY노무자 인건비	CY업체
	통관	검역신청수수료	정부수입 인지대	검역소
		검역수수료	검역시 화주대신 입회하는 관세사 또는 포워딩 직원 인건비	관세사 또는 포워딩
		검역소독비	검역소 검역결과 소독명령을 받은 때 소독하는 약품비용	검역소
		관세사수수료	관세사 통관의뢰수수료	관세사
	운송	국내운송료	항공사 창고에서 포워더 창고 또는 화주가 지정창고까지 운송시 발생	포워더

2. 공급시기

국제물류주선용역의 공급시기는 역무의 제공이 완료되고 공급가액이 확정되는 때이다. 항공운임의 경우 국제민간항공운송협회(IATA)[37]의 항공료 정산을 통하여 공급가액이 확정되는 시점이 공급시가 된다.

3. 과세표준

국제물류주선업을 영위하는 사업자가 국제복합운송계약에 의하여 화주로부터 화물을 인수하여 자기책임 하에 출발지에서 도착지까지 운송용역을 하나의 용역으로 연결하

---

[37] 1945년에 설립된 민간국제단체로 우리나라 항공사의 경우 대한항공과 아시아나항공이 정회원으로 가입되어 있다. 회원수는 130여 개국으로 276 회원수로 구성되어 있다. 무역 부문에서는 기술, 법률, 재정, 교통 서비스, 기관업무 등을 다루고, 운임 부문에서는 여객운임, 화물운임, 연대운임 청산, 위탁업무 등을 담당한다.

여 국제간에 화물을 운송하여 주고 화주로부터 대가를 받는 경우 거래상대방으로부터 받는 당해 운송용역의 공급과 관련된 대가관계가 있는 모든 금전적 가치(창고료, 하역료, 통관수수료, 운송료 등)가 있는 것은 부가가치세 과세표준에 포함된다(부가46015-800, 1999.03.25). 이 경우 당해 용역은 부가가치세법 제11조 제1항 제3호의 규정에 의한 외국항행용역에 해당되어 영의 세율을 적용하는 것이다(서면3팀-339, 2005.03.11).

① 과세표준 포함여부

질의

당사는 화물유통촉진법 제8조의 규정에 의하여 건설교통부장관으로부터 복합운송주선업 면허를 취득하여 외국항역운송 주선을 주업으로 하는 업체임. 해당 매출은 부가가치세법상 제11조 제3항에 의거 영세율 매출에 해당하나 최근 화주들의 요구에 맞추어 수입된 화물을 화주가 지정하는 장소까지 보세운송 또는 통관운송 하는 total service하는 경우가 많으며, 이 때 화주가 전적으로 부담하는 창고료, 하역료, 통관수수료, 운송료 등을 화주에 대한 service차원에서 그 대금을 우선 당사가 선대납한 후 나중에 대납한 금액을 일괄 수금하는 거래형태일 경우 다음과 같은 질의 사항이 있음

1. 상기 항목 창고류, 하역료, 통관수수료, 국내운송료 등의 지불시 상기항목에 대한 대응매출을 발생시키지 않으면서 당사가 공급받는 자가 되어 매입세금계산서를 교부받을 수 있는지의 여부
2. 창고, 하역, 통관수수료, 국내운송료 등은 각각 해당 법령에 의한 건설교통부의 면허사업인 바 당사가 면허가 없고 또한 사업자등록증상의 업종에도 없는 상기 항목에 대하여 매출세금계산서를 화주에게 발행할 수 있는지 여부
3. 복합운송 주선업 면허업자일 경우 운송에 관련된 제반업종에 대하여 조건 없이 매출 및 매입 세금계산서를 수수할 수 있다는 업계관계자들의 의견이 많아 질의함

회신

복합운송주선업을 영위하는 사업자가 국제복합운송계약에 의하여 화주로부터 화물을 인수하여 자기책임 하에 출발지에서 도착지까지 운송용역을 하나의 용역으로 연결하여 국제간에 화물을 운송하여 주고 화주로부터 대가를 받는 경우 거래상대방으로부터 당해 운송용역의 공급과 관련된 대가관계에 있는 모든 금전적 가치가 있는 것은 부가가치세 과세표준에 포함하는 것이다(부가46015-800, 1999.03.25).

② 과세표준 포함 및 영세율 첨부서류

질의

당사는 국제복합운송용역을 제공하는 운송주선업자로서 A라는 국내화주와 제3자 물류 공급계약(외국으로부터 국내까지의 해상운송, 수입화물 통관, 보관, 제3자 공급)을 맺고 용역을 제공하고 있음

1. 중국의 수출업자가 선적지의 당사 자회사(당사와 자회사간 용역제공대가는 추후 정산함)를 통해 수출물품을 선박을 통해 부산항으로 보내며, 이 때 선적지의 당사 자회사는 House B/L을 발행하게 되고 운송조건은 CY-CY, CFS-CFS 등으로 다양함
2. 부산항에 물품이 도착하면 당사는 선박회사로부터 Arrival Notice를 받게 되고(선박회사 B/L에는 당사가 수화주와 통지처로 되어 있음) 선박회사에 Oceon freigh 및 surcharge 등의 운임을 화주 대신 납부하게 됨
3. 통관절차를 거친 후 직접 화주의 배송센터로 운송하거나 부산에 있는 당사의 창고로 입고시킨 후 화주의 축로지시에 따라 배송센터 또는 각 매장에 직접 배송하며, 이 때 보세운송비, 창고보관료, 내륙운송료 등의 비용이 발생함

이상으로 화주에 대한 용역제공은 마무리 되고 화주에게는 실제 발생한 운임 및 제반 비용외에 Document fee 및 Handling fee(취급수수료)를 더하여 청구하게 되는 것으로, 즉 미리 대납한 운임 등(Oceon freigh 및 surcharge외 Document fee)과 통관 후에 발생하는 보세운송비, 창고보관료, 내륙운송료에 Handling fee(취급수수료)를 청구함

위의 용역거래가 국제복합운송용역에 해당하여 부가가치세법 제11조 제1항 제3호 및 같은 법 시행령 제25조 제3항의 규정에 의하여 영의 세율을 적용할 수 있는지 여부와 영의 세율을 적용하는 경우 영세율 과세표준에 운임 외에 통관 후에 발생하는 보세운송비, 창고보관료, 내륙운송료 및 Handling fee(취급수수료)가 포함되는지 및 영세율 첨부서류로 "선박에 의한 운송용역 공급가액 일람표"를 제출할 수 있는지 여부

회신

운송주선업을 영위하는 사업자가 국제복합운송계약에 의하여 화주로부터 화물을 인수하고 타인의 운송수단을 이용하여 화주에 대하여는 자기 책임과 계산 하에 출발지에서 도착지까지 운송용역을 하나의 용역으로 연결하여 국제간에 화물을 운송해 주고 화주로부터 대가를 받는 경우의 당해 용역은 「부가가치세법」 제11조 제1항 제3호의 규정에 의한 외국항행용역에 해당하여 영의 세율을 적용하는 것이며, 당해 운송주선업자의 부가가치세 과세표준에는 화물보관료 및 운송료 등을 포함하여 거래상대자로부터 받은 대금·요금·수수료 기타 명목여하에 불구하고 화주로부터 받는 대가관계가 있는 모든 금전적 가치 있는 것을 포함하는 것임 이 경우 영세율 첨부서류를 제출함에 있어 같은 법 시행령 64조 제3항 제3호의 규정에 의한 외국환은행이 발급하는 외화입금증명서가 없는 때에는 외화획득명세서에 영세율이 확인되는 증빙서류를 첨부하여 제출하여야 하는 것이다(부가-2069 2008.07.17).

4. 세금계산서의 발급

운송주선업자가 국제복합운송계약에 의하여 자기책임과 계산 하에 화물을 운송하고 화주로부터 대가를 받는 경우에는 영세율 세금계산서를 발급하여야 하나 외국운송업자가 제공하는 운임에 대하여는 세금계산서 발급이 면제된다. 다만, 국제복합운송용역과는 별개로 국내에서 국내로 화물운송용역을 제공하는 경우에는 영세율이 적용되지 않으므로 일반세금계산서를 교부하여야 한다(재소비-213, 2004.02.25). 즉, 항공기에 의한 외국항행용역은 세금계산서 발급이 면제되나, 선박에 의한 외국항항용역은 영세율 세금계산서를 발급하여야 한다. 다만, 공급받는 자가 국내사업장이 없는 비거주자 또는 외국법인인 경우에는 세금계산서 발급의무가 면제된다.

① 세금계선서 발급방법

> **질의**
>
> 당사(을)는 국제복합운송주선업을 영위하는 글로벌 물류업체로서 국제화물운송의 경쟁력을 확보하기 위하여 세계 주요국가에 자회사를 설립하거나 현지 물류업체와 파트너계약을 체결하여 글로벌 네트워크를 구축하고 있음.
> "을"은 화주법인(갑)과 제3자 물류계약(전문물류업체가 화주의 물류업무를 아웃소싱 받아 수행하는 것으로 물류전략 및 계획의 수립, 운영 등을 물류업체가 포괄적으로 수행하는 것)을 체결하여 "갑"으로부터 물류업무를 위탁받아 "갑"의 수출화물 운송 업무를 수행할 예정임. 해외 현지에 파트너가 있는 경우 화물운송과 관련하여 "을"명의의 House B/L(국제복합운송업자가 발행하는 선하증권)이 발행되고, 도착지에서의 통관, Trucking 등을 당해 해외 파트너가 제공하게 되며, 이 경우는 "갑"이 "을"에게 화물운송을 요청하면 "을"은 선사에게 선적요청서를 선적하며, 업무가 완료된 후 선사가 "을"에게 운송대금을 청구하게 되며, "을"은 선사가 청구한 운송대금에 일정한 마진을 가산하여 다시 "갑"에게 운송대금을 청구함
> 한편 "을"이 "갑"으로부터 화물의 운송요청을 받아 운송을 하여야 하는 해외현지에 물류업체나 파트너가 없는 경우에는 "을"이 House B/L을 발행하지 못하므로 Shipper가 "갑"으로 기재되는 선사 명의의 Master B/L(선박회사가 발행하는 선하증권)만 발행되나, 업무프로세스는 해외 현지에 파트너가 있는 경우와 동일하게 운송대금은 선사가 청구한 운송대금에 일정한 마진을 가산하여 "갑"에게 운송대금을 청구함
> 이 경우 운송거래에 대한 Documentation 업무도 "을"이 수행하게 되며, "갑"과의 약정 상 해상운송구간에서 발생한 화물의 손상이나 멸실에 대하여 "을"이 손해배상책임을 부담하게 됨
> 해외현지에 파트너가 없어 Master B/L(선박회사가 발행하는 선하증권)만 발행되는 경우 화물운송용역의 제공과 관련하여 "을"이 "갑"에게 세금계산서를 교부해야 하는지 혹은 선사가 직접 "갑"에게 세금계산서를 교부해야 하는지 여부

> **회신**
>
> 국제복합운송주선업을 영위하는 사업자(을)가 국제복합운송계약에 의하여 화주(갑)로부터 화물을 인수하여 자기책임과 계산 하에 외국으로 화물을 운송해 주고 화주(갑)로부터 대가를 받는 경우에는, 사업자(을)가 당해 화물을 다른 운송업자에게 의뢰하여 운송하더라도, 사업자(을)는 그 대가에 대하여 화주(갑)를 공급받는 자로 하여 세금계산서를 교부하는 것이다(부가-2633, 2008.08.20).

5. 영세율 첨부서류

국제물류주선업의 영세율 첨부서류를 제출함에 있어 같은 법 시행령 64조 제3항 제3호의 규정에 의한 외국환은행이 발급하는 외화입금증명서가 없는 때에는 외화획득명세서에 영세율이 확인되는 증빙서류를 첨부하여 제출하여야 하는 것이다(부가-2069, 2008.07.17).

① 외항선박에 의한 운송용역의 경우
외화입금증명서를 제출하여야 하나 부득이한 경우 "선박에 의한 운송용역공급가액일람표"를 제출할 수 있다.

② 항공기에 의한 운송용역의 경우
공급가액확정명세서를 제출한다.

③ 타 외항사업자의 탑승권판매·화물운송계약을 체결한 경우
공급자와 공급받는 자간의 송장집계표를 제출한다.

④ 국제복합운송용역
외화획득명세서에 영세율이 확인되는 증빙서류를 제출한다.

[별지 제2호 서식]

0303-80A	선박에 의한 운송용역공급가액일람표	19

근거 : 부가가치세영세율적용에관한규정

사업자	① 성　　　명		④ 사 업 자 　등 록 번 호	
	② 상　　　호		⑤ 업　　　태	
	③사업장소재지		⑥ 종　　　목	

공　급　내　용

구분		운 송 수 입(기간　년　월 ~ 월)						⑮비 고 (운항기간 등)
⑦ 선박명	⑧ 운항기간	원화수입분		해외수입분		계		
		⑨외화	⑩원화	⑪외화	⑫원화	⑬외화	⑭원화	
⑯ 소　　계 (A)								
⑰ 외 화 입 금 　증명서제출분 (　B 　)								
⑱ 차　　　감 (A － B)								

※ 대선수입분은 비고란에 기간 용선·항해용선으로 구분하고 대선기간을 표시함.

[별지 제4호 서식]

0303-69A	공 급 가 액 확 정 명 세 서	19

근거 : 부가가치세영세율적용에관한규정

사업자	① 성　　　명		㉥	⑤ 사 업 자 등 록 번 호	
	② 상　　　호			⑥ 주민등록번호	
	③ 사업장소재지			⑦ 업　　　태	
	④ 사업자 주소			⑧ 종　　　목	

공 급 내 용

⑨ 노선별	여객수입		화물수입		수 화 물 수　　입		우 편 물 수　　입		기타수입		합 계		비고
	⑩ 외화	⑪ 원화	⑫ 외화	⑬ 원화	⑭ 외화	⑮ 원화	⑯ 외화	⑰ 원화	⑱ 외화	⑲ 원화	⑳ 외화	원화	

제3절 국제물류주선업의 법인세 실무

1. 수입금액의 인식방법

복합운송주선업의 매출액 인식기준에 대하여 총액주의와 순액주의가 혼용되고 있다. 총액주의란 화주로부터 받은 운임과 기타수수료를 매출액으로 계상하고 운송인에게 지급하는 운임과 기타수수료를 매출원가로 계상하는 방법이다. 반면에 순액법은 운송주선을 통해 화주와 운송인에서의 운임차액과 기타수수료만 수익으로 계상하는 방법이다. 현행실무에서는 대부분 순액법보다는 총액법으로 처리하고 있는 실정이다.

① 기업회계

복합운송주선인이 직접운송하지 않고 주선만을 하는 경우에는 주선수수료를 매출액으로 인식하는 것이다(회계 제8360-364, 2001.3.10).

② 부가가치세법

국제물류주선업을 영위하는 사업자가 국제복합운송계약에 의하여 화주로부터 화물을 인수하여 자기책임 하에 출발지에서 도착지까지 운송용역을 하나의 용역으로 연결하여 국제간에 화물을 운송하여 주고 화주로부터 대가를 받는 경우 거래상대방으로부터 받는 당해 운송용역의 공급과 관련된 대가관계가 있는 모든 금전적 가치(창고료, 하역료, 통관수수료, 운송료 등)가 있는 것은 부가가치세 과세표준에 포함된다(부가46015-800, 1999.03.25).

③ 심판례

복합운송주선업은 사실상 주선에 가깝고 외국복합운송주선업자에게 지급한 운임은 사실상 매출로 보기 어려워 이를 차감한 금액을 부가가치세 과세표준으로 하여야 한다(국심2007서1069, 2007.8.21).

2. 중소기업의 범위

국제물류주선업은 조세특례제한법시행령 제2조 및 제5조 제8항의 규정에 의하여 중소기업기본법시행령 별표1에 해당하는 다음의 속하는 물류산업은 중소기업 해당업종에 속하므로 중소기업 요건을 충족하는 경우에는 중소기업에 대한 조세지원을 받을 수 있다. 다만, 자동차에 관한 정기 수시 검사와 교통사고관련 통지 및 보험관리, 국세 등 제세 신고 및 사업자등록 관리 업무를 대행해 주고 차종 및 화물적재량에 따라 받는 지입료 명목 등의 수입은 「조세특례제한법」 제7조 제1항 제1호 처목의 "물류산업"에 해당되지 아니하는 것이다(법인-780, 2010.08.23).

3. 국제물류주선업에 대한 중소기업특별세액감면

국제물류주선업은 물류산업에 해당되므로 중소기업 요건을 충족하면 2025년 12월 31일 이전에 끝나는 과세연도까지 해당 사업장에서 발생한 소득에 대한 소득세 또는 법인세에 대하여 중소기업특별세액감면을 받을 수 있다.

감면율은 수도권 안에서의 소기업은 20%, 수도권 외의 지역에 있는 소기업은 30%, 중기업은 15%를 적용한다(조특법7①②).

4. 대손금의 손금산입

운송업을 영위함으로써 발생하는 채권은 그 권리를 행사할 수 있는 때로부터 1년간 이를 행사하지 아니하면 소멸시효가 완성되는 것이며, 소멸시효가 완성될 때까지 회수하지 못한 채권은 그 소멸시효가 완성된 날이 속하는 사업연도에 대손금으로 손금산입 하는 것으로서 그 후 사업연도의 손금에 산입할 수 없다. 이 경우 소멸시효가 완성된 날이 속하는 사업연도의 손금에 산입하지 아니한 대손금은 그 사업연도에 국세부과의 제척기간이 만료되지 아니한 경우에는 당해 사업연도의 손금에 산입하여 법인세 과세표준 및 세액을 경정할 수 있다(법인 46012-3339, 1998.11.03 같은 뜻 국심 2001중700, 2001.06.21).

5. 지출증명수취특례

법인이 운송주선업자에게 운송주선용역의 대가를 지급함에 있어서 당해 용역의 대가에 해당하는 취급수수료 외에 외국운송업자가 제공하는 용역의 대가인 항공운임을 함께 지급한 후 그 항공운임을 운송주선업자로 하여금 대신 외국운송업체에게 지급하도록 한 경우에도 당해 법인이 실제용역을 제공한자로부터 같은 법 제116조 제2항 각호의 1에 해당하는 지출증빙서류를 수취하여야 하는 것이나, 외국운송업자가 제공하는 용역이 같은 법 시행규칙 제79조 제9항의 제3호에 해당하는 경우에는 지출증빙의 수취특례가 적용되는 것이다(서이 46012-10108, 2001.09.05.).

PART 04

수출입업의 계정과목 회계와 세무실무

자산회계와 세무실무_ 제 1 절
부채회계와 세무실무_ 제 2 절
자본회계와 세무실무_ 제 3 절
수익회계와 세무실무_ 제 4 절
비용회계와 세무실무_ 제 5 절
수출·수입의 특수 계정과목의 처리_ 제 6 절
지출증명 수취·보관의무_ 제 7 절
업무용승용자동차 손금산입특례_ 제 8 절
세금계산서 작성·발급·전송 관련 가산세_ 제 9 절

PART 04 수출입업의 계정과목 회계와 세무실무

제1절 자산회계와 세무실무

자산이란 기업이 경영활동을 수행하기 위해서 보유하고 있는 현금, 상품, 건물, 비품 등과 같은 재화나 채권으로 경제실체가 과거의 거래 또는 사건의 결과로 획득하였거나 통제하고 있는 미래의 가능한 경제적 효익을 의미한다. 즉, 자산은 특정기업에 미래의 경제적 효익을 제공할 수 있는 용역잠재력을 가진 자원이라고 말할 수 있다. 자산은 부채(채권자 지분)와 자본(주주 지분)으로 구성되며 미래 현금유입액으로 기업의 가치를 창출하는 원천이 된다. 기업회계기준상 자산은 유동자산과 비유동자산으로 분류한다.

1. 유동자산

유동자산이란 1년 내에 현금으로 바꿀 수 있는 자산으로서 당좌자산과 재고자산으로 분류된다.

(1) 당좌자산

당좌자산은 유동자산 중 기업이 원할 경우 즉시 현금화가 이루어질 수 있는 자산을 말하며, 이에 속하는 자산은 다음과 같다.

1) 현금 및 현금성자산

현금 및 현금성자산은 통화 및 타인발행수표 등 통화대용증권과 당좌예금, 보통예금 및 큰 거래비용 없이 현금으로 전환이 용이하고 이자율 변동에 따른 가치변동의 위험이 중요하지 않은 금융상품으로서 취득 당시 만기일(또는 상환일)이 3개월 이내인 것을 말한다. 현금 및 현금성자산은 기업의 유동성 판단에 중요한 정보이므로 별도 항목으로 구분하여 표시한다.

① **현금**

현금거래는 기업의 일상거래에서 자주 발생되고 허위, 부정가능성이 매우 높다. 특히, 기업에서는 분식회계 또는 역분식 회계로 주로 현금거래를 이용하고 있다. 기업에서의 역분식 방법으로는 현금출납부를 위장하여 현금이 지급된 것처럼 기장하여 가공부채와 가공자산, 가공비용을 계상하는 방법이다. 오늘날 지급수단의 발달로 인하여 현금보다는 수표, 어음, 신용카드, 전자화폐 등이 많이 통용된다. 현금거래가 많은 기업은 내부통제조직 및 그 지출에 대한 타당성을 항시 검증하여야 한다.

㉠ 장부상 현금시재가 과다하게 계상되어 있는 경우(장부상 현금 > 실재현금)

회사의 통상 경상비 규모를 초과하여 보유하는 현금은 분식결산 등 허위일 가능성 높아 현금보유액을 가지급금으로 보아 인정이자를 익금산입 할 가능성이 높다.

㉡ 장부상 현금보다 실재현금이 많은 경우(장부상 현금 < 실재현금)

현금이 과다한 경우에는 현금의 원천을 확인하게 되어 매출누락으로 밝혀지면 부가가치세와 법인세 등을 부과당하게 되며 유보로 소득처분하게 된다.

> **● 참고**
>
> **소득처분이란?**
>
> 법인세법상 세무조정한 사항에 대하여 그 귀속자를 결정하는 절차를 말한다. 소득처분사항 중 회사내부에 남아있는 것을 사내유보라 하며 외부로 유출된 것이 명백한 것은 사외유출이라 한다.

㉢ 외화현금을 보유하고 있는 경우

외화표시수표나 외화현금을 보유하고 있는 경우 결산일에 기준환율 또는 재정환율로 환산하여 장부가액과의 차이를 외화환산손익으로 영업외손익에 반영한다.

○ 참고

자료상이란?

재화나 용역의 공급대가 없이 세금계산서를 발급하고 그 대가로 수취자로부터 일정율의 수수료를 받는 자를 말한다. 자료상으로 확정되면 검찰에 고발조치 되며 가산세 등의 처벌을 받게 된다.

조세범처벌법 제10조【세금계산서의 발급의무 위반 등】

③ 재화 또는 용역을 공급하지 아니하거나 공급받지 아니하고 다음 각 호의 어느 하나에 해당하는 행위를 한 자는 3년 이하의 징역 또는 공급가액에 부가가치세의 세율을 적용하여 계산한 세액의 3배 이하에 상당하는 벌금에 처한다.

1. 「부가가치세법」에 따른 세금계산서를 발급하거나 발급받은 행위
2. 「소득세법」 및 「법인세법」에 따른 계산서를 발급하거나 발급받은 행위
3. 「부가가치세법」에 따른 매출·매입처별 세금계산서합계표를 거짓으로 기재하여 제출한 행위
4. 「소득세법」 및 「법인세법」에 따른 매출·매입처별계산서합계표를 거짓으로 기재하여 제출한 행위

실무적용 Tip

○ 고액현금거래 보고제도

금융거래를 통하여 자금세탁행위를 규제하고 외화의 불법유출을 방지함으로써 범죄행위예방과 건전하고 투명한 금융거래질서 확립에 기여하고자 2001년 금융정보분석원(Ko FIU)이 설치되어 운영되고 있다. 고액현금 거래보고제도(CTR : Currency Transaction Reporting System)는 1천만원 이상의 현금거래를 금융정보분석원에 보고하도록 하는 제도로서 금융기관이 자금세탁의 의심이 있다고 주관적으로 판단하는 금융거래에 대하여만 보고토록 하는 혐의거래 보고제도(Suspicious Transaction Report System)와는 이러한 점에서 구별되는 제도이다. 금융기관은 금융거래의 상대방에게 지급하거나 그로부터 영수한 경우에는 그 사실을 30일 이내에 금융정보분석원장에게 보고하여야 한다(특정금융거래정보의보고및이용등에관한법률 제4조의 2).

② 예금

예금은 보통예금, 당좌예금, 정기예금, 정기적금 등 금융상품으로 만기가 3개월 이내에 도래하면 "현금 및 현금성자산"으로, 3개월에서 1년 내에 도래하면 "단기금융상품"으로, 1년 이후에 도래하면 "장기금융상품"으로 처리한다.

현금성자산이란 큰 거래비용 없이 통화, 통화대용증권 또는 요구불 예금으로 전환이 용이하고 이자율변동에 따른 가치변동 위험이 중요하지 않은 채무증권과 단기금융상품으로서 취득당시 만기(또는 상환일)가 3개월 이내인 것을 말한다. 정형화된 금융상품에는 양도성예금증서(CD), 기업어음(CP), 어음관리구좌(CMA), 환매조건부채권, 기업금전신탁, 표지어음 등이 있다.

㉠ 마이너스 예금통장, 당좌차월은 단기차입금으로 처리한다.
㉡ 당좌거래개설보증금은 투자자산(장기금융상품)으로 분류한다.
㉢ 선일자수표를 발행하는 경우에는 매입채무 또는 미지급금으로 처리한다.
㉣ 외화예금은 입출금시에 외화예금계좌별로 외환차손익을 기록하고 기말에 외화환산손익을 계상한다. 외화매출채권의 회수와 원화환전이 시차를 두고 이루어지는 경우 외환차손익을 각각 구분하여 인식한다.

실무적용 Tip

◎ 예금거래와 세무상 검토사항

(1) 예금누락 여부 확인

예금은 이자수익이 발생되며 이자소득 원천징수자료가 국세청에 제출되므로 예금이 누락되는 경우 세금을 추징 받게 된다. 특히 법인은 순자산증가설에 의하여 과세소득의 범위를 규정하고 있으므로 예금이 누락되면 자산누락, 이자수익의 누락으로 법인세 등을 추징 받게 된다. 따라서 예금 입·출금거래에 따라 반드시 전표를 발생시켜야 한다. 또한 결산시에는 금융기관으로부터 예금 잔액 증명서나 거래내역을 받아 잔액과 이자수익, 원천징수세액을 확인하여야 한다.

예금이 누락되었을 때의 세무조정은 다음과 같다.

익금산입 예금누락 ×××(유보)

예금을 법인통장에는 보유하고 있으나 단지 기표 상에 누락된 경우에는 사외로 유출되지 않았으므로 소득처분을 유보로 하여야 하지만, 예금을 인출하여 대표자가 개인용도로 사용하였다면 대표자에게 상여처분이 되어 소득세를 추징 받게 된다.

(2) 귀속시기 차이에 따른 세무조정

① 미수수익 계상

이자수익의 인식은 기업회계에서는 실현주의에 따라, 세법에서는 권리의무확정주의(주로 현금주의임)에 따라 인식한다. 이 경우의 회계처리는 다음과 같다.

- 20×1 이자발생시

  (차) 미수수익　　　　　×××　　(대) 이자수익　　　　　×××

- 20×2 이자수취시

  (차) 현　금　　　　　　×××　　(대) 이자수익　　　　　×××
  　　 선납예금　　　　　×××　　　　 미수수익　　　　　×××

  ＊ 이자수익은 원천징수세액을 포함한 금액을 영업외수익으로 계상한다.

② 세무조정

20×1 도에는 기업회계상 수익이지만 법인세법에서는 원천징수시기인 20×2 도의 익금이다. 따라서 20×1 회사장부상의 당기순이익에 포함된 미수이자(이자수익)를 차감하여 법인세법상 각 사업연도소득금액을 구하게 된다. 즉, 세무조정은 익금불산입(손금산입) 미수수익 ×××(△유보)로 하면 된다. 20×2 도에는 법인세법상 이자수익이 익금에 해당되나 회사장부상에는 이자수익으로 계상되어 있지 않으므로 다음과 같이 세무조정하면 된다.

익금산입(손금불산입) 이자수익 ×××(유보)

여기서 알 수 있듯이 소득처분 중 유보는 언젠가는 소멸되는 일시적 차이로 인하여 발생되며 자본금과 적립금조정명세서(을)표에 의하여 사후관리 되며 세무상 자본을 증가 또는 감소시킨다. 법인이 이자를 받는 경우 금융기관 등에서는 이자소득세를 원천징수하고 세금을 납부하며 기업에서는 선납법인세로 유동자산으로 처리하였다가 기납부(원천징수)세액으로 공제받는다. 일반적으로 소규모기업에서는 이자수익을 현금주의로 인식하는 경우가 있다. 이 경우에 기업회계기준은 위배되지만 세법상으로는 정당하므로 세무조정은 발생하지 않는다.

■ 자본금과 적립금조정명세서(을)표란?

세무조정에 따른 유보로 소득처분 되는 항목을 사후관리 하는 서식으로 기업회계상 자본에 유보를 가감하여 세무상 자본을 계산하게 된다. 유보는 일시적 차이로 주로 자산·부채의 평가의 차이, 귀속시기의 차이 등으로 발생하게 되며 이로 인하여 이연법인세 회계가 발생한다.

(3) 세액감면과 이자수익과의 관계

세액감면은 특정업종, 특정자산 등 조세 정책적 목적으로 감면대상 소득금액에 대하여 일정금액을 산출세액에서 차감하여 주는 것이다.

만일 법인이 도매(무역)업과 부동산임대업을 겸업한다고 가정할 때 중소기업특별세액감면을 받는 부분은 도매업에서 발생한 소득에 대해서만 감면대상이 된다. 따라서 감면대상 소득금액을 정확히 계산하기 위해서는 업종별로 구분경리를 하여야 한다.

그러면 법인이 도매업만을 영위하는 경우에 세액감면을 받기 위하여 소득구분계산을 할 필요가 없는지의 문제이다.

즉, 세액감면의 계산구조를 살펴보면 다음과 같다.

$$감면세액 = 산출세액 \times \frac{감면대상\ 소득금액}{과세표준} \times 일정률$$

실무자들은 종종 감면대상인 한 업종만 영위하는 경우에 발생소득 전액이 감면대상 소득금액으로 오해하여 감면세액을 과다하게 받는 경우가 있다. 그러나 모든 법인에서 대부분 이자수익(영업외수익)이 발생하는 것이 일반적이다. 법인세법에서 이자수익은 영업활동과 직접관련 없는 수익으로 감면대상이 아닌 개별익금으로 보고 있다. 따라서 이자수익은 소득구분계산서 중 영업외수익 개별분(기타-과세대상)으로 분류하여 감면대상소득에서 제외시켜야 한다. 특히, 영업외수익에 해당되는 이자수익 등을 감면대상 소득에 포함하여 감면을 받는 경우 업무 감사나 서면검토, 전산분석 등으로 사후관리 되어 추징당하게 되니 주의를 요한다.

③ 소득구분계산서의 작성
　㉠ 소득구분계산서 양식

[별지 제48호 서식] (2008.03.31 개정)

사업연도	． ． ． ～ ． ． ．	소 득 구 분 계 산 서		법 인 명	
				사업자등록번호	

①과　목	②구 분	코 드	③합 계	감면분 또는 합병 승계사업해당분등						기 타 분		비 고
				④ 금액	⑤ 비율	④ 금액	⑤ 비율	④ 금액	⑤ 비율	⑥ 금액	⑦ 비율	
(1) 매 출 액		01										
(2) 매 출 원 가		02										
(3) 매 출 총 손 익 {(1)-(2)}		03										
(4) 판 매 비 와 관 리 비	개별분	04										
	공통분	05										
	계	06										
(5) 영 업 손 익 {(3)-(4)}		07										
(6) 영 업 외 수　　익	개별분	08										
	공통분	09										
	계	10										
(7) 영 업 외 비　　용	개별분	11										
	공통분	12										
	계	13										
(8) 각사업연도소득 또는 설정전 소득 {(5)+(6)-(7)}		21										
(9) 이 월 결 손 금		22										
(10) 비 과 세 소 득		23										
(11) 소 득 공 제 액		24										
(12) 과세표준{(8)- (9)-(10)-11)}		25										

ⓛ 작성요령
ⓐ 감면세액을 계산할 때 소득구분계산서를 작성하여야 한다. 또한 비영리법인의 수익사업 계산, 부동산임대업과 기타사업의 겸업, 소비성서비스업의 겸업 등의 경우에도 작성하여야 한다.
ⓑ 제조업 등 감면사업만을 영위하는 경우에도 영업외수익(이자수익, 유형자산처분손익, 자산수증익 등)이 있는 경우에는 소득구분계산서 작성시 감면소득에서 제외하여야 한다.
ⓒ 이월결손금, 소득공제가 있는 경우에는 발생원천에 따라 분류하여야 한다.
ⓓ 감면소득은 종합소득금액 또는 각 사업연도소득금액을 초과할 수 없다(100% 한도)(서이46012-10188, 2003.01.27).
ⓔ 업종별로 감면율이 다른 경우 구분하여 각각 작성한다.
즉, 법인세가 감면되는 사업과 기타의 사업을 겸영하는 법인은 법인세법 제113조 및 같은법시행령 제156조를 준용하여 구분경리 하여야 하는 것으로서, 수개의 업종을 겸영하고 있는 법인의 공통손익은 먼저 업종별로 안분계산하고 다음에 동일업종 내의 공통손익을 안분계산 하는 것이며, 이 경우 서로 다른 업종에 대한 공통손금은 업종별 개별손금액에 비례하여 안분계산 한다(서이46012-11261, 2003.07.04).
ⓕ 공통익금은 수입금액 또는 매출액에 비례하여 안분계산하고, 업종이 다른 경우에는 개별손금에 비례하여 안분계산 한다.
ⓖ 세무조정사항을 가감한다. 예를 들면, 재고자산평가감은 해당업종의 매출원가에서 차감하고, 접대비한도초과액, 감가상각비한도초과액 등은 해당업종의 제조원가나 판매비와 관리비에서 차감한다.
ⓗ 소득구분계산서상 각 사업연도소득 ⓐ는 법인세과세표준 및 세액조정계산서(별지 제3호 서식)의(107)란의 금액과 일치하여야 하며, 과세표준 ⓑ는 법인세과세표준 및 세액조정계산서의(112)란과 일치하여야 한다.
ⓘ 중계무역(도매업)에 의한 수입금액이 발생되는 경우
제조업을 영위하는 법인이 법인세법시행규칙 제76조 제6항의 규정에 의하여 감면사업과 기타사업에 공통되는 손익을 구분경리 함에 있어, 당해 사업과는 별도로 수출을 목적으로 재화를 수입하여 제3국으로 수출하는 중계무역(도매업)에 의한 수입금액이 발생되는 경우, 공통익금은 수입금액(중계무역으로 발생된 것을 포함)에 비례하여, 공통손금은 감면사업과 기타사업의

개별 손금액에 비례하여 안분계산 하는 것이다(서이 46012-11271 2003. 07.07).

ⓒ 감면사업과 과세사업의 개별익금과 개별손금
ⓐ 감면사업의 개별익금 : 부산물·작업폐물 매출액, 채무면제익, 원가차익, 채권추심익, 준비금 및 충당금의 환입액, 관세환급금(서이46012-10086, 2001.09.03)
ⓑ 과세사업의 개별익금 : 수입배당금, 수입이자, 유가증권처분이익, 수입임대료, 가지급금인정이자, 유형자산처분익, 자산수증이익, 국고보조금, 신용카드세액공제, 사업장이전보상금, 영업손실보상금, 사업용자산의 보험차익
ⓒ 외환차손익
ⅰ) 감면사업 또는 과세사업에 직접 관련되는 외환차손익은 당해 사업의 개별손익으로 구분한다.
ⅱ) 수출매출채권(매입채무) 회수와 관련된 외환차손익은 감면대상 개별손익금으로 한다.
ⅲ) 수출매출채권(매입채무) 회수 이외의 외화채권과 관련된 외환차손익은 과세대상 개별손익으로 구분한다.

판례

국고보조금의 감면대상 여부(조심-2017-중-2515, 2017.07.26)

처분청은 쟁점고용지원금이 조특법 제85조의6 제1항의 법인세가 감면되는 '해당 사업에서 발생한 소득'에 해당하지 않는다는 의견이나, 「사회적기업 육성법」 제8조 및 제14조를 종합하여 보면, 사업적기업의 인증 요건으로 취약계층에게 사회서비스 또는 일자리를 제공하거나 지역사회에 공헌함으로써 지역주민의 삶의 질을 높이는 등 사회적 목적의 실현을 조직의 주된 목적으로 하도록 규정하고 있고, 고용노동부장관은 이러한 취약계층에게 일자리를 제공하는 기업에게 운영에 필요한 인건비, 운영경비 등의 재정적 지원을 할 수 있다고 규정하고 있는바, 사회적기업이 취약계층을 고용 등을 함에 따라 국가로부터 지원받는 지원금에 대하여 법인세를 감면하지 않는 것은 사회적기업이 아닌 업체와 달리 사회적 취약계층을 고용하는 사회적기업에게 인건비 등을 지원하고자 하는 취지에 부합하지 않는 것으로 보이는 점, '해당 사업에서 발생한 소득'이라 함은 감면사업에서 발생한 소득이라 할 것이고, 동 소득은 매출이나 수입에서 매입이나 비용을 차감한 것이므로, 관련 법령에 따른 정부의 국고보조금이 해당 사업의 비용을 보전하는 데 직접적으로 사용된 것이 확인된다면 동 국고보조금은 납세자의 해당 사업에서 발생한 소득에 포함되

는 것으로 해석할 수 있는 점 등에 비추어 청구법인이 「사회적기업 육성법」에 따라 수령한 쟁점고용지원금을 해당 사업(블라인드 제조업 및 도소매업)의 운영에 필요한 인건비에 사용된 것에 다툼이 없는 이상 쟁점고용지원금은 조특법 제85조의6 제1항의 법인세 감면소득으로 보는 것이 타당하다 하겠다.

 실무적용 Tip

○ **차명계좌와 매출누락**

(1) **차명계좌를 이용한 수입금액의 누락**

차명계좌를 통하여 매출을 누락하여 비자금을 조성하거나 조세를 포탈하는 경우가 있다. 차명으로 수입금액을 회수하는 경우 과세관청에서는 확인이 불가능한 것일까? 일반적으로 납세자들은 차명을 이용하면 금융실명법 때문에 세무공무원이 쉽게 매출누락 등을 확인할 수 없다는 생각으로 배우자나 임직원명의의 차명계좌를 이용한다. 그러나 이는 매우 잘못된 판단이다. 차명계좌를 이용하더라도 세무조사나 탈세제보에 의하여 쉽게 적발될 가능성이 매우 높다. 국세청에서는 금융기관으로부터 제출받은 이자·배당 원천징수 소득자료나 금융정보분석원을 통하여 활용하면 쉽게 차명계좌의 확인이 가능하다. 따라서 차명계좌를 이용한 수입금액 누락은 근본적으로 불가능하다.

조사사무처리규정 제43조[금융·거래 현지확인의 제한]

① 세무조사를 실시함에 있어 금융거래 현지 확인이 필요한 경우에는 그 사유와 범위를 구체적으로 표시하여 소관 지방국세청장의 승인을 받아 실시하여야 하며, 「금융실명거래 및 비밀보장에 관한법률」과 「상속세 및 증여세법」등 관련 법령에서 정한 범위와 절차를 엄격히 준수하여야 한다.

② 제1항의 규정에 불구하고 신용카드 변칙거래, 자료상, 자료중개인 및 자료중개 관련인 (거래처포함)에 대한 금융거래 현지 확인이 긴급히 필요한 경우에는 관할 관서장의 승인을 받아 착수할 수 있으며, 이 경우 지방국세청장에게 착수한 날의 다음 날까지 금융거래 현지확인 대상자와 긴급한 사유 등을 보고하여야 한다.

> **과세관청의 차명계좌 확인방법**
> ㉠ 금융기관에서 제출된 지급명세서에 의한 이자·배당 소득자료에 의한 확인
> ㉡ 제세공과금, 각종요금 등 납부은행 확인
> ㉢ 거래처의 매입채무, 미지급금 결제계좌 확인
> ㉣ 계좌 메모장, 전표, 수첩 등의 계좌확인

(2) 차명계좌와 처벌

누구든지 「특정 금융거래정보의 보고 및 이용 등에 관한 법률」 제2조 제3호에 따른 불법재산의 은닉, 같은 조 제4호에 따른 자금세탁행위 또는 같은 조 제5호에 따른 공중협박자금조달행위 및 강제집행의 면탈, 그 밖에 탈법행위를 목적으로 타인의 실명으로 금융거래를 하여서는 아니 된다. 〈신설 2014.5.28.〉

실명이 확인된 계좌 또는 외국의 관계 법령에 따라 이와 유사한 방법으로 실명이 확인된 계좌에 보유하고 있는 금융자산은 명의자의 소유로 추정한다(금융실명법 3③⑤).

이를 위반한 자는 5년 이하의 징역 또는 5천만원 이하의 벌금에 처한다. 이 경우 징역형과 벌금형은 병과(倂科)할 수 있다.(금융실명법6). 〈개정 2014.5.28.〉

(3) 사업용계좌 개설제도 도입(소법 160의5 및 소령208의5)

2007.01.01. 거래분부터 사업자의 금융거래통장을 사업용과 가계용으로 분리하여 개설하고 사업용 계좌를 세무서에 신고하도록 하는 제도가 도입되었다. 즉, 개인사업자 중 복식부기의무자는 사업용계좌를 통하여 대금을 수수하고 금융기관을 통하여 대금의 결제가 이루어지는 거래와 인건비 및 임차료를 지급하거나 지급받는 때에는 반드시 사업용계좌를 통하여만 지출할 수 있도록 함으로서 과세표준양성화와 세원 투명성 제고에 기여하도록 하였다. 만일 사업용계좌를 사용하지 않는 경우에는 미사용 금액의 0.2%를 가산세로 부과한다.

2) 단기투자자산

단기투자자산은 기업이 여유자금의 활용 목적으로 보유하는 단기예금, 단기매매증권, 단기대여금 및 유동자산으로 분류되는 매도가능증권과 만기보유증권 등의 자산을 포함한다. 이들 자산은 현금 및 현금성자산과 함께 기업의 단기 유동성을 파악하는 데 중요한 정보이기 때문에 개별 표시한다.

① 유가증권의 분류

유가증권은 그 가치를 법률상 보장받을 수 있는 증권으로서 일반적으로 주식·사채 및 국·공채를 말한다. 그러나 이는 1년 내에 현금화가 가능해야 하며, 1년 이내에 현금화가 불가능한 유가증권은 투자유가증권으로 분류된다. 유가증권을 구체적으로 분류하면 다음과 같다.

㉠ 단기매매증권

주로 단기간 내의 매매차익을 목적으로 취득한 유가증권으로서 매수와 매도가 적극적이고 빈번하게 이루어지는 것을 말한다. 단기매매증권은 다음의 요건을 모두 만족하여야 한다.
ⓐ 단기간 내의 매매차익을 목적으로 취득할 것
ⓑ 매수와 매도가 적극적이고 빈번하게 이루어질 것
따라서 금융업 외의 일반기업은 단기매매증권으로 분류하는 경우가 매우 드물다.
ⓒ 시장성이 있을 것
시장성이 있는 유가증권은 유가증권시장(코스피, 코스닥), 공신력 있는 외국의 증권거래시장에서 거래되는 유가증권으로 제3시장에서 거래되는 유가증권은 시장성이 없어 단기매매증권으로 분류할 수 없다.

ⓛ 매도가능증권
단기매매증권이나 지분법적용투자주식, 만기보유증권으로 분류되지 아니하는 유가증권으로 1년 내에 만기가 도래하거나 처분할 것이 거의 확실한 유가증권을 말한다.

ⓒ 만기보유증권
만기가 확정된 채무증권으로서 상환금액이 확정되었거나 확정이 가능한 채무증권을 만기까지 보유할 적극적인 의도와 능력이 있는 경우에는 만기보유증권으로 분류한다.
ⓐ 만기가 확정된 채무증권으로서
ⓑ 원금 및 이자의 상환금액이 약정에 의하여 확정될 것
ⓒ 만기까지 보유할 적극적인 의도가 있을 것
ⓓ 만기까지 보유할 능력이 있을 것

② 지분법적용투자주식
투자회사가 피투자회사에 중대한 영향력을 행사할 수 있는 경우의 주식으로 투자자산으로 분류한다. 여기서 중대한 영향력이란 투자회사가 직접 또는 지배·종속회사를 통하여 간접으로 피투자회사의 의결권 있는 주식의 20%이상을 보유하고 있다면 명백한 반증이 있는 경우를 제외하고는 중대한 영향력이 있다고 본다. 다만, 지분율이 20%에 미달하더라도 실질적으로 중대한 영향력을 행사할 수 있다고 판단되는 경우에는 지분법을 적용한다.

② 유가증권의 평가
유가증권의 평가는 기업회계에서는 공정가액법, 법인세법에서는 원가법을 원칙으로 평가한다.

[표 4-1] 유가증권 평가방법

유가증권의 분류	기업회계상 평가방법	평가차액의 처리	법인세법
단기매매증권	공정가액	영업외손익	취득원가
지분법적용투자주식	지분법	영업외손익, 자본항목	
매도가능증권	공정가액·취득원가	자본항목	
만기보유증권	취득원가	–	

사례

유가증권의 평가와 세무조정

[사례 1] 단기매매증권의 평가

20×1.08.10. 1,000,000원에 취득한 단기매매증권의 20×1.12.31. 공정가액이 800,000원으로 하락하였다.

- 회계처리

    (차) 단기매매증권평가손실　200,000　　(대) 단기매매증권　　200,000

- 세무조정

    손금불산입 단기매매증권(평가손실) 200,000(유보)

    * 기업회계상 공정가액으로 평가한 금액을 영업외비용으로 반영하여 당기순이익을 감소시켰으나 법인세법은 원가법으로 평가손실을 인정하지 않기 때문에 기업회계상 유가증권의 장부가액이 세무상 장부가액보다 200,000원 과소평가되어 있으므로 손금불산입하고 유보처분함.

[사례 2] 지분법적용투자주식

20×1.02.03.(주) 태안물산은 가나(주)에 지분율 40%인 10억원을 투자하였다. 다음의 상황별로 회계처리하면 다음과 같다(이연법인세 무시).

① 취득시(20×1.02.03)

    (차) 지분법적용투자주식 1,000,000,000　　(대) 현금및현금성자산　1,000,000,000

② (주) 가나는 20×1.12.31. 당기순이익 2억원을 보고하였다.

    (차) 지분법적용투자주식　80,000,000　　(대) 지분법이익　　80,000,000

    * 2억 X 40% = 80,000,000

    [세무조정] 익금불산입 지분법적용투자주식(지분법이익) 80,000,000(△유보)

    * 법인세법은 지분법에 따른 평가를 하지 않으므로 익금에 산입하지 아니한다.

③ (주) 가나는 20×1.02.20. 배당금 1억원을 지급하였다.

    (차) 현금 및 현금성자산　40,000,000　　(대) 지분법적용투자주식　40,000,000

    [세무조정] 익금산입 지분법적용투자주식 40,000,000(배당금수익)(유보)

    * 법인세법상 수입배당금에 해당되므로 수입배당금에 대한 익금불산입 규정을 적용한다.

> **[사례3] 매도가능증권**
> 20×1.03.10. 취득한 매도가능증권 1,000,000원이 당해 사업연도말 공정가액이 1,200,000원으로 상승하였다.
> (차) 매도가능증권　　　 200,000　　 (대) 매도가능증권평가이익　 200,000
> [세무조정] 익금불산입 매도가능증권 200,000(△유보)
> 　　　　　 익금산입 매도가능증권 200,000(기타)
> * 매도가능증권평가이익은 자본항목중 기타포괄손익누계액으로 순자산을 증가시키므로 익금산입하고 또한 법인세법상 유가증권의 공정가액에 따른 평가를 인정하지 아니하므로 익금불산입 세무조정을 동시에 하게 된다. 이로 인하여 법인세의 과세소득에 미치는 영향은 없다.

③ 법인세법상 평가손실의 계상이 인정되는 경우

법인세법상 유가증권 평가방법은 원가법만 인정되므로 유가증권평가손익을 계상할 수 없다. 다만, 다음의 사유가 발생한 경우에는 결산조정에 한하여 유가증권평가손실의 손금산입이 인정된다.

㉠ 주식발행법인이 파산한 경우

㉡ 주권상장법인 또는 코스닥상장법인, 특수관계 없는 비상장법인이 발행한 주식 등으로 부도가 발생한 경우 또는 회생계획인가의 결정을 받았거나 부실징후 기업이 된 경우의 주식 등은 평가손실의 계상이 가능하다. 법인과 특수관계의 유무를 판단할 때 주식 등의 발행법인의 발행주식총수 또는 출자총액의 100분의 5 이하를 소유하고 그 취득가액이 10억원 이하인 주주 등에 해당하는 법인은 제50조 제2항에도 불구하고 소액주주 등으로 보아 특수관계에 해당하는 지를 판단한다(법령78④). 따라서 주식 등을 발행한 법인이 폐업한 경우는 「법인세법」제42조 제3항 제4호에서 규정하는 주식 등을 발행한 법인이 파산한 경우에 해당하지 아니하므로 폐업법인의 주식에 대한 투자유가증권감액손실은 손금에 산입할 수 없는 것이다(서면2팀-913, 2007.05.14).

④ 해외투자유가증권 감액손실의 손금산입 여부

해외현지법인에 대한 투자유가증권이 재산적 가치가 없거나 취득가액 보다 하락한 경우에도 주식발행법인이 해산 및 청산절차를 거쳐 투자액을 회수할 수 없는 것으로 확정될 때 까지는 동 투자액을 손금으로 계상할 수 없는 것이다(서면2팀-63, 2007.01.09). 다만, 해외자원개발을 목적으로 외국환거래법의 규정에 의한 해외직접투자에 의하여 외국법인이 발행한 주식을 취득한 내국법인이 동 외국법인의 파산으로 인하여 당해 해외직접투자사업을 청산함으로써 이와 관련된 해외자원개발사업을 종료한 경우에 그 투자사업 등의 청산으로 외국법인으로부터 회수할 잔여재산이 없는 것으로 인정되는 때에는 당해 주식의 가액을 그 청산일이 속하는 사업연도의 손금에 산입하는 것이다(서면2팀-985, 2008.05.21).

실무적용 Tip

◎ 주식 및 출자지분의 취득·보유·양도시의 세무실무

(1) 주식취득시

① 명의개서 및 자금출처 입증

주식취득시에는 주식취득자금이 확인되어야 한다. 만일 주식취득자금에 대한 자금출처를 입증하지 못하면 주식취득자금에 대한 증여추정규정에 따라 증여세를 부과당할 우려가 있다.

법인입장에서는 개인주주 또는 법인주주가 주식을 취득하여 주주가 변동되는 경우에는 명의개서를 하고 주주명부를 재작성하여야 하며, 법인세 과세표준신고시에 주식 등 변동상황명세서에 변동상황을 반영하여 제출하여야 한다.

② 명의신탁주식의 증여의제

주식을 타인명의로 신탁하거나 소유자가 바뀌었는데도 명의개서 등을 하지 않는 경우에는 다른 사람 명의로 명의개서 등을 한 날(미명의개서의 경우 소유권취득일이 속하는 연도의 다음 연도말일의 다음날)에 증여한 것으로 보아 증여세를 과세한다.

※ 조세회피목적 판단기준

(1) 조세회피목적이 있는 경우로 본 사례

① 청구인은 명의만 대여하였을 뿐 자금을 대여한 사실이 없어 배정주식을 담보목적으로 취득한 것이 아니라 할 것이고, 청구인 명의의 배정주식을 취득 및 양도하는 과정에서 실질소유자에게 상당규모의 양도차익이 발생하였음에도 이를 신고하지 아니하였기에 명의신탁에 조세회피목적이 있는 것으로 판단됨(조심2010서2258, 2010.12.29).

② 유상증자주식의 명의신탁을 알았다고 진술한 점, 인감증명서를 첨부하여 양도소득세를 신고한 점, 명의도용 관련자를 고발하지 않는 점 등에 비추어 볼 때 청구인이 명의신탁에 대하여 사실상 묵시적으로 동의하였다고 보여지므로 명의신탁증여의제로 본 처분은 정당함(조심2010서3639, 2010.12.28).

③ 주식 명의신탁과 관련하여 명의를 도용당하였다고 주장하나, 청구인이 이사 및 감사로 오랜 기간 근무하면서 근로소득을 지급받은 점, 배당으로 인한 종합소득세 누진과세 회피가능성 등이 있는 점 등에 비추어 볼 때, 처분청의 이 건 처분은 잘못이 없음(조심2010중3222, 2010.12.16).

④ 주식과 관련한 법인이 결손처분을 받는 경우에 납세의무를 면탈하게 되는 점, 실제 소유자의 사망으로 인하여 납부하게 되는 상속세 등을 절감할 수 있는 점, 과점주주를 회피하게 되어 출자자의 제2차 납세의무를 기피할 수 있는 점, 과점주주에 대한 취득세 중과세를 피할 수 있는 점 등을 감안하면, 명의신탁에 조세회피목적이 없었다고 인정하기는 어렵다고 판단됨(조심2010전2050, 2010.12.01).

⑤ 명의신탁의 목적을 구체적으로 밝히지 못하는 점, 명의신탁 이후 과점주주로서의 제2차 납세의무, 배당으로 인한 누적적 종합소득세 부담 등 조세회피의 결과가 발생하지 않았다 하더라도 이는 명의신탁 이후의 사정에

불과함(대법원2010두23880, 2010.12.15).

(2) 조세회피목적이 없는 것으로 본 사례
① 청구인 등 자금대여자들은 이자를 취할 목적에서 자금대여 후 담보로 쟁점주식을 보유하였다가 매도시 약정내용대로 대여원금과 이자를 수취한 것으로 이는 금전소비대차계약에 해당하는 것이므로 명의신탁이라 볼 수 없음(조심2010서2024, 2010.12.29).
② 주식을 양도하는 과정에서 주식처분이익에 대하여 법인소득으로 신고한 점, 청구인이 간접적으로 유상증자에 참여하고 주식과 관련된 주주권의 행사 및 배당금의 수령 등 어떠한 권리행사도 한 사실이 나타나지 아니한 점에 비추어, 조세를 회피할 목적으로 주식을 취득한 것으로 보기는 어려움(조심2010서2020, 2010.11.18).
③ 주식을 명의신탁 함으로써 누진세율 적용시 증가하는 세액만큼 조세회피가 가능하나 다면 명의신탁자와 명의수탁자의 조세부담을 합산하여 아무런 변동이 없거나 그 차이가 미미한 경우 조세회피목적의 명의신탁이라고 볼 수 없음(수원지방법원2009구합6033).
④ 명의신탁자는 이미 과점주주로서 제2차 납세의무를 회피할 의도가 없다고 보이는 점, 배당소득의 조세 경감 여부는 명의신탁자와 수탁자의 조세부담을 합산하여 판단하면 그 차이가 크지 않는 점 등으로 보아 조세회피 목적이 있었다고 볼 수 없음(서울고등법원2009누33289, 2010.10.07).
⑤ 주식을 명의신탁한 것은 후처로부터 자신의 재산을 보전하기 위한 것으로서 명의신탁 당시 조세회피의 목적이 없었다고 봄이 상당하고 장래에 조세경감의 결과가 발생할 가능성이 존재할 수 있다는 막연한 사정만으로 달리 볼 것은 아님(대법원2009두1471, 2009.05.14).

(3) 과점주주에 대한 간주취득세의 신고·납부
법인의 주식 또는 지분을 취득함으로써 과점주주(지분이 50% 초과)가 된 때에는 그 과점주주는 당해 법인의 부동산·차량등 취득세 과세대상자산을 취득한 것으로 보아 취득세를 신고·납부하여야 한다.

(2) 주식보유시

법인이 현금배당금을 받는 경우 배당금수익을 영업외수익으로 계상한다. 이 금액은 법인세가 과세된 세후소득으로 이중과세를 조정하기 위하여 수입배당금에 대한 익금불산입을 하여야 한다. 또한 주식배당을 받는 경우 발행가액을 익금으로 산입하여야 하며 무상증자의 경우 일정한 경우에는 의제배당으로 보아 익금에 산입하여야 한다. 개인이 배당금을 받는 경우에는 분리과세 또는 종합과세를 통하여 종합소득세를 납부하게 되며 종합과세시 귀속법인세 상당액을 배당세액공제를 통하여 이중과세를 조정하게 된다.

(3) 주식양도시

① 양도소득세 신고·납부

양도소득세가 과세되는 주식을 양도한 경우에는 양도일이 속하는 반기의 말일로부터 2개월 이내에 양도소득세 과세표준과 세액에 대하여 예정신고·납부를 하여야 한다(소법 105 ① 2). 주식의 양도차익을 계산함에 있어 그 취득시기 및 양도시기는 「소득세법시행령」 제162조의 규정에 의하여 원칙적으로 당해 자산의 대금청산일이며, 주식 또는 출자지분의 경우로서 대금을 청산하기 전에 명의개서를 한 경우에는 명부에 기재된 명의개서일이다(서면5팀-3284, 2007.12.21). 개인주주가 주식 또는 출자지분을 양도하는 경우에는 일정한 경우를 제외하고는 양도소득세가 과세된다. 이 경우 양도가액과 취득가액은 실지거래가액이 원칙이다. 양도소득세율은 다음과 같다.

㉠ 중소기업 외의 법인의 주식 등으로서 대주주가 1년 미만 보유한 주식 : 30%
㉡ ㉠에 해당하지 아니하는 주식 등

양도소득 과세표준	세율
3억원 이하	20%
3억원 초과	6천만원 + (3억원 초과액 × 25%)

㉢ 대주주가 아닌 자가 양도하는 주식 등
- 중소기업 주식 : 10%
- 그 외의 주식 : 20%

㉣ 기타자산(특정주식·특정시설물이용권, 영업권) : 6% ~ 45%
여기서 특히 주의할 점은 중소기업주식의 판정시 중소기업주식의 범위이다. 소득세법시행령 제167조의 4의 규정을 보면, 중소기업이란 주식 등의 양도일 현재「중소기업기본법」제2조에 따른 중소기업에 해당하는 기업을 말한다. 〈개정 2012.2.2〉 따라서 법인세법상 또는 조세특례제한법상 중소기업 범위와는 다소 차이가 있으며 이 경우의 범위가 더 넓다고 볼 수 있다. 즉, 법인세법상에서는 중소기업의 범위에 해당하지 않지만(예를 들면 부동산임대업 등) 주식양도소득의 세율적용에 있어서 중소기업에 해당되는 경우가 있으니 중소기업기본법상 중소기업 여부를 검토하여야 한다.

② 증권거래세 신고·납부
주식을 양도하는 경우에는 양도자가 매 분기분의 과세표준과 세액을 양도일이 속하는 반기(半期)의 말일부터 2개월 이내(증권거래세법 제3조 제1호 및 제2호의 경우에는 매월분의 과세표준과 세액을 다음 달 10일)에 증권거래세를 신고·납부하여야 한다. 이 기한 내에 신고·납부를 하지 않는 경우에는 신고불성실가산세 20%(40%: 부당한 방법)와 납부지연가산세 일당 0.22/10,000이 부과된다. 납세지는 양도자의 주소지이다.
만일, 주식발행법인이 주주의 증권거래세를 대납하는 경우에는 업무무관가지급금에 해당되므로 가지급금인정이자 계산대상이 된다. 증권거래세 신고는 양도자의 주소지관할 세무서에 증권거래세 신고서와 주식양도계약서를 첨부하여 신고하면 된다.

③ 주식 등 변동상황명세서 제출
사업연도 중에 주식 등의 변동상황이 있는 법인(법인세법시행령 제1조의 조합법인 등은 제외)은 법인세과세표준 신고기한 내에 주식변동상황명세서를 납세지 관할세무서장에게 제출하여야 한다. 다만, 주권상장법인 및 코스닥상장법인의 소액주주가 소유한 주식과 주식회사가 아닌 법인의 출자지분으로서 대통령령이 정하는 주식 등에 대하여는 제출하지 아니한다(법법119). 주식변동상황명세서를 미제출·누락제출·불분명하게 제출한 주식 등의 액면가액 또는 출자가액의 1%에 상당하는 가산세가 부과된다. 다만, 제출된 주식변동상황명세서의 필요적 기재사항의 일부가 착오로 사실과 다르게 기재된 경우로서 그 밖의 기재사항에 의하여 주식 등의 변동상황을 확인할 수 있는 경우를 제외한다(법76⑥). 과세관청은 주식변동상황명세서를 제출받아 전산에 수록하여 주식이동조사 및 양도소득세, 상속세 및 증여세 과세자료 등으로 활용하므로 오류나 누락되지 않도록 작성에 주의를 요한다.

사업연도 중에 주식변동(양도, 증자 등)이 있는 법인이 법인세 신고시 주식변동상황을 누락하여 가산세를 추징당하는 사례가 많으니 특히 주의를 요한다. 또한 주식변동상황명세서는 주식회사뿐만 아니라 합명, 합자, 유한회사도 모두 적용되며 조합법인 등 일정한 법인을 제외한 특별법에 의하여 설립된 법인도 해당되니 변동상황이 있는 경우에는 반드시 제출하여야 한다. 또한, 신설법인은 사업자등록신청시 제출한 주주명부와 사업연도종료일 현재 주주가 다른 경우, 증자의 경우, 합명회사나 합자회사의 출자지분 변동시에도 주식변동상황명세서를 제출하여야 한다. 즉, 법인 설립당시 주주명세서를 제출한 내국법인이 최초사업연도에 대한 주식 등의 변동이 없이 「주식등변동상황명세서」를 제출하지 아니한 경우, 「법인세법」 제76조 제6항의 가산세를 적용하지 아니한다(서면2팀-1190, 2007.06.19).

(4) 주식거래시의 주의사항

중소기업의 경우 주식거래를 할 때 액면가액으로 양도·양수거래를 하는 경우가 있다. 이 경우 과세관청에서는 시가(기준시가)로 주식을 평가하여 거래가액과의 차액이 일정한 금액이상인 경우 특수관계자에게는 부당행위계산부인에 의해 양도소득세와 증여세를 추징하고 비특수관계자에게는 증여세를 과세하게 된다. 특히 건설업의 경우 실질자본금이나 경영상태비율을 유지하기 위하여 주식가치가 과대평가되는 경우가 있다. 따라서 주식을 양도·양수하는 때에는 주식평가를 하여 거래가액을 결정하는 것이 바람직하다.

※ 상속세 및 증여세법 제35조 【저가·고가 양도에 따른 이익의 증여 등】
① 다음 각 호의 어느 하나에 해당하는 자에 대해서는 해당 재산을 양수하거나 양도하였을 때에 그 대가와 시가(時價)의 차액에 상당하는 금액으로서 대통령령으로 정하는 이익에 상당하는 금액을 증여재산가액으로 한다.
1. 타인으로부터 시가보다 낮은 가액으로 재산을 양수하는 경우에는 그 재산의 양수자
2. 타인에게 시가보다 높은 가액으로 재산을 양도하는 경우에는 그 재산의 양도자
② 제1항을 적용할 때 대통령령으로 정하는 특수관계인이 아닌 자 간에 재산을 양수하거나 양도한 경우로서 거래의 관행상 정당한 사유 없이 시가보다 현저히 낮은 가액 또는 현저히 높은 가액으로 재산을 양수하거나 양도한 경우에는 그 대가와 시가의 차액에 상당하는 금액을 증여받은 것으로 추정하여 대통령령으로 정하는 이익에 상당하는 금액을 그 이익을 얻은 자의 증여재산가액으로 한다.

(5) 주식양도·양수계약서

> 양도인(갑) : 김성실(주민등록번호)
> 양수인(을) : 홍길동(주민등록번호)
>
> 위 갑은 새천년(주)의 주식을 아래와 같이 을에게 양도하기로 하며 본 계약을 체결한다.
>
> 1. 주식종류 : 새천년(주) 보통주식
> 2. 양도주식수 : 100주
> 3. 1주당 액면가액 : 5,000원
> 4. 1주당 양도가액 : 10,000원
> 5. 주권 종류 및 수량 :
> 6. 주권번호 :
> 7. 양도조건(별도의 조건이 있는 경우) :
> 8. 잔금지급일 : 20×1.05.01
>
> 20×1년 4월 20일
>
> 양도자(갑) : 김성실 (인)
> 양수자(을) : 홍길동 (인)

3) 매출채권

매출채권은 재고자산인 제품이나 상품을 판매하고 일정기간 이후에 현금 등으로 받거나, 어음을 받았을 경우에 처리하는 항목이다. 매출채권은 일반상거래에서 발생한 외상매출금과 받을어음으로 한다. 매출채권 등을 타인에게 양도 또는 할인하는 경우 당해채권에 대한 권리와 의무가 양도인과 분리되어 실질적으로 이전되는 때에는 동 금액을 매출채권에서 차감하고 그 이외의 경우에는 매출채권 등을 담보제공한 것으로 본다(기업회계기준 14①). 매각거래 또는 차입거래의 판단에 상환청구권의 유무는 불필요하다. 이 경우 다음과 같이 회계처리 할 수 있다.

```
- 매각거래
   (차) 현금및현금성자산        ×××    (대) 매출채권    ×××
       매출채권처분손실        ×××
```

※ 매각거래로 처리하는 요건(모두 충족)
ⓐ 양도인은 양도 후에 양도자산에 대한 권리를 행사할 수 없을 것
ⓑ 양수인은 양수자산의 처분권을 자유로이 행사할 수 있을 것
ⓒ 양도인은 양도자산에 대한 효율적인 통제권을 행사할 수 없을 것

- 차입거래
  (차) 현금및현금성자산　　　×××　　(대) 단기차입금　　×××
  　　이자비용　　　　　　　×××

① 국외특수관계자에 대한 수출매출채권의 지연회수

　법인이 특수관계 있는 자와의 거래에서 발생된 외상매출금 등의 회수가 지연되는 경우로서 거래상대방의 자금사정 등으로 불가피하게 그 회수가 지연되는 등 매출채권의 회수가 지연되는 데 정당한 사유가 있다고 인정되는 경우에는 당해 매출채권의 지연에 따른 연체료 상당액을 받기로 한 경우에도 당해 매출채권이 업무와 관련 없는 가지급금으로 전환된 것으로 보지 아니하는 것이다(서면2팀-1795, 2005.11.08).

② 수출매출채권의 손금산입

　물품의 수출 또는 외국에서의 용역제공으로 발생한 채권으로서 기획재정부령으로 정하는 사유에 해당하여 무역에 관한 법령에 따라「무역보험법」제37조에 따른 한국무역보험공사로부터 회수불능으로 확인된 채권은 대손금으로 손금산입할 수 있다(법인세법 시행령 제19조의 2).

③ 해외채권매각손실의 손금산입

　국제중재위원회의 중재를 통하여도 회수가 불가능할 것으로 판단되는 해외 장기 부실채권을 특수관계 없는 외국소재 채권인수기관에 채무자의 실질재산가치에 해당하는 가액으로 채권을 양도한 경우 발생하는 매출채권처분손실은 해당 손실이 발생한 날이 속하는 사업연도의 손금에 산입할 수 있는 것이다(서면2팀-112, 2005.01.17).

④ 매출채권처분손실의 귀속시기

　법인이 금융기관에서 받을어음을 할인한 경우 상환청구권의 부여 여부에 불구하고 그 거래가 기업회계기준에 의한 매각거래에 해당하는 경우에는 그 할인액을 매각일(할인한 날)이 속하는 사업연도의 소득금액 계산시 손금에 산입한다(법기통 19-19-44).

> ● 참고
> **D/A조건부 수출환어음의 할인료의 귀속시기**
> D/A조건부 수출환어음 및 장기성받을어음을 금융기관을 통해 할인함에 있어서 양도법인이 부담하게 되는 할인료를 기업회계기준에 의거 매출채권처분손실로 계상한 경우 당해 처분손실의 법인세법상 귀속시기는 매각일이 속하는 사업연도의 손금에 산입한다(법인46012-198, 2000.01.20).

⑤ 매출채권처분손실의 지급이자 범위 포함여부

상품·제품 등을 매출하고 받는 받을어음(상업어음)에 대한 할인료는 차입금에 대한 이자로 보지 아니하며(법기통 28-53-1, 법인22601-2240, 1986.07.14) 매출채권처분손실로 처리한다.

| (차) 현금 및 현금성자산 | ××× | (대) 매출채권 | ××× |
| 매출채권처분손실 | ××× | | |

4) 대여금

대여금은 타인에게 금전을 대여한 것으로 결산일 현재 도래시기에 따라 단기대여금과 장기대여금으로 구분한다. 단기대여금은 상대방에게 차용증서나 어음을 받고 금전을 빌려준 경우로서 그 회수가 1년 이내에 가능한 경우를 말한다. 주주, 임원, 종업원에 대한 대여금, 어음단기대여금, 단기 주택자금 융자 등으로 한다.

① 대여금의 세무상 검토사항
  ㉠ 단기대여금 등 명목 여하에 불구하고 특수관계자에게 무상 또는 저율로 대여한 경우에는 가지급금 인정이자 계산 및 지급이자 손금불산입 여부를 검토한다.
  ㉡ 가지급금이 있는 경우에는 금전소비대차약정서 유무를 확인한다.
  ㉢ 가지급금과 가수금의 발생원인을 검토한다.
  ㉣ 가지급금과 가수금은 기업회계상 미결산항목으로 결산시에는 적절한 계정과목으로 대체하여야 한다.

② 가지급금의 발생원인
업무와 관련 있는 가지급금은 정산시 적절한 과목으로 대체하면 되지만 문제는 업무와 무관한 가지급금이다. 업무무관가지급금에 대하여는 세법상 인정이자계산과

지급이자 손금불산입, 대손충당금 설정제외 등 규제를 하고 있다. 가지급금의 발생원인은 다음과 같다.

㉠ 자본금을 가장납입 한 경우
㉡ 매입 또는 경비가 누락되거나 부외경비가 발생하는 경우
㉢ 법인 명의로 차입하여 개인용도로 사용하는 경우

③ 가수금 발생원인

가수금은 대표이사나 주주·임원이 회사자금의 부족으로 일시적으로 회사에 불입한 후 인출하여 가는 임시항목이다. 가수금을 법인에 입금시 가수의 원천과 증빙이 분명해야 가수금 반제시 불이익을 받지 않으며 가능한 한 법인통장을 통하여 입금하고 차입금약정서를 작성해 놓아야 한다. 가수금의 발생원인은 크게 다음과 같이 분류할 수 있다.

㉠ 회사자금이 부족한 경우
㉡ 매출누락을 한 경우
㉢ 가공경비를 계상한 경우
㉣ 누적결손이 발생하는 경우

> **실무적용 Tip**
>
> ◎ **가지급금의 검토사항**
>
> ① 가지급금의 발생원인을 규명하여 적절한 계정과목으로 대체한다.
> ② 가지급금 인정이자 계산과 지급이자 손금불산입을 검토한다.
> ③ 금전소비대차 약정서를 검토한다.
> ④ 종업원의 주택구입자금 대여액에 대하여 가지급금 인정이자 적정계산여부를 검토한다. 다만, 법인이 직접 임차하여 종업원 등에게 무상으로 제공하는 임차사택(소칙15의2 ②)은 부당행위계산이 적용되지 않는다(법령88①).
> ⑤ 합계잔액시산표에는 가지급금이 연간발생액이 있으나 결산종료일에 일시적으로 회수한 것으로 회계처리하고 가지급금에 대한 인정이자 계산을 누락하였는지를 검토한다.
> ⑥ 가지급금에는 순수한 의미의 대여금, 채권의 성질상 대여금에 준하는 것, 적정한 이자율을 받으면서 가지급금을 제공한 경우도 포함되며, 경제적 합리성이 결여된 후순위채를 인수하여 자금을 저리로 대여한 것도 포함된다(대법원 2006두15530, 2008.09.25.).
> ⑦ 면직물 제조업을 영위하는 내국법인이 원재료 임가공 및 해외 제품생산을 위해 직물염색을 주업으로 하는 해외현지법인을 설립하여 원재료를 공급하였으나, 해외현지법인의 자금

> 사정 등으로 인해 원재료에 대한 매출채권 회수가 지연되는 데 정당한 사유가 있다고 인정되는 경우에는 업무와 관련 없이 지급한 가지급금 등에 해당하지 않는 것이다(법인세과-3116, 2019.10.31.).

④ 가지급금 인정이자 계산

동일인에게 동일한 사업연도에 가지급금과 가수금이 있는 경우에는 서로 상계하여 차감한 적수에 대하여 인정이자를 계산한다. 다만, 가지급금 및 가수금의 발생시에 상환기간, 이자율 등에 대한 약정이 있어 이를 서로 상계할 수 없는 경우에는 상계하지 아니한다. 2007.02.28 이후 최초로 발생하는 가지급금인정이자에 대하여는 시가와 거래가액의 차액이 3억원이상 이거나 시가의 5%에 상당하는 금액 이상인 경우에 한하여 익금산입 한다.

한편, 가지급금 인정이자를 미수이자로 계상한 경우에는 다음과 같이 소득처분 한다.

㉠ 상환기간 및 이자율 등의 약정이 없는 경우

법인이 금전소비대차에 관한 약정이 없는 대여금 등에 대하여 결산확정시 미수이자를 계상한 경우 동 미수이자는 이자계산의 근거없이 소득처분만을 회피할 목적으로 계상한 가공자산이므로, 동 미수이자를 익금불산입(△유보)하고 세법에 따라 계상한 인정이자상당액을 익금산입하여 소득처분 한다(법기통67-106-10).

㉡ 상환기간 및 이자율 등의 약정이 있는 경우

법인이 약정에 따라 계상한 미수이자는 이자계산의 근거가 있는 정당한 것이므로, 동 미수이자를 인정하고 그 차액만 익금산입하여 소득처분 한다.

㉢ 이자율의 적용

금전의 대여 또는 차용의 경우에는 기획재정부령으로 정하는 가중평균차입이자율[38]을 시가로 한다. 다만, 다음 각 호의 경우에는 해당 각 호의 구분에 따라 기획재정부령으로 정하는 당좌대출이자율을 시가로 한다.

1. 가중평균차입이자율의 적용이 불가능한 경우로서 기획재정부령으로 정하는 사유가 있는 경우: 해당 사업연도에 한정하여 당좌대출이자율을 시가로 한다.
2. 해당 법인이 법 제60조에 따른 신고와 함께 기획재정부령으로 정하는 바에 따라 당좌대출이자율을 시가로 선택하는 경우 : 당좌대출이자율을 시가로 하

---

38) 이는 법인이 대여시점 현재 각각의 차입금 잔액(특수관계자로부터의 차입금 제외)에 차입당시의 각각의 이자율을 곱한 금액의 합계액을 해당 차입금잔액의 총액으로 나눈 비율을 말한다.

여 선택한 사업연도와 이후 2개 사업연도는 당좌대출이자율을 시가로 한다. 즉, 가지급금인정이자율은 원칙적으로 가중평균차입이자율로 하되 당좌대출이자율을 적용하려면 선택하여 신고하여야 하며 선택하면 3년간은 계속적으로 적용하여야 한다.

⑤ 금전소비대차약정서 작성방법

[양식사례 : 금전소비대차약정서]

갑 : 서울(주)
을 : 홍길동(개인사업자)

서울(주)(이하 "갑"이라한다)와 특수관계 있는 홍길동(이하 "을"이라한다)간에 다음과 같은 금전거래에 대한 약정을 체결한다.

제1조(목적) 갑과 을은 업무수행과 관련 없는 채권·채무에 대하여 이자율과 상환기간 등을 정함을 목적으로 한다.

제2조(자금의 대여) 갑은 을에게 100,000,000원을 20×0.05.01 대여하고 대여기간은 20×1.04.30일까지로 한다. 다만, 갑과 을은 상호 약정에 의하여 상환기간을 연장할 수 있다.

제3조(적용이자율) 이자율의 계산은 가중평균차입이자율(다만, 차입금이 없는 경우에는 당좌대출이자율)로 하며 지급이자의 지급기한은 이자지급기한이 속하는 사업연도종료일로부터 1년을 초과할 수 없다.

제4조(기타) 상기조항 이외의 사항은 관례에 따라 서로 협의하여 정한다.

제5조(시행일) 이 약정은 20×0.05.01부터 시행한다.

20×0. 5. 1.

(갑) 서 울 (주)   대표이사   이 철 수 (인)
(을) 홍 길 동   (인)

㉠ 약정서를 만들어야 하는 이유

법인은 개인과는 달리 업무무관 가지급금에 대하여 엄격한 규제를 하고 있다. 즉, 가지급금인정이자에 대하여 익금산입하고 그 귀속자에게 소득처분을 하게 되므로 법인세와 소득세의 추가부담이 발생한다. 이 경우 익금산입 하는 인정이자는 법인이 차입한 가중평균차입이자율 또는 당좌대출이자율을 적용하여야 한다. 다만, 법인과 법인 또는 사업을 영위하는 개인사업자는 금전소비대차약정을 체결하고 결산서상에 미수이자를 계상한 경우에는 이를 인정하여 소득처분을 면하게 됨과 동시에 약정이자율(당좌대출이자율 또는 가중평균차입이자율)을 적용받을 수 있다. 다만, 미수이자로 계상한 금액은 반드시 1년 이내에 회수하여야 하며 회수하지 못한 정당한 사유가 있거나 회수할 것임이 객관적으로 입증되는 경우는 제외되며(법기통1-2-7-3), 상당기간 회수되지 않는 가지급금과 미수이자는 다음과 같이 처분된다.

ⓐ 가지급금의 경우 특수관계가 소멸할 때까지 회수되지 아니하면 특수관계가 소멸하는 날에 회수하지 아니한 것으로 보아 귀속자에 따라 소득처분 한다.

ⓑ 미수이자의 경우 이자발생일이 속하는 사업연도 종료일로부터 1년이 되는 날까지 회수하지 아니하면 당해 1년이 되는 날이 속하는 사업연도에 그 귀속자에 따라 소득처분 한다.

ⓒ 약정서 작성시 주의사항

ⓐ 가지급금에 대한 약정서는 가지급금 건별로 개별약정을 체결하여야 하며 포괄약정은 약정을 체결한 것으로 보지 않는다(국심99서1963, 1999.12.23). 다만, 포괄약정을 인정한 사례도 있다(국심91서1589, 1991.12.19, 국심 2007부2221, 2008.04.25).

ⓑ 제3조의 적용이자율은 당좌대출이자율(또는 가중평균차입이자율)로 정하여야 하며 미수이자는 1년 내에 회수하도록 명시하여야 한다. 따라서 1년이 되기 전에 미수이자를 법인통장으로 회수하고 회계처리 하여야 한다.

⑥ 지급이자 손금불산입

㉠ 차입금과 지급이자의 범위

차입금이라 함은 지급이자 및 할인료를 부담하는 모든 부채를 말한다.

ⓐ 지급이자에 포함되는 것

금융어음할인료, 미지급이자, 금융리스료 중 이자상당액, 사채할인발행차금상당액, 전환사채 만기보유자에게 지급하는 상환할증금

ⓑ 지급이자에서 제외되는 것

상업어음할인료, 선급이자, 현재가치할인차금상각액, 지급보증료, 신용보증료, 지급수수료, 금융기관이 차입금을 조기상환하는 경우 지급하는 조기상환수수료

> **실무적용 Tip**
>
> ◎ **대여금의 세무실무**
>
> ① 법인이 특수관계자에게 업무와 관련 없이 대여한 것은 가지급금으로 보므로 가지급금에 대한 인정이자 계산 및 지급이자 손금불산입관련 세무조정을 한다.
> ② 특수관계자가 발행한 기업어음(CP)을 종합금융회사를 통하여 발행당일 전량 인수하여 만기까지 보유하였다면 사전합의가 없었다고 볼 수 없어 동 기업어음 매입액을 대여금(업무무관 가지급금)으로 보아 인정이자를 계산하고 지급이자를 손금불산입한 것은 정당하다(국심2000중875, 2001.8.16).
> ③ 내국법인이 특수관계 없는 외국법인과의 해외합작투자를 위하여 역외투자목적의 해외자회사를 설립하고 그 해외자회사의 출자금을 통하여 특수관계 없는 외국법인의 주식을 취득하는 경우 동 출자금은 업무무관가지급금에 해당하지 아니하는 것이나, 동 일련의 거래가 해외자회사 혹은 기타 특수관계자에게 자금을 무상지원하기 위한 것으로 사회통념 및 상관행에 비추어 비정상적인 거래행위이고 조세의 부담을 부당히 감소시킨 것으로 인정되는 경우에는 「법인세법」 제52조의 부당행위계산의 부인이 적용되는 것으로 이에 해당하는지는 실질내용에 따라 사실판단할 사항이다(서면2팀-1026, 2007.05.28).
> ④ 가공수출, 가공수입의 방법으로 쟁점금액을 해외 현지법인들에게 지급 하였다 하여 청구인의 영업상 필요에 의하여 그의 해외 현지법인들의 운영자금으로 지급된 쟁점금액이 청구인의 업무와 관련 없는 가지급금이 되는 것은 아니라 할 것이므로, 쟁점금액을 업무무관 가지급금으로 보아 관련 지급이자를 손금불산입한 것은 「법인세법」 제28조이 업무무관가지급금에 대한 지급이자 손금불산입 규정을 잘못 적용한 처분에 해당하는 것이므로 이를 취소하는 것이 타당한 것으로 판단된다(조심2008서0664, 2009.04.08).

5) 미수금

미수금은 일반적상거래 이외의 사업에서 발생되는 미수채권을 말한다. 유형자산 등의 외상판매금액, 부가가치세 환급금 등 미수금은 외상매출금과 구분하여야 하는 데 외상매출금은 일반적 상거래 상에서 회수하지 못한 금액을 말하며, 미수금은 일반적 상거래 이외에서 회수하지 못한 금액을 말한다.

> **실무적용 Tip**
>
> ◎ **미수금의 세무처리**
>
> ① 특수관계자에게 자산을 양도 후 대금을 미회수하고 장기간 미수금을 계상한 것은 업무무관 가지급금에 해당하여 지급이자 손금불산입 및 가지급금 인정이자 계산은 정당하다(국심2007부674, 2007.05.28).
> ② 임대료 수익은 지급기일이 정해진 경우에는 지급일, 정해지지 아니한 경우에는 지급받은 날로 하며 다만, 결산을 확정함에 있어서 이미 경과한 기간에 대응하는 임대료 상당액(미수임대료)과 이에 대응하는 비용을 당해 사업연도의 수익과 손비로 계상한 경우 및 임대료 지급기간이 1년을 초과하는 경우 이미 경과한 기간에 대응하는 임대료 상당액과 비용은 이를 각각 당해 사업연도의 익금과 손금으로 한다(법령71①).

6) 미수수익

기업이 외부에 용역을 제공하고 그 대가로서 당기에 이루어져야 하는 수익 중 수취하지 못한 수익을 말한다. 예·적금 등의 미수이자, 국공채·사채이자 미수이자, 임대료 미수액 등이 이에 해당한다.

7) 선급비용

선급비용은 아직 제공되지 않은 용역에 대하여 지급된 대가로서 일정기간 동안 특정 서비스를 받을 수 있는 권리 또는 청구권을 말한다. 보험료, 임차료, 지급이자, 보증료, 할인료, 광고료, 고용보험료 등의 기간미경과분 등이다. 결산시점에 결산정리 사항으로 기간미경과분에 대한 선급비용 인식이 이루어져야 한다.

> **실무적용 Tip**
>
> ◎ **선급비용의 세무조정**
>
> ① 결산시점에서 기간미경과분에 대한 선급비용(보험료, 임차료 등)은 결산조정에 의하여 재무상태표에 유동자산으로 계상하거나 전액 비용처리 후 세무조정으로 손금불산입 유보처분한다.
> ② 선급비용은 기간경과에 따라 손금산입이 되는 일시적 차이로 자본금과 적립금조정명세서(을)표에 의하여 사후관리 되며 전기말잔액은 당기의 기초잔액으로 자동이기 되어 당기 감소로 소멸된다.

① 자본금과 적립금조정명세서(을) 작성요령

사업연도	. . . ~ . . .	자본금과 적립금조정명세서(을)		법인명	

※ 관리번호 □□-□□　　　　사업자등록번호 □□□-□□-□□□□□
※ 표시란은 기입하지 마십시오.

세무조정유보소득계산

① 과 목 또 는 사 항	② 기초잔액	당 기 중 증 감		⑤ 기말잔액 (익기초현재)	비고
		③ 감 소	④ 증 가		
재 고 자 산 평 가 감	100	100	200	200	
선 급 비 용	200	150	100	150	
퇴 직 급 여 충 당 금	150	50	100	200	
퇴 직 보 험 충 당 금	△150	△50	△100	△200	
합 계	300	250	300	350	

㉠ 과목 또는 사항란(①)은 자산·부채·자본과 관련된 계정과목을 기재 한다. 그 이유는 자본금과 적립금조정명세서(을)표가 세무상 자본을 계산하기 위함에 있으며 사후관리 목적으로 추인되는 시점을 파악하기 위함이다.

㉡ 기초잔액란(②)은 전기말잔액란을 기대로 옮겨 적는다. 전기말잔액과 기초잔액이 불일치 할 경우 과세권청으로부터 소명요구를 받게 될 수 있다.

㉢ 감소(③)란은 전기말 현재 유보잔액(기초잔액)중 신고조정으로 인하여 상쇄(추인) 되는 금액을 기재한다. 이 경우 부호가 항상 일치 하여야 한다.
(유보→유보, △유보→△유보)

㉣ 증가(④)란은 당기 신고조정에 의하여 유보로 소득처분된 금액으로 익금산입 및 손금불산입은 유보(적극적 유보)로 손금산입 및 익금불산입은 △유보(소극적 유보)로 기재한다.

8) 부가세대급금

부가세대급금은 재화 또는 용역을 매입할 때 거래 상대방으로부터 징수당한 부가가치세를 말하며, 부가가치세 매입세액은 부가세대급금으로 자산계정으로 처리하였다가 부가가치세 신고에 부가세대급금 잔액에 대하여 환급을 받거나 부가세예수금 계정과 상계한 금액을 신고·납부하게 된다.

부가가치세 면세사업자는 부가가치세 매입세액을 환급 또는 공제받지 못함으로 필요경비로 산입하거나 취득원가에 직접 가산하여 회계처리 한다.

[표 4-2] 세금계산서 수수시 회계처리

구 분	회 계 처 리	세금계산서
공급자	(차) (수출)매출채권 ×××　(대) 매 출 ××× 　　　부가세예수금 ××× ＊ 수출매출은 영세율이 적용되므로 부가가치세 예수금 계정은 나타나지 않는다.	공급자 보관용
공급 받은자	(차) 상 품 ×××　(대) 매 입 채 무 ××× 　　　부가세대급금 ××× ＊ 내국신용장이나 구매확인서 등에 의하여 공급받는 경우에는 영세율매입세금계산 　서를 수취하게 되므로 부가세대급금 계정은 나타나지 않는다. ＊ 공제받지 못할 매입세액은 불공제하여 관련자산, 비용계정으로 처리하거나 손금 　불산입 되므로 부가세대급금 계정으로 처리하지 않는다.	공급받는자 보관용
부가가치세 신고·납부	(차) 부가세예수금 ×××　(대) 부가세대급금 ××× 　　　미지급세금 ×××	상계 후 잔액을 신고·납부 (환급)

9) 선납세금

금융기관으로부터 이자수입이 발생하는 경우에 원천징수 당한 법인세의 원천납부세액과 법인세 또는 소득세의 중간예납세액은 선납세금 계정으로 회계처리하고 결산기말에 법인세비용 계산시 미지급세금과 상계한다.

실무적용 Tip

○ **선납세금의 검토사항**

① 중간예납세액을 확인하고 납부기한 경과 후에 납부하여 가산세가 포함된 경우 가산세를 제외한 금액을 기납부세액으로 공제받으며 가산세 납부액은 손금불산입 기타사외유출로 소득처분한다.
② 선납세금으로 계산한 원천징수세액을 기납부세액으로 공제받는 경우 원천납부명세서(갑)(을)상의 금액과 일치여부를 확인한다.
③ 회사가 납부하여야 할 법인세부담액 중 아직 납부하지 않은 금액은 부채(미지급법인세)로 인식하여야 한다. 그리고 납부하여야 할 금액을 초과해서 납부한 금액은 자산(미수법인세환급액)으로 인식하여야 한다.

(2) 재고자산

1) 재고자산의 개념

재고자산이란 정상적인 영업활동과정에서 판매를 위하여 보유하거나 생산과정에 있는 자산 및 생산 또는 제조과정에 투입될 원재료나 소모품의 형태로 존재하는 자산을 말한다. 재고자산에는 원재료·부재료·재공품·제품·상품 등으로 분류한다. 따라서 분양목적으로 보유하는 아파트, 상가 등은 재고자산에 속한다.

2) 취득원가의 결정

재고자산의 취득원가는 매입가액에 매입운임, 보험료, 수입관세 등 취득과정에서 정상적으로 발생한 부대비용을 가산한다. 다만, 매입과 관련된 할인, 에누리 및 기타 유사한 항목은 매입원가에서 차감한다.

한편, D/A Bill, Shipper's Usance Bill, Banker's Usance Bill에 대한 이자는 금융비용으로 처리한다. 다만, 법인세법에서는 취득원가로 처리하도록 하고 있으나 기업회계상의 이자비용 계상을 수용하고 있다. 또한, 재고자산의 구입 및 제조에 장기간이 소요되는 경우, 취득과정에서 발생한 금융비용은 기간비용으로 처리한다. 다만 의도된 용도로 사용하거나 판매할 수 있는 상태가 될 때까지 1년 이상의 기간이 소요되는 재고자산에 대한 금융비용은 자본화할 수 있다. 만일 기업이 자본화하도록 선택한 경우 이를 계속 적용하여야 한다.

① D/A Bill, Shipper's Usance Bill(수출자 신용공여이자) : 수출자가 결제기간을 연장해주고 현금수출보다 더 받는 금액을 말한다.
② Banker's Usance Bill(은행 신용공여이자) : 기한부신용방식에 의하여 수입하는 경우 은행이 먼저 대금을 결제하고 수입업자는 일정기간 후에 수입대금을 은행에 변제하게 되는 경우에 발생하는 이자를 말한다.

3) 수입상품의 재고자산 계상시점

수입원자재의 경우 재고자산으로 언제 계상할 것인가가 중요한 문제이다. 재고자산으로 계상하는 시점은 다음과 같은 시점에서 계상하는 것이 실무관행이다.

① 수출상의 B/L(선적일)일자로 계상하는 방법
② 수입상이 외국환은행으로부터의 선적서류 인수일자로 계상하는 방법
③ 수입물품 통관일자로 계상하는 방법
④ 수입상의 창고입고 일자로 계상하는 방법

기업회계기준에서는 운송 중에 있어 아직 도착하지 않은 미착원자재는 **법률적인 소유권의 유무**에 따라서 재고자산 포함여부를 결정한다. 법률적인 소유권 유무는 매매계약상의 거래조건에 따라 다르다. 선적지인도조건인 경우에는 상품이 선적된 시점에 소유권이 매입자에게 이전되기 때문에 미착상품은 매입자의 재고자산에 포함된다. 그러나 목적지인도조건인 경우에는 상품이 목적지에 도착하여 매입자가 인수한 시점에 소유권이 매입자에게 이전되기 때문에 매입자의 재고자산에 포함되지 않는다. 즉, 수입물품의 재고자산 계상시점은 인도조건에 따라 수입원가 계상시점을 정하여야 한다. 예를 들어 인도조건이 수출상의 본선인도조건(FOB, CIF, CFR)인 경우에는 본선인도시점에서 수입상은 미착상품(미착원재료)으로 계상하고 창고입고시에 상품 또는 원재료계정으로 대체하여야 한다.

[표 4-3] 주요 거래조건별 재고자산의 계상시점

거 래 조 건	취득원가 계상시점
EXW(공장인도조건)	매도인의 공장 등에서 인수하는 시점
FAS(선측인도조건)	매도인이 선측에 인도하는 시점
FOB·CFR·CIF(본선인도조건)	매도인이 본선에 인도하는 시점
CPT(운송비지급조건)	매수인이 지정한 운송인에게 인도하는 시점
DPU(도착지양하인도조건)	매도인이 수입국내 지정목적지에서 물품을 도착운송수단으로부터 양하된 상태로 매수인에게 인도되는 시점
DAP(지정장소인도조건)	수입통관 후 지정장소에서 매수인에 인도하는 시점
DDP(관세지급인도조건)	수입통관 되어 매수인이 인수하는 시점

4) 기업회계상 재고자산의 평가

재고자산의 취득원가를 재무상태표가액으로 한다(원가법). 다만, 시가가 취득원가보다 낮은 경우에는 시가를 재무상태표가액으로 한다(저가법). 재고자산을 저가법으로 평가하는 경우 제품, 상품 및 재공품의 시가는 순실현가능가액을 말하며, 생산과정에 투입될 원재료의 시가는 현행대체원가를 말한다.

① 순실현 가능가액이란 제품이나 상품의 정상적인 영업과정에서의 추정판매가액에서 제품을 완성하는데 소요되는 추가적인 원가와 판매비용의 추정액을 차감한 금액을 말한다.
② 현행대체원가란 재고자산을 현재시점에서 매입하거나 재생산하는 데 소요되는 금액을 말한다.

> **회계처리 사례**
>
> **사례** (주) 서울은 판매목적 의류를 10,000,000원에 취득하였다.
>
> [사례1] 시가가 5,000,000원으로 하락한 경우
>
> (차) 재고평가손실　　　5,000,000　　(대) 재고평가손실누계액　　5,000,000
> 　　(매출원가)
>
> [사례2] 시가가 15,000,000원으로 상승한 경우
>
> (차) 재고평가손실누계액　5,000,000　　(대) 재고평가손실환입　　　5,000,000
>
> [사례3] 사례1의 경우 시가가 8,000,000원으로 상승한 경우
>
> (차) 재고평가손실누계액　3,000,000　　(대) 재고평가손실환입　　　3,000,000
> 　　(매출원가)
>
> 해설 : 재고평가손실은 매출원가에 가산하고, 재고평가손실누계액은 재고자산에 대한 차감계정으로 처리한다. 재고자산평가손실환입은 매출원가에서 차감한다.

5) 세법상 재고자산의 평가

재고자산은 매출총이익과 밀접한 연관관계가 있다. 왜냐하면 기말재고자산 평가방법에 따라 매출총이익이 달라지기 때문이다. 재고자산 평가방법은 원가법과 저가법이 있으나 원가법 적용시 재고자산 평가손실은 손금인정이 되지 않는다. 그러나 저가법을 재고자산 평가방법으로 신고한 경우 결산조정에 의하여 손금산입이 가능하다. 재고자산의 평가방법을 저가법으로 변경하고자 하는 경우에는 시가와 비교되는 원가법을 저가법의 우측에 (　)로 하여 반드시 함께 신고하여야 한다(법인46012-3670, 1998.11.28). 재고자산 과소 평가시에는 익금산입 하여 각 사업연도소득이 증가되므로 법인세의 추가부담이 된다.

그러나 다음 사업연도에 자동추인(손금산입) 되므로 결국은 귀속시기 차이로 인한 신고불성실가산세 추징효과 밖에 없다.

① 재고자산 폐기 사실의 입증방법

재고자산의 시가하락으로 인해 재고자산의 가치가 감소하는 것을 재고자산 평가손실이라고 하고 파손, 부패, 진부화 등으로 인한 재고자산의 가액이 감소하는 것을 재고자산 감모손실이라고 한다. 재고자산 중에서 파손, 부패, 진부화 기타 사유로 인하여 정상가액으로 판매할 수 없는 것은 처분가능한 시가로 평가하여 재고

자산 평가손실을 영업외비용으로 처리할 수 있다(법법42 ③ 1). 그런데 실무상으로는 재고자산 평가손실에 대한 입증책임에 어려움이 있다. 예를 들어 출판사에서 세법전과 세법서적을 출판하는데 세법은 매년마다 개정이 되어 1년이 지나면 재고자산으로서의 가치가 거의 없다. 이런 경우에 어떻게 비용처리를 할 수 있을까? 만일 회사 나름대로 재고자산평가손실을 계산하여 영업외비용으로 처리하였다면 나중에 세무조사 등에서 곤욕을 치르게 된다. 그렇다고 재고자산 폐기시점에서 세무공무원 또는 경찰공무원을 입회시킬 수도 없지 않은가? 방법은 재고자산 폐기사실을 사업자가 입증하여야 한다는 것이다. 따라서 재고자산 폐기시에는 증거자료를 확보하여야 하는데 그 증거자료는 사진촬영, 폐기목록, 폐기사유, 폐기 재고자산의 취득자료 등 객관적인 입증자료를 작성하여 비치해 두어야 한다.

ⓐ 변질된 제품 및 폐품의 폐기 : 풍수해, 기타 관리상의 부주의 등으로 품질이 저하된 제품 등을 등급전환 또는 폐기처분하는 경우에는 그 사실이 객관적으로 입증될 수 있는 증거를 갖추어 처리하여야 한다(법기통 41-78-3).

ⓑ 법인이 재고자산을 폐기처분하고자 하는 경우 폐기물관리법의 적용을 받는 폐기물은 당해 법률의 절차에 따라 폐기하는 등 그 폐기사실이 객관적으로 입증될 수 있는 증거를 갖추어 처리하여야 하는 것이다(제도46012-10682, 2001.04.19).

6) 재고자산 수량차이에 대한 세무조정

① 실제 재고수량이 장부상 재고수량보다 부족한 경우

재고자산의 부족액은 시가에 의한 매출액상당액을 익금에 산입하여 대표자에 대한 상여로 처분하고(외상매출인 경우 유보) 동 가공자산은 손금에 산입하여 사내유보로 처분하고 이를 손비로 계산한 때에는 익금에 산입하여 사내유보로 처분한다.

② 실제재고수량이 장부상 재고수량을 초과하는 경우

장부상 재고수량이 부족한 경우에는 장부상 기말재고가 과소계상 되고 매출원가가 과대계상 되는 경우가 발생한다. 따라서 기말재고가 과소계상된 금액만큼 손금불산입 유보처분 된다.

> **참고**
>
> **위탁가공무역의 경우 재고자산의 파악**
>
> 위탁가공무역을 영위하는 사업자는 해외에서 위탁가공 중에 있는 원재료, 재공품, 제품이나 해외로 무환반출되어 운송중에 있는 원재료에 대한 재고자산을 정확히 파악하여 결산에 반영하여야 한다.

실무적용 Tip

◎ 타계정 대체시의 세무상 검토사항

(1) 의의

기업이 판매목적으로 생산한 제품이나 구입한 상품을 자가소비하는 경우, 기부나 접대하는 경우, 연구개발용으로 사용하는 경우 등 본래의 판매용도와 다르게 사용·소비하는 경우에는 그 대체내용을 나타내는 과목으로 기말재공품 재고액 다음에 그 대체액을 당기총제조비용에서 차감하는 형식으로 기재하거나 대체내용이 다양한 경우 타계정대체액이라는 과목으로 일괄기재하고 그 내용을 주석으로 기재한다.

(차) 재고평가손실(기부금·접대비)   ×××   (대) 재고자산(제품 등)   ×××
    (매출원가 또는 영업외비용)

(2) 부가가치세 과세대상 여부 검토

타계정대체로 회계처리한 경우 그 용도가 무엇인지에 따라 부가가치세 과세여부가 달라진다. 즉 제품이나 상품을 종업원의 선물용이나 거래처에 접대목적으로 증여한 경우 부가가치세법상 간주공급에 해당되어(당초 매입세액 공제받은 경우에 한함) 부가가치세가 과세된다.

(3) 세무조정 대상 확인

거래처에 증여(사업상증여)하거나 제3자에게 사업과 관련 없이 기부하는 경우 기업업무추진비 또는 기부금에 대한 시부인계산을 하여야 한다.

(4) 근로소득 원천징수 여부 검토

자기사업을 위하여 생산하거나 취득한 재화를 종업원에게 무상으로 공급하고 타계정대체로 처리한 경우 현물급여로 보아 원천징수를 하여야 한다.

(5) 비유동자산으로 대체시의 처리 검토

판매업을 영위하는 법인이 재고자산으로 보유하고 있는 PDP(벽걸이 TV)를 판매하지 않고 광고선전 등의 목적으로 진열·설치하여 전시품으로 사용하는 경우에 당해 자산의 감가상각비 등의 비용은 법인의 광고선전비로서 이를 손금에 산입하는 것이다(서면2팀-14, 2006.01.05).

2. 비유동자산

(1) 유형자산

1) 유형자산의 개념

유형자산은 재화의 생산, 용역의 제공, 타인에 대한 임대 또는 자체적으로 사용할 목적으로 보유하는 물리적 형태가 있는 자산으로서 1년을 초과하여 사용할 것이 예상되는 자산을 말한다.

2) 유형자산의 취득원가 결정

① 유상취득의 경우

당해자산의 제작원가 또는 구입가격에 취득과 관련하여 직접적으로 발생하는 취득부대비용을 가산한 가액으로 한다. 이 경우 매입할인 등이 있는 경우에는 이를 차감한다.

> **실무적용 Tip**
>
> ◎ **유형자산의 취득과 취득세 과세표준의 산정**
>
> 기업회계와 세무회계상 유형자산의 취득원가는 매입원가 또는 제작원가에 부대비용을 가산한 금액으로 거의 유사하다. 또한 취득세 산출의 기초가 되는 과세표준은 취득당시의 가액으로 취득시기를 기준으로 그 이전에 당해 물건을 취득하기 위하여 거래상대방 또는 제3자에게 지급하였거나 지급할 일체의 비용(소개수수료, 설계비, 연체료, 할부이자 및 건설자금에 충당한 금액의 이자 등 취득에 소요된 직·간접비용을 포함하되, 법인이 아닌 자가 취득하는 경우에는 연체료 및 할부이자를 제외한다)으로 한다. 여기서 말하는 취득가격에는 과세대상물건의 취득시기 이전에 지급원인이 발생 또는 확정된 것으로서 당해 물건 자체의 가격은 물론 그 이외에 실제로 당해 물건 자체의 가격으로 지급되었다고 볼 수 있거나 그에 준하는 취득절차비용도 간접비용으로서 이에 포함된다 할 것이나, 다만 그것이 과세대상 물건이 아닌 다른 물건이나 권리에 관하여 지급된 것이라면 이는 취득가격에 포함되지 아니한 다 할 것(대법원 95누 4155, 1996.01.26)인 바, 통상적으로 건축물공사원가에 포함되는 비용은 사업타당성 검토비용 및 법령상 이행하여야 할 환경교통영향평가 등의 용역비, 설계비 및 지상 토지상 지장물 등과 관련된 철거비, 이주비 등 보상비 등과 같이 공사시행 전에 이루어진 직간접적인 부대비용과 시공과 관련하여 소요되는 제비용 및 기타분양수수료 등이 공사와 관련하여 발생한 직간접적인 비용일체가 모두 포함된다(지방세심사 2006-1105, 2006.12.27). 간혹 법인이 부동산을 취득하고 취득일로부터 30일 이내에 취득세 신고를 위하여 매매계약서를 가지고 시·

군·구청에 실제매매가액으로 신고를 하는 경우가 있다. 그 후 지방자치단체는 지방세 세무조사를 통하여 당해법인이 계상한 유형자산의 취득원가와 취득세 신고 과세표준과의 차이를 조사하여 추가적으로 취득세 등을 추징하는 사례가 발생하고 있으니 주의를 요한다.

예를 들면, 한국산업(주)은 사옥을 취득하면서 유형자산(토지 및 건물)의 취득원가 계정에 다음과 같이 계상하였다. 다만, 취득세 신고시에는 매매계약서의 실제매입가액으로 취득세 신고를 하였다.

① 취득가액(매매계약서상) : 5,000,000,000원
② 취득세 등 : 200,000,000원
③ 중개수수료 및 법무사수수료 등 : 200,000,000원
④ 건물취득을 위한 차입금이자비용(건설자금이자) : 20,000,000원

이 경우 취득세 과세표준은 5,220,000,000원으로 취득세 신고과세준(매매계약서상의 금액)과의 차액 220,000,000원에 대하여 취득세 등을 추가로 추징당하게 된다.

② 현물출자·증여 등 무상취득의 경우

현물출자, 증여, 기타 무상으로 취득한 자산의 가액은 공정가액을 취득원가로 한다. 여기에서 공정가액은 시장가격으로 한다. 다만, 시장가격이 없는 경우에는 동일 또는 유사자산의 현금거래로부터 추정할 수 있는 실현가능가액이나 공인된 감정기관의 감정가액을 사용할 수 있다.

③ 국·공채를 매입한 경우

유형자산의 취득과 관련하여 국·공채 등을 불가피하게 매입한 경우에는 당해 채권의 매입가액과 기업회계기준에 따라 평가한 현재가치와의 차액을 자산의 취득원가로 한다.

사례   **유형자산 취득시 국공채의 즉시 할인**

T&C 상사는 본사건물을 취득하는 과정에서 국·공채를 매입하여 할인하였다.
- 국공채(지역개발채권) 매입계산서 내역

| 매입금액 1,000,000 | 매도금액 750,000원 | 선급이자 20,000 | 소득세 2,800 |
| 지방소득세 280 | 수수료 10,000 | 고객부담금 243,080 | |

① 취득원가로 가산하는 방법

(차) 매도가능증권	1,000,000	(대) 보통예금	1,000,000
(차) 보통예금	756,920	(대) 매도가능증권	1,000,000
선급법인세 등	3,080	이자수익	20,000
건 물	260,000		

② 당기비용으로 처리하는 방법

(차) 매도가능증권	1,000,000	(대) 보통예금	1,000,000
(차) 보통예금	756,920	(대) 매도가능증권	1,000,000
선급법인세 등	3,080	이자수익	20,000
지급수수료	10,000		
매도가능증권처분손실	250,000		

※ 기업회계기준에서는 부동산구입시 필수적으로 발생하는 채권매각차손을 취득가액에 가산하도록 하고 있으나 법인세법에서는 당기비용 또는 취득원가 모두 인정하고 있다.

④ 복구비용의 자본화

해당 유형자산의 경제적 사용이 종료된 후에 원상회복을 위하여 그 자산을 제거, 해체하거나 또는 부지를 복원하는 데 소요될 것으로 추정되는 비용이 충당부채의 인식요건을 충족한 경우 그 지출의 현재가치를 자산의 취득원가로 처리한다.

⑤ 장기할부조건으로 취득하는 경우

유형자산을 장기할부조건으로 구입하거나, 대금지급기간이 일반적인 신용기간보다 긴 경우 취득원가는 취득시점의 현금구입가격으로 한다. 다만, 현금구입가격과 실제 총지급액과의 차액은 기업회계기준에 따른 금융비용의 자본화대상이 아닌 한 만기까지의 기간에 걸쳐 이자비용을 인식한다.

⑥ 건물철거비용의 처리

건물을 신축하기 위하여 사용 중인 기존 건물을 철거하는 경우 그 건물의 장부가액은 제거하여 처분손실로 반영하고, 철거비용은 전액 당기비용으로 처리한다. 다만, 새 건물을 신축하기 위하여 기존건물이 있는 토지를 취득하고 그 건물을 철거하는 경우 기존건물의 철거관련 비용에서 철거된 건물의 부산물을 판매하여 수취한 금액을 차감한 가액은 토지의 취득원가에 산입한다.

3) 토 지

토지는 기업이 자신의 영업목적을 위하여 영업용으로 사용하고 있는 부지로서 대지·임야·전답·잡종지 등을 말한다. 공장, 사무소, 주차장, 사택, 운동장 등의 부지를 말한다. 건물을 신축하기 위하여 사용 중인 기존 건물을 철거하는 경우 그 건물의 장부가액은 제거하여 처분손실로 반영하고, 철거비용은 전액 당기비용으로 처리한다. 다만 새 건물을 신축하기 위하여 기존 건물이 있는 토지를 취득하고 그 건물을 철거하는 경우 기존 건물의 철거 관련 비용에서 철거된 건물의 부산물을 판매하여 수취한 금액을 차감한 가액은 토지의 취득원가에 산입한다.

4) 건 물

건물이란 토지위에 건설된 공작물로서 지붕이나 둘레벽을 갖추고 있는 사무소, 점포, 공장 및 냉난방·조명·통풍 및 이에 부수되는 설비도 포함한다. 공장, 사무실, 영업소, 기숙사, 사택, 차고, 창고, 건물 부속설비, 점포 등이 이에 해당한다.

5) 구축물

구축물은 토지위에 정착된 건물 이외에 진입로·축대·교량·안벽·부교 궤도 저수지 갱도 굴뚝 정원설비 및 기타의 토목설비 또는 공작물 등과 화단, 가로등, 다리, 정원, 철탑, 포장도로 등을 말한다.

6) 기계장치

기계장치는 동력 등의 힘을 이용하여 물리적 화학적으로 원·부재료를 가공제품으로 변환시키는 각종 제조설비 또는 작업장치로서 기계장치 운송설비(콘베어·호이스트·기중기 등)와 기타의 부속설비로 한다. 기중기, 콘베어 등을 말한다.

7) 차량운반구

철도차량 자동차 및 기타의 육상운반구 등, 기차, 자동차 등 원동기를 장치한 모든 차량과 피견인차 및 궤도나 삭도에 의하여 승객 또는 화물을 반송하는 모든 기구를 말한다.

① 기업업무추진비 및 소형승용차에 관련된 매입세액의 회계처리

부가가치세는 최종 소비자가 부담하는 일반소비세로서 기업이 부담하는 소형승용

차의 구입 및 유지비나 접대비에 대한 매입세액은 기업을 최종 소비자로 보는 것이며, 소형승용차의 취득세액이나 유지비 또는 접대비의 매입세액은 원가에 포함하여 회계처리 한다(부가1265-2586, 1982.09.30).

② 부가가치세 과세사업자가 사용하던 소형승용차를 매각하는 경우에는 부가가치세가 과세된다(부가1265-2673, 1982.10.12).

> **● 참고**
> **법인명의로 등기되지 아니한 자산의 처리**
> 법인이 사실상 자산을 취득하고도 공부상 등기가 법인의 명의로 되어 있지 아니한 경우에도 이를 법인의 자산으로 본다(법기통4-0…7). 따라서 당해법인은 감가상각을 통하여 손금에 계상할 수 있다. 이는 실질과세원칙에 따른 것이다.

8) 건설중인자산

유형자산 취득·건설을 위한 재료비·노무비 및 경비로, 건설을 위하여 지출한 도급금액 또는 취득한 기계 등을 포함한다. 유형자산의 취득이 완료되기 전까지 건설중인자산으로 정리하고 이에 대하여는 감가상각을 하지 아니한다. 그 취득을 완료한 때에는 당해 유형자산 계정에 대체한다. 유형자산의 취득을 위하여 지출한 계약금 및 중도금은 건설중인 자산으로 계상한다(재무보고에 관한 실무의견서, 2006-2, 2006.05.02).

[표 4-4] 자산의 취득과 관련된 이자 비교

구 분		기업회계기준서	법인세법
건설자금이자	재고자산·투자자산	당기비용 (취득가액에 포함)	손금산입
	유형자산·무형자산	당기비용 (취득가액에 포함)	취득가액에 포함 (강제 적용)
Usance이자	Shipper's Usance (수출자 신용공여)	기간비용 계상	취득가액에 포함 (비용계상시 인정)
	Banker's Usance (은행 신용공여)	기간비용 계상	취득가액에 포함 (비용계상시 인정)
	D/A이자 (인수도 조건)	기간비용 계상	취득가액에 포함 (비용계상시 인정)

실무적용 Tip

○ **유형자산의 세무상 검토사항**

① 보유중인 토지와 건물이 업무무관 부동산에 해당하는지를 검토한다. 업무무관부동산에 해당되는 경우에는 관련유지비용을 손금불산입한다.
② 사업용고정자산의 취득과 관련된 건설자금이자를 당기비용(이자비용)으로 회계처리한 경우 손금불산입 한다.
③ 토지와 건물을 일괄취득한 경우 공정가액(감정가액, 기준시가 등)으로 안분계산한다.
④ 취득세 과세표준계산시 취득가액의 범위에 포함되는 중개수수료, 컨설팅수수료, 토지 정지비용 등을 취득원가에 산입했는지 검토한다.

(2) 국고보조금 등의 처리

국고보조금 등에 의해 무상 또는 공정가액보다 낮은 대가로 취득한 경우 그 유형자산의 취득원가는 공정가액으로 한다. 국고보조금 등은 취득원가에서 차감하는 형식으로 표시하고 그 자산의 내용연수에 걸쳐 감가상각비와 상계하며, 해당 유형자산을 처분하는 경우에는 그 잔액을 처분손익에 반영한다. 여기서 국고보조금은 보조금의예산및관리에관한법률에 의한 보조금뿐만 아니라 실질적으로 국가 또는 지방자치단체 등으로부터 교부받는 보조금을 모두 포함하는 것이므로, 그 명칭에 관계없이 그 성격상 실질에 따라서 회계처리하여야 한다(질의회신 01-111, 2001.08.01).

1) 국고보조금의 유형

① 전액상환의무가 있는 경우

상환의무가 있는 국고보조금으로 자산을 취득한 경우에 장기차입금 또는 단기차입금으로 처리한다(질의회신01-29, 2001.02.28). 사정의 변경으로 상환의무가 없어지는 경우에는 동부채를 채무면제익으로 대체한다.

| (차) 자 산 | ××× | (대) 차입금 | ××× |

※ 기업회계와 세무상 차이가 발생하지 않는다.

② 상환의무가 없는 경우

상환의무가 없는 국고보조금으로서 자산취득 조건이 부여된 경우에는 해당자산에 대한 차감계정으로 회계처리하고, 국고보조금에 대응하는 감가상각비와 상계되는 회계처리를 한다[기업회계기준해석61-71].

③ 상환의무가 없는 국고보조금을 운영자금으로 받은 경우

상환의무가 없는 국고보조금으로서 자산취득조건으로 받은 것이 아닌 경우에는 영업외수익으로 처리하거나 국고보조금의 조건에 따라 특정비용과 상계하여 처리한다[기업회계기준해석61-71]. 이 경우 법인세법은 국고보조금 등의 교부통지를 받은 날이 속하는 사업연도의 익금으로 한다(법기통 40-71…7).

※ 보조금의 예산 및 관리에 관한 법률
제19조(보조금의 교부결정의 통지)① 중앙관서의 장은 보조금의 교부를 결정한 때에는 그 교부결정의 내용(그에 조건을 붙인 경우에는 그 조건을 포함한다)을 지체 없이 보조금의 교부를 신청한 자에게 통지하여야 한다.

2) 국고보조금의 세무처리

① 자산취득에 사용하는 상환의무가 없는 국고보조금의 손금산입

국고보조금은 법인의 순자산을 증가시키므로 익금에 해당되나 사업용 고정자산의 취득을 지원하기 위하여 일시상각(압축기장)충당금의 손금산입을 허용하고 있다.

㉠ 세법상 손금산입 가능한 국고보조금의 범위

기업회계의 경우 국가나 지방자치단체 등으로부터 받는 모든 국고보조금에 대하여 회계기준에 따라 회계처리 하여야 하나 세법상 일시상각충당금 등 손금산입 가능한 국고보조금은 반드시 다음의 법률에 의하여 지급받는 것이어야 한다.

ⓐ 보조금의 예산 및 관리에 관한 법률
ⓑ 지방재정법
ⓒ 농어촌전기공급사업촉진법
ⓓ 전기사업법
ⓔ 사회간접자본시설에 대한 민간투자법
ⓕ 한국철도공사법
ⓖ 농어촌정비법
ⓗ 도시 및 주거환경 정비법
ⓘ 환경정책기본법

㉡ 사업용 고정자산의 범위

사업용 고정자산의 취득 또는 개량을 목적으로 사용하여야 한다. 여기에서 사업용 고정자산의 범위에는 법인세법시행령 제24조 제1호 바목의 개발비가 포함된다(법인46012-221, 2003.04.01). 따라서 인건비, 임대료 등의 운영자금,

공장이전보상금, 가격안정을 위하여 받는 국고보조금 등은 이에 해당하지 아니한다(법기통36-0-1, 국심 2003서3886, 2004.04.01). 한편, 장애인고용촉진공단으로부터 무상으로 지급받은 직업훈련비(서이46012-11548, 2003.08.25)나 금융리스에 의하여 구입한 고정자산은 제외된다(법인22601-294, 1987.02.04).

ⓒ 국고보조금등의 손금산입방법

법인세법 제36조 제1항의 규정에 의한 국고보조금으로 고정자산을 취득한 법인이 대차대조표를 작성함에 있어서 기업회계기준 해석 61-71(2001.12.27)에 따라 국고보조금을 취득한 고정자산에서 차감하는 형식으로 표시한 경우 동 국고보조금 및 같은법시행령 제64조 제3항 및 제98조 제2항의 규정에 의한 일시상각충당금(압축기장충당금)에 대한 세무조정은 참고 세무조정 사례와 같이 처리하는 것이며, 법인이 국고보조금에 대한 익금과 손금을 동시에 산입하지 아니한 경우에는 국세기본법 제45조의 규정에 의하여 수정신고 할 수 있다.

② 조건부상환의 국고보조금

법인이 국고보조금을 받으면서 프로젝트가 실패하면 반환의무가 없고 성공하면 일부를 반환하는 조건의 국고보조금은 기업회계에서는 상환의무가 있는 부분은 부채로 계상하고 상환의무가 없는 부분은 자산차감 또는 영업외수익으로 처리(질의회신 01-32, 2001.03.05)하나 법인세법에서는 출연금의 반환여부에 불구하고 출연금 교부통지를 받은 날이 속하는 사업연도의 익금에 산입하고 추후에 출연금 일부의 반환통지 또는 기술료의 납부통지를 받은 날이 속하는 사업연도에 반환될 금액을 익금에 차감하거나 손금에 산입한다(서면2팀-1497, 2005.09.20).

(3) 보증금 등의 처리

영업을 위하여 제공한 거래보증금, 임차보증금, 영업보증금, 하자보증금 등으로 비유동자산중 기타 비유동자산으로 처리한다.

1) 반환의무가 없는 보증금

수입이 확정되는 날이 속하는 사업연도에 익금으로 한다. 또한 부가가치세 과세대상으로 세금계산서를 교부해야 하므로 계약서에 부가가치세 별도를 명시하여야 한다.

(차) 현금 및 현금성자산	×××	(대) 보증금수익	×××
부가세대급금	×××	(영업수익 또는 영업외수익)	

2) 반환의무가 있는 보증금

해약이나 탈퇴시 전액 반환하기로 하는 보증금은 익금(수익)으로 계상하지 않고 부채로 처리한다. 또한 부가가치세 과세대상이 아니다.

| (차) 현금 및 현금성자산 | ××× | (대) 예수보증금 | ××× |

3. 무형자산

(1) 영업권

영업권은 합병, 영업양수 및 전세권취득 등의 경우에 유상으로 승계취득한 것으로 한다. 따라서 내부적으로 창출된 영업권은 취득원가를 신뢰성 있게 측정할 수 없을 뿐만 아니라 기업이 통제하고 있는 식별가능한 자원도 아니기 때문에 자산으로 인식해서는 아니 된다.

영업권의 양도는 무체물로 재산적 가치가 있어 부가가치세 과세대상이 된다. 또한 양도자는 기타소득(사업용 고정자산과 함께 양도하는 경우는 제외)에 해당되어 종합소득세를 납부하여야 한다. 이 경우 기타소득인 영업권은 필요경비를 60% 인정받을 수 있다. 취득자는 무형자산으로 계상하고 감가상각을 통하여 비용처리하면 된다. 세법상 영업권의 범위는 다음과 같다.

① 법인이 상표·상호 및 인터넷 도메인명 등 타인에게 양도 또는 승계할 수 있는 배타적 권리의 취득대가로서 지출하는 비용은 법인세법시행령 제24조의 규정에 의한 무형고정자산의 감가상각자산으로 보는 것이다(재법인46012-169, 2002.10.28).
② 법인이 새로운 사업장용 건물을 임차하면서 선점임차인에게 지급하는 비반환성 권리금으로서 사업상 편리한 지리적 여건 등 영업상의 이점 등을 감안하여 적절히 평가하여 유상으로 지급한 금액은 법인세법시행령 제24조 제1항 제2호 가목의 영업권에 해당하는 것이다(서이46012-10970, 2002.05.07).

실무적용 Tip

◎ 권리금의 과세문제

■ 영업권 양도·양수

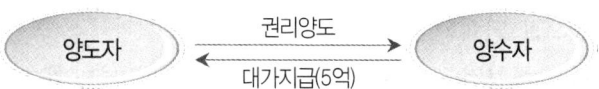

1) 부가가치세 과세여부
   - 과세사업 관련 부수공급(과세대상)
   - 면세사업 관련 부수공급(면세대상)
   - 사업양도 : 재화의 공급(×)

2) 소득세 과세여부
   - 유형자산처분이익(과세제외)
   - 영업권(권리금) : 기타소득(필요경비 60%, 종합과세)

3) 적격증명 수수의무
   ① 과세대상
   - 양도자 : 세금계산서 발급
   - 양수자 : 원천징수영수증 발급
   ② 면세대상
   - 양도자 : 계산서 발급 면세
   - 양수자 : 원천징수영수증 발급

4) 소득세법상 기타소득의 귀속시기
   그 대금을 청산한 날, 자산을 인도한 날 또는 사용·수익일 중 빠른 날. 다만, 대금을 청산하기 전에 자산을 인도 또는 사용·수익하였으나 대금이 확정되지 아니한 경우에는 그 대금 지급일로 한다(소법령50①1).
   여기서 대금이 확정되지 않았다는 의미는 예를 들어 영업권을 양도하고 양수회사의 매출액의 5%를 5년 동안 영업권으로 하도록 약정한 경우 매출액이 확정되는 때를 기타소득의 귀속시기로 한다는 것이다.

5) 원천징수시기
   소득을 지급하는 자는 지급하는 때 소득세를 원천징수하여야 한다(소법127①).

6) 원천징수배제
   제127조 제1항 각 호의 소득으로서 발생 후 지급되지 아니함으로써 소득세가 원천징수되지 아니한 소득이 종합소득에 합산되어 종합소득에 대한 소득세가 과세된 경우에 그 소득을 지급할 때에는 소득세를 원천징수하지 아니한다(소법155).

(2) 개발비

프로젝트의 연구단계에서 미래 경제적 효익을 창출할 무형자산이 존재한다는 것을 입증할 수 없기 때문에 연구단계에서 발생한 지출은 무형자산으로 인식할 수 없고 발생한 기간의 비용으로 인식한다. 여기서 연구란 새로운 과학적 또는 기술적 지식을 얻기 위해 수행하는 독창적이고 계획적인 탐구활동을 말한다. 개발단계에서 발생한 지출은 일정한 조건을 충족하는 경우에만 무형자산으로 인식하고, 그 외의 경우에는 경상개발비의 과목으로 하여 발생한 기간의 비용으로 인식한다. 여기서 개발이란 상업적인 생산 또는 사용 전에 연구결과나 관련지식을 새롭거나 현저히 개량된 재료, 장치, 제품, 공정, 시스템 및 용역의 생산을 위한 계획이나 설계에 적용하는 활동을 말한다.

개발비는 관련제품의 판매 또는 사용이 가능한 시점부터 20년 이내의 기간 내에서 연 단위로 신고한 내용연수에 따라 매사업연도별 경과월수에 비례하여 상각한다(법령 26②).

법인이 상각방법의 신고를 하지 아니한 경우 당해 감가상각자산에 대한 상각범위액은 관련제품의 판매 또는 사용이 가능한 시점부터 5년 동안 매년 균등액을 상각한다(법령26④4).

개발비는 상업적인 생산 또는 사용 전에 재료·장치·제품·공정·시스템 또는 용역을 창출하거나 현저히 개선하기 위한 계획 또는 설계를 위하여 연구결과 또는 관련지식을 적용하는데 발생하는 비용으로서 기업회계기준에 따른 개발비 요건을 갖춘 것(「산업기술연구조합 육성법」에 따른 산업기술연구조합의 조합원이 해당 조합에 연구개발 및 연구시설 취득 등을 위하여 지출하는 금액을 포함한다)을 말한다.

(3) 산업재산권

법률에 의하여 일정기간 독점적 배타적으로 이용할 수 있는 권리로서 특허권·실용신안권·의장권 및 상표권 등이 있다.

(4) 광업권

광업법에 의하여 등록된 일정한 광구에서 등록을 한 광물과 동 광산 중에 부존하는 다른 광물을 채굴하여 취득할 수 있는 권리를 말한다.

(5) 어업권

수산업법에 의하여 등록된 일정한 수면에서 어업을 경영할 권리를 말한다.

(6) 차지권

차지권이란 임차료 또는 지대를 지급하고 타인이 소유하는 토지를 사용·수익할 수 있는 권리를 말한다.

제2절 부채회계와 세무실무

1. 유동부채

(1) 유동부채

1) 매입채무

매입채무는 일반적인 상거래에서 발생한 외상매입금과 지급어음을 말한다. 여기에서 일반적인 상거래라 함은 당해회사의 사업계획서나 정관 등의 목적사업을 위한 경상적인 영업활동에서 발생한 거래를 의미한다. 따라서 일반적인 상거래가 아닌 유형자산의 구입 등은 미지급금으로, 어음(융통어음 포함)을 자금융통목적으로 발행하는 경우에는 단기차입금으로 표시하여야 한다. 일반적으로 매입채무의 인식시점은 검수가 완료된 때이다. 다만, 외국에서 수입하는 미착상품의 경우에는 검수이전에 선하증권의 수수나 화환어음의 인수 등에 의해 지급할 채무가 확정되므로 그 시점에서 매입채무로 계상하여야 한다.

2) 단기차입금

단기차입금은 금융기관 등으로부터 돈을 빌려오고 사용 후 1년 이내에 갚아야 하는 금액을 말한다. 금융기관 차입금, 주주·임원·종업원의 단기차입금, 어음 단기차입금, 당좌차월 등으로 1년 이내에 갚아야 하는 금액은 단기차입금으로 1년 이후에 갚아야 하는 금액은 장기차입금으로 처리한다.

3) 미지급금

상품이나 제품이 아닌 물품의 구입, 용역의 제공, 개별소비세, 광고료 등과 관련된 지출로서 기업의 일반적 상거래 이외에서 발생한 채무를 말한다. 리스료, 차량 할부금, 유형자산 구입대금 중 미지급액 등이 해당한다. 일반적 상거래에서 발생한 미지급액은 외상매입금으로 일반적 상거래 이외에서 발생한 미지급액은 미지급금으로 처리한다.

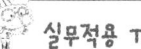

리스료의 적격증빙 수취대상 여부

리스회사는 부가가치세법상 면세사업자에 해당한다. 다만, 한국표준산업분류에서는 리스형태에 따라 달리 구분하고 있다.

리스형태	리스이용자의 회계처리	한국표준산업분류	계산서 수수여부
① 금융리스	자산(감가상각)	금융 및 보험업(64911)	면제(법령158의1①1다)
② 운용리스	비용(지급리스료)	부동산 및 임대업(69)	발급 및 제출

① 운용리스에서 리스회사는 계산서를 발행하여야 하고 리스이용자는 다음해 2/10 까지 매입처별세금계산서합계표를 제출하여야 하며 미교부 및 미제출시 가산세 1%가 부과되므로 주의를 요함.

② 시설대여업자의 계산서 작성·교부의무
여신전문금융업법에 의한 시설대여업자가 금융리스 이외의 리스(운용리스)를 실행하고 리스이용자로부터 리스료를 수취하는 경우에는 계산서를 작성하여 리스이용자에게 교부하여야 한다(법기통 121-164…6).

③ 소득세법시행령 제29조에서 이 영에 특별한 규정이 있는 것을 제외하고는 한국표준산업분류를 기준으로 한다 고 규정하고 있고, 소득세법시행령에서 금융업의 범위를 특별히 규정한 바 없으므로 한국표준산업분류를 기준으로 하여 금융업의 범위를 판단하여야 할 것이며, 한국표준산업분류에서 리스회사의 금융리스업은 금융업으로 분류하고 있지만 운용리스업은 금융업이 아닌 L. 부동산 및 임대업, 71. 기계장비 및 소비용품 임대업으로 분류하여 금융업에 해당되지 않음을 명확히 하고 있다.
이와 같이 계산서 교부 관련 근거 법률인 법인세법 및 소득세법에서 운용리스업을 금융리스업과 달리 구분하여 금융업으로 보지 아니하고 기계장비 및 소비용품 임대업으로 보고 있으므로 리스회사가 운용리스를 실행하고 리스료를 수취하는 경우에는 계산서를 작성·교부할 의무가 있다 할 것이므로, 여신전문금융업법에 의한 시설대여업자가 제공하는 리스는 금융리스와 운용리스를 구분하지 아니하고 모두 금융업으로 보아 계산서를 교부하지 않아도 된다는 청구주장은 이유 없다 하겠다(국심 2005중3027, 2007.04.04).

4) 예수금

예수금이란 일반적 상거래 이외에서 발생한 일시적 제예수액을 말한다. 즉, 예수금은 부가가치세예수금과 같이 기업이 타인으로부터 일단 금전을 받아 수취하고 그 후 타인을 대신하여 제3자에게 금전으로 반환하여야 할 채무를 말한다. 근로소득세, 국민연금, 건강보험 등의 예수금으로 한다.

> 실무적용 Tip
>
> ◎ **부가세 예수금계정의 검토**
>
> 재무상태표상 부가세예수금계정과 부가가치세 신고시 납부할 세액을 비교 검토하여 일치여부를 확인한다.

5) 미지급비용

미지급비용이란 이미 발생된 비용으로서 아직 지급되지 않은 것을 말한다. 즉 일정한 계약에 따라 계속적으로 용역을 제공받고 있는 경우에 이미 제공받은 용역에 대하여 결산일 현재 아직 그 대가의 지급이 끝나지 않은 경우 동 계정을 처리하는 계정이다. 미지급 이자, 급료, 신용카드 사용대금의 미지급금으로 한다.

6) 미지급법인세

미지급법인세란 회계연도 말 현재 당해 회계연도에 부담하여야 할 법인세와 지방소득세 및 농어촌특별세에서 기납부한 중간예납세액이나 원천납부세액(선납세금)을 차감한 잔액으로 과세표준신고시 납부할 법인세액을 말한다.

미지급세금은 납부해야 할 법인세와 지방소득세 및 농어촌특별세 등의 미지급금이다.

> ① 법인세 중간예납·원천납부
>
> (차) 선납세금　　　　　10,000,000　　(대) 현금및현금성자산　　10,000,000
>
> ② 결산기말 법인세부담액 30,000,000원으로 차감납부세액을 미지급법인세로 대체
>
> (차) 법인세 등(법인세비용)　30,000,000　　(대) 선납세금　　　　　10,000,000
> 　　　　　　　　　　　　　　　　　　　　　　미지급법인세　　　20,000,000

> **실무적용 Tip**
>
> ◎ **이연법인세와 세무조정**
>
> (1) 이연법인세 회계를 적용한 경우
>
>   ① 이연법인세자산이 발생한 경우
>
>   (차) 이연법인세자산　　　　50,000　　(대) 선급법인세　　　　30,000
>   　　 법인세비용　　　　　　100,000　　　　 미지급법인세　　120,000
>
>   [세무조정] 손금불산입 법인세 등 150,000(기타사외유출)
>   　　　　　 손금산입 이연법인세자산 50,000(△유보)
>
>   ② 이연법인세 부채 발생한 경우
>
>   (차) 법인세비용　　　　　　200,000　　(대) 선급법인세　　　　30,000
>   　　　　　　　　　　　　　　　　　　　　　　 미지급법인세　　120,000
>   　　　　　　　　　　　　　　　　　　　　　　 이연법인세부채　 50,000
>
>   [세무조정] 손금불산입 법인세 등 150,000(기타사외유출)
>   　　　　　 손금불산입 이연법인세부채 50,000(유보)
>
> (2) 이연법인세 회계를 적용하지 않은 경우(중소기업)
>
>   (차) 법인세 등　　　　　　100,000　　(대) 선급법인세　　　　30,000
>   　　　　　　　　　　　　　　　　　　　　　 미지급법인세　　　70,000
>
>   [세무조정] 손금불산입 법인세 등 100,000(기타사외유출)

7) 미지급배당금

미지급배당금은 이익잉여금처분계산서 상에 현금배당액으로써 기말에 주주 등으로부터 배당금 지급청구가 없어 미지급 상태로 남아 있는 배당금과, 배당금 중 미지급한 배당금이다.

① 법인이 이익 또는 잉여금의 처분에 의한 배당소득을 그 처분을 결정한 날부터 3월이 되는 날까지 지급하지 아니한 때에는 그 3월이 되는 날에 배당소득을 지급한 것으로 본다.

② 의제배당과 법인세법에 의하여 처분되는 배당은 잉여금처분 결의일 등 법에서 정하는 날에 지급한 것으로 본다.
　따라서 당해법인은 지급시기에 원천징수를 하여 다음달 10일까지 납부하여야 한다(소득세법제132조).

8) 선수수익

선수수익은 계약에 따라 대금을 수령하고 결산기말 현재 용역을 제공하지 않은 경우 동 금액에 대하여 처리하는 계정이다. 선수이자, 선수임대료 등이 이에 해당한다.

9) 단기충당부채

1년 내에 사용되는 충당부채로서 그 사용목적을 표시하는 과목으로 기재한다.

10) 가수금

일시적으로 운영자금의 부족으로 임직원에게 자금을 빌리는 경우 이를 처리하는 계정이다. 가수금은 가계정으로서 결산 재무제표에 기재하여서는 안되며 적절한 계정과목으로 대체한다.

실무적용 Tip

가수금의 발생원인 분석

가수금은 대표이사나 주주·임원이 회사자금의 부족으로 일시적으로 회사에 불입한 후 인출하여 가는 임시적항목이다. 가수금을 법인에 입금시 가수의 원천과 증빙이 분명해야 가수금 인출에 제한을 받지 않으며 가능한 한 법인통장을 통하여 입금하고 차입금약정서를 작성해 놓아야 한다. 가수금의 발생원인은 크게 다음과 같이 분류할 수 있다.

① 회사자금이 부족한 경우
② 매출누락을 한 경우
③ 가공경비를 계상한 경우
④ 누적결손이 발생하는 경우

> • 참고
>
> **가수금과 매출누락**
>
> 가수금은 법인자금의 부족 등의 원인으로 임직원 등이 일시적으로 법인에 불입한 자금으로 차후에 채권자에게 상환해야 할 법인의 채무이다. 그런데 간혹 법인이 탈세목적으로 차명계좌를 통한 매출을 누락하는 경우가 있다. 이 때 매출을 발생하는 비용은 회계처리하고 매출은 누락함으로서 손실이 발생하고 법인의 자금이 부족하게 된다. 이 때 가수금을 차명계좌에서 인출하여 가수금 형식을 통하여 법인에 불입하게 된다.
>
> - 회계처리
>   (차) 현금및현금성자산   ×××   (대) 가수금   ×××
>
> 이 경우 대변의 가수금은 매출계정을 가수금계정으로 변칙처리 한 것으로 세무조사 등을 통하여 적발될 경우 부가가치세, 법인세, 상여처분, 가산세 등의 불이익을 받게 된다.

2. 비유동 부채

비유동부채란 부채 중에서 지급기간이 결산일로부터 1년을 초과하는 채무를 말한다.

(1) 사 채

사채란 주식회사가 거액의 자금을 조달하기 위하여 일정액(권당 10,000원)을 표시하는 채권을 발행하여 다수인으로부터 조달한 부채를 말한다. 일반사채, 전환사채, 신주인수권부사채 등이 이에 해당한다.

> **실무적용 Tip**
>
> ● **전환사채 또는 신주인수권부사채의 발행 및 상환에 따른 세무조정**
>
> (1) 전환사채 또는 신주인수권부사채의 발행 및 상환에 따른 세무상 처리방법(법기통 40-71…2)
>
> 전환사채 또는 신주인수권부사채(이하 "전환사채 등"이라 한다)를 발행한 법인이 기업회계기준에 따라 전환권 또는 신주인수권(이하 "전환권 등"이라 한다)가치를 별도로 인식하고, 상환할증금을 전환사채 등에 부가하는 형식으로 계상한 경우 상환할증금 등에 대한 처리는 다음 각호에 의한다.

1. 발행시 전환사채 등의 차감계정으로 계상한 전환권 등 조정금액은 손금산입 유보처분하고 기타자본잉여금으로 계상한 전환권 등 대가는 익금산입 기타처분하며, 상환할증금은 손금불산입 유보처분한다.
2. 만기일 전에 전환권 등 조정금액을 이자비용으로 계상한 경우 동 이자비용은 이를 손금불산입하고 유보처분한다.
3. 전환권 등을 행사한 경우 제1호의 규정에 의하여 손금불산입한 상환할증금 중 전환권 등을 행사한 전환사채 등에 해당하는 금액은 손금으로 추인하고, 주식발행초과금으로 대체된 금액에 대해서는 익금산입 기타처분하며, 전환권 등 조정과 대체되는 금액은 익금산입 유보처분한다.
4. 만기일까지 전환권 등을 행사하지 아니함으로써 지급하는 상환할증금은 그 만기일이 속하는 사업연도에 손금으로 추인 한다.

(2) 세무조정 사례

① 발행시의 회계처리

(차) 현금 및 현금성자산	×××	(대) 선급법인세	×××
전환권조정	×××	전환권대가	×××
(부채차감계정)		(기타자본잉여금)	

[세무조정] 익금산입 전환권대가 ×××(기타)
　　　　　 손금산입 전환권조정 ×××(△유보)

② 이자지급시의 회계처리

(차) 이자비용	×××	(대) 현금 및 현금성자산	×××
전환권조정	×××		

[세무조정] 손금불산입 전환권조정 ×××(유보)

③ 전환권 행사시

(차) 전환권대가	×××	(대) 주식발행초과금	×××
전환사채	×××	전환권조정	×××
자본금	×××	주식발행초과금	×××

[세무조정] 손금불산입 전환권조정 ×××(기타)
　　　　　 손금불산입 전환권조정 ×××(유보)

(2) 장기차입금

장기차입금은 금융기관 등으로부터 자금을 빌려오고 사용 후 1년이 지나서 상환해도 되는 차입금을 말한다. 금융기관 차입금, 주주·임원·종업원의 장기차입금, 어음 단기차입금, 당좌차월 등으로, 1년 이내에 갚아야 하는 돈은 단기차입금으로 1년 이후에 갚아야 하는 차입금은 장기차입금으로 처리한다.

(3) 장기성매입채무

장기성매입채무는 재화나 용역을 구매하고 일정기간 후에 외상대금을 주기로 하거나 물건 등을 팔고 어음을 주었을 경우 그 기간이 1년 이후에 지불해도 되는 매입채무를 말한다. 어음거래, 외상거래. 기업회계기준에서는 어음거래와 외상거래를 모두 매입채무로 계상하도록 하고 있으나 실무에서는 어음거래는 지급어음으로 외상거래는 외상매입금으로 처리한다.

(4) 장기충당부채

1년 후에 사용되는 충당부채로서 그 사용목적을 표시하는 과목으로 기재한다. 충당부채는 당기의 수익에 대응하는 비용으로서 장래에 지출될 것이 확실한 것과 당기의 수익에서 차감되는 것이 합리적인 것으로써 그 금액을 추산하여 계상한 것을 말한다. 충당부채는 다음과 같은 요건을 모두 충족하는 경우에는 이를 반드시 설정하여야 한다.
① 장래에 지출될 것이 확실하고,
② 당해 지출의 원인이 당기에 발생하였을 것이며,
③ 당해 지출금액을 합리적으로 추정할 수 있어야 한다.

이러한 충당부채는 퇴직급여충당부채·수선충당부채·판매보증충당부채·공사보증충당부채 등이 있다. 또한 충당부채 중 이를 연차적으로 분할하여 사용하거나 그 전부 또는 일부의 사용 시기를 합리적으로 예측할 수 없는 경우에는 이를 전부 비유동부채에 속하는 것으로 기재할 수 있다.

(5) 퇴직급여충당부채

퇴직급여충당부채는 회계연도말 현재 전임직원이 일시에 퇴직할 경우 지급하여야 할 퇴직금에 상당하는 금액으로 한다. 회계연도말 현재 전임직원의 퇴직금소요액과 퇴직급여충당부채의 설정잔액 및 기중의 퇴직금지급액과 임원퇴직금의 처리방법 등을 주석으로 기재한다.

1) 퇴직급여충당부채의 범위

① 회사가 기말현재 퇴직급여충당부채로 계상하여야 할 금액은 결산일 현재의 모든 임직원이 일시에 퇴직할 경우에 지급하여야 할 금액(근로자퇴직급여보장법상 퇴직금추계액 또는 기타 법령과 회사의 퇴직금지급 규정 중 가장 많은 금액)이다.

② 급여규정의 개정과 급여의 인상으로 퇴직금소요액이 증가되었을 경우에는 당기분과 전기분을 일괄하여 당기비용으로 계상한다.

2) 법인세법상 손금산입 범위액 : ①·② 중 적은 금액

①	퇴직급여지급대상 임직원의 총급여액 × 5/100
②	(사업연도종료일 현재 임원 또는 사용인전원의 퇴직급여추계액 × 0[39]/100) − 퇴직급여충당금잔액 + 퇴직금전환금납부액 ※ 2006년 2월 9일 이후 개시하는 사업연도부터 그 사업연도개시일 이후 2년 이내에 종료하는 사업연도까지는 35%

> 총급여액의 범위
> - 위 ①에 의한 범위액 계산시 "총급여액"은 소득세법 §20① 1호 가목 및 나목의 규정에 의한 금액으로 하되, 법인세법시행령 §43의 규정에 의하여 손금에 산입하지 않는 금액은 제외한다.
> - 퇴직금을 중간정산한 경우 "총급여액"은 근로자퇴직급여보장법 제8조 제2항 의한 퇴직금 중간정산 기준일 이후 새로이 기산하는 근로연수가 사업연도 종료일 현재 1년 미만인 경우에도 입사일로 부터 사업연도 종료일까지 계속하여 1년 이상을 근무(휴직기간 포함)한 자의 총급여액으로 한다.
>   ※ 이 경우 중간정산기준일 익일부터 사업연도 종료일까지의 총급여액으로 하는 것임을 유의하여야 한다.

---

[39] 1. 2010년 1월 1일부터 2010년 12월 31일까지의 기간 중에 개시하는 사업연도: 100분의 30
2. 2011년 1월 1일부터 2011년 12월 31일까지의 기간 중에 개시하는 사업연도: 100분의 25
3. 2012년 1월 1일부터 2012년 12월 31일까지의 기간 중에 개시하는 사업연도: 100분의 20
4. 2013년 1월 1일부터 2013년 12월 31일까지의 기간 중에 개시하는 사업연도: 100분의 15
5. 2014년 1월 1일부터 2014년 12월 31일까지의 기간 중에 개시하는 사업연도: 100분의 10
6. 2015년 1월 1일부터 2015년 12월 31일까지의 기간 중에 개시하는 사업연도: 100분의 5
7. 2016년 1월 1일 이후 개시하는 사업연도: 100분의 0

3) 퇴직연금

① 개요

퇴직연금은 사용자가 매년 발생하는 퇴직금 상당액을 금융기관 등 외부기관에 적립하고, 근로자의 퇴직금 수령은 퇴직 후 연금형태로 지급받는 제도로 국민의 표준생활을 기업차원에서 준비하기 위하여 2005.12.1.부터 시행되었다.

② 퇴직연금제도의 유형

㉠ 확정급여형 퇴직연금(DB형)

근로자가 지급받을 급여의 수준이 사전에 결정되어 있는 퇴직연금을 말한다. 따라서 납부된 기여금은 기업의 책임 하에 운영되며 투자위험 및 성과는 기업에 귀속된다.

㉡ 확정기여형 퇴직연금(DC형)

급여의 지급을 위하여 사용자가 부담하여야 할 부담금의 수준이 사전에 결정되어 있는 퇴직연금을 말한다. 따라서 기업은 개인별 계좌에 기여금을 정기적으로 납부함으로써 의무가 종결되며 근로자 스스로 적립금을 운용하게 된다.

실무적용 Tip

◎ 임원퇴직금의 세무처리

(1) 손금산입 한도

임원에게 지급하는 퇴직금은 다음에 따라 지급되는 금액을 손금산입 한다(법령44③1).

① 정관에 퇴직금, 퇴직위로금 등으로 지급할 금액이 정하여진 경우(정관에서 위임된 퇴직급여 지급규정이 따로 있는 경우 포함) : 그 금액

② 그 이외 : 직전 1년간의 평균 연급여×1/10×근속연수. 이 경우 해당 임원이 사용인에서 임원으로 된 때에 퇴직금을 지급하지 아니한 경우에는 사용인으로 근무한 기간을 근속연수에 합산할 수 있다(법령44④2).

임원의 퇴직소득금액(2011년 12월 31일에 퇴직하였다고 가정할 때 지급받을 퇴직소득금액이 있는 경우에는 그 금액을 뺀 금액을 말한다)이 다음 계산식에 따라 계산한 금액을 초과하는 경우에는 그 초과하는 금액은 근로소득으로 본다(소법22③).

$$\text{2019년 12월 31일부터 소급하여 3년 (2012.1.1. ~ 2019.12.31.까지의 근무기간이 3년 미만인 경우에는 해당 근무기간) 동안 지급받은 총급여의 연평균환산액} \times \frac{1}{10} \times \frac{\text{2012.1.1. ~ 2019.12.31. 까지의 근무기간}}{12} \times 3$$

$$\text{퇴직한 날부터 소급하여 3년 (2020.1.1.~퇴직한 날까지의 근무기간이 3년 미만인 경우에는 해당 근무기간) 동안 지급받은 총급여의 연평균환산액} \times \frac{1}{10} \times \frac{\text{2020년 1월 1일 이후의 근무기간}}{12} \times 2$$

(2) 정관의 규정

> [표준정관]
> [임원의 보수] 임원의 보수 및 퇴직금은 주주총회에서 정한다.

① 정관에서 위임하지 않은 경우

정관에 퇴직금 지급규정에 대한 구체적인 위임사항을 규정하지 아니하고 별도의 퇴직금 지급규정에 의한다 라고만 규정하여 특정임원의 퇴직시 임의로 동규정을 변경지급 할 수 있는 경우에는 정관 등에 그 지급기준이 있는 것으로 보지 아니 한다(법인46012-405, 2001.02.21).

② 정관의 위임에 의하여 주주총회에서 지급규정을 정한 경우

"임원의 보수 및 퇴직금은 주주총회에서 정한다"라는 다소 포괄적인 위임규정이라 하더라도 정관의 위임규정과 임시주주총회를 개최하여 이미 사규로 정해진 퇴직금 지급규정을 적용하여 그간 종업원 및 임원퇴직금을 지급하여 왔다면 동 임원퇴직금은 손금에 산입한다(국심2000중1197, 2000.10.24).

(3) 지급규정이 없는 것으로 보는 경우

① 특정임원에게 차등률로 정한 경우

정관에 정하여진 임원의 퇴직금 지급기준은 원칙적으로 임원별로 퇴직금 지급액이 정하여져 있거나 퇴직금을 계산할 수 있는 정도의 기준을 정하고 구체적이고 세부적인 사항을 퇴직급여지급기준 등에 위임한 경우에는 적법한 위임규정에 해당되며, 그렇지 않은 경우에는 정관 등에 지급규정이 없는 것으로 보아 「법인세법시행령」 제44조 제3항 제2호 규정을 적용하는 것이며, 법인의 퇴직금지급규정이 불특정 다수를 대상으로 지급배율을 정하지 아니하고 개인별로 지급배율을 정하는 경우에는 「법인세법시행령」 제44조 제4항에서 규정하는 정관에서 위임된 퇴직급여지급규정으로 볼 수 없으며, 특수관계자인 특정임원에게만 정당한 사유 없이 지급배율을 차별적으로 높게 정하는 경우에는 「법인세법」 제52조의 부당행위계산부인 규정이 적용되는 것이다(서면2팀-747, 2005.05.31).

② 이사회에 포괄위임한 경우

정관에 근거규정이 없고 특별위로금 지급대상 및 지급금액의 산정 등에 관한 사항을 구체적으로 규정하지 아니한 채 이사회에 포괄적으로 위임하여 지급한 퇴직금은 세법상 손금산입요건을 충족하였다고 할 수 없는 것이다(국심 2005서 222, 2005.07.21).

(4) 임원퇴직금의 귀속시기

임원퇴직금의 손금 귀속시기는 퇴직일이 속하는 사업연도의 손금으로 한다. 다만, 장기요양 등 부득이한 사유로 인한 현실적인 퇴직의 경우 손금의 귀속시기는 실제로 퇴직금을 지급한 날이 속하는 사업연도로 하는 것이다.

(5) 임원퇴직금의 중간정산

① 퇴직금으로 보는 경우(근로자)

근로자퇴직급여보장법 제8조 제2항의 규정에 따라 근로자의 서면요구에 의하여 실제 퇴직하기 전에 퇴직금을 미리 정산하여 지급하는 경우에 근로자는 퇴직소득에 해당되며 사용자는 퇴직금으로 중간정산일에 손금산입한다.

이 경우 중간정산 이후 퇴직금산정을 위한 근로연수는 정산시점부터 새로이 기산하여야 하고 그에 따른 퇴직소득 원천징수영수증을 교부해야 한다. 한편, 중간정산 이후에 연월차수당 및 근속수당·호봉·상여 등을 누진 적용하는 경우에도 중간정산으로 본다.

② 가지급금으로 보는 경우(임원)

중간정산은 근로기준법 상 근로자에 대하여만 가능하므로 근로기준법상의 근로자에 해당하지 아니하는 임원에 대하여 퇴직금을 중간정산 하는 경우 업무무관가지급금으로 본다.

③ 임원퇴직금의 중간정산

정관 또는 정관에서 위임된 퇴직급여지급규정에 따라 장기 요양 등 기획재정부령으로 정하는 사유[40]로 그 때까지의 퇴직급여를 중간정산하여 임원에게 지급한 때(중간정산시점부터 새로 근무연수를 기산하여 퇴직급여를 계산하는 경우에 한정한다)(법령44②5)

(6) 수선충당부채

용해로의 수선비 등이 장래에 지출될 것이 확실하고 당해 지출의 원인이 당기에 있으며 당해 지출의 금액을 합리적으로 추정할 수 있는 경우에는 그 금액을 적절히 추산하여 수선충당부채로 계상한다.

(7) 이연법인세부채

일시적 차이로 인하여 법인세비용이 법인세법 등의 법령에 의하여 납부하여야 할 금액을 초과하는 경우 그 초과하는 금액으로 한다.

---

40) 1. 중간정산일 현재 1년 이상 주택을 소유하지 아니한 세대의 세대주인 임원이 주택을 구입하려는 경우(중간정산일부터 3개월 내에 해당 주택을 취득하는 경우만 해당한다)
2. 임원(임원의 배우자 및 「소득세법」 제50조 제1항 제3호에 따른 생계를 같이 하는 부양가족을 포함한다)이 3개월 이상의 질병 치료 또는 요양을 필요로 하는 경우
3. 천재·지변, 그 밖에 이에 준하는 재해를 입은 경우

제3절 자본회계와 세무실무

자본이란 기업이 가지고 있는 총재산(자산)에서 남에게 빌린 재산(부채)를 차감한 금액을 말한다.

1. 자본금

자본금이란 주식회사의 경우 발행주식의 총액을 말하고, 개인회사의 경우 개인이 납입한 총액을 말한다.

2. 자본잉여금

재무상태표 항목간의 거래로 인하여 발생하는 이익을 말한다.

(1) 주식발행초과금

회사가 신주를 발행하는 경우 발행의 방법에는 액면발행, 할인발행(발행가액보다 낮은 가액), 할증발행(발행가액보다 높은 가액) 등이 있는데, 이 중 할증발행시 발행가액 중 액면가액을 초과하는 금액을 주식발행초과금이라고 한다.

(2) 감자차익

무상감자의 경우 감소시킨 자본금의 금액이 주주에게 되돌려준 회사자본을 초과하는 경우 그 차액을 말한다.

(3) 자기주식처분이익

자기주식의 취득원가를 초과하여 처분함으로 인하여 생긴 이익으로 주주와의 거래에서 발생한 차익을 말한다. 자기주식처분이익은 자본에의 전입, 이월결손금 보전, 자기주식처분손실과의 상계의 용도에 한하여 사용가능하다. 자기주식처분이익은 처분일이 속하는 사업연도의 익금이다.

• 관련법조문 •

■ **자기주식의 취득(상법 제341조)**
① 회사는 다음의 방법에 따라 자기의 명의와 계산으로 자기의 주식을 취득할 수 있다. 다만, 그 취득가액의 총액은 직전 결산기의 대차대조표상의 순자산액에서 제462조 제1항 각 호의 금액을 뺀 금액을 초과하지 못한다.
1. 거래소에서 시세(시세)가 있는 주식의 경우에는 거래소에서 취득하는 방법
2. 제345조 제1항의 주식의 상환에 관한 종류주식의 경우 외에 각 주주가 가진 주식 수에 따라 균등한 조건으로 취득하는 것으로서 대통령령으로 정하는 방법

② 제1항에 따라 자기주식을 취득하려는 회사는 미리 주주총회의 결의로 다음 각 호의 사항을 결정하여야 한다. 다만, 이사회의 결의로 이익배당을 할 수 있다고 정관으로 정하고 있는 경우에는 이사회의 결의로써 주주총회의 결의를 갈음할 수 있다.
1. 취득할 수 있는 주식의 종류 및 수
2. 취득가액의 총액의 한도
3. 1년을 초과하지 아니하는 범위에서 자기주식을 취득할 수 있는 기간

③ 회사는 해당 영업연도의 결산기에 대차대조표상의 순자산액이 제462조 제1항 각 호의 금액의 합계액에 미치지 못할 우려가 있는 경우에는 제1항에 따른 주식의 취득을 하여서는 아니 된다.

④ 해당 영업연도의 결산기에 대차대조표상의 순자산액이 제462조 제1항 각 호의 금액의 합계액에 미치지 못함에도 불구하고 회사가 제1항에 따라 주식을 취득한 경우 이사는 회사에 대하여 연대하여 그 미치지 못한 금액을 배상할 책임이 있다. 다만, 이사가 제3항의 우려가 없다고 판단하는 때에 주의를 게을리하지 아니하였음을 증명한 경우에는 그러하지 아니하다.

(4) 기타자본잉여금

전환사채 발행시의 발행시 전환권대가, 신주인수권부사채 발행시 신주인수권대가 등이 이에 해당한다.

3. 자본조정

자본조정은 당해 항목의 성격으로 보아 자본거래에 해당하나 최종 납입된 자본으로 볼 수 없거나 자본의 가감 성격으로 자본금이나 자본잉여금으로 분류할 수 없는 항목이다. 예를 들면, 자기주식, 주식할인발행차금, 주식매수선택권, 출자전환채무, 감자차손 및 자기주식처분손실 등이 포함된다.

(1) 주식할인발행차금

주식을 액면가액 이하로 발행하는 경우 액면가액과 발행가액의 차이를 말한다.

(차) 현금과 현금성자산	×××	(대) 자본금	×××
주식할인발행차금	×××		

실무적용 Tip

◉ 증자관련 주식발행비용의 세무처리

상법상 주식의 할인발행은 회사설립일로부터 2년이 경과한 후에 주주총회의 특별결의와 법원의 인가를 얻은 경우에 한하여 허용된다. 따라서 주식할인발행차금은 실무상 자주 발생하지 않으나 증자시에는 주식할인발행차금이 발생하게 된다. 즉, 증자와 관련된 등록세, 신주발행비, 기타제비용은 당기비용으로 처리하지 말아야 하며 주식할인발행차금(또는 주식발행초과금)으로 하여 자본에서 차감하는 자본조정으로 처리하여야 한다. 왜냐 하면 증자와 관련된 비용은 주주가 부담할 성격이므로 결국 그 금액만큼 자본금의 과소불입으로 보아야 한다는 것이다. 그러나 실무상 종종 세금과공과 등 당기비용으로 처리하는 경우가 있는 데 이 경우에는 세무조정으로 손금불산입 하고 기타로 소득처분 하여야 한다. 법인의 설립 후 자본을 증가함에 있어 증자 등기시 납부하는 등록세, 신주의 발행과 관련하여 공모대행증권사에 지급하는 공모대행 인수수수료, 신주발행을 위하여 직접 지출하는 비용(법률비용, 주권인쇄비, 우송료, 등록비, 사무처리비, 광고료 등)은 신주발행비로서 주식할인발행차금에 해당하므로 손금에 산입하지 아니한다(법인집행 20-20-1)

그러나 법인설립시에 발생하는 주식발행비, 법무사수수료 등은 창업비용으로서 당기비용으로 처리한다(서이 -761, 2006.5.4).

(2) 자기주식

자기회사가 발행한 주식을 말한다.

4. 기타포괄손익누계액

기타포괄손익누계액은 재무상태표일 현재의 매도가능증권평가손익, 해외사업환산손익, 현금흐름위험회피 파생상품평가손익 등의 잔액이다.

포괄이익은 기업실체가 일정 기간 동안 소유주와의 자본거래를 제외한 모든 거래나 사건에서 인식한 자본의 변동을 말한다. 즉, 포괄이익에는 소유주의 투자 및 소유주에 대한 분배 등 자본거래를 제외한 모든 원천에서 인식된 자본의 변동이 포함된다.

(1) 매도가능증권평가손익

매도가능증권인 지분증권의 평가손익 또는 채무증권의 평가손익으로 한다.

(2) 해외사업환산손익

기업회계기준 제69조 제2항의 규정에 의하여 발생한 해외지점 등의 외화환산손익으로 한다.

5. 이익잉여금

이익잉여금은 손익계산서 항목의 거래로 인하여 발생하는 이익을 말한다.

(1) 이익준비금

상법은 자본금의 2분의 1에 달할 때까지 매결산기의 금전에 의한 이익배당액의 1/10 이상의 금액을 강제적으로 기업내부에 유보하도록 하고 있는데 이 규정에 의하여 적립한 준비금을 말한다.

(2) 기타 법정적립금

상법 이외의 법령의 규정에 의하여 적립된 금액으로 한다.

(3) 임의적립금

정관의 규정 또는 주주총회의 결의로 적립된 금액으로서 사업확장적립금·감채적립금·배당평균적립금·결손보전적립금 및 법인세 등을 이연할 목적으로 적립하여 일정 기간이 경과한 후 환입될 준비금 등을 말한다.

(4) 차기이월이익잉여금 또는 차기이월결손금

당기 이월이익잉여금처분계산서의 차기이월이익잉여금 또는 결손금처리계산서의 차기이월결손금으로 하고 당기순이익 또는 당기순손실을 주기한다.

 실무적용 Tip

○ **자본항목과 관련된 세무조정사항 검토**

① 자본잉여금으로 계상한 자기주식처분이익을 익금산입하고 기타 처분한다. 또한, 잉여금처분계산서에 표시된 전기오류수정손익의 익금산입 또는 손금산입여부를 검토한다.
② 잉여금의 자본전입, 준비금의 자본전입에 따른 주식배당, 의제배당액의 익금산입 및 원천징수의 적정여부를 검토한다.
③ 자본거래와 관련하여 부당행위계산부인 대상에 해당되는지 여부를 검토한다.
④ 자본의 증자, 감자와 관련하여 회계처리의 적정성 여부와 주식변동상황명세서의 제출여부를 검토한다.

---

6. 배당금에 관한 처리

(1) 배당의 절차

상법상의 이익배당은 주주총회의 보통결의에 의하여 배당가능이익의 범위 내에서 배당결의를 할 수 있다. 배당금의 지급한도 및 절차는 상법에 다음과 같이 규정하고 있다.

1) 이익의 배당(제462조)

① 회사는 대차대조표상의 순자산액으로부터 다음의 금액을 공제한 액을 한도로 하여 이익배당을 할 수 있다.
   1. 자본의 액
   2. 그 결산기까지 적립된 자본준비금과 이익준비금의 합계액
   3. 그 결산기에 적립하여야 할 이익준비금의 액
② 전항의 규정에 위반하여 이익을 배당한 때에는 회사채권자는 이를 회사에 반환할 것을 청구할 수 있다.

③ 제186조의 규정은 전항의 청구에 관한 소에 준용한다.

2) 주식배당(제462조의2)
① 회사는 주주총회의 결의에 의하여 이익의 배당을 새로이 발행하는 주식으로써 할 수 있다. 그러나 주식에 의한 배당은 이익배당총액의 2분의 1에 상당하는 금액을 초과하지 못한다.
② 제1항의 배당은 주식의 권면액으로 하며, 회사가 수종의 주식을 발행한 때에는 각각 그와 같은 종류의 주식으로 할 수 있다.
③ 주식으로 배당할 이익의 금액 중 주식의 권면액에 미달하는 단수가 있는 때에는 그 부분에 대하여는 제443조 제1항의 규정을 준용한다.
④ 주식으로 배당을 받은 주주는 제1항의 결의가 있는 주주총회가 종결한 때부터 신주의 주주가 된다. 이 경우 제350조 제3항 후단의 규정을 준용한다.
⑤ 이사는 제1항의 결의가 있는 때에는 지체 없이 배당을 받을 주주와 주주명부에 기재된 질권자에게 그 주주가 받을 주식의 종류와 수를 통지하고, 무기명식의 주권을 발행한 때에는 제1항의 결의의 내용을 공고하여야 한다.
⑥ 제340조 제1항의 질권자의 권리는 제1항의 규정에 의한 주주가 받을 주식에 미친다. 이 경우 제340조 제3항의 규정을 준용한다.

3) 중간배당(제462조의3)
① 연 1회의 결산기를 정한 회사는 영업연도 중 1회에 한하여 이사회의 결의로 일정한 날을 정하여 그날의 주주에 대하여 금전으로 이익을 배당할 수 있음을 정관으로 정할 수 있다.
② 중간배당은 직전 결산기의 대차대조표상의 순자산액에서 다음 각호의 금액을 공제한 액을 한도로 한다.
  1. 직전 결산기의 자본의 액
  2. 직전 결산기까지 적립된 자본준비금과 이익준비금의 합계액
  3. 직전 결산기의 정기총회에서 이익으로 배당하거나 또는 지급하기로 정한 금액
  4. 중간배당에 따라 당해 결산기에 적립하여야 할 이익준비금
③ 회사는 당해 결산기의 대차대조표상의 순자산액이 제462조 제1항 각호의 금액의 합계액에 미치지 못할 우려가 있는 때에는 중간배당을 하여서는 아니 된다.
④ 당해 결산기 대차대조표상의 순자산액이 제462조 제1항 각호의 금액의 합계액에 미치지 못함에도 불구하고 중간배당을 한 경우 이사는 회사에 대하여 연대하여 그

차액(배당액이 그 차액보다 적을 경우에는 배당액)을 배상할 책임이 있다. 다만, 이사가 제3항의 우려가 없다고 판단함에 있어 주의를 게을리 하지 아니하였음을 증명한 때에는 그러하지 아니하다.

실무적용 Tip

◎ **중간배당과 부당행위계산부인**

사업연도 중에 가결산에 의하여 중간배당금 등의 명목으로 주주 등에게 금전을 지급한 때(상법 제462조의 3의 규정에 의한 중간배당의 경우를 제외한다)에는 조세의 부당한 감소로 보아 부당행위계산부인 대상에 해당된다(법기통 52-88-2-4). 즉, 중간배당은 상법규정에 따라 1사업연도(6월 이상)에 1회만 할 수 있다.

※ 부당행위계산 부인의 요건
   ① 행위당시(계약일) 특수관계자와의 거래일 것
   ② 조세의 부담을 부당히 감소시킬 것
   ③ 일정한 경우 시가와 거래가액의 차액이 3억원 이상이거나 시가의 5%에 상당하는 금액이상인 경우에 한하여 적용함

---

4) 배당금지급시기(제464조의2)

① 회사는 제464조의 규정에 의한 배당금을 제449조 제1항의 승인 또는 제462조의3 제1항의 결의가 있는 날부터 1월 이내에 지급하여야 한다. 다만, 제449조 제1항의 총회 또는 제462조의3 제1항의 이사회에서 배당금의 지급시기를 따로 정한 경우에는 그러하지 아니하다.

② 제1항의 배당금의 지급청구권은 5년간 이를 행사하지 아니하면 소멸시효가 완성한다.

(2) 배당금의 회계처리

1) 금전배당의 경우

① 배당결의시

주주총회에서 결산(회계연도 1.1. ~ 12.31.)을 확정하고 배당결의(20×1.3.10)를 한 경우 회계처리는 다음과 같다.

- 20×1.3.10.
  (차) 미처분이익잉여금   ×××   (대) 미지급배당금   ×××
       이익준비금   ×××

※ 이익준비금(상법 제458조)
   회사는 그 자본의 2분의 1에 달할 때까지 매 결산기의 금전에 의한 이익배당액의 10분의 1이상의 금액을 이익준비금으로 적립하여야 한다.

② 배당금 지급시

(차) 미지급배당금   ×××   (대) 현금 및 현금성자산   ×××
                                소득세등 예수금   ×××

※ 배당소득의 원천징수는 지급시기에 하여 다음달 10일까지 납부하여야 한다. 다만, 배당결의일로부터 3월내에 지급하지 않는 경우에는 3월이 되는 날에 지급한 것으로 본다(소법132). 한편, 배당소득세의 원천징수는 개인주주에만 해당되며 내국법인의 경우에는 법인세의 원천징수의무가 없다.

2) 주식배당의 경우

① 결산시

(차) 미처분이익잉여금   ×××   (대) 미교부주식배당금   ×××

② 주식발행시

(차) 미교부주식배당금   ×××   (대) 자본금   ×××

※ 주식배당은 이익배당액의 2분의 1의 범위 내에서 금전배당을 하지 않고 불입자본에 전입하여 신주를 발행하고 기존주주의 주식소유 비율에 따라 배정하는 것을 말한다.

제4절 수익회계와 세무실무

1. 수익의 인식기준

(1) 수익의 정의

"수익"은 통상적인 경영활동에서 발생하는 경제적 효익의 총유입을 말하며, 자산의 증가 또는 부채의 감소로 나타난다. 다만, 주주의 지분참여로 인한 자본증가는 수익에 포함하지 아니 한다. 또한 수익은 기업에 귀속되는 경제적 효익의 유입만을 포함하므로 부가가치세와 같이 제3자를 대신하여 받는 금액이나, 대리 관계에서 위임자를 대신하여 받는 금액 등은 수익으로 보지 아니 한다.

(2) 수익의 측정

1) 공정가액

수익은 재화의 판매, 용역의 제공이나 자산의 사용에 대하여 받았거나 또는 받을 대가의 공정가액으로 측정한다. 매출에누리와 할인 및 환입은 수익에서 차감한다.

2) 현금등가액 또는 현재가치평가

대부분의 경우 판매대가는 현금 또는 현금성자산의 금액이다. 그러나 판매대가가 재화의 판매 또는 용역의 제공이후 장기간에 걸쳐 유입되는 경우에는 그 공정가액이 미래에 받을 금액의 합계액보다 작을 수 있다. 예를 들면, 무이자로 신용판매하거나, 판매대가로 표면이자율이 시장이자율보다 낮은 어음을 받는 경우에는 판매대가의 공정가액이 명목가액보다 작아진다. 이 때 공정가액은 명목가액의 현재가치로 측정하며, 공정가액과 명목가액과의 차액은 현금회수기간에 걸쳐 이자수익으로 인식한다. 현재가치의 측정에 사용되는 할인율은 신용도가 비슷한 기업이 발행한 유사한 금융상품(예 : 회사채)에 적용되는 시장이자율과 명목가액의 현재가치와 제공되는 재화나 용역의 현금판매가액을 일치시키는 유효이자율 중 보다 명확히 결정될 수 있는 것으로 한다.

3) 교환거래

성격과 가치가 유사한 재화나 용역간의 교환은 수익을 발생시키는 거래로 보지 않는다. 이러한 예로는 정유산업 등에서 공급회사 간에 특정지역의 수요를 적시에 충족시키기 위해 재고자산을 교환하는 경우가 있다. 그러나 성격과 가치가 상이한 재화나 용역간의 교환은 수익을 발생시키는 거래로 본다. 이때 수익은 교환으로 취득한 재화나 용역의 공정가액으로 측정하되, 현금 또는 현금성자산의 이전이 수반되면 이를 반영하여 조정한다. 만일 취득한 재화나 용역의 공정가액을 신뢰성 있게 측정할 수 없으면 그 수익은 제공한 재화나 용역의 공정가액으로 측정하고, 현금 또는 현금성자산의 이전이 수반되면 이를 반영하여 조정한다.

(3) 거래형태별 수익의 인식

1) 재화의 판매

① 재화의 판매로 인한 수익은 다음 조건이 모두 충족될 때 인식한다.
  ㉠ 재화의 소유에 따른 위험과 효익의 대부분이 구매자에게 이전된다.
  ㉡ 판매자는 판매한 재화에 대하여 소유권이 있을 때 통상적으로 행사하는 정도의 관리나 효과적인 통제를 할 수 없다.
  ㉢ 수익금액을 신뢰성 있게 측정할 수 있다.
  ㉣ 경제적 효익의 유입 가능성이 매우 높다.
  ㉤ 거래와 관련하여 발생했거나 발생할 거래원가와 관련 비용을 신뢰성 있게 측정할 수 있다.

② 소유에 따른 위험과 효익의 대부분이 구매자에게 이전된 시점을 결정하기 위해서는 거래상황을 분석하여야 한다. 재화의 판매에서 소유에 따른 위험과 효익의 이전은 일반적으로 법적 소유권의 이전 또는 재화의 물리적 이전과 동시에 일어난다. 그러나 경우에 따라서는 소유에 따른 위험과 효익의 이전시점이 법적 소유권의 이전시점이나 재화의 물리적 이전시점과 다를 수 있다.

③ 거래이후에도 판매자가 관련 재화의 소유에 따른 위험의 대부분을 부담하는 경우에는 그 거래를 아직 판매로 보지 아니하며 따라서 수익을 인식하지 않는다. 이러한 예는 다음과 같다.
  ㉠ 인도된 재화의 결함에 대하여 정상적인 품질보증범위를 초과하여 책임을 지는 경우
  ㉡ 판매대금의 회수가 구매자의 재판매에 의해 결정되는 경우

ⓒ 설치조건부 판매에서 계약의 중요한 부분을 차지하는 설치가 아직 완료되지 않은 경우

ⓔ 구매자가 판매계약에 따라 구매를 취소할 권리가 있고, 해당 재화의 반품가능성을 예측하기 어려운 경우

④ 거래이후에도 판매자가 소유에 따른 위험의 대부분을 부담하는 반품가능 판매의 경우에는, ㉠ 판매가격이 사실상 확정되었고, ㉡ 구매자의 지급의무가 재판매여부에 영향을 받지 않으며, ㉢ 판매자가 재판매에 대한 사실상의 책임을 지지 않고, ㉣ 미래의 반품금액을 신뢰성 있게 추정할 수 있다는 조건들이 모두 충족되지 않는 한 수익을 인식할 수 없다. 수익을 인식하는 경우에는 반품추정액을 수익에서 차감한다.

⑤ 거래이후에 판매자가 소유에 따른 위험을 일부 부담하더라도 그 위험이 별로 중요하지 않은 경우에는 해당 거래를 판매로 보아 수익을 인식한다. 예를 들면, 판매자가 판매대금의 회수를 확실히 할 목적으로 해당 재화의 법적 소유권을 계속 가지고 있더라도 소유에 따른 위험과 효익의 상당 부분이 실질적으로 구매자에게 이전되었다면 해당 거래를 판매로 보아 수익을 인식한다. 또 다른 예로, 고객이 만족하지 않는 경우에 판매대금을 반환하는 소매판매를 들 수 있다. 이러한 경우에 과거의 경험과 기타 관련 요인에 기초하여 미래의 반환금액을 신뢰성 있게 추정할 수 있다면, 판매시점에 수익을 인식하고 추정반환금액은 부채로 인식한다.

⑥ 수익은 수익금액을 신뢰성 있게 측정할 수 있는 시점에 인식한다. 이는 수익금액이 반드시 확정되어야 함을 의미하는 것은 아니며, 합리적인 근거에 의해 추정 가능한 경우에는 정보로서의 신뢰성을 가질 수 있기 때문에 수익을 인식한다. 그러나 추정을 위한 합리적인 근거가 부족하여 신뢰성을 현저히 저해하는 경우에는 수익을 인식하지 않는다.

⑦ 수익은 거래와 관련된 경제적 효익의 유입 가능성이 매우 높은 경우에만 인식한다. 따라서 판매대가를 받을 것이 불확실한 경우에는 불확실성이 해소되는 시점까지 수익을 인식하지 않는다. 그러나 이미 수익으로 인식한 금액에 대해서는 추후에 회수가능성이 불확실해지는 경우에도 수익금액을 조정하지 아니하고 회수불가능하다고 추정되는 금액을 비용으로 인식한다.

⑧ 수익과 관련 비용은 대응하여 인식한다. 즉, 특정 거래와 관련하여 발생한 수익과 비용은 동일한 회계기간에 인식한다. 일반적으로 재화의 인도 이후 예상되는 품질보증비나 기타 비용은 수익인식시점에서 신뢰성 있게 측정할 수 있다. 그러나 관

련된 비용을 신뢰성 있게 측정할 수 없다면 수익을 인식할 수 없다. 이 경우에 재화 판매의 대가로 이미 받은 금액은 부채로 인식한다.

2) 용역의 제공
   ① 용역의 제공으로 인한 수익은 용역제공거래의 성과를 신뢰성 있게 추정할 수 있을 때 진행기준에 따라 인식한다. 다음 조건이 모두 충족되는 경우에는 용역제공거래의 성과를 신뢰성 있게 추정할 수 있다고 본다.
      ㉠ 거래 전체의 수익금액을 신뢰성 있게 측정할 수 있다.
      ㉡ 경제적 효익의 유입 가능성이 매우 높다.
      ㉢ 진행률을 신뢰성 있게 측정할 수 있다.
      ㉣ 이미 발생한 원가 및 거래의 완료를 위하여 투입하여야 할 원가를 신뢰성 있게 측정할 수 있다.
   ② 제공되는 용역과 관련하여 거래 당사자 모두에 대해 법적 구속력이 있는 권리, 용역제공의 대가 및 정산 방법과 조건에 대하여 거래 상대방과 합의한 경우에는 일반적으로 거래 전체의 수익금액을 신뢰성 있게 측정할 수 있으며 경제적 효익의 유입 가능성이 매우 높은 것으로 본다. 용역제공이 진행됨에 따라 해당기간에 인식할 수익금액의 추정치를 재검토하고 필요할 경우에는 수정해야 한다. 그러나 이와 같은 경우라 할지라도 거래의 성과를 신뢰성 있게 추정할 수 없다는 것을 의미하는 것은 아니다.
   ③ 용역제공거래의 진행률은 다양한 방법으로 결정할 수 있다. 기업은 용역제공거래의 특성에 따라 작업진행정도를 가장 신뢰성 있게 측정할 수 있는 방법을 선택하여야 한다. 예를 들면, 진행률은 다음 ㈎ 내지 ㈐를 이용하여 계산할 수 있다. 그러나 고객으로부터 받은 중도금 또는 선수금에 기초하여 계산한 진행률은 작업진행정도를 반영하지 않을 수 있으므로 적절한 진행률로 보지 아니한다.
      ㉠ 총예상작업량(또는 작업시간) 대비 실제작업량(또는 작업시간)의 비율
      ㉡ 총예상용역량 대비 현재까지 제공한 누적 용역량의 비율
      ㉢ 총추정원가 대비 현재까지 발생한 누적원가의 비율. 현재까지 발생한 누적원가는 현재까지 수행한 용역에 대한 원가만을 포함하며, 총추정원가는 현재까지의 누적원가와 향후 수행하여야 할 용역의 원가를 합계한 금액이다.
   ④ 용역제공거래에서 이미 발생한 원가와 그 거래를 완료하기 위해 추가로 발생할 것으로 추정되는 원가의 합계액이 해당 용역거래의 총수익을 초과하는 경우에는 그

초과액과 이미 인식한 이익의 합계액을 전액 당기손실로 인식한다.
⑤ 기업컨설팅과 같이 계약기간 내에 불특정 다수의 용역을 복합적으로 제공하는 계약이 있을 수 있다. 이 때, 그 용역수행정도를 보다 잘 나타낼 수 있는 다른 방법이 없는 경우에는 실무적 편의를 위하여 정액법이나 작업시간 또는 작업일자 기준으로 수익을 인식할 수 있다. 다만, 어떤 용역활동이 다른 활동에 비해 특별히 중요한 때에는 그 활동이 수행될 때까지 수익의 인식을 연기한다.
⑥ 용역제공거래의 성과를 신뢰성 있게 추정할 수 없는 경우에는 발생한 비용의 범위 내에서 회수가능 한 금액을 수익으로 인식한다.
⑦ 용역제공거래의 성과를 신뢰성 있게 추정할 수 없고 발생한 원가의 회수가능성이 낮은 경우에는 수익을 인식하지 않고 발생한 원가를 비용으로 인식한다. 거래의 성과를 신뢰성 있게 추정하는 것을 어렵게 만들었던 불확실성이 해소된 경우에는 문단20에 따라 수익을 인식한다.

3) 이자, 배당금, 로얄티
① 자산을 타인에게 사용하게 함으로써 발생하는 이자, 배당금, 로열티 등의 수익은 다음 조건을 모두 충족하는 경우에 인식한다.
㉠ 수익금액을 신뢰성 있게 측정할 수 있다.
㉡ 경제적 효익의 유입 가능성이 매우 높다.
② 이자수익, 배당금수익, 로열티수익은 다음의 기준에 따라 인식한다.
㉠ 이자수익은 원칙적으로 유효이자율을 적용하여 발생기준에 따라 인식한다.
㉡ 배당금수익은 배당금을 받을 권리와 금액이 확정되는 시점에 인식한다.
㉢ 로열티수익은 관련된 계약의 경제적 실질을 반영하여 발생기준에 따라 인식한다.
③ 채무증권의 이자수익은 최초장부가액과 만기가액간의 할인, 할증 또는 기타 차이에 대한 상각액을 포함한다.
④ 채무증권을 이자지급일 사이에 취득한 경우, 취득 후 최초로 받은 이자에 대해서는 취득이후기간에 해당하는 이자만을 수익으로 인식한다.
⑤ 로열티수익은 일반적으로 계약에서 정한 방식에 따라 발생하므로 그 계약조건을 반영하여 발생기준에 따라 인식한다. 그러나 계약의 경제적 실질에 비추어 계약에서 정한 방식보다 더 체계적이고 합리적인 기준을 정할 수 있는 경우에는 그 기준을 적용한다.

4) 중소기업의 회계처리에 대한 특례

중소기업기본법에 의한 중소기업(주권상장법인 및 협회등록법인과 금융감독위원회 등록법인은 제외)의 경우에는 1년 내의 기간에 완료되는 용역매출은 용역의 제공을 완료한 날에, 1년 이상의 기간에 걸쳐 이루어지는 할부매출은 할부금회수기일이 도래한 날에 수익으로 인식할 수 있다.

(4) 법인세법상 수출매출의 귀속사업연도

내국법인의 각 사업연도의 익금과 손금의 귀속사업연도는 그 익금과 손금이 확정된 날이 속하는 사업연도로 한다(법법40 ①).

1) 법인세법·소득세법상 상품 등의 판매시 수입금액의 귀속시기

수출재화는 법인세법시행령 제68조 제1항 제1호의 규정에 의한 상품 등을 인도한 날에 수입금액을 계상한다. 여기에서 인도일의 판정을 함에 있어서 다음의 경우에는 당해 각호에 규정된 날로 한다(법칙33 2).

1. 납품계약 또는 수탁가공계약에 의하여 물품을 납품하거나 가공하는 경우에는 당해 물품을 계약상 인도하여야 할 장소에 보관한 날. 다만, 계약에 따라 검사를 거쳐 인수 및 인도가 확정되는 물품의 경우에는 당해검사가 완료된 날로 한다.
2. 물품을 수출하는 경우에는 수출물품을 계약상 인도하여야 할 장소에 보관한 날

또한, 동시행규칙 제33조 제2호의 규정에서 "수출물품을 계약상 인도하여야 할 장소에 보관한 날"이라 함은 계약상 별단의 명시가 없는 한 선적을 완료한 날을 말한다. 다만, 선적완료일이 분명하지 아니한 경우로서 수출할 물품을 관세법 제155조 제1항 단서에 따라 보세구역이 아닌 다른 장소에 장치하고 통관절차를 완료하여 수출면장을 발급받은 경우에는 규칙 제33조 제2호에 해당하는 것으로 한다(법기통 40-68-2).

따라서 법인세법상의 수출재화의 익금의 귀속시기는 국제상공회의소가 국제거래의 정형거래조건인 인코텀스에 의한 거래조건 11가지에 따라 결정되거나 당사자간의 약정에 따라 결정된다. 다만, 우리나라의 경우 가격조건이 FOB, CIF, CFR 조건이 많아 이 경우에는 선적일이 귀속시기에 해당되어 부가가치세법상 공급시기와 일치하게 된다.

① 수출매출의 귀속을 선적일로 본 해석사례

질의

수출재화와 매출귀속사업연도와 관련하여,
1. 관세청의 통관자료가 실질적으로 사업자가 수출면허승인을 받은 수출면장상의 신고일을 기준으로 작성된 자료인지? 그렇지 않다면, 통관자료가 사업자가 선적일 기준으로 매출인식을 하여 제출하는 영세율 제출서류와 관련이 있는지?
2. 수출재화의 수익인식에 있어 부가가치세법 등의 선적일 기준으로 매출인식을 하지만 수출면장상의 선적시기가 여러 번 나누어 질 경우 관세청 통관자료는 수출면장상의 선적이 최종적으로 완료된 시기로 전체금액을 한번에 제출하여 사업자의 영세율 제출서류상의 금액과 상당한 차이가 발생하는바, 이 경우 관세청 통관자료가 수출재화의 과세자료로서 효력이 있는지 여부
3. 무역거래법상 계약조건(EXW, FCA, CIF, FOB)에 따라 매출을 인식할시 세법상 적법한 매출인식시점인지 여부, 아니면 계약조건에 관계없이 선박회사가 발행하여 준 B/L상의 선적일로 해야 되는지 여부
4. 사업자는 선박회사에서 발행하는 B/L상의 선적일로 매출인식을 하지만 실질적으로 선박회사가 제출하는 선적일이 다소 차이가 발생하는바, 이 경우 B/L상의 선적일이 적법한 정상매출 인식시점인지 여부
5. 선박회사에서 제출하는 선적일이 선박회사에서 발행하는 B/L상의 선적일과 차이가 발생하는 경우 선박회사에서 제출하는 선적일이 실질적으로 선박에 재화가 선적된 날인지, 그렇지 않다면 선박이 출항한 날인지 여부
6. 선박회사가 당초에 발행하여 준 B/L과 다른 선적일이 기재된 B/L을 발행하여 줄 경우 매출인식시점을 어느 기준으로 해야 되는지 여부

회신

1. 관세청의 통관자료 작성에 대하여는 우리상담센터에서 답변할 수 있는 사항에 해당하지 않으며, 수출재화의 공급시기 또는 수익인식시점의 확인서류는 실제 선적이 완료된 사실을 입증할 수 있는 서류에 의하여야 하는 것이다.
2. 무역거래법상의 계약조건과는 상관없이 수출과 관련한 손익의 귀속시기는 법인세법기본통칙 40-68…2에서 규정한 선적일을 기준으로 하는 것이며, 선하증권(B/L)상의 선적일과 실제 선적일이 다른 경우에는 실제 선적일을 기준으로 하여야 하는 것이다(서면2팀-2797, 2004.12.30).
   ※ 상기 행정해석에 의하면 계약조건에도 불구하고 수출매출의 귀속시기는 선적일로 해석하고 있다.

② 계약조건에 따라 실질적인 소유권이 이전된 시점으로 본 사례
  1. 법인이 수출재화를 도착지 물류창고에서 출고한 후에 소유권이 이전되는 경우에는 수출물품을 계약상 인도하여야 할 장소에 보관한 날에 손익을 인식하는 것으로, 이에 해당하는지 여부는 수출계약과 물품보관 및 소유권 이전약정 등의 사실관계에 따라 판단하는 것이다(서면2팀-925, 2007.05.15).
  2. 국제상공회의소(ICC) 무역조건의 해석에 관한 「INCOTERMS 2000」에 의한 DDP El Paso기준으로 거래하면서 청구법인이 미국에서의 통관 시 관세 등을 부담하고 청구법인 명의로 수입통관절차를 이행하였고, 그 후의 운송비 및 창고관리비등을 부담한 점과 수출물품이 운송회사의 물류창고에 보관되었다가 쟁점거래처의 공장 등에 인도되었음을 볼 때, 그 거래 조건은 계약상 인도하여야 할 장소인 운송회사의 미국 엘파소 소재 물류창고라고 봄이 타당하다(적부 2005-246, 2006.05.01).

위의 해석에 의하면 수출재화의 매출귀속시기는 계약조건에 따라 법률적 소유권이 이전되는 시점으로 보고 있다.

사례 **부가가치세법상 공급시기와 법인세법상 수입계상시기**

1) 관련자료
   ① 20×0.12.20. 수출상의 공장에서 수출물품을 콘테이너에 실었다.
   ② 20×1.01.05. 수출물품을 선박에 적재하였다.
   ③ 20×1.01.20. 수입국의 목적항에 도착하였다.
   ④ 20×1.02.01. 수입상의 창고에 도착하여 물품을 하차하였다.

2) 공급시기 및 법인세법상 귀속사업연도
   ① 공장인도조건(EXW) : 공급시기(20×1.01.05), 귀속사업연도(20×0.12.20)
   ② 본선인도조건(FOB, CIF, CFR) : 공급시기(20×1.01.05), 귀속사업연도(20×1.01.05)
   ③ 목적지인도조건(DDP) : 공급시기(20×1.01.05), 귀속사업연도(20×1.02.01)

---

2) 할부매출의 경우

법인이 장기할부조건으로 자산을 판매하거나 양도한 경우로서 판매 또는 양도한 자산의 인도일이 속하는 사업연도의 결산을 확정함에 있어서 당해 사업연도에 회수하였거나 회수할 금액과 이에 대응하는 비용을 각각 수익과 비용으로 계상한 경우에는 그

장기할부조건에 따라 각 사업연도에 회수하였거나 회수할 금액과 이에 대응하는 비용을 각각 해당 사업연도의 익금과 손금에 산입한다(법령68②).

한편, 법인이 장기할부조건 등에 의하여 자산을 판매하거나 양도함으로써 발생한 채권에 대하여 기업회계기준이 정하는 바에 따라 현재가치로 평가하여 현재가치할인차금을 계상한 경우 당해 현재가치할인차금상당액은 당해 채권의 회수기간동안 기업회계기준이 정하는 바에 따라 환입하였거나 환입할 금액을 각 사업연도의 익금에 산입한다(법령68⑥).

3) 용역매출의 경우

건설·제조 기타 용역(도급공사 및 예약매출을 포함)의 제공으로 인한 익금과 손금의 귀속사업연도는 그 목적물의 인도일(용역제공의 경우에는 그 제공을 완료한 날)이 속하는 사업연도로 한다(법령69).

4) 무역대리업의 수입시기

물품매도확약서 발행업에 있어서 수입금액의 귀속연도는 당해 물품을 선적한 날이 속하는 과세기간으로 하며 선적한 날이 확인되지 않는 경우에는 신용장개설일이 속하는 과세기간으로 한다(소기통 39-0-1). 즉, 물품매도확약서 발행업에 있어 용역대가 지급일이 약정되어 있지 않은 경우 그 선적일 또는 신용장개설일이 수입금액 귀속시기인 용역제공완료일이 되는 것이다(국심96서 3080, 1997.03.18).

5) 관세환급금의 귀속시기

관세환급금의 손익 귀속시기는 다음의 날이 속하는 사업연도로 한다(법기통40-71-6).
① 수출과 동시에 환급받을 관세 등이 확정되는 경우(수출용 원재료에 대한 관세 등 환급에 관한 특례법 제13조의 규정에 의한 정액환급률표에 의한 환급액을 포함한다)에는 당해 수출을 완료한 날 : 간이정액환급
② 수출과 동시에 환급받을 관세 등이 확정되지 아니하는 경우에는 환급금의 결정통지일 또는 환급일 중 빠른 날 : 개별환급
한편, 「수출용원재료에 대한 관세 등 환급에 관한 특례법」의 규정에 의하여 환급받을 관세 등으로서 수출과 동시에 환급받을 세액이 확정되지 아니하는 관세환급금의 귀속사업연도는 당해 환급금의 결정통지일 또는 환급일 중 빠른 날이 속하는 사업연도로 하는 것이나, 일반적으로 공정·타당하다고 인정되는 기업회계기준을 적용하거나 관행을 계속적으로 적용하여 온 경우에는 당해 기업회계기준 또는 관행에 의하는 것이다(법인46012-2567, 1998.09.11). 즉, 합리적으로 예측한 관세

환급 예상액을 계속적으로 결산에 반영하여 온 경우에는 관세환급금 미수금을 계상할 수 있다.

2. 매출의 차감항목

(1) 매출에누리

매출 후 상품의 수량부족, 품질불량, 파손 등의 사유로 발생하며 매출액에서 차감하며 부가가치세 과세표준에서도 제외된다.

매출에누리는 그 발생한 사업연도의 총매출액에서 공제한다. 즉, 매출에누리가 과년도에서 판매한 상품에 대한 것이라도 매출한 사업연도까지 소급하여 수정하는 것이 아니라 과거의 매출과는 전혀 별개의 새로운 사건이 발생한 것으로 보고 총매출액에서 공제한다.

(2) 매출환입

거래상의 조건의 불일치나 상품의 하자 등으로 반품되는 경우로 매출액에서 차감한다.

(3) 매출할인

외상매출금을 일정기한 내에 회수하면 매출액의 일정비율을 대금에서 차감시켜주는 금액을 말한다.

(4) 판매장려금

판매장려금, 보조금이라 함은 거래수량 또는 거래금액에 따라 일정기준을 정하여 거래상대방에게 지급하는 금품의 가액을 말한다.

> **실무적용 Tip**
>
> ○ **매출에누리 등의 처리**
>
> 매출에누리와 할인 및 환입은 수익에서 차감한다. 이 경우 일정기간의 거래수량이나 거래금액에 따라 매출액을 감액하는 것(판매장려금)은 매출에누리에 포함한다. 다만, 매출처가 아닌 전문점에 지급하는 판매장려금은 판매비와 관리비로 처리한다(질의회신01-122, 2001.09.05).
> ① 판매장려금을 매출액에 따라 지급 : 매출액 차감표시
> ② 판매장려금을 매출액과 관계없이 지급 : 판매비와 관리비로 처리

사례 **판매장려금의 귀속시기와 세무조정**

(주)태안물산은 거래처의 판매실적에 따라 다음과 같이 판매장려금을 지급하기로 약정하였으며 이에 대한 회계처리와 세무조정을 하라.
- 회계연도 : 20×1.01.01 ~ 20×1.12.31.
- 판매장려금 산정기준연도 : 20×1.01.01 ~ 20×1.12.31.
- 판매장려금 지급약정일 : 20×2.02.10.
- 판매장려금 지급액 : 10,000,000원

1) 결산시 : 20×1.12.31.
   (차) 매출   10,000,000   (대) 미지급금   10,000,000
   [세무조정] 손금불산입 판매장려금 10,000,000(유보)

2) 지급시 : 20×2.2.10.
   (차) 미지급금   10,000,000   (대) 현금 등   10,000,000
   [세무조정] 손금산입 판매장려금 10,000,000(△유보)

* 기업회계는 판매장려금 지급기준(매출발생연도)이 되는 회계연도의 매출액에서 차감하나 법인세법에서는 상대방과의 약정에 의한 지급기일(그 지급기일이 정하여 있지 아니한 경우에는 지급한 날)이 속하는 사업연도의 매출액에서 차감하는 것이다(서이46012-10170, 2002.01.29).

실무적용 Tip

⊙ 수정세금계산서의 작성 및 발급

(1) 수정세금계산서 발급요령

세금계산서를 발급한 후 그 기재사항에 관하여 착오 또는 정정사유가 발생한 경우 등 수정세금계산서는 다음 각 호의 사유 및 절차에 따라 발급할 수 있다(부령70①).

1. 처음 공급한 재화가 환입된 경우 : 재화가 환입된 날을 작성일자로 적고 비고란에 처음 세금계산서 작성일을 덧붙여 적은 후 붉은색 글씨로 쓰거나 음(陰)의 표시를 하여 발급
2. 계약의 해제로 재화 또는 용역이 공급되지 아니한 경우 : 계약이 해제된 때에 그 작성일은 계약해제일로 적고 비고란에 처음 세금계산서 작성일을 덧붙여 적은 후 붉은색 글씨로 쓰거나 음(陰)의 표시를 하여 발급
3. 계약의 해지 등에 따라 공급가액에 추가되거나 차감되는 금액이 발생한 경우 : 증감 사유가 발생한 날을 작성일로 적고 추가되는 금액은 검은색 글씨로 쓰고, 차감되는 금액은 붉은색 글씨로 쓰거나 음(陰)의 표시를 하여 발급
4. 재화 또는 용역을 공급한 후 공급시기가 속하는 과세기간 종료 후 25일 이내에 내국신용장이 개설되었거나 구매확인서가 발급된 경우 : 내국신용장 등이 개설된 때에 그 작성일은 처음 세금계산서 작성일을 적고 비고란에 내국신용장 개설일 등을 덧붙여 적어 영세율 적

용분은 검은색 글씨로 세금계산서를 작성하여 발급하고, 추가하여 처음에 발급한 세금계산서의 내용대로 세금계산서를 붉은색 글씨로 또는 음(陰)의 표시를 하여 작성하고 발급

5. 필요적 기재사항 등이 착오로 잘못 적힌 경우: 처음에 발급한 세금계산서의 내용대로 세금계산서를 붉은색 글씨로 쓰거나 음(陰)의 표시를 하여 발급하고, 수정하여 발급하는 세금계산서는 검은색 글씨로 작성하여 발급. 다만, 다음의 어느 하나에 해당하는 경우로서 과세표준 또는 세액을 경정할 것을 미리 알고 있는 경우는 제외한다.
   가. 세무조사의 통지를 받은 경우
   나. 세무공무원이 과세자료의 수집 또는 민원 등을 처리하기 위하여 현지출장이나 확인업무에 착수한 경우
   다. 세무서장으로부터 과세자료 해명안내 통지를 받은 경우
   라. 그 밖에 가목부터 다목까지의 규정에 따른 사항과 유사한 경우

6. 필요적 기재사항 등이 착오 외의 사유로 잘못 적힌 경우(제5호 각 목의 어느 하나에 해당하는 경우로서 과세표준 또는 세액을 경정할 것을 미리 알고 있는 경우는 제외한다): 재화나 용역의 공급일이 속하는 과세기간에 대한 확정신고기한 다음 날부터 1년 이내에 세금계산서를 작성하되, 처음에 발급한 세금계산서의 내용대로 세금계산서를 붉은색 글씨로 쓰거나 음(陰)의 표시를 하여 발급하고, 수정하여 발급하는 세금계산서는 검은색 글씨로 작성하여 발급

7. 착오로 전자세금계산서를 이중으로 발급한 경우: 처음에 발급한 세금계산서의 내용대로 음(陰)의 표시를 하여 발급

8. 면세 등 발급대상이 아닌 거래 등에 대하여 발급한 경우: 처음에 발급한 세금계산서의 내용대로 붉은색 글씨로 쓰거나 음(陰)의 표시를 하여 발급

9. 세율을 잘못 적용하여 발급한 경우: 처음에 발급한 세금계산서의 내용대로 세금계산서를 붉은색 글씨로 쓰거나 음(陰)의 표시를 하여 발급하고, 수정하여 발급하는 세금계산서는 검은색 글씨로 작성하여 발급

   ※ 손익의 귀속시기
   상가를 신축 판매하는 법인이 동 상가에 대한 양도시기 및 손익의 귀속시기가 도래하여 법인세를 신고한 후 당사자간의 계약불이행으로 계약이 해제된 경우에는 당해 상가의 분양수입과 분양원가 상당액을 그 계약의 해제일이 속하는 사업연도의 손익에 반영하는 것이다(법인46012-298, 2001.02.05). 즉, 권리의무가 확정된 사업연도에 귀속된다.

1) 공급가액에 추가 또는 차감되는 금액이 발생한 경우
   증감사유가 발생한 날을 작성일자로 기재하고 추가되는 금액은 검은색 글씨로 쓰고, 차감되는 금액은 붉은색 글씨로 쓰거나 음(陰)의 표시를 하여 발급한다.

2) 재화 또는 용역을 공급한 후 공급시기가 속하는 과세기간 종료 후 25일 이내에 내국신용장이 개설되었거나 구매확인서가 발급된 경우
   내국신용장 등이 개설된 때에 그 작성일자는 당초 세금계산서 작성일자를 기재하고 비고란에 내국신용장 개설일 등을 부기하여 영세율 적용분은 검은색 글씨로 세금계산서를 작

성하여 발급하고, 추가하여 당초에 발급한 세금계산서의 내용대로 세금계산서를 붉은색 글씨로 또는 음(陰)의 표시를 하여 작성하고 발급한다.
 3) 필요적 기재사항 등이 착오로 잘못 기재된 경우
  세무서장이 경정하여 통지하기 전까지 세금계산서를 작성하되, 처음에 발급한 세금계산서의 내용대로 세금계산서를 붉은색 글씨로 작성하여 발급하고, 수정하여 발급하는 세금계산서는 검은색 글씨로 작성하여 발급한다.

(2) 수정세금계산서 발급대상
 1) 기재사항의 오류 또는 착오 : 수정신고대상
  ① 과세표준에 포함되지 아니하는 대가를 과세표준에 산입한 경우
  ② 포괄적인 사업양도에 대하여 세금계산서를 발급한 경우
  ③ 내국신용장에 의하여 영세율세금계산서를 발급하였으나 내국신용장이 무효 또는 취소된 경우
  ④ 작성연월일을 착오로 작성한 경우
  ⑤ 공급가액을 착오로 기재한 경우(1,000,000원을 10,000,000원으로 기재)
  ⑥ 면세재화 공급에 대하여 세금계산서를 발급한 경우. 예를 들면 면세사업을 영위하는 출판사의 소유차량을 매각하고 세금계산서를 발급한 경우는(-)수정세금계산서를 발급하고 계산서를 다시 발급하여야 함

 2) 공급가액의 증감사유가 발생한 경우 : 수정신고 불필요
  ① 재화 또는 용역의 공급대가인 관세환급금이 공급시기에 확정되지 아니하고 추후 확정된 경우
  ② 공급된 재화가 반품, 환입, 거래 취소된 경우
  ③ 재화공급 후 계약금을 변경한 경우
  ④ 판매실적에 따라 단가가 변경되는 경우
  ⑤ 할부계약이 변경된 경우
  ⑥ 계약조건의 상이로 당사자 합의에 의하여 가격의 증감이 있는 경우
  ⑦ 감정가액으로 재화공급 후 추후 가격이 확정되는 경우

(3) 수정세금계산서 발급할 수 없는 경우
  ① 당초 세금계산서를 발급하지 아니한 경우
  ② 위장·가공세금계산서의 경우
  ③ 계약은 본사에서 체결하고 재화의 인도는 지점으로 하는 거래에 있어서, 계약을 체결한 본사에 세금계산서를 발급한 후 다시 그의 지점을 공급자로 하여 세금계산서를 발급하는 경우
  ④ 폐업 후 취소된 거래의 경우(서삼-2764, 2006.11.13) : 부동산 양도 후 원인무효 판결로 취소된 경우 수정세금계산서를 발급할 수 없고 경정청구를 하는 것임

⑤ 재화·용역의 발급시기에 세금계산서를 발급하지 아니한 경우
⑥ 거래시기 전에 거래상대방의 동의 없이 일방적으로 작성하여 자기만이 세금계산서를 발급한 경우
⑦ 경정결정일 이후 공급자가 발급한 수정세금계산서(국심 2002중2263, 2002.11.19)
⑧ 건물신축 중 과세되는 용역제공이 면세되는 용역으로 제공된 경우 : 설계변경 등의 이유로 수정세금계산서 발급하지 않음(부가 46015-1967, 1993.08.01)
⑨ 세금계산서 발급 후 폐업한 경우로 공급가액증감이 폐업 후에 확정되는 경우(서면3팀-1304, 2004.07.07)

(4) 수정세금계산서 발급방법

1) 발급방법

① 세금계산서라는 표지 앞에 "수정"이라 기재하여야 한다.
② 세금계산서를 발급한 후에 그 기재사항에 관하여 착오 또는 정정 사유가 발생한 경우에는 사업장관할세무서장, 지방국세청장 또는 국세청장이 부가가치세의 과세표준과 납부(환급)세액을 경정하여 통지하기 전까지 당초에 발급한 세금계산서는 주서로, 수정하는 세금계산서는 흑서로 각각 작성하여 함께 발급하여야 한다. 이 경우 수정 세금계산서의 "작성연월일"란에는 당초 세금계산서의 발급일자를 기재하고, "비고"란에는 수정세금계산서를 실제로 작성하는 일자와 수정세금계산서 발급사유를 기재하여야 한다.
③ 세금계산서를 발급한 후 당초의 공급가액에 추가되는 금액 또는 차감되는 금액이 발생한 경우에는 "작성연월일"란에 그 증감사유가 발생한 일자를 기재하고, 추가되는 공급가액과 세액을 흑서로, 또는 차감되는 공급가액과 세액을 주서로 기재한 후, "비고"란에 당초 세금계산서의 발급일자와 공급가액의 증감사유를 기재한 수정세금계산서를 발급하여야 한다.

(5) 수정세금계산서 발급 사례

1) 기재사항의 착오 또는 정정사유

사업자(갑)은 20×1.01.10 상품 5,000,000원(공급가액)을 공급하였으나 착오로 세금계산서는 1,000,000(공급가액)으로 발급하였다. 착오로 발급한 사실을 20×1.05.01에 발견하였다.

```
- 발급방법 -
  20×1.01.10  공급가액  1,000,000원  세액 100,000 (주서)
  20×1.01.10  공급가액  5,000,000원  세액 500,000 (흑서)
```

당초 세금계산서 발급가 착오로 잘못 발급되었으므로 주서로 발급하고 정당한 것은 흑서로 발급한다. 그리고 수정신고기한 내에 당초신고에 대한 수정신고가 가능하다. 세금계산

서 발급일은 당초 발급일(20×1.01.10)을 기재하고 수정발급일과 수정발급사유를 비고란에 기재한다.

2) 공급가액의 증감사유가 발생

사업자(을)은 20×1.01.10 공사도급계약을 1억원에 체결하였으나 원가상승 등 여건변화로 20×1.04.10 도급금액을 2억원으로 인상하여 재계약하였다.

```
- 발급방법 -
 20×1.04.10  공급가액  100,000,000  세액  10,000,000 (흑서)
```

당초 세금계산서가 정당하게 발급되었으므로 변경사유 발생일(20×1.04.10)에 증가되는 금액에 대하여 1장의 수정세금계산서를 발급한다. 이 경우는 수정신고는 불필요하며 20×1. 1기 확정신고기간(4.01~6.30)의 과세표준에 포함하여 신고하면 된다.

제 5 절 비용회계와 세무실무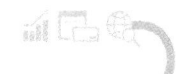

1. 인건비

인건비란 임직원의 보수·급여·임금·상여금·제수당·퇴직금 등 명목 여하에 불구하고 업무와 관련하여 제공한 근로의 대가로 지급하는 손비의 금액을 말한다. 세법상 인건비는 순자산의 감소 및 수익금액에 대응되므로 원칙적으로 필요경비 또는 손금에 해당한다. 다만, 지배주주 등에게 지급하는 과다급여·임원상여금 등 한도초과액은 손금으로 인정하지 않는다.

(1) 급료와 임금

1) 급료 등의 손금불산입

급료와 임금은 원칙적으로 손금으로 인정된다. 다만, 다음의 경우에는 손금불산입 된다(법령43).

① 비상근임원에게 지급하는 보수 중 부당행위계산부인에 해당되는 금액(법인 22601 -1380, 1985.05.08).
② 합명회사 또는 합자회사의 노무출자사원에게 지급하는 보수
③ 법인이 지배주주 등(특수관계자 포함)인 임원 또는 사용인에게 정당한 사유 없이 동일직위에 있는 지배주주 등 외의 임원 또는 사용인에게 지급하는 금액을 초과하여 보수를 지급하는 경우 그 초과금액.
"지배주주 등"이란 법인의 발행주식총수 또는 출자총액의 100분의 1 이상의 주식 또는 출자지분을 소유한 주주 등으로서 그와 특수관계에 있는 자와의 소유 주식 또는 출자지분의 합계가 해당 법인의 주주 등 중 가장 많은 경우의 해당 주주 등을 말한다(법령43⑦).

2) 해외 파견직원 인건비의 손금산입 여부

① 내국법인(「조세특례제한법 시행령」 제2조에 따른 중소기업 및 같은 영 제4조 제1항에 따른 중견기업으로 한정한다)이 발행주식총수 또는 출자지분의 100분의 100을 직접 또는 간접 출자한 해외현지법인에 파견된 임원 또는 직원의 인건비(해당 내국법인이 지급한 인건비가 해당 내국법인 및 해외출자법인이 지급한 인건비 합

계의 100분의 50 미만인 경우로 한정한다)는 손금에 산입한다(법인세법 시행령 제19조 제3호). 해외현지법인에 임·직원을 파견한 경우, 기술 및 영업지원 등의 업무를 수행하도록 하고 당해 사용인에 대한 인건비를 부담하는 경우 그 업무의 성격과 범위 등으로 보아 사실상 내국법인의 업무에 종사하는 것으로 인정되는 때에는 손금에 산입할 수 있는 것이나, 이에 해당하는지는 실질내용에 따라 사실 판단할 사항이다(서면2팀-2668, 2006.12.27).

② 내국법인이 100% 출자하여 설립한 해외 현지법인에 원·부자재 등을 공급하여 생산된 제품을 다시 당해 내국법인이 수입하는 경우로서, 동 내국법인이 현지법인에 파견한 기술자 및 관리자의 인건비는 당해 기술자 등이 행하는 업무의 성격 등으로 보아 사실상 내국법인의 업무에 종사하는 것으로 인정되는 때에는 손금에 산입할 수 있는 것으로, 내국법인의 업무에 사실상 종사하는 지의 여부는 그 실질내용에 따라 사실판단 할 사항이다(서면2팀-2108, 2004.10.18).

③ 해외현지법인 설립준비 비용의 처리

법인이 해외 현지법인(자회사)의 설립을 위한 시장조사 비용 등 내국법인의 업무와 직접 관련되어 지출한 비용은 당해 법인의 각 사업연도 소득금액 계산상 이를 손금에 산입할 수 있는 것이며, 내국법인이 해외 현지법인을 설립하기 위하여 지출하는 금액은 해외 자회사의 창업비에 해당되어 장차 해외 자회사로부터 회수하여야 할 성질의 것이므로 해외 자회사에 대한 채권으로 계상하여야 하는 것으로, 당해 비용이 해외 현지법인의 설립비용인지 여부는 실질 내용에 따라 사실판단 하여야 한다(서면2팀-96, 2007.01.12).

(2) 상여금

1) 사용인의 경우

사용인에게 지급하는 상여금은 전액 손금으로 인정된다.

2) 임원상여금

임원에게 지급하는 상여금은 정관·주주총회나 이사회의 결의에 의하여 정해진 급여 지급기준 이내의 금액은 손금에 산입되나 이를 초과하거나 정해진 기준이 없는 경우에는 전액 손금불산입 된다. 여기서 임원이란 법인의 회장·사장·부사장·이사 등 그 명칭에 불구하고 회사의 경영에 실질적으로 참여하는 자로 종사하는 직무의 실질내용에 따라 사실판단 하여야 한다(대법원91누11490, 1992.05.12.).

3) 잉여금처분에 의하여 지급하는 상여금

법인이 그 임원 또는 사용인에게 이익처분에 의하여 지급하는 상여금은 손금에 산입하지 아니한다. 이 경우 합명회사 또는 합자회사의 노무출자사원에게 지급하는 보수는 이익처분에 의한 상여로 본다(법령43①).

> **실무적용 Tip**
>
> ● **임원상여금의 검토**
>
> **(1) 지급규정을 갖출 것**
>
> 임원상여금을 지급하는 경우 정관·주주총회·이사회의사록 등에 의한 지급기준이 있어야 한다. 만일, 이러한 지급규정이 없는 경우에는 전액 손금불산입되고 상여처분 된다. 한편, 사실상 객관적인 기준에 의하여 지급된 상여금이라도 정관 등의 결의에 의하여 결정된 상여금 지급규정 등 근거 없이 지급된 임원상여금은 손금산입할 수 없다(국심2000광890, 2001.01.26). 또한 임원의 특별상여금에 대하여 회사의 경영실적과 형편을 감안해 지급여부와 지급율을 정한다는 지급규정이 있는 경우에도 구체적인 지급시기와 지급율이 정해지지 않은 상태에서 지급된 임원상여금은 손금산입 할 수 없다(국심99서2678, 2000.06.20).
>
> ① 법인이 임원에 대한 급여(상여금 포함) 지급기준을 주주총회의 결의에 의하여 정하면서 전체임원에 대한 총급여 한도액만을 정하고, 실제로 임원에게 상여금을 지급할 때에는 사용인에 대한 급여지급규정상의 상여금지급비율을 준용하여 지급한 경우에도 당해 상여금은 법인세법시행령 제35조 제6항에 규정하는 손금산입대상 상여금에 해당된다(법인46012-206, 1998.01.26).
>
> ② 법인이 정관·주주총회 또는 이사회의 결의에 의하여 매출실적·영업이익실적에 따라 임원상여금을 지급하는 경우 동 상여금 지급액은 각 사업연도의 소득금액을 계산함에 있어서 지급기준 범위 내에서 이를 손금에 산입하는 것이나, 그 지급기준이 급여형식을 가장한 이익처분에 해당하는 경우에는 손금불산입 된다(서이46012-12336, 2002.12.27).
>
> ③ 법인이 집행임원에 대하여 이사회의 승인을 받은 '집행임원 특별상여금 지급기준'에 설정된 한도 내에서 단기(매년)와 장기(3년 단위)로 나누어 집행임원의 성과에 따라 지급하는 특별상여금은 손금산입대상 상여금에 해당하는 것이나, 법인세법시행령 제43조 제3항에 해당하는 경우에는 손금에 산입하지 아니하는 것이다(서면2팀-1416, 2007.07.26).
>
> **(2) 임원에게 지급하는 기밀비, 판공비, 교제비 등의 처리**
>
> 기밀비·교제비 기타 이와 유사한 명목으로 받는 것으로서 업무를 위하여 사용한 것이 분명하지 아니한 급여는 근로소득의 범위에 포함된다(소령38).

3) 상여금의 귀속사업연도
　① 원칙
　　상여금을 지급할 의무가 확정되는 날이 속하는 사업연도의 손금으로 한다.
　② 예외
　　사업연도 종료일 현재 사규 또는 급여지급규정 등에 의하여 개인별 지급금액 등 지급의무가 확정되었으나 법인의 자금사정 등으로 미지급한 상여금은 그 지급이 확정된 사업연도의 손금으로 한다(법인46012-1295, 1995.05.12). 그러나 급여지급규정 등에서 구체적인 계산근거가 명시되지 아니하고 사업실적 등에 따라 임의로 지급되는 특별상여금 등의 경우 지급대상자별 등 구체적인 지급금액이 확정되지 않은 상태에서 단순히 미지급비용으로 계상한 때에는 손금에 산입할 수 없다. 또한 법인이 급여지급규정에 의하여 사용인에게 지급하는 상여금 중 사업연도 종료일을 기준으로 각 부서별 영업실적에 따라 차등지급하기로 한 상여금의 경우에는 각 부서별·사용인별로 지급금액이 결정되어 그 지급의무가 확정된 날이 속하는 사업연도의 손금으로 한다(법인46012-1168, 1999.03.30).
　　㉠ 당기 말에 성과금액을 측정할 수 있고 지급의무가 확정된 경우
　　　회사가 사업연도 종료일을 기준으로 성과금을 미지급비용으로 계상한 경우, 당해 성과배분상여금은 「법인세법」 제40조의 규정에 의하여 그 성과배분의 기준일이 속하는 사업연도의 손금으로 인정되며 별도의 세무조정이 발생하지 않는 것이다(법규-1313, 2005.11.29).
　　㉡ 당기 말에 성과금액을 측정할 수 없는 경우
　　　당기말에 성과금액을 측정할 수 없는 경우 당해 성과금을 미지급금으로 계상하지 못하고 실제로 확정되는 시기에 손금으로 계상할 수 있는 것이다(서면2팀-551, 2006.03.30).
　　㉢ 근로소득의 귀속시기
　　　ⓐ 성과금에 대한 근로소득의 원천징수시기는 성과금이 확정되어 근로소득을 지급하는 때에 원천징수하여야 한다(서면2팀-1147, 2006.06.19).
　　　ⓑ 성과급상여를 임직원에 대한 직전년도의 계량적·비계량적 산정요소를 평가하여 그 결과에 따라 차등지급하는 경우 당해 근로소득의 귀속시기는 개인별 지급액이 확정되는 연도이다(서면1팀-133, 2007.01.23).
　　　따라서 법인세법상 상여금에 대한 손금으로 계상하는 귀속사업연도와 소득세법상 근로소득의 원천징수시기가 차이가 발생할 수도 있게 된다.

> **사례** **성과금의 귀속시기**
>
> (주) 갑을전자는 20×1사업연도 영업실적에 따라 임직원에 대한 성과배분상여금을 다음과 같이 지급하기로 확정하였다.
> - 성과배분기준일 : 20×1.12.31.
> - 개인별 성과금 확정일(외부감사 종료일) : 20×2.02.23.
> - 실제지급일 : 20×2.03.10.
>
> 1) 법인세법상 상여금의 손금 귀속시기
>   법인세법상 귀속사업연도는 성과배분상여금이 확정된 사업연도인 20×1년도이다. 다만, 기업회계상 20×1년도에 비용으로 계상한 경우에는 20×1 사업연도에 손금산입 할 수 있다. 기업회계상 성과배분상여금은 이익조작을 방지하기 위하여 상여금이 귀속되는 회계연도의 비용으로 계상하도록 하고 있다(회제일 8360-00037, 2002.02.14).
>
> 2) 임직원의 근로소득의 귀속시기 및 원천징수시기
>   임직원의 근로소득의 수입시기는 금액이 확정된 20×1년도이며 다른 소득이 있는 경우 20×2. 5월말까지 종합소득세 확정신고를 하여야 한다. 또한 원천징수 시기는 20×1.03.10.이다.

(3) 퇴직금

1) 퇴직금 지급대상

퇴직금은 근로계약상 퇴직금을 지급받기로 한자에 지급하며 지급액은 회사의 퇴직금 지급규정과 근로자퇴직급여보장법에 의한 금액 중 많은 금액이다.

> **· 관련법조문 ·**
>
> ■ 근로자퇴직급여보장법(제8조)
> ① 퇴직금제도를 설정하려는 사용자는 계속근로기간 1년에 대하여 30일분 이상의 평균임금을 퇴직금으로 퇴직 근로자에게 지급할 수 있는 제도를 설정하여야 한다.
> ② 제1항에도 불구하고 사용자는 주택구입 등 대통령령으로 정하는 사유로 근로자가 요구하는 경우에는 근로자가 퇴직하기 전에 해당 근로자의 계속근로기간에 대한 퇴직금을 미리 정산하여 지급할 수 있다. 이 경우 미리 정산하여 지급한 후의 퇴직금 산정을 위한 계속근로기간은 정산시점부터 새로 계산한다.

2) 임원퇴직금
    ① 손금산입 한도
        법인이 임원에게 지급한 퇴직급여 중 다음의 어느 하나에 해당하는 금액을 초과하는 금액은 손금에 산입하지 아니한다(법령44④).
        ㉠ 정관에 퇴직급여(퇴직위로금 등 포함)로 지급할 금액이 정하여진 경우: 그 금액
        ㉡ "㉠" 외의 경우: 직전 1년간의 총급여액×1/10×근속연수. 이 경우 해당 임원이 사용인에서 임원으로 된 때에 퇴직금을 지급하지 아니한 경우에는 사용인으로 근무한 기간을 근속연수에 합산할 수 있다.

    ② 정관의 규정

        > [표준정관]
        > [임원의 보수] 임원의 보수 및 퇴직금은 주주총회에서 정한다.

        ㉠ 정관에서 위임하지 않은 경우
            정관에 퇴직금 지급규정에 대한 구체적인 위임사항을 규정하지 아니하고 별도의 퇴직금 지급규정에 의한다 라고만 규정하여 특정임원의 퇴직시 임의로 동 규정을 변경지급 할 수 있는 경우에는 정관 등에 그 지급기준이 있는 것으로 보지 아니 한다(법인46012-405, 2001.02.21).
        ㉡ 정관의 위임에 의하여 주주총회에서 지급규정을 정한 경우
            "임원의 보수 및 퇴직금은 주주총회에서 정한다" 라는 다소 포괄적인 위임규정이라 하더라도 정관의 위임규정과 임시주주총회를 개최하여 이미 사규로 정해진 퇴직금 지급규정을 적용하여 그간 종업원 및 임원퇴직금을 지급하여 왔다면 동 임원퇴직금은 손금에 산입한다(국심2000중1197, 2000.10.24).

    ③ 지급규정이 없는 것으로 보는 경우
        ㉠ 특정임원에게 차등률로 정한 경우
            정관에 정하여진 임원의 퇴직금 지급기준은 원칙적으로 임원별로 퇴직금 지급액이 정하여져 있거나 퇴직금을 계산할 수 있는 정도의 기준을 정하고 구체적이고 세부적인 사항을 퇴직급여지급기준 등에 위임한 경우에는 적법한 위임규정에 해당되며, 그렇지 않은 경우에는 정관 등에 지급규정이 없는 것으로 보아 「법인세법시행령」제44조 제3항 제2호 규정을 적용하는 것이며, 법인의 퇴직

금지급규정이 불특정 다수를 대상으로 지급배율을 정하지 아니하고 개인별로 지급배율을 정하는 경우에는 「법인세법시행령」 제44조 제4항에서 규정하는 정관에서 위임된 퇴직급여지급규정으로 볼 수 없으며, 특수관계자인 특정임원에게만 정당한 사유 없이 지급배율을 차별적으로 높게 정하는 경우에는 「법인세법」 제52조의 부당행위계산부인 규정이 적용되는 것이다(서면2팀-747, 2005.05.31).

ⓒ 이사회에 포괄위임한 경우

정관에 근거규정이 없고 특별위로금 지급대상과 지급금액의 산정 등에 관한 사항을 구체적으로 규정하지 아니한 채 이사회에 포괄적으로 위임하여 지급한 퇴직금은 세법상 손금산입요건을 충족하였다고 할 수 없는 것이다(국심 2005서222, 2005.07.21).

3) 연봉제 실시기업의 퇴직금의 처리

① 퇴직금의 중간정산

㉠ 퇴직금으로 보는 경우

「근로자퇴직급여보장법」 제8조 제2항의 규정에 따라 근로자의 서면요구에 의하여 실제 퇴직하기 전에 퇴직금을 미리 정산하여 지급하는 경우에 근로자는 퇴직소득에 해당되며 사용자는 퇴직금으로 중간정산일에 손금산입한다.

이 경우 중간정산 이후 퇴직금산정을 위한 근로연수는 정산시점부터 새로이 기산하여야 하고 그에 따른 퇴직소득 원천징수영수증을 교부해야 한다. 한편, 중간정산 이후에 연월차수당 및 근속수당·호봉·상여 등을 누진적용하는 경우에도 중간정산으로 본다.

㉡ 가지급금으로 보는 경우

중간정산은 근로기준법 상 근로자에 대하여만 가능하므로 근로기준법상의 근로자에 해당하지 아니하는 임원에 대하여 퇴직금을 중간정산 하는 경우 업무무관가지급금으로 본다. 다음의 부득이한 사유에 해당하여 중간정산 하는 경우에는 현실적인 퇴직으로 보아 손금으로 인정된다.

ⓐ 무주택자(무주택세대의 세대주인 경우에 한한다)가 전세자금 또는 주택구입자금을 마련하기 위한 경우

ⓑ 3개월 이상을 필요로 하는 질병의 치료 또는 요양을 위한 경우

ⓒ 천재·지변 그 밖에 이에 준하는 재해를 입은 경우

② 연봉제 실시기업
  ㉠ 중간정산의 요건(퇴직금)
    ⓐ 1년 단위 연봉계약으로 급여를 지급하는 경우 연봉액 이외 퇴직금을 별도로 지급하기로 약정할 것
    ⓑ 퇴직급여 지급규정에 의하여 사회통념상 타당하다고 인정되는 범위 내에서 근로계약기간에 대한 퇴직금이 확정될 것
    ⓒ 연봉액과 퇴직금의 액수가 명확히 별도로 구분되어 있을 것
    ⓓ 퇴직금을 중간정산 받고자 하는 근로자의 별도의 서면요구가 있을 것
    ⓔ 근로계약 1년이 만료되는 시점을 기준으로 근로자가 매월 분할하여 선지급 받은 퇴직금상당액의 연합계액이 근로자퇴직급여보장법 제8조 제1항 규정에 의한 퇴직금액수(30일분이상의 평균임금)에 미달하지 않을 것
  ㉡ 매월 지급하는 퇴직금의 회계처리
    연봉제의 경우 퇴직금은 계약기간 1년이 만료되어야 퇴직금 지급의무가 확정되므로 매월 지급하는 시점에서는 업무무관 가지급금으로 처리한다.

```
- 매월 지급시
  (차) 급  여        1,000,000    (대) 현금 및 현금성자산  1,100,000
       가지급금        100,000

- 연봉계약 만료시
  (차) 퇴직급여      1,200,000    (대) 가지급금           1,200,000
```

4) 명예퇴직금의 처리
  ① 기업회계
    명예퇴직금은 일반퇴직금과는 달리 근속기간 이외의 요소에 의하여 산정되므로 퇴직급여충당금과 상계할 수 없으며 판매관리비로 계상하도록 하고 있다.

  ② 국세청 해석
    「법인세법」제33조 제1항의 규정에 의하여 퇴직급여충당금을 손금에 산입한 내국법인이 일부 사업의 중단으로 인하여 우발적으로 퇴직하게 되는 임원 및 사용인에게 퇴직급여지급규정에 따라 명예퇴직금을 지급하는 경우 동 금액은 퇴직급여충당금에서 지급하지 아니하고 직접 당해 사업연도의 손비로 처리할 수 있는 것이

며, 퇴직급여지급규정·취업규칙 또는 노사합의에 의하여 지급받는 퇴직수당·퇴직위로금 기타 이와 유사한 성질의 급여는 퇴직금에 해당되는 것이다(서면2팀-633, 2005.05.02).

③ 조세심판원

기업의 구조조정 과정상 통상적인 퇴직금과 달리 지급되는 명예퇴직금은 퇴직급여충당금과 상계대상이 아니며, 지급한 사업연도의 특별손실(영업외비용)로 손금산입 함은 정당하다(국심2003서137, 2003.05.12).

5) 연봉계약서 작성 사례

① 총연봉액 : 30,000,000원

> - 기본연봉   (   )원. 주휴일 포함
> - 제수당연봉(   )원. 연간 520시간의 연장, 야간, 휴일근로 수당이 포함되어 있음
> - 상여연봉   (   )원. 회사의 재정이 어려울 경우에는 협의 하에 하향조정할 수 있다.
> - 퇴직금   (   )원
>   ① 퇴직금은 1년 이상 계속하여 근로한 경우에 적용한다.
>   ② 퇴직금은 연봉근로계약기간이 만료되는 시기에 지급한다.

② 연봉계약서 작성시 주의사항

㉠ 연봉계약은 근로자의 요구와 사용자의 승낙이 함께 필요한 쌍방의 합의를 요건으로 한다.

㉡ 근로자의 요구 없이 사용자가 일방적으로 퇴직금을 중간정산 하는 경우에는 무효라는 것이 일반적인 견해이다.

㉢ 연봉계약서에 급여와 퇴직금이 반드시 구분명시 되어야 한다. 만일 "총연봉액에 퇴직금이 포함되어 있다" 등과 같이 퇴직금이 명백히 구분되지 않는 경우 중간정산의 효력이 없어 추가적으로 퇴직금을 지급하여야 한다.

㉣ 연봉액, 그 대상이 되는 기간, 근로일수, 연봉의 지급방법 및 지급기일, 중도퇴사시의 취급방법, 시간외근로의 할증임금이 연봉액에 포함 되었는지의 여부, 지각·조퇴·결근 등의 취급방법, 상여금 및 제수당의 취급, 4대보험의 가입 등을 연봉계약서에 명시하여야 한다.

㉤ 근로자로부터 연봉제 적용동의서, 퇴직금 중간정산신청서, 중간정산 퇴직금 영수증을 받아야 한다.

2. 기업업무추진비

(1) 개요

1) 개념 및 규제의 필요성

기업업무추진비란 교제비·사례금·그 밖에 어떠한 명목이든 상관없이 이와 유사한 성질의 비용으로서 법인의 업무와 관련하여 지출한 금액을 말한다(법25⑤). 기업업무추진비는 원칙적으로 법인의 업무와 관련하여 발생하는 순자산 감소액으로 손금으로 인정하여야 하나 과다지출에 따라 재무구조를 악화시키고 소비성서비스 산업의 증가 등으로 인하여 일정한도 내에서만 손금으로 인정 해주고 있다.

2) 기업업무추진비의 범위

기업업무추진비에 해당하는지의 여부는 거래명칭·계정과목 등과 관계없이 그 실질 내용에 따라 판단하며 판정기준은 다음과 같다.

① 기업업무추진비로 보는 경우
　㉠ 법인이 그 사용인이 조직한 조합 또는 단체에 복리시설비를 지출한 경우 당해 조합이나 단체가 법인인 때에는 이를 기업업무추진비로 보며, 당해 조합이나 단체가 법인이 아닌 때에는 그 법인의 경리의 일부로 본다(법령42②).
　㉡ 사업상증여에 따른 부가가치세 매출세액과 기업업무추진비 기타 유사비용의 지출에 관련된 매입세액은 그 성질에 따라 기부금 또는 기업업무추진비로 본다.
　㉢ 약정에 의하여 채권의 전부 또는 일부를 포기하는 경우에는 이를 대손금으로 보지 않고 기부금 또는 기업업무추진비로 본다. 다만, 채권의 조기회수를 위해 불가피하게 채권의 일부를 포기하는 경우 등 채권을 포기한 정당한 사유가 있는 경우에는 대손금에 해당된다.
　㉣ 건설업법인이 재개발조합의 운영비 명목으로 지급하는 금액은 기업업무추진비에 해당된다(국심99서1673, 1999.10.30).
　㉤ 법인이 자사제품만을 전담하여 판매하는 대리점과 사전약정에 의하여 전단, 카다로그 등을 제작하여 지원하거나 도우미를 파견하는 경우 이를 광고선전비나 판매촉진비로 보는 것이나 단순히 대리점의 경비지원 목적으로 판촉비의 일부를 지원하는 경우에는 이를 접대비로 보는 것이다(법인46012-2084, 1998.07.25).
　㉥ 법인이 유·무상으로 수입한 상품과 자기가 생산한 제품 중 비매품으로 표시한

제품을 판매촉진을 위해 신규 및 기존거래처에 다량을 무상으로 공급하는 경우 사회통념상 견본품으로 인정할 만한 수량을 초과하거나 특정거래처에만 제공하는 것은 접대비로 보는 것이다(법인46012-2964, 1996.10.24).

ⓐ 주택신축 분양 시 사전공시에 의해 중도금의 은행이자를 알선하고 입주시점까지의 이자를 대신 부담하는 경우 중도금 납입지연에 따른 연체료상당액을 회수하지 않는 경우 동 연체료 상당액은 접대비로 본다(서이46012-11271, 2002.06.28).

ⓞ 건설업을 영위하는 법인이 공사미수금을 건축물로 대물변제 받거나 공사미수금을 회수하기 위하여 약정에 의하여 거래처 소유의 상가 등의 분양권을 위임받아 동 분양금액을 채권의 변제에 충당하기로 한 경우 분양가액을 임의로 할인하여 분양하고 임의로 할인한 금액과 공사미수금과 상계하여 부담한 경우 동 금액은 접대비로 본다(법인22601-1079, 1989 0.3.23).

ⓧ 판매활동과 관련하여 거래처에 제공하는 금품의 가액이 사회통념상 인정되는 범위를 초과하거나 특정거래처에 대해서만 제공시에는 접대비로 본다(법인46012-3435, 1999.09.04). 다만, 광고·선전을 목적으로 견본품·달력·수첩·컵·부채 기타 이와 유사한 물품을 불특정다수인에게 기증하기 위하여 지출한 비용은 판매부대비용으로 본다. 또한 개당 5천원 이하의 견본품 등을 다수의 특정인에게 기증하는 경우 총액이 3만원을 초과하더라도 광고선전비로 전액 손금산입된다.

ⓩ 해저관광운송업 영위 법인이 무임승선(용역의 무상제공)시킨 인원에 대한 승선료 상당액은 접대비로 본다(국심2001부956, 2001.08.07).

② 기업업무추진비로 보지 않는 경우

㉠ 주주 또는 출자자나 임원 또는 사용인이 부담하여야 할 성질의 기업업무추진비를 법인이 지출한 것은 기업업무추진비로 보지 않는다(법령42①).

㉡ 대리점을 통하여 제품을 판매하는 법인이 거래처 확보를 위하여 불특정 다수의 모든 신규대리점에 대하여 사전약정에 의해 제품가격의 일정률에 상당하는 금액을 일정기간 동안 할인하여 공급하기로 한 경우 사회통념과 상관행에 비추어 정상적인 거래라고 인정되는 경우의 할인판매금액은 접대비로 보지 아니 한다(서이46012-10543, 2003.03.18).

㉢ 주주총회의 회의비는 기업업무추진비로 보지 않으나 유흥을 위하여 지출한 비

용은 기업업무추진비로 본다.

㉣ 고객에게 사전공시내용에 따라 지급하는 상품권은 판매부대비용에 해당하고 상품권 구입은 재화 또는 용역의 공급에 해당하지 않으므로 적격증빙 미수취 가산세규정에서 제외된다(법인46012-1338, 2000.06.09).

㉤ 모든 대리점을 대상으로 인테리어 시설물을 통일된 사양 규격으로 설치하도록 하고 설치비용의 일부를 표준약정에 의한 동일기준에 따라 지원하는 경우 접대비에 해당하지 아니 한다(서면2팀-2198, 2006.10.31).

(2) 기업업무추진비의 한도액 계산

1) 한도액 = (① + ②)

① 기본한도 : 12,000,000[중소기업 36,000,000] × 사업연도월수/12

② 수입금액 적용한도

구 분(기업회계상 매출액)	적용률	한 도 액
100억원 이하	0.3%	3,000만원
100억원 초과 500억 이하	0.2%	3,000만원 + 100억 초과의 0.2%
500억원 초과	0.03%	1억 2,000만원 + 500억 초과의 0.03%

※ 특수관계자(법령2⑤)와의 거래에서 발생한 수입금액에 대하여는 일반수입금액 적용률의 10%를 적용한다.

③ 문화기업업무추진비 한도 추가(조특법136 ③)

문화기업업무추진비기업업무추진비의 손금산입 한도액 = Min(ⓐ, ⓑ)

ⓐ 문화기업업무추진비 지출액

ⓑ 해당 사업연도 일반기업업무추진비 한도액 × 20%

2) 수입금액의 범위

당해 법인의 정관·등기부등본상의 목적사업에서 발생하는 수익으로, 기업회계기준에 의한 매출액을 말한다(법령42①). 따라서 부당행위계산에 의한 익금산입액, 일시적인 임대수입, 간주임대료, 간주공급 등은 수입금액에 포함되지 아니 한다.

3) 부동산임대업 주업 법인의 기업업무추진비 한도

다음의 요건을 모두 충족하는 부동산임대업을 주된 사업으로 하는 법인의 경우에는 위 기업업무추진비한도(기본한도+수입금액 한도) 금액에 50/100을 곱한 금액을 기업업무추진비 손금한도로 한다(법법25 ⑤, 법령42 ②).

① 해당 사업연도 종료일 현재 내국법인의 지배주주 등이 보유한 주식 등의 합계가 해당 내국법인의 발행주식총수 또는 출자총액의 50%를 초과할 것
② 해당 사업연도에 부동산 임대업을 주된 사업으로 하거나 다음의 합계금액이 기업회계기준에 따라 계산한 매출액의 50% 이상일 것
　ⅰ. 부동산 또는 부동산상의 권리의 대여로 인하여 발생하는 소득금액
　ⅱ. 이자소득의 금액
　ⅲ. 배당소득의 금액
③ 다음의 어느 하나에 해당하는 근로자를 제외하고 해당 사업연도의 상시근로자 수가 5명 미만일 것
　ⅰ. 해당 법인의 최대주주 또는 최대출자자와 그와 친족관계인 근로자
　ⅱ. 근로소득원천징수부에 의하여 근로소득세를 원천징수한 사실이 확인되지 아니하는 근로자
　ⅲ. 근로계약기간이 1년 미만인 근로자. 다만, 근로계약의 연속된 갱신으로 인하여 그 근로계약의 총기간이 1년 이상인 근로자는 제외
　ⅳ. 「근로기준법」제2조 제1항 제8호에 따른 단시간근로자

(3) 기업업무추진비의 증명지출

1회 접대에 지출한 금액이 3만원(경조금의 경우에는 20만원)을 초과하는 기업업무추진비는 다음의 지출증명을 수취하여야 하며, 이를 수취하지 않은 경우에는 전액 손금불산입 된다. 다만, 기업업무추진비가 지출된 장소에서 현금 외의 다른 지출수단이 없어 적격증명을 구비하기 어려운 경우는 제외한다(법령41②).

1) 적격증명
① 「여신전문금융업법」에 의한 신용카드매출전표, 현금영수증, 직불카드, 외국에서 발행된 신용카드·기명식 선불카드 영수증
② 「전자금융거래법」상 직불 전자지급수단·기명식 선불전자지급수단, 기명식 전자화폐 영수증

③ 「법인세법」 제121조 및 「소득세법」 제163조 규정에 의한 계산서
④ 「부가가치세법」 제32조 규정에 의한 세금계산서 또는 「조세특례제한법」 제126조의 4 제1항에 따른 매입자발행세금계산서
⑤ 비사업자로부터 용역을 제공받는 경우 원천징수영수증을 발행하여 지출하는 경비

2) 적격증명 수취 제외대상

① 법인이 직접 생산한 제품 등으로 제공한 현물기업업무추진비(법칙20②)
② 거래처에 대한 매출채권의 임의포기금액(재경부법인46012-155, 2000.10.16).
③ 법인이 자기제품으로 제공한 기업업무추진비(법인46012-2301, 2000.11.27). 다만, 법인이 접대를 위하여 5(2021.01.01부터 3만원)만원을 초과하는 상품권을 구입하고 신용카드 매출전표를 수취하지 아니하고 지출한 경우 법인 소득금액계산상 손금에 산입하지 아니 한다(서면2팀-2198, 2006.12.27).

3) 신용카드 매출전표의 범위

신용카드에는 여신전문금융업법에 의한 직불카드, 외국에서 발행한 신용카드, 조세특례제한법 제126조의 2 제1항 제4호에 따른 기명식 선불카드, 직불전자지급수단, 기명식 선불전자지급수단, 또는 기명식 전자화폐를 포함한다(법령41③). 법인의 경우에는 당해법인 명의로 발급받은 신용카드만을 말하며, 종업원 개인 명의로 발급받은 카드를 사용하는 경우에는 신용카드사용으로 인정되지 아니 한다(법령41⑥). 다만, 신용카드에 법인명의와 개인명의가 함께 기재된 법인개별카드는 정당한 신용카드로 인정된다. 법인개별카드란 법인세법시행령 제41조 제7항의 규정을 적용함에 있어서 신용카드와 법인의 명의와 당해법인의 사용인 명의가 함께 기재되고 신용카드 이용에 따른 대금상환이 일차적으로 사용인 계좌에서 결제되나, 최종적으로 해당법인이 연대하여 책임지는 형태로 발급된 신용카드를 말한다(법인46012-2116, 2000.10.17).

4) 해외기업업무추진비의 세무처리

해외기업업무추진비는 업무와 관련하여 해외거래처에 무상으로 지출한 금품의 가액을 말한다. 일반적으로 국내사업장이 없는 외국법인과 거래를 하거나 국외에서 재화나 용역을 공급받는 경우 적격증빙수취의무가 배제되나 해외기업업무추진비의 경우에는 해당되지 아니한다. 따라서 거래건당 3만원초과(특정지역은 예외) 금액은 법인신용카드를 사용하여야 한다. 법인신용카드를 사용하지 않는 금액은 손금불산입 기타 사외유출로 소득처분 된다.

3. 감가상각비

(1) 개 요

1) 개 념

감가상각이란 수익비용의 적절한 대응을 위하여 유형자산의 취득원가를 체계적이고 합리적인 방법에 의하여 일정기간동안 원가배분 하는 과정이다.

2) 법인세법상 감가상각의 특징
  ① 결산조정사항
  ② 임의상각제도
  ③ 자산별시부인계산
  ④ 감가상각계산요소 및 상각방법의 법정화

(2) 자본적 지출과 수익적 지출

자본적 지출이란 당해자산의 내용연수를 연장시키거나 자산의 가치를 현실적으로 증가시키기 위하여 지출한 수선비를 말한다(법령31②). 반면, 수익적 지출이란 자산의 원상회복이나 능률유지를 위하여 지출한 수선비 등을 말한다.

1) 자본적 지출 예시(법령31② 및 법기통 23-31-1)
  ① 본래의 용도를 변경하기 위한 개조
  ② 엘리베이터 또는 냉난방장치의 설치
  ③ 빌딩 등에 있어서 피난시설 등의 설치
  ④ 재해 등으로 인하여 멸실 또는 훼손되어 본래의 용도에 이용할 가치가 없는 건축물·기계·설비 등의 복구
  ⑤ 기타 개량·확장·증설 등 제1항 내지 "①~④"과 유사한 성질의 것
  ⑥ 토지만을 사용할 목적으로 건축물이 있는 토지를 취득하여 그 건축물을 철거하거나, 자기소유의 토지상에 있는 임차인의 건축물을 취득하여 철거한 경우 철거한 건축물의 취득가액과 철거비용은 당해 토지에 대한 자본적 지출로 한다.
  ⑦ 토지구획정리사업의 결과 무상 할양하게 된 체비지를 대신하여 지급하는 금액은 토지에 대한 자본적 지출로 한다.
  ⑧ 도시계획에 의한 도로공사로 인하여 공사비로 지출된 수익자부담금은 토지에 대한

자본적 지출로 한다.
⑨ 공장 등의 시설을 신축 또는 증축함에 있어서 배수시설을 하게 됨으로써 공공하수도의 개축이 불가피하게 되어 그 공사비를 부담할 경우 그 공사비는 배수시설에 대한 자본적 지출로 한다.
⑩ 설치중인 기계장치의 시운전을 위하여 지출된 비용에서 시운전 기간 중 생산된 시제품을 처분하여 회수된 금액을 공제한 잔액은 기계장치의 자본적 지출로 한다.
⑪ 수입기계장치를 설치하기 위하여 지출한 외국인 기술자에 대한 식비 등 체재비는 기계장치에 대한 자본적 지출로 한다.
⑫ 장기할부조건으로 자산을 취득함에 있어서 이자상당액을 가산하여 매입가액을 확정하고 그 지불을 연불방법으로 한 경우의 이자상당액은 당해 자산에 대한 자본적 지출로 한다. 이 경우 당초 계약시 이자상당액을 당해 자산의 가액과 구분하여 지급하기로 한 때에도 또한 같다. 다만, 현재가치할인차금과 매입가액 확정후 연불대금 지급시에 이자상당액을 변동이자율로 재계산함에 따라 증가된 이자상당액은 그러하지 아니한다.
⑬ 부가가치세 면세사업자의 고정자산 취득에 따른 매입세액은 당해 자산에 대한 자본적 지출로 한다.
⑭ 사역용, 종축용, 착유용, 농업용 등에 사용하기 위하여 소, 말, 돼지, 면양 등을 사육하는 경우 그 목적에 사용될 때까지 사육을 위하여 지출한 사료비, 인건비, 경비 등은 이를 자본적 지출로 한다.
⑮ 목야지초지의 조성비 중 최초의 조성비는 토지에 대한 자본적 지출로 한다.
⑯ 토지, 건물만을 사용할 목적으로 첨가 취득한 기계장치 등을 처분함에 따라 발생한 손실은 토지, 건물의 취득가액에 의하여 안분계산한 금액을 각각 당해 자산에 대한 자본적 지출로 한다.
⑰ 부동산 매매업자(주택신축판매업자를 포함한다)가 토지개발 또는 주택신축 등 당해 사업의 수행과 관련하여 그 토지의 일부를 도로용 등으로 국가 등에 무상으로 기증한 경우 그 토지가액은 잔존토지에 대한 자본적 지출로 한다.
⑱ 기계장치를 설치함에 있어서 동 기계장치의 하중에 의한 지반침하와 진동을 방지하기 위하여 당해 기계장치 설치장소에만 특별히 실시한 기초공사로서 동 기계장치에 직접적으로 연결된 기초공사에 소요된 금액은 이를 동 기계장치에 대한 자본적 지출로 한다.

2) 수익적 지출의 예시(법칙17, 법기통23-31-2)
  ① 건물 또는 벽의 도장
  ② 파손된 유리나 기와의 대체
  ③ 기계의 소모된 부속품 또는 벨트의 대체
  ④ 자동차 타이어의 대체
  ⑤ 재해를 입은 자산에 대한 외장의 복구·도장 및 유리의 삽입
  ⑥ 기타 조업가능한 상태의 유지 등 제1항 내지 제5항과 유사한 것
  ⑦ 제조업을 영위하던 자가 새로운 공장을 취득하여 전에 사용하던 기계 시설·집기비품·재고자산 등을 이전하기 위하여 지출한 운반비와 기계의 해체, 조립 및 상하차에 소요되는 인건비는 수익적 지출로 한다.
  ⑧ 임대차계약을 해지한 경우 임차자산에 대하여 지출한 자본적 지출 해당액의 미상각 잔액은 수익적 지출로 한다.
  ⑨ 분쇄기에 투입되는 강구(Steel Ball)비는 수익적 지출로 한다.
  ⑩ 유리 제조업체의 병형(틀)비는 수익적 지출로 한다.
  ⑪ 23-31…1 제1호 이외의 사유로서 기존건축물을 철거하는 경우 기존건축물의 장부가액과 철거비용은 수익적 지출로 한다.

(3) 감가상각의제

1) 개념

감가상각의제란 각 사업연도 소득에 대하여 법인세가 면제되거나 감면되는 사업을 영위하는 경우에는 개별 자산에 대한 감가상각비가 법 제23조 제1항 본문에 따른 상각범위액이 되도록 감가상각비를 손금에 산입하여야 한다. 다만, 국제 회계기준을 적용하는 법인은 법 제23조 제2항에 따라 개별 자산에 대한 감가상각비를 추가로 손금에 산입할 수 있다(법령30①). 감가상각의제 제도는 임의상각제도를 이용한 조세회피를 방지하기 위한 것이다.

2) 감가상각의제 대상 법인세 감면의 범위(법기통23-30-1)
  ① 적용대상 면제·감면
    ㉠ 중소기업에 대한 특별세액감면
    ㉡ 창업중소기업 등에 대한 세액감면
    ㉢ 사업전환중소기업에 대한 세액감면
    ㉣ 외국인투자기업에 대한 법인세감면

ⓜ 수도권외 지역 이전 중소기업에 대한 법인세감면
ⓑ 농공단지입주기업, 영농·영어 조합법인, 농업회사법인 등에 대한 법인세 감면

② **적용대상이 아닌 면제·감면**
㉠ 기술이전소득(특허권양도·대여소득)에 대한 법인세 감면
㉡ 해외자원개발투자 배당소득에 대한 법인세 면제
㉢ 기업어음제도개선을 위한 세액공제(서이46012-10067, 2003.01.10).
㉣ 중소기업투자세액공제를 받는 법인(제도46012-10308, 2001.03.28).

4. 대손금

(1) 의의

거래처의 부도 등으로 인하여 매출채권의 회수가 불가능한 경우에 대손요건이 충족된 채권에 대하여 대손이 확정된 사업연도의 손금으로 처리하는 것이다. 대손이 발생한 경우 대손충당금이 설정되어 있는 금액은 우선 대손충당금과 상계하고 그 부족분은 대손상각비로 손금산입하면 된다. 대손이 발생한 경우 소득금액계산에 있어서는 손금에 산입되며 부가가치세 매출세액(미수금)에 대하여는 대손세액공제를 받을 수 있다.

> **◉ 참고**
> **대손발생시의 세무처리**
> ① 부가가치세법상 대손세액공제 : 대손요건 충족시 대손세액공제(회수불능채권의 10/110)
> ② 법인세법 및 소득세법상 대손금의 손금산입 : 신고조정 또는 결산조정
> ③ 소득세법상 총수입금액의 산입여부 : 대손세액공제를 받은 금액은 사업소득 계산에 있어 총수입금액에 산입하지 아니하고, 대손세액을 회수하는 경우 필요경비에 산입하지 않는다(소득46011-2641, 1997.10.15).

(2) 대손사유(법령19의2①)

① 소멸시효가 완성된 채권
소멸시효 완성채권에 대한 대손처리는 입증자료를 필요로 하지 않는다. 다만, 채권회수를 위한 아무런 조치를 취하지 않은 경우에는 채권의 임의포기로 보아 접대비 또는 기부금으로 본다. 특수관계자 외의 자와의 거래에서 발생한 채권으로서

채무자의 부도발생 등으로 장래에 회수가 불확실한 어음·수표상의 채권 등을 조기에 회수하기 위하여 당해채권의 일부를 불가피하게 포기한 경우 동 채권의 일부를 포기하거나 면제한 행위에 객관적으로 정당한 사유가 있는 때에는 동 채권포기액을 손금에 산입한다(집행기준 19의2-19의2-8). 소멸시효는 권리를 행사할 수 있을 때(거래발생일)부터 진행되며 시효의 진행 중에 청구, 압류, 가압류, 가처분, 승인 등 시효의 중단사유가 발생하면 시효는 다시 기산된다.

② 「채무자 회생 및 파산에 관한 법률」에 따른 회생계획인가의 결정 또는 법원의 면책결정에 따라 회수불능으로 확정된 채권
③ 「서민의 금융생활 지원에 관한 법률」에 따른 채무조정을 받아 신용회복지원협약에 따라 면책으로 확정된 채권
④ 「민사집행법」 제102조에 따라 채무자의 재산에 대한 경매가 취소된 압류채권
⑤ 채무자의 파산, 강제집행, 형의집행, 사업의 폐지, 사망, 실종, 행방불명으로 회수할 수 없는 채권

　㉠ 파산

　　파산이란 법원의 파산선고를 받은 경우를 말하며, 파산선고 자체만으로 대손처리 할 수 있는 것이 아니라 파산관재인이 최후 배당액을 결정, 통지함으로써 채권액에서 배당액을 공제한 잔여채권이 대손금이 된다.

　　법인이 보유하는 주식의 발행법인이 파산선고를 받은 경우 당해주식의 장부가액은 파산선고일이 속하는 사업연도의 손금에 산입하고 그 후 잔여재산의 분배로 취득하는 금전 기타의 재산은 익금에 산입하는 것이다(법인 46012-1434, 2000.06.24).

　㉡ 강제집행

　　민사소송법상 강제집행결과 무재산, 행방불명 등의 원인으로 강제집행 불능조서가 작성되면 대손처리 할 수 있다. 다만, 강제집행 불능조서의 작성은 동산의 강제집행결과에 의해서만 작성되는 것이므로 부동산 등 기타재산이 없다는 것에 대한 입증은 아니므로 토지대장, 등기부등본 등에 대한 무재산을 입증하는 서류를 갖추어야 한다.

　㉢ 형의집행

　　채무자가 형사재판의 결과에 따라 형의 집행 중에 있고 회수가능한 재산이 없는 경우에는 대손금을 손금산입할 수 있다.

ⓔ 사업의 폐지

사업의 폐지만으로 대손처리는 할 수 없으며 당해채권을 회수할 수 없는 객관적인 입증이 필요하다. 채무자가 사업실패로 인하여 선순위채권자의 강제집행으로 자산의 일체가 압류되어 있는 경우에도 당해 채무자의 재산가액이 당해법인보다 선순위의 채권에도 미달한다는 이유만으로 대손처리 할 수 없으나(법인 22601-2553, 1992.11.27), 압류재산 외에 소유재산이 없으며 당해 압류재산의 가액이 선순위채권에도 현저히 미달하는 등 사실상 회수할 수 없음이 객관적으로 명백히 입증되는 때에는 손금에 산입할 수 있다(서이 46012-11176, 2002.06.10).

ⓜ 사망

채무자의 사망으로 상속인이 없는 경우와 상속인이 상속의 한정승인 또는 포기로 인하여 회수할 수 없는 경우에 대손처리 할 수 있다.

ⓗ 횡령

법인의 대표이사·임원 또는 지배주주 등으로서 그 지위의 명칭여하에 불구하고 법인을 실질적으로 경영하는 자가 그의 지위를 이용하여 당해 법인의 자금을 횡령하고 사외로 유출시킨 경우 당해 횡령금액은 그 유출된 날이 속하는 사업연도에 익금산입하고 소득처분하며, 횡령액을 자산(가지급금 등)으로 계상한 금액은 손금산입(-유보)으로 소득처분 하는 것이다(서면2팀-196, 2007.01.26). 다만, 사용인이 횡령한 금액으로 회수불가능한 금액은 대손금으로 손금산입이 가능하며(법기통 34-62…6) 이 경우 사용인에 대한 근로소득으로 보지 아니 한다(서면2팀-196, 2007.01.26).

⑥ 부도발생일로부터 6개월 이상 지난 수표 또는 어음상의 채권 및 외상매출금

부도발생일로부터 6개월 이상 지난 수표 또는 어음상의 채권 및 외상매출금(중소기업의 외상매출금으로서 부도발생일 이전의 것에 한함). 다만, 해당 법인이 채무자의 재산에 대하여 저당권을 설정하고 있는 경우는 제외한다.

부도발생일은 부도수표·부도어음의 지급기일로 하되, 지급기일 전에 지급제시 하여 부도확인을 받을 경우에는 그 부도확인일을 말한다. 따라서 금융기관으로부터 지급기일 이후 어음부도확인을 받은 경우 부도발생일은 지급기일이다(법인46012-2045, 1999.06.01). 지급기일은 어음만기일(지급일)을 포함하여 3영업일이다. 예를 들어 지급일이 5월 30일이면 지급기일은 6월 1일이다.

⑦ 중소기업의 외상매출금 및 미수금으로서 회수기일이 2년 이상 지난 외상매출금. 다만, 특수관계인과의 거래로 인하여 발생한 외상매출금 등은 제외한다.
⑧ 재판상 화해 등 확정판결과 같은 효력을 갖는 것에 따라 회수불능으로 확정된 채권(2019.02.12. 이후 회수불능으로 확정된 분부터 적용)
⑨ 물품의 수출 또는 외국에서의 용역제공으로 발생한 채권으로서 기획재정부령으로 정하는 사유에 해당하여 무역에 관한 법령에 따라 「무역보험법」 제37조에 따른 한국무역보험공사로부터 회수불능으로 확인된 채권

(3) 대손금의 귀속시기

대손금에 대한 손금산입 방법에는 신고조정과 결산조정의 방법이 있으나 다음에 해당하는 사유로 대손처리한 경우에는 결산조정(장부에 계상)에 의하여 손금에 산입할 수 있다.
① 금융기관의 채권 중 금융감독원장으로 부터 대손처리요구를 받은 채권
② 채무자의 파산 등으로 회수할 수 없는 채권
③ 부도발생일로부터 6월 이상 경과한 수표 또는 어음상의 채권 및 외상매출금(중소기업의 외상매출금으로서 부도발생일 이전의 것에 한함)
④ 회수기일이 6월 이상 경과한 30만원 이하의 채권
⑤ 채권재조정에 따른 현재가치할인차금
⑥ 물품의 수출 또는 외국에서의 용역제공으로 발생한 채권으로서 기획재정부령으로 정하는 사유에 해당하여 무역에 관한 법령에 따라 「무역보험법」 제37조에 따른 한국무역보험공사로부터 회수불능으로 확인된 채권

(4) 대손증빙서류

대손요건충족을 입증하기 위한 증빙서류는 법정구비서류가 있는 것은 아니며 객관적인 자료에 의해 그 채권이 회수불능임을 입증하면 된다. 이러한 사례로서 확인서나 증명서를 교부할 수 없는 사업의 폐지·무재산 등에 관한 사항은 다음과 같은 내용을 기재한 조사보고서 등으로 입증이 가능하다(법인 46012-1068, 2000.05.01.).
① 채무자의 본적지, 최종 및 직전주소지(법인의 경우에는 등기부상 소재지)와 사업장소재지를 관할하는 관서의 공부상 등록된 소유재산의 유무
② 채무자가 보유하고 있는 동산에 관한 사항
③ 다른 장소에서 사업을 영위하고 있는지의 여부

④ 기타 채무자의 거래처, 거래은행 등에 대한 탐문조사내용 등 채권회수를 위한 조치사항
⑤ 보증인이 있는 경우에는 보증인에 대하여도 같은 내용을 조사하여 기재

대손사유 중 소멸시효완성채권, 대손승인채권, 국세결손처분채권, 경매취소 압류채권, 부도어음, 부도수표 등은 회수불능채권에 대한 별도의 입증을 요하지 않는다.

사례 — 대손발생시의 세무실무

제조업을 영위하는 K물산의 김철수 사장은 20×1.05.20 110,000,000원(부가가치세 포함)을 거래처㈜부도산업에 매출하고 그 대금을 어음으로 수취하였다. 그러나 거래처의 부도로 인하여 금융기관으로부터 20×1.06.29 부도확인을 받았다.

1) 부가가치세법상 대손세액공제

거래처의 부도 등으로 회수가 불가능한 매출부가가치세 미수금은 20×2.01.25 20×1년 제2기 부가가치세 확정신고시에 대손세액공제신고서와 그 사실을 증명할 수 있는 서류(매출세금계산서, 어음사본)를 첨부하여 제출한 경우에 한하여 대손세액공제(10,000,000원)를 받을 수 있다. 다만, 부도어음에 관한 대손세액공제를 확정신고시에 공제받지 못한 경우에는 경정청구에 의하여 공제받을 수 있으며, 소멸시효완성에 의하여도 공제가 가능하다. 대손세액공제는 부가가치세 과세표준신고에 포함된 매출채권만 가능하며 사업을 폐지한 후 대손이 확정된 경우에는 대손세액공제를 받을 수 없다.

2) 대손금의 손금산입

대손요건이 충족된 경우에는 20×1 귀속사업연도에 대손금을 손금산입할 수 있다. 이 경우 대손세액공제를 받은 부가가치세 미수금을 제외한 1억원 중 1,000원(비망금액)을 제외한 99,999,000원을 반드시 결산조정을 통하여 손금산입할 수 있다. 손금산입시기는 20×1년, 20×2년, 20×3년, 20×4년도 중 법인이 임의로 선택하여 결산조정에 의하여 계상한 사업연도의 손금으로 한다. 다만, 20×4년도에는 소멸시효가 완성되어 신고조정으로도 손금산입이 가능하며 20×4년도 이후에는 귀속시기 경과로 손금산입이 불가능하다. 만일 20×4년도 이후에 손금산입 한 경우에는 다음과 같이 세무조정을 하여야 한다.

[손금불산입 대손금 99,999,000(기타) 대손금의 귀속시기 경과분으로 손금불산입하고 기타처분 함]

이 경우 소멸시효가 완성된 20×4년도를 경정청구에 의하여 손금에 산입할 수 있다.

> **실무적용 Tip**
>
> ● **부도발생과 납부기한 연장 및 납부고지유예**
>
> 사업자가 부도발생 등의 사유로 인하여 사업에 심한 손해를 입거나 중대한 위기에 처한 때에는 과세표준 신고는 하여야 하지만 납부기한은 연장 받을 수 있다. 다만, 관할 세무서장은 제13조에 따른 납부기한등의 연장 또는 제14조에 따른 납부고지의 유예를 하는 경우 그 연장 또는 유예와 관계되는 금액에 상당하는 제18조에 따른 납세담보의 제공을 요구할 수 있다(국세징수법 12①). 또한, 부도 등으로 인하여 국세를 납부할 수 없다고 인정되는 때에는 관할 세무서장은 법 제13조제1항에 따른 납부기한등(이하 "납부기한등"이라 한다)의 연장 또는 법 제14조제1항에 따른 납부고지의 유예를 하는 경우 그 연장 또는 유예 기간을 연장 또는 유예한 날의 다음 날부터 9개월 이내로 정하며, 연장 또는 유예 기간 중의 분납기한 및 분납금액을 정할 수 있다. 이 경우 관할 세무서장은 연장 또는 유예 기간이 6개월을 초과하는 경우에는 가능한 한 연장 또는 유예 기간 시작 후 6개월이 지난 날부터 3개월 이내에 균등액을 분납할 수 있도록 정해야 한다.(국세징수법 시행령12①).

5. 법인세비용

법인세비용은 법인세법 등의 법령에 의하여 당해사업연도에 부담할 법인세 및 법인세에 부가되는 세액의 합계에 당기 이연법인세 변동액을 가감하여 산출된 금액을 말한다. 법인세비용과 법인세 등의 법령에 의하여 당기에 부담하여야 할 금액과의 차이는 이연법인세자산 또는 이연법인세부채의 과목으로 하고 차기이후에 발생하는 이연법인세부채 또는 이연법인세자산과 상계한다.

(1) 손익계산서에 법인세 등으로 계상한 경우의 손금불산입

법인세 등의 귀속은 국가 또는 지방자치단체이다. 법인세를 손금불산입하는 이유를 여러 가지로 설명하지만 이익처분의 관점에서 보면 다음과 같다. 즉, 국가를 경영학의 관점에서 보면 "초대받지 않은 동업자"로 보는 견해가 있다. 즉, 법인세를 동업자에 대한 이윤의 분배로 본다는 것이다. 따라서 이익처분에 대해서는 배당금, 상여금과 마찬가지로 법인세도 손금불산입해야 한다는 것이다. 세무조정시 기업의 결산서상 당기순이익에서 출발하여 간접법에 따라 과세소득을 산출하므로 반드시 법인세 등을 손금불산입 하여야 한다. 이 사실을 모르는 실무자는 없으나 종종 세무조정을 누락하여 실수하는 경우가 있다. 따라서 세무조정 검토시에 소득금액조정합계표상의 세무조정사항 중 익금산입 및 손금불산입액과 손익계산서에 계상된 법인세비용을 비교하여 손익계산서에 계상된 법인세비용이 세무조정(익금산입)금액보다 큰 경우에는 법인세 등에 대한 세무조정사항을 누락한 것이므로 이를 확인하여야 한다.

(2) 법인세환급액·법인세 추가 납부액에 대한 회계처리 및 세무조정

당기이전 사업연도의 오류나 탈루로 인하여 수정신고에 의하여 법인세를 추가납부하거나 세무조사 등의 경정에 의하여 법인세를 추가납부 하는 경우 손익계산서의 "법인세 등"에 가산하거나 차감하는 방식으로 표시한다.

당기 "법인세 등"에 가산한 당기 이전 사업연도에 대한 법인세 추가 납부세액은 손금불산입하고 기타사외유출 처분하며, 당기 "법인세 등"에서 차감한 당기 이전 사업연도에 대한 법인세 환급액은 익금불산입하고 기타로 처분한다.

6. 이연법인세 회계

(1) 이연법인세 회계의 필요성

이연법인세 회계는 기업회계상 손익의 인식기준과 세법상 과세소득 산정기준의 차이로 인하여 발생하는 기업회계상의 법인세비용과 세법상의 부담세액의 차이를 기업회계에 적정하게 반영함으로서 수익·비용대응, 자산 및 부채를 적정하게 표시하기 위해서 필요한 것이다.

(2) 기업회계상 당기순이익과 법인세법상 과세소득의 차이원인

① 기업회계에서는 수익은 발생주의에 의하고 비용은 관련수익에 대응하는 수익·비용대응원칙에 의하여 인식하나, 세법에서는 권리의무 확정주의에 따라 익금과 손금을 인식함에 따라 발생한다.
② 특정 자산부채의 평가방법에 대하여 기업회계와 세법상의 차이가 발생한다.
③ 세법은 조세정책적 목적에 따라 지원 및 불이익을 규정함에 따라 차이가 발생한다.
④ 기업회계는 손익거래만을 당기순이익에 포함하나 법인세법은 순자산증가액을 각 사업연도소득에 포함한다.

(3) 용어의 정의

이연법인세 회계와 관련된 용어의 정의를 다음과 같다.

① "회계이익(회계손실)"은 기업회계기준에 의하여 산출되는 법인세비용차감전순이익(법인세비용차감전순손실)을 말한다.
② "과세소득(세무상 결손금)"은 법인세법에 따라 법인세부담액을 산출하는 대상 소득(결손)을 말한다.
③ "법인세부담액"은 법인세법 등의 법령에 의하여 각 회계연도에 부담할 법인세 및 법인세에 부가되는 세액의 합계액을 말한다.
④ "법인세비용"은 법인세부담액에 이연법인세 변동액을 가감하여 산출된 금액을 말한다.
⑤ 자산·부채의 "세무가액"은 세무회계상 자산·부채의 가액을 말한다.
⑥ "일시적 차이"는 자산·부채의 장부가액과 세무가액의 차이를 말하는데 다음의 두 가지로 구분된다.
　㉠ 가산할 일시적 차이
　　자산·부채가 회수·상환되는 미래기간의 과세소득을 증가시키는 효과를 가지는 일시적 차이
　㉡ 차감할 일시적 차이
　　자산·부채가 회수·상환되는 미래기간의 과세소득을 감소시키는 효과를 가지는 일시적 차이
⑦ "이연법인세부채"는 가산할 일시적 차이로 인하여 미래에 부담하게 될 법인세부담액을 말한다.
⑧ "이연법인세자산"은 다음의 항목들로 인하여 미래에 경감될 법인세부담액을 말한다.
　㉠ 차감할 일시적 차이
　㉡ 이월공제가 가능한 세무상결손금
　㉢ 이월공제가 가능한 세액공제 및 소득공제 등

(4) 이연법인세 관련 세무조정

1) 이연법인세 회계를 적용한 경우

① 이연법인세자산이 발생한 경우

(차) 이연법인세자산	50,000	(대) 선급법인세	30,000
법인세비용	100,000	미지급법인세	120,000

[세무조정] 손금불산입 법인세 등 150,000(기타사외유출)
　　　　　손금산입 이연법인세자산 50,000(△유보)

② 이연법인세부채 발생한 경우

(차) 법인세비용	200,000	(대) 선급법인세	30,000
		미지급법인세	120,000
		이연법인세부채	50,000

[세무조정] 손금불산입 법인세 등 150,000(기타사외유출)
　　　　　손금불산입 이연법인세부채 50,000(유보)

2) 이연법인세 회계를 적용하지 않은 경우(중소기업)

(차) 법인세 등	100,000	(대) 선급법인세	30,000
		미지급법인세	70,000

[세무조정] 손금불산입 법인세 등 100,000(기타사외유출)

제 6 절　수출·수입의 특수 계정과목의 처리

1. 공과금

공과금 중 법령에 의하여 의무적으로 납부하는 것이 아닌 공과금과 법령에 의한 의무의 불이행 또는 금지·제한 등의 위반에 대한 제재로서 부과되는 공과금을 제외하고는 손금에 산입된다. 따라서 수출과 관련된 공과금 중 다음의 금액은 손금에 산입된다.

① 상공회의소 회비
② 무역협회 회비
③ 기타 주무관청에 등록된 조합 또는 협회비. 이에는 조합 또는 협회에 월정액 이외에 사업실적에 따라 정기적으로 납부하는 조합비 또는 협회비와 수출입업을 하고 있는 법인이 수출대전 네고(Nego)시 한국무역협회에 납부하는 수출부담금을 포함한다.

2. 수출알선수수료

수출을 알선해 준 대가로 수출대금의 일정률을 수수료로 지급하는 금액을 말한다. 수출알선수수료는 알선하는 장소가 국내 또는 국외에 소재하느냐 또는 알선자가 거주자·비거주자 여부에 따라 원천징수 여부가 다음과 같이 달라진다.

구 분	소득구분	원천징수 여부	
국 내	국내원천소득	거주자·국내사업장이 있는 외국법인	부가가치세 과세대상 (세금계산서 발급)
		국내사업장이 없는 비거주자·외국법인	원천징수 대상
외 국	국외원천소득	원천징수 대상 아님	

① 수출장려금의 원천징수 여부
　국내사업장이 없는 이란법인에게 제품을 판매하고, 사전약정에 의하여 판매된 제품의 매출금액에 따라 동 이란법인에게 지급하는 금액은 법인세법 제93조에서 규

정하는 국내원천소득에 해당되지 않으므로 같은 법 제98조에 의한 원천징수대상에 해당되지 않는 것이며, 내국법인이 외국에 있는 회사에게 제품을 판매함에 있어 그 제품의 국외 판매촉진 등을 위하여 사례금조로 지급하는 commission(수수료)은 법인세법 제25조의 규정에 의한 접대비로 보는 것이다(서이 46017-11824, 2003.10.21).

② 수출알선수수료의 원천징수 여부

내국법인이 국내사업장이 없는 비거주자에게 해외에서 동 내국법인 제품의 수출알선을 한 대가로 지급하는 수출알선수수료는「소득세법」제119조 규정에 의한 국내원천소득에 해당되지 않는 것이다. 다만, 거래의 형태나 실질관계로 보아 특수관계가 없는 비거주자에게 지급하는 수출알선수수료가 상거래 관행에 따른 통상의 알선수수료를 초과함으로써, 그 초과하는 금액이 수출알선 행위와 직접 관련 없이 무상으로 지급하는 재산적 증여의 가액에 해당되는 경우에는,「법인세법」제24조의 규정에 의한 비지정기부금에 해당되어 내국법인의 각사업연도의 소득금액 계산시 손금불산입 되는 것이다(국총 46017-554, 1999.08.16).

③ 국외에서 제공한 수출알선수수료의 소득구분

비거주자(내국인인 비거주자 포함)의 소득세납세의무는 소득세법 제3조의 규정에 의하여 국내원천소득에 대하여만 있는 것으로 내국법인이 국외에서 수출을 성사시키기 위한 역할을 수행한 국내사업장이 없는 비거주자에게 지급하는 수수료는「소득세법」제119조의 규정에 의한 국내원천소득에 해당되지 아니하므로 그 대가에 대하여는 원천징수를 하지 아니하는 것이다. 또한 소득세의 납세의무는 거주자와 비거주자로만 구분하여 그 적용을 달리하고 있으나 내국인과 외국인으로 구분하여서는 그 적용을 달리하지 않는 것이므로 내국인인 비거주자의 경우에도 외국인인 비거주자와 동일하게 국내원천소득에 대하여만 소득세 납세의무가 있는 것이다(서면2팀-1967. 2006.09.29).

④ 수출알선수수료인지 비지정기부금인지의 여부

청구법인은 1986.2.22. 설립되어 현재까지 섬유제품 제조 및 판매업을 영위하고 있는 중소기업으로 국내사업장에서 직물류를 생산하여 해외에 수출하고 있는 바, 2001.4.1.~2002.3.31.사업연도 중 섬유수출과 관련하여 수출알선수수료로 해외업체에 616, 866, 985원(쟁점수수료, 수출대금의 약 15%)을 지급하고 수출제비용으로 손금산입 하였으며, 동일 수출 건에 대해 국내업체에도 알선수수료(약 3%)를 지급하고 손금산입 하여 당해 사업연도 법인세를 신고하였다. 이에 처분청은 청구법인에 대한 세무조사시, 직물 수출시 알선료를 지불하고 있고 수출시 에이전트에 대한 알선수수료를 당초 약정된 수수료율(5% 내외)로만 지급하여야 하나 수출 약정 후 최종 수출단계에서 약정가격을 초과하여 수출한 것은 해외업체(에이전트)의 노력에 의한 것이라는 명목으로 추가 가격 상승분 전액(쟁점수수료)을 지불하였으며, 이러한 행위는 계약을 위반한 부당한 요구이나 청구법인으로서는 수출물량 확보 및 거래선의 지속적인 유지를 위해 동 요구를 거부할 수 없어 어쩔 수 없이 쟁점수수료를 지출하게 되었다고 확인하는 확인서를 징취하였고, 동 확인서를 근거로 쟁점수수료에 대해 수출알선수수료와 직접 관련이 없는 수출관련 리베이트에 해당한다 하여 비지정기부금으로 보아 손금불산입하여 이 건 법인세를 과세하였다. 이 건은 청구법인이 해외업체에 수출알선수수료 명목으로 지급한 쟁점수수료를 업무와 관련이 없이 지급된 비지정기부금으로 볼 것인지, 아니면 수출제비용과 관련된 지출로서 판매부대비용으로 볼 것인지를 다투고 있으므로 이에 대하여 본다.

㉠ 처분청은 수출알선수수료가 상거래관행에 따른 통상의 알선수수료를 초과함으로써, 그 초과하는 금액이 수출알선 행위와 직접 관련이 없이 무상으로 지급하는 재산적 증여의 가액에 해당되는 경우에는 비지정기부금에 해당되고, 쟁점수수료가 이에 해당한다는 의견이다.

㉡ 청구법인이 제시하는 상품송장(Commercial Invoice), 쟁점수수료 지급관련 전표, 수출신고필증, 외화송금신고서 등에 의하면, 청구법인이 직물의 해외수출과 관련하여 해외 업체에 쟁점수수료를 송금한 사실이 확인되며 이에 대하여는 다툼이 없다.

㉢ 쟁점수수료 지급과 관련하여 국내 알선업체가 청구법인에 대해 수출알선수수료를 청구하는 팩스문서에 의하면, 매 건마다 위 직물수출과 관련하여 청구법인이 지급할 수수료(커미션) 금액과 해외업체에 지급할 수수료(커미션) 금액이 기재되어 있고, 해외업체에 대하여는 T/T 외화송금을 요한다고 되어 있으며 동 외화의 송금처가 기재되어 있다.

㉣ 청구법인의 주장에 의하면, 수출성사 단계에서 당해 거래분에 대한 품목 및 수량, 단가 등에 대한 견적송장(Profoma Invoice, 2002년도 분은 관리 소홀로 분실하였다고 주장)을 국내업체를 통해 해외 업체에 제시하고, 당초 견적송장에 기재된 가격대로 수출가격이 결정될 경우에는 국내업체의 알선수수료(3~5%)만 지급되지만, 해외업체의 노력 여하에 따라 견적송장의 가격 이상으로 거래

가 성사되는 경우에는 견적송장 가격과 상품송장 가격의 차액에 상당하는 금액(쟁점수수료)을 해외 에이전트에 지급하기로 사전 구두합의가 되었다고 주장한다.

이와 관련하여 청구법인은 2007.02.23. 우리 심판원을 방문하여 이 건에 대한 심리시 출석하여 위와 같은 취지로 국세기본법 제58조의 규정에 의한 의견진술을 하면서, 2006.04.22.자 견적송장, 2006.05.13.자 수출신고필증(적재의무기간 2006.06.12.), 2006.06.03.자 상품송장, 2006.06.08.자 청구법인에게 보낸 알선수수료 지급관련 팩스, 2006.06.14.자 외화지급신청서 등을 증빙으로 제시하였다.

위 2006.04.22.자 견적송장에 의하면, 품명 100% 폴리에스터, 수량 10,000야드, 단가 US$0.90(1야드 당), 금액 US$9,000로 되어 있고, 2006.5.13.자 수출신고필증(적재의무기간 2006.06.12.)에 의하면, 품명 100% 폴리에스터, 수량 10,193야드, 단가 US$0.97(1야드 당), 금액 US$9,887.21로 되어 있으며, 2006.06.03.자 상품송장에 의하면, 2006.05.13.자 수출신고필증과 같이 품명 100% 폴리에스터, 수량 10,193야드, 단가 US$0.97(1야드 당), 금액 US$9,887.21로 되어 있다. 또한, 2006.06.08.자 청구법인에게 보낸 팩스에 의하면, 위10,193야드의 수출과 관련하여 US$421.01에 해당하는 원화로 송금을 요하고, 해외업체로 US$494.36을 T/T 외화 송금 요한다고 기재되어 있으며, 2006.06.14.자 외화지급신청서에 의하면, 송금한 것으로 되어 있다.

이에 대해 청구법인은 쟁점수수료 관련 견적송장(2001.04.01. ~ 2002.03.31.)은 최종 결정가격을 기재한 서류가 아니어서 관리소홀로 제출할 수 없지만, 현재에도 위와 같이 상품송장 가격과 견적송장 가격과의 차액 범위 내에서 해외업체에게 수출 알선지급수수료를 지급하고 있다고 진술하면서, 쟁점수수료의 경우 섬유수출을 실현시키기 위해 지급된 것으로 판매부대비용에 해당한다고 주장한다.

㉤ 법인의 각 사업연도의 소득금액 계산시 손금불산입되는 비지정기부금은 당해 법인이 특수관계 없는 자에게 당해 법인의 사업과 직접 관련이 없이 무상으로 지출하는 재산적 증여의 가액을 말하는 것인 바,

청구법인의 경우 매 수출 건마다 국내업체와 해외업체로 구분하여 수출 알선수수료를 지급요청하고 있는 점, 49회에 걸쳐 쟁점수수료가 실제로 지급된 점과 동 자금이 청구법인에게 다시 반환되었다고 확인되지 아니하는 점 등을 감안할

때, 청구법인이 당초 제시한 가격(견적송장의 가격) 이상으로 수출이 성사되는 경우에만 당초 제시된 가격과 실제 합의된 가격(상품송장의 가격)과의 차액 범위 내의 금액을 해외업체에 지급하였다는 청구법인의 주장은 신빙성이 있다고 인정되며, 또한 수출알선 업체가 위와 같은 제의를 하더라도 청구법인의 입장에서는 수출물량 확보를 위해 이를 거절할 수 없다고 보이는 점에 비추어 쟁점수수료를 비지정기부금으로 보아 손금불산입 하기 보다는 섬유류 수출을 위한 업무관련 비용으로서 판매부대비용에 해당한다고 보아 손금산입 하는 것이 타당하다고 판단된다(국심 2006서 3986, 2007.05.04.).

⑤ 국내에서 국내사업장이 없는 비거주자 또는 외국법인에게 수출알선용역을 제공하고 그 대가를 외국환은행에서 원화로 받는 경우에는 영의 세율을 적용한다. 다만, 외국으로부터 수출신용장을 받아 수출업자에게 양도하고 받는 대가는 영의 세율을 적용하지 아니한다(부기통11-26-1).

3. 수출통관제비용

(1) 파출검사수수료

검사장소가 지정장치장 또는 세관검사장이 아닌 경우 신고인은 기본수수료와 해당 검사에 소요되는 세관과 검사장소와의 거리 등을 참작하여 관세청장이 정하는 실비상당액을 가산한 금액의 수수료를 납부하여야 한다. 다만, 다음 각 호의 어느 하나에 해당하는 경우에는 수수료를 납부하지 아니한다(관세법 247③).
1. 검사 장소가 보세창고인 경우로서 신고인이 운영인과 다른 경우
2. 검사 대상이 수출물품인 경우

[기본수수료(시간당 기본수수료 2천원 × 해당 검사에 걸리는 시간)] + 실비상당액(세관과 검사장소와의 거리 등을 고려하여 관세청장이 정하는 금액)

(2) 임시개청 허가수수료(관세법 시행규칙 제81조)

법 제321조 제3항의 규정에 의하여 납부하여야 하는 개청시간외 통관절차·보세운송절차 또는 입출항절차에 관한 수수료(구호용 물품의 경우 당해 수수료를 면제한다)는 기본수수료 4천원(휴일은 1만2천원)에 다음 각호의 구분에 의한 금액을 합한 금액으로 한다. 다만, 수출물품의 통관절차 또는 출항절차에 관한 수수료는 수입물품의 통

관절차 또는 출항절차에 관한 수수료의 4분의 1에 상당하는 금액으로 한다.
1. 오전 6시부터 오후 6시까지 : 1시간당 3천원
2. 오후 6시부터 오후 10시까지 : 1시간당 4천8백원
3. 오후 10시부터 그 다음날 오전 6시까지 : 1시간당 7천원

(3) 증명서 및 통계 교부수수료

세관사무에 관한 증명서와 통계의 교부를 받고자 하는 자는 세관사무에 관한 증명서, 통계 및 통관관련 세부통계자료의 교부수수료를 납부하여야 한다.

(4) 세관설비사용료(관세법 시행규칙 제83조)

물품장치 또는 통관을 위한 세관설비를 사용하고자 하는 자는 기본사용료 1만2천원에 다음 각호의 구분에 의한 금액을 합한 금액을 설비사용료로 납부하여야 한다.
- 토지 : 분기마다 1제곱미터당 780원
- 건물 : 분기마다 1제곱미터당 1천 560원

(5) 보세구역 외 장치허가 수수료

물품을 보세구역이 아닌 장소에 장치하고자 하는 자는 세관장의 허가를 받아야 하며 납부하여야 하는 보세구역 외 장치허가수수료는 1만8천원으로 한다.

(6) 개항이 아닌 지역에 대한 출입허가수수료

개항이 아닌 지역에 출입하기 위하여 납부하여야 하는 수수료는 외국무역선의 경우에는 1회 출입에 대하여 당해 선박의 순톤수 1톤당 100원으로 하고, 외국무역기의 경우에는 1회 출입에 대하여 당해 항공기의 자체무게 1톤당 1천 2백원으로 한다. 이 경우 수수료의 총액은 50만원을 초과하지 못한다.

(7) 항외 하역에 관한 허가수수료

외국무역선이 개항의 바깥에서 물품을 하역하거나 환적하고 자 하는 때에는 선장은 세관장의 허가를 받아야 하며 납부하여야 하는 항외하역에 관한 허가수수료는 하역 1일마다 4만원으로 한다. 다만, 수출물품(보세판매장에서 판매하는 물품과 보세공장, 「자유무역지역의 지정 및 운영에 관한 법률」에 의한 자유무역지역에서 제조·가공하여 외국으로 반출하는 물품을 포함한다)에 대한 하역인 경우에는 하역 1일마다 1만원으로 한다.

(8) 사증수수료

국경을 출입하려는 도로차량의 운전자는 해당 도로차량이 국경을 출입할 수 있음을 증명하는 서류를 세관장으로부터 교부받아야 하며 국경을 출입하는 도로차량의 운전자는 출입할 때마다 서류를 세관공무원에게 제시하고 사증을 받아야 한다. 이 경우 전자적인 방법으로 서류의 제시 및 사증을 받는 것을 대신할 수 있다. 납부하여야 하는 사증수수료는 400원으로 한다.

(9) 특허수수료

특허보세구역의 설치·운영에 관한 특허를 받고자 하는 자, 특허보세구역을 설치·운영하는 자 및 이미 받은 특허를 갱신하고자 하는 자는 기획재정부령으로 정하는 바에 의하여 수수료를 납부하여야 한다. 납부하여야 하는 특허신청의 수수료는 4만5천원으로 한다.

(10) 매각대행수수료

세관장은 보세구역에 반입한 외국물품의 장치기간이 경과된 때에는 공고한 후 당해 물품을 매각할 수 있다. 다만, 다음 각호의 1에 해당하는 물품은 기간이 경과되기 전이라도 공고한 후 매각할 수 있다.

① 살아 있는 동식물
② 부패하거나 부패할 우려가 있는 것
③ 창고나 다른 외국물품을 해할 우려가 있는 것
④ 기간의 경과로 사용할 수 없게 되거나 상품가치가 현저히 감소될 우려가 있는 것
⑤ 관세청장이 정하는 물품중 화주의 요청이 있는 것
   이 경우 매각대행수수료는 다음 각 호의 금액으로 한다.
   ㉠ 매각대행을 의뢰한 물품이 매각된 경우
      건별 매각금액에 1천분의 20을 곱하여 계산한 금액
   ㉡ 매각대행을 의뢰한 물품이 수입 또는 반송되어 매각대행이 중지된 경우
      건별 최초공매예정가격에 1천분의 1을 곱하여 계산한 금액
   ㉢ 매각대행을 의뢰한 물품의 국고귀속·폐기·매각의뢰 철회 등의 사유로 매각대행이 종료된 경우
      건별 최초공매예정가격에 1천분의 2를 곱하여 계산한 금액

(11) 통관수수료

통관에 관한 업무를 관세사 등에게 대행시키는 경우에 지급하는 수수료이다.

(12) 항만하역료

선박에 수출화물을 적재하고 양하 하는데 소요되는 수수료이다.

(13) 보세장치장 보관료

수입물품을 즉시 통관하지 않고 보세장치장에 임시로 보관하는 데 발생하는 보관료이다.

4. 수출대행수수료

무역업등록을 하지 않은 자가 수출업자의 명의를 빌려 수출하는 경우 수출명의자에게 지급하는 수수료로 부가가치세 과세대상이므로 세금계산서를 교부받아야 한다.

(1) 수출대행용역의 공급시기

수출대행업자가 수출위탁자에게 수출대행용역을 공급함에 있어, 수출대행업자가 수출대금을 회수하여 수출위탁자에게 지급한 경우에 수출대행용역 등에 대한 대가를 지급받기로 한 경우에는, 그 수출대행용역의 공급은「부가가치세법시행령」제22조 제2호의 규정에 의한 기타 조건부로 용역을 공급하는 경우에 해당하는 것으로서 그 대가의 각 부분을 받기로 한 때가 공급시기가 되는 것이다(부가-3106, 2008.09.18).

(2) 수출대행수수료의 부당행위계산부인 해당여부

법인이 특수관계 있는 다른 법인이 생산한 제품의 수출거래를 대행하고 받는 수수료가 정상적인 사인간의 거래, 건전한 사회통념 내지 상관행에 비추어 적정한 것으로 인정되는 경우에는「법인세법」제52조의 규정에 의한 부당행위계산의 부인규정이 적용되지 아니하는 것이다(법인 46012-328, 2000.02.02).

5. 사용료(로얄티)

외국의 상표권이나 기술을 상호간의 사용계약에 의하여 이를 사용하여 수출하고 그 대가로 매출액 등에 비례하여 일정율을 지급하는 금액이다. 법인이 비거주자나 국내사업장이 없는 외국법인에게 국내원천소득에 해당되는 사용료를 지급하는 경우에는 법인세법의 규정에 의하여 원천징수하여 다음달 10일까지 납부하여야 한다. 다만, 조세협약이 체결되어 있는 경우에는 조세협약에 따라 원천징수 한다.

(1) 법인세법상 사용료소득의 개념과 범위

다음의 어느 하나에 해당하는 권리·자산 또는 정보(이하 "권리 등")를 국내에서 사용하거나 그 대가를 국내에서 지급하는 경우 그 대가 및 그 권리 등을 양도함으로써 발생하는 소득. 다만, 소득에 관한 이중과세방지협약에서 사용지(使用地)를 기준으로 하여 그 소득의 국내원천소득 해당 여부를 규정하고 있는 경우에는 국외에서 사용된 권리 등에 대한 대가는 국내지급 여부에 불구하고 이를 국내원천소득으로 보지 아니한다. 이 경우 특허권, 실용신안권, 상표권, 디자인권 등 권리의 행사에 등록이 필요한 권리(이하 "특허권 등")는 해당 특허권 등이 국외에서 등록되었고 국내에서 제조·판매 등에 사용된 경우에는 국내 등록 여부에 관계없이 국내에서 사용된 것으로 본다(법법93.8). 청구법인은 쟁점수수료가 OOO으로부터 사업상 필요한 업무지원을 제공받은 것에 대한 대가이고, 쟁점용역에 부수적으로 포함된 기술 또는 지적재산권에 대한 대가는 포함되어 있지 않으므로 사용료소득이 아닌 사업소득(인적용역)에 대한 대가라고 주장하나, 청구법인이 제출한 자료만으로 청구법인이 OOO으로부터 제공받은 인적용역의 내용을 특정하기 어렵고, 쟁점수수료는 청구법인이OOO으로부터 제공받은 용역과 무관하게 매출액의 일정비율로 산정되어 분담하고 있는 점, 쟁점수수료는 계약의 주된 내용상 OOO의 오랜 경영활동과정에서 축적되어 존재하던 정보 또는 노하우를 이용하는 대가로 지급한 것으로 보이는 점, OOO은 청구법인에 쟁점용역을 제공함에 있어 특별한 역할을 해야 할 의무가 있다거나 이를 보증하는 것으로 볼 만한 자료가 없는 점, OOO이 제공하는 용역중 동종의 용역수행자가 통상적으로 보유하는 지식이나 기능을 활동하여 수행하는 인적용역이 포함되어 있다 하더라도 이를 사용료소득과 구분할 자료나 기준이 제시되지 아니하였고, 청구법인 스스로도 이 건 청구 당시 이를 구분하는 것이 사실상 불가능하여 상호합의 신청을 한 것으로 보이는 점 등에 비추어 쟁점수수료가 사용료소득이 아닌 인적용역의 대가로서 사업소득에 해당한다는 청구주장을 받아들이기는 어려운 것으로 판단된다(조심-2019-중-3471, 2021. 01.11.).

① 학술 또는 예술상의 저작물(영화필름을 포함한다)의 저작권·특허권·상표권·디자인·모형·도면이나 비밀의 공식 또는 공정·라디오·텔레비젼 방송용 필름 및 테이프 기타 이와 유사한 자산이나 권리
② 산업상·상업상 또는 과학상의 지식·경험에 관한 정보 또는 노하우

(2) 조세조약상 사용료소득

① OECD모델
"사용료"라 함은 영화필름을 포함한 문학, 예술 또는 학술작품의 저작권, 특허권, 상표, 의장이나 모델, 도면, 비밀의 공식이나 공정의 사용 또는 사용할 권리, 산업상, 상업상이나 학술상의 장비의 사용 또는 사용할 권리의 대가로서 또는 산업상, 상업상이나 학술상의 경험에 관한 정보의 대가로서 받는 모든 종류의 지급금을 의미한다.

② "사용료"라 함은 문학상, 예술상 또는 학술상의 저작물(영화필름 및 라디오 방송용 또는 텔레비젼 방송용의 필름 또는 테이프를 포함함)의 저작권, 특허권, 상표권, 의장, 모형, 도면, 비밀공식 또는 비밀공정의 사용 또는 사용할 권리의 대가로써 산업상, 상업상 또는 학술상의 경험에 관한 정보 또는 산업상, 상업상 혹은 학술상의 설비의 사용 또는 사용할 권리의 대가로서 수령하는 모든 종류의 지불금을 의미한다.

③ 사용료소득과 인적용역소득의 구분기준[41]

---

41) 외국법인 납세안내(국세청, 2009, p. 121)

[표 4-5] 사용료소득과 인적용역소득의 구분기준

구 분	사용료소득	인적용역소득
① 개념	무형의 가치	신체에 부수되어 제공되는 노무, 기능 및 기술
② 원천지기준	사용지국(지급지국)	수행지국
③ 소득성격	창출된 가치에 대한 대가	서비스에 대한 대가
④ 제공자의 책임	결과에 대한 보증의무 없음	일정기간동안 용역 결과에 대해 보증의무 있음
⑤ 대가지급방법	당해대가가 제공된 기술이나 공업소유권을 사용한 회수, 기간, 생산 또는 사용에 의한 이익에 대응해서 산정됨. 창출된 가치를 위하여 지출된 비용에 통상이윤을 가산한 금액을 훨씬 초과하여 지급됨	당해 용역에 대한 대가가 당해 용역 제공을 위하여 지출된 비용에 통상이윤을 가산한 실제가액인 경우
⑥ 설계용역 대가의 경우	불특정인을 위하여 작성된 설계도면을 사용하고 지급하는 반복 사용 또는 복제권리의 대가 공개되지 않은 기술적 정보 즉 know-how가 포함된 도면	설계사가 제공하는 용역과 같이 정형화된 전문직업적용역(그 성질이 용역수행자가 통상적으로 보유하는 전문적인 지식 또는 특별한 기능을 활용하여 용역을 제공함) 설계사가 전문직업인으로서 지식을 활용하여 제작한 도면
⑦ 설계용역 대가의 경우	설계용역이 공개되지 않은 기술적 정보를 전수하는 경우와 같이 know-how를 제공하는 것일 경우에는, 설계도면의 납품을 통해서 이루어지더라도 사용료에 해당됨. 용역의 상대적 가치가 큰 경우에는 사용료소득에 해당됨.	개발에 소요되는 직·간접적 비용을 실제 부담한 경우 개발의 성공여부에 따른 위험과 책임을 도입자가 부담하는 경우
⑧ 기타 기술용역	특허권 등이나 know-how 제공에 필연적으로 부수되는 용역대가	용역제공에 따른 인적·물적 비용으로 실제로 소요된 비용
⑨ 인적용역대가와 사용료가 혼합된 경우	인적용역 부분이 보조적이며 그 금액이 크지 않은 경우에는 전체를 사용료로 봄.	인적용역 부분이 합리적으로 구분가능하고 그 인적용역 부분이 사용료의 보조적이 아니며 금액이 큼
⑩ 기계장치의 도입에 따른 설치, 제작, 조립운전을 위한 부수적인 도면		기계장치에 부수되는 단순한 설계도면은 인적용역임(단, 계약서상 기계 대가에 설치 및 조립, 도면, 시운전을 위한 비용이 포함된 경우에는 기계가액으로 봄)

(3) 사용료소득의 과세방법

OECD모델에서는 일방체약국에서 발생하여 타방체약국 거주자에게 지급되는 사용료는, 그 거주자가 사용료의 수익적 소유자인 경우에는 그 타방국에서만 과세하도록 규정하고 있다. 그러나 우리나라가 체결한 대부분의 조세조약에서는 원천지국 과세를 규정하고 원천지국결정은 사용료 지급자의 거주지국에서 사용료가 발생하는 것으로 보고 있다. 즉, 원천지국(지급지주의) 과세를 원칙으로 하되 일부 제한세율을 적용하고 거주지국에서는 이중과세를 방지하는 규정을 두고 있다. 다만, 미국·태국과 체결한 조세조약에서는 사용료를 발생시키는 자산 등이 사용되는 국가에 원천이 있는 것으로 보는 사용지주의를 채택하고 있다.

(4) 체약국별 조세조약 대상조세 및 제한세율(2009.2.10 현재)[42]

[표 4-6] 체약국별 조세조약 대상조세 및 제한세율

체약국	발효일자	대상 조세 한국	대상 조세 대상국	제한세율(원천징수) 이자소득	제한세율(원천징수) 배당소득	제한세율(원천징수) 사용료소득	적용기간 원천징수	적용기간 기타(부동산소득, 사업소득)	비고
그리스	98.7.10	소득세 법인세 주민세	• 개인소득세 • 법인소득세	8%	• 25%이상 법인 (조합 제외) : 5% • 기타 : 15%	10%	99.1.1 이후 지급분	99.1.1 이후 개시하는 과세연도	
남아프리카 공화국	96.1.7	소득세 법인세 농특세	• 보통세 • 비거주자 주주세 • 제2차기업세	10% (신용판매이자 면제)	• 25%이상 법인 : 5% • 기타 : 15%	10%	97.1.1 이후 지급분	97.1.1 이후 개시하는 과세연도	
네덜란드 (개정 99.4.2)	81.4.17	소득세 법인세 주민세	• 소득세 • 임금세 • 법인세 • 배당세	• 7년초과 차관 : 10% • 기타 : 15%	• 25%이상 법인 : 10% • 기타 : 15%	• 기 타 : 10% • 저작권 : 15%	81.1.1 이후 지급분	82.1.1이후 개시 사업연도	의정서
네 팔	03.5.29	소득세 법인세 주민세 농특세	• 소득세법에 의하여 부과되는 소득세 • 지방자치단체에 의하여 부과되는 기타조세	10%	• 25%이상 법인 : 5% • 10%이상 법인 : 10% • 기타 : 15%	15%	04.1.1 이후 지급분	04.1.1 이후 개시하는 과세연도	의정서
노르웨이	84.3.1	소득세 법인세 주민세	• 소득세(중앙정부, 군, 지방) • 국가기여금(조세평형기금) • 중앙정부세(석유관련) • 비거주예술가 소득세 • 선원세	15%	15%	• 기 타 : 10% • 저작권 : 15%	82.1.1이후 지급분	82.1.1이후 개시하는 과세연도	의정서
뉴질랜드	83.4.22	소득세 법인세 주민세	• 소득세 • 초과유보세	10%	15%	10%	한국 : 81.1.1 이후 지급분 뉴질랜드 : 81.4.1이후 개시하는 소득연도에 부과되는 조세	한국 : 81.1.1 이후 개시하는 과세연도 뉴질랜드 : 81.4.1이후 개시하는 소득연도에 부과되는 조세	의정서

---

42) 외국법인 납세안내(국세청, 2009), pp. 336~344.

제6절 / 수출·수입의 특수 계정과목의 처리

| 체약국 | 발효일자 | 대상 조세 | | 제한세율(원천징수) | | | 적용기간 | | 비고 |
		한국	대상국	이자소득	배당소득	사용료소득	원천징수	기타(부동산소득, 사업소득)	
덴마크	79.1.17	소득세 법인세 주민세	• 중앙행정부 소득세 • 시(군)소득세 • 노년연금기여금 • 선원세·특별소비세 • 배당세 • 질병기금기여금	15%	15%	• 산업적 투자 : 10% • 기타 : 15%		77.1.10이후	의정서
독일 (개정 02. 10. 31)	78.5.4	소득세 법인세 주민세	• 소득세·법인세 • 자본세 • 영업세	• 7년이상 차관(은행) : 10% • 기타 : 15%	• 25%이상 법인 (조합제외) : 10% • 기타 : 15%	• 산업적투자 : 10% • 기타 : 15%	76.1.1 이후 지급분	76.1.1.이후 개시사업연도	의정서
	02.10.31	소득세 법인세 주민세 농특세	• 소득세 • 법인세 • 자본세 • 영업세	10%	• 25%이상 법인 (조합제외) : 5% • 기타 : 15%	• 장비사용 : 2% • 기타 : 10%	03.1.1 이후 지급분	03.1.1.이후 개시사업연도	의정서
라오스	06.2.9	소득세 법인세 주민세 농특세	• 개인소득세 • 기업 및 단체의 이윤에 대한 소득세 • 최저세	10%	• 10·%이상 법인 (조합제외) : 10% • 기타 : 15%	5%	07.1.1 이후 지급분	07.1.1.이후 개시되는 과세 연도	
러시아	95.8.24	소득세 법인세 주민세	• 기업 및 유사조직체의 이윤에 대한 조세 • 은행소득에 대한 조세 • 보험활동으로 인한 소득에 대한 조세 • 개인소득에 대한 조세	거주지국 과세	• 직접 30%이상 소유 회사(조합제외) & 10만달러 이상 투자 : 5% • 기타 : 10%	5%	96.1.1 이후 지급분	96.1.1.이후 개시하는 과세 연도	
루마니아	94.10. 6	소득세 법인세 주민세	• 개인소득세 • 법인 및 단체의 이윤에 대한 조세 • 급여·임금 및 기타 유사 보수에 대한 조세 • 농업활동으로부터 실현되는 소득에 대한 조세 • 배당세	10% (산업적·과학적 장비의 신용판매 이자 면제)	• 25%이상 법인 (조합 제외) : 7% • 기타 : 10%	특허권 등 산업적 투자 : 7% 기타 : 10%	95.1.1 이후 지급분	95.1.1.이후 개시 사업연도	
룩셈부르크	86.12.26	소득세 법인세 주민세	• 개인소득세 • 법인세 • 법인이사보수세 • 자본세	10%	• 25%이상 법인 (조합제외) : 10% • 기타 : 15%	• 산업상·상업상·학술상 • 정보 : 10% • 기타 : 15%	84.1.1 이후 지급분	84.1.1.이후 개시 사업연도	
리투아니아	07.7.14	소득세 법인세 농특세 주민세	• 법인소득세 • 개인소득세	10%	• 25%이상 법인 (조합제외) : 5% • 기타 : 10%	• 산업상·상업상·과학적장비 사용 : 5% • 기타 : 10%	08.1.1 이후 지급분	08.1.1 이후 개시 과세연도	
말레이시아	83.1.2	소득세 법인세 주민세	• 소득세 • 초과이윤세 • 주석이윤세·개발세·산림이윤세 등의 추가 소득세 • 석유소득세	15%	• 25%이상 법인 : 10% • 기타 : 15%	• 기타 : 10% • 저작권(문학 예술) : 15% • 저작권 (학술) : 10%	82.1.1 이후 지급분	82.1.1.이후 개시 과세연도 (소득연도)	의정서
멕시코	95.2.11	소득세 법인세 주민세	• 소득세 • 자산세	• 은행 : 5% (효력을 가지는 날로부터 5년 동안은 10%) • 기타 : 15%	• 10%이상 법인 : 0% • 기타 : 15%	10%	96.1.1 이후 지급분	96.1.1.이후 개시하는 과세연도	

체약국	발효일자	대상 조세		제 한 세 율(원천징수)			적 용 기 간		비고
		한국	대상국	이자소득	배당소득	사용료소득	원천징수	기타(부동산소득, 사업소득)	
모로코	00.7.1	소득세 법인세 주민세 농특세	• 일반소득세 • 법인세 • 주식 또는 사회적지분 및 유사수익에 대한 소득세 • 부동산소득세 • 국가통합세 • 고정수익투자상품세 • 주식과 사회적자분의 양도소득세	10%	• 25%이상 직접보유 법인(조합제외) : 5% • 기타 : 10%	• 저작권 등 : 5% • 기타 : 10%	01.1. 1 이후 지급분	01.1.1 이후 개시 사업년도	
몰타	98.3.21	소득세 법인세 주민세 농특세	• 소득세	10% (신용판매이자 면제)	• 25%이상 법인(조합제외) : 5% • 기타 : 15%	0%	99.1.1 이후 지급분	99.1.1이후 개시 사업년도	의정서
몽골	93.6.6	소득세 법인세 주민세	• 개인소득세 • 회사 및 협동조합세	5% (지연벌과금 제외)	5%	10%	92.1.1 이후 지급분	92.1.1이후 개시하는 과세연도	
미국	79.10.20	소득세 법인세	• 연방소득세	12%	• 10%이상소유법인 & 지급법인의 이자 또는 배당소득이 25%이하 : 10% • 기타 : 15%	• 저작권·필름 : 10% • 기타 : 15%	79.12.1 이후 지급분	80.1.1 이후 개시되는 사업연도	
미얀마	03.8.4	소득세 법인세 주민세(소) 농특세(소)	• 소득세 • 이익세	10%	10%	• 산업적·상업적·과학적 장비대가 : 10% • 기타 : 15%	04.1.1 이후 발생분	04.1.1 이후 개시하는 과세연도	
방글라데시	84.8.22	소득세 법인세 주민세	• 소득세	10% (신용판매이자 면제)	• 10%이상 법인 : 10% • 기타 : 15%	10%	83.1.1이후 지급분	83.1.1이후 개시하는 과세연도	
베네주엘라	07.1.15	소득세 법인세 농특세	소득세	-은행 5% - 일반 10% -정부등 면제	-10%이상 법인 : 5% -기타 : 10%	산업적·상업적·학술적 장비대가 : 5% • 기타 : 10%	08.1.1이후 지급분	08.1.1이후 개시하는 과세연도	
베트남	94.9.9	소득세 법인세 주민세	• 개인소득세, • 이윤세 및 이윤송금세	10%	10%	• 특허권 등 산업적투자 : 5% • 기타 : 15%	95.1.1이후 지급분	95.1.1이후 개시 사업연도	의정서
벨라루스	03.6.17	소득세 법인세 주민세 농어촌 특별세	• 소득 및 이익에 관한 조세 • 개인소득세 • 부동산에 관한 조세	10%	• 25%이상 법인 : 5% • 기타 : 15%	5%	04.1.1 이후 발생분	04.1.1 이후 개시하는 과세연도	의정서
벨지움 (개정 96.12.31)	79.9.19	소득세 법인세 주민세	• 개인소득세 • 법인세 • 비영리단체세 • 비거주자소득세 • 개인소득세에 부과되는 특별부과금	10%	15%	10%	97.1.1이후 지급분	97.1.1이후 개시사업연도	

체약국	발효일자	대상조세 (한국)	대상조세 (대상국)	제한세율 이자소득	제한세율 배당소득	제한세율 사용료소득	적용기간 원천징수	적용기간 기타(부동산소득, 사업소득)	비고
불가리아	95.6.22	소득세 법인세 주민세	• 총소득에 대한 조세 • 이윤에 대한 조세	10% (신용판매이자 면제)	• 15%이상 법인(조합제외) : 5% • 기타 : 10%	5%	96.1.1이후 지급분	96.1.1.이후 개시하는 과세연도	
브라질	91.11.21	소득세 법인세 주민세	연방소득세(단, 보충소득세 및 비주요활동에 대한 조세 제외)	• 7년이상 차관(은행) : 10% • 기타 : 15%	15%	• 상표관련 : 25% • 기타 : 15%	92.1.10이후 지급분	92.1.1.이후 개시 사업연도	의정서
사우디 아라비아	08.12.1	소득세 법인세 주민세 농특세	• 종교세 • 천연가스투자세를 포함한 소득세	5% (정부, 중앙은행 면제)	• 25%이상 법인(조합제외) : 5% • 기타 : 10%	• 산업, 상업, 학술장비 : 5% • 기타 : 10%	09.1.10이후 지급분	09.1.10이후 개시사업연도	
스리랑카	86.6.20	소득세 법인세 주민세	• 소득세	10%	• 25%이상 법인(조합제외) : 10% • 기타 : 15%	10%	한국 : 80.1.1 이후 스리랑카 : 80.4.10이후 지급분	한국 : 80.1.1 이후 개시하는 과세연도 스리랑카 : 80.4.10이후 개시하는 소득 연도	의정서
스위스	81.4.22	소득세 법인세 주민세	• 소득에 대한 연방세 • 주세 • 자치단체세	10%	• 25%이상 법인(조합제외) : 10% • 기타 : 15%	10% [문학예술작품(필름포함)의 저작권 제외]	79.1.10이후 지급분	79.1.10이후 개시 사업연도	의정서
스웨덴	82.9.9	소득세 법인세 주민세	• 중앙정부소득세(선원세 및 당첨세 포함) • 법인유보이윤과 감자 또는 청산에 따른 분배금에 대한 조세 • 지방소득세 • 연예인에 대한 조세	• 7년초과 차관(은행) : 10% • 기타 : 15%	• 25%이상법인(조합제외) : 10% • 기타 : 15%	기타 : 10% 저작권 : 15%	81.1.1 이후 지급분	81.1.1.이후 개시 사업연도	
스페인	94.11.21	소득세 법인세 주민세	• 개인소득세·법인세 • 도시지가상승에 관련된 지방세	10% (신용판매이자 면세)	• 25%이상 회사 : 10% • 기타 : 15%	10%	95.1.1 이후 지급분	95.1.1.이후 개시하는 과세연도	의정서
슬로바크	03.7.8	소득세 법인세 주민세 농특세	• 개인소득세 • 법인소득세 • 부동산세	10%	• 25%이상 법인 : 5% • 기타 : 10%	• 10% 다만, 학술작품의 저작권은 면세	03.7.8 이후 지급분	03.1.1 이후 개시하는 과세연도	
슬로베니아	06.3.2	소득세 법인세 농특세 주민세	• 법인소득세 • 개인소득세	5%	• 25%이상 법인 : 5% • 기타 : 15%	5%	07.1.1 이후 지급분	07.1.1 이후 개시하는 과세연도	
싱가폴	81.2.11	소득세 법인세 주민세	• 소득세	10%	• 25% 이상 법인 : 10% • 기타 : 15%	15%	79.1.10이후 지급분	79.1.1 이후 개시 사업연도	
아랍 에미리트 연합국 (U.A.E.)	05.3.2	소득세 법인세 주민세 농특세	• 소득세 • 법인세	10%	• 10%이상 법인 5% • 기타 : 10%	0%	03.1.10이후 지급분	03.1.1.이후 개시하는 과세연도	의정서

체약국	발효일자	대상조세		제한세율(원천징수)			적용기간		비고
		한국	대상국	이자소득	배당소득	사용료소득	원천징수	기타(부동산소득, 사업소득)	
아이슬란드	08.10.23	소득세 법인세 농특세 주민세	• 국가에 대한 소득세 • 국가에 대한 부유세 • 지방정부에 대한 소득세	10% (정부, 중앙은행 등 면세)	• 25%이상 법인 (조합제외) : 5% • 기타 : 15%	10%	09.1.1이후 납세분	09.1.1이후 개시하는 과세연도	
아일랜드	91.12.27	소득세 법인세 주민세	• 소득세 • 법인세 • 양도소득세	0%	• 10%이상 법인 10% • 기타 : 15%	0%	92.1.1이후 지급분	92.1.1.이후 개시 사업연도	의정서
아제르바이잔	08.11.25	소득세 법인세 농특세 주민세	• 개인소득세 • 법인이윤세 • 재산세 • 토지세	10% (정부, 중앙은행 등 면세)	• 7%	• 특허권, 의장, 산업·상업·과학적 경험정보 5% • 기타 : 10%	09.1.1이후 지급분	09.1.1부터 개시하는 과세연도	
알바니아	07.1.13	소득세 법인세 농특세 주민세	• 법인소득세 • 개인소득세 • 중소기업세	10%	• 25%이상 법인 (조합제외) : 5% • 기타 : 10%	10%	08.1.1이후 부터의 과세분	08.1.1부터 개시하는 과세연도	
알제리	06.8.31	소득세 법인세 주민세 농특세	• 종합소득세 • 기업이윤세 • 전문활동세 • 총액세 • 세습상속세 • 기타 알제리의 조세	10%	• 25%이상 법인 (조합제외) : 5% • 기타 : 15%	장비사용대가 2% 기타 10%	07.1.1 이후 지급분	07.1.1 이후 개시하는 과세연도	
영국 (개정 96.12.29)	78.5.13	소득세 법인세 주민세 농특세	• 소득세 • 법인세 • 양도소득세	10%	• 25%이상 법인 (조합제외) : 5% • 기타 : 15%	• 장비사용 : 2% • 기타 : 10%	97.1.1이후 지급분	97.1.1 이후 개시 사업연도	교환각서
오만	06.2.13	소득세 법인세 농특세 주민세	• 기업소득세 • 이윤세	5% (지세 가산금 제외)	• 10%이상 소유 법인 (조합제외) : 5% • 기타 : 10%	8%	07.1.1이후 부터의 과세액	07.1.1이후부터 개시되는 사업연도	의정서
오스트리아 (개정 02.3.30)	87.12. 1 (개정전)	소득세 법인세 주민세	• 소득세·법인세 • 이자에 대한 조세 • 이사(Director)에 대한 조세 • 자본세 • 상속세가 부과되지 아니하는 재산에 대한 조세 • 총 임금에 부과되는 조세를 포함한 상업적·산업적 기업에 대한 조세 • 토지세 • 농림기업에 대한 조세 • 농림기업의가계부담형평 기금에 대한 기여금 • 공한지의 가치에 대한조세	10% (신용판매이자 면제)	• 10%이상 법인 (조합 제외) : 10% • 기타 : 15%	10%	88.1.1이후 지급분	88.1.1 이후 개시하는 과세연도	

체약국	발효일자	대상조세 한국	대상조세 대상국	제한세율(원천징수) 이자소득	제한세율(원천징수) 배당소득	제한세율(원천징수) 사용료소득	적용기간 원천징수	적용기간 기타(부동산소득, 사업소득)	비고
오스트리아 (개정 02.3.30)	02.3.30 (개정후)	소득세 법인세 주민세 농특세	• 소득세·법인세 • 토지세 • 농림기업에 대한 조세 • 공한지의 가치에 대한 조세	10% (신용판매이자 면제)	• 25%이상 법인 (조합 제외) : 10% • 기타 : 15%	• 장비사용 : 2% • 기타 : 10%	03.1.1 이후 지급분	03.1.1.이후 개시하는 과세연도	
요르단	05.3.28	소득세 법인세 주민세 농특세	• 소득세 • 사회서비스세 • 분배세	10%	10%	10%	한국 : 06.1.1 이후 납세분 요르단 : 06.1.1 이후 발생분	06.1.1이후 개시하는 과세연도	
우즈베키스탄	98.12.25	소득세 법인세 주민세 농특세	• 기업·조합 및 협회의 소득에 대한 조세 • 개인소득세 • 재산세	5%	• 25%이상 법인 (조합제외) : 5% • 기타 : 15%	• 장비사용 대가 : 2% • 기타 : 5%	99.1.1 이후 지급분	99.1.1.이후 개시하는 과세연도	
우크라이나	02.3.19	소득세 법인세 주민세 농특세	• 기업이윤세 • 개인소득세	5%	• 20%이상 법인 : 5% • 기타 : 15%	5%	한국 : 03.1.1 이후 지급분 우크라이나 : 배당 • 이자·사용료의 조세 및 개인소득세는 협약의 발효일부터 60일째되는 날 이후지급분	한국 : 03.1.1 이후 개시 과세연도 우크라이나 : 기업소득세 03.1.1이후 개시 과세연도	의정서
이스라엘	97.12.13	소득세 법인세 주민세 농특세	• 소득세(법인, 양도 포함) • 토지평가세법에 따른 실물자산의 양도소득세 • 재산세법상 실물자산에 부과되는 조세	• 금융기관 수취 : 7.5% • 기타 : 10% • 채권, 사채, 국공채이자 : 면제	• 10%이상 법인 (조합제외) : 5% -예외사항에 해당 하는 경우: 10% • 기타 : 15%	• 장비사용 : 2% • 기타 : 5%	98.1.1이후 지급분	98.1.1.이후 개시하는 사업연도	
이집트	94.2.5	소득세 법인세 주민세	• 부동산소득에 대한 조세 • 동산소득에 대한 조세 • 상업적 및 산업적 이윤에 대한 조세 • 임금·급료·배상금 및 연금에 대한 조세 • 자유직업 기타 모든 비상업적 직업으로부터 생기는 이윤에 대한 조세 • 일반소득세·법인이윤세 • 상기 또는 다른 곳에서 언급된 조세의 일정비율로 중앙정부가 부과하는 추가조세	• 3년초과 차관 : 10% • 기타 : 15%	• 25%이상 법인 (조합제외) : 10% • 기타 : 15%	15%	92.1.1이후 지급분	92.1.1이후 개시하는 과세연도	
이태리	92.7.14	소득세 법인세 주민세	• 소득세 • 법인세 • 지방소득세	10%	• 25%이상 법인 (조합제외) : 10% • 기타 : 15%	10%	93.1.1이후 지급분	93.1.1이후 개시 사업연도	의정서

체약국	발효일자	대상조세		제한세율(원천징수)			적용기간		비고
		한국	대상국	이자소득	배당소득	사용료소득	원천징수	기타(부동산소득, 사업소득)	
인 도	86.8.31	소득세 법인세 주민세	• 소득세 • 법인(소득)부가세	• 은행 : 10% • 기타 : 15%	• 20%이상 법인 : 15% • 기타 : 20%	15%	한국 : 86.1.1 이후 인도 : 86.4.1 이후 지급분	한국 : 86.1.1 이후 개시하는 과세연도 인도 : 86.4.1 이후 개시하는 소득연도	
인 도 네시아	89.5.3	소득세 법인세 주민세	• 소득세 • 소득세에 규정된 범위까지의 법인세 • 이자·배당·사용료에 대한 조세	10%	• 25%이상 법인 (조합제외) : 10% • 기타 : 15%	15%	90.1.1이후 지급분	90.1.1이후 개시 사업연도	의정서
일 본 (개정 99.11.22)	70.10.29	소득세 법인세 주민세 농특세	• 소득세 • 법인세 • 주민세	10%	• 직전 6개월 25%이상 법인 5% ('03년까지 10%) • 기타 : 15%	10%	00.1.1. 이후 지급분	00.1.1. 이후 개시 사업연도	의정서
중 국 (홍콩, 대만, 마카오 적용제외)	94.9.28	소득세 법인세 주민세	• 개인소득세 • 외국인투자기업 및 외국 기업에 대한 소득세 및 지방소득세	10%	• 25%이상 법인 (조합제외) : 5% • 기타 : 10%	10%	95.1.1이후 개시 지급분	95.1.1이후 개시 사업연도	의정서
체 크	95.3.3	소득세 법인세 주민세	• 이윤에 대한 조세, • 임금세 • 문학 및 예술활동소득에 대한 조세 • 농업세, 주민소득에 대한 조세 • 주택세	10% (신용판매이자 면제)	• 25%이상 법인 (조합제외) : 5% • 기타 : 10%	10% (저작권 사용료 면제)	96.1.1이후 지급분	96.1.1이후 개시하는 과세연도	
칠 레	03 .7.25	소득세 법인세 주민세 농특세	• 소득세법에 따라 부과되는 조세	• 은행 및 보험 회사 : 5% • 기타 : 15%	• 25%이상 법인 : 5% • 기타 : 10%	• 산업적·상업적·과학적 장비대가 : 5% • 기타 : 10%	04.1.1 이후 발생분	04.1.1 이후 개시하는 과세연도	의정서
카자흐 스 탄	99.4.9	소득세 법인세 주민세 농특세	• 법인 및 개인의 소득에 대한 조세	10%	• 10%이상법인 (조합제외) : 5% • 기타 : 15%	10%	00.1.1 이후	00.1.1 이후 개시하는 사업연도	의정서
캐나다 (개정 06.12.18)	80.12.19	소득세 법인세	• 소득세	15%	15%	15%	80.1.1이후 지급분	80.1.1 이후 개시하는 과세연도	의정서
	06.12.18	소득세 법인세 주민세 농특세	• 소득세	10%	• 25%이상 법인 (조합제외) : 5% • 기타 : 15%	10%	07.1.1 이후 지급분	07.1.1 이후 개시하는 과세연도	의정서
쿠웨이트	00.6.13	소득세 법인세 주민세 농특세	• 법인소득세 • 과학진흥재단에 납부할 지주회사 순이윤의 5% • 자카트세	10%	10%	15%	98.1.1 이후 지급분	98.1.1 이후 개시 사업연도	의정서
크로아 티아	06.9.15	소득세 법인세 농특세 주민세	• 이익세 • 소득세 • 지방소득세 • 관련 과징금	5%	• 25%이상 법인 (조합제외) : 5% • 기타 : 10%	0%	07.1.1 이후 지급분	07.1.1 이후 개시하는 과세연도	

체약국	발효일자	대상 조세		제 한 세 율(원천징수)			적용 기 간		비고
		한국	대 상 국	이 자 소 득	배 당 소 득	사용료 소득	원천징수	기타(부동산소득, 사업소득)	
태 국	77.10.12	소득세 법인세 주민세	• 소득세 • 석유소득세	금융기관(보험 회사포함) : 10%	• 산업적 업종또는 25% 이상 법인 : 20% • 산업적 업종 & 10% 이상 법인 : 15%	15%		77.1.1 이후 개시하는 사업연도	
터어키	86.3.27	소득세 법인세 주민세	• 소득세 • 법인세	• 2년 초과 : 10% • 기타 : 15%	• 25% 이상 법인(조합 제외) : 15% • 기타 : 20%	10%	87.1.1 이후 지급분	87.1.1 이후 개시하는 과세연도	의정서
튀니시아	89.11.25	소득세 법인세 주민세	• 사업소득세·법인세 • 비상업적 직업소득세 • 급여소득세, 농업세 • 부동산자본평가세 • 신용·저축·보증 및 당좌 계정으로부터의 수입에 대한 조세 • 연대특별부과금 • 양도성증권소득세 • 국가개인부과금	12% (7년 이상 은행 채무 면제)	15%	15%	90.1.1 이후 지급분	90.1.1 이후 개시하는 사업연도	의정서
파푸아 뉴기니	98.3.21	소득세 법인세 주민세 농특세	• 개정된 파푸아뉴기니 소득 세법에 의하여 부과되는 조 세 • 국민의 이익을 위하여 경제 개발을 지원하거나 조장할 목적으로 파푸아뉴기니에 의하여 부과되는 조세 또는 허용되는 조세유인책	10%	15%	10%	99.1.1 이후 지급분	99.1.1. 이후 개시하는 과세연도	
파키스탄	87.10.20	소득세 법인세 주민세	• 소득세 • 초과세 • 부가세	12.5%	• 배당지급 법인이 산업 적기업 & 수익자가 20% 이상 소유한 법인(조합제외) : 10% • 기타 : 12.5%	10%	87.1.1 이후 지급분	87.1.1 이후 개시 사업연도	
포르투갈	97.12.21	소득세 법인세 주민세 농특세	• 개인소득세 • 법인소득세 • 법인소득세에 부과되는 지방세	15%	• 2년 이상 25%이상 회사 : 10% • 기타 : 15%	10%	98.1.1 이후 지급분	98.1.1. 이후 개시하는 사업연도	
폴란드	92.2.21	소득세 법인세 주민세	• 소득세 • 임금 및 급여에 대한 조세 • 균등화세·법인소득세 • 농업세	10% (신용판매이자 면제)	• 10%이상 법인 (조합제외) : 5% • 기타 : 10%	10%	92.1.1 이후 지급분	92.1.1 이후 개시 사업연도	
프랑스 (개정 92.3.1)	81.2.1	소득세 법인세 주민세	• 소득세 • 법인세	10% (신용판매이자 면제)	• 10%이상 법인 : 10% • 기타 : 15%	10%	92.3.1 이후 지급분	개인 : 92.3.1 이후 발생소득 법인 : 92.3.1 이후 개시 사업년도	의정서
핀랜드	81.12.23	소득세 법인세 주민세	• 국가소득세·공동체세 • 교회세·선원세 • 비거주자의 소득에 대한 원천세	10%	• 25%이상 법인 (조합제외) : 10% • 기타 : 15%	10%	82.1.1 이후 지급분	82.1.1. 이후 개시 사업연도	

체약국	발효일자	대상조세		제한세율(원천징수)			적용기간		비고
		한국	대상국	이자소득	배당소득	사용료소득	원천징수	기타(부동산소득, 사업소득)	
필리핀	86.11.9	소득세 법인세	• 소득세	• 공모공사채 이자 : 10% • 기타 : 15% • 필리핀투자 촉진법 : 10%	• 25%이상 법인 (조합제외) 10% • 기타 15%(07.5.17 이전 배당 처분분 까지) 25% (07.5.18 이후 배당 처분분부터) • 필리핀투자 촉진법 : 10%	15% • 필리핀투자 촉진법 : 10%	87.1.1 이후 지급분	87.1.1 이후 개시 사업연도	의정서
헝가리	90.4.1	소득세 법인세 주민세	• 소득세 • 이윤세 • 특별법인세	0%	• 25%이상 법인 5% • 기타 : 10%	0%	91.1.1 이후 지급분	91.1.1 이후 개시 사업연도	
호주	84.1.1	소득세 법인세 주민세	• 소득세(비공개법인의 분배 소득의 유보액에 대한 추가조세 포함)	15%	15%	15%	한국 : 82.1.1 이후 발생소득 호주 : 82.1.1 이후 발생소득	한국 : 81.1.1 이후 개시하는 사업연도 호주 : 81.4.1 이후 개시하는 소득연도	의정서
휘지	95.2.15	소득세 법인세 주민세	• 소득세(정상적인 소득세 및 비거주자의 배당·이자·사용료 에 대한 원천세, 배당세를 포함) • 토지판매세	10%	• 25%이상 법인 (조합제외) : 10% • 기타 : 15%	10%	96.1.1 이후 지급분	96.1.1 이후 개시하는 과세연도	

적용시 유의사항

① 본 제한세율표는 각국과 체결한 조세조약의 내용을 단순 요약·정리한 것입니다.

그러므로 실제 조세조약별로 제한세율에 대한 구체적인 적용범위(면세대상 포함), 적용방법 등이 각각 달라 본 표에서 이를 일일이 열거하지 아니하였으므로 실제 사례를 적용하는 경우에는 조세 조약 원문(의정서 포함) 내용을 반드시 확인한 후 적용하여 주시기 바랍니다.

② 대부분의 조세조약에서는 중앙행정기관(중앙은행 포함)이 받는 이자에 대하여는 면제하고 있으 며, 일부 국가와의 의정서에서는 조세조약 원문 내용을 제한하는 경우(예 : 일본, 스위스 등)가 있 으므로 주의하여야 합니다.

③ 조세조약(국문 및 영문)관련 인터넷 웹사이트
  ㉠ 국세청 인터넷 홈페이지(www.nts.go.kr) 「조세조약」란(국문)
  ㉡ 외교통상부 인터넷 홈페이지(www.mofat.go.kr)의 「조약정보」란(국문 및 영문)

6. 환가료

외국환거래시 외국환은행이 은행측의 자금부담에 따른 이자율로 징수하는 수수료를 말한다. 즉, 외국환은행이 일람불출급환어음(At sight Draft)을 매입하는 경우 매입은행이 우선 수출상에게 대금을 지급하고 개설은행으로부터 추후에 지급받게 되는 데 그 기간 동안의 이자를 수출상으로부터 받게 되는 데 이를 환가료라 한다. 환가료는 이자성격으로 이자비용으로 처리하거나 환가료를 계정과목으로 처리할 수 있다. 일람불출급환어음의 경우 10일간의 환가료를 징수하며 이자율은 런던 은행간 대출금리(RIBO Rate)에 1%를 가산한 율로 하고 있다.

> 환가료 = 매입금액 × 매매기준율 × 환가요율(Libor + 0.5 ~ 1.0%)
> × 통화별 표준우편일수(9일, 10일, 12일) / 360

수출대금 결제시 발생하는 환가료와 유산스이자는 「법인세법」 제18조의3 규정의 지급이자에 해당되지 아니한다(법인22601-1815, 1987.07.08).

7. 벌금·과료

보세구역에 장치되어 있는 수출용 원자재가 관세법상의 장치기간 경과로 국고귀속이 확정된 자산의 가액은 손금불산입 되는 벌금에 해당되지 아니하여 손금에 산입한다(법기통21-0-2). 그리고 법인의 임원 또는 사용인이 관세법을 위반하고 지급한 벌과금은 손금에 산입하지 아니한다(법기통21-0-3).

8. 해상운임(Freight)

수출물품을 수출항에서 수입항까지 운송시 발생하는 해상운임으로 가격조건이 CIF, CFR 가격조건일 경우 해상운임을 수출자가 부담하고 판매관리비로 처리한다. 해상운임은 선하증권에 표시된다.

9. 수출포장비

완성된 제품의 판매를 위하여 실제로 소비되는 포장자재비는 법인이 계속적으로 적용하는 회계관행에 따라 제조비 또는 판매관리비로 처리하는 것이며, 이 경우 판매관리비로 처리한 포장비는 당해사업연도의 손금으로 할 수 있다(법인22601-2443. 1987.09.08).

10. 신용장 제수수료

(1) 신용장개설수수료

신용장을 개설하는 과정에서 발생하는 지급보증수수료를 말하며 수입하는 재고자산의 취득부대비용으로 재고자산의 취득원가로 계상한다.

(2) 환거래수수료(Correspondent Charge)

개설은행이 통지은행, 매입은행, 지급은행, 상환은행, 인수은행, 확인은행 등으로부터 서비스를 제공받는 경우 지급하는 수수료를 총칭한다.

① 통지수수료(Advising Commission) : 수출지의 통지은행이 신용장을 수익자(수출상)에게 통지할 때 받는 수수료를 말한다. 통지수수료는 각 은행이 수수료율을 정하도록 하고 있다.

② 매입수수료(Negotiating Commission) : 매입신용장에서 매입은행이 환어음 매입시 수익자 또는 개설은행으로부터 받는 수수료를 말한다. 우리나라는 수출자의 비용부담을 줄이기 위해서 매입수수료를 면제하고 있다.

③ 지급수수료(Payment Commission) : 지급신용장에서 지급업무를 담당하는 수출지의 매입은행이 선적서류 매입시 수익자 또는 개설은행으로부터 받는 수수료를 말한다.

④ 상환수수료(Reimbursement Commission) : 개설은행에 의하여 상환은행으로 지정된 은행이 개설은행 또는 지급 또는 매입은행으로부터 받는 수수료를 말한다. 상환수수료는 금액과 관계없이 매 어음당일 정액을 징수한다.

⑤ 인수수수료(Acceptance Commission) : 신용장조건에 따라 수익자가 발행하는 어음이 기한부어음(Usance Bill) 일 경우 은행이 지급에 앞서 인수하는 데 이 경우

발생하는 수수료를 말한다.

⑥ 확인수수료(Confirming Commission) : 수익자에게 발행은행과 동일한 의무를 부담하고, 그 의무는 발행은행의 파산 또는 불가항력에 의해서 발행은행이 신용장의 채무를 이행할 수 없게 되었을 경우에도 확인은행이 이를 이행해야 한다. 따라서 위험부담비용에 해당하는 확인수수료를 발행은행이나 수익자로부터 받는 수수료를 말한다.

(3) 대체료(In Lieu of Exchange Commission)

신용장발행은행에서 입금된 외화를 수익자의 외화계정으로 이체하는 경우 받는 수수료를 말한다. 일반적으로 외국환은행은 자국화폐와 외국화폐의 교환에 따른 매매차익을 얻게 되는데 단지 외화계정에 대체하는 경우 매매차익을 얻을 수 없게 되어 고객으로부터 이체수수료를 받게 된다.

$$대체료 = 외화금액 \times 매매기준율 \times 0.1\%$$

(4) 미입금수수료(Less Charge)

매입 당시에는 예상하지 않은 은행 수수료가 해외은행으로부터 추가로 징수된 경우에 주징하는 수수료를 말한다. 또한 매입은행이 수익자에게 환가료를 받았으나 개설은행에서 기간을 초과하여 신용장 대금을 지연 입금시킨 경우 받는 수수료를 말한다.

(5) 지연이자((Delay Charge)

수입상의 경우는 개설은행에 서류가 도착한 후 5영업일이 지날 때까지 수입상이 그 대금을 지급하지 못하면 6일째 되는 날 개설은행이 우선 대납처리하고 그 이후 대금 완납 시까지 기간에 대한 이자를 수입상에게 부과하는 수수료를 말한다. 적용이율은 받는 날의 원화연체대출 이율을 적용한다.

$$지연이자 = 외화금액 \times 연체대출이율 \times 경과일수/360$$

(6) 양도수수료(Transfer Charge)

양도가능신용장을 수취한 원수익자가 신용장 금액의 일부 또는 전부를 제2 수익자에게 양도해 줄 것을 요청할 때에 은행이 받는 수수료이다.

11. 견본비

견본비는 해외시장을 개척하기 위하여 바이어에게 광고선전 목적으로 무상으로 발송하는 증여물품을 말한다. 다만, 대가를 받고 견본품을 발송하는 경우에는 수출매출액으로 계상하여야 하고 영세율 과세표준에도 산입하여야 한다.

① 재화의 무상수출

사업자가 재화를 국외로 무상으로 반출하는 경우에는 영의 세율을 적용한다. 다만, 자기의 사업을 위하여 대가를 받지 아니하고 국외의 사업자에게 견본품을 반출하는 경우에는 재화의 공급으로 보지 아니한다(부기통11-24…4).

② 해외시장 개척을 위한 견본비의 손금산입

해외시장 개척을 위하여 해외에 견본품을 무상으로 송부하는 경우에는 그 견본품에 상당하는 가액은 이를 송부일이 속하는 사업연도의 소득금액 계산상 손금에 산입할 수 있다(법기통19-19…21).

12. 해외기업업무추진비

해외기업업무추진비는 업무와 관련하여 해외거래처에 무상으로 지출한 금품의 가액을 말한다. 일반적으로 국내사업장이 없는 외국법인과 거래를 하거나 국외에서 재화나 용역을 공급받는 경우 적격증빙수취의무가 배제되나 해외기업업무추진비의 경우에는 해당되지 아니한다. 따라서 거래건당 3만원초과(특정지역은 예외) 금액은 법인신용카드를 사용하여야 한다. 법인신용카드를 사용하지 않는 금액은 손금불산입 기타사외유출로 소득처분 된다.

13. 해외여비

임원 또는 사용인의 해외여행에 관련하여 지급하는 여비는 그 해외여행이 당해 법인의 업무수행상 통상 필요하다고 인정되는 부분의 금액에 한한다. 따라서 법인의 업무수행상 필요하다고 인정되지 아니하는 해외여행의 여비와 법인의 업무수행상 필요하다고 인정되는 금액을 초과하는 부분의 금액은 원칙적으로 당해 임원 또는 사용인에 대한 급여로 한다. 다만, 그 해외여행이 여행기간의 거의 전 기간을 통하여 분명히 법인의 업무수행상 필요하다고 인정되는 것인 경우에는 그 해외여행을 위해 지급하는 여비는 사회통념상 합리적인 기준에 의하여 계산하고 있는 등, 부당하게 다액이 아니라고 인정되는 한 전액을 당해 법인의 손금으로 한다(법기통19-19-22).

또한, 임원 또는 사용인의 해외여행에 있어서 그 해외여행기간에 걸쳐 법인의 업무수행상 필요하다고 인정할 수 없는 여행을 겸한 때에는 그 해외여행에 관련하여 지급되는 여비를 법인의 업무수행상 필요하다고 인정되는 여행의 기간과 인정할 수 없는 여행의 기간과의 비에 안분하여 업무수행과 관련없는 여비는 이를 당해 임원 또는 사용인에 대한 급여로 한다. 이 경우 해외여행의 직접 동기가 특정의 거래처와의 상담, 계약의 체결 등 업무수행을 위한 것인 때에는 그 해외여행을 기회로 관광을 병행한 경우에도 그 왕복교통비(당해 거래처의 주소지 등 그 업무를 수행하는 장소까지의 것에 한함)는 업무수행에 관련된 것으로 본다(법기통 19-19-25).

14. 해외여행경비

임원 또는 사용인의 해외여행이 법인의 업무수행상 필요한 것인가는 그 여행의 목적, 여행지, 여행기간 등을 참작하여 판정한다. 다만, 다음의 1에 해당하는 여행은 원칙적으로 법인의 업무수행상 필요한 해외여행으로 보지 아니한다.

① 관광여행의 허가를 얻어 행하는 여행
② 여행알선업자 등이 행하는 단체여행에 응모하여 행하는 여행
③ 동업자단체, 기타 이에 준하는 단체가 주최하여 행하는 단체여행으로서 주로 관광목적이라고 인정되는 것
 다만, 단서에 해당하는 경우에도 그 해외여행기간 중에 있어서의 여행지, 수행한 일의 내용 등으로 보아 법인의 업무와 직접 관련이 있는 것이 있다고 인정될 때에는 법인이 지급하는 그 해외여행에 소요되는 여비 가운데 법인의 업무에 직접 관련이 있는 부분에 직접 소요된 비용(왕복 교통비는 제외한다)은 여비로서 손금에 산입한다(법기통19-19-23).

제7절 지출증명 수취·보관의무

1. 지출증명 수취·보관의무

법인이 사업자로부터 재화 또는 용역을 공급받고 그 대가를 지급하는 경우에는 그 지출증빙서류로 세금계산서, 계산서 등 법정지출증빙서류를 수취하여 보관하여야 한다. 이는 납세자의 거래의 투명성을 확보하고 거래상대방의 과세표준 양성화할 목적으로 도입되었다. 이러한 법소정의 지출증빙을 수취하지 아니한 경우에는 수취하지 아니한 금액을 2%를 가산세로 납부하여야 하며 접대비의 경우에는 손금으로 인정받을 수 없게 된다.

사업자는 사업과 관련된 모든 거래에 관한 증빙서류를 작성 또는 수취하여 법인세 신고기한이 경과한 날부터 5년간 이를 보관하여야 한다.

(1) 정규지출증명의 종류

사업자가 사업과 관련하여 사업자로부터 재화와 용역을 공급받고 그 대가를 지출하는 경우에 다음에 해당하는 정규증빙을 수취하여야 한다.

① 「여신전문금융업법」에 따른 신용카드(여신전문금융업법에 의한 직불카드, 외국에서 발행된 신용카드, 조세특례제한법 제 126조의 2 제 1항에 따른 기명식 선불카드, 직불전자지급수단, 기명식선불전자지급수단, 또는 기명식 전자화폐 포함) 매출전표
② 현금영수증
③ 「부가가치세법」 제32조에 따른 세금계산서
④ 「법인세법」 제121조 및 「소득세법」 제163조에 따른 계산서
⑤ 「부가가치세법」 제134조의2 제1항에 따른 매입자발행세금계산서
⑥ 비사업자로부터 용역을 제공받는 경우 원천징수영수증을 발행하여 지출하는 경비

(2) 정규지출증명수취 대상거래

사업자가 사업과 관련하여 사업자로부터 재화 또는 용역을 공급받고 그 대가를 지출하는 다음의 요건에 해당하는 경우에는 정규증빙을 수취하여야 한다.

① 공급자가 사업자일 것, 사업자란 사업상 독립적으로 계속적·반복적으로 재화나 용역을 공급하는 자로 일반과세자, 간이과세자, 면세사업자 모두 포함한다. 또한 미등록사업자도 해당된다.
② 재화나 용역을 공급받을 것
따라서 재화나 용역의 공급대가가 아닌 판매장려금, 피해보상금, 연체이자 등은 정규증빙 수취대상이 아니다.
③ 거래건당 부가가치세를 포함하여 3만원(접대비 3만원)을 초과할 것
④ 「법인세법 시행규칙」 제79조의 지출증빙서류의 수취특례에 해당하지 아니할 것

(3) 정규지출증명서류의 수취 특례

다음에 해당하는 거래의 경우에는 정규지출증빙을 수취하지 아니하는 경우에도 불이익을 받지 아니 한다.

① 「부가가치세법」 제10조의 규정에 의하여 재화의 공급으로 보지 아니하는 사업의 양도에 의하여 재화를 공급받은 경우
② 「부가가치세법」 제26조 제1항 제8호의 규정에 의한 방송용역을 제공받은 경우
③ 「전기통신사업법」에 의한 전기통신사업자로부터 전기통신용역을 공급받은 경우. 다만, 「전자상거래 등에서의 소비자보호에 관한 법률」에 따른 통신판매업자가 「전기통신사업법」에 따른 부가통신사업자로부터 동법 제4조 제4항에 따른 부가통신역무를 제공받는 경우를 제외한다.
④ 국외에서 재화 또는 용역을 공급받은 경우(세관장이 세금계산서 또는 계산서를 교부한 경우를 제외한다)
무역업을 영위하는 법인이 국내거래처와 재화의 납품계약을 체결하고 동 국내거래처의 국외소재 하청업체로부터 국외에서 재화를 공급받아 직접 제3국으로 수출하는 경우에는 법인세법 시행규칙 제79조 제4호에 규정한 "국외에서 재화 또는 용역을 공급받는 경우"에 해당되는 것이다(법인46012-2277, 2000.11.21).
⑤ 공매·경매 또는 수용에 의하여 재화를 공급받은 경우
⑥ 토지 또는 주택을 구입하거나 주택의 임대업을 영위하는 자(법인을 제외한다)로부터 주택임대용역을 공급받은 경우
⑦ 택시운송용역을 제공받은 경우
⑧ 건물(토지를 함께 공급받은 경우에는 당해 토지를 포함하며, 주택을 제외한다)을 구입하는 경우로서 거래내용이 확인되는 매매계약서 사본을 법 제60조의 규정에

의한 법인세과세표준신고서에 첨부하여 납세지관할 세무서장에게 제출하는 경우
⑨ 「소득세법 시행령」 제208조의 2 제1항 제3호의 규정에 의한 금융·보험용역을 제공받은 경우
⑩ 국세청장이 정하여 고시한 전산발매통합시스템에 가입한 사업자로부터 입장권·승차권·승선권 등을 구입하여 용역을 제공받은 경우
⑪ 항공기의 항행용역을 제공받은 경우
⑫ 부동산임대용역을 제공받은 경우로서 「부가가치세법 시행령」 제65조 제1항의 규정을 적용받는 전세금 또는 임대보증금에 대한 부가가치세액을 임차인이 부담하는 경우
⑬ 재화공급계약·용역제공계약 등에 의하여 확정된 대가의 지급지연으로 인하여 연체이자를 지급하는 경우
⑭ 「한국철도공사법」에 의한 한국철도공사로부터 철도의 여객운송용역을 공급받는 경우
⑮ 다음 각 목의 어느 하나에 해당하는 경우로서 공급받은 재화 또는 용역의 거래금액을 「금융실명거래 및 비밀보장에 관한 법률」에 의한 금융기관을 통하여 지급한 경우로서 법 제60조의 규정에 의한 법인세과세표준신고서에 송금사실을 기재한 경비 등의 송금명세서를 첨부하여 납세지 관할세무서장에게 제출하는 경우
　㉠ 「부가가치세법」 제61조의 규정을 적용받는 사업자로부터 부동산임대용역을 제공받은 경우
　㉡ 임가공용역을 제공받은 경우(법인과의 거래를 제외한다.)
　㉢ 운수업을 영위하는 자(「부가가치세법」 제61조의 규정을 적용받는 사업자에 한한다)가 제공하는 운송용역을 공급받은 경우(제7호의 규정을 적용받는 경우를 제외한다)
　㉣ 「부가가치세법」 제61조의 규정을 적용받는 사업자로부터 「조세특례제한법 시행령」 제110조 제4항 각호의 규정에 의한 재활용폐자원 등이나 「자원의 절약과 재활용촉진에 관한 법률」 제2조 제2호의 규정에 의한 재활용가능자원(동법 시행규칙 별표 1 제1호 내지 제9호에 열거된 것에 한한다)을 공급받은 경우
　㉤ 「항공법」에 의한 상업서류 송달용역을 제공받는 경우
　㉥ 「공인중개사의 업무 및 부동산 거래신고에 관한 법률」에 따른 중개업자에게 수수료를 지급하는 경우
　㉦ 「복권 및 복권기금법」에 의한 복권사업자가 복권을 판매하는 자에게 수수료를

지급하는 경우
- ◎ 「전자상거래 등에서의 소비자보호에 관한 법률」 제2조 제2호 본문에 따른 통신판매에 따라 재화 또는 용역을 공급받은 경우
- ㉣ 기타 국세청장이 정하여 고시하는 경우

⑯ 「유료도로법」에 따른 유료도로를 이용하고 통행료를 지급하는 경우

2. 국외거래관련 지출증명수취의무

국외에서 재화 또는 용역을 공급받은 경우(세관장이 세금계산서 또는 계산서를 교부한 경우를 제외한다)에는 정규지출증빙수취의무가 없다. 왜냐 하면 국외에서는 정규증빙수취가 불가능하기 때문이다. 따라서 국외거래에 대하여는 현지의 영수증(특별한 형식의 제한은 없음)을 수취하여야 한다. 다만, 해외기업업무추진비의 경우에는 거래건당 3만원을 초과하는 경우 정규증빙을 수취하여야 한다.

(1) 출장경비

① 법인이 사규에 따라 업무와 관련하여 출장하는 사용인에게 지급한 경비 중 사업자로부터 거래건당 3만원 초과의 재화 또는 용역을 공급받고 그 대가를 지급한 금액에 대하여 「법인세법」 제116조 제2항 각호의 1에 규정하는 지출증빙을 수취하지 아니한 경우에는 같은 법 제76조 제5항의 규정에 따라 증빙불비가산세가 적용되는 것이나, 사업자가 아닌 자로부터 재화 또는 용역을 공급받거나 국세청장이 정하여 고시한 전산발매통합관리시스템에 가입한 사업자로부터 승차권을 구입하는 경우에는 그러하지 아니하는 것이다(법인46012-1366, 2000.06.15).

② 법인이 업무와 관련하여 출장하는 사용인에게 지급한 교통비·숙박비·식대 등이 당해 법인의 지급규정 및 객관적인 증빙에 의하여 법인에게 귀속시키는 것이 정당함이 입증되는 경우에는 이를 소득금액계산상 손금에 산입하는 것이나 이 경우 당해 사용인이 지출한 경비 중 사업자로부터 거래건당 3만원 초과의 재화 또는 용역을 공급받고 그 대가를 지급한 금액에 대하여 신용카드매출전표·세금계산서·계산서 중 하나를 지출증빙서류로 수취하지 아니한 경우에는 「법인세법」 제76조 제5항의 규정에 따라 증빙불비가산세가 적용되는 것이다(제도46013-10044, 2001.03.13).

③ 법인이 해외출장비로 지급한 금액에 대하여는 회사업무와 관련이 있는지를 판단하여 사용처별로 증빙을 첨부하여야만 손금용인이 가능하며 증빙서류의 첨부가 불가능한 경우에는 사회통념상 합리적인 기준에 의거 회사의 규모, 출장목적, 업무수행 여부 및 정도에 따라 사실판단 할 사항이다(법인46012-372, 1993.02.15).

④ 법인이 임직원에게 지급하는 해외출장비, 여비는 당해 법인의 업무수행상 통상 필요하다고 인정되는 부분의 금액에 한하여 사용처별로 거래증빙과 객관적인 자료를 첨부하여야만 손금산입 가능하며, 증빙서류의 첨부가 불가능한 경우는 사회통념상 부득이하다고 인정되는 범위 내의 금액과 내부통제기능을 감안하여 인정할 수 있는 범위 내의 지급은 손비로 인정되는 것이나, 이에 해당되는지의 여부는 합리적인 기준에 의거 회사의 규모, 출장목적, 업무수행여부 및 정도에 따라 사실판단 할 사항이다(법인46012-3088, 1996.11.06).

(2) 해외지출경비

법인이 국내사업장이 없는 외국법인이나 비거주자로부터 재화나 용역을 공급받거나 국외에서 재화 또는 용역을 공급받은 경우(세관장이 세금계산서 또는 계산서를 교부한 경우를 제외한다)에는 법인세법 제116조에 규정한 지출증빙서류의 수취 및 보관대상에서 제외되는 것이다(서이-2156, 2005.12.22). 따라서 국내사업장이 없는 외국법인과의 거래 시에는 정규증빙을 수취하지 않아도 별도의 가산세 부담이 없다. 그러나 국내사업장이 있는 외국법인과 거래할 경우에는 반드시 정규증빙을 수취하여야 하며 정규증빙 미수취시 가산세 또는 손금불산입의 제재를 받게 된다.

- 국내에 사업장 없는 외국법인으로부터 재화 또는 용역을 공급받고 그 대가를 외국법인에게 지급하는 내국법인이 그 외국법인으로부터 대가를 지급받는 국내하청업체로부터 편의상 재화 또는 용역의 일부를 국내에서 공급받는 경우에는 「법인세법」 제116조에 규정한 지출증빙서류의 수취 및 보관의무가 없는 것이다((서이-839, 2006.05.12).

(3) 운송용역

① 항공기의 항행용역을 제공받은 경우에는 지출증빙수취의 특례를 적용한다. 부가가치세법상 항공기의 외국항행용역은 국내사업장 유무에 관계없이 세금계산서 교부의무가 면제되므로 정규지출증빙 수취특례가 적용된다.

② 사업자가 국제복합운송계약에 의하여 화주로부터 화물을 인수하여 자기명의로 선

하증권·항공화물운송장 등을 발급하고 타인의 운송수단을 이용하여 자기책임 하에 국제간에 화물을 수송해 주는 운송주선사업자로부터 운송용역을 제공받는 경우에는 「소득세법」 제160조의 2 제2항의 규정에 의하여 세금계산서 등을 증빙서류로 수취하여야 하는 것이며, 이 때, 복식부기의무자인 당해 사업자가 세금계산서 외의 증빙을 수취한 경우에는 같은법 제81조 제8항에 의하여 그 수취분에 해당하는 금액에 가산세에 상당하는 금액을 결정세액에 가산하는 것이다(소득46011-484, 1999.12.13).

③ 운송주선업을 영위하는 사업자 갑이 항공기에 의한 외국항행용역을 제공하는 사업자 을과 항공화물의 판매대리 계약을 체결한 후 을사업자를 대신하여 화주와 화물의 국제운송계약을 체결하고 을사업자의 명의로 항공화물운송장을 발급한 후 화주로부터 운임을 받아 을사업자에게 송금하는 경우에 항공기에 의한 외국항행용역은 「부가가치세법시행령」 제57조 제3호의 규정에 의하여 세금계산서 교부의무가 면제되는 것으로 당해 운임에 대하여는 갑사업자가 세금계산서를 교부할 수 없는 것이다(부가46015-4863, 1999.12.11.).

제8절 업무용승용자동차 손금산입특례

1. 의의 및 도입취지

이 제도는 업무용승용차의 사적사용을 제한하기 위해 각사업연도 소득금액 계산 시 업무용승용차의 취득·유지·관리를 위하여 지출한 비용 중 업무용 사용금액에 한정하여 손금에 산입하도록 한 것이다.

2. 업무용승용차의 범위

(1) 적용대상 자동차

개별소비세가 과세되는 다음의 자동차를 말한다.
① 배기량이 2천cc를 초과하는 승용자동차와 캠핑용자동차 : 100분의 5
② 배기량이 2천cc 이하인 승용자동차(배기량이 1천cc 이하인 경차 제외)와 이륜자동차 : 100분의 5

(2) 적용제외 자동차

다음의 업종에서 사업상 수익을 얻기 위하여 직접 사용하는 승용차는 제외한다. 즉 부가가치세 매입세액공제가 되는 경차,화물차 등은 적용대상이 아니다.
① 운수업, 자동차판매업, 자동차임대업(렌트회사), 운전학원업, 무인경비업(출동차량에 한함) 등에 해당하는 업종
② 여신전문금융업법에 따른 시설대여업(리스회사)
③ 위와 유사한 승용자동차로서 기획재정부령으로 정하는 승용자동차
④ 한국표준산업분류표 중 장례식장 및 장의관련 서비스업을 영위하는 법인이 소유하거나 임차한 운구용 승용차
⑤ 「자동차관리법」 제27조 제1항 단서에 따라 국토교통부장관의 임시운행허가를 받은 자율주행자동차

(3) 임직원 개인명의 승용자동차

1) 법인소유 차량이 개인명의로 있는 경우

   실질과세원칙에 따라 법인소유로 보아 감가상각 및 유지비용이 동일하게 적용되나 다만, 임직원 전용자동차보험 가입을 할 수 없어 손금인정을 받을 수 없다.

2) 개인소유차량을 회사업무에 사용하는 경우

   업무용승용차 관련비용의 손금불산입 등 특례규정은 법인명의로 취득하거나 임차한 업무용승용차에 대하여 적용되므로 직원명의의 차량을 업무용으로 이용하는 경우에는 적용하지 아니한다(법인-손금2, 2016.06.29).

3. 업무용 승용자동차 관련비용의 범위

업무용 승용자동차 관련비용이란 업무용승용차에 대한 감가상각비, 임차료, 유류비, 보험료, 수선비, 자동차세, 통행료 및 금융리스부채에 대한 이자비용 등 업무용승용차의 취득·유지를 위하여 지출한 비용을 말한다. 다만, 운전기사 인건비, 용역기사 수수료, 대리운전비, 교통범칙금, 손해배상금은 제외한다.

[표 4-7] 업무용승용차 관련비용 명세서 중 일부

(9)감가상각비	(10)임차료		(12)유류비	(13)보험료	(14)수선비	(15)자동차세	(16)기타	(17)합계
	(11)감가상각비상당액							

4. 업무용 승용자동차 관련비용 세무조정

(1) 업무전용자동차보험 가입

업무전용자동차보험은 해당 사업연도 전체 기간(임차한 승용차의 경우 해당 사업연도 중에 임차한 기간을 말한다) 동안 해당 법인의 임원 또는 사용인이 직접 운전한 경우 또는 계약에 따라 타인이 해당 법인의 업무를 위하여 운전하는 경우만 보상을 하는 자동차보험을 말한다. 다만, 2016년 4월 1일 이후 기존에 가입했던 자동차 보험의 만기가 도래하여 제50조의2 제4항 제1호에 따른 업무전용자동차보험에 가입한 경우 또는 2016년 4월 1일 이전에 가입했던 자동차 보험의 만기가 도래하기 전에 업무용승용차를 처분하거나 임차계약이 종료된 경우에는 2016년 1월 1일부터 가입한 것으로 본다. 해당 사업연도 전체기간(임차한 승용차의 경우 해당 사업연도 중에 임차한 기간) 중 일부기간만 업무전용자동차보험에 가입한 경우 법 제27조의2 제2항에 따른 업무사용금액은 다음의 산식에 따라 산정한 금액으로 한다(법령50의2⑨).

$$\text{업무용승용차관련비용} \times \text{업무사용비율} \times \frac{\text{해당 사업연도에 실제로 업무전용자동차보험에 가입한 일 수}}{\text{해당 사업연도에 업무전용자동차보험에 의무적으로 가입하여야 할 일 수}}$$

판례

전용보험 미가입 소득처분(서울행정법원 2020.08.18. 선고 2019구합89067 판결)

① 이 사건 운행일지에는 2016, 2017 사업연도를 기준으로 하는 이 사건 차량의 사용자, 사용목적, 사용일자, 출발지, 도착지, 주행거리, 업무용 주행거리 등이 수기로 상세하게 기재되어 있는데, 이에 의하면 이 사건 차량은 원고의 직원이 대표자를 위하여 업무용으로 운행한 차량으로 보이는 점, ② 이 사건 운행일지는 이 사건 차량의 하이패스 출입기록과 상당 부분 일치하고 있고, 그 구체성, 작성 시기 및 작성 방식 등에 비추어 신뢰할 수 있는 점, ③ 원고는 당초 이 사건 차량에 대하여 임직원 한정 운전 특약을 조건으로 자동차보험에 가입하고자 하였으나 이 사건 보험회사 측의 과실로 특약 조건이 누락되었던 점 등을 종합하면 이 사건 차량은 원고의 업무와 관련한 용도로 운행되었다고 봄이 상당하다. 그렇다면 이 사건 차량과 관련하여 지출된 이 사건 비용은 비록 구 법인세법 제27조의2의 요건을 구비하지 못하여 손금으로 인정될 수는 없지만, 실질적으로는 원고를 위하여 사용되었다 할 것이므로, 이를 사외에 유출된 것이라고 볼 수 없다.

(2) 업무사용금액

업무사용금액이란 업무용승용차 관련비용에 업무사용비율을 곱한 금액을 말한다.

$$\text{업무사용금액} = \text{업무용승용차 관련비용} \times \text{업무사용비율}\left(\frac{\text{업무용사용거리}}{\text{총주행거리}}\right)$$

(3) 업무사용비율

구 분		업무사용비율
운행기록 등을 작성·비치한 경우		$\dfrac{\text{업무용사용거리}}{\text{총주행거리}}$
운행기록 등을 작성·비치 하지 않는 경우	업무용승용차관련비용이 1,500만원[43] 이하인 경우	100%
	업무용승용차관련비용이 1,500만원을 초과하는 경우	$\dfrac{1{,}500\text{만원}}{\text{업무용승용차관련비용}}$ * 사업연도가 1년 미만인 경우 : $1\text{천만원} \times \dfrac{\text{해당사업연도월수}}{12}$

업무용 사용거리란 제조·판매시설 등 해당 법인의 사업장 방문, 거래처·대리점 방문, 회의 참석, 판촉 활동, 출·퇴근 등 직무와 관련된 업무수행을 위하여 주행한 거리를 말한다.

(4) 운행기록 등 제출의무

업무용승용차 관련비용 등을 손금에 산입한 법인은 대통령령으로 정하는 바에 따라 업무용승용차 관련비용 등에 관한 명세서를 납세지 관할 세무서장에게 제출하여야 한다.

---

43) 해당 사업연도가 1년 미만인 경우에는 1,500만원에 해당 사업연도의 월수를 곱하고 이를 12로 나누어 산출한 금액을 말하고 사업연도 중 일부 기간 동안 보유하거나 임차한 경우에는 1천만원에 해당 보유기간 또는 임차기간 월수를 곱하고 이를 사업연도 월수로 나누어 산출한 금액을 말한다(법령50의2⑦).

• 관련법조문 •

■ 법인세법 제74조의2【업무용승용차 관련비용 명세서 제출 불성실 가산세】

① 제27조의2 제1항부터 제5항까지의 규정에 따라 업무용승용차 관련비용 등을 손금에 산입한 내국법인이 같은 조 제6항에 따른 업무용승용차 관련비용 등에 관한 명세서(이하 이 항에서 "명세서"라 한다)를 제출하지 아니하거나 사실과 다르게 제출한 경우에는 다음 각 호의 구분에 따른 금액을 가산세로 해당 사업연도의 법인세액에 더하여 납부하여야 한다.
1. 명세서를 제출하지 아니한 경우: 해당 내국법인이 제60조에 따른 신고를 할 때 업무용승용차 관련비용 등으로 손금에 산입한 금액의 100분의 1
2. 명세서를 사실과 다르게 제출한 경우: 해당 내국법인이 제60조에 따른 신고를 할 때 업무용승용차 관련비용 등으로 손금에 산입한 금액 중 해당 명세서에 사실과 다르게 적은 금액의 100분의 1

② 제1항에 따른 가산세는 산출세액이 없는 경우에도 적용한다.
[본조신설 2021.12.21]

(5) 업무용 사용분 감가상각비 중 800만원 초과분 손금불산입

1) 업무용 사용분 감가상각비 중 800만원 초과분

업무사용금액 중 다음의 구분에 해당하는 비용이 각각 800만원을 초과하는 경우 그 초과하는 금액은 해당 사업연도에 손금에 산입하지 않는다.

다만 해당 사업연도가 1년 미만인 경우 800만원에 해당 사업연도의 월수를 곱하고 이를 12로 나누어 산출한 금액을 말하고, 사업연도 중 일부 기간 동안 보유하고나 임차한 경우에는 800만원에 해당 보유기간 또는 임차기간 월수를 곱하고 이를 사업연도 월수로 나누어 산출한 금액을 말한다.

① (업무용승용차별 감가상각비 × 업무사용비율) – 800만원 : 유보
② (업무용승용차별 임차료 중 감가상각비 × 업무사용비율) – 800만원 : 기타사외유출

업무용승용차의 임차료 중 감가상각비상당액은 보험료와 자동차세 등을 제외한 금액으로서 다음의 금액을 말한다.

① 「여신전문금융업법」 제3조 제2항에 따라 등록한 시설대여업자로부터 임차한 승용차(리스차량) : 임차료에서 해당 임차료에 포함되어 있는 보험료, 자동차세 및 수선유지비를 차감한 금액. 다만, 수선유지비를 별도로 구분하기 어려운 경우에는 임차료(보험료와 자동차세를 차감한 금액을 말한다)의 100분의 7을 수선유지비로

할 수 있다.

② 제1호에 따른 시설대여업자 외의 자동차대여사업자로부터 임차한 승용차(렌트차량) : 임차료의 100분의 70에 해당하는 금액

(6) 감가상각비 이월액 손금추인

1) 업무용승용차별 감가상각비 이월액

해당 사업연도의 다음 사업연도부터 해당 업무용승용차의 업무사용금액 중 감가상각비가 800만원에 미달하는 경우 그 미달하는 금액을 한도로 하여 손금으로 추인하고 △유보로 소득처분한다.

2) 업무용승용차별 임차료 중 감가상각비 상당액 이월액

해당 사업연도의 다음 사업연도부터 해당 업무용승용차의 업무사용금액 중 감가상각비 상당액이 800만원에 미달하는 경우 그 미달하는 금액을 한도로 손금에 산입한다.

(7) 업무용승용차 처분손실

1) 업무용승용차 처분손실 중 800만원 초과분

업무용승용차를 처분하여 발생하는 손실로서 업무용승용차별로 800만원을 초과하는 금액은 해당 사업연도에 손금에 산입하지 않으며 기타사외유출로 소득처분 한다. 다만 해당 사업연도가 1년 미만인 경우 800만원에 해당 사업연도의 월수를 곱하고 이를 12로 나누어 산출한 금액을 말한다.

2) 업무용승용차 처분손실의 이월액 손금추인

업무용승용차 처분손실 중 800만원 초과분은 해당 사업연도의 다음 사업연도부터 800만원을 균등하게 손금에 산입하고 기타로 소득처분하되, 남은 금액이 800만원 미만인 사업연도에는 남은 금액을 모두 손금에 산입한다.

(8) 부동산임대업 주업 법인의 업무용승용차 관련비용 한도

법인세법 시행령 제39조 제3항의 요건을 모두 갖춘 부동산임대업을 주업으로 하는 내국법인이 업무용승용차 관련비용의 손금불산입 특례규정을 적용할 때 "1,500만원"은 각각 "500만원"으로 "800만원"은 각각 "400만원"으로 적용한다(법령50의2⑮).

사례 업무용승용차 손금산입특례(1)

(주)T&C건설은 개별소비세 과세대상 승용자동차를 대표이사가 업무용으로 사용하기 위하여 2025.1.1. 1억원(부가가치세 포함)에 취득하였다. 해당법인은 2025년 사업연도(2025.01.01. ~ 2025.12.31.) 결산을 하면서 감가상각비 10,000,000원과 유류비, 보험료 등 유지비용 10,000,000원을 지출하고 손금산입 하였다. 해당법인은 업무전용 자동차보험에 가입되어 있으며 운행기록을 작성하여 비치하고 업무사용비율은 50%이다.

풀이

1) 업무용승용차 감가상각비 시부인

구 분	금 액
회사계상 감가상각비	10,000,000 원
세법상 감가상각비	20,000,000 원
한도미달액	(10,000,000원)

* 세무조정 : 〈손금산입〉 감가상각비 10,000,000원(△유보)

2) 업무용 승용차 관련비용 중 업무 미사용 금액 조정

구 분	금 액
세법상 감가상각비	20,000,000 원
차량유지비 등	10,000,000 원
업무용승용차 관련비용	30,000,000 원

* 세무조정 : 〈손금불산입〉 업무외 사용금액 15,000,000원 (상여)
  업무용승용차 관련비용 3천만원 중 업무미사용비율 50%에 상당하는 금액을 손금불산입하고 귀속자에 대하여 상여처분한다. 귀속자는 근로제공일이 속하는 사업연도의 근로소득에 포함되어 원천징수하여야 한다.

3) 업무사용금액 중 감가상각비 한도초과액의 조정

구 분	금 액
손금산입된 회사감가상각비	10,000,000 원
법인세법상 한도액	8,000,000 원
한도초과액	2,000,000 원

* 세무조정 : 〈손금불산입〉 감가상각비 한도초과액 2,000,000원 (유보)

제8절 / 업무용승용자동차 손금산입특례

사례 **업무용승용차 손금산입특례(2)**

(주)T&C무역은 개별소비세 과세대상 승용자동차를 대표이사가 업무용으로 사용하기 위하여 2025.1.1. 시설대여업자와 리스계약을 체결하였다. 연간리스료는 20,000,000원이며 리스료 중 보험료, 자동차세 및 수선유지비 5,000,000원 포함되어 있다. 해당법인은 2025년 사업연도(2025.1.1. ~ 2025.12.31.) 결산을 하면서 유류비 등 유지비용 5,000,000원을 지출하고 손금산입 하였다. 해당법인은 업무전용 자동차보험에 가입되어 있으며 운행기록을 작성하여 비치하고 업무사용비율은 90%이다.

풀이

1) 업무용승용차 감가상각비 시부인.

  해당 없음

2) 업무용 승용차 관련비용 중 업무 미사용 금액 조정

구 분	금 액
세법상 감가상각비 상당액	15,000,000 원
차량유지비 등	10,000,000 원
업무용승용차 관련비용	25,000,000원

* 세무조정 : 〈손금불산입〉 업무외 사용금액 2,500,000원 (상여)
 - 업무용승용차 관련비용 25백만원 중 업무미사용비율 10%에 상당하는 금액을 손금불산입하고 귀속자에 대하여 상여처분한다. 귀속자는 근로제공일이 속하는 사업연도의 근로소득에 포함되어 원천징수하여야 한다.
 - 리스료 중 보험료·자동차세·수선유지비를 차감한 잔액을 감가상각비 상당액으로 한다. 수선유지비를 구분하기 어려운 경우에는 리스료(보험료와 자동차세 제외금액)의 7%로 계산한다.

> 리스차량의 감가상각비 = MAX(a, b)
> a. 임차료 − 보험료, 자동차세, 수선유지비
> b. (임차료 − 보험료, 자동차세) × (1−7%)

3) 감가상각비 한도초과액의 조정

구 분	금 액
손금산입된 회사감가상각비 상당액	13,500,000 원
법인세법상 한도액	8,000,000 원
감가상각비 상당액 한도초과액	5,500,000 원

* 세무조정 : 〈손금불산입〉 감가상각비 한도초과액 5,500,000원 (기타사외유출)

■ 법인세법 시행규칙 [별지 제29호서식] (개정 2020. 3. 13.)

(3쪽 중 제1쪽)

사 업 연 도	. . . ~ . . .	업무용승용차 관련비용 명세서	법 인 명	
			사업자등록번호	

1. 업무사용비율 및 업무용승용차 관련비용 명세 (부동산임대업 주업법인 [ ]여, [ ]부)

① 차량번호	② 차종	③ 임차여부	④ 보험가입여부	⑤ 운행기록작성여부	⑥ 총주행거리(km)	⑦ 업무사용거리(km)	⑧ 업무사용비율 (⑦/⑥)	⑨ 취득기약(취득일, 임차기간)	⑩ 보유또는 임차기간 월수	⑪ 업무용승용차 관련비용								
										⑫ 감가상각비	⑬ 임차료			⑮ 유류비	⑯ 보험료	⑰ 수선비	⑱ 자동차세	⑲ 기타	⑳ 합계
											⑭ 감가상각비상당액								
								~											
								~											
								~											
								~											
㉑ 합계																			

2. 업무용승용차 관련비용 손금불산입 계산

㉒ 차량번호	업무사용금액			업무외사용금액			㉚ 감가상각비(상당액)한도초과금액	㉛ 손금불산입합계(㉙+㉚)	㉜ 손금산입합계(㉗-㉛)
	㉓ 감가상각비(상당액)[(⑫또는⑭)×⑧]	㉔ 관련비용[(⑳-⑫또는⑭)×⑧]	㉕ 합계(㉓+㉔)	㉖ 감가상각비(상당액)(⑫-㉓ 또는 ⑭-㉓)	㉗ 관련비용[(⑳-⑫-㉔) 또는 (⑳-⑭-㉔)]	㉘ 합계(㉖+㉗)			
㉝ 합계									

210mm×297mm[백상지 80g/㎡ 또는 중질지 80g/㎡]

(3쪽 중 제2쪽)

3. 감가상각비(상당액) 한도초과금액 이월명세

㊱차량번호	㊲차종	㊳취득일 (임차기간)	㊴전기이월액	㊵당기 감가상각비(상당액) 한도초과금액	㊶감가상각비(상당액) 한도초과금액 누계	㊷손금추인산입액	㊸차기이월액(㊶-㊷)
㊹합계							

4. 업무용승용차 처분손실 및 한도초과금액 손금불산입액 계산

㊺차량번호	㊻양도가액	㊼취득가액	㊽감가상각비 누계액	㊾세무상 장부가액 감가상각비한도초과금액 차기이월액(㊼-㊽)	㊿합계 (㊺-㊻+㊾)	51 처분손실 (㊺-㊿)(0)	52 당기손금산입액	53 한도초과금액 손금불산입 (51-52)
54 합계								

5. 업무용승용차 처분손실 한도초과금액 이월명세

55 차량번호	56 차종	57 처분일	58 전기이월액	59 손금산입액	60 차기이월액 (58-59)
61 합계					

| 작성방법 |

1. 업무사용비율 및 업무승용차 관련비용 명세
가. "부동산임대업 주업법인" 여부란은 다음요건을 모두 갖춘 경우 "여"에 체크합니다. (「법인세법 시행령」 제42조제2항의 요건에 해당하는 법인)
 i) 지배주주와 그 특수관계자 지분이 50% 초과, ii) 부동산임대업 주업이거나 iii) 부동산임대 수입하거나 이자·배당 소득의 합계가 70%이상, iv) 상시 근로자수가 5인 미만일 것
나. 차량번호란(①): 업무용승용차의 차량번호를 적습니다.
다. 차종란(②): 업무용승용차의 차종을 적습니다.
라. 임차여부(③): 업무용승용차의 임차여부가, 렌트, 리스를 적습니다.
마. 보험가입여부란(④): 「법인세법 시행령」 제50조의2제3항의 재규정에 따른 자동차 보험 기업 여부를 적습니다. (기재형식 : 여 또는 부)
바. 운행기록작성부란(⑤): 「법인세법 시행령」 제50조의2제8항에 따른 운행기록 등의 작성여부를 적습니다. (기재형식 : 여 또는 부)
사. 총주행거리란(⑥): 해당 사업연도의 총 주행거리를 적습니다.
아. 업무용 사용거리란(⑦): 「법인세법 시행규칙」 제27조의2제8항에 따른 거래처·대리점 방문, 회의 참석, 판촉 활동, 출근 및 퇴근 등 직무와 관련된 업무수행에 따라 주행한 거리를 적습니다.
자. 업무사용비율란(⑧): 「법인세법 시행령」 제50조의2제4항 부동산임대업 주업법인에 해당하지 않은 경우에는 같은 법 시행령 제50조의2제4항에 따라 아래 각 호의 비율을 적습니다. 100분의 100
 1. 해당 사업연도의 업무용승용차 관련비용이 1,500만원 「법인세법 시행령」 부동산임대업 주업법인에 해당하는 경우에는 500만원 이하 같음) 이하인 경우: 100분의 100
 2. 해당 사업연도의 업무용승용차 관련비용이 1,500만원을 초과하는 경우: 업무사용금액이 업무용승용차 관련비용에서 차지하는 비율
* 사업연도 중 취득 또는 처분(임차의 경우 임차개시 또는 임차종료)한 경우 1,500만원 × 보유 또는 임차기간 월수/12를 초과하는 금액
차. 보유 또는 임차기간란(⑩) : 사업연도 중 신규 취득(임차의 경우 취득일부터 처분일(임차의 경우 임차개시 또는 임차종료)을 각 항목별로 적습니다.
카. 업무용승용차 관련비용란(⑪): 「법인세법 시행령」 제50조의2제2항에 해당하는 업무용승용차 관련비용을 각 항목별로 적습니다.

2. 업무용승용차 관련비용 손금불산입액 계산
가. 업무사용금액(⑬): 업무용승용차 관련비용에 업무사용비율을 곱한 비율을 적용하여 계산합니다.
나. 업무외사용금액(⑭): 업무용승용차 관련비용에서 업무사용금액을 차감한 금액을 적습니다.
다. 감가상각비(상당액) 한도초과금액(⑮): 업무사용금액 중 감가상각비(상당액)이 800만원(「법인세법 시행령」 제42조제2항에 해당하는 경우에는 400만원)을 초과하는 금액을 적습니다.
* 사업연도 중 취득 또는 처분(임차의 경우 임차개시 또는 임차종료)한 경우 800만원 × 보유 또는 임차기간 월수/12를 초과하는 금액

3. 감가상각비(상당액) 한도초과금액 명세
가. 전기이월액(⑱): 전기에 발생한 차기이월액을 적습니다.
나. 감가상각비(상당액) 한도초과액 누계액(⑲): ⑲의 금액과 ⑳의 금액을 합한 금액을 적습니다.
다. 손금추인(산입)액(⑳): 「법인세법 시행령」 부동산임대업 주업법인이 800만원(「법인세법 시행령」 제42조제2항의 규정을 적용받는 경우에는 400만원) 이월액을 손금에 산입한 금액을 적습니다.

4. 업무용승용차 한도초과금액 손금불산입액 계산
가. 감가상각비 누계액(㉓): 「법인세법」 제23조 및 제42조제2항 「법인세법 시행령」 제42조제2항에 따른 상각범위액까지 손금에 산입한 감가상각비 누계액을 적습니다.
나. 자본손실(㉔): 자본손실이 발생한 경우에만 적습니다.
다. 당기손금산입액(㉕): ㉕의 금액이 800만원(「법인세법 시행령」 제42조제2항에 해당하는 경우에는 400만원)을 초과하는 금액
* 해당 사업연도가 1년 미만인 경우 800만원 × 해당 사업연도 월수/12를 초과하는 금액
라. 자본손실 한도초과금액 손금불산입액(㉖): ㉖의 금액이 잘못 초과하는 금액을 적습니다.

5. 업무용승용차 자본손실 명세 한도초과금액 명세
가. 전기이월액(㉘): 전기에 발생한 차기이월액을 적습니다.
나. 손금산입액(㉙): 「법인세법 시행령」 부동산임대업 주업법인 800만원 「법인세법 시행령」 제42조제2항에 해당하는 경우에는 400만원을 한도로 손금에 산입한 금액을 적습니다.
* 해당 사업연도가 1년 미만인 경우 800만원 × 해당 사업연도 월수/12를 초과하는 금액

제9절 세금계산서 작성·발급·전송 관련 가산세

1. 세금계산서 발급의무자

사업자가 재화 또는 용역을 공급하는 때에는 공급시기에 공급받는 자에게 세금계산서를 발급하여야 한다. 다만, 다음의 업종에 대하여는 세금계산서를 발행할 수 없으며 공급받는 자는 세금계산서나 신용카드매출전표를 수령하더라도 매입세액공제를 받을 수 없다.

> 1. 목욕·이발·미용업 2. 여객운송업(전세버스 제외) 3. 입장권 발행업 4. 부가가치세 과세대상 의료용역 5. 동물진료용역 6. 무도학원, 자동차운전학원 7. 간주임대료

2. 영수증 발급대상자

주거용 건물공급업(주거용 건물을 자영건설하는 경우를 포함한다), 주거용 건물 수리·보수 및 개량업은 영수증 발급대상 사업자이다. 다만, 공급받는 자가 사업자등록증을 제시하고 세금계산서 발급을 요구하는 경우에는 세금계산서를 교부하여야 한다. 주거용 건물 공급업을 영위하는 사업자가 중간지급조건부로 주거용 건물 공급계약을 체결하고 영수증을 발급한 이후, 계약이 해제되어 해당 주택이 공급되지 아니한 경우에는 계약해제일이 속하는 과세기간의 과세표준에서 계약해제된 주택의 공급가액을 차감하여 부가가치세를 신고하는 것이다(서면-473, 2014.05.09).

3. 세금계산서 작성·발급·전송의 의미

① 작성 : 세금계산서는 공급시기에 작성일자로 하여 발행하는 것이 원칙이나 해당월의 말일 또는 특정일자를 지정하여 작성할 수 있다.
② 발급 : 발급이란 공급받는 자에게 교부하는 것을 말하고 전자세금계산서를 이세로 또는 ASP에 입력하는 것을 말한다. 발급은 원칙적으로 작성과 발급을 동시에 하여야 하나 다음달 10일까지 발급할 수 있다.

③ 전송 : 국세청 이세로에 전자세금계산서를 전송하는 것을 말하며, 발급과 동시에 전송하거나 발급일의 다음날까지 전송하여야 한다.

4. 세금계산서 관련 가산세

(1) 세금계산서 미발급·미수취가산세

세금계산서의 발급시기가 지난 후 해당 재화 또는 용역의 공급시기가 속하는 과세기간에 대한 확정신고 기한까지 세금계산서를 발급하지 아니한 경우 그 공급가액의 2%. 다만, 전자세금계산서를 발급하여야 할 의무가 있는 자가 전자세금계산서를 발급하지 아니하고 세금계산서의 발급시기에 전자세금계산서 외의 세금계산서를 발급한 경우에는 그 공급가액의 1%로 한다.

구 분	발급기한	공급자 미발급가산세(2%)	공급 받는 자 매입세액불공제
1기	다음달 10일	미발급 또는 7.26. 이후발급	미수취 또는 7.26. 이후 수취
2기	다음달 10일	미발급 또는 1.26. 이후발급	미수취 또는 1.26. 이후 수취

(2) 위장·가공세금계산서 관련 가산세

① 재화 또는 용역을 공급하지 아니하고 발급하는 세금계산서를 가공세금계산서라 한다. 가공세금계산서를 발급한 공급자와 가공세금계산서를 수취한 공급받는 자 모두에게 공급가액의 3%의 가산세를 부과한다.
② 재화 또는 용역을 공급하고 실제로 재화 또는 용역을 공급하는 자가 아닌 자 또는 실제로 재화 또는 용역을 공급받는 자가 아닌 자의 명의로 발급하는 세금계산서를 위장세금계산서라고 한다. 위장세금계산서를 발급하는 공급자와 수취하는 공급받는 자에게 각각 공급가액의 2%의 가산세를 부과한다.

• 관련법조문 •

■ **위장·가공계산서 관련 가산세(법인세법 제75조의 8)**
4. 다음 각 목의 어느 하나에 해당하는 경우: <u>공급가액의 100분의 2</u>. 다만, 가목의 경우 제121조 제1항 후단에 따른 전자계산서를 발급하지 아니하였으나 전자계산서 외의 계산서를 발급한 경우는 100분의 1로 한다.
   가. 재화 또는 용역을 공급한 자가 제121조 제1항 또는 제2항에 따른 계산서 등을 같은 조 제8항에 따른 발급시기에 발급하지 아니한 경우
   나. 재화 또는 용역을 공급하지 아니하고 계산서 등을 발급한 경우
   다. 재화 또는 용역을 공급받지 아니하고 계산서 등을 발급받은 경우
   라. 재화 또는 용역을 공급하고 실제로 재화 또는 용역을 공급하는 법인이 아닌 법인의 명의로 계산서 등을 발급한 경우
   마. 재화 또는 용역을 공급받고 실제로 재화 또는 용역을 공급하는 자가 아닌 자의 명의로 계산서 등을 발급받은 경우

① 전부자료상인 경우

사업자가 아닌 자가 재화 또는 용역을 공급하지 아니하고 세금계산서를 발급하거나 재화 또는 용역을 공급받지 아니하고 세금계산서를 발급받으면 사업자로 보고 그 세금계산서에 적힌 공급가액의 3%를 그 세금계산서를 발급하거나 발급받은 자에게 사업자등록증을 발급한 세무서장이 가산세로 징수한다. 이 경우 기납부세액은 0으로 본다(부법60④). 재화나 용역의 공급 없이 세금계산서를 가공으로 발급하여 전부자료상으로 확정된 자가 이미 납부한 부가가치세는 환급하지 않는다(법규과-1234, 2010.7.28).

판례

전부자료상의 경우 기납부 부가가치세의 환급(조심2013중978, 2013.05.02.)

세무조사를 통해 쟁점매출처들이 청구인으로부터 재화 또는 용역을 공급받지 않고 세금계산서만을 수취한 사실을 확인하였고, 이에 처분청은 청구인이 실물의 공급 없이 쟁점매출처들에게 세금계산서만을 발급한 전부자료상에 해당한다 하여 국세청 예규(서면3팀-1458, 2006.7.14., 부가46015-1825, 2000.7.26. 등)에 따라 청구인이 신고·납부한 부가가치세를 환급할 수 없다는 의견인바, 이는 납세의무자가 국세 등으로서 납부한 금액 중 잘못납부하거나 초과납부한 금액 또는 환급세액을 국세환급금으로 결정하여 환급하도록 규정하고 있는 「국세기본법」 제51조(국세환급금의 충당과 환급)를 잘못 해석한 것이라 하겠으므로(조심 2011서2680, 2011.12.26., 조심 2011서1151, 2011.5.24. 외 다수 같은 뜻임), 처분청이 청구인의 경정청구를 거부한 처분은 잘못이 있는 것으로 판단된다.

② 부분자료상인 경우

사업자가 거래 중 일부가공거래가 있는 가공매출분에 대해서는 세금계산서불성실가산세(2%)를 적용하고 가공매입분에 대해서는 매입세액불공제 및 세금계산서불성실가산세(2%), 부당신고불성실가산세, 납부지연가산세를 적용한다.

(3) 세금계산서 지연발급·지연수취가산세

세금계산서의 발급시기가 지난 후 해당 재화 또는 용역의 공급시기가 속하는 과세기간에 대한 확정신고 기한까지 세금계산서를 발급하는 경우 그 공급가액의 1%의 가산세를 부과한다(부법60②1). 다만, 지연수취가산세는 공급받는 자가 매입세액을 공제받은 경우에 한하여 적용한다. 따라서 영세율매입세금계산서 지연수취가산세는 적용하지 않는다.

구 분	발급기한	공급자 지연발급가산세(1%)	공급 받는 자 지연수취가산세(0.5%)
1기	다음달 10일	7. 25.까지 발급	7. 25.까지 수취
2기	다음달 10일	다음연도 1. 25.까지 발급	다음연도 1. 25.까지 수취

(4) 세금계산서 부실기재가산세

세금계산서의 필요적 기재사항의 전부 또는 일부가 착오 또는 과실로 적혀 있지 아니하거나 사실과 다른 경우 그 공급가액의 1%(공급가액 과다기재 2%)의 가산세를 부과한다. 다만, 발급한 세금계산서의 필요적 기재사항 중 일부가 착오나 과실로 사실과 다르게 적혔으나 해당 세금계산서에 적힌 나머지 필요적 기재사항 또는 임의적 기재사항으로 보아 거래사실이 확인되는 경우에는 법 제60조 제2항 제5호에 따른 사실과 다른 세금계산서로 보지 아니한다.

(5) 매출처별세금계산서합계표 불성실가산세

① 매출처별세금계산서합계표 미제출가산세
  매출처별 세금계산서합계표를 제출하지 아니한 경우에는 매출처별 세금계산서합계표를 제출하지 아니한 부분에 대한 공급가액의 0.5%의 가산세를 적용한다.

② 매출처별세금계산서합계표 부실기재가산세
  제출한 매출처별 세금계산서합계표의 기재사항 중 거래처별 등록번호 또는 공급가액의 전부 또는 일부가 적혀 있지 아니하거나 사실과 다르게 적혀 있는 경우에는 매출처별 세금계산서합계표의 기재사항이 적혀 있지 아니하거나 사실과 다르게 적혀 있는 부분에 대한 공급가액의 0.5%의 가산세를 적용한다.

③ 매출처별세금계산서합계표 지연제출가산세
  예정신고를 할 때 제출하지 못하여 해당 예정신고기간이 속하는 과세기간에 확정신고를 할 때 매출처별 세금계산서합계표를 제출하는 경우로서 제2호에 해당하지 아니하는 경우에는 그 공급가액의 0.3%의 가산세를 적용한다.

(6) 매입처별 세금계산서합계표 불성실가산세

① 매입처별세금계산서합계표 미제출가산세
  매입처별세금계산서합계표를 제출하지 아니하여 관할세무서장이 경정하여 매입세액을 공제하는 경우 공급가액의 0.5%의 가산세를 적용한다. 다만, 수정신고, 경정청구, 기한후 신고의 경우에는 가산세를 적용하지 아니한다.

② 매입처별세금계산서합계표 부실기재가산세
  제출한 매입처별 세금계산서합계표의 기재사항 중 거래처별 등록번호 또는 공급가액의 전부 또는 일부가 적혀 있지 아니하거나 사실과 다르게 적혀 있는 경우에

는 그 금액의 0.5%의 가산세를 적용한다.

③ 매입처별세금계산서합계표 과다기재 신고가산세

제출한 매입처별 세금계산서합계표의 기재사항 중 공급가액을 사실과 다르게 과다하게 적어 신고한 경우에는 제출한 매입처별 세금계산서합계표의 기재사항 중 사실과 다르게 과다하게 적어 신고한 공급가액의 2%의 가산세를 적용한다.

(7) 전자세금계산서 지연전송가산세

전송기한이 지난 후 재화 또는 용역의 공급시기가 속하는 과세기간 말의 다음 달 11일까지 국세청장에게 전자세금계산서 발급명세를 전송하는 경우 그 공급가액의 0.5%의 가산세를 적용한다.

(8) 미전송가산세

기한이 지난 후 재화 또는 용역의 공급시기가 속하는 과세기간 말의 다음 달 11일까지 국세청장에게 전자세금계산서 발급명세를 전송하지 아니한 경우 그 공급가액의 1%의 가산세를 적용한다.

5. 세금계산서 관련 가산세 요약

구 분	적 용 대 상	가산세액
세금계산서 불성실가산세	① 세금계산서 지연발급(과세기간종료 후 25일까지)	공급가액×1%
	② 세금계산서 미발급(과세기간종료 후 26일 이후)	공급가액×2%
	③ 가공세금계산서 발급 및 수취	공급가액×3%
	④ 위장세금계산서 발급 및 수취	공급가액×2%
	④ 세금계산서 부실기재	공급가액×1%
	⑤ 종이세금계산서 발급	공급가액×1%
	⑥ 다른 사업장 명의로 발급	공급가액×1%
	⑦ 공급가액 과다기재 발급 및 수취	공급가액×2%
전자세금계산서 발급명세 전송불성실가산세	① 전자세금계산서 지연전송가산세	공급가액×0.3%
	② 전자세금계산서 미전송가산세	공급가액×0.5%
매출처별세금계산서 합계표제출 불성실가산세	① 합계표 미제출, 부실기재	공급가액×0.5%
	② 합계표 지연제출	공급가액×0.3%
매입처별세금계산서 합계표제출 불성실가산세	① 지연수취, 과세관청의 경정에 의한 공제	공급가액×1%
	② 공급가액 과다기재	공급가액×2%

6. 계산서 관련 가산세 요약

구 분	적 용 대 상	가산세액
계산서 불성실가산세	① 계산서 부실기재가산세	공급가액×1%
	② 매출·매입처별계산서 합계표 미제출	공급가액×0.5%
	③ 가공·위장발급 및 수취	공급가액×2%
	④ 계산서 미발급	공급가액×0.2%
	⑤ 종이계산서 발급	공급가액×1%
전자계산서 발급명세 전송불성실가산세	① 지연전송가산세	공급가액×0.3%
	② 미전송가산세	공급가액×0.5%

MEMO

PART 05

수출입업의 세무조사와 대책

세무조사 일반_ 제**1**절

수출입업의 재무제표 분석과 계정항목별 조사_ 제**2**절

수출입업의 세무조사 사례연구_ 제**3**절

PART 05 수출입업의 세무조사와 대책

제1절 세무조사 일반

1. 세무조사의 의의

세무조사는 각 세법에 규정하는 질문조사권 또는 질문검사권에 의하여 조사공무원이 납세자 또는 당해 납세자와 거래가 있다고 인정되는 자 등을 상대로 질문하고, 장부·서류·기타 물건을 검사·조사하는 행위로서 조사계획에 의해 실시하는 것을 말한다. 다만, 현지 확인 계획에 의해 실시하는 단순 사실 확인, 과세자료 처리 등을 위한 납세자 방문·접촉은 제외한다(조사사무처리 규정 제2조 이하 "조사"로 칭한다). 즉, 세무조사는 국민의 납세의무 이행에 대하여 세법에서 규정한 내용대로 적정하게 이행하는지의 여부를 사후적으로 검증하여 과세표준과 세액을 정확히 계산하는 조사, 확인행위를 말한다.

이에 비해 "현지 확인"이라 함은 세원관리, 단순 과세자료 처리 또는 세무조사 증거자료 수집 등 다음에 예시하는 업무를 처리하기 위해 납세자 또는 당해 납세자와 거래가 있다고 인정되는 자 등을 상대로 현지 출장하여 사실관계를 확인하는 행위를 말한다.

① 자료상 혐의자료, 위장가공자료, 범칙조사 파생자료 중 세무조사에 의하지 않고 단순 사실 확인만으로 처리할 수 있는 업무
② 신용카드 고액매출자료 및 위장가맹점 확인 등 변칙거래 혐의 자료의 처리를 위한 현지출장·확인업무
③ 세무조사 과정에서 실시하는 납세자의 거래처 또는 거래상대방에 대한 사실여부 확인

④ 민원처리 등을 위한 현지출장·확인이나 기타 탈세제보자료, 과세자료 등의 처리를 위한 일회성 확인업무
⑤ 사업자에 대한 사업장현황 확인이나 기장확인

2. 세무조사의 종류

세무조사는 일반조사와 범칙조사로 크게 나눌 수 있으며 구체적으로 구분하면 다음과 같이 분류할 수 있다(조사 제2조).

① "일반조사"라 함은 특정납세자의 과세표준의 결정 또는 경정을 목적으로 조사대상 세목에 대한 과세요건 또는 신고사항의 적정여부를 검증하는 통상의 세무조사를 말한다.
② "조세범칙조사"라 함은 조세범처벌법에 따라 형벌을 적용시킬 목적으로 조세범처벌절차법에 근거하여 범칙혐의 사실을 조사하고 범칙자와 범칙사실을 확정하기 위해 행하는 세무공무원의 조사활동을 말한다.
③ "추적조사"라 함은 재화·용역 또는 세금계산서·계산서의 흐름을 거래의 앞·뒤 단계별로 추적하여 사실관계를 확인하는 세무조사를 말한다.
④ "기획조사"라 함은 소득종류별·계층별·업종별·지역별·거래유형별 세부담 불균형이나 구조적인 문제점 등을 시정하기 위하여 국세청장, 지방국세청장 또는 세무서장이 별도의 계획에 의하여 실시하는 세무조사를 말한다.
⑤ "실지조사"라 함은 납세자의 사무실·사업장·공장 또는 주소지 등에 출장하여 직접 당해 납세자 또는 그 관련인을 상대로 실시하는 세무조사를 말한다.
⑥ "간접조사"라 함은 납세자가 제출한 신고서 등의 서류나 과세자료 등의 분석을 통해 신고사항의 적정여부를 검증하거나 특정거래의 사실관계 확인을 위해 납세자 또는 그 관련인으로부터 우편질문 등을 통해 증빙자료를 수집하고 거래내용을 조회하는 등 실지조사 이외의 방법으로 실시하는 세무조사를 말한다.
⑦ "통합조사"라 함은 세무조사를 실시함에 있어 납세자의 편의와 조사의 효율성을 제고하기 위하여 조사대상으로 선정된 과세기간의 당해 납세자의 사업과 관련하여 신고·납부의무가 있는 세목을 함께 조사하는 것을 말한다.
⑧ "세목별조사"라 함은 세원관리상 긴급한 필요가 있거나 부가가치세, 개별소비세, 주세, 재산제세, 원천징수 대상세목 등 세목의 특성을 감안하여 특정 세목만을 대

상으로 실시하는 조사를 말한다.
⑨ "전부조사"라 함은 조사대상 과세기간의 신고사항에 대한 적정여부를 전반적으로 검증하는 조사를 말한다.
⑩ "부분조사"라 함은 특정 항목·부분의 적정여부를 검증하는 조사를 말한다.
⑪ "동시조사"라 함은 세무조사시 조사효율성, 납세자 편의 등을 감안하여 조사대상자로 선정된 납세자와 특수관계에 있는 자(법인을 포함한다) 등 관련인을 함께 조사하는 것을 말한다.
⑫ "긴급조사"라 함은 각 세법에서 규정하는 수시부과 사유가 발생하였거나, 회사정리개시 신청 등으로 조세채권의 조기확보가 필요한 납세자에 대하여 당해 사유가 발생하는 즉시 실시하는 세무조사를 말한다.
⑬ "사무실조사"라 함은 납세자 편의, 회계투명성·신고성실도 및 규모 등을 고려하여 실지조사에 의하지 않고도 조사의 목적을 달성할 수 있다고 판단되는 경우 납세자의 회계서류 사본, 증빙자료 등을 제출받아 조사관서 사무실에서 조사하는 것을 말한다.
⑭ "간편조사"라 함은 상대적으로 성실신고가 인정되는 중소기업 등을 대상으로 소명자료 요구·검증 및 최소한의 현장조사 등 간편한 조사방법에 의한 조사를 말한다.
⑮ "세무컨설팅조사"라 함은 창업중소기업 등을 대상으로 계정과목별 회계처리 및 신고사항 종합검증, 회계·세무처리시 유의할 사항, 경영·사업자문 등 세무서비스 제공 위주의 조사를 말한다.
⑯ "주식변동조사"라 함은 주식 및 출자지분 변동에 관한 조사를 말한다.
⑰ "자금출처조사"라 함은 거주자 또는 비거주자가 재산을 취득(해외유출 포함)하거나 채무의 상환 또는 개업 등에 소요된 자금이 직업·연령·소득 및 재산상태 등으로 보아 자력에 의한 것이라고 인정하기 어려운 경우, 그 자금의 출처를 밝혀 증여세 등의 탈루여부를 확인하기 위하여 행하는 조사를 말한다.
⑱ "이전가격조사"라 함은 거주자, 내국법인 또는 외국법인 국내사업장이 「국제조세조정에 관한 법률」에 규정하는 국외특수관계자와의 거래와 관련하여 과세표준 및 세액신고시에 적용된 이전가격이 「국제조세조정에 관한 법률」 제2조(정의) 제1항 제10호에 규정하는 정상가격과 합치하는지의 여부를 확인하기 위하여 행하는 조사를 말한다.
⑲ "위임조사"라 함은 지방국세청장이 조사인력·업무량·조사실익 등을 감안하여 지방국세청 조사대상자를 세무서장에게 위임하여 실시하는 조사를 말한다.

⑳ "서면확인"이라 함은 실지조사 대상자로 분류하기 전에 전산분석 등을 통한 관련 혐의사항을 우편질문 등에 의한 소명절차를 거쳐 확인하는 행위를 말한다.

3. 세무조사권 남용금지

세무공무원은 적정하고 공평한 과세를 실현하기 위하여 필요한 최소한의 범위에서 세무조사를 하여야 하며, 다른 목적 등을 위하여 조사권을 남용해서는 아니 된다.
세무공무원은 다음의 어느 하나에 해당하는 경우가 아니면 같은 세목 및 같은 과세기간에 대하여 재조사를 할 수 없다(국기법81의4 ②).

① 조세탈루의 혐의를 인정할 만한 명백한 자료가 있는 경우
② 거래상대방에 대한 조사가 필요한 경우
③ 2개 이상의 사업연도와 관련하여 잘못이 있는 경우
④ 제65조 제1항 제3호 단서(제66조 제6항과 제81조에서 준용하는 경우를 포함한다) 또는 제81조의15 제5항 제2호 단서에 따른 재조사결정에 따라 조사를 하는 경우(결정서 주문에 기재된 범위의 조사에 한정한다)
⑤ 납세자가 세무공무원에게 직무와 관련하여 금품을 제공하거나 금품제공을 알선한 경우
⑥ 제81조의11제3항에 따른 부분조사를 실시한 후 해당 조사에 포함되지 아니한 부분에 대하여 조사하는 경우
⑦ 그 밖에 "①"부터 "⑥"까지와 유사한 경우로서 대통령령으로 정하는 경우

판례

세무조사에 대한 감사지적이 재조사에 해당되는지(대법원 2015.05.28 선고, 2014두43257판결)

같은 세목 및 과세기간에 대한 거듭된 세무조사는 납세자의 영업의 자유나 법적 안정성을 심각하게 침해할 뿐만 아니라 세무조사권의 남용으로 이어질 우려가 있으므로 조세공평의 원칙에 현저히 반하는 예외적인 경우를 제외하고는 금지할 필요가 있는 점, 구 국세기본법 시행령 제63조의2의 규정에 따라 재조사가 허용되는 경우는 구 국세기본법 제81조의4 제2항 제1호 내지 제4호에서 규정한 재조사가 예외적으로 허용되는 경우와 유사한 경우로 한정되므로 그 허용사유 및 범위를 엄격하게 해석함이 타당한 점 등을 종합하여 보면, 구 국세기본법 시행령 제63조의2 제2호 전단에 정한 '각종 과세자료의 처리를 위한 재조사'에서의 '각종 과세자료'란 세무조사권을 남용하거나 자의적으로 행사할 우려가 없는 과세관청 외의기관이 그 직무상 목적을 위하여 작성하거나 취득하여 과세관청에 제공한 자료로서 국세의 부과·징수와 납세의 관리에 필요한 자료를 의미하고, 이러한 자료에는 과세관청이 종전 세무조사에서 작성하거나 취득한 과세자료는 포함되지 아니한다고 해석함이 타당하다. 그럼에도 원심은 ○○지방국세청의 재조사가 '각종 과세자료의 처리를 위한 재조사'에 해당하여 허용된다고 판단하였으니, 원심의 판단에는 국세기본법령이 정한 재조사의 예외적 허용 사유인 '각종 과세자료의 처리를 위한 재조사'에 관한 법리를 오해하여 판결에 영향을 미친 위법이 있다. 이 점을 지적하는 상고이유의 주장은 이유 있다.

4. 세무조사대상자 선정방법

조사대상자의 선정방법은 정기선정과 수시선정으로 구분한다(조사 27).

정기선정은 신고내용의 적정 여부를 검증하기 위하여 「국세기본법」 제81조의 5에서 정한 범위 안에서 신고성실도 평가결과, 미조사연도수 등을 기준으로 지방국세청장과 세무서장이 일괄하여 선정한다. 수시선정은 공평과세와 세법질서의 확립을 위하여 「국세기본법」 제81조의 5(납세자의 성실성 추정 및 세무조사)에서 정한 범위 안에서 국세청장이 별도로 정하는 기준에 따라 지방국세청장과 세무서장이 필요시 선정한다. 국세청장은 업종별 신고성실도, 계층별·유형별·지역별 세부담 형평 등을 감안하여 적정 조사비율이 유지되도록 하여야 한다.

> **실무적용 Tip**
>
> ◎ **수출·수입관련 세무조사 선정대상**
>
> ① 해외에서 원정도박을 하거나 호화·사치품을 구입하면서 법인신용카드를 사적으로 유용하여 과소비하는 등 건전한 경제질서를 저해하는 무분별한 외화낭비자
> ② 임·직원이나 사주가족이 법인신용카드로 해외여행경비를 사용한 자
> ③ 해외에서 거주하는 배우자 등에게 부동산 취득자금을 편법으로 증여하거나 해외부동산 양도소득을 무신고한 자
> ④ 탈루소득으로 가족 등 타인 명의를 이용한 고액 환투기 혐의자
> ⑤ 해외투자 등을 가장해 사주의 기업자금을 불법유출하는 자
> ⑥ 매출누락, 가공원가 계상으로 세금을 탈루하여 기업자금의 변칙유출혐의가 있는 자
> ⑦ 수출·입 가격조작, 해외발생 소득의 국내 미반입 등 국제거래 이용에 의한 탈세혐의가 있는 자
> ⑧ 비업무용 부동산·주식 등 비생산적 기업운영 세금탈루
> ⑨ 기업규모 대비 자금차입 변태유출 다른 목적 사용혐의가 있는 자
> ⑩ 대표자·기업주 또는 그의 가족이 신고소득 대비 과다소비 및 호화·사치생활자와 관련 기업 등
> ⑪ 「수출신고필증」 등 수출서류를 위조하여 수출을 가장하고 허위의 매입세금계산서를 만들어 부가세를 부당환급신청 혐의가 있는 자
> ⑫ 통관자료와 수출실적명세서상 차이가 크게 발생하는 자

5. 세무조사 기간

(1) 조사기간

세무조사 기간을 정할 경우 조사대상 과세기간 중 연간 수입금액 또는 양도가액이 가장 큰 과세기간의 연간 수입금액 또는 양도가액이 100억원 미만인 납세자에 대한 세무조사 기간은 20일 이내로 한다(국기법 81의8 ②).

(2) 세무조사기간의 연장

세무공무원은 조사대상 세목·업종·규모, 조사 난이도 등을 고려하여 세무조사 기간이 최소한이 되도록 하여야 한다. 다만, 다음의 어느 하나에 해당하는 경우에는 세무조사 기간을 연장할 수 있다(국기법81의8 ①).
① 납세자가 장부·서류 등을 은닉하거나 제출을 지연하거나 거부하는 등 조사를 기피

하는 행위가 명백한 경우
② 거래처 조사, 거래처 현지확인 또는 금융거래 현지확인이 필요한 경우
③ 세금탈루 혐의가 포착되거나 조사 과정에서「조세범 처벌절차법」에 따른 조세범 칙조사를 개시하는 경우
④ 천재지변이나 노동쟁의로 조사가 중단되는 경우
⑤ 제81조의16제2항에 따른 납세자보호관 또는 담당관이 세금탈루혐의와 관련하여 추가적인 사실 확인이 필요하다고 인정하는 경우
⑥ 세무조사 대상자가 세금탈루혐의에 대한 해명 등을 위하여 세무조사 기간의 연장을 신청한 경우로서 납세자보호관 등이 이를 인정하는 경우

(3) 세무조사의 연기신청

세무공무원은 세무조사(「조세범 처벌절차법」에 따른 조세범칙조사 제외)를 하는 경우에는 조사를 받을 납세자(납세자가 제82조의 규정에 의하여 납세관리인을 정하여 관할세무서장에게 신고한 경우에는 납세관리인을 말함)에게 조사개시 15일 전에 조사대상 세목, 조사기간 및 조사사유 그 밖에 대통령령이 정하는 사항을 통지하여야 한다. 다만, 사전통지를 하면 증거인멸 등으로 조사목적을 달성할 수 없다고 인정되는 경우에는 그러하지 아니하다(국기법81의7 ①).

통지를 받은 납세자가 천재·지변 기타 다음에 정하는 사유로 인하여 조사를 받기 곤란한 경우에는 관할세무관서의 장에게 조사를 연기해 줄 것을 신청할 수 있다(국기법 81의7 ②).

① 화재, 그 밖의 재해로 사업상 심각한 어려움이 있을 때
② 납세자 또는 납세관리인의 질병·장기출장 등으로 세무조사가 곤란하다고 판단될 때
③ 권한 있는 기관에 장부, 증거서류가 압수되거나 영치되었을 때
④ ①~③의 규정에 준하는 사유가 있을 때

6. 조세범칙 조사

(1) 조세범칙조사의 개념

조세범칙조사는 조세범처벌절차법에 근거하여 조세에 관한 법률 위반행위에 대해 조세범 처벌법을 적용하여 처벌(통고처분 또는 고발)함으로서 납세질서를 확립할 목적으로 행하는 사법적 성격의 행정처분을 말한다.

(2) 조세범칙조사 대상자

1) 선정대상자

조세범칙조사 대상은 탈세정보 또는 신고내용 분석결과 등에 의하여 「조세범처벌법」 제2장(범칙행위)에서 규정하는 사기·기타 부정한 방법 등으로 구체적이고 명백한 세액탈루 혐의가 있는 자로서 죄질의 성격으로 보아 세법질서 확립을 위해 처벌할 필요가 있는 경우 다음에 해당하는 자가 선정대상자가 된다(조사87). 조세범칙조사심의위원회에 회부하는 기준은 다음에 예시하는 조세범칙행위 유형으로서 사기, 기타 부정한 행위에 의한 것으로 판단되는 자를 대상으로 하되 구체적인 기준은 국세청장이 별도로 정하는 바에 의한다.

① 이중장부·허위계약·증빙서류 허위작성 및 변조 또는 생산수율 조작 등 부정한 방법으로 고액의 조세를 포탈한 혐의가 있는 자
② 거래관계자 또는 제3자와 공모하였거나 고도의 전문지식을 이용하여 고액의 조세를 포탈한 혐의가 있는 자
③ 고액의 부정세금계산서 수수로 조세를 포탈하거나 포탈케한 혐의가 있는 자
④ 부정한 방법으로 고액의 기업자금을 빼돌려 이를 기업주 등 개인이 착복하였거나 개인 재산증식에 이용한 혐의가 있는 자
⑤ 전문적이거나 상습적인 부동산투기 및 사채놀이 등 음성불로소득으로 고액의 조세를 포탈한 혐의가 있는 자
⑥ 변칙적인 상속이나 증여행위로 고액의 조세를 포탈한 혐의가 있는 자
⑦ 국제거래를 이용하여 고액의 조세를 포탈하거나 기업자금을 불법으로 해외에 빼돌리는 혐의가 있는 자
⑧ 밀수·마약·도박·부정물품제조·불공정거래 등 사회경제질서에 반하는 행위자로서 고액의 조세를 포탈한 혐의가 있는 자

⑨ 기타의 범칙혐의자로서 범행의 수법, 내용, 규모 등 정황으로 보아 조세범으로 처벌함이 타당하다고 판단되는 자

2) 조세범칙조사 대상의 선정(조세범처벌절차법령6①).

① 연간 조세포탈 혐의금액 또는 연간 조세포탈 혐의비율이 다음 표의 구분에 따른 연간 조세포탈 혐의금액 또는 연간 조세포탈 혐의비율 이상인 경우

연간 신고수입금액	연간 조세포탈 혐의금액 또는 조세포탈 혐의비율
100억원 이상	20억원 이상 또는 15% 이상
50억원 이상 100억원 미만	15억원 이상 또는 20% 이상
20억원 이상 50억원 미만	10억원 이상 또는 25% 이상
20억원 미만	5억원 이상

※ 무신고자 또는 미등록사업자로서 조세포탈 혐의금액이 5억원 이상인 자 포함

② 조세포탈 예상세액이 연간 5억원 이상인 경우

실무적용 Tip

○ **사기 기타 부정한 행위**

'사기 기타 부정한 행위'라 함은 조세의 부과와 징수를 불가능하게 하거나 현저히 곤란하게 하는 위계 기타 부정한 적극적인 행위를 말하는 것(대법원 1998.5.8. 선고 97도2429 판결, 2003.2.14. 선고 2001도3797 판결 등 참조)인바, 단순히 수입금액을 신고누락 한 것은 이에 해당하지 아니한다.
① 국세부과제척기간 10년 적용
② 부당한 과소신고로 신고불성실가산세 40% 적용
③ 경정시 추가적인 감면배제
④ 조세범 처벌법 적용

(3) 영장주의

조사공무원이 조세범칙조사를 하기 위하여 압수·수색을 할 때에는 「조세범처벌절차법」 제3조(영장교부) 제1항 및 같은 법 제4조(「형사소송법」의 준용)의 규정에 따라 법원이 발부한 압수·수색영장이 있어야 한다. 다만, 소유자, 소지자 또는 보관자가 임의 제출한 물건 또는 유류한 물건은 압수·수색영장 없이 예치할 수 있다(조사 92).

7. 기타 세무조사 관련 주요내용

(1) 확인서·진술서·심문조서

조사공무원이 납세자의 장부와 증빙 등을 조사하고 과세요건사실을 확인한 후 그에 대한 증거서류로 확인서 등을 작성한다.

확인서는 특정의 사실 또는 법률관계의 존재 여부를 인정하는 내용을 담은 문서를 말하며, 진술서는 특정의 사실 또는 법률관계의 단순한 확인 이외에 쟁점사실에 대하여 그 발생의 원인, 경위 및 결과에 대한 내용과 진술인의 의견이 첨가되어 자필로 기술된 문서를 말한다.

또한, 심문조서는 조세범칙조사시 사건의 발생에서부터 종료시점까지 일어난 사정을 조사공무원이 문답형식으로 작성한 심문조서로서 조세범칙사건의 고발시 검사의 심리자료로서의 역할과 소송시 전문증거의 역할을 하는 문서를 말한다.

(2) 예치·압수·수색

예치라 함은 세무조사 시 조사공무원의 질문·조사권에 의해 납세자가 임의로 제출한 장부·서류 등을 일시적으로 조사관서에 보관하는 것을 말하며, 압수라 함은 법관이 발부한 영장에 의하여 범칙증거물 등 물건의 점유를 취득하는 대물적 강제처분을 말한다. 수색은 법관이 발부한 영장에 의하여 범칙행위의 증거 등을 찾기 위해 사람의 신체, 물건, 주거, 기타 장소에 대하여 행하는 강제처분을 말한다.

(3) 거래처 조사

추적조사 등 조사의 특성상 거래처에 대한 조사가 불가피한 경우에는 그 사유와 범위를 구체적으로 표시하여 조사관할 관서장의 사전승인을 받아 실시하여야 한다(조사35).

(4) 금융거래조사

세무조사를 실시함에 있어 금융거래 현지 확인이 필요한 경우에는 그 사유와 범위를 구체적으로 표시하여 소관 지방국세청장의 승인을 받아 실시하여야 하며,「금융실명거래 및 비밀보장에 관한 법률」과「상속세 및 증여세법」등 관련 법령에서 정한 범위와 절차를 엄격히 준수하여야 한다. 다만, 신용카드 변칙거래, 자료상, 자료중개인 및 자료중개 관련인(거래처포함)에 대한 금융거래 현지 확인이 긴급히 필요한 경우에는 관할 관서장의 승인을 받아 착수할 수 있으며, 이 경우 지방국세청장에게 착수한 날의 다음 날까지 금융거래 현지 확인 대상자와 긴급한 사유 등을 보고하여야 한다(조사43).

> **실무적용 Tip**
>
> ### 차명계좌와 세무조사
>
> 사업자는 친인척이나 직원명의의 차명계좌를 이용하여 현금매출을 누락하는 사례가 종종 있다. 이러한 차명거래는 과세관청에서 세무조사시 확인이 불가능한 것일까? 일반적으로 납세자들은 차명을 이용하면 금융실명법 때문에 세무공무원이 쉽게 매출누락 등을 확인할 수 없다는 생각으로 배우자나 직원명의의 차명계좌를 이용한다. 그러나 이는 매우 잘못된 판단이다. 차명계좌를 이용하더라도 세무조사나 탈세제보에 의하여 쉽게 적발될 가능성이 매우 높다. 국세청에서는 금융기관으로부터 제출받은 이자·배당 원천징수 소득자료나 금융정보분석원으로 부터 통보받은 자료를 활용하면 쉽게 차명계좌의 확인이 가능하다. 따라서 차명계좌를 이용한 수입금액 누락은 근본적으로 불가능하다. 또한 개인사업자의 경우 2007년도부터 사업용계좌를 개설하여 관할세무서에 신고하도록 되어 있어 차명을 통한 매출누락을 근본적으로 차단되었다.

제2절 수출입업의 재무제표 분석과 계정항목별 조사

1. 재무상태표

(1) 개 요

재무상태표는 기업의 재무상태를 명확히 보고하기 위하여 재무상태표 작성일 현재 자산·부채·자본을 나타내는 정태적 보고서이다. 법인세법상 각사업연도 소득은 익금의 총액에서 손금의 총액을 차감하여 계산하도록 하고 있다. 즉, 법인의 소득개념은 순자산증가설의 입장을 취하고 있으므로 법에서 열거하고 있는 익금불산입, 손금불산입을 제외한 모든 순자산의 증감항목이 법인의 과세소득에 포함되는 것이다. 따라서 법인의 세무조정이나 세무조사시에 자산·부채·자본의 변동사항이나 재무상태표 작성일 현재 실제 존재하는지의 여부, 평가의 적정성 등이 재무상태표 항목별 분석에서 중요한 부분이다.

(2) 재무상태표 항목별 분석

1) 재무상태표 양식

재무상태표

제×기 20××년 ×월 ×일 현재
제×기 20××년 ×월 ×일 현재

회사명   회사명(단위: 원)

과 목	당 기	전 기
자산		
유동자산	×××	×××
당좌자산	×××	×××
현금및현금성자산	×××	×××
단기투자자산	×××	×××
매출채권	×××	×××
선급비용	×××	×××
이연법인세자산	×××	×××
……	×××	×××
재고자산	×××	×××
제품	×××	×××
재공품	×××	×××
원재료	×××	×××
……	×××	×××
비유동자산	×××	×××
투자자산	×××	×××
투자부동산	×××	×××
장기투자증권	×××	×××
지분법적용투자주식	×××	×××
……	×××	×××
유형자산	×××	×××
토지	×××	×××
설비자산	×××	×××
(−) 감가상각누계액	(×××)	(×××)
건설중인자산	×××	×××
……	×××	×××
무형자산	×××	×××
영업권	×××	×××
산업재산권	×××	×××
개발비	×××	×××
……	×××	×××
기타비유동자산	×××	×××
이연법인세자산	×××	×××
……	×××	×××
자 산 총 계	×××	×××

과 목	당 기		전 기	
부채				
유동부채		×××		×××
① 단기차입금	×××		×××	
② 매입채무	×××		×××	
③ 미지급법인세	×××		×××	
④ 미지급비용	×××		×××	
⑤ 이연법인세부채	×××		×××	
⑥ ……	×××		×××	
⑦				
⑧ **비유동부채**		×××		×××
⑨ 사채	×××		×××	
⑩ 신주인수권부사채	×××		×××	
⑪ 전환사채	×××		×××	
⑫ 장기차입금	×××		×××	
⑬ 퇴직급여충당부채	×××		×××	
⑭ 장기제품보증충당부채	×××		×××	
⑮ 이연법인세부채	×××		×××	
⑯ ……	×××		×××	
부 채 총 계		×××		×××
자본				
⑩ 자본금		×××		×××
⑩ 보통주자본금	×××		×××	
⑩ 우선주자본금	×××		×××	
⑩				
① **자본잉여금**		×××		×××
② 주식발행초과금	×××		×××	
③ ……	×××		×××	
④				
⑤ **자본조정**		×××		×××
⑥ 자기주식	×××		×××	
⑦ ……	×××		×××	
⑧				
⑨ **기타포괄손익누계액**		×××		×××
⑩ 매도가능증권평가손익	×××		×××	
⑪ 해외사업환산손익	×××		×××	
⑫ 현금흐름위험회피 파생상품평가손익	×××		×××	
⑬ ……	×××		×××	
⑭				
⑮ **이익잉여금(또는 결손금)**		×××		×××
⑯ 법정적립금	×××		×××	
⑰ 임의적립금	×××		×××	
⑱ 미처분이익잉여금(또는 미처리결손금)	×××		×××	
⑲ 자 본 총 계		×××		×××
⑳ 부채 및 자본 총계		×××		×××

2) 계정항목별 분석
　① 현금 및 현금성자산
　　㉠ 현금의 실존여부를 확인하고 기말현재 현금잔액이 많은 경우에는 업무무관 가지급금을 일시적으로 현금으로 대체한 경우로 가지급금 인정이자계산과 지급이자 손금불산입 세무조정을 누락하였는지 검토
　　㉡ 주주나 임원 등 특수관계자에게 대여하고 현금으로 처리하였는지 검토
　　㉢ 차명 또는 가명계좌를 통한 매출누락 여부 검토
　② 단기금융상품
　　㉠ 이자수익이 발생하는 예금이 누락되었는지 검토
　　㉡ 예금이자수입의 적정계상여부와 원천징수세액의 적정공제 여부
　　㉢ 기간경과 분 미수이자에 대한 법인세법상 익금의 귀속사업연도에 따른 세무조정 검토
　③ 유가증권
　　㉠ 유가증권의 취득가액 적정계상 여부(취득부대비용 포함)
　　㉡ 특수관계 있는 개인으로부터 저가매입분의 익금산입 여부
　　㉢ 잉여금 또는 준비금의 자본전입에 따른 주식배당·무상증자의 익금산입 여부
　　㉣ 법인세법상 유가증권 감액손실의 적정여부

> 법인세법은 원가법만 인정되므로 원칙적으로 유가증권 평가손익이 인정되지 아니하나 주식발행법인이 파산하거나 코스피, 코스닥상장법인, 특수관계 없는 비상장법인이 부도가 발생한 경우에는 유가증권감액손실이 결산조정에 의하여 인정된다.

　　㉤ 출자전환주식의 취득가액 적정계상여부

> **● 참고**
> **채무의 출자전환에 따라 취득한 주식 등**
> 취득당시의 시가. 다만, 제15조 제1항 각 호의 요건을 갖춘 채무의 출자전환으로 취득한 주식 등은 출자전환된 채권(법 제19조의2 제2항 각 호의 어느 하나에 해당하는 채권은 제외한다)의 장부가액으로 한다(법령72②4의2). 채무를 출자전환하는 경우 주식의 발행가액 중 시가를 초과하는 금액은 채무면제익에 해당하고 주식의 액면가액과 시가와의 차액은 주식발행액면초과액에 해당한다(재법인 46012-37, 2003.03.05).

④ 매출채권
　㉠ 매출채권의 월별, 분기별 변동내역을 분석하여 사업연도 말에 이상항목이 발견되는 경우 가공매출, 매출누락 혐의 검토
　㉡ 매출채권이 특수관계자에게 장기간 회수되지 아니하는 경우 소비대차로 전환되었는지 또는 자금의 대여성격 인지 파악하여 가지급금 인정이자 계산
　㉢ 받을어음을 할인하고 할인료를 적정하게 계상하였는지 여부

> 법인이 금융기관에 받을어음을 할인한 경우 상환청구권 부여 여부에 불구하고 그 거래가 기업회계기준에 의한 매각거래에 해당하는 경우에는 그 할인액을 매각일이 속하는 사업연도의 소득금액 계산시 손금에 산입한다(법기통 19-19…44).

　㉣ 대손충당금의 설정 및 대손금의 손금산입 요건 검토

⑤ 단기대여금
　㉠ 단기대여금에 대한 적정이자 수수여부 및 특수관계자에게 업무무관 대여금에 대하여 가지급금 인정이자계산 및 지급이자 손금불산입 여부
　㉡ 특수관계자에게 발행한 기업어음 매입시 가지급금 해당여부 검토

⑥ 매도가능증권
　기업회계상 매도가능증권평가손익을 기타포괄손익 누계액으로 계상한 경우 세무조정 검토

⑦ 투자부동산
　㉠ 투자부동산의 보유목적이 법인의 목적사업(법인등기부)에 해당되지 않는 경우 비업무용 부동산에 해당되어 관련유지비용에 대한 손금불산입 유무
　㉡ 투자부동산에 대한 감가상각비를 계상하였는지 여부
　㉢ 투자부동산의 취득원가의 적정여부

⑧ 토지, 건물, 구축물
　㉠ 취득원가의 적정 계상 여부, 건설자금이자를 자본화 반영여부

> 사업용고정자산에 대한 건설자금이자를 반드시 자본화하도록 하고 있으므로 기업회계상 당기비용으로 처리한 경우 손금불산입 세무조정한다.

ⓛ 토지와 건물을 일괄구입한 경우 토지가액과 건물가액을 감정가액 등 공정가액으로 안분하여 계상하였는지의 여부
ⓒ 자본적지출을 수익적지출로 처리하였는지의 여부

⑨ 영업권, 특허권 등
ⓐ 영업권의 취득원가의 적정성 여부, 취득가액의 적정 평가 여부

> 유상으로 승계취득한 영업권만 무형자산으로 계상 가능

ⓛ 무형자산을 당기비용으로 처리하였는지의 여부

⑩ 사채
ⓐ 사채할인발행차금상각액의 적정 계상 여부
ⓛ 자기사채처분손익의 손금계상여부

> 회사채를 발행한 법인이 주간사 등이 판매하지 못한 회사채를 발행가액으로 취득한 후, 동 사채를 시가에 의해 매각함에 따라 발생하는 처분손익은 각사업연도의 익금 또는 손금에 산입함(법기통 19-19…38).

⑪ 현재가치할인차금
장기할부로 취득한 자산에 대하여 계상한 현재가치할인차금의 적정 상각 및 환입 여부

> 기업회계에 따라 계상한 현재가치할인차금은 취득가액에서 제외되나 부가가치세 과세표준에는 포함됨. 현재가치할인차금에 대하여는 원천징수의무, 지급명세서 제출의무, 지급이자 손금불산입 규정을 적용하지 않는다.

⑫ 퇴직급여충당부채
ⓐ 퇴직급여충당금의 한도초과액 적정계상 여부
ⓛ 퇴직급여충당금과 퇴직보험료 또는 퇴직연금에 대한 적정 세무조정 여부
ⓒ 현실적인 퇴직이 아닌 임직원에 대한 퇴직급여충당금 부당상계 여부

⑬ 주식할인발행차금
증자시의 주식발행관련 비용을 당기비용으로 처리하였는지 여부

⑭ 매도가능증권평가손익

자본항목으로 계상한 매도가능증권평가손익을 익금산입, 익금불산입으로 세무조정 하였는지 여부

2. 손익계산서

(1) 개 요

손익계산서는 일정기간 동안 해당법인의 경영성과를 나타내는 동태적 보고서이다. 손익계산서는 수익에서 비용을 차감하여 당기순이익을 산출하는 반면에 법인세법에서는 익금의 총액에서 손금의 총액을 차감하여 각 사업연도소득금액을 계산한다. 즉, 기업회계상 수익·비용과 법인세법상 익금·손금의 범위에서 차이가 발생하며 그 차이를 조정하는 것이 세무조정이다. 다만, 실무상 법인세를 계산하는 방법은 법인이 기업회계기준을 준용하여 작성한 당기순이익을 바탕으로 그 차이만을 가산 또는 차감하여 세무조정 과정을 거치게 된다. 따라서 수익측면에서는 법인세법상 익금에 해당되지 않는 항목, 기업회계와 법인세법의 귀속시기의 차이 등에 대하여 검토하여야 한다. 또한 비용측면에서는 비용의 원가배분 및 법인세법에서 용인되지 않는 손금불산입 항목에 대한 검도가 필요하나.

(2) 손익계산서 항목별 분석

1) 손익계산서 양식

손 익 계 산 서

제×기 20××년×월×일부터 20××년×월×일까지
제×기 20××년×월×일부터 20××년×월×일까지

회사명   회사명(단위 : 원)

과 목	당 기		전 기	
매출액		×××		×××
매출원가		×××		×××
기초제품(또는 상품)재고액	×××		×××	
당기제품제조원가	×××		×××	
(또는 당기상품매입액)				
기말제품(또는 상품)재고액	(×××)		(×××)	
매출총이익(또는 매출총손실)		×××		×××
판매비와관리비		×××		×××
급여	×××		×××	
퇴직급여	×××		×××	
복리후생비	×××		×××	
임차료	×××		×××	
접대비	×××		×××	
감가상각비	×××		×××	
무형자산상각비	×××		×××	
세금과공과	×××		×××	
광고선전비	×××		×××	
연구비	×××		×××	
경상개발비	×××		×××	
대손상각비	×××		×××	
……	×××		×××	
영업이익(또는 영업손실)		×××		×××
영업외수익		×××		×××
이자수익	×××		×××	
배당금수익	×××		×××	
임대료	×××		×××	
단기투자자산처분이익	×××		×××	
단기투자자산평가이익	×××		×××	
외환차익	×××		×××	
외화환산이익	×××		×××	
지분법이익	×××		×××	
장기투자증권손상차손환입	×××		×××	
유형자산처분이익	×××		×××	
사채상환이익	×××		×××	
전기오류수정이익	×××		×××	
……	×××		×××	

과목	당기		전기	
영업외비용		×××		×××
이자비용	×××		×××	
기타의대손상각비	×××		×××	
단기투자자산처분손실	×××		×××	
단기투자자산평가손실	×××		×××	
재고자산감모손실	×××		×××	
외환차손	×××		×××	
외화환산손실	×××		×××	
기부금	×××		×××	
지분법손실	×××		×××	
장기투자증권손상차손	×××		×××	
유형자산처분손실	×××		×××	
사채상환손실	×××		×××	
전기오류수정손실	×××		×××	
……	×××		×××	
법인세비용차감전계속사업손익		×××		×××
계속사업손익법인세비용		×××		×××
계속사업이익(또는 계속사업손실)		×××		×××
중단사업손익		×××		×××
(법인세효과 : ×××원)				
당기순이익(또는 당기순손실)		×××		×××
주당손익				
기본주당계속사업손익		×××원		×××원
기본주당순손익		×××원		×××원
희석주당계속사업손익		×××원		×××원
희석주당순손익		×××원		×××원

2) 계정항목별 분석

① 매출액

㉠ 부가가치세 과세표준과 비교하여 그 차이원인을 분석한다.

> 수입금액조정명세서를 통하여 기업회계상 매출액과 법인세법상 수입금액의 차이를 검토하고 조정후수입금액명세서를 통하여 부가가치세 과세표준과 법인세법상 수입금액의 차이원인을 분석한다(고정자산매각, 간주공급, 거래시기 차이 등)

㉡ 전기자본금과 적립금조정명세서(을) 표를 검토하여 당기 수입금액에 해당되는 금액을 익금산입에 대한 세무조정

㉢ 작업진행률 산정의 적정성 여부

㉣ 판매장려금·부산물 매출 등 수입금액 계상 적정여부

㉤ 재고반품조건부 판매의 세무조정 적정여부

> 법인이 사전약정에 따라 재고반품조건으로 백화점 및 대리점에 재화를 납품하는 경우 판매손익 등의 귀속시기는 백화점에 인도한 날이 속하는 사업연도이다(서면2팀-2154, 2004. 10.26).

② 매출원가

㉠ 매입운임 등 취득부대비용을 원가로 배분하지 않고 당기비용으로 처리하였는지의 여부

㉡ 종업원에 대한 선물·거래처에 대한 기증·기부 등으로 사용한 상품·제품 등을 타계정대체로 처리한 경우 적정 세무조정 여부

㉢ 기말재고자산의 적정 평가여부

③ 급여

㉠ 임원에 대한 급여 중 과다보수에 해당되는 지의 여부

㉡ 가공인건비의 계상여부

㉢ 계열법인의 직무를 겸직하는 임원급여의 배분의 적정여부

> 매출액의 비율로 배분

㉣ 임원상여금의 지급규정 한도 내에서 지급하였는지의 여부

> 임원상여금은 정관, 주주총회, 이사회 결의에 의한 지급규정이 없거나 지급한도를 초과하는 금액은 전액 손금불산입 됨

㉤ 해외현지법인에 파견된 임직원의 업무관련성 유무
㉥ 성과배분상여금의 귀속시기 및 원천징수시기의 적정여부

④ **퇴직급여**
㉠ 급여(근로소득)성 경비를 퇴직소득으로 처리하였는지 여부
㉡ 비현실적 퇴직, 임원에 대한 퇴직금 중간정산액을 퇴직급여로 처리하였는지의 여부

> 임원은 근로자퇴직급여보장법상 근로자가 아니므로 퇴직금의 중간정산이 원칙적으로 허용되지 않아 퇴직금 지급시 가지급금으로 봄. 다만, 장기요양 등 부득이한 사유발생시에는 퇴직금으로 손비인정

⑤ **복리후생비**
㉠ 급여성 경비의 복리후생비 처리에 대한 원천징수 대상여부 검토
㉡ 접대성 경비를 복리후생비로 변칙처리 하였는지의 여부

> 지급의무가 없는 파견근로자의 식대 등 지급은 접대비임. 사업소득으로 원천징수하는 자에 대한 복리후생비는 접대비임

㉢ 종업원에 대한 현물급여의 원천징수 및 부가가치세 과세표준 포함여부
㉣ 임원에 대한 경조사비가 사규 등에 의거 적정한 금액인지의 여부

⑥ **기업업무추진비**
㉠ 주주 등 사적비용을 기업업무추진비로 처리하였는지의 여부
㉡ 회의비, 판매부대비용, 복리후생비 등 타계정에 접대성 경비가 포함되어 있는지의 여부
㉢ 기업업무추진비 한도시부인액의 적정여부

⑦ 세금과 공과
    ㉠ 손금불산입되는 공과금의 손금계상여부
    ㉡ 취득원가로 처리하여야할 취득세 등, 부담금, 공과금이 당기비용으로 처리되었는지의 여부
    ㉢ 손금산입의 귀속시기가 적정한지의 여부

> 납부일이 아닌 고지일(의무의 확정일)이 귀속시기임

⑧ 대손상각비
    ㉠ 법인세법상 대손사유에 해당되는지의 여부
    ㉡ 귀속시기의 적정성 여부

> 신고조정(대손확정일) 또는 결산조정(대손처리한 사업연도)에 의한 손금산입

    ㉢ 대손요건의 입증을 요하는 경우 입증서류의 적정성 여부

⑨ 이자수익
    ㉠ 법인세법상 귀속시기의 적정성 여부
    ㉡ 원천징수세액의 기납부세액 적정 공제 여부
    ㉢ 감면사업의 경우 소득구분계산서 작성시 감면분에서 제외하였는지의 여부

⑩ 배당금수입
    ㉠ 배당금수입에 대한 익금불산입, 외국납부세액공제 검토
    ㉡ 간접외국납부세액에 대한 익금산입 및 외국납부세액 적정여부
    ㉢ 주식배당, 무상주에 대한 수입배당금의 적정계상 여부

⑪ 유가증권평가이익
    법인세법상 익금이 아니므로 익금불산입으로 세무조정 적정여부

⑫ 외화환산이익
    외화자산·부채에 대한 평가손익을 법인세법상 인정하지 않으므로 세무조정 적정여부

⑬ 법인세환급액
    이월익금에 해당하는 경우 익금불산입 세무조정 여부

제3절 수출입업의 세무조사 사례연구

1. 수출업의 세무조사시 검토사항

(1) 선적일의 확인

재화의 수출의 경우 공급시기는 선적일이다. 따라서 선적일을 정확히 확인하는 것이 필요하다. 선적일은 반드시 선하증권을 통하여 확인한다.

(2) 부가가치세법상 공급시기와 소득세법(법인세법) 귀속시기의 확인

일반적으로 수출재화의 공급시기와 귀속시기는 선적일이다. 다만, 귀속시기는 거래조건(인코텀즈의 11가지)에 따라 달라질 수 있으므로 주의를 요한다.

(3) 영세율 첨부서류의 확인

영세율첨부서류를 제출하지 아니하거나 잘못 제출한 경우에는 공급가액의 0.5%의 가산세를 부과한다.

(4) 수출신고분 검토

영세율 첨부서류인 수출신고필증상 결제금액이 동일규격의 제품과 수량임에도 불구하고 가격차이가 많을 경우 단가 조작 가능성이 있으므로 이를 확인한다. 특히, 아프리카, 동구권 등 경제후진국은 자국산업보호 등 목적으로 수입물품에 대하여 높은 관세를 부과하고 있어 수입업자로서는 관세부담을 줄이고, 수출자는 수출대금을 조기에 회수하고 외형을 누락할 수 있어 단가를 낮추는 방법을 쓰고 있다. 따라서 다음과 같은 방법으로 수출매출액을 검토하여야 한다.
① 수출상품의 국내 생산업체별 수량, 단가, 결재금액 비교
② 수출신고필증의 연도별, 수입처별 비교
③ 공식적인 결제 통장의 은행이 아닌 다른 은행의 환전 수수료 등이 발생하는지 등을 검토하여 단가 조작으로 별도의 정산서를 작성하고 수입업자에게 우편으로 청구하고 다른 통장을 통해 결재하고 있는지 여부 검토
④ 사전 송금방식을 통해 수출제품 단가를 낮추고 있는지 여부 검토

⑤ 수출신고필증의 조작으로 단가를 낮춘 경우는 물량흐름을 통해 구입제품(위탁생산)의 단가가 수출한 단가보다 높은지의 여부 검토

2. 수출입업의 세무조사 사례 검토

(1) 해외비자금 조성 등 역외탈루소득에 대한 세무조사[44]

국세청은 국제거래를 이용하여 조세피난처 등을 통한 역외탈세혐의자에 대한 관련정보를 지속적으로 수집·분석하여 대기업, 무역업체, 고액재산가 등에 대하여 지속적인 세무조사를 실시해 오고 있다. 효율적인 정보수집 및 분석을 위해 국세청 내·외부에서 다양하게 수집한 자료를 토대로 과세인프라를 구축하여 운영하고 있으며 수출입·외환·출입국·외국인투자·해외투자자료 등을 수집하고 과세자료의 정확한 검증을 위하여 외국 과세당국 및 FIU와 정보교환을 실시하고 있다. 세무조사를 실시한 결과 역외탈세혐의자들은 과세당국의 추적을 피하기 위하여 탈루소득을 외국인 명의로 조세피난처 등에 은닉 관리하거나 역외금융센터를 경유하는 등 교묘하고 지능적인 수법을 이용하고 있음이 확인되었다. 이러한 역외탈세자에 대하여 법인세 등을 추징하고 조세범처벌법에 따라 처벌하는 한편, 외국환거래법 위반사실을 관련기관에 통보하였다. 앞으로 해외정보원 등 정보수집 네트워크를 확대하고 해외탈세제보의 중요성을 감안하여 해외탈루 소득신고센터를 개설하고 조세피난처 정보센터(JITSIC)에 가입을 추진중이며 우리 기업이 자주 이용하는 조세피난처 관련거래나 해외현지법인을 이용한 변칙거래, 고가수입품 중개상, 위장 국외이주자 등에 대한 정보수집·분석을 강화할 예정이다.

1) 해외발생소득을 은닉하여 외국인투자 명목으로 국내반입

거주자 甲은 자금추적을 피하기 위해 조세피난처에 서류상 회사(Paper company) A와 B를 설립한 후 해외의 금융기관에 금융서비스(금융자문, M&A, 금융컨설팅 용역 등)를 제공하고 받은 수수료를 서류상 회사 A의 해외 계좌로 수취한 후 신고누락 하는 방법으로 소득세 등을 탈루하였음. 수수료 수입으로 발생한 자금은 서류상 회사 B를 통해 외국인 직접투자 명목으로 국내에 반입(내국법인)하여 부동산 구입 및 개인의 호화사치생활 비용으로 사용하였음.

---

44) 해외비자금조성 등 역외탈루소득 세무관리 강화, 국세청 보도자료, 2009.3.30.

① 거주자의 해외발생소득에 대한 납세의무

거주자란 국내에 주소를 두거나 1년 이상 거소를 둔 개인으로 국내외에서 발생한 소득세법에 열거된 모든 소득에 대하여 소득세의 납세의무를 진다.

② 외국인투자(현지법인 설립)의 절차

외국인 투자신고 → 투자자금 송금 → 법인설립등기 → 사업자등록 → 외국인 투자기업 등록

2) 차명계좌를 통한 해외은닉자산을 국내반입 하여 자녀에게 변칙증여

중개업을 영위하는 내국법인 乙은 외국거래처 A사와 용역 대가를 이면계약한 후, 형식적인 서류 계약은 정상적으로 신고하고 법인이 수취해야할 이면약정 대가를 신고 누락하여 해외에서 개설한 외국인(X)의 차명계좌로 수취하고 국내에도 외국인(X) 차명계좌를 개설하고 해외에서 수취한 금액을 국내로 반입하여 무기명채권을 구입하는 등 자녀에게 변칙 증여하여 탈루소득에 대한 법인세 및 소득세, 증여세 등을 추징하고 조세범처벌법에 따라 처벌하는 한편 외국환거래법 위반사실을 관계기관에 통보 조치함.

3) 조세피난처에서 해외관계회사와의 우회거래를 통한 은닉자산 조성

제조업을 영위하는 내국법인은 해외현지법인과의 거래시 사주(甲)가 외국인(X) 명의를 차용하여 조세피난처에 설립한 서류상회사(B)를 이용, 우회거래를 통해 은닉자산 조성하여 사주가 해외에서 차명계좌로 관리 하여 왔음. 서류상회사(B)는 향후 자금추적 등을 피할 목적으로 단기간 조성한 은닉자금을 해외 차명계좌로 송금 후 즉시 폐업하는 방법을 통하여 법인세 등을 탈루하였으며 이에 법인세 등을 추징하고 사주(甲)를 조세포탈혐의로 조세범처벌법에 따라 검찰고발 조치함.

(2) 해외자회사 부담분 D/A 만기연장이자 손금부인

의류제조업을 영위하는 법인이 특수관계자인 해외현지법인에게 D/A 조건으로 원재료를 수출하고, 모회사는 해외 현지법인이 제조한 제품을 매입하여 현지에서 해외로 수출함. 해외현지법인은 모회사의 지시에 따라 모회사의 제품만을 염색, 가공하여 다시 모회사에 수출하거나 현지 판매함.

모법인에 대한 지급이자 명세 중 "D/A 만기연장이자" 내용을 검토한 바 해외특수관계자의 D/A 거래시 수입자인 해외특수관계자가 부담하여야 할 비용임에도 모법인에서

부담한 비용으로 손금불산입하고 해외현지법인에게 기타소득으로 처분하고 원천징수 납부함. 다만, 조세조약에 따라 거주지국에서만 과세되는 인도네시아 필리핀은 과세 제외하고 원천지국 과세대상인 방글라데시에 대하여만 과세함.

① 법인세법상 기타소득의 범위

비거주자 또는 외국법인의 국내원천 기타소득은 「법인세법」 제93조에 열거한 국내원천소득 이외의 소득으로서 그 범위를 「법인세법」 제93조 제11호에 열거규정하고 있다.

→ 「법인세법」 제67조 및 「국제조세조정에 관한 법률」 제9조의 규정에 의하여 기타소득으로 처분된 금액

② 조세조약상 기타소득의 범위

조세조약상 기타소득은 소득의 발생장소와 관계없이 각 조문에 별도의 규정이 있는 것을 제외하고는 모든 소득을 기타소득으로 분류하고 있다. 기타소득에 대한 과세방법은 거주지국 과세원칙과 원천지국 과세원칙으로 구분하고 있다.

③ 기타소득 구분사례

㉠ 무역거래로 인한 지체상금 등(법기통 93-132…17)

법 제93조 제10호 가목에 규정하는 국내원천소득의 범위에는 국내사업장이 없는 외국법인이 무역거래(수출)로 인하여 지급받은 다음 각 호의 지체상금 또는 손해배상금이 포함된다.

ⓐ 물품의 납품계약에 의한 납품지정기한의 위반으로 인하여 동 계약내용에 따라 지급 받는 지체상금

ⓑ 상행위에서 발생한 클레임(Claim)에 대한 배상으로서 현실적으로 발생한 손해의 배상 또는 원상회복을 초과하는 배상금

㉡ 클레임대가의 국내원천소득 해당 여부

수출물품에 대한 클레임의 대가로 지급되는 손해배상금은 「법인세법」 제55조 제1항 제11호 및 동법시행령 제122조 제7항 제1호에 의거 국내원천소득인 기타소득에 해당되며, 기타소득의 과세범위는 그 명칭여하에 불구하고 본래의 계약의 내용이 되는 지급자체에 대한 손해를 넘는 손해에 대해 배상하는 금액이 해당되는 것이다(재무부 국조 22601-124, 1992.10.05).

(3) 해외현지법인 출자금 자산누락 및 경비 부당지원 부인

통신장비 제조업을 영위하는 법인이 해외 현지법인에 출자하였으나 결산서상에는 해외지점으로 표기하고 출자금을 계상누락한데 대하여 결산서 및 감사보고서를 검토한바 결산서상 LA 지사에 대한 외상매출금 잔액이 있는 점을 착안하여 LA 지사에 대한 재무제표, 제장부 및 미국 국세청에 신고한 자료 등을 검토한 바 해외지점이 아닌 해외 현지법인으로 확인됨.

따라서 해외현지법인에 출자한 출자금의 누락분을 익금산입하고 해외지점 운영비용으로 계상한 인건비 등을 손금불산입함.

> **참고**
>
> ● **해외직접투자금의 손금산입방법**
>
> "인도네시아 탄광사업과 관련하여 송금한 금액"의 세무상 손실처리방안에 대해서는 당해 송금액이 인도네시아 현지법인에 대한 대여금인 경우에는 「법인세법시행령」 제62조 제1항 각호의 사유로 회수할 수 없을 경우 손금산입 할 수 있으며, 당해 송금액이 현지법인에 대한 출자금인 경우에는 현지법인이 청산되어 잔여재산가액 확정시점에 주식의 장부가액을 손금산입 하는 것이다(법인-546, 2009.02.10).
>
> ● **해외현지법인 설립관련 비용의 손금산입 여부**
>
> 법인이 해외 현지법인(자회사)의 설립을 위한 시장조사 비용 등 내국법인의 업무와 직접 관련되어 지출한 비용은 당해 법인의 각 사업연도 소득금액 계산상 이를 손금에 산입할 수 있는 것이며, 내국법인이 해외 현지법인을 설립하기 위하여 지출하는 금액은 해외 자회사의 창업비에 해당되어 장차 해외 자회사로부터 회수하여야 할 성질의 것이므로 해외 자회사에 대한 채권으로 계상하여야 하는 것이다(서면2팀-96, 2007.01.12).
>
> ● **해외현지법인 파견 임·직원 인건비 손금산입**
>
> 해외현지법인에 임·직원을 파견한 경우, 기술 및 영업지원 등의 업무를 수행하도록 하고 당해 사용인에 대한 인건비를 부담하는 경우 그 업무의 성격과 범위 등으로 보아 사실상 내국법인의 업무에 종사하는 것으로 인정되는 때에는 손금에 산입할 수 있는 것이나, 이에 해당하는지는 실질내용에 따라 사실 판단할 사항이며, 이를 당해 법인에게 귀속시키는 것의 정당성을 입증하여야 하는 것이다(서면2팀-2668, 2006.12.27).

(4) 중국현지법인을 위탁임가공업체로 보아 제3국 수출을 매출신고누락으로 과세

1) 개요

해당법인은 모조장신구를 제조하여 미국 등에 수출하는 자로 중국에 투자임가공법인인 공예품유한공사를 설립하였다. 당해법인은 국내 인건비 상승으로 인건비가 싼 중국으로 제조공장을 이전하여 현지 생산하여 수출하였고 중국정부로부터 제조업체로 승인받게 되면 잉여금을 공식적으로 송금받기가 어려워 중국법인을 단순 임가공업체로 하여 승인을 받았음.

해당법인은 부가가치세 및 법인세 신고시 중국현지법인이 매출한 금액을 원재료비 조달 등의 공헌도를 기준으로 해당법인과 중국현지법인의 수입금액을 안분하여 신고하였음.

이에 대하여 지방국세청에서 세무조사시 중국현지법인의 매출전액을 당해법인의 매출로 보아 부가가치세 및 법인세 등을 추징함.

한편, 원자재를 중국현지에서 국내의 다른 내국법인의 중국투자 자회사로부터 원자재를 공급받고 대가는 해당법인이 내국법인에게 지급하고 매입세금계산서를 발급받아 매입세액공제를 한 것에 대하여 과세거래에 해당되지 않는다고 하여 매입세액을 불공제 함.

2) 과세처분의 정당성

① 제3국 수출금액을 현지법인의 매출로 볼 것인지 해당법인의 매출로 볼 것인지 여부
정산서상 매출신고분 및 매출신고 누락분을 모두 포함한 중국법인의 제조·매출액에 대한 원재료비, 외주가공비 등을 해당법인에서 부담하고 있고, 중국법인의 실질적인 자금운영, 원재료매입, 판매, 채권관리, 자금사용 등의 주체 및 실체를 해당법인이 행하였고, 이와 같은 사실이 입증되는 정산서장부, 임가공 송금철 등 50여개 과세근거자료가 있으며, 중국법인에 대하여 제조·판매법인이 아닌 임가공법인으로 중국 정부에 설립·신고한 것으로 나타나며, 동 기간중 중국법인은 청구법인으로부터 수령한 임가공료 수입금액 외에 제조·판매금액을 중국 세무당국에 매출로 신고한 사실이 없는 점 등으로 볼 때, 중국법인은 형식적 및 실질적으로 해당법인이 공급한 원자재를 임가공하는 임가공투자법인에 해당되는 것으로 보여지므로 중국법인을 당해법인이 중국에 설립한 임가공투자법인으로 보고 중국법인의 매출액을 해당법인의 매출액으로 보아 과세한 처분은 정당한 것으로 판단된다.

② 매입세액불공제 처분의 당부

국내 수출업자가 국외 수입업체에 재화를 공급함에 있어 국내 다른 생산업자에게 재화의 공급을 의뢰하고 동 생산업자는 해외 현지공장과 임가공계약을 체결하여 무환반출방식으로 원자재를 반출·제공하고 임가공된 재화를 동 해외 현지공장에서 국외 수입업체에 직접 인도하는 경우로서 국내에서 계약과 대가수령이 이루어진 경우 국내 수출업자와 국내 생산업자의 재화의 공급에는 영세율이 적용되는 바, 당해법인의 경우 쟁점세금계산서와 관련하여 다른 내국법인의 중국자회사로부터 중국에서 원자재를 구입하여 중국법인에서 임가공하여 수출한 경우로서 동 거래는 영세율 적용대상 거래로서 국내 거래에 해당되지 아니하므로 비록 청구법인이 동 내국법인에게 원자재대금을 지급하고 동 법인으로부터 쟁점세금계산서를 수취하였다고 하더라도 매입세액 공제대상에 해당되지 아니한 것으로 판단된다 (국심 2006서906, 2008.11.28).

(5) 4자간 거래에 따른 영세율 적용여부

1) 거래형태

갑과 을 간의 거래가 다음과 같을 때 영세율 적용대상인 수출에 해당되는지 아니면 국내거래에 해당되는지 여부

① 내국법인 갑과 내국법인 을은 국내에서 원자재 매매계약을 체결한 바, 갑은 원자재 구매 대금을 원화로 을에게 지급하기로 하고, 원자재를 중국의 A사업자에게 인도하는 조건으로 계약

② 매도인 을은 중국에 소재하는 자회사 B로부터 원자재를 조달하여 B로 하여금 A에게 인도해 주도록 함

③ 갑은 원자재를 조달하여 중국 임가공업체에 제공함

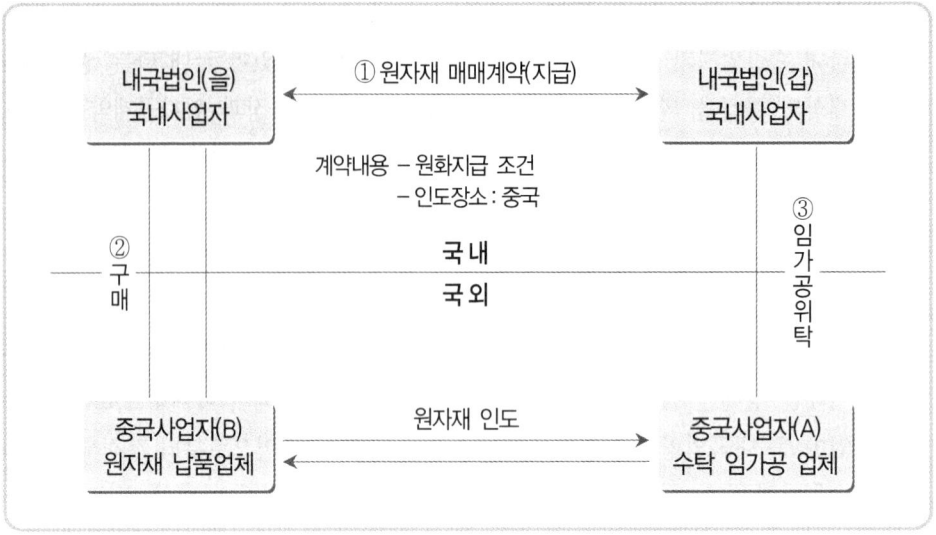

2) 과세대상 여부

① 내국법인(을)의 경우

재화의 이동이 국외에서 이루어진 것에 해당하므로 부가가치세 과세거래가 아니다(재소비-1404, 2004.12.12 및 서면3팀-497, 2005.04.14, 서면3팀-385, 2008.03.21). 즉, 부가가치세 납세의무는 대한민국의 주권이 미치는 범위 내에서 적용되므로 사업자가 대한민국의 주권이 미치지 아니하는 국외에서 재화를 공급하는 경우에는 납세의무가 없으며, 또한, 국내사업자 간 거래에 해당하여 영세율 거래로 규정되어 있는 대외무역법에 의한 중계무역 등의 무역거래에도 속하지 아니하므로(산업자원부 무역정책과-1310, 2004.10.16) 부가가치세 과세대상이 아니다. 다만, 매도인의 수입금액은 법인세법상 익금에 해당되므로 법인세 납세의무(내국법인의 경우 전세계소득이 과세대상임)는 발생한다.

② 내국법인(갑)의 경우

내국법인(갑)은 원자재를 A에 공급 하는 경우 국내에 반입하지 않고 외국에서 외국으로 인도하는 경우로 외국인도수출에 해당한다. 따라서 수출하는 재화에 포함되어 영세율 적용대상이다.

③ 세금계산서 교부대상 여부

갑과 을 간에 국내거래로 보아 세금계산서 교부대상에 해당되는지를 보면, 이는 재화가 국외에서 이동이 이루어지므로 부가가치세 과세대상이 아니다. 따라서 세금계산서 교부의무가 없다(서면3팀-385, 2005.03.21). 다만, 소득세법 제163조 및 같은법시행령 제211조에 따라 계산서를 작성·교부하여야 한다(서일-528, 2008. 4.15).

3) 관련 사례

사업자(갑)가 국내에서 수출업체인 내국법인(을)과 임가공계약을 체결하고 국내에 사업장이 없는 외국법인(병)으로 하여금 국외에서 내국법인(을)이 현지구매하거나 내국법인(을) 명의로 국외 반출한 주요자재를 직접 인도받아 임가공하게 한 후 내국법인(을)로부터 임가공용역의 대가를 받는 경우 당해 대가에 대하여는 부가가치세가 과세되지 아니하는 것이다(서면3팀-1325, 2008.06.26).

4) 국외거래의 부가가치세 과세대상(영세율)의 판단기준

부가가치세가 과세되기 위해서는 우리나라의 과세권이 미치는 영토에서 재화가 인도되거나 이동이 이루어 져야 한다(부법10). 다만, 소비지국과세원칙이 적용되는 국외제공용역에 대하여는 영세율이 적용 된다. 따라서 수출의 경우 적용되는 영세율거래도 재화의 이동장소가 우리나라에서 이루어 져야 한다. 다만 재화의 이동장소가 국외에서 이루어지는 대외무역법상의 중계무역, 위탁가공무역, 위탁판매수출, 외국인도수출의 경우에 한하여 영세율이 적용된다. 그러므로 국외거래 중 대외무역법상의 4가지 수출이 아닌 거래에 대하여는 부가가치세 과세대상이 아니므로 영세율적용 대상도 아니다.

(6) 오퍼상의 오퍼수수료 누락

1) 개 요

일본에 본점을 둔 외국법인으로부터 반도체 부품을 내국법인에 수입알선해 주고 그 대가로 일본법인으로 부터 오퍼수수료를 받는 오퍼상으로 기타 외화획득용역으로 영세율 과세표준으로 부가가치세를 신고하였음.

다만, 오퍼수수료를 일본 현지에서 외화로 수령한 경우에는 부가가치세 영세율 신고를 누락하였음.

2) 조사내용

오퍼수수료에 관한 장부를 입수하여 수입금액을 확인한 결과 해당 사업자가 신고한 부가가치세 영세율 과세표준과 외화입금 계좌 수입금액의 차이가 발생됨. 그 원인을 분석한 바 일본현지에서 직접 외화로 수령한 오퍼수수료를 누락한 것이 확인됨

3) 과세처분 내용

국내사업장이 없는 비거주자 또는 외국법인에게 재화 또는 용역을 공급하고 그 대가를 다음과 같은 방법으로 받는 때에는 영의 세율을 적용한다(부칙22).

① 국외의 비거주자 또는 외국법인으로부터 외화를 직접 송금 받아 외국환은행에 매각하는 방법

② 국내사업장이 없는 비거주자 또는 외국법인에게 재화를 공급하거나 용역을 제공하고 그 대가를 해당 비거주자 또는 외국법인에게 지급할 금액에서 빼는 방법

그러나 오퍼상의 경우에는 오퍼수수료를 외국환은행으로 송금 받지 않고 외국현지에서 직접 수령하였으므로 영세율이 적용되지 아니 한다.

따라서 오퍼수수료 누락분에 대하여 부가가치세를 과세하고 매출누락분에 대하여 법인세 등을 추징함.

(7) 투자명목 외화자금유출[45]

1) 거래유형

사주가 차명 보유한 현지법인에 투자 명목으로 법인자금을 유출하고, 끼워 넣기 수출거래로 사주에게 이익분여

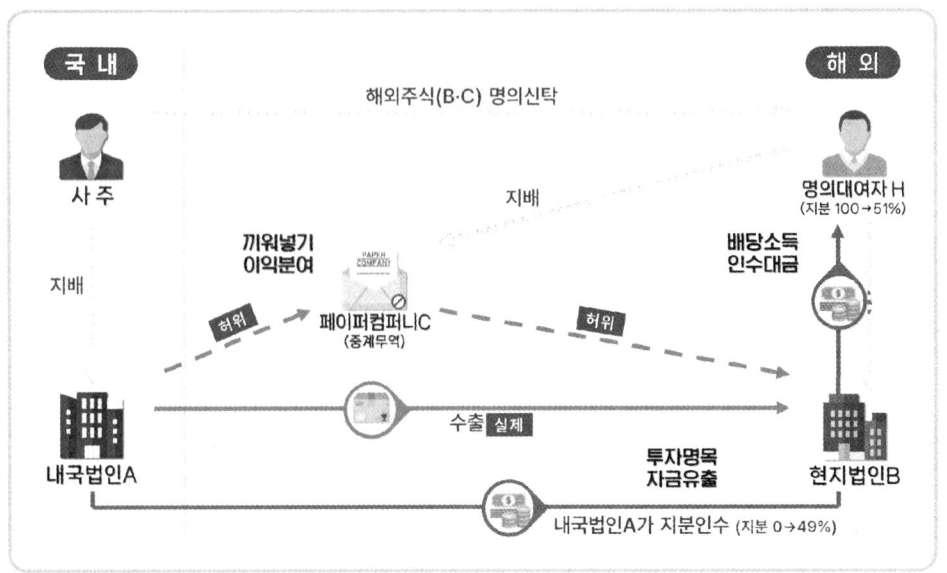

---
45) 외화자금을 빼돌리고 국부유출을 고착화하는 역외탈세자 53명 세무조사, 국세청보도자료(2022.11.23.)

2) 혐의내용
- ○ **(투자명목 자금유출)** 내국법인 A는 **사주가 차명 소유**한 **현지법인 B 지분 49%**를 해외시장 진출 명목으로 인수하고 인수대금은 명의대여자인 H를 통해 **사주의 해외 자금**으로 축적
- ○ **(배당소득 은닉)** 현지법인 B는 A의 **제품을 판매**한 수익으로 **배당**을 실시하였고 **사주**는 배당금을 H의 **명의로 수취**한 후 **소득 미신고**
- ○ **(끼워넣기 이익분여)** 페이퍼컴퍼니 C는 내국법인 A로부터 제품을 매입해서 현지법인 B에 판매하는 **중계무역 거래 진행**
  - 사주가 차명 소유한 C는 실체가 없어 **사업수행 능력이 없는 법인**으로서 **내국법인 A가 현지법인 B와의 거래에 끼워 넣어 이익 분여**

3) 과세처분내용
- ○ **사주의 지분 양도소득 및 배당소득 미신고**에 대해 과세하고, 내국법인 A가 **끼워넣기 거래로 C에게 분여한 소득**에 대해 과세

(8) 투자명목 외화자금 유출

1) 거래유형

법인 직원이 국외에서 수행한 용역 매출을 신고 누락한 후 사주가 해외에서 대가를 수취하여 원정도박 등에 사적사용

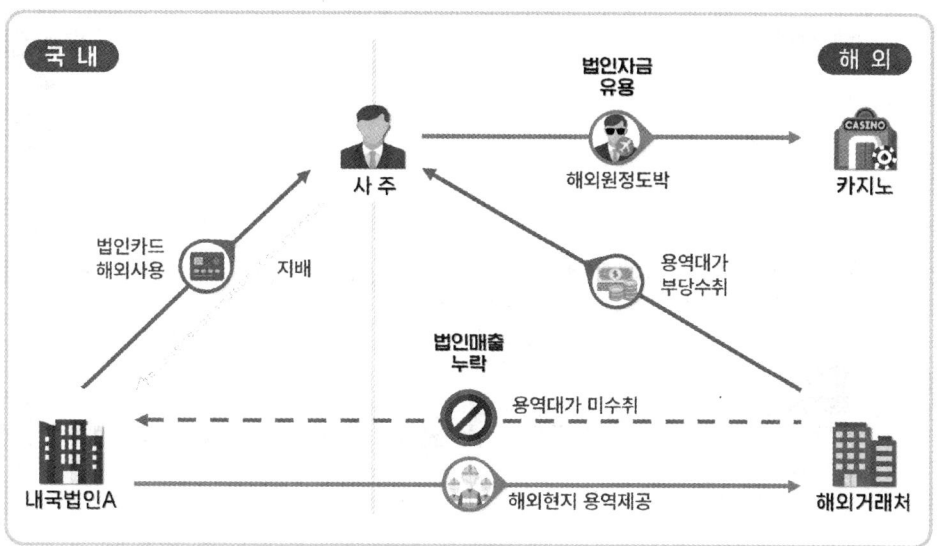

2) 혐의내용
- ○ **(법인매출 누락)** 내국법인 A는 사주 및 직원이 **해외거래처**에 **출장**하여 용역을 제공하면서 **용역대가 미수취**
  - 용역대가 상당액을 **사주**가 현지에서 **외화현금** 등으로 **수취**하고 관련 매출 **국내 신고 누락**
- ○ **(법인자금 유용)** 사주는 현지에서 수취한 자금과 함께 내국법인 A의 **법인카드**를 **해외체류비, 원정도박**에 사적 사용
  - 특히, 법인카드를 카지노 호텔에서 사용한 것으로 **거짓 결제**한 후 **대금**을 돌려받으면서 상습적으로 **도박자금 마련**(4년 간 64회)

3) 과세처분내용
- ○ 내국법인 A가 **미수취**한 **용역대가**, 사주의 **법인자금 사적사용** 등에 대해 **세액 00억 원** 추징

(9) 무형자산 부당이전

1) 거래유형

사실상 국내 개발한 무형자산을 사주 소유 페이퍼컴퍼니 명의로 등록하고 내국법인이 후속 비용까지 부담

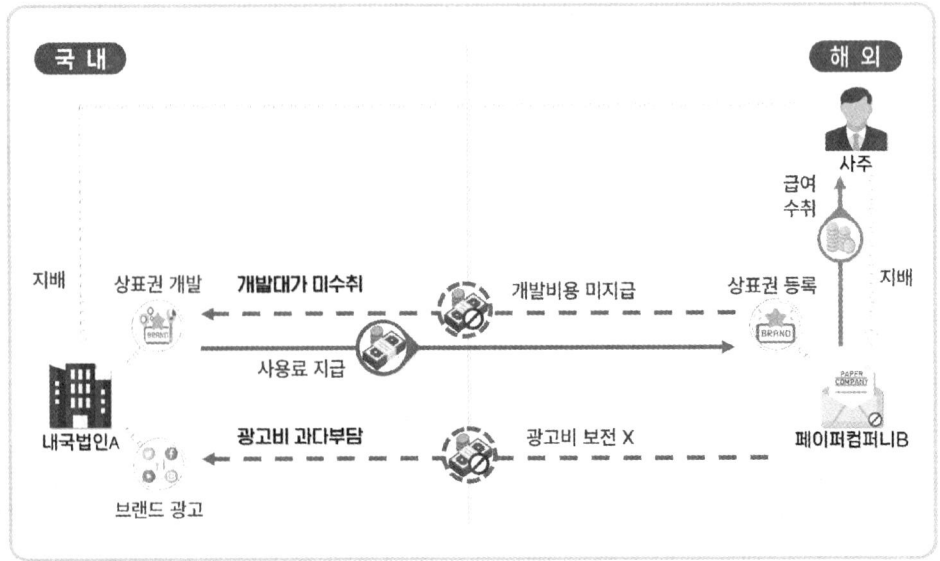

2) 혐의내용

- ○ (무형자산 개발대가 미수취) 내국법인 A는 **자기 자금**을 부담하여 상표권을 **직접 개발**하고도 **사주 소유 페이퍼컴퍼니 B 명의로 등록**
  - 내국법인 A는 B에게 **상표권 사용료**까지 지불하였을 뿐만 아니라 상표권 **가치 유지**를 위한 **콘셉트 개발** 등의 비용도 부당하게 부담
- ○ (광고비 과다 부담) 상표권 소유자인 페이퍼컴퍼니 B가 주로 **부담해야 할** 브랜드 **광고비**까지 내국법인 A가 **대부분 부담**
  - ⇨ 결국 내국법인 A는 페이퍼컴퍼니 B에게 상표권 **개발비**와 상표권 **사용료**, 브랜드 **광고비**까지 **삼중**으로 **자금 유출**

3) 과세처분내용

- ○ 내국법인 A가 페이퍼컴퍼니 B를 위해 매년 **부당**하게 **부담**하고 있는 **개발비**와 **광고비**에 대해 과세하여 **세액 000억 원** 추징

(10) 가상자산 발행이익 편취

1) 거래유형

내국법인이 개발한 가상자산을 페이퍼컴퍼니 명의로 발행하여 이익을 신고 누락한 후 일부 수익을 사주가 부당 수취

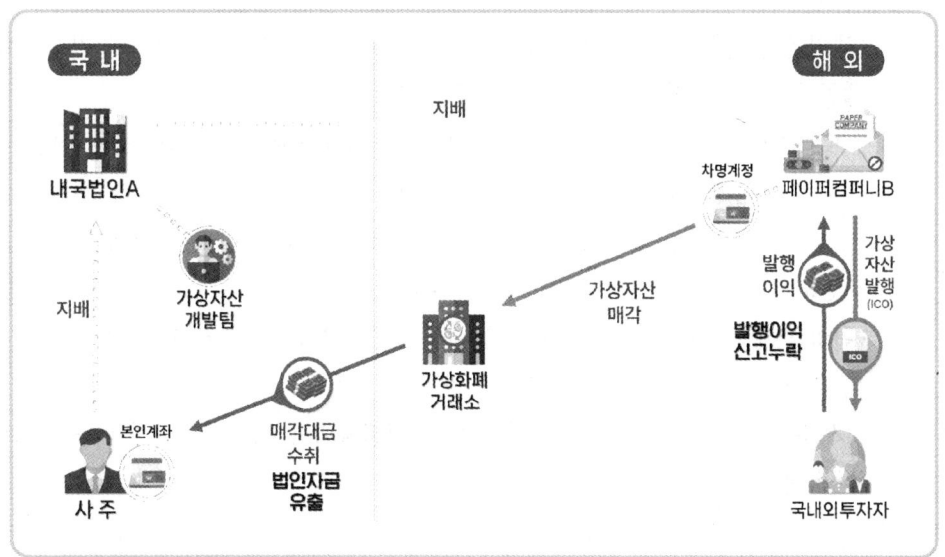

2) 혐의내용
- ○ (가상자산 발행이익 누락) 내국법인 A는 자신의 **사업 플랫폼**에서 사용할 수 있는 **가상자산을 주도적으로 개발**하였음에도
  - **페이퍼컴퍼니 B의 명의로 발행**[*]하였고 가상자산 **발행이익**을 B에 **귀속**시키면서 **국내 신고 누락**

    [*] Initial Coin Offering : 가상자산 사업자가 신규 가상자산을 일반에 공개하면서 투자자들에게 일부를 판매하여 개발비를 보전받고 수익과 자금을 확보하는 방식

- ○ (법인자금 유출) 사주는 B가 **차명계정**으로 관리하던 **가상자산**을 거래소에서 **매각**하고 그 대금을 본인의 **국내계좌로 부당 수취**

3) 과세처분내용
- ○ 발행이익을 **내국법인 A의 소득**으로 보아 과세하고 **사주**가 수취한 자금은 **상여**로 과세하는 한편, 범칙행위 확인 시 조세범칙조사로 전환

(11) 원천기술 무상사용

1) 거래유형

원천기술을 무상제공하며 키운 알짜 해외자회사 지분을 사주 2세가 지배하는 내국법인에 저가 양도하며 경영권 승계

2) 혐의내용
- ○ (해외 중간지주사 주식 저가양도) 내국법인 A는 **해외자회사 B**에 **원천기술을 무상 제공**하면서 해외자회사 B가 **초과이윤**을 쌓도록 조력
  - A는 **페이퍼컴퍼니 C**를 설립 후 해외자회사 B의 **지분**을 C에 **현물출자**하면서 C를 해외 중간지주사로 개편(그림 [변경 전])
  - 그 후, 해외 중간지주사가 된 C의 **지분**을 사주 2세가 대표인 내국법인 D에 **저가 양도**하면서 이익 분여(그림 [변경 후])
- ○ (편법 경영권 승계) 『원천기술 무상제공 → 중간지주사 현물출자 → 중간지주사 주식 저가양도』로 이어지는 **지배구조 변경**을 거쳐
  - 사주 2세가 초과이윤이 발생하는 **해외 핵심자회사 B를 지배**하게 되면서 **경영권**을 편법으로 승계

3) 과세처분내용
- ○ **주식**(페이퍼컴퍼니 C) **저가양도** 및 **원천기술 무상제공**에 대해 과세

(12) 코로나19 수혜이익 반출

1) 거래유형

코로나19 특수로 얻은 이익을 해외관계사에 저가판매를 통해 이전하고, 남은 유보이익도 편법 배당으로 유출

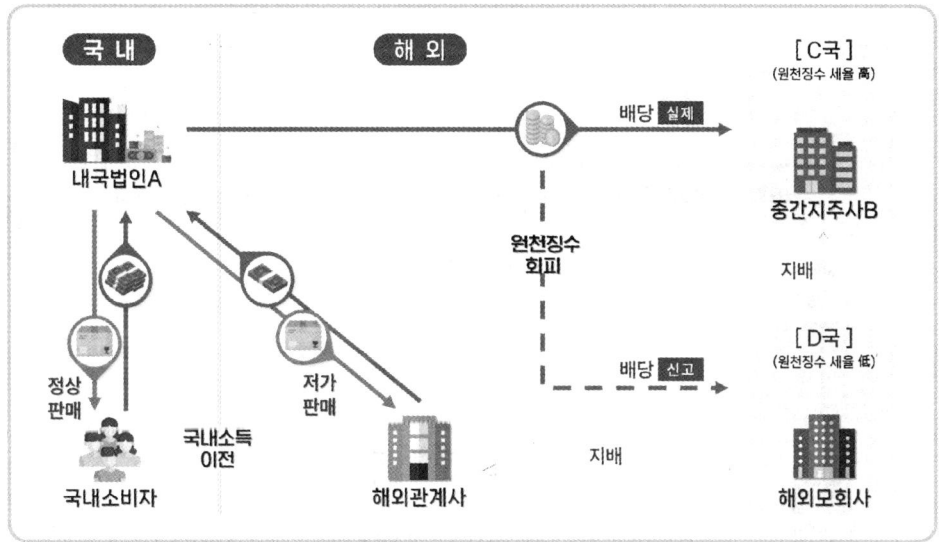

2) 혐의내용
- ○ (**국내소득 이전**) 다국적기업의 자회사인 내국법인 A는 코로나19 특수로 전세계적으로 **수요**가 **급증**하자 **국내소비자**에 비해 **해외관계사**에 제품을 **저가로 판매**하여 소득을 국외로 이전
    - 중간지주사 B가 국내유보된 영업이익마저 수천억 원의 배당으로 수취
- ○ (**원천징수 회피**) 배당소득의 **실제 귀속자**가 **인적·물적 실체**를 가진 C국 소재 **중간지주사 B**임에도 **도관회사**로 **위장**
    - 내국법인 A는 배당소득의 **실제 귀속자**를 D국 소재 해외모회사로 신고하면서 조세조약 상 **원천징수 세율 차이**[*]를 악용
        * 배당소득에 대한 원천징수 세율이 C국은 고세율, D국은 저세율

3) 과세처분내용
- 내국법인 A의 **국내소득 이전**에 대해 **정상가격**으로 조정하고, **국내 원천 배당소득**에 대해 C국과의 **제한세율**로 과세

(13) 인위적 사업구조 개편

1) 거래유형

경제적 실질은 그대로인데도 사업구조 개편으로 사용료 지급거래를 제품 매입거래로 위장하여 원천징수 회피

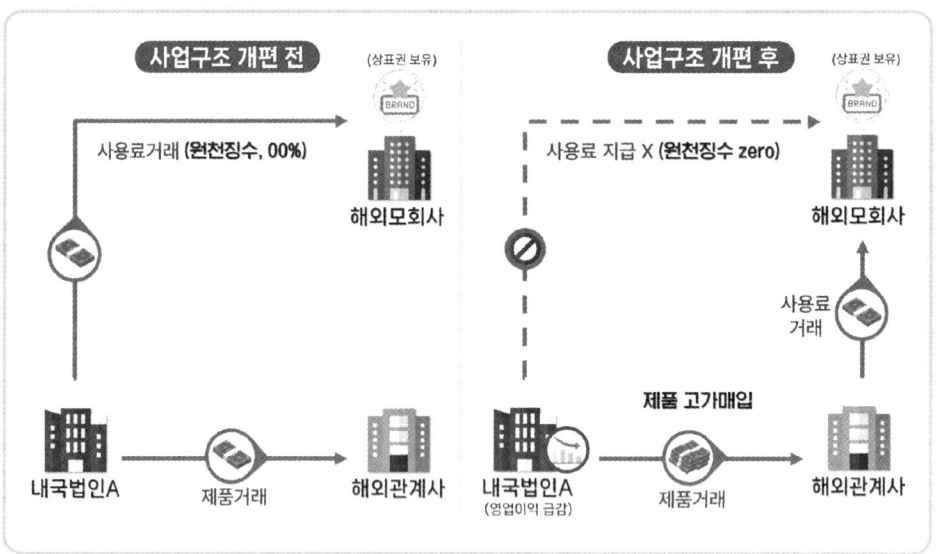

2) 혐의내용
- (**사업구조 개편 전**) 내국법인 A는 **해외관계사**로부터 제품을 **수입**하고 상표권자인 **모회사**에게 **사용료**를 지급하면서 **원천징수** 실시
- (**사업구조 개편 후**) 국내이익이 **급증**하자 거래의 경제적 실질은 바뀌지 않았는데 **법적 형식만 변경**하며 **인위적**으로 **사업개편*** 실시
  * 해외관계사가 모회사와 상표권 사용계약을 맺고 A를 단순 판매업자로 변경, 실제로는 A가 여전히 상표권을 활용하여 각종 마케팅 기능을 수행
  - 결과적으로, 내국법인 A는 **사용료를 지급하지 않**지만 해외관계사에 **엄청난 수입대금**을 지불하면서 소득이 국외 이전되고 **영업이익 급감**

⇨ A의 사용료 **원천징수 세액**은 0, **법인세**도 급격히 **감소**

3) 과세처분내용

    ○ 원천징수 회피한 **사용료**에 대해 **세액 0,000억 원 추징**하고 국외로 **부당이전한 소득 0,000억 원**에 대해 **과세**

MEMO

PART 06

수출입회계와 세무실무 체크리스트

수출업의 기본사항 검토_ 제1절
수출업의 업종별 체크리스트_ 제2절
영세율 첨부서류_ 제3절
수출입 기타사항 검토_ 제4절

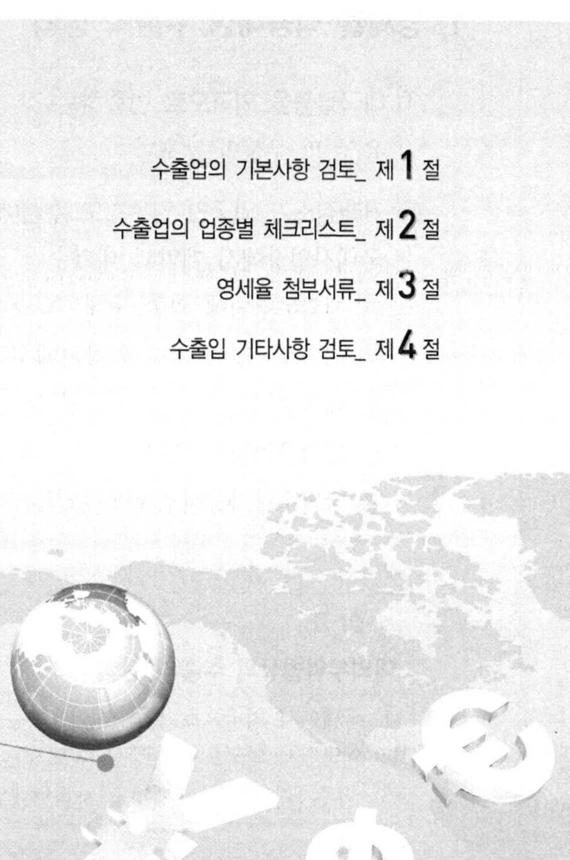

PART 06 수출입회계와 세무실무 체크리스트

제1절 수출업의 기본사항 검토

1. 영세율 적용대상 수출의 정의

① 내국물품을 외국으로 반출하는 것
  유상 및 무상반출 포함

② 거래장소가 외국인 경우라도 수출에 포함되는 것
  국내사업장에서 계약과 대가수령
  ㉠ 대외무역법에 의한 중계무역방식의 수출
  ㉡ 대외무역법에 의한 위탁판매수출
  ㉢ 대외무역법에 의한 외국인도수출
  ㉣ 대외무역법에 의한 위탁가공무역방식에 의한 수출
  ㉤ 국외수탁가공사업자에게 원자재 반출 후 가공재화 양도

> ● 참고
> **대외무역법상의 수출의 정의**
> ① 국내에서 외국으로 물품을 이동하는 것(유상, 무상 포함)
> ② 외국에서 외국으로 물품을 인도하는 것(유상에 한함)
> ③ 거주자가 비거주자에게 전자적형태의 무체물의 전송

2. 수출의 절차

① 매매계약체결 ➔ ② 신용장 내도 ➔ ③ 수출승인 ➔ ④ 수출물품확보 ➔ ⑤ 물품제조생산 ➔ ⑥ 물품보세구역반입 ➔ ⑦ 수출통관 ➔ ⑧ 물품선적 ➔ ⑨ 수출대금 회수·관세환급

3. 수출신고필증의 검토방법

㉠ 반송신고필증 : 우리나라에 반입된 물품 중 수입신고를 하지 않고 외국으로 반송통관되는 경우에 발급 ➔ 중계무역, 위탁가공무역, 반품 등의 경우에 발생

(1) 기본사항 파악

1) 수출자구분에 따른 수출형태 파악(②)

  A : 수출자와 제조자가 동일한 경우 ➔ 직수출
  B : 수출자가 수출대행만을 한 경우 ➔ 대행수출
  C : 수출자가 완제품공급을 받아 수출한 경우 ➔ 내국신용장·구매확인서 검토
  D : 수출자와 제조자가 본·지사 관계인 경우 ➔ 공급의제(판매목적 타사업장 반출)

2) 신고일자 확인

  ① 신고일자는 수출신고일자로 신고 후 즉시 신고수리가 됨
  ② 신고일자는 선적일자가 아님 ➔ 부가가치세법상 공급시기로 보면 안됨
  ➔ 신고일자는 신고서가 접수된 날짜로 대부분 이날 수출신고 수리가 되며 보통 2, 3일 이후에 선적이 이루어진다. 따라서 이 날을 선적일로 보아 부가가치세 신고를 하면 영세율신고불성실가산세 및 귀속시기에 따른 수입금액의 차이로 신고불성실가산세 등 불이익을 받을 수 있으니 주의를 요한다.
    ㉠ 부가가치세법상 공급시기
      ㉠ 선적시 : 선하증권(B/L) 확인 ➔ ON BOARD DATE
      ㉡ 기적시 : 항공화물운송장(AWB) 확인 ➔ 발급일자

> ● 참고
>
> **선하증권·해상화물운송장·항공화물운송장의 비교**
>
> | 구 분 | 선하증권(B/L) | 해상화물운송장(SWB) | 항공화물운송장(AWB) |
> |---|---|---|---|
> | 유가증권 유무 | 유가증권 | 화물수취증 | 화물운송장 |
> | 양도성 | 양도가능 | 양도불능 | 양도불능 |
> | 당사자 | 선박회사 → 화주 | 해상운송인 → 송하인 | 송하인 → 운송인 |

3) 거래구분(⑨항)

거래구분에 따른 부가가치세 과세여부 검토. 다만 형식과 실질이 다른 경우 실질에 따라 적용

① 위탁가공을 위한 원자재수출(29)

원자재가 무환(무상)으로 반출되어 수출신고필증이 발급되어도 이는 부가가치세법상 과세대상이 아니므로 영세율신고를 하면 안 됨. 즉, 외국에서 가공되어 완제품이 제3국으로 인도될 때 영세율신고를 하여야 함.

② 위탁판매수출(31)

우리나라에서 선적되는 때가 아닌 수출재화의 공급가액이 확정되는 때(수탁자의 판매일)를 공급시기로 함(서면3팀-2167, 2004.10.25).

③ 연계무역(32)

㉠ 선수출 후수입의 경우 : 그 수출과 연계하여 수입할 물품의 외화표시가액을 수출한 물품의 선박 또는 비행기에의 적재를 완료한 날 현재의 당해 거래와 관련된 거래은행의 대고객외국환매입률에 의하여 계산한 금액

㉡ 선수입 후수출의 경우 : 수입한 물품의 외화표시가액을 통관절차가 완료된 날 현재의 당해 거래와 관련된 거래은행의 대고객외국환매입률에 의하여 계산한 금액

④ 임대방식에 의한 수출(33, 39)

구 분	재화의 국외반출시	임대료 수입시
소유권이전 조건	수출(영세율)	국외제공용역(영세율)
소유권 불이전 조건	수출 아님(과세 안됨)	국외제공용역(영세율)

※ 임대용역에 대한 영세율 첨부서류는 임대차계약서 또는 외화입금증명서이며, 만료 후 임대자산 처분시 외국인도수출에 해당되며 영세율 첨부서류는 수출계약서나 외화입금증명서이다.

⑤ 대외원조수출(41, 49)

한국국제협력단에 공급하는 재화로서 외국에 무상으로 반출하는 경우에는 영세율 적용거래에 해당하는 것이나, 동 사업자가 계약에 의하여 대한상공회의소에 책상 등의 기자재를 공급하는 경우에는 영세율 적용거래에 해당하지 아니함.

⑥ 해외투자수출(61)

사업자가 부가가치세 과세사업과 관련하여 생산하거나 취득한 재화를 국외로 현물출자 하는 경우에 그 재화의 반출에 대하여는 부가가치세를 과세하고 영의 세율을 적용함. 이 때 공급시기는 선적일이다.

⑦ 외국에서 수리, 검사 목적으로 반출하는 물품(83)

A/S용역 제공시 수거한 불량부품을 수리를 위하여 소유권 이전 없이 무환 반출하는 경우 재화의 공급에 해당하지 아니함.

⑧ 전시회목적으로 무환수입 후 반출(86)

국내에서 신제품 전시목적으로 외국사업자 소유의 전시품을 무환수입하여 전시를 하고 전시가 끝난 후 당해 외국사업자에게 반환하기 위하여 외국으로 반출하는 경우에는 재화의 공급에 해당하지 아니 함.

⑨ 수리, 검사, 기타사유로 반입되어 작업 후 다시 반출되는 물품(89)

재화를 수출한 후 하자로 인하여 수출한 재화를 반입하여 수리된 재화 등의 재수출시에는 부가가치세가 과세되지 아니 함.

⑩ 무상반출 견품(92)

대가를 받지 아니하고 무상으로 반출하는 견품 및 광고용품은 재화의 공급으로 보지 아니 함. 다만, 견본품에 대하여 외국으로부터 대가를 받는 경우에는 과세대상에 해당되며 수익으로 계상하여야 함. 회계처리는 다음과 같다.

(차) 견본비 또는 광고선전비	×××	(대) 상품 또는 제품	×××
현금 및 현금성자산	×××	매출	×××

⑪ 수리목적으로 외국에 무환반출(96)

수입·판매된 기계장치를 보증수리기간 내에 하자가 발생하여 수리목적으로 외국으로 반출하는 경우와 수입된 기계장치의 하자로 반품처리(환불)하기 위하여 외국으로 반출하는 경우에는 재화의 공급에 해당하지 아니함.

(2) 부가가치세 신고서의 작성

결제금액(수출신고필증상 49항)을 확인하여 선적일의 기준환율 또는 재정환율을 적용하여 부가가치세 과세표준을 계산함.

> **사례** **수출신고필증을 이용하여 부가세신고서 작성하기**
> ㊸ 결제금액 CFR-USD-4,639.88(선적일의 기준환율 : 1,000)
> 부가가치세 과세표준 : 4,639.88 × 1,000 = 4,639,880
>
> - 영세율 기타분으로 신고하고 영세율첨부서류로 수출실적명세서를 작성하여 제출
> - 수출실적명세서는 영세율이 적용되는 외국으로 직접 반출되는 직수출, 대행수출로 세금계산서 발급대상이 아닌 것에 대하여 작성
> - 수출실적명세서상 기타영세율 적용(⑪항)은 관세청에 수출신고 후 외국으로 직접 반출(수출)하는 재화 이외의 영세율 적용분(국외제공용역, 중계무역, 위탁가공무역 등)으로 세금계산서를 발급하지 아니하는 분의 총건수, 외화금액 합계, 원화금액 합계를 기재, 첨부서류는 별도 제출
> - 선적일 이전에 수출선수금을 받고 원화로 환가한 경우에는 그 금액을 과세표준으로 함.
> - 거래조건이 CFR(운임포함인도 조건)이면 수출신고필증(㊶항)에 운임이 표시되고 CIF(운임보험료 포함인도조건)이면 수출신고필증(㊶, ㊷)에 운임과 보험료가 표시되며 수출상의 수출제비용으로 처리.

4. 수출매출의 귀속시기

(1) 기업회계기준

① 수익의 가득과정의 완료, 수입금액의 신뢰성 있게 측정
② 경제적 효익의 유입가능성이 높을 때

(2) 세법

권리의무 확정주의

① 직수출·대행수출
   물품을 수출하는 경우에는 수출물품을 계약상 인도하여야 할 장소에 보관한 날로

계약상 별단의 명시가 없는 한 선적을 완료한 날

② 중계무역·외국인도수출·위탁가공무역
   외국에서 판매되는 때

③ 보세창고인도조건(BWT) 수출
   수출물품을 수입업자에게 인도한 날

④ 위탁판매수출
   해외에서 수탁사업자가 재화를 판매한 날

⑤ 오퍼상
   물품을 선적한 날

⑥ 해외건설공사
   해외건설공사는 단기공사의 경우 용역제공완료일(준공일), 장기공사의 경우 진행기준에 따라 손익을 인식

⑦ 관세환급금
   ㉠ 수출과 동시에 환급받을 관세 등이 확정되는 경우(수출용 원재료에 대한 관세 등 환급에 관한 특례법 제13조의 규정에 의한 정액환급률표에 의한 환급액을 포함한다)에는 당해 수출을 완료한 날
   ㉡ 수출과 동시에 환급받을 관세 등이 확정되지 아니하는 경우에는 환급금의 결정통지일 또는 환급일 중 빠른 날
   ㉢ 추징당한 관세환급금
      결정통지일 또는 환급일 중 빠른 날

⑧ 해외투자수출
   선적일이 속하는 사업연도

⑨ 내국신용장·구매확인서에 의한 공급
   수출업자에게 상품 등을 납품하는 날

5. 관세환급금의 세무처리

(1) 관세환급금의 신청 및 신청기간

① 환급신청권자 : 수출자, 수출대행위탁자, 완제품공급업자
② 신청기간(소멸시효) : 수출에 제공한 날로부터 2년 내
   예 간이통관수출(FOB 2백만원 이하)은 관세환급 배제

(2) 환급방법 및 귀속시기

① 개별환급 : 소요량증명서에 의거 환급신청
   → 환급금결정통지일 또는 환급일중 빠른 날
   예 기업회계기준에 따라 합리적으로 예측한 관세환급예상액을 결산에 반영인정
② 간이정액환급 : 간이정액환급율표에 의거 환급
   중소기업자중 직전 2년간 매년도 환급실적이 6억원 이하인 자
   → 수출을 완료한 날

(3) 관세환급금과 영세율

① 대가관계가 없는 경우 : 부가세 과세대상 아님
   → 세관장으로부터 받는 관세환급금
② 대가관계가 있는 경우 : 부가세 과세대상 → 영세율 세금계산서 발행
   → 내국신용장에 의하여 수출업자에게 공급하고 대가의 일부로 받는 관세환급금

(4) 수입관세의 회계처리

① 수입시 : 재고자산(원재료) → 원재료 ××× / 현금 등 ×××
② 환급시 : 매출원가에서 차감 → 현금 등 ××× / 관세환급금 ×××

(5) 추가고지된 관세환급금의 귀속시기

① 귀속시기 : 고지일
② 매입세액공제 : 수입세금계산서 발급받은 날

제2절 수출업의 업종별 체크리스트

1. 직수출

(1) 개요
① 수출품생산업자(제조자)와 수출업자가 동일한 경우(A)
② 유상반출, 무환반출 모두 영세율 대상
③ 대가를 받지 않는 견본품 반출(92)은 과세제외

(2) 공급시기 및 과세표준
① 공급시기 : 선(기)적일 → B/L(AWB) 확인
　예) 내항선의 선적일이 아닌 외항선의 선적일임
② 과세표준 : 선적일의 기준(재정)환율로 환산
　㉠ 수출선수금을 받는 경우 : 환가한 금액
　㉡ 공급시기와 결제일의 환율변동차이 : 변동 없음
　㉢ 고정환율로 원화가액을 확정한 경우 : 당초 원화 확정금액
　㉣ 신용장금액과 실제금액과의 차이발생시 실제금액이 영세율 적용됨

(3) 영세율 첨부서류
① 수출실적명세서
② 소포수출 : 소포수령증
③ 간이통관수출 : 간이수출신고필증

(4) 보세창고거래(BWT-Bonded Warehouse Transaction) 방식의 수출

수출업자가 자기의 책임 하에 수입지의 보세창고에 물품을 반입시켜 보관해 둔 상태에서 수입업자의 요청시 물품을 판매하는 거래형태

① 공급시기
　보세창고거래 방식 수출재화의 공급시기는 선(기)적일 즉, 위탁판매방식에 의한 수출과 유사하지만 대외무역법상 위탁판매수출에 해당하지 아니하는 보세창고 수

출은 직수출에 포함하여 수출재화의 선적일을 공급시기로 함.

② 과세표준

무환반출(선적)시의 시가상당액. 확정되는 때 당초 신고금액과 증감되는 금액에 대하여 예정신고 또는 확정신고시 가감하여 신고

③ 수입금액

현지에서 수입자를 물색하여 계약이 성립되면 상품을 인도하는 방식의 수출을 하는 경우에는 당해 수출물품을 수입업자에게 인도한 날이 속하는 사업연도에 손익을 계상.

따라서 부가가치세 공급시기와 법인세법상 수입금액의 귀속시기의 차이가 발생하여 과세표준과 수입금액이 다르게 되어 조정후 수입금액명세서에서 그 원인을 기재

2. 대행수출

① 수출업자와 수출대행업자가 수출대행계약 체결(B)
② 공급시기 : 선적일
   예 수출대행용역의 조건부 공급 : 대가의 각 부분을 받기로 한때
③ 세금계산서 발급의무 : 없음. 다만, 수출대행수수료는 일반세금계산서 발급
④ 영세율 첨부서류 : 수출대행계약서와 수출신고필증 또는 수출대금입금증명서, 수출실적명세서, 우체국장의 소포수령증

3. 내국신용장·구매확인서에 의한 공급

(1) 내국신용장과 구매확인서의 비교

구 분	내국신용장	구매확인서
근거법령	무역금융규정	대외무역법
개설기관	외국환은행	좌동
개설조건	무역금융 융자한도 내에서 개설	제한 없이 개설
수출실적	공급업체의 수출실적인정	좌동
개설목적	국산수출용원자재 및 완제품 구매	외화획득용 원료 등 구매

구 분	내국신용장	구매확인서
지급보증	개설은행이 지급보증	발급은행이 지급보증 없고 당사자간의 계약
발급근거	1. 수출신용장 2. 수출계약서(D/A, D/P 등) 3. 외화표시 물품(용역)계약서 4. 내국신용장 5. 과거 수출실적	1. 수출신용장 2. 수출계약서 3. 내국신용장 4. 외화입금증명서 5. 구매확인서
발급제한	2차(단, 1차 내국신용장이 완제품내국신용장일 경우 3차까지 가능)	차수제한 없이 순차적으로 발급가능
영세율 적용여부	적 용	적 용

(2) 영세율 적용요건

① 재화 또는 용역의 공급일이 속하는 과세기간종료일 후 25이내에 개설(발급). 종료일이 공휴일 경우에는 그 전일까지 발급받아야 함.
② 주한미군군납계약서 근거로 발급된 구매확인서는 영세율 적용대상 아님

(3) 공급시기 및 과세표준의 계산

① 공급시기 : 국내공급과 동일
② 과세표준 : 내국신용장에 표시된 금액
  ㉠ 원화로 표시된 금액 : 그 금액
  ㉡ 외화로 표시된 금액 : 공급시기일 현재의 기준환율 또는 재정환율로 환산한 금액
  ㉢ 내국신용장에 포함되지 않은 금액 : 그 금액도 영세율 적용

(4) 세금계산서 및 수정세금계산서의 발급

① 국내사업자와의 거래로 공급시기에 영세율 세금계산서 발급
② 내국신용장 사후개설시 수정세금계산서 발급

(5) 수정세금계산서 발급 및 수정신고 방법

당초 기재사항의 착오 또는 정정사유가 발생한 경우로 보아 당초작성일자를 작성일자로 하여 (−)수정세금계산서와 영세율세금계산서를 발급(3장)

① 공급시기가 속하는 예정 또는 확정신고기간 내에 개설된 경우
→ 수정신고·경정청구 필요 없음

재화의 공급시기	내국신용장 개설일	부가가치세 신고일
20×1.2.20	20×1.3.30	1기 예정신고(4.25)
20×1.5.10	20×1.6.28	1기 확정신고(7.25)

② 예정신고기간 내에 공급하고 확정신고기간 내에 개설된 경우
→ 수정신고·경정청구 필요 없음

재화의 공급시기	내국신용장 개설일	부가가치세 신고일
20×1.2.20	20×1.6.30	1기 확정신고(7.25)

③ 공급시기가 속하는 예정 또는 확정신고 기한 내에 내국신용장이 개설된 경우
→ 수정신고·경정청구 필요 없음

재화의 공급시기	내국신용장 개설일	부가가치세 신고일
20×1.4.20	20×1.7.15	1기 확정신고(7. 25)

(6) 영세율 첨부서류

① 내국신용장 등 전자발급명세서

4. 위탁가공무역

(1) 개요

가공임을 지급할 조건으로 외국(중국, 베트남 등)에서 가공하여 수입 또는 외국으로 인도

- 위탁가공무역의 요건
    ① 가공임을 지급하는 조건으로 외국에서 가공이 이루어 질 것
    ② 원재료의 국내 또는 외국에서 조달하여 외국수탁가공업자에게 전부 또는 일부를 제공할 것
    ③ 가공물품을 제3국으로 인도하거나 가공국내의 제3자에게 인도할 것

(2) 공급시기

외국으로 원자재 무환반출은 과세대상이 아님(소유권이 이전 안됨)

① 제3국 수출 → 외국에서 완성품을 선적하는 때 완성품가액을 과세표준으로 함
② 재반입조건부 수출 → 재반입 후 국내에서 인도 또는 선적되는 때

(3) 위탁가공무역의 업종구분

① 세법상 업종구분은 한국표준산업분류에 의함
② 외국에서 위탁가공하는 사업은 제조업이 아닌 도매업
③ 수도권에서 중소기업특별세액감면을 받는 경우는 소기업만 해당

5. 수탁가공무역

(1) 위탁자가 지정하는 국내의 다른 사업자에게 인도하는 경우

① 국외의 비거주자 또는 외국법인과 직접 계약에 의하여 공급할 것
② 대금을 외국환은행에서 원화로 받을 것
③ 비거주자 등이 지정하는 국내의 다른 사업자에게 인도할 것
④ 국내의 다른 사업자가 비거주자 등과 계약에 의하여 인도받은 재화를 그대로 반출하거나 제조·가공 후 반출할 것
⑤ 공급시기 : 인도하는 때
⑥ 세금계산서 발급의무 : 없음

(2) 외국의 위탁자에게 반출하는 경우

① 공급시기 : 선적일
② 세금계산서 발급의무 : 없음
③ 과세표준
  ㉠ 유환수탁가공무역 : 수출대금 전액
  ㉡ 무환수탁가공무역 : 가공수수료

6. 중계무역·외국인도수출

(1) 중계무역·외국인도수출의 비교

구 분	중계무역	외국인도수출
근거법령	대외무역법	대외무역법
취급품목	재고자산 (상품 또는 제품)	재고자산·사업용고정자산 (기계장치, 선박)
부가가치세	영세율	영세율
공급시기	선적일	인도일
시 차	수입과 수출이 동시에 발생	구입하여 사용하다가 판매
영세율 첨부서류	외화입금증명서·수출계약서 사본	외화입금증명서·수출계약서 사본
세금계산서발급의무	없 음	없 음
거래 형태	수입 후 수출(2건)	수출(1건)

① 중계무역의 익금과 손금 : 총액인식
② 중계무역의 업종구분 : 도매업

(2) 4자간 무역거래

1) 거래형태

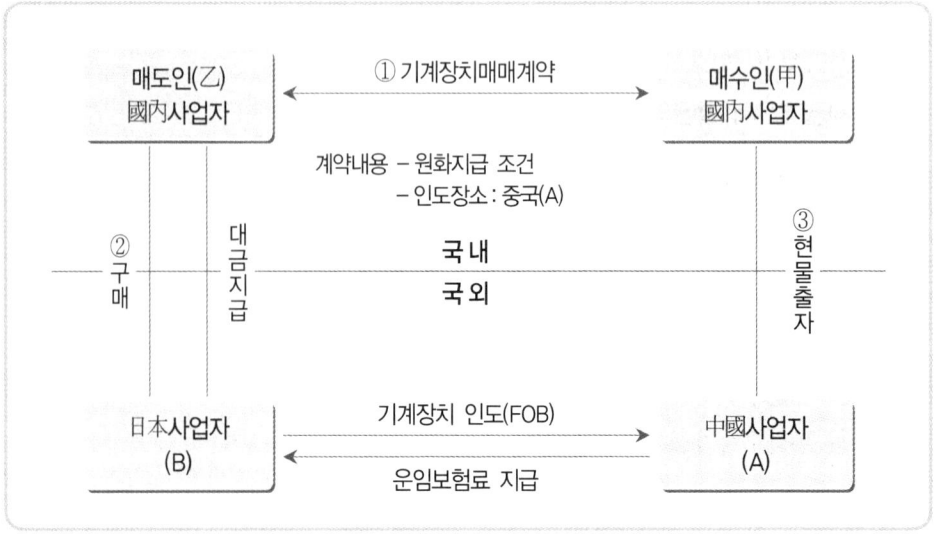

2) 과세대상 여부

① 매도인(을)의 경우

재화의 이동이 국외에서 이루어진 것에 해당하므로 부가가치세 과세거래가 아님.
- 국외에서 재화가 인도되었기 때문

② 매수인(갑)의 경우

매수인(갑)은 기계장치를 A에 현물출자 하는 경우 국내에 반입하지 않고 외국에서 외국으로 인도하는 경우로 외국인도수출에 해당
- 수출하는 재화에 포함되어 영세율 적용대상

③ 세금계산서 발급대상 여부

세금계산서 발급의무가 없음. 계산서를 작성·발급하여야 함.

7. 무역대리업(오퍼상)

① 상품중개업은 영세율적용대상
② 대금을 외국환은행에서 원화로 받는 경우 → 국내에서 받거나 외국에서 직접 수령하는 경우 영세율을 적용받을 수 없음
③ 공급시기 : 역무제공완료일·대가가 확정되는 때
④ 귀속시기 : 선적일·신용장개설일
⑤ 영세율 첨부서류 : 외화입금증명서, 용역계약서 사본

8. 수출재화임가공용역

(1) 임가공형태의 업종구분

업종구분	부가가치세법	적용범위 및 분류기준	부가가치율
제조	재화의 공급	주요자재의 전부·일부부담	낮음(주요자재매입)
서비스	용역의 공급	주요자재를 전혀 부담하지 않고 단순가공 (기준경비율 코드 : 749604)	높음(인건비비중 큼)

(2) 수출재화 임가공용역의 영세율 적용여부

영세율을 적용 받을 수 있는 경우46)

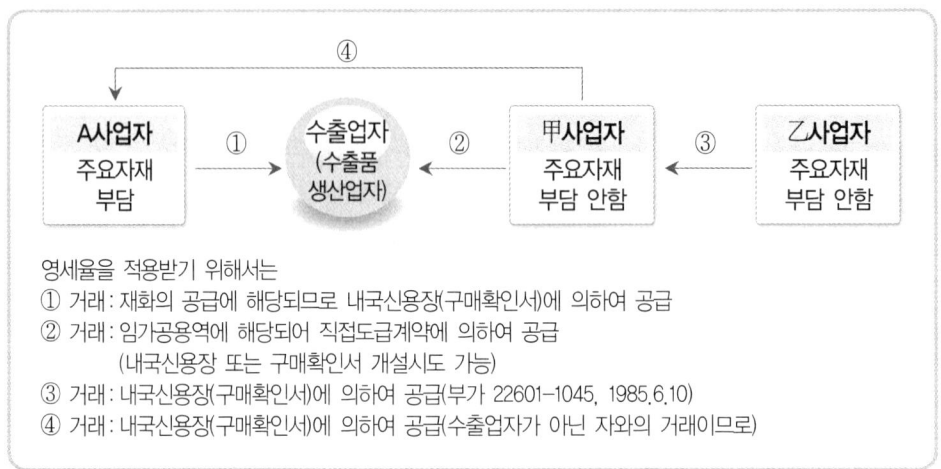

(3) 기타

① 대가의 수수방법 제한 없음
② 공급시기 : 용역제공완료일·공급가액 확정일
③ 영세율 첨부서류 : 내국신용장, 구매확인서, 외화입금증명서

9. 국외제공용역

(1) 적용요건(모두 충족)

① 사업장이 국내소재 → 따라서 외국에서 부동산임대업 영위시 과세대상 아님
② 용역제공 장소 : 국외 → 건설공사를 하도급 받아 국외에서 건설용역제공 영세율 대상

(2) 공급시기

용역제공완료일·공급가액확정일

---

46) 한장석·김용관, 부가가치세 2006 광교이택스, 2006. p. 432. 인용

(3) 세금계산서 발급 의무

없음. 다만, 국내 원도급업자로부터 대가를 받는 경우는 영세율세금계산서 발급

10. 자유무역지역 안의 반입 재화·북한반출 재화 및 용역

(1) 자유무역지역

① 입주업체가 반입신고를 한 경우 영세율 적용
② 입주기업체간에 공급하거나 제공하는 외국물품등과 용역에 대하여 부가가치세의 영세율을 적용

(2) 북한반출

① 수출하는 재화, 국외제공용역, 항공기 및 선박의 외국항행용역의 영세율 적용
② 미가공 농축수임산물의 수입한 재화에 대하여 국내거래와 동일하게 과세여부 판단

제3절 영세율 첨부서류

1. 영세율신고불성실가산세

- 누락금액의 0.5%
- 누락금액 : 무신고, 과소신고, 첨부서류 미제출
- 수정신고로 감면됨(90%, 75%, 50%, 30%, 20%, 10%)

2. 영세율 첨부서류

영세율적용대상	첨부서류	
	법령에 의한 첨부서류	국세청장 지정서류
직접수출(대행수출 포함)	• 수출실적명세서 • 휴대반출시 간이수출신고수리 필증 • 소포우편 수출의 경우 소포 수령증	수출대행계약서 사본 및 수출신고필증, 또는 수출대금입금증명서
중계무역방식 수출·위탁판매 수출·외국인도수출·위탁가공 수출	수출계약서 사본 또는 외화입금증명서	
내국신용장·구매확인서에 의한 공급	내국신용장 또는 구매확인서 전자발급명세서	관세환급금 등 명세서 (내국신용장에 불포함분)
한국국제협력단에 재화공급	한국국제협력단 발행 공급사실 증명서류	
수탁가공무역 수출용 재화공급	수출재화를 입증하는 서류 및 외화입금증명서	
국외에서 제공하는 용역	외화입금증명서 또는 용역공급 계약서	장기 해외건설공사의 경우 최초신고시 공사도급계약서 사본을 제출하고 당해 신고기간에는 외화획득명세서 제출)
선박에 의한 외국항행용역	외화입금증명서	「선박에 의한 운송용역 공급가액일람표」

영세율적용대상	첨 부 서 류	
	법령에 의한 첨부서류	국세청장 지정서류
항공기에 의한 외국항행 용역	공급가액 확정명세서	다른 외국항행사업의 탑승권을 판매하거나 화물운송계약을 체결하여 주는 경우 「송장집계표」
국제복합운송계약에 의한 외국항행용역		선박·항공기에 의한 외국항행용역 입증서류
국내에서 비거주자·외국법인에게 공급하는 재화 및 일부 용역	외화입금증명서	• 용역공급계약서 사본 • 외화매입증명서 또는 외국환매각증명서는 외화입금증명서에 갈음 • 직접 외화가 입금되지 아니한 경우 → 『외화획득명세서』에 외화획득사실 증빙 첨부
수출재화 임가공용역	• 임가공계약서 사본과 납품사실증명서 또는 수출대금입금증명서 • 내국신용장 또는 구매확인서 사본	수출업자와 임가공 사업자의 사업장이 동일한 경우 납품사실증명서만 제출함
외국항행 선박·항공기 등에 공급하는 재화·용역 — 재화	선(기)적완료증명서 다만, 전기통신사업은 용역공급기록표	세관장 발행 물품·선(기)용품 적재허가서
외국항행 선박·항공기 등에 공급하는 재화·용역 — 하역 용역		세관장에게 제출한 작업신고 및 교통허가서 또는 작업보고필증이나 선박회사 대금청구서
외국항행 선박·항공기 등에 공급하는 재화·용역 — 기타 용역		세관장 발행 승선허가증 사본
외국정부기관 등에 공급하는 재화·용역	수출(군납)대금입금증명서 또는 군납완료증명서 또는 외국정부기관 등이 발급하는 납품 또는 용역공급 사실을 증명하는 서류 다만, 전력 등 계속 공급하는 경우 재화공급기록표, 용역공급기록표	외화입금 증명서
외국인관광객에게 공급하는 관광기념품과 관광알선용역 및 관광호텔의 숙박용역	• 외국인물품판매 기록표 • 일반여행업은 외화입금증명서 • 외국인숙박 기록표	
외국인전용판매장에서 공급하는 재화·용역 및 미군주둔지역 관광특구 내 사업자가 공급하는 재화	외화입금증명서 또는 외화매입 증명서	
외교관 등에게 공급하는 재화·용역	외교관면세판매 기록표	

제4절 수출입 기타사항 검토

1. 소득구분계산서의 작성

① 작성이유 : 감면대상 소득금액의 적정 계산
② 개별손익금의 정확한 구분 → 외환차손익 중 외화예금 등과 관련부분은 과세대상 개별손익금으로 감면 배제

2. 미착상품에 대한 취득원가의 계상시기

법률적인 소유권 유무 → 계약조건에 따라

거 래 조 건	취득원가 계상시점
EXW (공장인도조건)	매도인의 공장 등에서 인수하는 시점
FAS (선측인도조건)	매도인이 선측에 인도하는 시점
FOB·CFR·CIF	매도인이 본선에 인도하는 시점
CPT (운송비지급조건)	매수인이 지정한 운송인에게 인도하는 시점
DAT (터미널 인도조건)	수입항에 도착하여 터미널 인도하는 시점
DAP (지정장소 인도조건)	수입통관 후 지정장소에서 매수인에 인도하는 시점
DDP (관세지급인도조건)	수입통관 되어 매수인이 인수하는 시점

3. 수입세금계산서·계산서 검토

① 수입계산서는 제출대상 아님
② DDP조건(매도인관세부담인도조건) : 수출자 책임 하에 수입하는 경우 매입세액불공제
③ 관세 추징 후 발급받은 수입세금계산서 : 세관장으로부터 발급받은 때 매입세액공제

4. 보세구역내의 거래

재화·용역의 이동	과세대상 여부
외국 → 보세구역	재화의 수입(×), 수입통관(×), 과세대상(×)
보세구역 → 보세구역	재화·용역의 공급, 세금계산서 발급
보세구역 외 → 보세구역	재화·용역의 공급, 세금계산서 발급
보세구역 → 보세구역 외	• 세관장 : 수입세금계산서(A)=관세의과세가격+관세+개별소비세·주세·교육세+교통·에너지·환경세+농어촌특별세 • 사업자 : 세금계산서= 총공급가액-A
보세구역 → 보세구역 외 (Local L/C에 의한 공급)	• 세관장 : 수입세금계산서(A)=관세의과세가격+관세+개별소비세·주세·교육세+교통·에너지·환경세+농어촌특별세 • 사업자 : 영세율 세금계산서= 총공급가액-A

5. 외화환산

① 환율 : 기준환율 또는 재정환율
② 완결거래 : 외환차손익 → 익금 또는 손금
③ 미완성 거래 : 외화환산손익 → 익금, 손금 또는 평가여부 선택

계정과목	구 분		평 가	계정과목	구 분		평 가
	화폐성	비화폐성			화폐성	비화폐성	
현금및현금성자산	○		○	매입채무	○		○
유가증권	○	○		차입금	○		○
매출채권	○		○	미지급금	○		○
미수금	○		○	선수금		X	X
대여금	○		○	예수금		X	X
선급비용		○	X	선수수익		X	X
재고자산		○	X	퇴직급여충당부채	○		○
유형자산		○	X	사 채	○ X		○ X
무형자산		○	X	자 본	○		○

6. 선하증권의 양도

① **양도일**: 선하증권의 교부일
② **과세대상**: 선하증권은 권리증서로 상품이 부가가치세 과세대상이면 선하증권의 양도도 과세
③ 사업자가 과세되는 선하증권을 매입하면서 발급받은 세금계산서의 공급가액에 동 선하증권 관련 재화의 수입통관 시 세관장으로부터 발급받은 수입세금계산서의 공급가액이 포함되어 기재된 경우 선하증권 매입 시 부담한 부가가치세의 매입세액은 공제 가능. 즉, 선하증권의 양수인으로부터 받은 대가 또는 양수인으로부터 받은 대가에서 세관장이 징수한 공급가액을 차감한 금액으로 발급가능

PART 07

해외진출기업의 세무실무

해외투자의 절차_ 제 **1** 절
해외현지기업의 자료 제출의무_ 제 **2** 절
해외현지기업의 세무실무_ 제 **3** 절
해외금융계좌의 신고의무_ 제 **4** 절

PART 07 해외진출기업의 세무실무

제1절 해외투자의 절차

1. 해외직접투자와 해외간접투자

(1) 해외직접투자

"해외직접투자"란 거주자가 외국법령에 따라 설립된 법인(설립 중인 법인을 포함한다)이 발행한 증권을 취득하거나 그 법인에 대한 금전의 대여 등을 통하여 그 법인과 지속적인 경제관계를 맺기 위하여 하는 거래 또는 행위 또는 외국에서 영업소를 설치·확장·운영하거나 해외사업 활동을 하기 위하여 자금을 지급하는 행위로서 다음의 것을 말한다(외환거래법3①18).

1. 외국 법령에 따라 설립된 법인(설립 중인 법인을 포함한다. 이하 "외국법인"이라 한다)의 경영에 참가하기 위하여 취득한 주식 또는 출자지분이 해당 외국법인의 발행주식총수 또는 출자총액에서 차지하는 비율(주식 또는 출자지분을 공동으로 취득하는 경우에는 그 주식 또는 출자지분 전체의 비율을 말한다. 이하 이 항에서 "투자비율"이라 한다)이 100분의 10 이상인 투자
2. 투자비율이 100분의 10 미만인 경우로서 해당 외국법인과 다음 각 목의 어느 하나에 해당하는 관계를 수립하는 것
   가. 임원의 파견
   나. 계약기간이 1년 이상인 원자재 또는 제품의 매매계약의 체결
   다. 기술의 제공·도입 또는 공동연구개발계약의 체결
   라. 해외건설 및 산업설비공사를 수주하는 계약의 체결

3. 제1호 또는 제2호에 따라 이미 투자한 외국법인의 주식 또는 출자지분을 추가로 취득하는 것
4. 제1호부터 제3호까지의 규정에 따라 외국법인에 투자한 거주자가 해당 외국법인에 대하여 상환기간을 1년 이상으로 하여 금전을 대여하는 것

(2) 해외간접투자

해외직접투자는 수익을 획득하기 위하여 투자대상기업의 경영에 직접 참가할 목적으로 재화나 용역을 해외로 이전시키는 기업활동이다. 이에 반하여 해외간접투자는 경영에 참여하지 않고 이자, 배당, 또는 주식의 양도차익을 얻을 목적으로 외국에 투자하는 활동을 말한다.

(3) 해외현지법인

해외직접투자를 통하여 외국의 법령에 의하여 해외에 설립된 법인(설립중인 법인을 포함)을 말한다. 해외현지법인의 투자형태는 주식 또는 출자지분의 취득 및 대부투자 등으로 구분된다.

2. 해외현지기업의 고유번호 부여 및 관리

해외현지기업 고유번호란 국세청(세무서)에서 해외현지기업에 대하여 세무관리 목적으로 진출국가, 해외현지기업의 형태 등을 감안하여 해외현지기업별로 부여한 번호를 말하며, 세무서장이 해외직접투자 신고한 개인투자자와 법인투자자에게 부여하여 통지하고 있으며 고유번호는 다음과 같이 구성되어 있다.

고유번호 부여체계

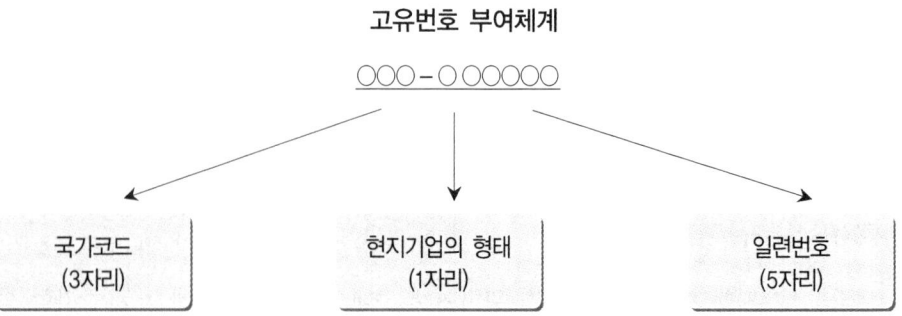

- 첫 3자리는 국가코드
  - 뒤 6자리 중 첫 번째는 해외현지기업의 형태
    (1~4 : 해외현지법인, 5~8 : 해외개인사업체, 9 : 해외지사 및 연락사무소)
  - 나머지 5자리는 진출국별로 부여되는 일련번호

[표 4-8] 주요 국가코드(예시)

국가명	국가코드	국가명	국가코드	국가명	국가코드
대한민국	100	싱가포르	164	프랑스	321
중국	112	베트남	185	독일	324
홍콩	120	브라질	209	헝가리	329
인도	124	캐나다	213	아일랜드	334
인도네시아	125	미국	275	이탈리아	335
일본	130	벨기에	306	룩셈부르크	341
말레이시아	143	체코	310	네덜란드	350

〈고유번호증 양식〉

<table>
<tr><td colspan="4" align="center">**해외현지법인(지사)고유번호**
①②③-①②③④⑤⑥</td></tr>
<tr><td colspan="4">1. 해외현지법인(지사) 기본사항</td></tr>
<tr><td align="center">투 자 국</td><td></td><td align="center">투 자 유 형</td><td></td></tr>
<tr><td align="center">현지기업명</td><td colspan="3"></td></tr>
<tr><td align="center">현지기업
소 재 지</td><td colspan="3"></td></tr>
<tr><td align="center">현지기업업종</td><td colspan="3"></td></tr>
<tr><td colspan="4">2. 해외직접투자자 인적사항</td></tr>
<tr><td align="center">투자자명</td><td colspan="3"></td></tr>
<tr><td align="center">사업자등록번호
(주민등록번호)</td><td colspan="3"></td></tr>
<tr><td align="center">소재지(주소)</td><td colspan="3"></td></tr>
<tr><td colspan="4" align="center">년   월   일

○○세무서장   [관인생략]</td></tr>
</table>

※ 상기 고유번호는 법인세법 시행규칙 제82조 제1항 제60호 및 소득세법 시행규칙 제65조 제2항 제2호에 근거하여 해외현지기업을 대상으로 국세청에서 부여한 번호입니다. 이 고유번호는 해외직접투자자의 법인(소득)세 신고시 제출하는 신고부속서류 작성 이외 다른 용도로 사용할 수 없습니다.

※ 상기 내용에 오류 및 변경사항이 있거나, 고유번호가 미부여 된 해외현지기업이 있을 경우 아래 담당자에게 문의하시면 즉시 투자관련 내용을 정정하거나 신규 고유번호를 부여하여 드립니다.
   담당자 : ○○세무서 ○○세과   ○○○, ☎ (   ) －   Fax (   ) －

제2절 해외현지기업의 자료 제출의무

1. 개요

해외직접투자를 한 내국법인은 법인세 신고기한까지 해외직접투자의 명세, 투자 받은 법인의 재무상황, 해외 영업소의 설치 현황 등의 명세서를 납세지 관할 세무서장에게 사업연도 종료일부터 6개월 이내에 제출하여야 한다. 납세지 관할 세무서장은 내국법인이 해외현지법인 명세서등을 제출하지 아니하거나 거짓된 해외현지법인 명세서등을 제출한 경우에는 해외현지법인 명세서등의 제출이나 보완을 요구할 수 있다. 다만, 법인세신고기한의 다음 날부터 2년이 지난 경우에는 그러하지 아니하다. 자료제출 또는 보완을 요구받은 자는 요구받은 날부터 60일 이내에 해당 자료를 제출하여야 한다.

2. 자료의 종류

(1) 해외현지법인명세서

해당사업연도 종료일 현재 외국법인에 출자(증권투자 또는 대부투자)를 하고 있는 모든 내국법인. 즉, 외국환거래법 제3조 제1항 제18호 가목에 따른 투자를 한 내국법인

(2) 해외현지법인 재무상황표

단독 또는 공동 투자한 거주자(내국법인과 개인을 포함)의 출자액 합계가 해외현지법인 총자본금의 10% 이상인 경우로서 투자금액(증권투자 또는 대부투자)이 1억원 이상인 내국법인과 피투자법인의 발행주식총수 또는 출자총액의 10%이상을 직접 또는 간접으로 소유하고 피투자법인과 구게조세조정에 관한 법률 제2조 제1항 제8호에 따른 특수관계에 있는 내국법인

(3) 해외현지법인 설치현황표

외국환거래법 제3조 제1항 제18호 나목에 따른 투자를 한 내국법인

(4) 해외현지법인 손실거래명세서

피투자법인의 발행주식총수 또는 출자총액의 10% 이상을 직접 또는 간접으로 소유하고 피투자법인과 국제조세조정에 관한 법률 제2조 제1항 제8호에 따른 특수관계 있는 법인 중 법인세법 제121조의 2 제1항 제3호 또는 제4호에 해당하는 거래 건별 손실금액이 단일 사업연도 50억원 이상이거나, 최초 손실이 발생한 사업연도부터 5년이 되는 날이 속하는 사업연도까지 누적 손실금액이 100억원 이상인 내국법인

(5) 해외부동산 취득, 투자·운용·임대 및 처분명세서

외국환거래법 제3조 제1항 제19호에 따른 자본거래로서 해당사업연도 중에 외국에 있는 부동산이나 이에 관한 권리를 취득하거나 해외부동산 등을 투자, 운용, 임대, 처분한 사실이 있는 내국법인

3. 해외현지법인에 대한 자료제출 의무 불이행에 대한 제재

① 제58조에 따라 해외현지법인 명세서등(같은 조 제1항 제6호에 따른 해외부동산등의 투자 명세 및 같은 항 제7호에 따른 해외부동산등과 관련된 자료는 제외한다. 이하 이 항에서 같다)의 자료 제출의무가 있는 거주자 또는 내국법인(제58조 제1항 제1호부터 제4호까지의 규정에 따른 자료는 「외국환거래법」 제3조 제1항 제18호에 따른 해외직접투자를 한 거주자 또는 내국법인이 해외직접투자를 받은 법인의 발행주식 총수 또는 출자총액의 10퍼센트 이상을 직접 또는 간접으로 소유한 경우만 해당한다)이 다음 각 호의 어느 하나에 해당하는 경우 그 거주자 또는 그 내국법인에는 5천만원 이하의 과태료를 부과한다. 다만, 제58조 제1항 또는 제3항에 따른 기한까지 자료 제출이 불가능하다고 인정되는 경우 등 대통령령으로 정하는 부득이한 사유가 있는 경우에는 과태료를 부과하지 아니한다(국제조세조정에 관한 법률 제63조).

  1. 제58조 제1항에 따른 기한까지 해외현지법인 명세서등을 제출하지 아니하거나 거짓된 해외현지법인 명세서등을 제출하는 경우
  2. 제58조 제2항에 따라 자료 제출 또는 보완을 요구받고 같은 조 제3항에 따른 기한까지 해당 자료를 제출하지 아니하거나 거짓된 자료를 제출하는 경우

② 제58조에 따라 같은 조 제1항 제6호에 따른 해외부동산등의 투자 명세 및 같은 항

제7호에 따른 해외부동산등과 관련된 자료(이하 이 항에서 "해외부동산등의 투자 명세등"이라 한다)를 제출할 의무가 있는 거주자 또는 내국법인이 다음 각 호의 어느 하나에 해당하는 경우 그 거주자 또는 내국법인에는 대통령령으로 정하는 해외부동산등의 취득가액, 처분가액 및 투자운용 소득의 10퍼센트 이하의 과태료(1억원을 한도로 한다)를 부과한다. 다만, 제58조 제1항 또는 제3항에 따른 기한까지 자료 제출이 불가능하다고 인정되는 경우 등 대통령령으로 정하는 부득이한 사유가 있는 경우에는 과태료를 부과하지 아니한다.

1. 제58조 제1항 각 호 외의 부분에 따른 기한까지 해외부동산등의 투자 명세등을 제출하지 아니하거나 거짓된 해외부동산등의 투자 명세등을 제출하는 경우
2. 제58조 제2항에 따라 자료 제출 또는 보완을 요구받고 같은 조 제3항에 따른 기한까지 해당 자료를 제출하지 아니하거나 거짓된 자료를 제출하는 경우

③ 거주자 또는 내국법인이 제59조 제2항 및 제3항을 위반하여 취득자금 출처에 대한 소명대상 금액의 출처에 대하여 소명하지 아니하거나 거짓으로 소명한 경우에는 소명하지 아니하거나 거짓으로 소명한 금액의 20퍼센트에 상당하는 과태료를 부과한다. 다만, 천재지변 등 대통령령으로 정하는 부득이한 사유가 있는 경우에는 과태료를 부과하지 아니한다.

■ 국제조세조정에 관한 법률 시행령 [별표] 〈개정 2023.2.28.〉

과태료의 부과기준 (제104조 제1항 관련)

위반행위		근거 법조문	과태료	
			거주자인 경우	내국법인인 경우
1. 해외직접투자 명세 등의 자료 제출의무가 있는 거주자 또는 내국법인인 경우	가. 법 제58조 제1항에 따른 기한까지 다음의 자료를 제출하지 않거나 거짓된 자료를 제출한 경우 1) 해외현지법인 명세서 2) 해외현지법인 재무상황표 3) 손실거래명세서 4) 해외영업소 설치 현황표	법 제91조 제1항 제1호	건별 500만원	건별 1천만원
	나. 법 제58조 제3항에 따라 자료 제출 또는 보완을 요구받은 날부터 60일 이내에 다음의 자료를 제출하지 않거나 거짓된 자료를 제출한 경우 1) 해외현지법인 명세서 2) 해외현지법인 재무상황표 3) 손실거래명세서 4) 해외영업소 설치 현황표	법 제91조 제1항 제2호	건별 500만원	건별 1천만원
2. 해외부동산 등 명세의 자료 제출의무가 있는 거주자 또는 내국법인인 경우	가. 법 제58조 제2항 각 호 외의 부분에 따른 기한까지 다음의 자료를 제출하지 않거나 거짓된 자료를 제출한 경우 1) 해외부동산등 취득명세 2) 해외부동산등 보유명세 3) 해외부동산등 투자운용(임대)명세 4) 해외부동산등 처분명세	법 제91조 제2항 제1호	해외부동산등 취득가액의 10퍼센트 (1억원을 한도로 한다) 해외부동산등 취득가액의 10퍼센트 (1억원을 한도로 한다) 해외부동산등 투자운용 소득의 10퍼센트 (1억원을 한도로 한다) 해외부동산등 처분가액의 10퍼센트 (1억원을 한도로 한다)	

위반행위	근거 법조문	과태료	
		거주자인 경우	내국법인인 경우
나. 법 제58조 제3항에 따라 자료 제출 또는 보완을 요구받은 날부터 60일 이내에 다음의 자료를 제출하지 않거나 거짓된 자료를 제출한 경우	법 제91조 제2항 제2호		
1) 해외부동산등 취득명세		해외부동산등 취득가액의 10퍼센트 (1억원을 한도로 한다)	
2) 해외부동산등 보유명세		해외부동산등 취득가액의 10퍼센트 (1억원을 한도로 한다)	
3) 해외부동산등 투자운용(임대)명세		해외부동산등 투자운용 소득의 10퍼센트 (1억원을 한도로 한다)	
4) 해외부동산등 처분명세		해외부동산등 처분가액의 10퍼센트 (1억원을 한도로 한다)	

4. 해외현지법인명세서등의 작성

(1) 제출대상 및 작성요령

① 해외현지법인명세서등의 제출의무자는 사업연도종료일 현재 외국법인에 투자하고 있는 모든 내국법인이므로 해외주식만 취득한 경우에도 해외현지법인명세서를 제출하여야 한다. 대만, 간접투자의 경우에는 해외현지법인명세서 및 해외현지법인 재무상황표를 제출하지 않아도 된다.

② 해외현지법인이 청산한 경우에도 사업연도 시작일부터 청산일까지의 실적을 기준으로 제출하여야 한다.

③ 해외직접 투자신고하고 투자송금 하였으나, 해외현지법인이 영업을 개시하지 아니한 경우에도 「해외현지법인명세서」 등 서식을 제출하여야 한다. 단, 해외직접투자 신고만 하고 실제 투자를 실행하지 않은 경우에는 「해외현지법인명세서」 상 「다. 청산(지분양도)여부」 란의 「㉞청산일자」에는 해외직접투자 신고일을 「㉟청산유형」에는 '투자 미실행'(코드번호5)으로 기재하여 신고하면 된다.

④ 사업의 부도로 사실상 폐업상태인 경우 법인세 신고시 「해외현지법인명세서」 및 「해외현지법인 재무상황표」를 작성 제출하면서 「해외현지법인명세서」 하단의 청산(지분양도)여부」에 청산일자㉞와 회수금액㊱을 기재하고 청산유형㉟ '현지법인 청산'의 사유를 기재하여 제출하여야 한다. 또한 외국환거래규정 제9-6조(해외직접투자사업의 청산)의 규정에 의거 분배잔여재산을 즉시 국내로 회수하고 청산관련 서류를 지정거래외국환은행에 제출하여야 한다.

⑤ 서식작성시 외화환산은 재무상태표 항목의 경우 해외현지법인의 사업연도 종료일 현재의 기준환율 또는 재정환율을 적용하고, 손익계산서 항목의 경우 해외현지법인 사업연도의 평균환율을 적용한다. 원화로 환산된 금액은 반드시 「원」 단위로 기재해야 한다.

⑥ 해외현지법인 재무상황표는 우리나라 기업회계기준에 따라 재작성 할 필요 없이 현지 국가의 기업회계기준에 따라 작성된 재무제표를 단순 원화환산 하여 기재한다.

⑦ 해외현지기업의 사업연도는 국가별 회계기준 또는 사업형편상 국내 모법인과 해외현지법인의 사업연도가 서로 다른 경우 해외현지기업의 재무제표를 국내 과세기간에 맞추어 가결산할 필요 없이 모법인 사업연도 종료일 직전에 종료하는 해외현지기업의 사업연도분에 해당하는 재무제표를 기준으로 하여 작성한다.

⑧ 수익사업 수행여부와 관계없이 본점 사업연도종료일 현재 가동 중이거나 사업연도 중 청산·폐업한 지점, 연락사무소에 대하여 작성 제출하여야 한다.
⑩ 해외에 연락사무소를 둔 경우 해외지사명세서를 제출하여야 한다.
⑪ 해외지사명세서 상 "해외지사 요약대차대조표" 및 "해외지사요약손익계산서"는 ⑬설립형태가 지점인 경우만 기재하는 것이므로 연락사무소는 기재대상이 아니다. 따라서 해외지사명세서의 일련번호 ⑮까지만 기재하면 된다. 단, 연락사무소를 폐쇄한 경우에는 ⑱폐쇄일자 및 ⑲회수금액을 기재하여야 한다.

(2) 관련서식

[별지제81호서식]　　　　　　　　　　　　　　　　　　　　　　　　　　　(앞 쪽)

<table>
<tr><td>①모법인명</td><td rowspan="2">해외현지법인 명세서</td><td>③모법인 사업연도
. . . ~ . . .</td></tr>
<tr><td>②모법인 사업자등록번호</td><td>④해외현지법인 사업연도
. . . ~ . . .</td></tr>
</table>

Ⅰ. 해외현지법인명세서 제출현황(총계)

제출대상 법인 수				⑨제출법인수	⑩미제출 법인수 (⑧-⑨)
⑤전기말 가동법인수	⑥당기 중 신설 법인수	⑦당기 중 청산 (지분양도)법인수	⑧제출대상 법인수(⑤+⑥)		

Ⅱ. 해외현지법인 명세 (해외현지법인별로 작성)

1. 해외현지법인 기본사항

⑪해외현지법인명				⑫해외현지기업고유번호	
⑬투자국		⑭투자일자	. . .	⑮현지납세자번호	
⑯해외현지법인소재지					
⑰업종 (업종코드)	( )	⑱직원수 (모법인파견직원수)	( )	⑲현지법인전화번호	

2. 해외현지법인 투자내역
가. 해외현지법인에 대한 투자현황　　　　　　　　　　　　　　　(단위: %, 원)

⑳해외현지법인의 주주명 (주주의 거주지국)	출 자 내 역				대부투자내역	
	㉑출자금액	㉒주식수	㉓지분율	㉔배당금수입	㉕대여금	㉖대부수입이자
(모법인명) (한국)						
( )						
소액주주 소계						
계						

나. 해외현지법인의 자회사 현황(모법인의 손자회사)　　　　　(단위: %, 원)

㉗자회사명	㉘업종	㉙소재지 (국가 & 도시명)	㉚출자일	㉛현지법인의 출자금액	㉜지분율	㉝당기순손익
			. . .			
			. . .			

다. 청산(지분양도) 여부　　　　　　　　　　　　　　　　　　　(단위: 원)

㉞청산(지분양도)일자		㉟청산유형		㊱회수금액	

「법인세법」제121조의2 및 「법인세법 시행령」제164조의2에 따라 해외현지법인명세서를 제출합니다.

　　　　　　　　　　　　　　　　　　　　　년　월　일
　　　　　　　　　　　　　　제출인　　　　　(서명 또는 인)

세무서장 귀하

작 성 방 법

1. 이 서식은 국내 모법인의 사업연도종료일 현재 가동 중이거나 사업연도 중 청산(폐업)한 해외 현지법인(역외금융회사 포함)에 대하여 관련항목을 작성합니다.
2. ⑪해외현지법인명과 ⑯해외현지법인소재지는 영문을 사용하여 약자가 아닌 전체이름(full name)으로 적습니다.
3. ⑫해외현지기업고유번호는 국내 모법인의 관할세무서장이 부여한「해외현지기업 고유번호」(9자리)를 적어야 하며, 해외현지기업고유번호가 없을 경우 관할세무서(법인세과)에 요청하면 즉시 부여받을 수 있습니다. ⑮현지납세자번호는 현지투자국의 과세당국이 과세목적상 부여한 현지법인의 납세자번호(Tax Identification Number)를 적습니다.
4. ⑱직원수는 국내 모법인이 파견한 직원 수와 현지채용 직원 수를 합하여 적고, 모법인 파견직원수는 별도로 (   )내에 적습니다.
5. ⑳해외현지법인의 주주명(주주의 거주지국)은 한국의 모법인을 먼저 적고, 그 이외의 주주(출자자)에 대하여는 당해 해외현지법인 발행주식총수의 10/100 이상을 소유한 국내·외 주주만 적으며 나머지는 "소액주주소계"로 적습니다.
6. ㉓,㉜지분율은 소수점 이하 1자리(예: 15.3)까지 적습니다.
7. 대부투자내역은 모법인이 해외현지법인에 상환기간을 1년 이상으로 하여 금전을 대여한 경우에만 적습니다. 단, 모법인 이외의 현지법인주주는 적지 않습니다.
8. ㉑출자금액과 ㉕대여금은 해외현지법인 사업연도종료일 현재 또는 현지법인 청산(지분양도)일 전일의 출자금액 및 대여금을 적습니다.(단, ㉑출자금액은 투자 당시의 매매기준율 또는 재정(裁定)된 매매기준율을 적용하여 최초 장부가액으로 계상하고 이후의 외환차익을 반영하지 않음)
9. ㉔배당금수입과 ㉖대부수입이자는 ㉑출자금액과 ㉕대여금에 대하여 현지법인 사업연도 중에 결의된 모법인 수취 배당금 및 발생된 이자를 적습니다.
10. 「나. 해외현지법인의 자회사 현황」은 현지법인 사업연도종료일 현재 해당 자회사 발행주식 총수의 20/100 이상을 소유한 경우에만 적습니다.
11. 현지법인을 청산(지분양도)한 경우 ㉟청산유형에 지분양도, 대여금회수, 현지법인폐업 등의 사유를 적고, ㊱회수금액에는 국내에 회수된 금액을 적습니다.
12. 해외직접투자신고만하고 실제로 투자를 실행하지 않은 경우에는 ㉞청산(지분양도)일자에 당초 투자신고일을 적고 ㉟청산유형에 "투자 미실행"을 적습니다.
13. 제출대상 법인 수가 2 이상인 경우 제출인 서명날인은 첫 장에만 합니다.

[별지 제82호서식](2011.2.28. 개정)

(앞 쪽)

해외현지법인 재무상황표

①모법인명		③모법인 사업연도
		. . . ~ . .
②모법인 사업자등록번호		④해외현지법인 사업연도
		. . . ~ . .

I. 해외현지법인 재무상황표 자료제출 현황(총계)

⑤제출대상 현지법인 수	⑥제출 현지법인 수	⑦미제출 현지법인 수(⑤-⑥)

II. 해외현지법인 재무상황(해외현지법인별로 작성)

(단위: 원)

⑧해외현지법인명		⑨해외현지기업고유번호	

1. 해외현지법인 요약대차대조표 (⑩적용환율:)			2. 해외현지법인 요약손익계산서 (⑪적용환율:)		
I. 자 산 총 계	01		I. 매출액	27	
1.현금과예금	50		1. 특수관계자에 대한 매출	28	
2. 특수관계자에 대한 매출채권	02		2.기타 매출	29	
3.기타매출채권	03		II. 매출원가	30	
4.재고자산	04		1. 특수관계자로부터 매입	51	
5.유가증권	05		2.기타 매입	52	
6.투자유가증권	55		III. 매출총손익	56	
7. 특수관계자에 대한 대여금	06		IV. 판매비와 일반관리비	31	
8.기타대여금	07		1.급여(모회사파견직원)	32	
9.유형자산	08		2.급여(기타)	33	
1)도지 및 건축물	09		3.임 차 료	34	
2)기계장치, 차량운반구	10		4.연구개발비	35	
3)기타유형자산	11		5.대손상각비	36	
10.무형자산	12		6.기타판매비와관리비	37	
11.위분류과목이외자산	13		V. 영업손익	57	
II. 부 채 총 계	14		VI. 영업외수익	38	
1. 특수관계자에 대한 매입채무	15		1.이자수익	39	
2. 기타매입채무	16		2.배당금수익	40	
3. 특수관계자에 대한 차입금	17		3.채무면제익	53	
4.기타차입금	18		4.기타영업외수익	41	
5.미지급금	19		VII. 영업외비용	42	
6.위분류과목이외부채	20		1.이자비용	43	
III.자 본 금 총 계	21		2.기타영업외비용	44	
1.자 본 금	22		VIII. 법인세비용차감전손익	58	
2.기타 자본금	23		IX. 법인세비용	47	
1)자본잉여금	24		X. 당기순손익	48	
2)이익잉여금	25				
3)기 타	26				

210㎜×297㎜[일반용지 70g/㎡(재활용품)]

(뒤 쪽)

3. 해외현지법인 이익잉여금 처분계산서 (⑩적용환율:)		4. 해외현지법인 결손금 처리계산서 (⑩적용환율:)	
Ⅰ. 미처분이익잉여금	71	Ⅰ. 미처리결손금	83
1. 전기이월미처분이익잉여금 (전기이월미처리결손금)	72	1. 전기이월미처리결손금 (전기이월미처분이익잉여금)	84
2. 전기오류수정이익 (전기오류수정손실)	73	2. 전기오류수정손실 (전기오류수정이익)	85
3. 중간배당액	74	3. 중간배당액	86
4. 당기순이익(당기순손실)	75	4. 당기순손실(당기순이익)	87
Ⅱ. 임의적립금 등의 이입액	76	Ⅱ. 결손금 처리액	88
Ⅲ. 이익잉여금 처분액	77	1. 임의적립금 이입액	89
1. 현금배당	78	3. 그 밖의 법정적립금 이입액	90
2. 주식배당	79	2. 이익준비금 이입액	91
3. 의무적립금	80	4. 자본잉여금 이입액	92
4. 그 밖의 임의적립금 및 상여등	81	Ⅲ. 차기이월미처리결손금	93
Ⅳ. 차기이월이익잉여금	82		

「법인세법」제121조의2 및 「법인세법 시행령」제164조의2에 따라 해외현지법인 재무상황표를 제출합니다.

년   월   일

제출인   (서명 또는 인)

세무서장 귀하

작 성 방 법

1. 국내 모법인과 해외현지법인의 사업연도 종료일이 다른 경우 국내 모법인의 사업연도종료일 직전에 종료하는 해외현지법인 사업연도분을 대상으로 하여 해외현지법인 재무상황표를 작성합니다.
2. 외화의 원화환산은 요약대차대조표 및 이익잉여금(결손금)처리 계산서항목의 경우 해외현지법인 사업연도종료일 현재 매매기준율 또는 재정(裁定)된 매매기준율을 적용한 환율은 ⑩적용환율에, 요약손익계산서항목의 경우 해외현지법인 사업연도의 평균환율은 ⑪적용환율에 적습니다.
   (예: 미 달러화의 경우 930.00/USD 방식으로 적습니다.)
3. ⑨해외현지기업고유번호는 국내 모법인의 납세지 관할세무서장이 부여한「해외현지기업고유번호」(9자리)를 적습니다.
4. 요약대차대조표 및 요약손익계산서 상의 '특수관계자'는 해외현지법인의 특수관계자로 국내 특수관계자뿐만 아니라 국외특수관계자도 포함합니다. 이 경우 특수관계자의 범위에는「국제조세조정에 관한 법률」제2조 제8호 및 같은 법 시행령 제2조에서 규정한 특수관계를 적용합니다.
5. 계정과목을 분류할 수 있는 항목은 반드시 해당 항목에 분류하여 적어야 합니다.
   (예: 현금+단기예금 + 장기예금 → 현금과예금, 단기대여금 + 장기대여금 → 대여금 등)
   ※ 특히 계정과목을 분류할 수 있음에도 "위분류 과목이외의 자산, 부채 항목"으로 분류하지 마시기 바랍니다.
6. 유가증권의 경우 유동자산에 해당하는 항목은「유가증권」에, 비유동자산에 해당하는 항목은「투자유가증권」에 적습니다. (예: 지분법적용해외투자주식→투자유가증권)
7. 해외현지법인 이익잉여금처분(결손금처리)계산서의 작성요령은 별지 제3호의3 서식(4) "이익잉여금처분(결손금처리) 계산서"의 작성요령 참고하시기 바랍니다.
8. 제출대상 법인 수가 2 이상인 경우 제출인 서명날인은 첫 장에만 합니다.

210㎜×297㎜[일반용지 70g/㎡(재활용품)]

[별지 제83호서식] (앞 쪽)

해외영업소 설치현황표

①본점 법인명		②본점 사업자등록번호	
		③본점 사업연도 . . . ~ . .	

Ⅰ. 해외영업소 설치 현황

제출대상 법인 수				⑧제출 영업소 수	⑨미제출 영업소 수 (⑦-⑧)
④전기말 가동 영업소 수	⑤당기 중 설립 영업소 수	⑥당기 중 폐쇄(철수) 영업소 수	⑦제출대상 영업소수 (④+⑤)		

Ⅱ. 해외영업소 설치명세 (해외영업소별로 작성)

1. 해외 영업소 기본사항

⑩해외영업소명		⑪해외현지기업고유번호		⑫소재지국	
⑬해외영업소소재지		⑭현지납세자번호		⑮설립일자	. .
⑯설립형태	1.지점 2.사무소	⑰업종 (업종코드)	( )	⑱직원수 (본점파견직원수)	( )

2. 해외지점 경영현황 (단위: 원)

가. 해외지점 요약대차대조표 (⑲적용환율:)			나. 해외지점 요약손익계산서 (⑳적용환율:)		
Ⅰ. 자산총계	01		Ⅰ. 매출액	08	
1.토지 및 건축물	02		Ⅱ. 매출원가	09	
2.기계장치, 차량운반구	03		Ⅲ. 판매비와 일반관리비	10	
3.기타	04		Ⅳ. 영업외수익	11	
Ⅱ. 부채총계	05		Ⅴ. 영업외비용	12	
Ⅲ. 자본총계	06		Ⅵ. 법인세	15	
(본점지원경비)	07		Ⅶ. 당기순손익	16	

3. 폐쇄 여부

㉑폐쇄일자		㉒회수금액	

「법인세법」제121조의2 및 「법인세법 시행령」제164조의2에 따라 해외영업소 설치현황표를 제출합니다.

년 월 일

제출인 (서명 또는 인)

세무서장 귀하

210㎜×297㎜(신문용지 54g/㎡)

작 성 방 법

1. 수익사업 수행 여부와 관계없이 본점 사업연도종료일 현재 가동 중이거나 사업연도 중 폐쇄(철수)한 지점, 연락사무소에 대하여 작성합니다.
2. ⑩해외영업소명과 ⑬해외영업소 소재지는 영문을 사용하여 약자가 아닌 전체이름(full name)으로 적습니다.
3. ⑪해외현지기업고유번호는 국내 본점의 납세지관할 세무서장이 부여한「해외현지기업 고유번호」(9자리)를 적어야 하며, 해외현지기업고유번호가 없을 경우 관할세무서(법인세과)에 요청하면 즉시 부여받을 수 있습니다. ⑭현지납세자번호는 현지투자국의 과세당국이 과세목적상 부여한 해외영업소의 납세자번호(Tax Identification Number)를 적습니다.
4. 외화의 원화환산은 대차대조표항목의 경우 본점 사업연도종료일 현재 매매기준율 또는 재정(裁定)된 매매기준율을 적용한 환율은 ⑲적용환율, 손익계산서항목의 경우 본점 사업연도의 평균환율을 적용한 환율은 ⑳적용환율에 적습니다.
   (예: 미달러화의 경우 930.00/USD 방식으로 적습니다.)
5. ⑯설립형태는 "1.지점" 과 "2.사무소" 중 해당되는 항목에 ○표를 합니다.
6. ⑱직원수는 본점파견 직원수와 현지채용직원수를 합하여 적고, 국내 본점에서 파견된 직원수는 별도로 (   )내에 적습니다.
7. 2.「해외지점 경영현황」은 ⑯설립형태 중 "1.지점"의 경우만 적습니다.
8. 본점지원경비는 해당 사업연도 중에 본점에서 해외지사로 지원한 경비 총액을 적습니다.
9. ㉒회수금액은 해외지사를 폐쇄하고 국내에 회수한(할) 금액을 적습니다.
10. 해외직접투자신고만하고 실제로 해외지사 및 연락사무소 등을 설립하지 않은 경우에는 ㉑폐쇄일자에 당초 해외직접투자 신고일을 적습니다.
11. 제출대상 법인 수가 2 이상인 경우 제출인 서명날인은 첫 장에만 합니다.

210㎜×297㎜(신문용지 54g/㎡)

제3절 해외현지기업의 세무실무

1. 해외주재원의 세무처리

우리나라의 기업이 해외현지법인·해외영업소·해외지점 등을 설립하여 그 곳에 임직원을 파견하는 경우에는 해당 현지법인 또는 사무소에 파견한 직원에 대한 과세문제는 동 파견 직원이 우리나라 거주자인지 또는 상대국 거주자인지에 따라 달라진다.

(1) 거주자의 판정기준

거주자의 판정은 먼저 각국의 국내법 규정에 따라야 한다. 우리나라 소득세법에 의하면 국외에 거주 또는 근무하는 자가 계속하여 183일 이상 국외에 거주할 것을 통상 필요로 하는 직업을 가진 때에는 비거주자로 되는 것이나(소령2④), 이 경우에도 국내에 가족 및 자산의 유무 등과 관련하여 생활의 근거가 국내에 있는 것으로 보는 때에는 거주자로 본다. 또한 국외에서 근무하는 공무원 또는 거주자나 내국법인의 국외사업장 또는 해외현지법인(내국법인이 발행주식 총수 또는 출자지분의 100%를 출자한 경우에 한정한다) 등에 파견된 임직원은 1년 이상 국외에 거주하는 경우에도 우리나라 거주자로 본다.

다른 나라의 경우에도 외국기업의 자국 내 지점 등에 근무하는 주재원들이 6개월 또는 1년 이상 자국 내에 체재하는 경우에는 자국의 거주자로 보고 있다. 따라서 한국기업의 해외사무소 등에 근무하는 직원이 6개월 또는 1년 이상 상대국에 체재하는 경우에는 상대국 국내법상 상대국의 거주자가 되므로 동 직원은 이중거주자가 된다. 이와 같이 하나의 인이 양국의 국내법을 적용한 결과 이중거주자가 되는 경우에는 그 상대국과의 조세조약에 따라 어느 국가의 거주자인지를 판정해야 하는데, 통상 다음의 기준을 순차적으로 적용하여 거주지국을 결정한다.

① 항구적 주거(permanent home)
② 중대한 이해관계의 중심지(center of vital interests)
③ 일상적 거소(habitual abode)
④ 국적(national)
⑤ 상호합의(mutual agreement)

(2) 관련사례

① 기술습득 등을 위해 내국법인의 기업부설연구소 소속 연구원을 해외소재 모법인의 연구소에 파견함에 따라 발생한 인건비 등은「조세특례제한법」제10조 및 같은 법 시행령 [별표6]에 의한 연구 및 인력개발비 세액공제 대상비용에 해당하지 않는 것이다(법인세과-1329, 2009.11.27).

② 내국법인이 해외 관계회사와 해외파견근무계약에 따라 파견한 임직원의 급여 및 퇴직금을 추가로 지급하는 경우에도 당해 임직원이 사실상 내국법인의 업무수행과 관련하여 종사한 경우가 아니면 내국법인의 손금에 산입할 수 없으며, 해외 관계회사가 지급하는 임직원의 급여 등은「소득세법」제20조 제1항 제2호의 을종근로소득에 해당하므로, 당초 지급액을 내국법인이 해외 관계회사에 청구하여 회수하는 경우에도 당해 내국법인은 원천징수의무가 없는 것이다(서면2팀-1251, 2005.08.01).

③ 해외파견직원에게 지급한 급여 및 해외에서 발생한 잡손실은 내국법인의 업무수행과 관련이 없어 손금으로 인정할 수 없으며, 세관에 압류당한 물품이 법원판결에 의해 몰수되어 잡손실로 계상한 경우 손익의 귀속시기는 소송확정일로 보아야 한다(조심2010서2149, 2011.04.29).

2. 해외현지법인에 현물출자 하는 경우 세무처리

(1) 부가가치세 영세율

사업자가 해외의 법인에 현물출자하기 위하여 재화를 해외로 반출하는 경우 그 재화의 공급시기는「부가가치세법 시행령」제21조 제1항 제10호 가목의 규정에 따라 그 재화의 선적일이 되는 것이며, 사업자는 그 선적일이 속하는 과세기간에 부가가치세 영세율 과세표준신고를 하여야 하는 것이다(부가-647, 2009.05.07). 따라서 영세율 첨부서류는 수출실적명세서이다.

(2) 현물출자시의 회계와 세무처리

현물출자에 의하여 주주 등인 법인이 취득하는 주식의 취득가액은『법인세법』제41조 및 같은 법 시행령 제72조 제1항 제4호 규정에 의하여 취득당시의 시가로 하는 것이며, 이 경우, 주주 등인 법인이 현물출자로 취득한 주식 등 출자지분의 가액과 당해 현물출자 자산의 장부가액과의 차액에 대하여는 법인세가 과세되는 것이다(서면2팀 -2063, 2004.10.11). 이 경우 현물출자로 인하여 내국법인이 취득하는 비상장주식의 가액은 동 주식 취득 당시의 시가에 의하며, 동 정상가격이 불분명한 경우에는 상속세및증여세법에 따라 평가한 가액에 의한다.

사례 **현지법인에 기계장치를 현물출자 하는 경우**

(주) 미현물산은 화섬직물 제조업체로서 중국현지법인(100% 출자)에 해당 법인이 사용하던 기계장치의 장부가액 10억원을 현물출자 하고, 현물출자로 인하여 취득하는 주식은 시가 12억인 경우 회계처리하면?

(차) 투자유가증권　　　1,200,000,000　　(대) 기계장치　　　　　1,000,000,000
　　　　　　　　　　　　　　　　　　　　　　　　유형자산처분이익　　200,000,000

① 부가가치세 영세율 과세표준은 현물출자한 자산의 시가인 12억원이며 선적일이 속하는 과세기간에 부가가치세 신고를 하여야 한다.
② 현물출자로 인하여 취득하는 주식의 정상가격과 현물출자자산의 장부가액의 차이인 2억원(유형자산처분이익)은 익금에 산입한다.
③ 기계장치를 현물출자 이후에 투자유가증권으로 대체하고 감가상각비를 계상하면 안된다.

---

3. 해외현지법인에 매출채권을 지연회수한 경우

내국법인이 국외특수관계자인 해외 현지법인에게 제품을 수출하는 거래 및 당해 국외특수관계자에 대한 매출채권의 지연회수와 관련한 거래는 「국제조세조정에 관한 법률」 제2조의 규정에 의한 국제거래로 같은 법 제3조의 규정에 의하여 법인세법에 우선하여 국제조세조정에 관한 법률을 적용 하여야 하는 것이며, 거래당사자의 일방이 국외특수관계자인 국제거래에 있어서 그 거래가격이 정상가격에 미달하거나 초과하는 경우에는 같은 법 제4조의 규정에 의한 정상가격의 과세조정의 대상이 되는 것이다. 법인이 특수관계 있는 자와의 거래에서 발생된 외상매출금 등의 회수가 지연되는 경우로서 거래상대방의 자금사정 등으로 불가피하게 그 회수가 지연되는 등 매출채권의 회수가 지연되는 데 정당한 사유가 있다고 인정되는 경우에는 당해 매출채권의 지연에 따른 연체료 상당액을 받기로 한 경우에도 당해 매출채권이 업무와 관련 없는 가지급금으로 전환된 것으로 보지 아니하는 것이다(서면2팀-1795, 2005.11.08).

4. 해외현지법인의 자금대여와 미회수채권의 대손처리

국내 모법인이 국외특수관계자인 해외현지법인에 대여한 금액을 회수할 수 없게 된 경우에는 해외현지법인에 대한 출자목적과 사업의 추진내용 등 구체적인 업무관련성 여부 등을 종합 고려하여 업무관련성 여부를 판단하는 것이며, 업무와 관련된 경우에는 대손금으로 손금산입할 수 있는 것이나, 국외특수관계자에게 업무와 관련 없이 지급한 가지급금인 경우에는 대손금으로 손금에 산입할 수 없는 것이다(서면2팀-1958, 2007.10.31.). 의류 제조업을 영위하는 내국법인이 거래처의 주문을 받아 해외현지법인에 외주 가공을 의뢰하면서 동 해외현지법인에게 제품 생산에 따른 외주가공비, 급여, 건물임차료 등을 선급금으로 지급한 후 외주가공비와 상계한 경우로서 해당 내국법인이 해외현지법인의 자금사정 등으로 인해 선급금의 회수가 지연되는 데 정당한 사유가 있다고 인정되는 경우 동 선급금은 「법인세법」 제28조 제1항 제4호 나목에 의한 업무와 관련 없이 지급한 가지급금 등에 해당하지 않는 것이다(서면-2020-법인-3824, 2020.10.28.).

5. 해외현지법인을 청산하는 경우

해외직접투자자가 투자 사업을 청산할 때에는 분배잔여재산을 현금으로 국내로 회수하여야 하며, 청산자금 영수 후 즉시 「해외직접투자사업 청산 및 대부채권회수보고서」(외국환 거래업무 취급지침 제9-14호 서식)를 지정거래외국환은행에 제출, 보고하여야 한다. 다만, 신고기관의 장이 부득이하다고 인정할 때에는 현물로 회수할 수도 있다. 해외현지법인을 청산한 경우에는 청산 후 잔여재산을 국내로 회수하여 장부에 계상하여야 하며, 회수할 잔여재산이 없는 것으로 인정되는 때에는 당해 주식의 가액을 청산일이 속하는 사업연도의 손금에 산입할 수 있다(서면2팀-352, 2006.02.15). 따라서 해외현지법인에 대한 투자유가증권이 재산적 가치가 없거나 취득가액보다 하락한 경우에도 주식발행법인이 해산 및 청산절차를 거쳐 투자액을 회수할 수 없는 것으로 확정될 때까지는 손금을 계상할 수 없는 것이다(서면2팀-63, 2007.01.09). 따라서 단지 해외현지법인이 폐업하였거나 부도발생 등의 사유로 손금에 산입할 수 없으며 손금산입은 결산조정에 의해서만 가능하다.

제4절 해외금융계좌의 신고의무

1. 개요

해외금융기관에 개설된 해외금융계좌를 보유한 거주자 및 내국법인 중에서 해당 연도 매월말일 보유계좌잔액(보유계좌가 복수인 경우에는 각 계좌잔액을 합산한다)이 5억원을 초과하는 자는 보유자의 성명·주소 등 신원에 관한 정보, 계좌번호·금융기관의 이름·보유계좌잔액의 연중 최고금액 등 보유계좌에 관한 정보, 해외금융계좌 관련자에 관한 정보를 다음 연도 6월 1일부터 30일까지 납세지 관할 세무서장에게 신고하여야 한다(국조법 34조). 해외금융계좌 신고제도는 역외탈세 방지를 위한 기본적인 인프라로서 도입되었으며, 2011년 6월 시행하였다. 해외금융계좌에 대한 신고의무를 부과함으로써 역외탈세 심리를 차단하고, 미신고에 대해 과태료를 부과함으로써 역외탈세에 대한 효과적인 제재가 가능할 것으로 기대된다.

2. 해외금융계좌 신고제도의 주요내용

(1) 신고의무자

1) 신고대상자

다음에 해당하는 요건을 모두 충족하여야 한다.
① 거주자 또는 내국법인으로서 신고의무 면제자가 아닐 것
② 해외금융기관에 현금 또는 상장주식 거래와 관련된 해외금융계좌를 보유할 것
③ 신고대상연도 매월말일 해외금융계좌에 보유된 현금과 상장주식 잔액의 합이 10억원을 초과하는 경우가 있을 것

2) 거주자 또는 내국법인

거주자란 국내에 주소를 두거나 183일 이상 거소를 둔 개인을 말하며, 내국법인이란 본점, 주사무소 또는 사업의 실질적 관리장소를 국내에 둔 법인을 말한다. 내국법인의 해외지점이나 해외연락사무소는 내국법인에 포함되며, 해외현지법인은 제외된다. 이중거주자의 경우 조세조약상 어느 한 쪽의 거주자가 되더라도, 조세조약과는 관계없이 국내세법에 따라 거주자로 판단되면 다른 조건을 충족하는 경우 신고의무자가 된다.

3) 신고의무면제자

① 국내거주기간이 1년 이하인 재외국민

재외국민이란, 「재외동포의 출입국과 법적 지위에 관한 법률」상 "외국의 영주권을 취득한 자 또는 영주할 목적으로 외국에 거주하고 있는 자"를 의미한다. 재외국민이 신고대상연도 종료일 현재 연속하여 1년 이하 우리나라에 거주한 경우 신고의무가 면제되는데, 이 경우 여행 등 출국목적이 명백히 일시적인 경우에는 그 출국한 기간도 우리나라에 거주한 것으로 본다.

② 신고대상연도 종료일 현재 10년 전부터 국내에 주소나 거소를 둔 기간이 5년 이하인 외국인 거주자

③ 국가, 지방자치단체, 공공기관, 금융기관, 기타 국가의 관리감독이 가능한 금융업 관련기관 중 열거된 자(예 : 펀드)

④ 해외금융계좌 관련자 중 어느 하나의 신고를 통해 국세청이 본인의 모든 해외금융계좌 정보를 확인할 수 있게 되는 자 "해외금융계좌 관련자"란, 차명계좌의 경우 계좌의 명의자와 실질적 소유자를, 공동명의계좌의 경우 공동명의자 각각을 의미한다.

4) 신고대상 계좌 및 자산

① 신고대상 계좌는 해외금융기관에 보유된 은행계좌(예·적금) 또는 증권계좌로서, 파생상품계좌는 신고대상 계좌에 포함되지 않는다.

해외금융기관은 금융업, 보험 및 연금업, 보험 및 연금 관련 서비스업 및 이와 유사한 업종을 하는 금융기관으로서, 국내은행의 해외지점은 해외금융기관에 포함되지만, 해외은행의 국내지점은 제외된다.

② 신고대상 자산은 현금과 상장주식(예탁증서 포함)이기 때문에, 증권계좌에 보유된 상장주식과 예수금은 신고대상 자산에 포함되지만, 채권, 펀드 및 비상장주식은 포함되지 않는다.

3. 신고내용과 방법

(1) 신고방법

해외금융계좌 신고의무자는 신고기한 내에 「국제조세조정에 관한 법률 시행규칙」 별지 제21호 서식 "해외금융계좌신고서"를 작성하여 납세지 관할 세무서에 방문 혹은 우편으로 직접 제출하거나, 인터넷으로 홈택스(www.hometax.go.kr)에 접속하여 전자신고할 수 있다. 해외금융계좌의 잔액을 입증하는 증빙 등 별도의 첨부하여야 할 서류는 없다.

(2) 보유계좌 자산 평가방법

① 현금 : 해당 일 종료시각 현재의 잔액

② 상장주식(주식예탁증서 포함)
해당 일 종료시각 현재의 수량 × 해당 일의 최종가격(해당 일이 거래일이 아닌 경우에는 그 직전 거래일의 최종가격)

(3) 신고서 작성시 유의사항

① 신고기준일 현재 개설되지 아니하였거나 잔액이 "0"인 계좌는 신고하지 않아도 된다.
② 공동명의 계좌인 경우 계좌잔액 중 신고인의 지분에 해당하는 금액이 아닌 계좌잔액 전액을 신고하여야 한다.
③ 계좌잔액의 경우 외화와 원화를 모두 기재하며, 계좌잔액이 2가지 이상의 통화로 구성된 경우 신고기준일 현재 가장 잔액이 큰 통화를 기준으로 외화금액을 기재한다.

4. 미(과소)신고자에 대한 제재

(1) 과태료 부과 대상자

해외금융계좌 신고의무자가 신고기간내(매년 6월)에 해당연도의 해외금융계좌정보를 관할 세무서장에게 신고하지 않거나 과소 신고한 경우 과태료 부과대상자가 된다.

(2) 과태료 부과 세부기준 및 가중·경감사유

① 과태료 부과 세부기준

과태료의 부과기준은 각 호의 구분에 따른다. 〈개정 2025.2.28〉

1. 계좌신고의무자가 신고기한까지 해외금융계좌정보를 미신고·과소신고한 경우: [신고 대상 계좌별 미신고한 금액과 과소신고한 금액(신고해야 할 금액에서 신고한 금액을 뺀 금액을 말한다)의 합계액 × 10퍼센트]와 10억원 중 적은 금액
2. 계좌신고의무자가 신고의무 위반금액의 출처에 대해 소명하지 않거나 거짓으로 소명한 경우: 소명하지 않거나 거짓으로 소명한 금액 × 10퍼센트

신고 대상 계좌별 미신고·과소신고한 금액의 합계액	과태료
가. 신고 대상 계좌별 미신고·과소신고한 금액의 합계액이 20억원 이하인 경우	
1) 미신고한 경우	신고 대상 계좌별 미신고한 금액의 합계액 × 10퍼센트
2) 과소신고한 경우	신고 대상 계좌별 과소신고한 금액(신고해야 할 금액에서 신고한 금액을 뺀 금액을 말한다. 이하 같다)의 합계액 × 10퍼센트
나. 신고 대상 계좌별 미신고·과소신고한 금액의 합계액이 20억원 초과 50억원 이하인 경우	
1) 미신고한 경우	2억원 + (신고 대상 계좌별 미신고한 금액의 합계액 - 20억원) × 15퍼센트
2) 과소신고한 경우	2억원 + (신고 대상 계좌별 과소신고한 금액의 합계액 - 20억원) × 15퍼센트
다. 신고 대상 계좌별 미신고·과소신고한 금액의 합계액이 50억원 초과인 경우	
1) 미신고한 경우	[6억5천만원 + (신고 대상 계좌별 미신고한 금액의 합계액 - 50억원) × 20퍼센트]와 20억원 중 적은 금액
2) 과소신고한 경우	[6억5천만원 + (신고 대상 계좌별 과소신고한 금액의 합계액 - 50억원) × 20퍼센트]와 20억원 중 적은 금액

② 과태료 감경 또는 가중 사유

위반행위의 정도, 위반횟수, 위반 동기와 결과 등을 고려하여 산출된 과태료의 1/2 범위 내에서 감경 또는 가중이 가능하다. 그러나 이 경우에도 미신고(과소신고)금액의 10%(2010년 보유 보유계좌분에 대해서는 5%)는 초과할 수 없다. 잔액 합산 오류, 단순착오에 따른 미신고의 경우에는 과태료를 부과하지 않을 수 있다.

1. 법 제53조 제1항에 따른 신고기한(이하 이 조에서 "신고기한"이라 한다)이 지난 후 법 제55조 제1항에 따라 수정신고한 경우: 다음 표의 구분에 따른 비율

수정신고한 날	감경비율
가. 신고기한 후 6개월 이내	90퍼센트
나. 신고기한 후 6개월 초과 1년 이내	70퍼센트
다. 신고기한 후 1년 초과 2년 이내	50퍼센트
라. 신고기한 후 2년 초과 4년 이내	30퍼센트

2. 신고기한이 지난 후 법 제55조 제2항에 따라 기한 후 신고한 경우: 다음 표의 구분에 따른 비율

기한 후 신고한 날	감경비율
가. 신고기한 후 1개월 이내	90퍼센트
나. 신고기한 후 1개월 초과 6개월 이내	70퍼센트
다. 신고기한 후 6개월 초과 1년 이내	50퍼센트
라. 신고기한 후 1년 초과 2년 이내	30퍼센트

MEMO

PART 08

수출입회계와 세무실무 연습문제

수출업의 회계와 세무실무 연습문제_ 제 1 절

수입업의 회계와 세무실무 연습문제_ 제 2 절

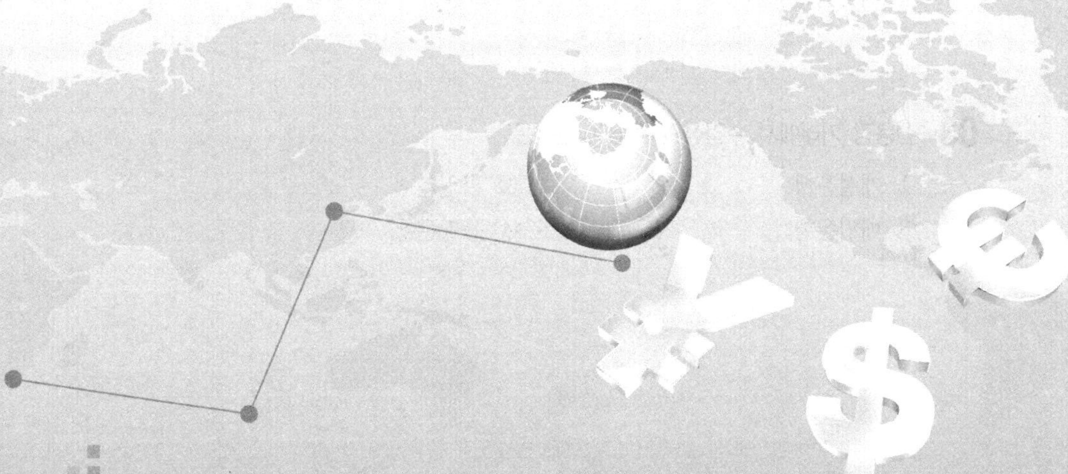

PART 08 수출입회계와 세무실무 연습문제

제1절 수출업의 회계와 세무실무 연습문제

01 부가가치세법상 수출하는 재화에 대하여 영세율을 적용하는 이유는?
① 외화획득을 장려하기 위하여
② 소비지국 과세원칙을 구현하기 위하여
③ 국내산업을 보호하기 위하여
④ 국내원천소득에 대한 이중과세를 방지하기 위하여

02 국내사업장에서 계약과 대가수령 등 거래가 이루어지는 것으로서 영세율 적용이 되는 대외무역법에서 정한 수출로 볼 수 없는 것은?
① 중계무역방식의 수출   ② 위탁판매수출
③ 외국인도수출   ④ 보세창고인도수출

03 신용장 거래에서 수입상의 주거래 은행은?
① 개설은행   ② 확인은행
③ 매입은행   ④ 통지은행

04 신용장 거래에서 수출상의 주거래은행은?

① 개설은행　　　　　② 확인은행
③ 매입은행　　　　　④ 지급은행

05 부가가치세법상 수출재화의 공급시기인 선적을 확인할 수 있는 서류는?

① 수출신고필증　　　② 수입신고필증
③ 선하증권　　　　　④ 상업송장

06 수출신고필증에 수출자구분에서 A로 표시되는 직수출의 영세율 첨부서류는?

① 수출신고필증　　　② 수출계약서
③ 상업송장　　　　　④ 수출실적명세서

07 수출신고필증의 거래구분(⑨)중 부가가치세법상 과세거래가 아닌 것만을 묶어놓은 것은?

> a. 일반형태 수출(11)
> b. 위탁가공을 위한 원사재수출(29)
> c. 위탁판매를 위한 물품의 수출(31)
> d. 해외투자수출(61)
> e. 중계무역수출(79)
> f. 무상으로 반출하는 상품의 견품 및 광고용품(92)

① b, c, f　　　　　　② a, d, e
③ b, d, f　　　　　　④ a, d, e

08 정형거래조건 중 수출의 총신고가격으로 표시되는 본선인도 가격조건은?

① EXW　　　　　　② FOB
③ CFR　　　　　　　④ CIF

09 정형거래조건 중 수입재화의 관세가세가격으로 표시되는 운임보험료 포함인도조건은?

① EXW　　② FOB　　③ CFR　　④ CIF

10 외국환은행이 일람불출급환어음(At sight Draft)을 매입하는 경우 매입은행이 우선 수출상에게 대금을 지급하고 개설은행으로부터 추후에 지급받게 되는데 그 기간 동안의 이자를 수출상으로부터 받게 되는데 이를 무엇이라고 하나?

① 환가료
② 매입수수료
③ 대체료
④ 미입금수수료

11 수출업의 지출증명의 관리에 대한 설명으로 틀린 것은?

① 국외에서 재화를 공급받은 경우에는 정규지출증명 수취의무가 없다.
② 국외에서 용역을 공급받은 경우에는 정규지출증명 수취의무가 없다.
③ 국외에서 지출하는 기업업무추진비는 거래건당 3만원을 초과하는 경우 법인신용카드를 사용하여야 한다.
④ 국제특송업체(UPS, DHL)를 이용하여 재화를 수출하는 경우 세금계산서를 수취하여야 한다.

12 미국에 수출을 하고 수출선수금을 받아 원화로 환가한 경우 부가가치세 과세표준은?

① 선적일의 기준환율로 환산한 금액
② 환가한 금액
③ 계약시의 기준환율로 환산한 금액
④ 수출완료시의 기준환율로 환산한 금액

13 수출업자의 의뢰에 따라 외국환은행이 수출업자가 수취한 원신용장(Master L/C)을 근거로 하여 제품이나 원자재의 공급자를 수익자로 하여 국내에서 개설하는 수출신용장을 무엇이라고 하나?

① 내국신용장
② 구매확인서
③ 원신용장
④ 화환신용장

14 (주)MH물산은 청도종합무역상사에 원단을 2024.2.15. 납품하였다. 수출자인 청도종합무역상사는 원신용장을 담보로 (주)MH물산을 수익자로 하여 내국신용장을 개설하고자 한다. 언제까지 내국신용장이 개설되어야 영세율을 적용받을 수 있는가?

① 2024.4.20 ② 2024.7.25
③ 2024.10.20 ④ 2024.1.20

15 다음은 내국신용장과 구매확인서를 비교 설명한 것이다. 잘못 설명한 것은?

구 분	내국신용장	구매확인서
근거법령	무역금융규정	①
개설기관	②	좌동
개설조건	③	제한 없이 개설
지급보증	④	발급은행이 지급보증 없고 당사자간의 계약

① 관세법
② 외국환은행
③ 무역금융 융자한도 내에서 개설
④ 개설은행이 지급보증

16 위탁가공무역에 대한 설명으로 틀린 것은?

① 위탁가공무역은 비록 외국에서 인도가 이루어지지만 수출하는 재화로 본다.
② 위탁가공무역의 원자재 무환반출의 공급시기는 국내에서 선적되는 때이다.
③ 위탁가공무역은 외국에서 제조가 이루어지므로 도매업으로 분류한다.
③ 위탁가공무역에서 수탁가공업자가 가공중인 제품은 위탁자의 재고자산이다.

17 구매확인서 사후발급에 대한 수정세금계산서 발급방법 중 틀린 것은?

> ⓐ 재화의 공급일 : 2024.03.20.
> ⓑ 내국신용장 개설일자 : 2024.07.15.

① 재화의 공급일인 2024.03.20에 일반세금계산서(10%)를 발행한다.
② 내국신용장의 개설일자에 당초 발행한 일반세금계산서에 대한 마이너스 세금계산서를 발행한다(발행일자 2024.03.20).
③ 당초발행일자(2024.03.20)에 영세율세금계산서를 발행하고 비고란에 내국신용장 개설일자(2024.07.15)를 부기한다.
④ 수정세금계산서 발행분에 대하여는 수정신고 또는 경정청구를 반드시 하여야 한다.

18 위탁판매수출의 부가가치세법상 공급시기는?
① 선적일
② 수탁자에게 인도한 날
③ 공급가액 확정일
④ 수입신고일

19 가공임을 지급하는 조건으로 외국에서 가공(제조, 조립, 재생, 개조를 포함한다)할 원료의 전부 또는 일부를 거래상대방에게 수출하거나 외국에서 조달하여 이를 가공한 후 가공물품 등을 수입하거나 외국으로 인도하는 수출입을 무엇이라고 하나?
① 수탁가공무역
② 위탁가공무역
③ 외국인도수출
④ 중계무역

20 위탁가공무역의 부가가치세법상 공급시기는?
① 원자재가 무환반출 하는 때
② 수입신고일
③ 외국에서 인도되는 때
④ 국내에서 판매되는 때

21 위탁가공무역의 업종은?
① 제조업
② 도매업
③ 수탁생산업
④ 중개업

22 수출할 것을 목적으로 물품 등을 수입하여 보세구역 또는 자유무역지역 이외의 국내에 반입하지 아니하고 수출하는 것을 무엇이라 하나?

① 중계무역 ② 중개무역
③ 위탁가공무역 ④ 외국인도수출

23 다음 도표와 같이 4자간거래에서 부가가치세 과세대상인 사업자는?

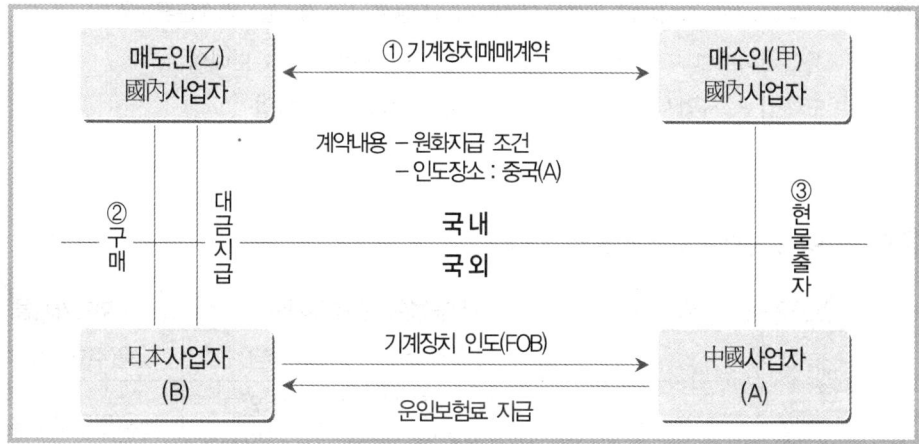

① 매도인(乙) ② 매수인(甲)
③ 매도인(乙), 매수인(甲) ④ 모두 과세거래에 해당한다.

24 상품중개업을 영위하는 사업자가 오퍼수수료 수입을 다음과 같이 받은 경우 영세율이 적용되지 않는 경우는?

① 국외의 비거주자 또는 외국법인으로부터 직접 송금 받아 외국환은행에서 매각하는 경우
② 국내사업장이 없는 비거주자 또는 외국법인에게 재화 또는 용역을 제공하고 그 대가를 당해 비거주자 또는 외국법인에게 지급할 금액에서 차감하는 경우
③ 사업자가 국내에서 국내사업장이 없는 비거주자 또는 외국법인에게 재화를 공급하고 그 대금을 국내에서 원화 또는 외화로 직접 받는 경우
④ 국내에서 국내사업장이 없는 비거주자 또는 외국법인에게 재화 또는 용역을 공급하고 그 대가를 외국신용카드로 받는 경우

25 오퍼수수료 수입의 공급시기 및 귀속시기는?

① 역무제공완료일 – 계약체결일
② 역무제공완료일 – 선적일
③ 공급가액확정일 – 계약체결일
④ 역무제공완료일 – 입금일

26 오퍼상의 조세특례적용상 업종분류 및 사업자등록(기준경비율) 업종분류는?

① 사업서비스업 – 사업서비스업   ② 사업서비스업 – 도매업
③ 도매업 – 사업서비스업   ④ 도매업 – 도매업

27 임가공 형태의 분류중 잘못된 것은?

업종구분	부가가치세법	적용범위 및 분류기준	부가가치율
①	③	주요자재의 전부·일부부담	낮음(주요자재 매입)
②	④	주요자재를 전혀 부담하지 않고 단순가공(기준경비율 코드: 749604)	높음(인건비 비중 큼)

① 제조   ② 서비스
③ 재화의 공급   ④ 재화의 공급

28 수출재화 임가공용역의 거래도표이다. 이중 수출업자와 직접도급계약을 체결한 임가공계약서만으로 영세율이 적용 가능한 사업자는?

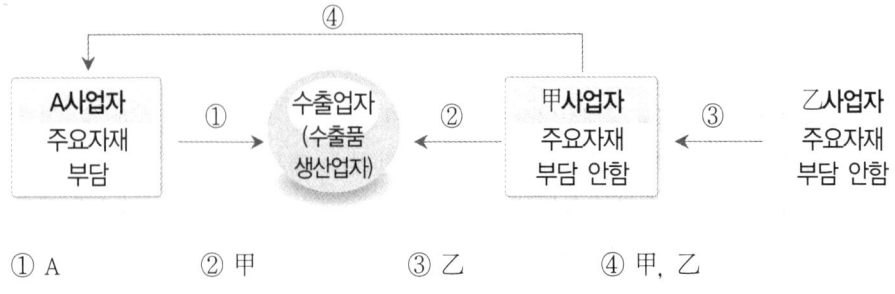

① A   ② 甲   ③ 乙   ④ 甲, 乙

29 국외제공용역의 영세율 적용요건은?

① 사업장 국내소재 + 국내용역 제공
② 사업장 국외소재 + 국내용역 제공
③ 사업장 국내소재 + 국외용역 제공
④ 사업장 국외소재 + 국외용역 제공

30 다음 중 운송관련 용어가 잘못 연결된 것은?

① Master B/L - 선사가 발행한 선하증권
② M/R(Mate's Receipt) - 본선수취증
③ T/R(Trust of Receipt) - 대도신청서
④ Collect - 선불조건

31 (주)미현물산은 20×1년 2월 3일 미국에 소재하는 US-TRADE. CO.에 의류를 수출하기 위하여 선적하였다. 부가가치세 환급을 가장 빨리 받기 위하여 부가가치세를 언제까지 신고하면 되는가?

① 20×1.2.25
② 20×1.3.25
③ 20×1.4.25
④ 20×1.7.25

32 국세환급액이 얼마 이상인 경우 국세환급금 계좌개설신고서를 제출하여야 하는가?

① 1,000만원
② 2,000만원
③ 3,000만원
④ 5,000만원

33 수출형태별 영세율 첨부서류가 잘못 연결된 것은?

① 직수출 - 수출실적명세서
② 중계무역 - 외화입금증명서
③ 국외 건설용역 - 건설도급계약서
④ 위탁가공무역 - 수출신고필증

34 영세율 과소신고 가산세는?

① 과세표준의 0.5% ② 과세표준의 1%
③ 과세표준의 2% ④ 과세표준의 3%

35 수정신고기간별 영세율 과소신고 가산세의 감면비율은?

법정 신고기한 경과 후 기간	감 면 비 율
6개월 이내	a
6개월 초과 ~ 1년 이내	20%
1년 초과 ~ 2년 이내	b

① a(100%), b(10%) ② a(50%), b(10%)
③ a(20%), b(10%) ④ a(30%), b(10%)

해답

1.② 2.④ 3.① 4.③ 5.③ 6.④ 7.① 8.② 9.④ 10.① 11.④ 12.② 13.①
14.② 15.① 16.② 17.② 18.③ 19.② 20.③ 21.② 22.① 23.② 24.③ 25.② 26.③
27.④ 28.② 29.③ 30.④ 31.② 32.② 33.④ 34.① 35.②

제2절 수입업의 회계와 세무실무 연습문제

01 대외무역법상 외국환거래가 수반되지 아니하는 물품 등의 수출·수입을 무엇이라 하는가?
① 유환수출입
② 무환수출입
③ 외국인수수입
④ 수탁판매수입

02 선하증권에 대한 분류이다. a와 b가 바르게 연결된 것은?

구 분	발행주체	화물형태	분 량	선사·운송주선업자
Master B/L	선사 → 운송주선업자	a	대량화물	한진해운, 머스크
House B/L	운송주선업자 → 화주	b	소량화물	다날라, 세기해운

① FCL - LCL
② FCL - FCL
③ LCL - FCL
④ LCL - LCL

03 정형무역거래조건이 수출상품의 인도시기에 법률적인 소유권이 이전된다고 가정하면 다음 설명에 해당하는 무역거래조건 중 틀린 것은?

거 래 조 건	취득원가 계상시점
①	매도인의 공장 등에서 인수하는 시점
②	매도인이 본선에 인도하는 시점
③	매수인이 지정한 운송인에게 인도하는 시점
④	수입통관 되어 매수인이 인수하는 시점

① EXW(공장인도조건)
② FOB·CFR·CIF
③ DAT(터미널인도조건)
④ DDP(관세지급인도조건)

04 간이정액환급은 중소기업기본법 제2조의 규정에 의한 중소기업자로서 최근 2년간 매년도의 총환급실적이 (　　)억원 이하인 자가 제조가공한 물품에 대한 관세 등의 환급과 내국신용장 등에 의하여 공급된 수출용원재료에 대한 기초원재료 납입증명서 발급시에 적용한다.

① 3　　　　　② 4　　　　　③ 5　　　　　④ 6

05 수출과 동시에 환급받을 관세 등이 확정되지 아니하는 개별환급의 손익의 귀속사업연도는?
① 수출을 완료한 날
② 환급금 결정통지일 또는 환급일 중 빠른 날
③ 선적일
④ 통관일

06 수입세금계산서와 수입계산서의 세무처리에 대한 설명 중 잘못된 것은?
① 수입세금계산서는 매입처별세금계산서합계표를 제출하여야 매입세액공제를 받을 수 있지만 수입계산서합계표는 제출하지 않아도 된다.
② 세관장이 부가가치세를 소급하여 추징하는 경우 세관장으로부터 발급받은 날이 속하는 과세기간에서 공제받으면 된다.
③ 폐업후 세관장으로부터 받은 수입세금계산서는 공제받을 수 없다.
④ 매도인 관세부담조건(DDP)으로 수입하는 경우 실질적인 수입주체가 외국수출업체인 경우 매입세액공제를 받을 수 없다.

07 물품을 무환으로 수입하는 경우 당해 물품의 취득원가는?
① 실제 지급한 금액이 없으므로 0으로 한다.
② 관세의 과세표준으로 한다.
③ 감정가액에 관세 및 부대비용을 가산한 금액으로 한다.
④ 수입세금계산서상의 공급가액으로 한다.

08 수입통관시 발생하는 창고료, 하역비, 파출료, 운송료 등의 계정과목은?

① 수입제비용으로 당기비용으로 처리한다.
② 각 개별비용의 특성에 따라 계정과목을 분류한다.
③ 취득부대비용으로 수입물품의 취득원가로 처리한다.
④ 당기비용 또는 취득원가로 처리한다.

09 관세환급금의 올바른 회계처리방법은?

① 매출원가에서 차감한다.
② 수입물품의 취득원가로 처리한다.
③ 세금과공과의 차감계정으로 처리한다.
④ 영업외수익으로 처리한다.

10 외화자산·부채의 평가에 대하여 틀린 것은?

① 외환차손익은 영업외손익으로 처리한다.
② 법인세법에서도 기업회계와 동일하게 영업외손익으로 처리한다.
③ 외화자산·부채의 평가는 화폐성 외화자산·부채에 대해서만 평가대상이다.
④ 외화평가는 미실현손익으로 세법에서는 인정하지 않는다.

11 수입대금은 국내에서 결제되지만 수입물품은 외국에서 인수하는 수입으로 위탁가공무역과 외국인도수출의 경우 주로 발생하는 수입형태는?

① 임차수입 ② 수탁판매수입
③ 외국인수수입 ④ 무환수출입

12 수입세금계산서에 대한 설명으로 틀린 것은?

① 수입재화의 원칙적인 공급시기는 수입신고수리일로 이날에 세관장이 수입자에게 수입세금계산서를 발급하여야 한다.
② 과세수입물품은 수입세금계산서를 면세수입물품은 수입계산서를 발급한다.

③ 수입세금계산서합계표와 수입계산서합계표를 제출하지 아니하면 미제출가산세가 부과된다.
④ 무환수입물품에 대하여 발급받은 수입세금계산서는 매입세액공제가 된다.

13 매도인관세부담 인도조건(DDP조건)으로 수입하는 경우에 대한 설명으로 잘못된 것은?
① 자기책임 하에 자기사업과 관련된 매입세액은 공제가 가능하다.
② 수입자가 부가가치세를 부담하지 않은 경우 매입세액공제를 받을 수 없다.
③ 자기사업과 관련된 매입세액이란 의미는 수입한 재화를 재고자산으로 계상하고 매출을 일으키는 것을 말한다.
④ 수출자가 수출통관, 수입통관, 운송 등의 비용을 부담한다.

14 선하증권의 양도와 관련하여 부가가치세법상 틀린 것은?
① 선하증권은 권리증권으로 양도가능 하므로 물품이 과세대상이면 부가가치세가 과세된다.
② 선하증권이 세관장이 부가가치세를 징수하기 전에 양도하면 선하증권의 총양도가액을 공급가액으로 하여야 한다.
③ 보세구역에서 선하증권을 양도하면 원칙적으로 수입신고수리일이 공급시기이다.
④ 선하증권은 운송물을 인도한 것과 동일한 효력이 있다.

15 수입재화의 과세표준인 공급가액에 대한 설명으로 틀린 것은?
① 관세과세가격은 CIF 금액으로 표시된다.
② 수입재화의 부가가치세 과세표준은 관세과세가격에 관세, 개별소비세 등을 합한 금액으로 한다.
③ 수입세금계산서의 공급가액은 수입재화의 실제취득가액과 일치한다.
④ 관세과세가격은 관세법상 관세과세가격 결정원칙에 따라 산정한다.

해답

1.② 2.① 3.③ 4.④ 5.② 6.③ 7.④ 8.③ 9.① 10.④ 11.③ 12.③ 13.②
14.② 15.③

찾아보기

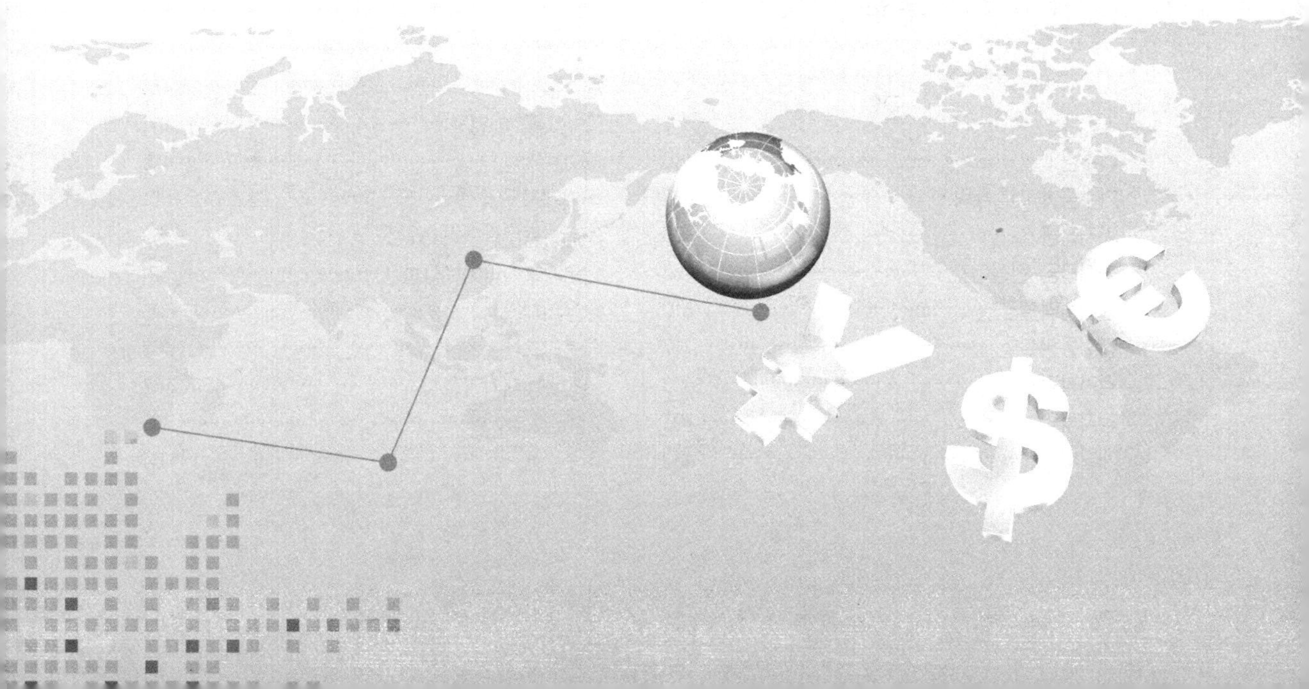

찾아보기

[영문]

H
House B/L ·· 68

M
Master B/L ··· 68

U
Usance이자 ······································· 474

[국문]

ㄱ
가수금 ···································· 457, 486
가수금과 매출누락 ···························· 487
가지급금 ·· 456
가지급금 인정이자 ···························· 458
간이정액환급 ······················· 99, 510
간이통관수출 ····································· 107
감가상각의제 ····································· 533
감자차익 ·· 494
개발비 ·· 480
개별환급 ······························· 99, 510
개설은행 ··· 52
개설의뢰인 ·· 52
개항이 아닌 지역에 대한 출입허가수수료 ······ 548
건 물 ·· 473
건물철거비용 ····································· 472
건설자금이자 ····································· 474
건설중인자산 ····································· 474
견본비 ·· 566
결제은행 ··· 53
고액현금거래 보고제도 ····················· 438
고정환율 ·· 113
공급가액 확정명세서 ························ 260
관세환급 ··· 96
관세환급금 ·· 510
광업권 ·· 480
구매확인서 ·· 142
구축물 ·· 473
국공채를 매입 ··································· 471
국고보조금 ·· 475
국외제공용역 ···················· 263, 625, 651
국제항공운송협회(IATA) ··················· 259
근로자퇴직급여보장법 ······················ 521
금융거래조사 ····································· 603
금융리스 ·· 483
금전소비대차약정서 ················ 459, 463
기계장치 ·· 473
기준환율 ··· 64

기한부신용장 ··································· 119

ㄴ

납부기한 ··· 539
내국신용장 ······································· 139

ㄷ

다자간 거래 ····································· 215
단기매매증권 ··································· 446
단기차입금 ······································· 482
단기충당부채 ··································· 486
단기투자자산 ··································· 446
당좌자산 ··· 436
대손금 ··· 534
대손세액공제 ··································· 538
대여금 ··· 456
대외원조수출 ··························· 41, 639
대체료 ··· 565
대행수출업자 ··································· 129

ㅁ

만기보유증권 ··································· 447
매각거래 ··· 454
매각대행수수료 ······························· 549
매도가능증권 ··································· 447
매도가능증권평가손익 ··················· 497
매입수수료 ······································· 564
매입은행 ··· 53
매입채무 ··· 482
매출채권 ··· 454
매출채권처분손실 ··························· 455
매출할인 ··· 511
매출환입 ··· 511
면세포기 ································· 286, 290
명예퇴직금 ······································· 524
명의신탁주식 ··································· 450
목적지인도조건 ······························· 342

무상반출 견품 ···························· 43, 639
무상수출 ··· 566
무역대리업 ······························ 227, 510
무역클레임 ··· 90
무환수입 ··· 364
무환수출입 ······································· 319
무환수탁가공무역 ··························· 190
물품매도확약서 ······························· 227
미수금 ··· 461
미수수익 ··· 462
미입금수수료 ··································· 565
미지급금 ··· 482
미지급배당금 ··································· 485
미지급법인세 ··································· 484
미지급비용 ······································· 484

ㅂ

배당금 ··· 498
법인세 추납액 ································· 540
법인세환급액 ··································· 540
보따리무역 ······································· 107
보세구역 ··· 380
보세구역 외 장치허가 수수료 ······ 548
보세장치장 보관료 ························· 550
보증금 ··· 477
복구비용 ··· 472
복합운송주선용역 ··························· 256
본선수취증 ··· 67
본선인도조건 ··································· 466
부가가치세 대급금 ························· 463
부도발생일 ······································· 536
북한반출 ··· 160

ㅅ

사기 기타 부정한 행위 ················· 602
사업용계좌 ······································· 446
사용료 ··· 551
사증수수료 ······································· 549

사채	487
산업재산권	480
상업서류송달용역	256
상업송장	74
상품종합중개업	229
상환수수료	564
선급비용	462
선납세금	464
선박매각	133
선수수익	486
선적일	55, 508
선적지인도조건	342
선하증권	67, 383
세관설비사용료	548
세액감면	441
소득구분계산서	442
소비지국과세원칙	9
수선충당부채	493
수익자	52
수익적 지출	531
수입관세	104
수입신고필증	321
수입화물선취보증서	345
수정세금계산서	149
수출매출채권	455
수출선수금	123
수출신고필증	16, 18
수출실적명세서	19
수출알선수수료	543
수출업자	129
수출자 신용공여이자	465
수출장려금	543
수출재화 임가공용역	232, 250, 254
수출포장비	564
수출품생산업자	129
수출환어음	456
수탁판매수입	319
순실현가능가액	466
신용장	52
신용장개설수수료	564
신주인수권부사채	487

ㅇ

양도가능신용장	223
양도수수료	565
어업권	481
역외탈루소득	618
연계무역	40, 319, 638
연봉계약서	525
연봉제	523
연불조건	119
영세율 조기 환급	292
영세율 첨부서류	228
영세율신고불성실가산세	310
영세율신고불성실가산세 감면	312
영세율첨부서류	295
영업권	478
외국인수입	319
외국항행용역	256
외화선급금	349
외화입금증명서	198
외화현금	437
외화획득명세서	303
외환차손익	403
운송용역 공급가액일람표	261
운용리스	483
원가법	467
원산지증명서	77
원신용장	139
유가증권	446
유동자산	436
유형자산	470
유환수탁가공무역	190
은행 신용공여이자	465
이연법인세	540
이연법인세 부채	493
이익준비금	497
이전가격조사	596
인건비	517

인수수수료	564	주식배당	499, 501
인수은행	53	주식변동조사	596
인적용역소득	552	주식할인발행차금	496
일람불신용장	118	중간배당	499, 500
일시적차이	541	중개무역	196
임가공투자법인	622	중국현지법인	622, 623
임대방식에 의한 수출	41, 638	증명서 및 통계 교부수수료	548
임시개청 허가수수료	547	지급수수료	564
임원상여금	518	지급은행	53
임원퇴직금	522	지분법적용투자주식	447
임차수입	319	지연이자	565
		진술서	603
		징수유예제도	539

ㅈ

자금출처조사	596		
자기주식	496		
자기주식처분이익	494		

ㅊ

자본금과 적립금 조정명세서(을)	463	차량운반구	473
자본금과 적립금조정명세서	441	차명계좌와 매출누락	445
자본적 지출	531	차지권	481
자본조정	495	추심결제방식	120
자유무역지역	263	출장경비	571
장기성매입채무	489	취소불능내국신용장	141
장기차입금	489		
장기충당부채	489		

ㅌ

재고자산	465	타계정 대체	469
재반입조건부	177	토지	473
재수입면세	357	통관수수료	550
재수출면세	358	통지수수료	564
재정환율	64	통지은행	53
저가법	467	퇴직금	521
적격증빙	529	퇴직급여충당부채	489
전말서	603	퇴직연금	491
전환사채	487	특허수수료	549
접대비	526		
제한세율	554		

ㅍ

조세범칙 조사	601		
조세피난처	619	파출검사수수료	547
주식발행비용	496	판매장려금	511
주식발행초과금	494	포장명세서	76

ㅎ

항공화물운송장 ·· 72
항만하역료 ··· 550
항외 하역에 관한 허가수수료 ····························· 548
해상운임 ·· 563
해상화물운송장 ·· 71
해외 파견직원 ··· 517
해외매출채권 ··· 89
해외사업환산손익 ··· 497
해외여비 ·· 566
해외여행경비 ·· 567
해외자회사 ··· 619
해외접대비 ··· 530, 566
해외지출경비 ·· 572
해외채권매각손실 ··· 455
해외투자수출 ··· 42, 639

해외투자유가증권 ··· 449
현금 및 현금성자산 ·· 436
현재가치평가 ·· 502
현행대체원가 ·· 466
혐의거래보고제도 ··· 438
확인서 ··· 603
확인수수료 ··· 565
확인은행 ··· 53
확정급여형 퇴직연금 ·· 491
확정기여형 퇴직연금 ·· 491
환가료 ··· 563
환거래수수료 ·· 564
환어음 ·· 78
환어음 매입신청서 ··· 79
환율 ··· 64

[참고문헌]

한장석·김용관, 부가가치세2004. 광교TNS, 2004.
한장석·김용관, 부가가치세2006. 광교이택스, 2006.
김형환, 부가가치세법해설, 세정신문사, 1996.
김두형, 부가가치세법, 한일조세연구소, 2004.
손상익, 기업회계기준해설, 도서출판 어울림, 2005.
정천수, 무역회계와 세무실무, 영화조세통람 2004.
김겸순, 수출입회계와 세무실무, 경영과회계, 2004.
무역협회, www.kita.net, 자료실
국세청, 국세법령시스템, www.nts.go.kr.
이택스코리아, www.etaxkorea.net.

본 저서에 수록된 내용은 "저작권법"에 의한 보호대상임을 알리며,
저자의 동의가 없는 한 현행 저작권법이 허용하는 테두리 내에서만
저서의 전부 또는 일부에 대한 복사·복제 또는 전제 및 인용이 가능하고,
이를 위반하는 경우 관련 법령에 의해서 처벌됨을 알립니다.

실무사례중심의 무역회계와 세무

초판1쇄발행	2009년 6월 29일
개정증보17판	2025년 5월 19일
지 은 이	이강오, 이은자
펴 낸 이	전병문
본문디자인	조성희
표지디자인	(주)씨에프오아카데미 이종규
인 쇄	신우디앤피
펴 낸 곳	(주)씨에프오아카데미
주 소	서울시 강남구 논현로 79길8 아이네트빌딩 4, 5층
전화번호	02) 501-2322
팩스번호	02) 561-6581
홈페이지	http://www.cfoi.kr
출판등록	제2003-000237호
ISBN	979-11-86734-75-9
정 가	30,000원

※ 저자와의 합의에 따라 인지는 생략됩니다.
※ 잘못된 책은 바꾸어 드립니다.

무단 복사·복제·전제 및 인용을 금지합니다